KB124360

우리에겐
음악이
필요하다

우리에겐 음악이 필요하다

—

2022년 12월 14일 초판 1쇄 발행

—

지은이 마이클 스피처
옮긴이 김문주
펴낸이 김정수, 강준규
책임편집 유형일
마케팅 추영대
마케팅지원 배진경, 임혜솔, 송지유, 이원선

—

펴낸곳 (주)로크미디어
출판등록 2003년 3월 24일
주소 서울시 마포구 마포대로 45 일진빌딩 6층
전화 번호 02-3273-5135
팩스 번호 02-3273-5134
편집 070-7863-0333
홈페이지 http://rokmedia.com
이메일 rokmedia@empas.com

—

ISBN 979-11-408-0393-4 (03900)
책값은 표지 뒷면에 적혀 있습니다.

—

• 비잉은 로크미디어의 인문 도서 브랜드입니다.
• 잘못 만들어진 책은 구입하신 서점에서 교환해 드립니다.

유인원에서 BTS까지,
인간의 기원에 관한 음악의
빅 히스토리

마이클 스피처 지음 | 김문주 옮김

우리에겐
음악이
필요하다

MUSICAL HUMAN

Being

저자
—
마이클 스피처 Michael Spitzer

마이클 스피처는 리버풀 대학교의 음악 교수이다. 나이지리아에서 태어났고, 이스라엘에서 자랐으며, 1973년 욤 키푸르 전쟁이 터지자 영국으로 이민 왔다. 옥스퍼드 머튼 대학에서 학부 과정을 마치고, 사우샘프턴 대학교에서 박사 학위를 받았다. 더럼 대학교에서 20년간 가르친 후, 리버풀 대학으로 옮겨 클래식 연구를 이끌고 있다. 성공한 피아니스트이자 세계적으로 인정받는 베토벤 권위자이기도 한 스피처는 특히 미학과 비판 이론, 인지적 은유, 음악과 정서 등에 관심이 많으며, 음악철학, 음악심리학에 관한 글을 쓴다. 스피처는 음악학자로서 철학에서 심리학, 생물학, 종교에 이르기까지 음악과 교차시키는 학제 간 연구에 중점을 두고 있다. 또 대중음악 연구자로서 뉴트럴 밀크 호텔Neutral Milk Hotel, 아케이드 파이어Arcade Fire, 캡틴 비프하트Captain Beefheart 등 유명 대중음악가의 음악과 삶을 연구하고 있다. 2009년 '음악과 감정에 대한 국제 컨퍼런스 The International Conferences on Music and Emotion' 시리즈를 발족했고, 2013년 '대중음악 분석에 관한 국제 컨퍼런스The International Conference on Analyzing Popular Music'를 주최했다. 또한 음악 분석 학회 회장을 역임했으며, 《음악 분석 저널Music Analysis Journal》의 편집위원장을 맡고 있다. 주요 저서로는 《은유와 음악적 사고Metaphor and Musical Thought》, 《철학으로서의 음악: 아도르노와 베토벤의 후기 스타일Music as Philosophy: Adorno and Beethoven's Late Style》, 《서양 음악에서의 감정의 역사: 성가에서 팝까지A History of Emotion in Western Music: A Thousand Years from Chant to Pop》등이 있다.

역자
김문주

연세대학교 정치외교학과를 졸업하고 동 대학 신문방송학과 석사를 수료했다. 현재 번역에이전시 엔터스코리아에서 전문 번역가로 활동하고 있다. 주요 역서로는 《생각한다는 착각》, 《민주주의의 정원》, 《어떻게 이슬람은 서구의 적이 되었는가》, 《예술가는 절대로 굶어 죽지 않는다》, 《설득은 마술사처럼》, 《불안에 지지 않는 연습》, 《삶의 진정성》, 《방탄소년단 BTS: Test Your Super-Fan Status》, 《담대한 목소리》, 《나는 달리기로 마음의 병을 고쳤다》등이 있다.

♪ __차례__

인생

LIFE

보이저호

지금으로부터 수십억 년 후, 어쩌면 태양이 지구를 불태워버리고 꽤 오랜 세월이 흐른 뒤 외계인들이 나사NASA가 40년 전에 쏘아 올린 우주탐사선 보이저 1호의 문을 열고 그 안에 실려 있는 '골든 레코드'를 듣게 된다고 상상해보자. 골든 레코드에는 51개 언어로 된 환영 인사와 지구의 음악 27곡이 담겨 있다(사진 1-1).[1] 외계인들이 쇠로 된 음반에 상형문자로 새겨진 작동 설명서를 해독한다고 가정할 때, 이들은 기절초풍할 만한 소리를 여럿 듣게 될 것이다. 바흐의 「브란덴부르크 협주곡 제2번」, 인도네시아 자바섬 파쿠알라만 궁전에서 녹음한 가믈란gamelan 연주, 세네갈의 타악기 연주, 척 베리Chuck Berry가 부른 「조니 B. 굿Johnny B. Goode」, 베토벤의 제5번 교향곡, 솔로몬 제도의 팬파이프 연주 같은 것들 말이다. 외계인들은 무슨 말을 하려나? 언젠가 코미디언 스티브 마틴Steve Martin은 외계인들로부터 다

사진 1-1. 보이저 1호와 골든 레코드
© NASA Photo/Alamy Stock

우리에겐 음악이 필요하다

음처럼 해석되는 메시지가 수신됐다는 농담을 했다. "척 베리의 노래를 좀 더 보내 달라!"[2] 외계인들로부터 무슨 말을 듣게 될지 우리는 절대 알 수 없겠지만, 이 사고실험이 주는 진지한 교훈은 분명하다. 이제 음악적 머리를 맞대고 음악계의 시시한 영역 분쟁을 멀찍이 떨어져서 바라봐야 한다는 것이다. 저 멀리 떨어진 우주에서 본다면 지구에 음악의 언어가 단 하나만 존재하지는 않을 것이다. 외계어가 하나만 있을 리 없는 것처럼. 그래도 우리는 지구상의 모든 음악에는 더 이상 부정할 수 없는 인간다운 부분이 분명 존재할 것임을 깨달을 수 있다. 이때 인간이 아닌 종種의 관점에서 인간의 문화를 상상해본다면 도움이 될 것이다. 철학자 토머스 네이글Thomas Nagel은 우리의 의식 이론을 검증하기 위해 다른 종의 관점을 빌렸고, 그 유명한 〈박쥐가 된다는 건 어떤 느낌일까?What is it like to be a bat?〉라는 글을 썼다.[3] 그렇다면 외계인들은 음악적 인간이 된다는 것이 어떤 것인지 우리에게 무슨 이야기를 들려줄 수 있을까?

베토벤과 듀크 엘링턴Duke Ellington 그리고 카왈리(파키스탄의 전통 음악—옮긴이)의 왕 누스라트 파테 알리 칸Nusrat Fateh Ali Khan(사진 1-2)을 술집으로 불러 모은 뒤 술 한 잔 사주면서 음악이 어디에서 왔는지 한번 물어보자. 이들의 대답은 여러분 머릿속에 떠오른 것과 그다지 다르지 않을 것이다. 엘링턴은 "스윙이 아니라면 의미가 없지"라고 말할 테고, 베토벤은 "마음으로부터 와서 마음으로 흘러가는 거야"라고 답할 것이다. 칸은 "음악을 통해 황홀경에 도달하려면 내 몸에서 영혼과 정신을 풀어낼 의지가 있어야 해"라고 말할 것이다.[4] 이들은 음악이 삶과 감정 그리고 혼에 관한 것이라 말한다. 음악에서 흘

사진 1-2. 누스라트 파테 알리 칸
© Frans Schellekens/Redferns/Getty Images

러나오는 것들은 음표로 옮아낼 수 없다. 음악은 근본적으로 인간적이고, 그렇기 때문에 우리를 인간답게 만든다.

음악은 우리가 하나의 생명체로서 생겨난 기원과 연결되어 있다. 그러니 '거대사'라는 거창하고 대담한 설명을 하지 않을 수 없다. 거대사는 누가 언제 무엇을 썼는지에 대한 평범한 이야기("바흐, 1685년 출생 1750년 사망. 1730년에 「마태 수난곡Matthew Passion」을 썼다")보다 더 깊숙이 파고들어, 모두가 초대받는 성대한 파티가 된다. 다윗 왕이 리라를 들고 시편의 작곡가와 함께 등장하고, 피타고라스와 루시라는 이름의 오스트랄로피테쿠스가 참석하며, 노래하는 원숭이와 춤추는 앵무새도 온다. 이 이야기는 천체의 우주 음악과 단세포 생물이 소리 자극에 움찔하는 방식으로 시작될 것이다. 초기 호모 사피엔스의 원시 음악 언어를 받아들이고, 무엇이 이 언어를 새소리나 긴팔원숭이의 울부짖음과 구분지어 주는지 물을 것이며, 지구 전역으로 음악이 전파되고 비슷하게 발전하는 모습을 추적할 것이다. 또한 서양음악이 어떻게 그리고 왜 제멋대로 쪼개져서 필연적으로 승리한 것이 아니라 좋은 결과와 나쁜 결과 모두를 내게 됐는지에 초점을 맞출 것이다. 그러한 결과 중 하나를 예로 들자면, 서양 음악은 백인우월주의라는 수단을 통해 영향력을 발휘했다.

음악의 진화는 흥미진진한 가능성을 가진 과제이지만, 사실 산넘어 산이다. 에디슨이 축음기를 발명한 1877년 이전에는 녹음된음악이 없고, 음악 작품은 서기 800년이 되어서야 연이어 살아남을수 있었다. 최초의 그리스 기보법은 기원전 500년에 쓰였다. 그전까지는 정적뿐이었다. 음악사학자들은 유골과 화석을 가지고 연구하는 고고학자가 부러울 따름이다. 음악에는 선사시대 동굴에서 발견된 요상한 뼈 피리를 제외하고는 화석 같은 것이 전혀 없으니 말이다. 물건을 가지고 음악의 진화를 설명하는 일이란 왕자를 빼고《햄릿Hamlet》을 쓰는 일과 같다. 아니 열 배쯤 더 어렵다. 정말로 "남은것은 침묵뿐(햄릿의 마지막 말—옮긴이)"이니까.

몇 가지 준비단계

다행히도 그 가능성은 사실 보이는 것보다 훨씬 더 창창하다. 다만우선 전제되는 몇 가지 한계를 살펴보자. 인간이 존재해온 한 음악도 존재했으리라는 것은 굳이 증명할 필요도 없는 것 같다. 따라서 음악의 진화에 관해 쓰는 일은 간단하게 보일 수도 있다. 하지만 눈앞에 빤히 명명백백하게 존재하나 그 누구도 굳이 언급하고 싶지 않은 문제가 있으니, 음악이 존재해왔던 거의 대부분의 세월 동안 음악이 어떻게 들렸는지 우리는 알지 못한다는 점이다. 최초로 녹음된 음악은 1878년 미국 세인트루이스에서 축음기로 약 23초가량 지직거리며 재생된, 연주자를 알 수 없는 코넷 독주였다.[5] 그전까지 우리는 악보라는 종이 위에 기호를 쓰는 것으로 만족해야만 했다. 우리는 이 기호들을 소리로 재생하는 방법에 합의한 척하곤 하지만, 현실적으로 음악은 금방이라도 무너질 수 있는 빈약한 합의를 바탕으로 연주된다. BBC 라디오 3의 '레코드 리뷰Record Review'나 '빌딩 어 라이브러리Building a Library' 같은 프로그램은 그 어떤 음악 작품의 연주도 매번 똑같이 들릴 수 없다는 가정에 기반을 두고 있다. 연주 행태는 언제나 바뀐다. 포르타멘토Protamento처럼 20세기 초 오페라 가수들이 누렸던 자유는 오늘날 우리에게 우스꽝스럽게 들린다(포르타멘토란 가수가 트롬본 연주처럼 한 음에서 다른 음으로 미끄러지듯 옮겨가며 부르는 것이다).[6] 차이콥스키의 「비창」 교향곡을 1930년 세르게이 쿠세비츠키Serge Koussevitzky가 지휘한 음반부터 오늘날 사이먼 래틀Simon Rattle이 지휘한 음반까지 연이어 들어보면, 연주 속도가 점점 빨라진다는 것을 알 수 있다.[7] 차이콥스키가 점점 더 빨라지고 있는 것이다. 케임브리지의 세인트존스 칼리지와 킹스 칼리지 성가대는 자신들이 가진 독특한 음색을 자랑스러워하는데, 이 음색은 어느 정도 두 교회의 독특한 음향 효과 덕에 만들어진 것이다. 케임브리지에서 여러 차례 저녁 예배를 드려보면, 성가대가 똑같은 작품을 노래하고 있을 때조차 다른 경험을 하게 된다.

악보를 보고 우리가 알게 되는 것이 얼마나 많은지 혹은 적은지를 생각해보면 상황은 좀 더 간절해진다. 모차르트가 「제23번 A장조 K.488」이라는 훌륭한 피아노 협주곡을 작곡한 1786년에서부터 우리의 연대표를 시작해보자. 그리고 논의를 위해서 우리에게 전해진 악보가 1786년 봄에 모차르트가 직접 연주했던 예약제 콘서트 중 하나에서 관객들이 들었던 소리를 거의 정확하게 나타낸다고 치자(모차르트는 거의 틀림없이 요즘의 즉흥 연주자들처럼 피아노 부분을 '더 신나게 쳐댔을' 것이라는 사실은 잠시 모른 척하자).**8** 이제 가능한 한 멀리까지 세월을 거슬러 올라가며 음악사를 거꾸로 설계해보자. 악보 위의 기호들이 아무것도 남지 않을 때까지 하나씩 하나씩 사라져가는 모습을 보며 이 작업을 해보려 한다.

● 300년 전

《로빈슨 크루소Robinson Crusoe》는 1719년에 출간됐다. 같은 해 장 앙투안 바토Jean-Antoine Watteau는 「사랑의 기쁨The Pleasures of Love」을 그렸다. 바흐는 1722년 《평균율 클라비어곡집the Well Tempered Clavier》 가운데 하나를 완성했다. 악보에는 선율, 화성, 리듬이 표시되어 있지만 우리는 그 음악이 얼마나 크게 또는 빠르게 연주되었는지 알 수 없다. 이 곡집을 시작하는 C장조는 오늘날 갖가지 빠르기로 부드럽고 여리게 연주되기도 하고, 좀 더 대담하고 강하게 연주되기도 한다. 음악의 지도에서 빠르기와 강약의 흔적은 사라졌다.

● 500년 전

미켈란젤로는 1508년 시스티나 성당 천장화를 그리기 시작했다. 또한 1509년에는 연인 토마소 데이 카발리에리Tommaso dei Cavalieri에게 소네트 연작을 바쳤다. 벨기에 플랑드르 출신의 위대한 작곡가 조스캥 데프레Josquin Deprès는 1505년 페라라에 체류하면서 통치자인 에르콜레 1세 데스테를 위한 미사곡 「페라라 공작 헤르쿨레스의 미사Missa Hercules dux Ferrariae」를 작곡했다. 조스캥은 소리의 세기나 빠르기에 대한 지시는 물론, 음표를 얼마나 부드럽게 또는 날카롭게 연주해야 하는지에 대한 레가토legato(음과 음 사이를 끊지 말고 이어서 연주함—옮긴이)나 스타카토staccato(음표를 짧게 끊어서 연주함—옮긴이)의 표현기호도 악보에 남기지 않았다. 음악의 지도에서 표현기호는 사라졌다.

● 800년 전

첫 고딕식 성당 건축. 1287년 치마부에의 십자가 책형. 1250년 루페르츠베르크 수녀원 원장이자 신학자, 작곡가이자 시인, 독일 식물학의 창안자인 힐데가르트 폰 빙엔Hildegard von Bingen은 악극 「오르도 비르투툼Ordo Virtutum」의 노래와 가사를 모두 썼다. 이 성가에는 화음도 리듬도 빠르기나 강약도 표현도 없이 그저 음높이pitch만 존재했다. 우리는 수녀들이 이 성가들을 독창으로 불렀는지 중창으로 불렀는지조차 알지 못한다. 음악의 지도에서 거의 모든 것이 사라졌다.

● 1,700년 전

기원전 400년에 성 아우구스투스는 《고백록Confessions》을 완성했다. 음악의 옹호자 아우구스투스는 이렇게 썼다. "신이 무엇에서 기쁨을 느끼는지 알기라도 하듯 말로 구하려 하지 말라. 기쁨에 차 노래하라."[9] 우리는 아우구스투스가 무슨 음악을 들었는지 알 수 없다. 최초의 성가 기보법은 9세기가 되어서야 등장했다. 문자 위로 구불구불한 선을 그린 이 '네우마' 기보법은 정확한 음높이가 아니라 선율의 윤곽을 보여준다. 이 기보법은 토라(율법)를 암송할 때 사용되는 유대인 캔틸레이션cantillation(유대교에서 히브리어 성경을 읽는 운율—옮긴이)의 마소라masora(구약성서의 히브리어 본문을 올바로 전하기 위한 주해 체계—옮긴이) 악센트(타아밈ta'amim)를 이어받았다. 따라서 이미 선율을 알고서 글을 읽는 사람들의 기억을 되살리는 진정한 기억술이 된다. 음악의 지도에 남은 마지막 조건이었던 음높이마저 사라졌다. 또한 개별 출처라는 개념도 없어졌다. 우리는 음악의 출처가 이름이 있는 인간에게 있는 것에 익숙하다. 그러나 이 시대의 음악은 고아와 같다. 작곡가의 개념은 음악이라는 배와 운명을 같이한다고 보는 것이 적절하겠다.

● 2,000년 전

아직 끝이 아니다. 음악은 유령과도 같은 원시의 삶을 지녔다. 고대 그리스인들은 음악의 정교한 이론을 마련했고, 도리아 선법, 에올리아 선법, 리디아 선법 등 우리가 오늘날까지 여전히 사용하는 종류의 음계들을 고안했다. 우리는 고대 그리스인들의 세상이 음악으로 가득했음을 확신할 수 있다. 그러나 이 음악의 아주 일부만이 판독 가능한 악보로 살아남았다. 고대의 신전이나 조각상, 희곡과는 냉혹하리만큼 대조적이다. 음악으로 따지면 무엇이 파르테논 신전과 동급일까? 소포클레스의 《테베 3부작》(오이디푸스, 콜로누스의 오이디푸스, 안티고네―옮긴이)과는? 이를 보여주는 가슴 아픈 반증 가운데 하나는 나폴리 국립고고학박물관에 소장되어 있는 알렉산더 대왕의 모자이크화다. 기원전 3세기 초 헬레니즘 시대 그림의 사본으로, 알렉산더 대왕과 다리우스 왕 간의 전투를 활기 넘치고 생생하게 묘사한 이 작품은 이탈리아 르네상스 시대에 이르러서야 현실주의 회화가 나타났다는 그릇된 통념이 거짓임을 보여준다. 화가와 시인은 그보다 훨씬 앞선 시절에 인간을 표현할 수 있었다. 그러니 음악이라고 다르랴? 조각상과 신전, 시와 희곡이 넘쳐나는 고대 세계를 짐작건대 음악 역시 울려 퍼졌을 것이다. 그러나 오늘날 우리가 서 있는 지점에서 바라보자면 귀가 먹먹한 침묵뿐이다.

거슬러 올라가 보면, 기록으로 남은 인류 예술의 끝판왕은 4천 년 전 최초의 서사시로 알려진 〈길가메시 서사시The Epic of Gilgamesh〉이며, 그다음으로는 열 배는 더 뛰어넘은 4만 년 전에 인도네시아 보르네오섬의 루방 제리지 살레 동굴에 그려진 것과 같은 최초의 동굴 벽화(지금 이 책을 쓰는 시점에서 가장 오래된 구상화로 알려진 황소 그림이다)다. 우리에겐 문학이 있고, 그림이 있지만, 음악은 없다. 현대의 독자들이 〈길가메시 서사시〉에 묘사된 4천 년 전 수메르 반신반인의 모험을 이해하는 일은 상대적으로 쉽다. 그러나 우리는 이 서사시가 본래는 노래로 불렸음을 알고 있으며, 캐나다 싱어송라이터 피터 프링글Peter Pringle이 상상력을 동원해 음악으로 재구성하고, 기쉬구디Gishgudi(고대 수메르의 악기로 목이 길고 현이 세 개인 류트의 일종―옮긴이)를 치며 고대 수메르어로 직접 노래했음에도, 그 정확성을 판단할 방법은 어디에도 없다.[10] 고대 동굴들은 그 음향적 특성 덕에 음악을 만드는 장소였을 가능성이 높다. 프랑스 고고학자 이고르 레즈니코프 Iegor Reznikoff는 동굴에서 공명이 가장 커지는 부분에 그림들이 모여 있다고 제시했다. 그림 옆에는 흩어진 뼈 피리들이 발견됐다.[11]

실질적인 기록이 없다고 해서 음악이 없었다고 오해해서는 안 된다. 비관론은 정당화되지 않는다. 우리는 고대 세계에 음악이 있었다고 거의 확신할 수 있다. 동굴의 만곡은 교회와 대성당의 둥근 천장과 비슷한 원리에 따라 소리를 증폭시켰다. 둥근 천장은 근본적으로 음악을 통해 신을 찬양하려는 현대식 동굴이다. 그리고 음악은 화석을 남기지 않았음에도 고대 기술과 의례라는 유골을 감싸고 있다. 가장 희망적인 이야기를 하자면, 음악적 인간의 절반은 우리 안에, 인지구조와 그 인지구조가 지원하는 음악의 관행 안에 머물러 있다. 우리는 사실 호모 사피엔스가 충분히 진화한 4만 년 전, 즉 미술이 기록된 것과 동일한 시대 이래로 그다지 많이 변화하지 않았다. 진화론적으로 봤을 때 현대적 요소들이 이미 4만 년 전에 생겨났다는 생각은 우리를 긴장시킨다. 근대 역사를 사소한 것으로 내려앉히기 때문이다. 우리가 표면적 차이를 뛰어넘어 들을 수 있다면, 오늘날 우리의 현실로부터 어마어마한 것을 추론할 수 있을 것이다.

큰 그림

이 책은 계속해서 세월을 거슬러 올라가며 음악을 역으로 연구한다. 21세기 초 음악적 인간에서 시작해 수천 년간 기록된 인류의 역사를 거쳐 선사시대와 인간이 출현하기 전 동물의 음악까지 추론하며 좇는다. 이 책은 세 부분으로 나뉘는데, 세 가지 시간축이 대위법으로 설명된다. 한 주, 하루 그리고 한 시간 단위로 이야기를 동시에 끌고 나가는 크리스토퍼 놀란Christopher Nolan 감독의 영화「덩케르크Dunkirk」와 약간은 비슷하다. 첫 번째 연대표는 인간의 삶이다. 우리는 자궁 속 소리로부터 노년의 소리까지 삶에 얽힌 여러 방식의 음악을 탐색해볼 것이다. 두 번째 연대표는 세계사 속의 음악이다. 세 번째이자 가장 범위가 큰 연대표는 진화다.

우리는 역사가 왼쪽에서 오른쪽으로, 과거에서 미래로 흐른다고 기대한다. 그렇다면 나는 왜 반대로 가보기로 선택했을까? 사실상 음악의 심오한 역사에 관해 우리가 알 수 있는 모든 것이 현재로부터 추론한 결과라고 볼 때, 우리에게는 다른 선택권이 없다. 이것이 내 주장의 첫 번째 축이다. 두 번째 축은 음악의 본질을 부인하려는 반복적인 행동에서 모든 일이 세 차례 벌어진다는 것이다. 음악적 인간의 원죄는 동물의 음악을 외면한 것이다. 이는 영겁의 시간이 흐른 뒤에 추상적 개념으로 향할 차례가 된 유럽 음악의 기이한 운명 속에서 재연된다. 그리고 본질의 부인은 수동적 청취를 선호하는 우리의 음악적 생득권을 배신하면서 서양식 일생의 축소판 안에서 이뤄진다. 우리는 모두 적극적인 음악가가 될 수 있는 능력을 타고났지만, 극히 일부만이 결국 음악을 만드는 일에 적극적으로 참여한다. 그 이유는 무엇일까?

생명이 역사를 되풀이한다거나 19세기 에른스트 헤켈Ernst Haeckel이 주장한 '개체 발생이 계통 발생을 반복한다(한 생명체가 수정되고 발달 과정을 거쳐 개체가 되기 위해서는 그 개체의 계통이 진화하는 과정을 그대로 거치며 모든 개체가 수정할 때마다 이를 반복한다는 의미—옮긴이)'는 고색창연한 개념은 한때 역사의 쓰레기통 속에 처박혔다.[12] 그러나 음악적 감정을 연구하는 심리학자들이 이 개념을 쓰레기통에서 조심스레 건져냈다. 예를 들어 요즘은 인간의 배아가 동물의 진화와 같은 순서로 정서적 민감성을 획득한다고 믿는다. 우선 극심한 또는 빠르게 변화하는 청각 신호에 대한 있는 그대로의 반응인 뇌간반사가 발달한다. 단순 유기체들은 그렇다. 그다음으로 배아는 부정적이거나 긍정적인 산출물과 소리를 연계하는 법을 배운다. 이 '평가 조건화evaluative conditioning'는 파충류들이 만들어낸 것이다. 갓난아기는 태어난 첫해에 포유류적인 기본적 감정(공포, 분노, 행복 등)을 이해하게 된다. 그리고 아이들은 유치원에 다니면서 질투나 자긍심 같은 좀 더 높은 수준의 감정을 배우며 다른 포유류보다 앞서간다.[13] 이러한 정서적 민감성의 수준은 뇌의 영역, 즉 뇌간(척추에서 연결된 뇌에서 가장 깊숙한 구역)부터 편도체(대뇌핵에 위치해 있으며 뇌의 보상체계의 일부다)를 거쳐 신피질(대뇌의 바깥쪽이며 사고 같은 높은 수준의 뇌 기능을 담당함)까지 연관된다. 인간 뇌를 계층화해 고고학과 연계하려는 유혹에 저항하기란 쉽지 않다. 프로이트Freud 역시 다음과 같이 넘어가고 말았다.

로마가 인간의 거주지가 아닌, 인간과 유사하게 길고 방대한 과거를 가진 정신적 존재라고 치자. 다시 말해 정신적 존재란, 한때 생겨난 것들은 아무것도 사라지지 않으며 발달의 모든 초기 단계가 가장 나중에 생긴 단계와 계속 공생하는 그런 존재다.[14]

하이든의 속칭 「놀람Surprise」 교향곡에는 이미 알고 있는 감상객조차 매번 움찔하게 만드는 유명한 부분이 있다. 현악기들이 웅얼거리는 악절이 흘러간 뒤 오케스트라의 큰 굉음이 뇌간반사를 일으킨다. 익숙하다고 해서 충격이 줄어들지는 않는데, 뇌간이 어리석기 때문이다(절대 경험으로부터 배우지 못한다. 몇 번이나 반복해서 들었는지와 상관없이 계속 움찔할 것이다). 그보다 몇 단계 높은 수준에서 하이든은 아주 아름다운 복잡함을 지닌 음악적 외관을 만들어냈다. 이 음악적 외관은 감상객의 신피질에 말을 건다. 신피질은 음악적 문법의 유형과 예상, 기억 등을 처리하는 뇌 부위다. 인간의 뇌 자체와 마찬가지로 음악은 나름의 진화를 구현한다.

첫 번째 연대표: 인간의 삶

음악의 세계는 짜증나게 와글대는 소리의 혼돈이다. 여러분의 휴대폰에서 흘러나오는 음악은 발리의 가믈란부터 브라질 열대우림의 영가에 이르기까지 다양한 화음과 음계, 리듬을 전달한다. 언어학자 놈 촘스키Noam Chomsky가 가르쳐 주었듯, 우리는 발언이라는 표면뿐 아니라 이 발언을 만들어낸 심오한 정신구조, 즉 게임의 규칙 안에서도 보편성을 발견한다. 음악도 마찬가지다. 지구상의 모든 사람은 서로 다른 음악언어로 말할 수 있다. 그러나 음악적 정신은 놀라울 정도로 일관된다. 전 세계 거의 모든 사람은 박자의 양식을 따르고, 리듬에 맞춰 손뼉을 치거나 춤을 추며, (정확한지 아닌지를 떠나) 노래를 부르고, 곡을 기억하고, 자기가 좋아하는 어떤 음악과 연계된 감정을 인식한다. 한 가지 특정한 능력은 왁자지껄한 목소리들 사이에서 대화를 듣고 가려내는 '칵테일파티'에서의 요령과 비슷하다. 심리학자 앨버트 브레그먼Albert Bregman은 이를 '청각 화면 분석'이라고 불렀는데, 우리는 밀림에서 불길한 소음을 알아차리거나 바흐의 푸가 또는 재즈 앙상블에서 하나의 음악적 대화를 따라갈 때 이와 비슷한 행동을 한다.[15] 대부분 이 능력을 제2의 본성과도 같이 보유하고 있는데, 이를 가능하게 하는 신경학적 구조는 몹시도 복잡하며 동물의 능력을 훨씬 넘어선다. 예를 들어 앵무새라는 흥미로운 사례를 제외하고는 그 어떤 동물도 의식적으로 규칙적인 박자에 맞춰 움직이지 못한다.[16] 우리의 음악성은 뇌의 순수한 크기와 연관되어 있으나, 또한 직립보행과도 관련 있다. 신체적 박자감의 상당 부분은 우리가 두 발로 똑바로 서서 규칙적으로 걷는다는 사실에서 비롯된다. 음색은 눈에 보이지 않고, 정확히 말하자면 그 어떤 공간에서도 정말로 '움직이지 않는다'는 점을 고려한다면 인간이 음악과 움직임을 연관시키는 것은 희한한 일이다.[17]

인지는 음악적 보편성의 일면을 나타낸다. 또 다른 면은 음악적 행동의 세계다. 우리 삶의 모든 면은 음악과 얽혀 있는데, 이를 위한 핵심 요소는 정서다. 다음의 세 가지 예를 잘 생각해보자. 몇 년 전 나는 바비칸에서 열리는 런던 심포니 오케스트라의 어린이 콘서트에 두 살짜리 딸을 데려갔다. 콘서트가 진행되다가 어느 시점에 오케스트라가 로시니의 「윌리엄 텔William Tell」 서곡을 연주하기 시작했다. 아마도 일정 연령대의 독자들은 이를 서부영화 「론 레인저The Lone Ranger」의 테마곡과 연관 지을 것이다. 곧 수천 명의 어린 아기들이 본능적으로 오케스트라의 박자에 맞춰 부모의 무릎 위에서 위아래로 몸을 들썩였다. 아마도 이 아기들은 그 음악을 들어본 적이 없을 것이다. 음악을 들어보았더라도 이 음악을 말을 타고 질주하는 카우보이라는 기억과 연결할 수 있었을지 의문이다. 음악심리학자들은 음악에 대한 직관적이고 즉흥적인 반응을 '정서전이'라고 칭한다. 유행병에 걸리듯 정서에 '걸린다'는 의미다.[18] 이 사례가 주는 교훈은 다양하다. 여러 문화적이고 교육적인 배경에도 불구하고 아이들은 음악에 같은 방식으로 그리고 즉각적으로 반응했고, 음악과 강렬한 기쁨이라는 정서 사이의 그리고 정서와 말의 질주라는 움직임 사이의 연결고리를 확연하게 만들었다. 아이들은 1950년대 TV쇼에서 클레이튼 무어Clayton Moore가 명마 실버를 타는 모습을 본 적이 없다. 그러나 본능적으로 음악에서 이 움직임을 '느꼈다.'

움직임과 정서, 보편성 간의 연결고리는 내 두 번째 사례에서 명확해진다. 내 딸이 조금 더 커서 초등학교에 다닐 때, 딸과 친구들은 온 세계를 휩쓴 「강남 스타일」 춤 열풍에 사로잡혔다. 우리는 모두 이 노래와 춤을 안다. 모두가 그 춤을 직접 추지 않았던가. 그럼에도 영국의 초등학생들조차 가사를 외울 정도로 한국 가요가 모든 언어 장벽을 허물어버린 것은 몹시도 신기하다(내 둘째 딸은 이제 BTS 덕에 한국어로 된 가사까지 안다). 케이팝 학자들은 두 가지 흥미로운 이야기를 들려준다.**19** 하나는 「강남 스타일」이 학교 운동장에서부터 퍼져나갔다는 것이다. 즉 전 국민의 의식에 침투하기 훨씬 전부터 초등학교 놀이터에서 배양되고 있었다. 또 하나는, 이런 전염을 일으킨 수단이 춤사위 그 자체로, 아이들은 이 춤을 따라 하길 좋아했다는 것이다. 이 신체적 행위는 '밈'이 되었다. '밈'은 리처드 도킨스Richard Dawkins가 대중적 모방을 통해 퍼져나가는 문화유전자를 가리키기 위해 만든 용어다.**20**

세 번째 사례는 일본판 '리어 왕'이라 할 수 있는 구로사와 아키라 감독의 1985년작 「란」이 보여주는 비극적인 대단원을 본 성인으로서의 내 반응이다. 어리석은 맹인 츠루마루가 절벽 끄트머리를 더듬어 나가는 모습으로 영화가 끝날 때, 결코 잊을 수 없는 일본 피리의 애가가 배경에 깔린다. 현대 작곡가 타케미츠 토오루는 고대 일본의 음계를 바탕으로 이 음악을 작곡했는데, 이 슬픈 피리 음악에 담긴 비애는 서양 관객들에게 별 어려움 없이 전달된다. 내가 처음 이 영화를 보았을 때, 이전까지 일본 음악을 접해본 적이 없었음에도 타케미츠의 음악이 전달하려는 정서를 바로 이해할 수 있었다. 정서심리학자인 폴 에크만Paul Ekman은 우리가 다른 문화권 사람들의 사진을 보고 얼굴 표정의 의미를 알아차릴 수 있다고 설명했다.**21** 타케미츠의 애가는 음악 역시 그렇다는 것을 내게 가르쳐줬다. 슬픈 얼굴의 축 처진 주름처럼, 선율이 점점 낮아지는 슬픈 음악의 윤곽과 그 소모적인 느낌은 광대한 문화적 간격을 넘나들었다.

음악적 경험의 근본적 측면인 정서는 이 책의 중요한 주제다. 찰스 다윈Charles Darwin은 그 정서가 우리와 동물 사이에 공유되는 점이라고 알려줬다.[22] 이는 대자연의 품으로 이어지는, 종을 뛰어넘는 탯줄이다. 이 내용은 동물의 음악으로 넘어가는 책 마지막 부분에 등장할 것이다. 그러나 음악적 정서의 역할은 책 초반부에서 다룰 텐데, 여기서 나는 음악이 인간 수명의 매 단계에서 인지와 감정, 행동을 어떻게 끌어내는지 고찰하려 한다.

아기는 태어나기 전에 자궁 속에서 양수를 통해 콸콸거리는 소리를 듣게 된다.[23] 아기는 태어나면서부터 음악적 기량이 놀라울 정도로 발전한다. 박자의 불규칙함을 인식할 수 있고, 목소리의 억양이 만들어내는 윤곽을 정확히 구별하며, 양육자와 '모성어' 또는 '유아어'를 주고받으면서 음악 게임에 참여한다. 신생아는 어마어마하게 다양한 음악의 구성 요소를 쉽게 습득하는 경향이 있으며, 협화음과 대칭에 대한 서양의 집착(동요 「반짝반짝 작은 별」이 모차르트의 피아노 변주곡 「아, 어머니께 말씀 드리죠Ah, Vous Diraise-je, Maman」에서 만들어진 선율이라는 것이 대표적인 예다)으로 인해 여러 가능성이 축소되기도 한다. 이를테면 아기가 자바섬이나 가나에서 태어났다면 서양인의 귀에는 불규칙하거나 심지어는 '부자연스럽게' 들리는 복잡한 조현법과 운율 양식에 노출되면서 이를 제2의 본성으로 내면화할 수도 있을 것이다. 이 범위의 축소는 서양의 음악적 인간이 지닌 주요 지표 가운데 하나를 보여준다. 아마도 다른 세계와 비교해 서양 음악이 지닌 가장 대표적인 특성이 될 또 다른 지표는 능동적인 음악 참여부터 수동적 청취까지 이어지는 궤적일 것이다. 서양에서조차 어린 시절은 놀이노래와 엄마의 자장가부터 유치원에서의 실로폰 놀이, 어린이용 TV프로그램에 나오는 음악을 들으며 얻는 기쁨에 이르기까지 다양한 음악 작업으로 흠뻑 젖어 있다. 어린이 대부분은 합창을 하거나 오케스트라나 밴드에서 연주를 하는 등 학교에서 어느 정도 수준의 음악 수행을 경험한다. 그러다 서양인은 어른이 되면 완전히 수동적인 음악 경험을 하게 된다. 음악을 수행하려는 성향은 점차 사라지고 철의 장막이 쳐진다. 이 음악의 장벽 한편에는 창의적인 작곡가와 음악가가 있고, 반대편에는 청중이 앉아 있다. 이런 분리에서 비롯된 한 가지 징후는 창의력을 언어 습득처럼 보편적으로 타고나는 권리라기보다는 신이 주신 천재성으로 생각하는 것이다. 이 점에서 서양은 서양 밖의 세계와 냉혹하게 대비된다. 1960년대와 1970년대 영국 인류학자 존 블래킹John Blacking은 《벤다 어린이의 동요Venda Children's Songs》와 《인간은 얼마나 음악적인가?How Musical is Man?》[24]를 포함해 남아프리카공화국의 북부 트란스발 지역의 벤다족에 관한 획기적인 책들을 집필했다. 블래킹은 음악 작업 혹은 많은 학자가 이제 음악을 하나의 활동으로 보고 이름 붙인 '음악하기musicking'란 행위가 벤다족에게는 공동체적이고 참여적이며 숨 쉬듯 자연스럽다는 것을 보여줬다. 철학자 캐슬린 히긴스Kathleen Higgins는 저서 《우리 안의 음악The Music Between Us》에서 블래킹의 참여적 관점이 서양 음악에도 이상적이라고 주장했다.[25] 그러나 서양 음악이 인간의 타고난 음악적 성향으로부터 얼마나 멀어졌는지를 고려하면, 이 주장은 유리한 부분만 골라 취한 것처럼 들린다.

들기와 행하기 사이의 간극은 성인의 음악적 삶에서 더욱 넓어진다. 서양에서 음악의 수동적 소비는 홀로 또는 콘서트에서 가만히 앉아 듣는 것을 넘어선다. 가만히 앉아서 듣는 것이 우리가 음악에 집중하는 모범적인 방식일지라도 그렇다. 실제로 자동차를 몰거나 저녁식사를 준비하고, 슈퍼마켓에서 물건을 고르거나 체육관에서 러닝머신을 뛰는 등 삶의 거의 모든 순간마다 음악은 배경으로 깔린다. 인생에, 공항에, TV와 영화에, 비디오게임에 곁들여 있을 뿐만 아니라, 이어폰 문화 덕에 말 그대로 우리가 걷거나 앉을 수 있는 모든 장소에 존재한다. 음악은 감정을 통제할 수 있고(우리를 북돋우거나 차분하게 해준다), 구매 결정에 영향을 주고(독일 와인을 살까, 프랑스 와인을 살까?), 영화 속 행동을 반영하거나 표현한다(저기 죠스가 와!). 스포티파이Spotify 같은 디지털 스트리밍 미디어를 통해 거의 모든 것에 쉽고 제한 없이 접근할 수 있게 된 덕분에, 음악은 이제 도처에 존재한다. 캐나다 인디밴드 아케이드 파이어Arcade Fire가 최근에 내놓은 앨범 제목은 「모든 것이 이제는Everything Now」이다. 우리는 왜 실질적으로 음악을 '만드는' 일에 거의 완전히 발을 뺌과 동시에 어디든 존재하는 음악에 그토록 의존하게 됐을까?

그러나 상황이 그리 참담하지는 않다. 거울을 통해 이 장벽의 반대편을 보노라면, 우리는 삶이 음악 그 자체 안에 존재하고 있다는 것을 알게 된다. 서양이 음악 수행으로부터 단절되면서 얻은 혜택은 점점 더 수행적으로 바뀐 음악 그 자체다. 음악은 우리의 몸짓과 억양, 정서를 모방하는 마법의 능력이다.[26] 음악의 표현도는 방식과 장르, 역사적 시기의 다양한 스펙트럼에서 확실히 드러난다. 마일스 데이비스Miles Davis의 「카인드 오브 블루Kind of Blue」에서 재즈 연주자들이 그러하듯, 하이든의 현악 4중주에서 서로에게 '이야기를 거는' 것처럼 보이는 현악기들, 스트라빈스키의 「봄의 제전he Rite of Spring」에서 제물로 바쳐진 희생자를 '살해하는' 모습을 보여주는 오케스트라, 제리 리 루이스Jerry Lee Lewis의 격정적인 피아노 연주에서 튀어나오는 「그레이트 볼스 오브 파이어Great Balls of Fire」의 성적 에너지까지. 음악은 어떻게 그렇게 하는 것일까? 고고학자 마이클 타우시그Michael Taussig는 인간의 본성을 모방하는 예술 능력인 미메시스mimesis가 흉내 내거나 모사하는 근원적인 인간의 재능에서 비롯됐다는 다윈의 생각을 되살려냈다.[27] 서양 음악의 고도로 발달된 미메시스는 그 추상성을 벌충하는가?

미메시스는 음악이 개입된 다양한 사회적 관행, 내가 후에 설명할 그 관행들이 전 세계적으로 흔하다는 사실을 알려준다. 곧 살펴보겠지만 거의 모든 문화와 모든 시대에 이러한 음악 활동의 여러 형태가 존재하며, 그로부터 세계적인 음악사로 통하는 문이 활짝 열린다. 다윈은 노래 솜씨가 잠재적 짝에게 화려한 깃털만큼이나 매력적인 요소가 되는 동물의 구애 의식에서 음악의 기원을 보았다. 우리는 이제 음악의 진화론 기원이 그보다 훨씬 더 깊고 넓다고 생각한다. 그러나 사랑과 욕망, 섹스는 분명 낭만적인 가곡과 오페라, 대중음악에서 잘 드러난다. 또한 반음계 화음이 조화로운 화음을 충족하기 위해 사투를 벌일 때 그 간절함과 절정의 역학 역시 우리의 음악언어에 촘촘하게 엮이게 된다.

음악 역시 싸운다. 군인이나 운동선수를 북돋울 수 있으며, 중남미 마약왕을 은신처로부터 꺼내오거나 청소년들을 쇼핑몰에서 나오게 하는 소음으로 무기화될 수 있다. 베르디의 「레퀴엠」 중 '진노의 날Dies Irae', 힙합에서 허세를 부리는 MC들과 미식축구 경기장에 울려 퍼지는 적수들의 노래처럼 공격성을 구현할 수도 있다. 우리는 파티에서 음악을 튼다. 댄스음악에 맞춰 몸을 움직일 때 어떤 일이 벌어지는가? 춤은 어떻게 사람들의 몸을 접촉시키는가? 콘서트홀이라든지 거실의 안락의자에 앉아서 움직임 없이 음악을 들을 때면 우리의 뇌는 '춤'을 추는가? 우리는 숭배하기 위해, 세속적인 세계에서 신의 형상을 한 공백을 신의 존재를 느끼게 해주는 감각으로 채우기 위해 음악을 사용한다. 콘서트에 가는 것 또는 실제로 광란의 파티는 집단적인 영적 사색의 행위다. 인류학자 주디스 베커Judith Becker가 제시하는 음악적 '황홀경'과 '깊이 듣기'라는 개념은 세계 음악과 연결되는 유용한 다리를 놓는 데 도움이 된다.[28] 나는 음악 '천재'는 실제로 신이 내려주는 것인지 질문을 던지면서, 왜 서양만이 이 개념을 가졌는지 의아해한다. 우리는 이동을 위해 음악을 사용한다. 나는 음악이 어떻게 다른 곳의 소식을 전해주는지, 장소와 공간을 지도로 그리기 위해 어떻게 음악을 사용하는지 살펴보려 한다. 방송에서 흘러나오는 음악은 우리가 스타벅스에서 커피 한 잔을 마시듯 즉흥적으로 귀로 떠나는 문화 관광을 가능케 한다.

두 번째 연대표: 세계사 속의 음악

서양 어린이들이 음악에의 참여에서 수동적인 청취로 점차 옮겨가는 것은 서양 음악이 음악의 대륙붕에서 떨어져 나가면서 무슨 일이 벌어졌는지를 상징한다. 내가 찾아낸 모든 난관에 비추어 이를 어떻게 보여줄 수 있을까? 심지어 어떻게 음악의 세계사를 상상할 수 있을까? 명확한 부분을 제외하는 것으로 시작할 수 있는데, 이를 위해서는 존 로버츠John Roberts의 《세계사History of the World》 또는 그 후에 나온 《서양의 승리The Triumph of the West》처럼 그저 기존에 마련된 체계에 편승하면 된다.²⁹ 어떤 연대표는 몹시도 설득력 있다. 이를테면 기원후 처음 몇 세기 동안 세계는 로마와 중국이라는 두 제국이 지배했는데, 중국은 어느 정도 통일되었던 반면 로마제국은 종교 전쟁으로 분열됐다. 이러한 관점은 중국의 음악적 전통에서 연속성에 주목하는 한편, 유럽 음악의 난잡한 다양성으로부터는 뭔가 본질적인 것들을 찾아낸다. 그러나 이 체계의 힘은 세계 음악 대다수가 단한 번도 글로 기록되지 못했다는 점으로 약화된다. 음악문화는 글이 아닌 말로 이뤄졌다. 전통적으로 문명의 요람인 아프리카가 전형적인 예다. 14세기 사하라 이남 아프리카에서 가장 강하고 무시무시한 왕국이었던 말리제국을 보자. 이집트보다 고대 아프리카 문화가 더 풍성했다는 점 그리고 이집트와 메소포타미아에서 싹터 그리스와 로마, 서유럽으로 음악이 발전해나갔다는 일반적인 이야기를 넘어선 삶이 있었다는 점을 생각하면 신선하게 느껴진다. 말리의 다재다능한 왕이자 역사상 최고의 부자로 추정되는 만사 무사Mansa Musa의 통치하에 팀북투는 중세 문화의 중심이 됐다. 만사가 메카로 떠나는 순례길에 데려간 6만 명 중에 여러 음악가가 포함됐는데, 이 음악가들은 행진하면서 노래하고 연주했다.³⁰ 만사는 궁중 사형집행자를 옆에 두고 왕좌에 앉아서 트럼펫 연주자와 북 연주자들에 둘러싸여 있는 것을 좋아했다. 류트와 비슷한 코라나 젬베 같은 악기는 오늘날에도 말리의 길거리에서 연주 소리를 들을 수 있지만, 만사 시대의 음악은 그 무엇도 살아남지 못했다. 고도로 문자화된 중국의 상황 역시 나을 게 없다. 중국 문명의 황금기인 당 왕조(618~907)에서 가장 유명한 인물은 시인이자 화가, 음악가인 왕유王維(701~761)다.[31] 왕유가 남긴 시 대다수는 작품집으로 엮였고, 일부는 구스타프 말러Gustav Mahler가 번역을 통해 「대지의 노래Das Lied von der Erde」라는 연가곡으로 만들었다. 그러나 왕유의 음악 자체는 남지 않았다.

실제로 '역사'가 무엇인지에 대한 더 광범위한 질문도 있다. 역사학자 아놀드 토인비Arnold Toynbee가 고른 표어처럼 '지긋지긋한 사건의 반복'으로서의 역사는 4만 년 전 인간의 근대성이 완성된 이래 그 무엇도 실질적으로 변하지 않았다는 주장에 진화론적으로 발목이 잡히고 만다. 이 과장된 표현법은 왕과 제국, 전쟁이 돌고 도는 연대기에 몹시도 매운맛을 가미할 수 있다. 그러나 상대적으로 밀폐된 음악의 세계에는 가미할 수 있는 맛의 정도가 약할 수밖에 없다. 마르크스주의자들의 시각을 빌리자면 생산 수단이 몇 천 년 동안 그다지 많이 변하지 않은 것처럼 보일 때 특히나 그렇다. 전 세계 여러 수렵채집 사회들의 사례에서도 마찬가지다. 미국 민족음악학자이자 민요가수 피트Pete의 친척인 앤서니 시거Anthony Seeger는 브라질 중부 마투그로수의 키세제 인디언들을 대상으로 한 현장 연구를 바탕으로 《수야족은 왜 노래하는가Why Suyá sing》를 썼다.[32] 키세제 인디언들과의 조우는 이들이 시간을 이해하는 방법에 대해 아주 멋진 통찰의 길을 열어주었다. 이 인디언들은 시거가 지닌 음악문화에 호기심을 표했고, 시거는 이 호기심에 답해주면서 낡은 카세트플레이어로 노래를 몇 곡 틀어주었다. 키세제 인디언들은 음악이 아주 오래된 것처럼 들린다고 했고, 시거는 이 기계가 음악을 너무 느리게 재생하는 바람에 음의 높이가 이례적으로 낮아졌다는 것을 깨달았다. 인디언들은 낮은음을 조상들의 소리와 연관 지었다. 시거의 테이프를 고대의 목소리로 들었던 것이다. 북부로 올라가 보자면, 민족음악학자 데이비드 사무엘스David Samuels와 산 카를로스 아파치족 음악가의 만남을 통해 역사에 대한 북아메리카 원주민들의 태도를 알 수 있다.[33] 공연 리허설 도중 이 음악가는 사무엘스에게 아파치족의 'Bee nagodit'ah(비 나고디타)'라는 개념을 설명해주었다.

(그는) 내가 기타 솔로연주 중간에 퍼즈 박스fuzz box(전자기타 등 전자악기의 음을 변경하기 위해 쓰는 장치—옮긴이)를 켜자 좋다고 했다. 연주에 뭔가를 더해줬다면서 "Bee nagodit'ah", "Inagodit'ah(이나고디타)"라고 말했다. 무슨 뜻인지 묻자, 그는 "뭔가를 다른 뭔가 위에 얹는 것"을 의미한다고 설명해줬다.

북아메리카 원주민은 역사를 일직선으로 늘어선 사건의 연속이 아닌 과거와 현재, 미래가 동시적으로 겹치는 존재로 본다. '부족의 과거'를 가리키는 나바호족의 단어는 'atk'idaa(앗키다아)'로, '서로의 위에'라는 의미다. 이는 순서대로 문서화된 기록 이외에 과거를 기억하는 방식을 제시한다. 예를 들어 캐나다 원주민은 노래에 가계

도와 사건, 부족의 이주, 심지어 빙하 같은 위험한 지형을 통과하는 여행 경로까지 기록한다. 이렇게 노래로 불린 '역사'는 비선형적이고 순환적일 뿐만 아니라(변화보다는 적응을 통한 개선을 강조한다), 과거, 현재, 미래 시제가 뒤섞이는데, 이 원시 신화는 개인의 기억으로 새어 들어가는 동시에 예언의 길로 퍼져나간다. 이들이 태도와 정서적인 관계를 켜켜이 쌓는 것에 좀 더 관심을 기울여 역사를 다루는 방식을 보면, 무미건조한 연속성에 집착하는 우리 모습은 참 재미없게 느껴진다. 여기서 우리는 역사학자들이 서양을 기록하고 인류학자들이 나머지 세계를 연구하던 학계에서 한때 유행했던 전형적인 관점처럼, 비非서양문화가 '시간과 시제의 제한을 따르지 않는' 것은 아님을 알 수 있다.[34]

역사와 인류학 사이에 벌어지는 논쟁을 해결할 수 있는 한 가지 방법은 음악이 역사를 표현하는 방식을 살펴보는 것이다. 현대 호주 원주민들의 '노랫길songline'은 씨족의 역사와 신화를 기록한 것으로, 문자가 생겨나기 아주 오래전에 사용했던 기록 방법을 암시한다.[35] 말리와 세네갈의 그리오griot들이 부르는 노래에서와 같이, 현대 아프리카계 미국인들의 음악을 '어머니 아프리카'로 거슬러 올라가 어림잡아 보는 학술적 유행이 한창이다.[36] 그리오는 일종의 음유시인 또는 유랑시인으로 노래를 통해 자기 민족이나 국가의 역사를 이야기하는 사람이다. 다시 한 번 현대의 말리에서 열심히 손님을 끄는 그리오가 디트로이트의 래퍼와 다를 바 없다는 견지하에, 1324년 순례를 떠난 만사 무사 왕을 동행한 음악가들 중 어느 하나와는 꽤나 차이가 있을 것이라고 믿을 수밖에 없다.

음악사학자들이 호주 노던준주나 말리 또는 북아메리카에서 방랑하는 것과 대조적으로, 세계사에서 음악을 들여다볼 수 있는데, 민족마다 지닌 기원 설화, 즉 문화 스스로가 음악이 어디에서 비롯됐는지 말해주는 이야기들이 그 창구가 된다. 각 문화는 저마다의 음악적 기원 설화를 보유하고 있는데, 한 가지만큼은 매우 공통적이다. 어떻게 지구상 대다수의 지역에서 음악이 우주의 공명에서부터 나왔고, 음악의 조화는 우주의 조화, 천상의 음악에서 나왔다고 상상하는지 놀라울 따름이다. 가장 오래된 음악의 기원 설화 가운데 하나는 청동기시대 편종에 설명되어 있는데, 이 편종은 1978년 중국에서 발견됐다. 소위 '증후을묘의 종'이라 불리는 이 악기는 기원전 400년에 만들어졌으며, 기보 체계가 새겨져 있다. 이는 음악의 조화로움 속에서 '선치善治'의 본보기뿐 아니라 우주의 조화가 주는 울림을 들을 수 있다는 최초의 음악이론 중 하나이며, 몇 천 년의 세월 동안 중국인들의 생각 속에 콕 박혀 있던 사고방식이다. 이 철학은 같은 시기에 쓰인 《악기樂記》에 유려하게 설명되어 있다.

음악은 하늘과 땅 사이의 조화 속에 존재한다. 의례는 하늘과 땅 사이의 위계적 단계 속에 존재한다. 음악을 만드는 일은 하늘에서 시작되고, 의례는 땅의 도움을 받아 결정된다.[37]

영국의 신비주의자 로버트 플러드Robert Fludd가 1617년에 쓴 《우주의 역사Utriusque Cosmi》 또는 천문학자 요하네스 케플러Johannes Kepler가 1619년에 쓴 《하늘의 조화Harmonices Mundi》로 빠르게 넘어가

보면, 그다지 달라진 게 없다.[38] 우주의 조화에 관한 최첨단 사례로는 이바나 메딕Ivana Medic 박사가 이끌고 있는 '양자음악 프로젝트'가 있는데, 현재 옥스퍼드 대학과 세르비아 벨그레이드의 SANUServian Academy of Sciences and Arts 소속 과학자들 및 음악학자들이 참여하고 있다.[39] 인류가 나타나기 오래전부터 음악이 존재했다고 믿으며 우리가 사라진 이후에도 음악은 존재할 것이라고 확신할 때 우리는 벅차고도 겸허해진다.

그래도 여전히 세계사의 일부는 분명 움직인다. 여기에는 연대표가 있다. 가끔 우리는 서양이 아닌 다른 문화의 음악사에 대해 더 자세히 알기도 한다. 예를 들어, 서기 220년 한조의 멸망은 음악이 비교적 변화하고 불안정해지는 시기를 부추겼다.[40] 중국에 불교가 도입되면서 선율은 좀 더 풍부해졌는데(또는 '멜리스마'적이 되었다고도 하는데, 이는 가사 한 음절당 여러 음을 노래한다는 의미다), 이전의 중국 선율은 단어와 마찬가지로 단음절로 이뤄졌었다. 그에 반해 유럽 '암흑시대'의 음악사는 훨씬 더 음울하다.[41] 역사의 '연대표' 모형이 지닌 문제점은 시간의 강에 수많은 굽이가 존재한다는 것이다. 이를 보여주는 한 가지 인상적인 사례는 청동기시대의 도래다. 청동기는 분명 문화마다 서로 다른 시기에 만들어졌다. 전 세계 대부분의 지역에서 청동기시대는 약 4천 년 전에 시작됐지만, 자바와 발리의 섬들에는 다소 늦은 서기 500년쯤에야 도래했다.[42] 이 간단한 장면은 세계사가 기후만큼이나 지리에 영향을 받으며, 한 줄로 나란히 진행되는 법은 거의 없음을 깨닫게 한다. 음악사의 물적 증거는 각기 다른 시대에 다양한 지역에서 입수된다.

이렇게 해서 세계사는 해설자가 들려주는 이야기마냥 사건 순서대로 진행되는 뚜렷한 '선형'이 아니게 된다. 그 이유 가운데 하나가 지형이라면, 또 다른 이유는 오래 지속된 음악적 관행이 연대표에 미친 영향이다. 예를 들어 사하라사막 중앙부의 타실리 나제르에서 발견된 암벽화는 기원전 6천 년의 것으로 추정되는데, 여성 다섯과 남성 셋이 함께 춤추는 모습을 묘사했다. 인류학자 게르하르트 쿠비크Gerhard Kubik는 현대 줄루족이 발을 쿵쿵 구르는 춤인 인드라무indlamu를 형상화한 것이라고 생각했다.[43] 이 그림을 보고 있으면 시간이 8천 년 동안 멈춘 것만 같다. 소위 '원시적인' 사회적·문화적 조건과 연계된 음악적 관행이 오늘날에도 세계 구석구석에 여전히 살아 있는 것 역시 역사가 일렬로 '진행'되지 않음을 보여준다. 에스키모족과 아프리카 피그미족처럼 현대 수렵채집 사회들이 향유하는 음악을 예시로 참고해보자. 분명 그런 음악들이 살아남았기에 과거로 향하는 문이 열린 것이다. 고고학자 이언 몰리Iain Morley는 에스키모족과 피그미족, 기타 수렵채집 종족들로부터 추정해 원시시대 음악이 어떠했을지 상상해보았다. 간추리자면 음악이 문화 조건에 의해 형성된다면, 그리고 현재의 조건이 원시시대의 조건과 유사하다면, 우리는 실제로 4천 년 전의 음악을 꿰뚫어보고 통찰할 수 있다.[44]

이에 대한 맛보기로 음악이 어떻게 인간 문명의 세 단계, 즉 수렵과 채집, 농사, 도시 생활을 반영할 수 있었는지 생각해보자. 우선 자연 그리고 음악적 인간이 동물과 맺는 관계에서 이야기를 시작해보자. 현대 파푸아 뉴기니가 대표적인 사례로, 동물 또는 동물의 영혼과의 교감은 칼루리족에게 음악의 기초다.[45] 칼루리족은 무니muni 새의 노래를 조상들의 영혼이 우는 소리로 여기며 집착한다.

농업의 시작은 주기적이고 장기적인 시간 개념이 생겨나고 음악이 공간감을 근저로 삼게 되는 전조였다. 음악은 반복적이고 주기적으로 리듬을 타는 형태를 도입했을 뿐 아니라, 문화와 자연 사이에 선을 그었다. 아프리카 느야우Nyau(중앙아프리카와 남아프리카에 거주하는 체와족의 비밀조직이자 세계관—옮긴이)의 음악에서 동물을 상징하는 가면을 쓴 등장인물은 숲에서 나타나 마을을 정복한 후에 후퇴한다.[46]

소도시의 등장은 세계 문명 전체에서 산발적으로 발생했다. 비옥한 초승달 지대에서 초기 소도시 생활의 출현은 성경 음악에 반영됐다. 소도시와 도시로의 전환이 가져온 한 가지 충격적인 변화는 음악이 더 많은 청중에게 전달될 수 있게 점점 더 시끄러워졌다는 것이다. 분주한 도시 공동체 안에서 더욱 잘 들리게 하기 위해 가나안의 류트는 좀 더 기교 넘치고 춤추는 것 같은 방식으로 연주돼야 했다.[47] 우리는 양치기 소년 다윗이 왕좌에 오르기 전까지는 리라(또는 '하프')를 좀 더 부드럽게 연주했을 것이라 추측할 수 있다. 아니면 완전히 다른 악기를 연주했을 수도 있다. 《시편》에는 음악을 어떻게 연주해야 하는지를 설명하는 표제가 117편 이상 포함되어 있는데, 히브리 학자들은 이를 어떻게 해석해야 할지 합의점을 찾지 못했다. 일부 학자들은 '미즈모르mizmor'라는 표제를 '노래하다'라는 의미로 해석하는 반면, 다른 학자들은 《시편》에 발현악기 연주가 동반된다고 본다.[48]

음악은 사회적 관계, 그 후에는 궁정의 관계가 진화하는 모습을 여러 방식으로 반영했다. 학자들은 아프리카의 왕위 체계가 어떻게 분포되어 있는지 노래의 구조에 따라 지도로 표현해왔다.[49] 강력한 왕을 중심으로 느슨하게 조직된 부족들은 지휘자와 합창단이 몇 마디 선율을 번갈아 부르면서 여러 리듬을 동시에 사용하는 '폴리리듬'을 따랐다. 지휘자는 왕을, 합창단은 백성을 상징하는 것과 같다. 중국이나 발리, 인도, 중세와 르네상스 시대 유럽의 궁정 등 세계 여러 음악문화에서 음악 구조는 사회 구조를 반영하는 경향이 있다. 햄프턴 궁전의 엘리자베스 여왕 왕실 예배당에서 울려 퍼지는, 토머스 탤리스Thomas Tallis나 윌리엄 버드William Byrd의 모테트motet(무반주 다성 성악곡—옮긴이) 같은 폴리포니polyphony(둘 이상의 독립적인 선율이 동시에 어우러지는 음악—옮긴이)는 단계별로 구성됨으로써 봉건적 계층 제도를 소리로 보여주는 상징이 된다. 또한 높은음까지 솟아오르는 소년의 노랫소리는 공기로 만들어져 천장에 그려진, 천사들의 유사체라 할 수 있다.

　역사적 시대가 순서대로 흘러가는 것이 아니라면, 일부는 좀 더 느리게 흐르거나 전혀 흘러가지 않기도 한다. 따라서 우리는 문화적 보편성이라는 매력적인 문제로 되돌아가게 된다. 보편화는 인류학에서 한물간 논의이긴 하지만, 오늘날 우리가 서양에서 음악을 활용하는 방식과, 그 방식이 역사적으로 그다지 많이 변하지 않았음을 보여주는 사례가 있다. 이질적인 문화가 지닌 보편성을 보여주는 흥미로운 사례 가운데 하나는 자장가다. 심리학자 샌드라 트레헙Sandra Trehub과 라우렐 트레이너Laurel Trainor는 가봉의 밀림부터 베트남의 시골 마을까지 아우른 연구에서 자장가와 놀이노래 사이의 분명한 유사성을 발견했다. 세계 전역에서 자장가는 부드럽고 상당히 느리면서 매우 반복적이며, 음이 점점 더 낮아지는 선율과 흔들거리는 리듬, 풍부한 의성어('쉿!' 등)가 쓰이는 경향이 있다. 놀이노래는 좀 더 활기찬데, 아이들을 즐겁게 해주기 위해 만든 노래이기 때문이다. 또한 많은 자장가가 그래야만 요람을 무사히 달랠 수 있는 양 위협 요소를 포함하고 있는 점도 놀랍다. 가장 흔한 자장가로 보자면, 일본 엄마들은 무시무시한 야행성 조류들로 아기들을 겁준다. "부엉이, 부엉이, 커다란 부엉이들 그리고 작은 부엉이도 / 서로를 노려보고 쏘아보고 쳐다본단다."[50] 서양에서는 겁에 질린 아기들이 부러진 나뭇가지와 뚝 떨어진 요람이 나오는 꿈을 꾼다. 비슷한 비유가 음악 영역 전체에 숱하게 등장한다. 캐나다의 에스키모족 사이에서는 피해를 입은 사람이 상대방에게 서로를 약 올리고 비아냥대는 노래를 부르는 시합을 하자고 요구할 권리가 있다.[51] 노래 시합은 베르길리우스의 목가적인 〈전원시Eclogues〉에 등장하는 양치기들의 결투로까지 거슬러 올라간다.[52] 그리고 영화 「8마일」에서 래퍼 에미넴은 디트로이트의 클럽에서 래퍼 경쟁자들과 배틀을 벌이는데, 이 영화는 힙합에서도 노래 시합이 기반을 이룬다는 것을 생생하게 보여준다. 고전적인 연구에서 위대한 인류학자 앨런 메리엄Alan Merriam은 르완다의 투치족이 부르는 다수의 노래를 열거했다.

과시 목적을 가진 노래, 전쟁과 안부용 노래, 젊은 유부녀들이 만나서 그 자리에 없는 친구들을 회상하며 부르는 노래, 아이들의 노래, 소녀를 유혹하려는 노래, 그 외에 「이비리름보ibirimbo」라는 허세의 노래 등 수많은 노래가 존재한다. 「이비리름보」는 두 남성이 서로 경쟁하며 부르는 노래로, 음악 구절을 주고받게 된다. 이 남성들은 어떤 소 한 마리를 칭찬하거나, 상대편의 소보다 뛰어난 자기네 소의 장점을 노래할 수 있다.[53]

분명한 것은 소에게 어울리는 노래는 수컷 거위에게도 어울리고, 사냥이라든지 치유, 전쟁, 애도, 사랑, 숭배 등과 같이 사회생활에 쓰이는 다른 음악에도 어울린다는 점이다. 이 모든 관행을 한꺼번에 엮어주는 개념은 '의례'로, 의례란 우리가 의미를 부여하는 행위가 반복되는 양식을 일컫는다. 카네기홀에 클래식 연주를 들으러 가는 일은 고대 수메르인이 2천 년 동안 매해 바빌로니아의 풍요의 여신 이난나를 위해 벌였던 '신성한 결혼'과 같은 준準종교적인 의례와 같다(조용히 자리에 앉아 경건하게 경청하며, 수석연주자에게 박수를 보내고 지휘자를 칭찬하며, 악장과 악장 사이에는 박수를 치지 않는 모습 등을 보면 알 수 있다).[54] 서양에서는 베토벤을 신처럼 추앙한다. 막스 클링거Max Klinger의 조각상에서 베토벤이 왕좌에 새겨진 제우스처럼 고압적으로 얼굴을 찌푸리는 모습을 보자(사진 1-3). 헤드폰을 통해 가장 좋아하는 음악을 들으면서 시작부터 끝까지 애정을 기울여 음악의 여정을 떠나는 것은 기도나 명상과 그다지 다르지 않은 일종의 정신적 의례라고 주장할 수도 있다. 우리가 '베토벤의 「영웅」 교향곡(제3번 내림 E장조)'이라고 부르는 의례에서 흥미로운 부분은 사냥, 싸움, 애도, 놀이, 축하 등 여러 작은 의례가 한데 묶여 있다는 점이다. 「영웅」 교향곡의 주인공은 유럽에서 사냥할 때 사용하는 프렌치 호른이다. 이 영웅은 오케스트라와 전투를 벌이고, 잃은 것들을 애도하며, 승리를 거두고 돌아온다.[55] 모든 시대와 모든 문화가 이 의례들을 저마다 특별한 음악언어를 통해 제시한다. 베토벤이 참고한 것은 나폴레옹 전쟁이며, 그의 음풍경soundscape은 음표의 제국이었다. 베토벤의 교향곡 의례는 두 가지 차이점 덕에 돋보인다. 하나는 백과사전식 다양성이다. 전 세계적으로 사냥이나 애도 등 모든 특정 음악적 의례는 보통 개별적으로 행해진다. 베토벤의 정신의 제국이 지배하는 것처럼 한 가지 작품 안에 뭉뚱그려진 것이 아니다. 언젠가 베토벤은 코르시카 출신의 장군(나폴레옹을 의미한다—옮긴이)에 대한 애정이 식은 뒤, 자신이 음악 작곡만큼이나 전쟁에 관해 많이 알았다면 프랑스군에게 따끔한 맛을 보여주었을 것이라고 말하기도 했다.[56] 또 다른 차이는 의례가 맥락으로부터 분리되었다는 점이다. 이 교향곡에서는 진짜

사진 1-3. 그리스 신처럼 묘사된 막스 클링거의 베토벤
© Volkmar Heinz/dpa-Zentralbild/ZB/dpa/Alamy Live News

사냥이나 전투도 벌어지지 않으며, 심지어 말이나 행동이 등장하지도 않는다. 그저 공간을 흐르는 소리가 있을 뿐이다. 뭔가가 변했다.

'왜 의례가 변하는가'라는 질문은 인류학자와 역사학자를 똑같이 진짜 괴롭게 한다.[57] 역사적 변화의 동인은 무엇인가? 변화가 역사에 발자취를 남길 때, 어느 한 음악문화와 또 다른 음악문화가 조우했다고 기록되기도 한다. 이러한 조우는 이주나 교역 등을 통해 온건하게 이뤄지기도 하고, 전쟁이나 식민주의, 개종 등을 통해 발생하기도 한다. 청동기는 힌두교를 따라 자바섬에 상륙했다. 현대 아프리카의 수많은 합창 음악이 영국 성공회의 찬송가처럼 들리는 이유는 너무나 빤하다. 영국 선교사들이 아프리카 음악을 식민지화했기 때문이다. 심지어 가나의 민족음악학자 코피 아가우Kofi Agawu는 서양의 음조를 '식민지로 만드는 세력'이라고 부르기까지 했다.[58] 전근대시대에 아프리카 음악의 거의 모든 서사는 북아프리카의 '아랍화'로 인해 이슬람 작가들이 내놓은 것이다. 서기 약 700년부터 시작되어 최초로 아프리카 역사를 중대하게 연구한 역사학자 이븐 할둔 Ibn Khaldun(1332~1406)에서 절정에 이른 이 기록들은 완전히 인종차별적이다. 이븐 할둔은 가장 온건한 어조의 책에조차 아프리카인들은 "춤을 추고 싶어 안달이 난 것으로 밝혀졌다. … 야성적 충동이 확장되고 확산된 탓이다"라고 썼다.[59] 이슬람 역시 인도 아대륙의 음악에서 중요한 역할을 맡았는데, 힌두교도와 이슬람교도 간의 충돌은 산스크리트어로 된《리그베다Rigveda》의 베다 찬송가를 기반으로 한, 상대적으로 안정적이고 지속적이던 전통을 바꿔놓았다.[60] 전 세계 모든 음악문화 중 인도 문화는 서양의 순차적인 역사 모형과 가장 유사하다. 《상기타라트나카라Sangita-Ratnakara》에 언급된 253편의 라가raga(인도의 전통적인 선율양식 또는 곡—옮긴이)는 고대 전통이 꽃피고 확산하면서 이 중심적인 역사의 흐름이 엄청난 다양성을 망라하는 모습을 보여준다. 마르가marga(신성한 의례 음악)에서 데시desi(세속적인 지방 음악)로 옮겨가는 역사적 변천은 라틴어로 된 교회 음악이 중세 이후 좀 더 대중적이고 토속적인 서민 음악으로 옮겨가는 서유럽의 진화와 유사하다.[61] 핵심적인 차이점은 인도의 구루 제도다. 인도는 서양만큼이나 세련된 음악 표기법과 이론 방식을 향유하는데, 한 세대에서 다음 세대로 음악을 전달하는 데 사용하는 주요한 통로는 따로 있다. 인도의 음악은 스승에서 제자에게 끊어짐 없이 연쇄적으로 입에서 입으로 전승되었다.

그렇다면 유럽 음악은 왜 다르게 변화했는가? 식민지 침략에 있어서 기독교가 항상은 아니더라도 가끔 그 공격적인 끄트머리에 있었다는 점(불교와 이슬람교, 힌두교 역시 저마다 같은 역할을 맡았을 테다)에 덧붙여, 논점을 흐리는 몇 가지를 짚어볼 수 있다. 첫 번째는 서양 음악이 좀 더 관념적이라는 오해다. 중국과 인도, 중동에는 훨씬 명상적이고 속세와 동떨어진 음악이 많다. 옥타브를 동일하게 12등분해서 조율하는 방식은 바흐의 평균율 클라비어의 기반이 되었는데, 이는 독일보다 한 세기 이상 앞선 1584년에 명 왕조의 왕자 주재육朱載堉이 먼저 발견했다.[62] 피타고라스와 아리스토크세누스Aristoxenus, 아리스토텔레스의 개념을 포함해 고대 그리스 음악이론의 보석들은 중세 이슬람 사상가들이 안전하게 물려받았다.[63] 서양의 음악이 그 한 발짝 거리를 둔 사색적인 태도 덕분에 뛰어난 것도 아니다. 인류학자 주디스 베커Judith Becker가 '딥 리스닝Deep Listening'이라 부르는 개념 역시 인도의 '라사rasa'라는 개념에서 볼 수 있는데, 이는 말 그대로 정서의 '즙' 또는 '맛'을 의미한다.[64] 푹 빠져서 음악을 듣는 이는 그 정서에서 정수를 뽑아내고, 일상의 감정은 승화된다. 인도 음악의 초월적 특성은 쇼펜하우어와 바그너 같은 낭만주의자들의 관심을 끌었다. 실제로 전통 카르나티크의 가수가 부르는 라가라든지 누스라트 파테 알리 칸이 독실한 수피교 전통에 따라 부르는 라가는 「트리스탄과 이졸데Tristan und Isolde」만큼이나 황홀하게 울려 퍼질 수 있다.[65]

서양 음악의 '승리'를 설명하려는 고전적 관점은 공격적인 교회의 관료주의와 11세기 교황 그레고리우스 7세의 개혁에서 시작된다. 그레고리우스 7세는 그레고리오 성가의 촘촘한 짜임 속에 전 세계 기독교 국가를 한데 묶은 장본인이다. 그 관점은 그다음으로 중세 후기에 급부상하는 상인 계급의 열성적인 기운으로 흘러가고, 르네상스를 거쳐 자유민주주의로 넘어가며, 베토벤 음악에서 볼 수 있는 영웅적인 이상주의와 함께 절정에 이른다.[66] 기욤 드 마쇼Guillaume de Machaut가 작곡한 1365년 「노트르담 미사Messe de Notre Dame」는 역사에 기록된 최초의 미사곡으로, 유용한 시금석이 된다.[67] 마쇼의 미사곡은 아프리카와 인도 또는 중국의 어느 음악과 마찬가지로 시대와 장소, 기능과 깊은 연관을 맺지만, 미사곡이 만들어내는 소리는 이런 맥락으로부터 분리되어 그 존재 자체로 음미할 수 있다. 이런 식의 추상화나 거리두기 같은 음악 작업은 그리 드물지 않으며, 다른 곳에서도 만나볼 수 있다. 그보다 드문 것은 문자화된 음악언어로 새겨져 층층이 쌓인 역사를 창조적으로 파괴하려는 마쇼의 태도다. 서양 음악의 규범은 음악을 글로 기록하는 것이었다. 따라서 스승과 제자가 얼굴을 맞대고 입에서 입으로 전하는 것보다 훨씬 더 멀리까지 전파할 수 있었고, 그 덕에 마쇼는 기존의 역사를 파괴할 수 있었다. 프랑스 음악학자 자크 샤이유Jacques Chailley는 1961년《4만 년 동안의 음악Music of 40000 Years》이라는 악명 높은 책에서 연속성과 파괴라는 서양 음악의 역설적인 통합을 다뤘다.[68] 사람들은 샤이유가 첫 3만 9천 년의 역사를 단 두 페이지에 풀어놨다고 농담하곤 한다. 그럼에도 서양의 음악은 근본적으로 모든 양식이 이전 양식을 죽이는 폭력적인 문화라는 샤이유의 통찰력은 오래도록 남았다.

서양 음악은 영예로운 전통의 결실을 맺었지만, 이런 파괴의 주기에 일반적으로 서양 사상이 보여주는 특히나 비판적인 태도가 반영되었음을 어렵지 않게 알아차릴 수 있다. 이 비판적 견해는 17세기 초 갈릴레오와 데카르트 같은 과학자와 철학자와 함께 시작되었다. 실험과학은 이전의 이론들이 잘못되었음을 증명하면서 발전해나갔다. 데카르트주의는 아리스토텔레스나 아퀴나스 같은 고대의 권위자를 따르기보다 정신의 작용 자체를 추구했다("나는 생각한다. 고로 존재한다"). 아마도 이런 식으로 세상을 바라보는 방식은 인간을 자연과 동떨어진 영적이고 합리적인 존재로 생각하는 고대 그리스 철학자들의 개념에서 유래했을 것이다. 이 견해에 따라 인간은 자연이라는 늪에서 빠져나와 그 어느 때보다 더 고귀해진 한편, 정서와 같은 자연스러운 충동을 억압하거나 서서히 통제해나가야 하는 존재가 됐다. 그에 맞춰 인간 이성의 존엄과 자유는 궁극적으로 동물의 본능과는 차별되는 인간 고유의 것이 되었다. 정확히 똑같은 논거에 따라 음악적 인간의 정체성은 인간의 음악이 동물의 음악과 분리되어 있다는 점에 있다.

세 번째 연대표: 음악의 진화

이제는 보이저호에 실린 골든 레코드를 듣는 외계인들이 영화 「컨택트Arrival」에 등장하는 거대하고 고도로 감각이 발달한 문어 같은 생물체라고 상상해보자. 이 영화는 대부분의 공상과학영화보다는 지식을 뽐내는 축이다. 「컨택트」의 여주인공은 은하계를 가로지르는 언어 장벽을 침투하려고 애쓰는 언어학자였고, 빌뇌브Villeneuve 감독은 실제 언어학 교수인 맥길 대학교의 제시카 쿤Jessica Coon에게 조언을 구했다. 쿤 교수는 그다지 어렵지 않게 생물체들의 음악언어를 해독하려고 시도하는 음악학자가 되어주었다. 요한 요한손Johann Johannsson의 경적처럼 웅웅 울리는 굵은 저음은 외계인의 음악이 어떤 소리를 내야 하는지를 생생하게 그려내지만, 여전히 제안으로만 남아 있다. 국립대만과학기술대학의 해양생물학자들은 문어와 오징어를 포함해 두족류 동물이 400헤르츠와 2,000헤르츠 사이의 음역대를 가졌으며, 피아노 건반에서 가온다(중간 C)보다 약 한 옥타브 위인 600헤르츠(D5, 3옥타브 D)까지 들을 수 있다는 것을 발견했다.[69] 인간의 음역대는 몹시 광범위해서 20헤르츠에서 2,0000헤르츠이며,

피아노 건반(88개)보다 약간 더 넓은 수준이다. 따라서 외계인들이 골든 레코드에서 들을 수 있는 소리는 조건에 따라 매우 제한적일 수도 있다. 바흐의 「브란덴부르크 협주곡 제2번」은 물속에서 연주하듯 뭉개져 들릴 수도 있다(수영장들이 굳이 수중 스피커 같은 수법으로 우리를 괴롭히지 않는 이유가 여기에 있다). 우주에서는 그 누구도 연주하는 소리를 들을 수 없다.

그러나 이런 설명은 음악적인 종의 장벽에서 음향을 이야기하는 것뿐이다. 문어들은 먹잇감의 정확한 위치를 찾고 포식자를 피하며 서로 소통하기 위해 소리를 이용한다. 따라서 음악과 언어 사이 그리고 음악과 음향신호, 즉 순수한 소리 사이에 존재하는 장벽은 인간들이 음악이라고 생각하는 대상 안에서의 장벽보다 훨씬 더 애매하다. 이는 지구상 거의 모든 동물의 왕국에 적용되는 이야기다. 우리는 인간의 음악이 인간만이 가진 신체와 정신적 특징에 맞춰 조정된 다양한 방식을 당연한 듯 받아들인다. 음악의 리듬은 앞서 언급했듯 우리가 두 발로 걷는 경험에서 시작됐다. 원시인류가 똑바로 서서 걷게 됐을 때 성도(성대에서 입술 또는 콧구멍에 이르는 통로—옮긴이)가 점차 확장되면서, 말하고 노래할 수 있게 되는 진화 과정의 계기가 이뤄졌다. 여덟 개의 다리로 수영하는 생명체는 이런 경험을 전혀 해보지 못했으리라. 게다가 문어의 뉴런 가운데 3분의 2는 인간처럼 중심 뇌에 집중되어 있는 게 아니라 촉수 전체에 퍼져 있다.[70] 인간의 중앙처리방식은 정신과 신체가 서로 분리되어 상호작용한다는 심신이원론과 균형 감각에 영향을 미치며, 그다음에는 우리가 음악의 형식을 인식하는 과정을 통해 빛을 발한다. 인지언어학자 조지 레이코프George Lakoff와 마크 존슨Mark Johnson은 우리가 언어와 개념을 이해하는 과정 전체에서 인간의 구체화가 작용한다고 주장했다.[71] 음악이론가들은 레이코프와 존슨의 개념을 음악에까지 확장시켰다.[72] 인간의 음악은 실제로 있는 그대로 인간 그 자체다.

이 책의 마지막에서는 동물의 커뮤니케이션, 우리의 조상 호미닌의 커뮤니케이션으로부터 진화한 인간의 음악에 관해 우리가 아는 것들을 되짚어볼 것이다. 동물과 인간의 음악은 무엇이 비슷하고 무엇이 다른가? 선율과 리듬, 동시진행과 주고받기 등 인간 음악의 측면들은 우리와 오늘날의 고릴라, 보노보, 침팬지의 공통 조상인 아프리카 대형 유인원이 목소리를 내던 800만 년 전부터 존재했다.[73] 600만 년 전 우리 인간의 첫 조상은 유인원으로부터 이 똑같은 면을 물려받았다. 버빗원숭이가 내는 경고음은 언어의 낱말처럼 각기 다른 포식자들을 구분한다. 개코원숭이는 수다쟁이처럼 보인다. 긴팔원숭이는 짝짓기 전후에 수컷과 암컷이 함께 듀엣으로 노래한다. 그렇다 하더라도 인간의 언어나 음악과의 이러한 유사성은 믿을 수가 없다. 다음과 같은 차이점들 때문이다.

- 유인원과 원숭이가 내는 소리는 전일적이다. 문장이나 음계와는 달리 소리는 단어나 별개의 음높이 같은 구성요소로 쪼갤 수 없다.
- 유인원과 원숭이가 내는 소리는 언어나 음악과 달리 복잡한 정도가 드러나지 않기 때문에 위계나 계층이 없다.
- 유인원과 원숭이가 내는 발성은 결합하지 않는다. 원숭이는 기

존에 존재하는 단위들을 합쳐서 새로운 울음을 만들 수 없으며 제한적인 레퍼토리를 가진다.

- 마지막으로 동물의 울음이나 짖음, 부우 소리 등은 어떤 일이 일어나게 하려는 조작적이거나 업무적인 신호다(예를 들어 위협을 알려서 다른 동물에게 주의를 줄 수 있다). 동물들에게는 바로 가까운 것들로부터 '거리를 두고 생각하는' 인간의 핵심적인 능력, 즉 기본적인 추상화 능력이 보이지 않는다.

반면 인간이 지닌 말과 음악 작곡의 특징은 단위들을 조합해서 끝도 없이 다양한 종류의 새로운 문장이나 부분을 만들어내는 능력이다. 인류의 역사에서 모든 음악적 '언어'는 위계를 가졌고 결합이 가능하다.[74] 그 음악이 특정 맥락에서 비롯됐다 하더라도 다시 반복되고 형식화될 수 있다. 그 맥락에서 추상화됐기 때문이다.

이 점이 동물과 인간을 확연히 구분 짓는다. 어떤 면에서 인간의 음악은 동물의 음악을 완전히 배격함으로써 진화했다. 이는 상징적으로는 우리가 동물을 죽이고, 실은 호모 사피엔스의 손으로 네안데르탈인처럼 아주 유사한 호미닌종을 집단학살했다는 의혹과 맞먹는 이야기가 된다.[75] 따라서 '음악의 본성을 죽였다'는 이 책의 주제는 우리 자신의 수동적 청취에서부터 유럽 음악의 전성기를 거쳐 가장 깊숙한 진화의 역사까지 아우르게 된다.

그러나 이 이야기에는 동물의 정서로 대변되는 또 다른 측면이 존재한다. 브루스 리치먼Bruce Richman은 겔라다개코원숭이의 발성을 연구하면서 이 원숭이들이 정서적 갈등을 해결하기 위해 여러 종류의 울음소리를 사용한다는 것을 발견했다.[76] 빠르지만 안정된 리듬과 선율을 가진 소리가 '길게 연속으로' 이어지는 한 울음은 친구가 되고 싶다는 우호적인 접근과 긍정적인 정서를 표현했다. 또 다른 울음소리는 더 높은 빈도로 소리가 '빽빽이' 이어졌는데, 이는 분노와 공격을 표현하는 것이었다. 따라서 겔라다개코원숭이의 울음소리가 진짜 언어는 아니라는 문제는 원숭이들이 표현하는 정서를 우리가 구분할 수 있다는 사실로 충분히 상쇄된다. 이는 동물과 인간 사이의 정서에 진화의 연속성이 있다는 다윈의 주장을 뒷받침한다. 우리와 동물을 한데 묶는 것은 음악이 아니라 공통적인 정서다. 우리의 음악은 800만 년 전부터 동물과 비슷한 레퍼토리로 기본 정서를 공유해왔을 수 있다. 말러 교향곡의 껍데기를 제거하고, 원초적 감정이 자리한 편도체를 드러내기 위해 (진화적 관점에서) 어린 신피질을 벗겨내는 일은 네안데르탈인과 고대의 아프리카 유인원과 함께 노래하는 것과 같다.[77]

호미닌의 영웅들 가운데 슈퍼스타이자 우리 모두의 어머니는 바로 루시다. 루시는 1974년 아프리카에서 발견된 오스트랄로피테쿠스로, 약 320만 년 전에 살았던 것으로 추정된다.[78] 루시는 침팬지처럼 키가 1미터가량 됐고, 현생인류 뇌 크기의 3분의 1 정도 되는 뇌를 가졌으며, 두 발로 걸었지만 아마도 인생의 반 이상을 나무 위에서 보냈을 것이다. 루시의 울음 레퍼토리는 유인원과 그다지 다르지 않았을 것이다. 호모 사피엔스로 향하는 기나긴 진화의 행진에서 루시와 그 후예들은 서식지와 뇌 크기, 사회적 복합성 사이에 존재하는 적응의 연결고리를 의미한다. 좀 더 최근인 150만 년 전의 호모 에르가스터Homo ergaster는 자신의 모습이 더 노출되는 넓은 사바나에서 사냥하기 위해 무리를 짓는 것이 안전했을 것이다. 그로 인해 집단 내에서 다른 이들과 훨씬 더 복잡하게 사회적 상호작용을 하게 됐으며, 추측하건대 울음 레퍼토리는 뇌 크기와 함께 확장됐을 것이다. 가장 중요하게는 호모 에르가스터는 두 발로 서서 똑바로 걸었을 것이다. 호모 하빌리스Homo habilis와 호모 루돌펜시스Homo rudolfensis 같은 훗날의 호미닌들뿐 아니라 호모 에르가스터에게도 직립보행은 음악적으로 다양한 결과를 안겨주었을 것이다. 후두는 목구멍 쪽으로 더욱 내려오고 뻣뻣함도 덜해졌기 때문에 소리 낼 수 있는 음역이 더 확장됐다. 리듬에 맞춘 걷기나 달리기는 호미닌의 박자 감각을 강화시켜주면서 행동과 단체 활동을 조정해주었다. 직립보행 덕에 두 손이 자유로워지면서 도구를 만들고 어쩌면 원시적인 악기를 함께 쿵쿵 울릴 수 있었다. 그러나 이는 엄마들이 언제나 아이들을 데리고 다닐 수는 없게 된다는 의미이기도 했으며, 따라서 아기를 안아주는 행위를 대체하고 바닥에 눕힌 아기를 엄마의 목소리로 달래주기 위해 자장가가 발달했다는 이론이 존재한다. 팔다리를 몸통으로부터 독립적으로 움직이는 방법을 숙달하면서 춤을 추는 것도 가능해졌다. 고고학자 스티븐 미슨Steven Mithen은 리듬이 훨씬 더 소중한 영향력을 가졌다고 주장했다.[79] 동시진행적인 음악(박수를 치면서 동시에 노래하거나 춤추는 일)을 만들 수 있게 되면서 부족들은 동일한 정서 상태를 공유할 수 있게 됐고, 집단의 유대감이 높아졌다. 음악을 통해 정서를 조율하는 일은 초기 인류의 마음이론, 즉 다른 사람의 생각과 감정을 직관적으로 통찰하는 것을 강화했다.

언어학자 앨리슨 레이Alison Wray에 따르면 70만 년 전인 중기 플라이스토세(약 258만 년 전부터 1만 년 전까지 이어진 신생대 제4기의 전반부를 의미하며 홍적세라고도 한다─옮긴이)에 호모 하이델베르겐시스(하이델베르크인)가 연속적으로 이어지는 전일적인 음절과 비슷한 웅얼거림인 '조어(공통기어)'를 말하거나 노래했다.[80] 대부분의 진화언어학자는 이 시기에 음악과 언어를 구분하는 것이 어려웠을 것이라고 생각한다. 다시 말해 훗날의 언어와 음악은 동일한 근원으로부터 갈라져 나왔다는 것이다.[81] 또한 음악이 예술적 표현을 위한 표현양식이 되기 위해서는 충분한 여유로움이 필요했다. 아슐리안 양면석기(전기 구석기시대에 만들어진 양면을 가진 돌 도구)만큼이나 일찍이 발견된 150만 년 전의 대칭형 주먹도끼는 잉여의 정도를 보여주는 증거가 된다. 이 도끼는 이성에게 선택받기 위한 도구일 수도 있고, 단순히 그 자체로 심미적 즐거움의 대상일 수도 있다.[82] 대칭의 형태도 아름답지만, 대칭으로 조각할 수 있는 기술이 잠재적인 짝에게 매력적으로 보였을 수 있다.

미슨은 영향력 있는 저서《노래하는 네안데르탈인The Singing Neanderthals》에서 네안데르탈인이 진화론적으로 막다른 길이자, 인간의 음악성이 따라갔어야 했고 어쩌면 여전히 좇고 있는 잃어버린 음악적 이상이라고 묘사했다.[83] 호모 네안데르탈렌시스는 25만 년 전에 처음 등장했고, 마지막 네안데르탈인은 기원전 3만 년에 굶주림 때문에 죽었거나 적응력이 더 높은 호모 사피엔스에 의해 제거되었을 가능성이 높다. 미슨은 네안데르탈인의 경우 호모 사피엔스처럼 언어로 발전하지 못한 것에 대한 보상으로 음악적 능력이 발전했다고 강력하게 주장하면서, 네안데르탈인은 상징적 유물을 남기지 않았고 문화가 고정되어 있으며(이들의 도구는 발전하지 않았다) 공동체의 규모가 작았다는 점(제한적인 소통만 필요했다)을 추론의 근거로 댔다. 미슨은 이들의 조어를 'Hmmmmm'이라고 불렀는데, 이는 'holistic(전일적), manipulative(조작적), multi-modal(다중적), musical(음악적), mimetic(미메시스적)'이라는 단어들의 첫 글자를 따서 만든 용어다. 18세기 철학자 장 자크 루소Jean Jacques Rousseau는 노래하는 네안데르탈인에 관해 알지 못했을 테지만, 네안데르탈인은 아마도 그가 이상적으로 생각하는 '고결한 야만인'에 가장 가까운 존재였을 것이다. 고결한 야만인이란 음악천국에 사는 인간의 기원에 관해 말하는 신화와도 같은 그럴듯한 이야기다.

우리의 선사시대 연대표는 10장에서 끝나는데, 약 10만 년 전부터 4만 년 전까지의 이 시기는 개리 톰린슨Gary Tomlinson이 '음악의 근대성'이라고 도발적으로 부르는 개념과 함께 끝난다. 후기 플라이스토세에 우리의 '근대적' 음악가인 호모 사피엔스는 다음과 같은 음악적 퍼즐 조각을 제자리에 꿰맞추게 된다.[84] 예를 들어 음높이가 분리되고, 선율적 윤곽과 각각의 음표로 이원화된 위계 구조와 구성 요소를 배열해 새로운 음악으로 만들어내는 조합 체계가 생겼고, 다양성은 더 커지고 정확도는 올라갔으며, 통제는 강해지고 의미는 더욱 구체화되었다. 이 모든 측면이 음악이 기호체계와 언어와 공유하는 것이다. 역설적인 점은 이 모든 것을 달성하기 위해 음악은 언어로부터 갈라져 나와야만 했다는 것이고, 이는 네안데르탈인이 결코 해내지 못한 일이기도 하다. 우리는 이를 어떻게 추론할 수 있을까?

뼈와 도구의 고고학으로부터 음악의 정교함이 인지적 복합성, 사회적 복합성과 함께 공진화했음을 추정해볼 수 있다. 또한 결정적 순간에 문화는 선택적 압력을 가하기 위해 인간의 진화에 영향을 미치게 된다. 문화는 기록으로 남겨진 집단기억을 통해 세대를 가로질러 비유전적인 정보를 전달하는 역할을 한다. 우리는 아프리카 그리오와 호주 원주민 그리고 북미 원주민이라는 살아 있는 노래 역사학자들로부터 플라이스토세 시대의 음악적 기억을 물려받은 머나먼 후손을 만나볼 수 있다.

이 모든 것이 아무런 진화론적 의미가 없는 '귀로 즐기는 치즈케이크'라며 음악을 지독하게 깎아내린 인지과학자 스티븐 핑커Steven Pinker의 주장을 반박한다.[85] 진실은 그다지 먼 곳에 있지 않다. 케임브리지의 음악학자 이언 크로스Ian Cross가 음악의 '유동적 의도' 또는 의미의 융통성이라고 칭한 바로 그 음악의 '의미론적 불확정성'은 호미닌이 불확실하거나 애매한 사회적 상황에서 협상할 때 매우 유용했다.[86] 음악은 철학자 대니얼 데닛Daniel Dennett이 '스팬드럴spandrel'(이탈리아 산마르코 대성당 같은 돔형 건축물을 세우기 위해서는 기둥 위에 아치를 세운 뒤 돔을 올려야 하는데 아치와 돔 사이에 생긴 홀쭉한 삼각형 모양의 휘어진 면을 스팬드럴이라고 부른다. 데닛은 이 스팬드럴을 건축 과정에서 생겨난 부산물이 아니라 미학적 또는 구조적 가치 때문에 '선택'한 양식으로 보았다―옮긴이)이라고 부르는 사치의 부산물이 아니며, 언제나 진화론적 장점을 제시해왔다.[87] 그러나 장기적인 전망은 영겁의 세월을 겪어온 음악의 본성에 대해 냉혹한 진실과 어느 정도의 무지를 드러낸다. 이러한 무지는 음악의 가장 뛰어난 성과에 계속 그림자를 드리운다. 음악의 근대성은 본성이라는 단어에 두 번이나 밑줄을 쫙쫙 그으며 이를 강조하고, 획기적인 두 단계로 요약할 수 있는 것처럼 보인다. 여기에서 두 단계란 동물의 커뮤니케이션에서 호미닌의 조어까지의 단계, 그리고 그 후 네안데르탈인의 'Hmmmmm'까지의 단계를 의미한다. 음악의 상대적 추상화를 두 가지 각도에서 바라볼 수 있다는 사실은 위안이 된다. 한편으로 음악은 정신과 상징적 언어가 지닌 (바로 가까운 것들로부터) '거리를 둔' 추상적 사고를 반영했다. 그러나 또 한편에서 음악은 언제나 정서적 즉흥성 그리고 동물의 울음소리와 초기 조어의 전일적이고 제스처적인 특성을 계속 품어왔다. 음악의 정서는 우리가 이어받은 '종의 기억'이다. 현시대의 음악조차 그러한 선사시대의 짐을 계속 안고 간다는 사실은 우리가 음악을 경험하는 방식, 음악이 우리의 삶과 문명에 가져다주는 가치에 관해 엄청나게 중요한 이야기를 전한다. 우리가 연주와 녹음, 역사적 기록, 고고학적 유물로부터 추론해볼 수 있는 한, 이 이야기가 전 세계 음악에 적용된다고 주장하려 한다. 이는 좋든 나쁘든 특히나 서양 음악에 있어서 진실이리라.

덧붙임: 음악적인 포스트휴먼이라고?

두 번의 빙하기 사이에 낀 홀로세(신생대 제4기의 마지막 지질시대로 1만 년 전부터 현재까지에 해당한다—옮긴이)에 이 책을 쓰면서 음악의 미래에 관한 비관주의를 뒷받침하는 여러 근거를 외면하기란 어려운 일이었다. 음악의 운명은 서양에서 가장 위태로운데, 음악은 지질학적 관점에서 놀라울 정도로 늦게, 다른 예술이 발달하고 오랜 시간이 흐른 뒤에 발전했으며, 이미 다시 그 예술들의 뒤편으로 물러나게 됐다. 모두가 새로운 소설을 읽고, 미술 갤러리들은 번창하지만, 콘서트홀은 오래전에 세상을 떠난 작곡가들의 음악을 들을 청중을 찾는 것조차 힘겹다. 음악은 분명 디지털 미디어 덕에 모든 곳에 존재하지만, 바로 그 이유로 싸구려가 됐고 인간적으로 가치가 없어졌다. 베토벤의 시대에는 운이 좋아야 살면서 두 번 정도 교향곡을 들을 수 있었고, 그로 인해 음악을 훨씬 더 소중히 여겼다. 음악은 이제 알고리즘을 이용해 컴퓨터로도 작곡할 수 있고, 그 결과물은 형식상 신뢰성을 보기 위한 '튜링 테스트'에도 합격할 수 있다.[88] 그 결과물이 비발디의 신곡처럼 들린다면 누가 작곡가를 필요로 하겠는가? 하지만 이러한 비관주의는 완전히 뒤집힐 수 있다. 혹자는 전기음향 작곡, 유비쿼터스 컴퓨팅, 분산인지와 일반적인 소리의 '게임화' 등을 통한 음악과 기술의 상호작용이 실제로 음악의 수행적 요소를 되살릴 것이라고 말한다.[89] 나는 전 세계적으로, 특히 서양에서 음악의 운명이 참여형에서 수동적 청취형으로 쇠퇴했다는 사실에 애통해했다. 아마도 포스트휴먼의 음악은 좀 더 민주적이고 참여적이며 역동적일 가능성이 높다.[90] 어쨌든 모든 악기가 인간의 신체적 능력을 보강해주듯 피아노도 일종의 기술이 아니었던가? 바이올린 역시 오늘날 팝송을 부를 때 고정적으로 사용하게 된 보컬 오토튠(일종의 오디오 처리 소프트웨어)과 마찬가지로 인간의 몸을 보완해주는 물건이다. 그렇다면 음악의 미래는 무엇이 될까? 세계의 종말일까, 멋진 신

세계일까? 그 답은 여러분이 이 책을 전진적으로 읽는가, 후진적으로 읽는가에 달렸다. 긍정적인 산출물은 어쩌면 층층이 만들어진 나바호족의 역사 모형에 포함되어 있을 수도 있다. 물론 우리 모두가 나바호족이 될 수는 없지만, 나바호 문화는 음악, 즉 아무 음악에나 귀를 기울이는 고유한 경험을 특히나 중시한다. 시간의 바다를 헤엄치다 자유로이 빠져들 수 있는 그런 음악 말이다. 이 책은 음악이 가고 싶은 곳으로 따라간다. 그곳은 바로 과거다.

02

요람 그리고
모든 것

노래하는 법이나 악기 연주하는 법을 배우는 일이 뇌의 구조를 바꿔
놓는다는 사실에는 의심의 여지가 없다. 음악을 즐기지만 특별한 훈
련을 받지 않는다면, 언어를 다루는 뇌의 부위인 우반구가 이를 처
리한다.[1] 음악을 대할 때 우리는 '오른쪽 뇌가 지배'하게 된다. 그런
데 여러 연구에 따르면 음악 훈련은 음악을 처리하는 뇌를 좌반구로
바꿔놓는다. 음악가들은 좌뇌형이다. 왜 이런 일이 벌어지는지에 대
한 여러 추측이 있다. 한 가지 설명은 뇌가 언어를 듣는 것처럼 음악
듣는 법을 배우면서 문외한의 청중들이 이해할 수 있는 수준을 넘어
선 구조적인 복합성을 식별한다는 것이다. 훈련받은 음악가들이 음
악을 들을 때면 '베르니케 영역'이라 불리는 언어 이해와 연관된 뇌
부위가 활성화된다(베르니케 영역은 측두엽에서 청각피질의 후방에 위치한 측
두평면이다).

음악이 뇌를 바꾸도록 연습할 수 있는 방식은 다양하다. 한 연구에 따르면 프로 음악가들은 아마추어 음악가들보다 운동, 청각, 시공간의 뇌 영역에 회색질이 더 많았으며, 마찬가지로 아마추어 음악가의 경우 비음악가보다 많았다.[2] 음악가들은 어린 나이부터 복잡한 움직임과 청각 기술을 배웠으니, 신경 가소성을 생각해보면 그에 따라 뇌가 적응하는 것은 당연하다.

사실상 음악적 인간이 보통의 인간과는 생물학적으로 다르다는 것을 보여주는 산더미 같은 증거들을 읊으며 논의를 진행할 수도 있지만,[3] 그랬다가는 이 장이 잘못된 방향으로 흘러가고 말 테다. 음악적 인간은 만들어지는 것이 아니라 타고났다는 주장도 존재하기 때문이다. 나는 사람들의 엘리트적 성과보다는 보편적 성향이라고 여겨지는 부분에 훨씬 더 관심이 많다. 더 정확히는 음악적 훈련의 이점이 말 그대로 '뇌를 거칠 필요도 없이' 간단한 문제임을 고려하면, 세계 곳곳에서 그리고 인생 전반에서 음악의 뇌를 형성하고 가끔은 방해할 문화적 요소들을 훨씬 더 중요하게 생각한다. 결정적인 질문은 다음과 같다. "음악의 본능이 타고난 것이라면, 왜 이 본능은 그리 자주 꽃피우지 못하는가?" 우리는 무엇이든 당연하게 받아들여서는 안 된다. 특히나 '음악'이라는 단어 자체를 무슨 의미로 사용하는지에 관해서는 더욱 그렇다.

음악적 인간이 태어난 아프리카에는 '모든 사람이 음악적이다'라는 일반적인 가설이 존재한다(후술할 예정이다). 그럼에도 이해할 수 없는 점은 아프리카 원주민에게는 서양에서 '음악'이라고 부르는 것을 가리키는 단어가 거의 없다는 사실이다.[4] 라이베리아의 바이족은 '춤tombo(톰보)'과 '노래don(돈)' 그리고 '악기 연주sen fen(센 펜)'를 나타내는 단어는 있지만 체계적인 소리로서 음악의 포괄적 개념을 가리키는 단어는 없다. 보츠와나의 츠와나족의 경우 노래와 춤이 같은 대상gobina(고비나)을 의미하고, 코트디부아르의 단족은 음악을 가리키는 단어는 없지만 춤곡ta(타), 찬양가zlöö(즐루), 장례식 조가gbo(그보)처럼 다양한 노래에 이름을 붙였다. 반면 그 어떤 아프리카 토착어도 노래와 춤, 아니면 실질적으로 언어를 의미하는 단어 없이는 살아남을 수 없었다. 아프리카인들은 노래와 춤, 단어와 움직임으로부터 소리를 따로 분리하지 않는 편이다. '음악'을 가리키는 단어가 없다는 것은 '응고마ngoma'라는 나미비아의 철학을 떠올리게 하는데, 이 철학은 사하라 이남 지역에서는 예술이 상호 연결되어 있음을 설명한다.[5] 응고마의 또 다른 특징은 작곡과 연주, 청취를 분리할 수 없다는 것인데, 서양에서는 세 행위가 분명히 구분된다.

아프리카는 음악적 인간의 요람이며, 나는 5장과 10장에서 그 요람기를 추측해보려 한다. 우선 아프리카는 서양 이외의 음악적 세계를 의미한다. 아시아와 남아메리카의 대부분 지역에서는 음악을 천부적 권리라고 보는 아프리카의 신념을 공유한다. 마찬가지로 중요한 점은 그 예술도 비슷하게 서로 연결되어 있다는 것이다. 그런데 이 음악성의 공통적이고 (협소하게가 아니라) 넉넉하게 정의된 기준과는 대조적으로, 서구 음악가의 커리어는 요람부터 요양원까지 하향곡선을 그린다고 해석할 수 있다. 음악적 인간의 본성은 전 세계적으로 동일하다고 가정할 때 그리고 그 가정을 따져 물어볼 때, 서양의 어린이들은 두 가지 허들에 걸려 넘어져 좌절한다. 모든 아이는 천부적인 음악가지만, 대부분은 예술적으로 수동적인 상태에 빠져든다. 모든 아이는 창조적이지만, 두 번째 허들에서는 오직 일부만이 재능을 타고난다는 오해에 빠진다. 단순히 현대 도시 생활의 복잡성으로 이런 상황이 발생하는 경우는 얼마나 될까? 한 연구에 따르면 유럽 음악의 고향인 현대 독일에서 아마추어 음악가의 90퍼센트가 20세와 60세 사이에 가족과 커리어로 인해 음악 활동을 중단한다.[6] 현대 청소년들이 기타보다는 노트북 컴퓨터를 끼고 빈둥거린다 하더라도, 음악 인생이 40년간 단절된다는 사실은 눈길을 끈다.

이 장에서는 태아와 유아기부터 사춘기와 성년기, 죽음에 이르기까지, 아마추어부터 프로까지 우리 음악 인생의 흐름을 따라 조명을 비춰보려 한다. 그 과정에서 마음을 묘하게 끄는 질문들이 등장하며, 그 질문들은 모두 음악의 어마어마한 다양성을 암시하게 된다. 무릎 위에서 아기를 어르는 것이 일부다처제와 무슨 상관이 있는가? 밤 12시에 옥스퍼드 대학교 안뜰에서 술에 취해 반시계 방향으로 아프리카 춤을 추며 빙글빙글 도는 것은 왜일까? 왜 서양은 십대 청소년이라는 개념을 만들어냈을까? 베토벤은 어느 악마에게 자기 영혼을 팔았을까? 마지막으로 나는 서양의 천재 숭배가 실은 장애 문화인지 궁금하다.

참 아쉬운 일이다. 이 이야기에서 시작은 전도유망하기 때문이다. 게다가 아기며 요람이며 하는 모든 것이 등장하니까.

기원

이야기는 이렇게 시작한다. 달팽이관은 임신 6주차에 달팽이처럼 보이는 소용돌이를 만들며 돌돌 말린다.[7] 2주 후 청각수용체인 코르티가 자라기 시작한다. 8주차에 접어들면 태아에게 귓속뼈(이소골)가 생긴다. 귓속뼈는 가운데귀(중이)에 자리한 작은 뼈들을 가리킨다. 11주차에는 청각세포를 갖춘 고막이 자라나는데, 이 청각기관은 12주차가 되어서야 작동하기 시작한다. 이쯤에서 100데시벨을 넘어서는 시끄러운 소음은 태아를 깜짝 놀라게 해서, 발을 버둥거리고 심장을 급히 뛰게 한다. 36주가 되면 귀와 뇌는 (구심성 신경섬유와 원심성 신경섬유를 통해) 완전히 연결되며, 그렇게 인간의 귀가 완성된다. 탄생의 문턱에서 아기는 엄마의 진짜 목소리와 녹음된 목소리를 구별할 수 있기 때문에, 녹음된 소리는 아기를 불안하게 만든다. 태어난 뒤 엄마의 목소리는 아기의 마음을 사로잡을 것이다. 아기에게 1분에 27회씩 뛰는 심장박동 소리를 들려줘보자. 아기는 진정되고 좀 더 깊이 잠들며 몸무게도 더 빨리 늘 것이다.[8]

과학자들은 오랜 시간을 들여 아기 청취자가 무엇을 할 수 있는지 측정했다. 아기는 첫날부터 규칙적인 박자를 인지할 수 있고 음악에 맞춰 리드미컬하게 움직이게 될 테지만, 4세가 될 때까지 음악에 맞춰 움직이지는 못할 것이다.[9] 박자를 맞추는 일은 거의 모든 동물에게 불가능하다. 인간에게는 가능한 일이지만 이 능력은 아주 천천히 생긴다. 생후 2개월에서 5개월 사이에 아기들은 두 개의 리듬을 구분할 수 있게 되며, 7개월에서 9개월 사이에는 리듬이 더 빠르게 또는 다른 조로 연주될 때도 그 리듬 패턴을 알아차릴 수 있다. 어린아이는 어른보다 매우 높은 음높이에 좀 더 민감하게 반응하며 작은 변화도 예리하게 알아챈다. 반면 3세 아이에게 멜로디를 되불러보라고 하면, 아이는 정확한 음이 아니라 아래위로 오르내리는 폭넓은 멜로디의 윤곽을 기억해낼 가능성이 높다. 이 경향은 5개월부터 5세까지 동일하게 유지된다. 조성 내에서 조화로운 관계에 주의를 기울이며 음악을 듣는 것은 7세가 되어서야 가능한데, 이때가 여러모로 사람이 음악적으로 성숙해지는 나이다.

왜 아이에게는 멜로디가 그리는 윤곽이 정확한 음높이보다 그리도 중요할까? 세기가 강약을 넘나들며 호를 그리는 선율 윤곽이 음악, 언어, 행동과 정서의 경계를 넘나들기 때문이다. 말이 트이기 전에는 이 모든 요소가 이음매 없이 매끄럽게 섞이다 보니, 의미는 두 감각이 교차하며 상호작용해서 만들어진다. 음악과 움직임 사이의 연결은 특히나 중요하다. 이는 우리의 속귀(내이) 안에 자리한 전정계 때문인데, 전정계는 우리의 균형 감각을 책임진다.[10] 신체 움직임은 우리의 음악 활동을 이끄는데, 성대의 운동을 조절하고 부모가 아이를 안아서 아래위 또는 앞뒤로 흔드는 것부터 피아노 건반을 누르고 몸을 흔들거나 박자를 두드리는 것까지 다양하게 이어진다. 청각과 운동신경의 신경 연결은 거의 인간에게만 존재하는 고유의 것으로, (전부가 아니라) 몇몇 노래하는 새들과 고래나 돌고래 같은 고래목 동물에만 있다.

윤곽contour은 중요하다. 부모와 소위 '원시대화proto-conversation'로 이야기를 나누는 방법이기 때문이다. 엄마나 양육자는 아기에게 말을 걸 때 직관적으로 심리학자들이 '엄마어' 또는 'IDSInfant-Directed Speech'라고 부르는 언어를 사용하는데, 과장된 윤곽에 따라 느린 속도로 모음을 질질 끌어 발음하는 이 언어를 아기는 음악처럼 듣는다. '음악'은 아직 소리와 언어, 움직임과 정서의 혼합물로부터 구체화되지 않은 상태다. 엄마와 아이 사이의 정서적 유대감은 서로 응시하고 모방하는 복잡한 이중주로 펼쳐진다. 상대방의 미소와 목소리 억양을 닮아가기 때문이다.[11] 엄마와 아이는 서로의 정서에 주파수를 맞춰 조율한다. 아동심리학자 대니얼 스턴Daniel Stern은 이 유대감을 '정서 조율affect attunement'이라고 부른다.[12] 음악과 언어가 갈라져 각자의 길을 걷고 오랜 세월이 흐른 후, 동기화된 정서 조율은 재즈음악가들이 서로 즉흥연주를 하는 방식에 대한 본보기로 남았다. 원시대화에서, 재즈카페에서든 엄마 무릎 위에서든 작곡과 연주, 청취 사이의 구분은 의미가 없다.

따라서 음악은 엄마의 목소리에서 저절로 시작되는 것이 아니다. 음악은 엄마가 아기와 함께 만들어내는 찰나의 복잡하고 미묘한 드라마로부터 탄생한다. 음악은 본질적으로 관계와 관련 있다. 캐슬린 히긴스는 '우리 사이의 음악'이라고 표현하기도 했다.[13] 좋은 엄마(또는 부모나 양육자)는 아이의 첫 번째 음악 선생이다. 처음으로 말을 하게 되기 오래전, 엄마어의 윤곽은 아기가 멜로디를 따라 키득거릴 수 있게 이끌어주고 점차 소리의 레퍼토리를 넓혀준다. 그러면서도 리드미컬한 반복은 아기를 기대와 장난스러운 놀라움, 주고받기 같은 게임으로 끌어들이는데, 이는 음악에 있어서 완전히 중심이 되는 특성들이다. 엄마와 아기로 구성된 이중창은 전통적인 악보로는 표기할 수 없다. 그러나 잘나가는 엄마어 전문가 가운데 하나인 호주의 정신과 전문의 스티븐 말로치Stephen Malloch는 이를 소리 스펙트로그램(소리나 파동을 시각화해서 그래프로 표현하는 기법—옮긴이)을 사용해 음성기호로 표기했다. 엄마가 네 살 된 딸아이에게 "디 덤 디 덤 디 덤"이라는 노래를 불러주는 유쾌한 사례가 하나 있다.

> 세 번째 절에서 아기는 지속적으로 각 마디의 마지막 박자에 목소리를 내고, 절의 첫 부분에 엄마가 생략한 여린박을 집어넣는다. 이는 아기가 두 번째 절에서 보인 것과는 완전히 다른 모습이다. 아기가 절에 따라 자신의 음악 스타일을 바꾸는 것처럼 생각된다. 세 번째 절의 세 번째 마디에서 아기는 '음악적 농담'이라고 설명할 만한 행동을 했다. 아기는 세 번째 절의 1번과 2번 마디의 마지막 박자에서 정확히 목소리를 낸 뒤, 3번 마디에서 여전히 이 박자에 맞추면서도 16분음표만큼 일찍 들어간다. … 아기의 입장에서 이 행동이 의도적이었든 아니었든 간에, 엄마가 이 '이른' 발성을 감지하고 인정했다는 사실은 곧바로 이어진 엄마의 웃음소리에서 알 수 있다.[14]

유머의 사회역동성을 위해 음악을 활용하는 행동은 복합지능의 증거가 된다. 말로치의 짧은 서사는 얼마나 터무니없는가? 오페라의 모든 것, 하이든 현악 4중주가 보여주는 재기발랄한 대화의 모든 것이 정말로 생후 4개월 아기의 옹알거림에 이미 담겨 있는가? 아마 말도 안 되는 이야기일 것이다. 동시 진행되는 '대화적 음악성'이라는 말로치의 개념은 아이들이 4세가 될 때까지 박자를 맞추지 못한다는 것을 보여주는 수많은 증거와 어긋난다. 아마도 여기서 알게 되는 점은 우리가 말로치의 이야기를 믿으려고 거의 스스로를 세뇌하고 있으며, 그것이 바로 타고난 음악성과 어린 천재라는 이상화된 모습이 가진 매력이라는 것이다. 물론 이런 신화는 우리가 지향하는 바와 다르다.

이러한 시작은 어느 정도로 보편적일까? 상식에 따르면 일단 문화가 자리를 잡으면 음악적 행동이 갈라져 나오는 것이라지만, 사실은 그렇게 단정 짓기 어렵다. 문제는 과학적 연구 대다수가 서양 어린이를 대상으로 한다는 데 있다. 서양 이외의 지역까지 연구가 확장됐다 하더라도, 자궁 안에서든 밖에서든 서양 음악의 영향력을 걸러내기는 쉽지 않다. 서양이 지구를 식민지화했기 때문이다. 하지만 완전히 애매하고 막막한 것은 아니다. 잠정적이고 간헐적으로 이뤄졌던 초창기 연구 결과는 시사하는 바가 몹시 많다. 한 연구를 통해 프랑스에 살고 있는 인도 이민자 어머니들이 인도에 살고 있는 인도 어머니들과 비교했을 때 아기와 목소리로 상호작용하는 시간이 상대적으로 적다는 것을 발견했다.[15] 아이들이 자신을 안고 흔들어주는 박자를 선호한다는 다양한 증거가 존재한다.[16] 아기를 안고 두 박자에 맞춰 흔들어주면 아기들은 4분의 2박자 음악에 더 많이 웃게 되고, 세 박자에 맞춰 흔들어주면 아이는 세 도막 형식의 왈츠를 더 좋아하게 된다. 어린아이의 뇌는 어른보다 순종적이므로 좀 더 빠르고 쉽게 바뀌거나 적응한다. 그러나 점차 지역적 리듬에 대한 문화적 선호가 뼛속 깊이 박히면서, 고향의 문화가 지닌 음악적 보폭에 익숙해진다. 따라서 튀르키예 아이들은 복잡하고 (서양인의 귀엔) 매

우 불규칙한 발칸식 춤 리듬을 선호하게 된다.[17]

지역적 리듬과 아기 다루는 법 사이에 관련성을 연구한 매력적인 연구도 많다. 세계 대다수의 지역에서 그러하듯 엄마가 움직이거나 일하거나 춤추는 동안 아기를 등에 업거나 아기 엉덩이를 받칠 수도 있고, 서양에서 그러하듯 아기가 엄마로부터 떨어져 상자나 요람에 누워 있을 수도 있다. 한 연구에 따르면 엄마가 팔로 안든 포대기나 어깨걸이로 안든지 간에 아기를 데리고 다니는 문화에서는 좀 더 복잡한 리듬이 사용된다. 폴리리듬(여러 규칙적인 박자 형태를 동시에 실행함)은 아프리카 서부와 남부에서 가장 크게 발달했는데, 아마도 일부다처제가 시행되는 곳이기 때문이리라. 이 공동 부인들은 '아이를 돌보느라 자주 힘을 모으고,' '일반적으로 여러 명이 저마다 다양한 시간에 아기를 안아주는데, 짐작건대 이 부인들은 독특한 속도와 리듬으로 움직일 것'이다.[18] 아기 안기 관행의 영향력은 아프리카계 미국인 사회에서 유명하다. 뉴올리언스 트롬본 연주자 크레이그 클라인Craig Klein의 이야기를 들어보자.

트레메 브라스밴드의 베이스 드러머였던 라이오넬 (바티스트) 아저씨는 한번은 내게 뉴올리언스에 그토록 환상적인 세컨드라인second line 댄서와 드러머가 있는 이유를 설명해주었다(세컨드라인 댄스는 사람들이 양산이나 손수건을 흔들면서 밴드 뒤를 따라가며 음악이나 춤을 즐기는 것을 의미한다—옮긴이). "우리 흑인들은 아기들을 무릎에 올리고 리듬에 맞춰 아래위로 흔들어주지. 그보다도 엄마들은 아기들이 뱃속에 있을 때부터 춤을 춘다고." 따라서 아이들은 가장 어린 시절의 경험에서부터 리듬을 느낀다. 그런 식으로 흑인 가족과 백인 가족 사이에 차이가 생겨난다. 흑인 가족에게 음악은 그저 문화의 일부라 할 수 있다. 우리 부모님은 나를 무릎에 앉히고 흔들어주신 적이 없다(크레이크 클라인은 백인 연주자다―옮긴이).[19]

서양의 청취자들이 왜 단순하고 조화를 이루는 음정과 화음을 좋아하게 되었는지 알려주는 비슷한 이야기도 있다. 서양 아이들을 대상으로 한 실험에서 생후 4개월 된 아기는 불협화음을 연주하는 사람보다 협화음을 연주하는 사람을 더 오래 쳐다봤다.[20] 화음을 선호하는 경향은 9세가 되면 고정되는데, 반면에 비서양 아이들은 (서양인의 귀에) 불규칙한 조율과 더 심한 불협화음을 선호하는 취향을 기른다.[21] 서양 화음의 주요 특징은 옥타브 동치성octave equivalence으로, 예를 들어 아이들과 성인 남성들이 동일한 멜로디를 한 옥타브 차이 나게 부르는 식이다(즉, 음계를 따라 8개 음을 노래하면 다시 한 옥타브 높은 동일한 음을 만나게 된다). 음에서 조금 이탈해 옥타브를 연주하면 귀에 거슬리는 강음이 만들어지는데, 이는 서양인의 귀에는 끔찍하게 들리지만 발리 사람들에게는 꽤나 기분 좋은 소리이다.[22] 불가리아에서는 합창곡을 (반음 떨어진) 같은 으뜸음을 가진 단조로 부르는 일이 흔하다. 한 문화의 소음이 다른 문화의 흥취가 되는 것이다.

전 세계 아이들은 음악언어의 다양성 속에서 태어난다. 중력과 마찬가지로 물리적 음향의 법칙은 어디를 가든 동일하게 적용된다. 서양만의 고유한 점이 있다면 가장 단순한 음향 비율을 특히나 선호한다는 것이다. 이를테면, 옥타브는 으뜸음보다 진동수가 2배다. 5도 화음의 비율은 2:3이고, 4도 화음의 비율은 3:4이며, 장3도는 4:5

다. 이 경향은 전 세계 대부분의 사람에게 말 그대로 단순하고 심지어는 유치하게 들릴 수 있다. 그래서 서양이 (클래식의 4마디 악구부터 록음악의 '포 온 더 플로어four-on-the-floor[4분의 4박자 곡에서 베이스 드럼이 사분음표 길이로 매 박자에 맞춰 연주하는 패턴—옮긴이]'까지) 대칭을 이루는 리듬과 형식적 패턴에 집착하는 것이 몹시도 케케묵어 보인다. 물론 서양 음악은 이러한 결점들을 뛰어넘는다. 단순한 음향 비율은 조화로운 대성당을 위한 발판이 된다. 또한 길거리 리듬은 결코 기계적으로 연주되는 것이 아닌데, 예민한 연주자가 그 속도를 의미 있게 만들어내기 때문이다.

그렇다면 우리에겐 무슨 공통점이 있을까? 신경과학자 아니루드 파텔Aniruddh Patel은 전 세계 음악에서 두 가지 공통점을 발견해냈다.[23] 하나는 오스트리아부터 인도까지, 튀르키예부터 뉴기니까지 음계는 저마다 다르게 분할됨에도 공통적으로 5개에서 7개 사이의 음으로 구성된다는 사실이다. 왜 5개에서 7개일까? 사람에게는 카테고리를 5개 이상 7개 미만의 단위로 '단위화('무리로 나누기'를 가리키는 심리학 용어)' 하려는 보편적인 인지역치가 있다.[24] 7은 특히나 익숙한 단위로, 우리에겐 일곱 바다, 일곱 색깔, 일곱 난쟁이, 일곱 개의 음정이 있다. 또 다른 공통점은 비대칭성이다. 음계에서 음 간 거리는 거의 언제나 불규칙하다. 서양에서는 온음음계나 일련의 장3도(옥타브가 3분의 1씩 똑같이 나뉜다)처럼 완전히 균형을 이룬 음계가 존재하는데, 그 소리는 신비하거나 으스스하게 들릴 수 있다. 폴 뒤카Paul Dukas가 작곡한 「마법사의 제자Sorcerer's Apprentice」가 그 예로, 이 곡의 주제구는 균형 잡힌 3도 음정이 연쇄적으로 연주된다. 파텔은 우리가 이 세상에서 스스로의 위치를 파악하기 위해 불균형을 활용한다고 주장한다. 모든 창문이 정확히 똑같은 거리를 두고 떨어져서 달린 완벽하게 둥근 방 안에서 빙글빙글 돌아다닌다면 얼마나 혼란스러울지 생각해보자. 아마도 완벽하게 순환하는 음계만큼이나 혼란스러우리라.

복잡성

아이와 성인의 연결고리는 언어가 나타나서 음악을 구석으로 쿡쿡 찔러 밀어버릴 때 끊어진다. 그러나 가끔 이 연결고리는 아이가 언어를 습득하는 데 실패하고 그 대신 소통의 대용물로 음악을 사용하면서 계속 이어진다. 이 사례가 바로 주목할 만한 로미 스미스의 이야기다. 로미 스미스는 심각한 학습장애를 가지고 태어난 소녀로, 음악과 자폐증의 최고 권위자 애덤 오켈퍼드Adam Ockelford 교수로부터 보살핌을 받고 피아노를 배웠다. 열한 살 로미는 발달이 지연되고 말하는 법을 결코 배우지 못했으며 자폐증의 여러 특징을 보였음에도 이례적일 정도로 음악에 뛰어났다. 완벽한 음높이를 가졌고, 그동안 배운 음악 100곡 중 단편적인 멜로디들을 사용해 다른 음악가들과 감정적으로 상호작용했으며, 실질적으로 이 상호작용을 통제했다. 오켈퍼드는 자폐스펙트럼장애가 있는 아이들이 감정을 읽거나 표현하지 못한다는 미신을 뒤흔드는 데 이바지했다. 로미는 수업이 끝나기를 절대 바라지 않으면서도 농담처럼 '음악이 끝났다'는 음악 모티브를 연주하거나, 어떤 멜로디의 시작 음을 연주하다가 갑자기 다른 멜로디로 새는 (예를 들어 동일한 모티브로 시작하는 아일랜드 민요「조가비와 홍합Cockles and Mussels」이나 크리스마스 캐럴「그 어린 주 예수Away in a Manger」를 조율한다거나 하는) 식으로 오켈퍼드를 약 올리길 좋아했다.[25] 오켈퍼드는 그런 유머는 정교한 '마음이론'을 필요로 한다는 사실을 지적했다. 즉 로미는 자신의 생각과 반대되는 방향으로 오켈퍼드가 믿도록 하기 위해 그의 입장에 서봐야만 했는데, 이는 상대방의 생각을 상상해봐야 한다는 의미다. 몇 년 후 말로치가 그 연구를 이어받았다. 오켈퍼드의 입장에서 볼 때, "언어가 없는 상황에서 사회적 상호작용의 역학을 탐구해볼 수 있는 매개체를 음악이 로미에게 제공"해준 셈이다.[26]

파텔 같은 신경과학자들은 음악과 언어를 관장하는 뇌 영역이 복잡한 방식으로 작용하지만, 한 영역이 손상될 때 다른 영역에 반드시 결함이 생기는 것은 아님을 알려주었다.[27] 또 다른 유명 자폐 전문가 파멜라 히튼Pamela Heaton은 이런 '결함'을 사회적 결함부터 음악적 결함까지 일반화할 필요는 없다고 명백히 밝혔다. 다시 말해 한 아이가 사람들의 표정을 읽는 데 어려움을 겪지만, 어떤 음악의 주제가 행복인지 슬픔인지를 구분하는 데는 별문제가 없을 수 있다는 의미다. 또한 이런 기능은 지적장애의 영향을 받지도 않는다.[28] 대부분과 마찬가지로 자폐스펙트럼장애가 있는 아이들은 6세가 되면 음악적 정서를 읽을 수 있으며 8세가 되면 그 기능에 통달한다.

복잡한 장애를 가진 아이들은 음악적 인간의 핵심을 비추는 강력한 서치라이트가 된다. 앞에 언급한 연구들에서 음악이 가진 극적인 힘은 크고 분명하며 당당하게 드러난다. 그렇기 때문에 오켈퍼드는 교육의 하향식 체계를 지배하는 '결함 모형', 즉 아이들이 무엇을 할 수 없는지에 따라 아이들의 성과를 측정하는 모형을 강력하게 거부한다. 한때 표준처럼 쓰이던 용어인 '결함'은 그 지위를 잃기 시작했다. 너무나 부정적인 데다, 신체나 인지가 '정상'이라는 이상적인 상태를 전제하기 때문이다. 당연하지만 훨씬 더 인간적인 접근 방식은 아이들이 '무엇을 할 수 있는지'에서 시작하는 것이다. 오켈퍼드의 '의도를 담은 소리Sounds of Intent' 프로그램은 여섯 가지 발전 단계에 따라 아이의 음악성 성장을 평가하는 실용적인 체계로, 지금까지 전 세계 900만 명이 이 웹사이트를 방문했다.[29] 매우 심각한 학습장애를 지닌 젊은이들은 단순히 소리를 인지하기 위해 6개월 동안 진행되는 태아기 프로그램을 들을 수 있다. 오켈퍼드의 후기 단계는 모든 아이가 어떻게 발달하는지에 맞춰 조정된다. 키워드는 '패턴'이다. 4단계에서 아이들은 다른 곡들을 짜깁기해서 자신만의 노래를 만들고, 이를 즉흥연주를 위한 소재로 사용한다. 6단계에서 뇌는 음악적 패턴에 완전히 동화되어, 아이들은 정서적 의미를 담아 시간에 맞춰 그리고 선율에 맞춰 연주하는 법을 배운다. 많은 사람이 음악의 창조는 엑스 니힐로ex nihilo, 즉 무無에서 시작된다고 믿지만 모든 작곡은 패턴에서 시작한다. 이는 앞으로 설명할 내용에서 몹시도 중요한 의미를 지닌다.

이 길의 마지막에서 끈덕지게 우리를 기다리고 있으며 절대 피할 수 없는 것이 바로 모차르트다. 평범한 사람과 재능 있는 사람, 범인과 천재 사이의 간극을 이어주는 것이 무엇이냐는 질문에, 우리는 미켈란젤로의 프레스코화에서 아담과 하나님의 손가락 사이에서 번쩍이는 불꽃을 상상하게 된다. 서양 음악에서 '천재'라는 개념만큼 소모적이고 오해를 불러일으키는 개념이자 나머지 세계에서는 그다지 존재감 없는 개념도 없을 것이다. 나는 소년 모차르트가 이룬 모든 기적을 다시 설명할 필요가 없다. 몇 세대에 걸쳐 역사학자들이 경외의 눈으로 바라보며 이미 이야기한 내용일 테니까. 영국의 박물학자 데인즈 배링턴Daines Barrington은 1764년 8세의 모차르트가 런던으로 향했던 이야기를 기록했다. '작곡의 기본 원칙에 대해 완벽한 지식을 갖춘' 소년을 증명하기 위해 배링턴은 복잡한 악보를 그 자리에서 읽고 바로 연주할 수 있는 모차르트의 능력을 시험해보았다. "악보는 모차르트가 가장 현란한 손놀림으로 교향곡을 연주하기 시작하기 직전에 책상 위에 놓였다." 몹시 감명을 받은 배링턴은 모차르트에게 즉흥적으로 오페라 형식 연가를 만들어보라고 시켰다. "(모차르트는) 연가로 선보이기에 적절한, 은어로 된 레치타티보(오페라에서 대사를 노래하듯 말하는 형식—옮긴이) 여섯 줄 가운데 다섯 줄을 쓰기 시작했다." 그 후 배링턴은 모차르트에게 '분노의 노래'를 즉흥적으로 작곡해보라고 했다. "(모차르트는) 마치 신들린 사람처럼 하프시코드를 치기 시작했고 가끔은 의자에서 엉덩이를 들기도 했다."[30]

현재 나는 누구 못지않게 모차르트를 숭배한다. 그러나 몇 가지 경고를 덧붙여 모차르트의 신화를 부연 설명하려 한다.

1. 8세는 음악적으로 성숙하는 평범한 나이다.
2. 모차르트는 개인적 스승이자 작곡가인 아버지와 함께 살았다.

조사에 따르면 음악적 성공은 순수한 '재능'보다 지지해주는 부모와 선생님, 자기주도 그리고 순전한 노력으로 이뤄진다. 사실 자기강화적인 피드백루프feedback loop 안에서 한 아이가 재능 있다는 인식을 만들어낼 때 성공을 거둘 수 있다.**31**

3. 모차르트의 재능은 그가 다른 사람들의 음악으로부터 흡수한 클리셰(진부한 표현이나 판에 박힌 듯한 문구—옮긴이)와 패턴을 가지고 놀 줄 안다는 것이었다. 틀에 박힌 클리셰와 패턴은 그 당시 아주 일반적이었다. 이탈리아의 여러 음악학교와 파운들링 자선병원들은 고전적인 방식으로 손가락 끝까지 훈련받은 수천 명의 어린이 피아노 작곡가들을 잇달아 배출했다. 이는 모든 작곡가가 받는 기본적인 훈련이었다.**32**

4. 모차르트의 성숙한 걸작들이라고 해서 전통적인 패턴을 조합하는 것에 의존하지 않은 것은 아니었다. 미국의 음악학자인 로버트 예르딩엔Robert Gjerdingen은 이러한 '스키마'를 동화의 상투적인 형식에 비교했다('옛날 옛적에', '옛날에 가난한 제분업자가 있었어요', '어느 불쌍한 나무꾼이 숲 바로 옆에 집을 짓고 살았어요'). 좀 더 확실한 예로는 뛰어난 스케이트 선수가 연결하는 동작들, 즉 글라이드, 스핀, 점프, 살코점프와 악셀, 루츠점프, 카멜스핀 등이 있다. 모차르트의 곡 가운데 가장 유명한 「피아노 소나타 16번 C장조 K.545」는 장난감 피아노 소리와 거의 흡사한데, 음악적 동작을 연쇄적으로 연결한 것이다. 즉 '로마네스카(16세기 이탈리아나 에스파냐 등지에서 기초 저음으로 사용되던 선율—옮긴이)' 등의 '오프닝 갬빗(기선을 제압하기 위한 첫 수—옮긴이)' 뒤로 '프리너', '인두지오', '폰테' 그리고 또 다른

'프리너' 등이 이어진다. 모차르트는 이 연속적인 클리셰를 즉흥적으로 쉽게 연주할 수 있었고, 아마도 몹시도 신속하게 했을 것이다.[33]

5. 배링턴의 일화가 가진 요점은 모차르트가 정서적인 패턴, 즉 사랑과 분노, 그 외에 극적인 유형들에 대한 틀에 박힌 음악적 표현도 흉내 낼 수 있었다는 것이다. 모차르트는 흉내쟁이였다. 그가 이런 어른스러운 연극조의 감정을 이해하거나 심지어 느꼈으리라는 증거는 없다. 어떤 음악적 패턴이 그런 감정들을 불러일으키는지를 알고 있다는 사실만으로 충분했을 것이다.

이 마지막 단서 조항은 아마도 가장 인상적인 부분이다. 자폐증 연구에서는 정서적 인식을 두고 여전히 격렬하게 논쟁이 벌어지고 있다. 모차르트는 아스퍼거 증후군을 가졌을까?[34] 오켈퍼드는 자신의 또 다른 제자, 뛰어난 재능을 가진 작곡가이자 피아니스트이며 시각장애와 자폐증을 가진 학자 데렉 파라비치니Derek Paravicini에게서 한 가지 충격적인 사실을 관찰했다. 열두 살의 파라비치니는 자신이 즉흥적으로 연주하는 정서들을 제대로 음미하지 못했는데, 음악 자체가 그가 자라는 동안 감정을 이해하는 법을 가르쳤다.[35] 모차르트는 18세가 되기 전까지 멘델스존이 16세에 작곡한 8중창곡 또는 「한여름 밤의 꿈Midsummer Night's Dream」 서곡이 지닌 정서적 깊이의 수준에 견줄 만한 곡을 작곡하지 못했다(다만 모차르트는 20대에 여러 경험을 충분히 하면서 감정이 폭발적으로 늘어났다). 모차르트가 아닌 멘델스존이 역사상 가장 위대하고 가장 적응을 잘하는 음악 영재의 자리를 차지했다. 어른 멘델스존은 어린이들의 음악이 가진 변덕스러운 정서적 가소성을 그대로 생생하게 이어받았다. 아기들의 감정은 수은처럼 유동적으로 흐르니까. 멘델스존이 세상을 떠나기 3년 전인 1844년에 완성한 바이올린 협주곡 같은 작품이 그 증거로, 우리에게 여전히 필요한 그 창의성은 장난기에서 나온다. 대학자 피터 페식 Peter Pesic은 이를 '심층놀이'라고 부른다.[36]

반反모차르트적인 벤다족의 삶

> 벤다족 어린이 대부분은 능숙한 음악가다. 아이들은 전통적인 멜로디를 노래하고 춤출 수 있다. 그리고 많은 아이가 적어도 한 가지 악기를 연주할 수 있다. 그럼에도 이 아이들은 정규적인 음악교육을 받지 않는다.[37]

모차르트는 서양의 아이콘이다. 반反서양의 아이콘은 사람이 아닌 민족이다. 바로 남아프리카 림포포 지역에 사는 벤다족이다. 인류학자 존 블래킹은 1950년대에 벤다족과 함께 현지 연구를 진행했고, 이는 보편적인 음악성을 다루는 여러 눈부신 저서와 이론으로 이어졌다. 이후 남아프리카에서 얼마나 많은 변화가 일어났는지를 생각하면, 블래킹의 발견이 오랜 세월을 견뎌내고 여전히 건재하고 있다는 사실은 놀랍다. 그렇다면 어떤 방식으로 벤다족은 음악에 관한 모든 서양인의 가정을 뒤집어놓을까? 다음은 두 가지 대립되는 입장을 나열한 것으로, '콜 앤드 리스폰스call and response(노래를 주거니

받거니 부르는 방식—옮긴이)'로 노래한다고 상상하며 읽어보자.

서양인: 음악은 진귀한 재능이지. 그리고 천재는 더더욱 진귀하지.

벤다족: 모든 사람이 음악적이야!

서양인: 음악은 수동적으로 듣기만 하며 즐기는 거야.

벤다족: 음악에 참여하는 게 규칙! 연주하는 사람과 듣는 사람에는 차이가 없어!

서양인: 음악은 그 테두리가 명확하고 분리된 예술 활동이야.

벤다족: 음악을 노래와 춤으로부터 떼어낼 수 없어!

서양인: 연주는 테크닉과 예술의 완성이 목표야.

벤다족: 목표는 자기표현이 아니야. 사회적 조화와 행복이란다!

서양인: 음악은 일상생활과 별개야.

벤다족: 음악은 삶 그 자체!

서양인: 음악은 어른이 아이들에게 가르쳐야 하는 거야. 원래는 엄마가 가르치는 거지.

벤다족: 우리 어린이들은 서로에게 음악을 가르쳐. 크랄(농장)이나 놀이터에서 아주 오랫동안 연습하면서 말이야. 아이들의 음악은 엄마 아빠의 노래보다 절대로 단순하지 않아. 완전히 다른 레퍼토리니까!

여기에 또 다른 의견을 덧붙이고 싶은 충동이 인다. 서양 음악은 역사적이지만 벤다족의 전통은 세월이 흘러도 변하지 않는다는 점이다. 벤다족이 16세기 콩고에서 이주해올 때 자기네 노래를 가지고 왔다는 증거가 있지만, '전통' 안에서의 시간의 흐름과 변화는 꿩

장히 정교하다. 이는 '치곰벨라Tshigombela(사진 2-1)'라는 이름의 상징적인 춤이 보여주는 운명에서 드러난다.[39] 치곰벨라는 북 치는 무리 주변을 어린 소녀들이 노래하면서 반시계 방향으로 돌며 추는 춤으로, 리드 싱어와 리드 댄서가 끌어가는 대로 패턴이 바뀐다. 누구나 이 춤을 함께할 수 있다. 그렇다고 해서 기술이 필요하지 않다거나 그에 따른 보상을 받지 않는 건 아니다. 이 춤의 목표는 가능한 한 하나가 되어 춤을 추는 것이다. 춤추는 무리가 춤 대결에서 상대방과 겨룰 때, 상은 가장 조화로운 모습으로 춤춘 무리에게 돌아간다. 치곰벨라는 아프리카 문화의 '통합적' 기풍을 완벽하게 보여준다. 춤추는 자들이 함께 모이는 모습은 전반적으로 사회의 조화를 상징하고 재현한다. 음악은 문화를 반영하기보다는 문화를 행한다.

사진 2-1. 치곰벨라를 추는 벤다족 어린이
© Nndoweni Malala

1950년대에 블래킹이 치곰벨라를 주의 깊게 관찰하기 시작한 뒤, 이를 못마땅해하던 기독교 선교사들은 이 춤을 아이들에게서 앗아가 더 나이 든 여성들에게로 넘겼다. 실제로 선교사들이 치곰벨라를 금지하지는 않았지만, 이들이 벤다족의 여러 전통과 문화를 금지시키면서 이 춤을 어머니나 할머니에게 한정한 것은 어린이 음악에 대한 서양의 편견을 그대로 드러낸다. 어린이가 창작한 음악은 어쩐지 부족하고 미숙하다거나 적합한 정체성을 갖추지 못했다는 서양의 신조 말이다. 그러다가 1970년대에 정치풍토가 다시 한 번 바뀌었고, 여성들은 치곰벨라를 아이들에게 되돌려줬다. 이 음악을 가르치기보다 타고난 권리로서 아이들에게 돌려줬다는 의미다. 세 단계에 걸친 이 문화적 움직임에서 다음 단계는 전국적인 커리큘럼의 관리하에 치곰벨라를 교실에서 정식으로 가르치는 것이었다. 이 춤은 여전히 '어린이' 소유였고, 아이들은 이를 학교 운동장에서 연습했다. 그러나 벤다족 어린이들은 이제 국가적 보물의 수호자이자 사절이 되었고, 도시로 흘러들어가는 문화의 방어물로 인정받게 됐다.

마르크스주의 사회학자 에릭 홉스봄Eric Hobsbawm은 전통이 발명됐다고 주장한 것으로 유명하다.[40] 내가 18세의 나이로 옥스퍼드 머튼 대학에 입학했을 때 다음과 같은 전통을 마주하게 됐다. 1년에 한 번 10월의 마지막 일요일 새벽 2시, 시간을 그리니치 평균시에 맞춰 한 시간 뒤로 돌릴 때가 되면 수백 명의 학자가 가운과 나비넥타이, 학사모를 갖추고 나와 서로 팔짱을 끼고 포트와인을 마시면서, 원래의 새벽 1시와 '새로운 새벽 1시' 사이에 생긴 추가적인 한 시간 동안 머튼 대학 안뜰을 반시계 방향으로 빙글빙글 돈다.[41] 그리니치의 신들에게로 인도되는 이 시간 의식은 시계가 실제로 거꾸로 돌고 태양이 떠오를 것임을 장담하기 위해 치러진다(사진 2-2). 우리는 이 전통이 시대를 초월하는 것인 양 했지만, 사실은 1971년 배리 프레스Barry Press라는 학생이 고안해낸 것이다. 프레스는 매년 모교를 방문해 '시계 파수꾼'으로서 역할에 충실하며 의식을 감시한다.

사진 2-2. 머튼 대학의 시간 의식
© Ryan Lothian

머튼 대학의 소박한 반시계 방향 춤과는 달리 벤다족의 치곰벨라 전통은 고안된 것이 아니라 관리됐다고 보는 것이 좀 더 정확하겠다. 어떤 면에서 국가와 벤다족 어머니들이 이 춤을 처음 시작된 지점으로 돌려놓았다. 아파르트헤이트부터 '무지개 국가'의 포괄적인 정신에 이르기까지 중대한 변화를 거쳐 여과된 치곰벨라는 그 어느 때보다 하나가 되어 인정받게 됐다.

십대의 발명

팝과 록이라는 현대음악의 악동들은 지루해진 십대들이 침실에서 기타를 치며 빈둥거리다가 생겨났다. '실직이 모두의 손에 기타를 들려주었다'라는 말도 있다.[42] 그러나 십대 청소년이란 개념은 1945년 이후 경제 호황이 안겨준 여유로운 시간과 남아도는 현금으로 탄생됐다. 십대의 반항은 노동에 반하며 생겨난다. 음악사회학자 리처드 미들턴Richard Middleton은 이를 공식적으로 "산업시대의 규율에 대한 적개심"이라고 표현하기도 했다.[43] 또한 십대들은 인류의 미성숙함이 연장됐다는 생물학적 사실이 더욱 강화된 형태이기도 하다. 즉 인류는 동물보다 너무 이른 시기에 태어나고, 또 자본주의 사회가 더 많은 교육을 요구해 아이들이 학교에 더 오래 남아 있게 되면서 문제가 발생한다. 유년기와 장년기를 갈라놓는 이 '십대'라는 쐐기는 몹시도 현대적인 발명품이다. 셰익스피어의 작품《뜻대로 하세요As You Like It》에 나오는 '인생의 일곱 단계' 연설에서 '투덜거리는 학생'과 '용광로처럼 탄식하는 연인' 사이에 성격 까칠한 십대 청소년이 끼어들 여지는 없다. 엄밀히 말해 로미오와 줄리엣은 십대 청소년이라기보다는 청년이다. 둘은 부모에게 순종적이며, 현대 인류가 지닌 반항적인 불안은 전혀 보이지 않는다.

청소년의 뇌에서 벌어지는 모든 생물학적 변화를 폄하하기 위해 하는 말이 아니다. 신경과학자 린다 스피어Linda Spear는 청소년의 편도체가 어른의 편도체보다 정서를 처리하는 데 더 많이 개입한다는 사실을 발견했다. 편도체는 뇌의 보상체계를 관장하는 영역이다.[44]

따라서 십대들은 기분 변화가 심할 수밖에 없다. 문제는 어떻게 이 모든 감정을 다스리느냐다. 전 세계 거의 모든 나라에서 성년식은 아이에서 어른으로 넘어가는 문턱에 집중되어 있으며, 인류학자 빅터 터너Victor Turner는 이 시기를 '주변인'이라고 부른다. 은뎀부 부족의 할례의식에 대한 터너의 설명은 아마도 서양의 감수성을 자극했을 수 있다. 어린 소년들은 가족들로부터 납치당한 뒤 몇 달 동안 숲속에 묶여 음식도 제대로 먹지 못하고 잠도 자지 못하면서 심리적으로나 신체적으로 고문당했다. 그리고 마침내 끊임없이 북이 울리는 공동의식에서 빨간 칠을 한 어른('죽이는 사람'이라고 부른다)의 손에 할례를 치르게 된다.[45] 훨씬 더 온화한 성인식으로는 키세제 부족의 생쥐 의식*이 있다. 앤서니 시거가 쓴 멋진 저서 《수야족은 왜 노래하는가》는 민족음악학의 고전으로, 그는 1972년 1월 24일부터 2월 7일까지 처음으로 생쥐 의식에 참석했다. 사춘기가 되면 소년은 귀에 피어싱을 하는데, 이는 '듣다mba'라는 동사와 '도덕적으로 행동하다any mba'라는 동사가 서로 연결되어 있기 때문이다. 올바르게 행동한다는 것은 어른들이 하는 말에 귀를 기울이는 것mba이다.[46] 소년은 남자들의 오두막에서 살기 위해 어머니와 누이 곁을 떠난다. 그리고 여자들의 오두막에 사는 여동생들을 위해 '아키아akia'라는 샤우트송(흑인들의 리드미컬한 종교 노래—옮긴이)을 남자 어른들과 함께 부른다. 노래가 밤공기 속으로 울려 퍼지면 마을 저편에 사는 여성과 남성 사이의 공간적 거리가 메워지고, 소년이 가족과 분리되면서 얻

---

* 이 의식명에 대해서는 5장에서 설명하겠지만, 키세제 부족은 생쥐들이 고대에 자신들에게 농사를 가르쳤다고 믿는다.

는 상처도 어루만져진다. 이것이 키세제족이 노래를 부르는 이유다.

서양이 가수 연습생들을 대하는 방식은 더 나을 구석이 없다. 서양 음악은 가수 연습생들의 숨겨진 고통의 역사다. 13세기 힐데가르트 수녀원에 강제로 보내진 소녀들은 힐데가르트가 특별히 작곡해준, 고통스러울 정도로 높은음을 억지로 불러야만 했다. 힐데가르트는 자신의 저서에서 제멋대로 구는 수녀들의 의지를 굴복시키려고 애쓸 때 받는 격렬한 저항에 대해 불평을 늘어놨다.[47] 제프리 초서 Geoffrey Chaucer의 《수녀원장의 이야기Prioress's Tale》에는 목이 잘린 어느 소년 성가대원이 부른 소름 끼치는 '소년 성가대원의 애가'가 실려 있다. 이야기에서는 소년의 죽음이 유대인 탓이라고 비난하고 있지만, 사실 초서가 중세 성가대 학교의 잔혹성을 풍자한 것이다.[48] 1720년대와 1730년대 유럽에서는 매년 4천 명의 소년이 순수하고 변성기가 오지 않는 카스트라토의 목소리를 찾는 오페라의 대유행에 맞춰 거세되었다. 교회는 거세 수술을 허용했고, 이를 그리스도의 수난과 상징적으로 연결 지었다.[49]

음악적 고통의 역사는 초보 가수를 일류 가수로 바꿔놓기 위해 걸리는 1만 시간 연습의 역사이기도 했다.[50] 여기에는 기괴한 '카이로플라스트chiroplast'라는 도구도 포함되는데, 이 기계는 1814년 요한 로기에르Johann Logier가 아이의 손을 강하게 단련하기 위해 발명하고 특허를 낸 손가락용 구속복이며, 콘서트 피아니스트로서 로베르트 슈만의 커리어를 망가뜨린 주범이기도 하다.[51] 모든 음악에 규율이 필요한가? 이는 권위에 대한 태도에 따라 달라진다. 즉 권위에 맞설 것인가 아니면 충실히 받아들일 것인가의 문제다. 인도 남부의 구루 제도인 구루쿨라gurukula는 잘 알려진 비나veena(류트의 일종)의 영재 란가나야키 라자고팔란Ranganayaki Rajagopalan의 사례에서 알 수 있듯 서양과는 교육적으로 대척점에 있다. 1936년 란가나야키는 네 살이라는 어린 나이에 위대한 비나 연주자 카라이쿠디 삼바시바 이예르Karaikudi Sambasiva Iyer의 가정에서 살게 됐다. 수업은 새벽 4시 30분에 시작됐고, 친구도 없고 외로운 이 아이는 실수를 저지를 때면 대나무 막대기로 매를 맞으며 벌을 받았다. 란가나야키는 자신의 경험을 '악마의 연습'이라고 회상했다.[52] 구루쿨라 제도에서 훈련받는 것은 스승에게 전통을 전수받는 과정이다. 란가나야키는 12세 때 이예르와 함께 공연에 동행했고 15세가 되자 홀로 연주하기 위해 둥지를 떠났다. 서양으로 눈을 돌리면, 우리는 아일랜드 민속음악에서 대가족이 맡은 역할인 권위와 전통에 대한 엇비슷한 존중을 볼 수 있다. 아일랜드에서 어린이들은 나이 많은 형제와 부모로부터 음악을 배운다.[53]

그리고 이쯤에서 서양 록음악의 십대들의 반항은 정말 놀랍게도 대세적인 성인식에서 벗어나게 된다. 구루 제도나 아일랜드식 전통 체계에서 부모(또는 부모 역할)는 모방의 대상이 되고 전통은 전수된다. 그러나 십대 기타리스트는 오직 두 개의 코드만 연주할 수 있다면, 그럴수록 더 좋다. 이들은 능숙하지 못한 것을 진정성의 증표인 양 내세울 테니까. 대체로 경계인으로서의 분리 단계가 끝나면 십대들은 둥지로 돌아오고 아마도 돈을 버는 직업을 찾게 된다. 가끔 밴드 활동이 '성공하면' 그 분리의 시기는 무한대로 연장되고, 어쩌면 「웸블리 스타디움Wembley Stadium」을 연주하는 칠순의 십대 청소년이 되어버릴 수도 있다. 이런 사람들은 결코 만족이란 것을 모른다.

서양 외의 나머지 세계에서 록의 반항은 다른 방식으로, 가끔은 조금 뒤떨어진 방식으로 살아남는다. "젊음은 언제나 혁명적이다. 혁명은 언제나 젊은이의 것이다." 중국의 시인이자 민주주의자인 원이뒤聞—多(1899~1946)는 이렇게 말했다.[54] 1990년대 후반에 중국의 미디어와 엔터테인먼트 산업이 열리면서 국가의 통제와 록음악의 타고난 반항기 사이에 복잡한 긴장감이 생겨났다. 공산주의와 자본주의가 독특하게 융합되어 있는 중국의 상황을 반영한 셈이었다. 중국의 록밴드 '미저러블 페이스Miserable Faith'가 2010년 베이징에서 열린 미디음악페스티벌에서 공연했을 때 관객들은 노래 가사인 "억압이 있는 곳에 저항이 있으리라!"를 힘차게 따라 부르도록 허락받았으나 TV를 통해 공연이 중계될 때 이 가사는 삭제되었다.[55] 서양인 눈에 정말로 아리송해 보이는 부분은 어떻게 이 시대의 중국 젊은이들이 영어로 된 록음악을 신봉하면서도 여전히 그토록 국수주의적인지 하는 것이다. 한 가지 주장은 2016년 폐지된 중국의 한 자녀 정책으로 인해 부모와 아이 간의 연결고리가 더욱 단단해졌고, 연장자를 공경하라는 전통적인 유교가 강화됐다는 것이다. 인도의 도시 지역에서는 종교가 지속적으로 생명력을 유지하면서 이와 유사한 역할을 맡는다. 자동차 창문이 쾅쾅거리도록 팝송을 틀어놓고 벵갈루루 시내를 누비는 인도 젊은이는 아마도 대시보드 위에 가네샤 신의 조상을 올려놓았을 것이다.[56] 그러나 서양의 팝은 세계를 누비는 부유한 인도 젊은 층이 인도 고전음악을 포함해 고향의 전통을 거부하면서 끌어들인 것이다. 이는 개발도상국에서 상당히 전형적인 근대화의 모습이지만, 팝은 특히나 이미 격렬한 문화 갈등으로 들썩이는 나라에서 통합을 해치는 역할을 맡아왔다.

계약

별거 아닌 이야기를 한번 장황하게 늘어놔보려 한다. 그다음에는 요점을 확실히 밝히기 위해 그 장황한 이야기를 조각내볼 것이다. 조금만 꾹 참고 귀 기울여주길.

악마가 눈앞에 나타나 당신이 불멸의 영혼을 내어준다면 명예와 부를 안겨주겠단다. 어떻게 하겠는가? (우리 아버지와 마찬가지로) 홀로코스트에서 친구와 가족을 잃은 헝가리계 유대인인 게오르그 솔티Georg Solti는 1946년 뮌헨에서 지휘를 해달라는 초청을 도저히 거절할 수 없었다. 솔티는 이렇게 말했다. "파우스트처럼 나는 악마와 계약을 맺고 지휘를 하러 그 악마와 함께 지옥으로 갈 준비가 되어 있었다."[57] 그래서 솔티는 뮌헨으로 향했다. 솔티는 전후시대에 가장 위대하면서도 가장 큰 물의를 일으킨 지휘자 가운데 하나로 꼽히며, 공격적인 리허설 방식으로 인해 '비명 지르는 해골'이라는 별명을 얻었다. 예술과 과학을 아우르며 끊임없이 솟아오르는 창의성을 밝혀내는 데 그 누구보다 많은 기여를 한 발전심리학자 하워드 가드너Howard Gardner는 눈부시게 창의적인 사람들이 '파우스트적인 거래'를 통해 성공을 이룬다고 주장했다.[58] 프로이트, T. S. 엘리엇, 아인슈타인, 스트라빈스키, 피카소 같은 이들은 예술적 탁월함을 얻으려고 악마와의 계약을 통해 스스로를 고립시키거나 전투적이 되는 등 평범한 인간관계를 희생했다. 어떤 면에서 예술가들은 덜 인간적이 되기를 선택한다. 이들의 예술이 너무나 커다란 인간애를 표현한다는 점에서 역설적이기도 하다. 예술가들은 하나를 내어주고 다른 하나를 얻는다.

인간은 어째서 음악가인가? 이 질문은 음악적 인간이 성숙기에 도달할 때 특히나 압박감을 주는 질문이 되며 또한 공정한 질문이기도 하다. 한 아이를 전문적인 음악가로 바꿔놓기 위해 필요한 어마어마한 희생은 불가피하게 이 아이를 일상의 경험에서 단절시킨다. 가장 흥미로운 작곡가의 일대기를 보면 충분히 납득이 간다. 볼프강 힐데스하임Wolfgang Hildesheimer의 《모차르트Mozart》나 메이너드 솔로몬Maynard Solomon의 《베토벤Beethoven》처럼 음악학자가 아닌 열성적인 정신분석가들이 쓴 전기를 살펴보자.[59] 안톤 에렌츠바이크Anton Ehrenzweig가 쓴 《예술의 숨겨진 질서The Hidden Order of Art》[60]는 우리가 지닌 창의성을 가장 정교하게 프로이트적으로 해석한 책으로, 심지어 음악을 포함해 예술작품을 잘 관리된 조현병의 한 형태로 보기까지 했다. 이러한 관점에서 다시 한 번 십대 이야기로 돌아오자면, 위대한 서양의 작곡가들은 정상적인 청소년기에는 음악의 권위자에게 전투적인 태도를 결코 드러내지 않았기 때문에 공격적인 성인이 되었다는 주장이 그럴듯해 보인다. 바흐와 하이든, 모차르트와 베토벤은 빅터 터너가 경계인이라 부른 십대의 시기를 절대 즐기지 못했다. 베토벤은 열한 살에 보조 오르가니스트로 취직했고, 열네 살에는 황실 예배당에 들어갔다. 부모에게 반항하는 십대의 정규과정을 허락받지 못한 베토벤은 성숙기에 권위자를 향해 공격성을 보였을 수도 있다. 존 엘리엇 가디너John Eliot Gardiner는 젊은 요한 세바스티안 바흐가 동네 건달들을 고용했고 아마 그 자신도 반쯤은 건달이었을 것이라 추측한다. 공식적인 초상화에 등장하는, 가발을 쓰고 목살이 다 늘어진 샌님과는 사뭇 다른 이미지지만, 그 후 라이프치히 시의원들과 벌인 말다툼과는 통하는 바가 있다.**61** 바흐는 이 의원들을 화나게 하려고 교회를 세속적인 노래와 춤으로 채웠다. 1703년 18세였던 바흐가 아른슈타트의 한 교회를 위해 작곡했을 때, 그는 가이어스바흐Geyersbach라는 무능한 바순 연주자와 결투를 벌이지 않으려고 도발을 피했다. 가이어스바흐와 싸우는 대신 공격성을 음악으로 승화시켰는데, 칸타타 가운데 한 부분에 잔인할 정도로 드러나는 바순 솔로를 집어넣어 가이어스바흐에게 망신을 준 것이다. 그 곡은 바로 연주자의 능력을 훌쩍 넘어서는 기술적 난이도를 가진 「BWV 150」이었다.**62** 1781년 6월 25일 모차르트는 잘츠부르크 콜로레도 대주교로부터 해고를 당했고 '카운트 아르코'라고 하는 공무원에 의해 뒷전으로 밀려났다. 잘츠부르크 신분제의 봉건주의를 고려해볼 때 모차르트는 그 행위에 똑같이 대응할 수는 없었다.**63** 따라서 그는 바흐와 마찬가지로 음악이라는 높고 고귀한 영역에서 직접 복수했다. 부적절할 정도로 오페라적인 미사곡을 작곡해낸 것이다. 모차르트의 「대관식 미사곡 K.317」에서 '아뉴스 데이Agnus Dei(하나님의 어린 양)'의 멜로디를 보자. 이 곡은 몇 년 후 「피가로의 결혼」에 등장하는 백작부인의 아리아 '도베 소노Dovè Sono(아름다운 그 시절은 어디에)'로 불쑥 등장한다. 30년간 헝가리의 왕자 에스테르하지의 궁전 음악장으로 일했고 외관상 비굴한 아첨꾼 그 자체였던 요제프 하이든조차도 겉으로 드러나는 것보다는 관습에 얽매여 있지 않았다. 하이든의 경우 사회 전복을 음악적 해학으로 승화했다. 하이든의 음악에서 모든 고전적 양식의 특징들이 체계적으로 조롱의 대상이 됐다. 하이든의 대표적인 장치 가운데 하나는 곡을 카덴차로 시작하는 것이다. 카덴차는 본래 곡의 마지막에 오도록 되어 있는 음악적 마침표다. 하이든의 「현악 4중주 C장조 Op.74」를 보자. 터무니없게도 완벽한 카덴차로 시작하는데, 딸림음에서 으뜸음으로 웅장하게 흘러가면서 음악적 통사론을 뒤흔들어놓는다. 아마도 1793년 비엔나의 관객들은 웃음을 터뜨렸거나 머리를 긁적였거나 둘 중 하나였을 것이다. 하이든은 그 관객들을 보고 비웃었을까?

이 이야기는 특히나 베토벤에게 어울리는데, 그는 창조적인 천재에 대한 서양 개념에 딱 들어맞는 전형적인 소년이었다. 베토벤은 1792년 스물두 살의 나이로 본을 떠났을 때 한동안 자신의 스승인 '아버지' 요제프 하이든과 함께 공부했다. 하이든은 자신의 자랑스러운 학생 베토벤을 '무굴제국의 황제'라고 불렀는데, 이는 스승과 제자로 형성되는 인도의 체계를 재미 삼아 비꼰 것이었다. 다음은 젊은 베토벤과 옛 스승 하이든 간의 대화다. 베토벤은 가장 최근에 심혈을 기울여 만든, 다소 가벼운 발레음악 「프로메테우스의 창조물 The Creatures of Prometheus」을 자랑스러워하고 있고, 하이든의 오라토리오 「천지창조 The Creation」는 온 유럽을 휩쓸고 있었다.

하이든: 어제 자네의 발레곡을 들었어. 아주 기분이 좋아지는 곡이더군!

베토벤: 오, 존경하옵는 아버지! 과찬이십니다. 뭐라도 '창조'가 되려면 아직 멀었지요.

하이든: (베토벤의 농담에 흠칫 놀라며) 그건 그래. 아직 창조가 되려면 멀었겠어. 그리고 언젠가 창조가 되긴 될는지 알 수가 없네.[64]

이 일화는 뭐가 문제일까? 분명 작곡가들도 가끔 나무랄 데 없이 평범한 삶을 그럭저럭 즐기며 살아간다. 어느 사진에서는 아널드 쇤베르크Arnold Schoenberg와 조지 거슈윈George Gershwin이 캘리포니아에서 테니스를 치고 있다. 또한 유럽 모더니즘의 근엄한 악령이라는 쇤베르크는 가끔 가족의 저녁식사를 준비하기 위해 할리우드 자택 근처에 있는 슈퍼마켓에 들르는 모습이 포착되기도 했다. 심지어 쇤베르크가 자녀들의 잠자리용 동화책을 직접 써서 암송한 녹음본도 있다.[65] 이와 대조되는 이야기로는 여성 작곡가들의 역사가 있는데, 이들 중 다수는 예술을 위해 삶을 희생하지 않았다. 아니, 희생할 수 없었다. 이 여성들은 남성 동료들이 그러하듯 타협하지 않는 음악을 썼을 뿐이다. 20세기에 (또한 지금까지 모든 세기를 통틀어) 가장 위대한 미국 작곡가 가운데 하나가 피트 시거Pete Seeger의 새어머니라는 사실을 아는 사람은 드물다. 루스 크로퍼드 시거Ruth Crawford Seeger(1901~1953)는 1932년에 비범한 현악 4중주를 썼고, 1932년에는 민족음악학자 찰스 시거와 결혼했으며, 그 후에는 다섯 아이를 키우고 가정을 지키느라 작곡을 거의 포기했다. 그리고 1953년 장암으로 사망했다.[66] 중요한 것은 시거의 음악이 결혼 전과 후에 모두 쇤베르크의 불협화음과 까다로움, 세련됨과 동급을 이뤘다는 점이다. 시거만 그런 것이 아니다. 우리 시대의 가장 뛰어난 작곡가 가운데 하나가 상트페테르부르크의 냉골 같은 아파트에서 가난한 노파가 되어 잊혀갔다는 소름 끼치는 현실도 있다. 쇼스타코비치는 제자 갈리나 우스트볼스카야Galina Ustvolskaya(1919~2006)가 자기보다 더 뛰어난 작곡가라고 생각했고, 나 역시 이에 동의한다. 우스트볼스카야는 많은 곡을 쓰지는 않았지만 그녀의 작품에는 묵직한 무게감이 있고, 동료 시인 오시프 만델시탐Osip Mandelstam의 표현을 빌리자면 검은 태양의 치명적인 강렬함이 있다.[67] 우스트볼스카야의 차디찬 아파트로 통하는 문을 열어보고, 이를테면 그녀의 치명적인 마지막 피아노 소나타 6번에 귀를 기울이다 보면 진실에 한 방 먹고 만다. 우스트볼스카야의 음악은 저항의 음악이다. 그러나 그녀가 싸운 상대는 세상이 아니라 음악이라는 소재 그 자체였다. 무슨 뜻일까?

이제 긴 이야기를 시작해보자. 하워드 가드너는 '파우스트적 거래'라는 창의성 이론이 여러 예술가에게 적용되지만 모두가 그런 것은 아니라고 지적한다. 분명 창의적인 예술가들이 평범하고 충만한 삶을 살았을 수도 있다. 작곡가들에게 있어서 지옥은 사르트르Sartre에게처럼 타인 그 자체가 아니다. 그보다 더 지독한 존재가 있다. 작곡가들은 음악 그 자체와 다툼을 벌인다. 특히나 작가의 무기 가운데 가장 날카로운 도구인 음악 기보법은 서양과 나머지 세계를 가장 명료하게 갈라놓는 장치다. 베토벤이 여자친구인 엘리노어 폰 브로우닝Eleanore von Breuning에게 보낸, 충격적일 정도로 비열한 편지에서 그 모든 것이 드러난다. 당시 베토벤은 피아노로 즉흥연주를 하며 생계를 꾸려가고 있었다. 베토벤이 스물세 살이던 1793년 11월 2

일에 쓴 이 편지에서 그는 모차르트의 「피가로의 결혼」 중 '춤을 추시겠다면Se vuol ballare'에 대한 피아노 변주곡을 공개하기로 결심했다고 정확히 밝히고 있다. 사실상 빈둥거리는 건 그만두고 음악을 쓰기 시작할 것이란 의미이기도 했다.

> 나는 이런 식의 작품을 쓰지 말았어야 했어. 몇몇 비엔나 사람들이 저녁에는 내가 즉흥적으로 연주한 음악을 듣고 다음날이 되면 내 스타일이 드러나는 몇 가지 특색들을 악보로 옮겨서 마치 자기 것인 양 으스대며 여기저기 돌아다니는 일이 이리도 자주 벌어지는지 몰랐으니까. 글쎄, 그 사람들이 곧 작품을 발표할 게 뻔히 보이니까 나는 이런 일을 미리 막아야겠다고 마음먹었어. 하지만 내겐 또 다른 이유가 있어. 바로 이 비엔나 피아니스트들에게 창피를 주고 싶다는 마음이야. 그 피아니스트 중 몇몇은 내 철천지원수거든.[68]

기록 매체는 작곡가와 소리 간의 전체적인 관계를 바꿔놓는다. 그물에 걸린 나비처럼 종이 위에 꾹꾹 눌러 담은 소리는 그 원천과 탄생의 순간으로부터 멀어지게 된다. 그리고 몇 시간, 몇 달, 몇 년이라는 세월이 흐르면서 곱씹고, 계획하고, 편집하고, 연마할 수 있게 된다. 베토벤은 43년간 이사를 70차례 다녔는데, 이사할 때마다 평생 모아온 작곡 스케치를 끌어안고 계단을 오르내리며 이를 절대로 버리지 않았다.[69] 작곡 스케치에는 베토벤의 음악적 개념이 천천히 잉태되고 완성되는 과정이 기록되어 있다. 기보법은 음악의 정신이 혼잣말을 하고 심지어 스스로와 싸우게 해주며, 작곡가가 다른 작곡가들의 음악언어를 해체하면서 서로 맞서 싸울 수 있게 도와준다. 사람을 맹렬히 공격하는 것은 육체적인 문제이지만, 음표의 패턴을 잘근잘근 짓밟는 일은 안락의자에 편안히 앉아서 누군가에게 사형 선고를 내리며 서류에 서명하는 일만큼이나 쉽다. 서양 음악사는 끝없는 전쟁의 연대기로, 작곡가들이 차례차례 자신을 가르쳐준 손길을 물어뜯는 역사다. 이는 새로운 개념이 아니다. 미국의 비평가 해럴드 블룸Harold Bloom의 이론인 '영향에 대한 불안'은 프로이트의 오이디푸스 콤플렉스를 바탕으로 하는데, 이에 따르면 위대한 작가들이 개인적인 창조 공간을 넓혀가기 위해 자신들의 예술적 친부를 상징적으로 살해한다. 차이가 있다면, 작곡가들은 자신들의 아버지를 좀 더 무자비하고 냉정하게 살해할 수 있다는 것이다. 음표는 말보다 더 추상적이기 때문이다.

베토벤식 원대한 계획 덕에 서양은 음악적 숙달에 대한 태도를 규정지을 수 있었다. 작곡은 광활한 음계 위에서 이뤄지고, 모든 세부 사항은 이미 정해져 있어서 연주자가 타협하거나 해석할 수 있는 여지가 없다. 마찬가지로 이 음악은 듣는 이가 능수능란하게 주의를 기울이는 묘기를 부려야 한다고 요구한다. 특히나 이 음악을 이해하거나 심지어 좋아하려면 수많은 시간이 필요할 수도 있는 청중들의 취향을 두고서도 동일한 요구를 한다. 우리는 쇤베르크와 슈토크하우젠Stockhausen, 크로퍼드 시거와 우스트볼스카야로 이어지는 음악의 모더니즘을 굳건히 사수하고 있다. 이들은 분명 위대한 작곡가지만 관객 없는 천재이기도 하다. 작곡가가 청중을 잃게 된 것과 마찬가지로, 개인적인 차원에서도 평범하고 선천적으로 창조적인 음악적 인간은 그 타고난 재능으로부터 멀어지고 말았다.

다른 방식

가즈오 이시구로의 비현실적인 소설 《위로받지 못한 사람들》에서 가상의 피아니스트 라이더는 유럽 한복판에 있는 가상의 나라에서 콘서트 투어를 하다가 실종된다. 평행우주에서는 20세기 가장 위대한 작곡가가 쇤베르크나 버르토크Bartók, 스트라빈스키가 아니라 그레벨, 멀러리, 카잔이다(이시구로는 이 이름을 축구선수들로부터 빌려왔다). 이 반사실적인 위조품은 식민지 시대가 끝난 뒤의 세상을 깔끔하게 비꼬고 있으며, 우리가 편안하게 받아들이고 있는 전통에 대한 서양의 가설을 낯설게 만든다. 영국령 인도제국은 베토벤과 동시대에 카르나티크 지방에서 태어난 모든 작곡가의 진정한 '삼위일체'와 마주했다. 바로 카칼라 티야가라자Kakarla Tyagaraja(1767~1846), 무투스와미 디크시타르Muthuswami Dikshitar(1775~1835), 시야마 사스트리Syama Sastri(1762~1827)다. 이 중 가장 존경받는 작곡가는 티야가라자로, 그는 진정한 스승, 즉 디이라dheera이면서 음악적 '숙달'에 대한 서양의 여러 가설을 뒤집어 강조한다.

이 성스럽고 금욕적인 싱어송라이터는 자신의 구루인 손티 벤카타 라마나이야Sonti Venkata Ramanayya와 함께 20년의 세월을 보냈고, 세상을 떠난 뒤에는 아내가 아닌 스승 옆에 묻히길 택했다. 티야가라자는 크리티Kriti 2만 4천 곡을 썼다고 전해진다. 크리티는 특정한 힌두고 신에게 바치는 노래로, 지금껏 살아남은 700곡은 카르나티크 고전음악의 보물로 꼽힌다. 「소가수가Sogasuga」라는 크리티는 작곡의 실제 과정을 담고 있다는 점에서 우리의 상상력을 사로잡는다. 다음은 윌리엄 잭슨William Jackson이 번역한 가사다.[70]

> 누가 당신을 녹여줄 수 있는 충실한 일꾼인가요. 우아한 북의 리듬으로 조화를 만들어내고, 파니사드의 뜻으로 가득한 진실의 말과 음표의 위대한 순수성을 담을 수 있을까요?
> 티야가라자는 아홉 개의 감정으로 가득 찬 크리티를 가지고 바쟌을 부를 수 있을까요? 포도 과즙의 달콤함에 흠뻑 젖을 수 있을까요?
> 애정 어린 헌신의 노래를 부르다 그 리듬을 잠시 멈출 수 있을까요? 박자에 맞춰, 서정적인 공식에 맞춰서 말이에요.

이 시는 우아한 리듬부터 진실한 말 그리고 순수한 음표까지, 가수가 곡을 작곡하는 근본 원리에 따라 진행된다. 그러다가 아홉 가지 힌두식 감정 또는 라사rasa(사랑, 기쁨, 경이로움, 용기, 평온, 분노, 슬픔, 공포, 혐오감)라는 더 높은 수준으로 올라서고, 가장 높은 미덕인 바크티bhakti 혹은 헌신에서 절정을 이룬다. 멜로디는 저음에서 시작해 이 영적 향상과 완벽히 조화를 이루면서 솟아오른다. 스리란자니Sriranjani 라가의 제3음(이 노래에서 쓰인 특별한 음계로, 티야가라자가 발명한 것으로 알려져 있다)은 「소가수가」의 절정부에 도달할 때까지 보류되는데, 마침내 노래가 절정에 이르면 온몸의 털이 곤두설 정도로 전율을 일으킨다. 티야가라자가 선보이는 형식의 기술은 신앙적 겸허함과 복잡하게 얽혀 있어서 시의 한 줄 한 줄은 의문이 된다. 이 노래가 라마 신의 마음 혹은 듣는 이의 마음을 녹이는 데 성공했는지 확신할 수 없기 때문이다. 음계의 으뜸음이 1도인지 4도인지 판단할 수 없는 스리란자니 라가 자체가 지닌 양가성에도 이런 의문이 담긴 겸허함이 드러난다.

불확실성은 이 음악의 모든 면에 퍼져 있으며, 이 음악은 불확실성을 전파하며 시작된다. 티야가라자는 악보가 아닌 머릿속으로 「소가수가」를 작곡했다. 그리고 그가 노래하고 연주하는 동안 제자들이 이를 종려잎사귀에 기록하거나, 서양의 계명창법과 유사한 인도식 구술암기법으로 외웠다. 즉 한 음 한 음을 한 음절로 된 단어와 연계해 기억한 것이다. 줄리 앤드루스Julie Andrews가 아이들에게 '도레미'를 가르치는 방법처럼(도는 하얀 도화지, 레는 둥근 레코드, 미는 파란 미나리… 등이다) 서양에는 나름의 계명창법이 있다. 스승부터 제자까지 세대를 거쳐 내려가는 이 맥락의 불확실성을 고려한다면, 「소가수가」를 녹음한 수백 개의 버전이 본질적으로 같은 노래임을 알아볼 수 있다는 점은 경이롭다. 음악가가 노래를 단정하게 부르는지, 화려한 장식과 즉흥적인 간주를 풍부하게 넣는지에 따라 연주 시간이 3분에서 15분까지 다양해질 뿐이다. 인도 노래의 다양한 음정에도 불확실성이 존재한다. 20세기 가장 유명한 가수이자 간디가 가장 좋아했던 가수 M. S. 수불락슈미M. S. Subbulakshmi가 부른 「소가수가」를 들어보자. 서양 피아노의 고정되고 안정적인 음정과 달리 카르나티크 크리티의 음정은 화려한 음높이를 가지고 울려 퍼진다. 여기에서 음정과 꾸밈음 간의 차이는 정도의 문제다. 음정은 무한 퇴행하는 프랙탈 양식의 소멸점과 같아서 듣는 이를 음악의 비밀스러운 심재心材로 끌고 들어간다. 그에 비해 고정된 서양의 음정은 차갑고 기계적이며 추상적이다.

티야가라자는 겸허함 때문에 궁정에서 왕자를 위해 노래하기를 거절했다. 그의 숭고한 퇴진은 언뜻 보기에 20세기 서양의 작곡가가 청중들로부터 거리를 두는 것처럼 보일 수도 있다. 사실 티야가라자의 청중들은 그의 신앙적 가치를 공유했기 때문에 작곡가와 청중 간의 장벽에는 베토벤과 청중 사이의 장벽보다 통할 수 있는 틈이 훨씬 더 많았다. 이러한 관계는 카르나티크 관객들이 음악에 맞춰 몸을 흔들고 박자를 세는 방식(박수를 친 후 오른손 새끼손가락으로 왼손바닥을 두드리는 동작)에서 상징적으로 드러난다. 반면 서양의 음악회에서 청중은 가만히 앉아 있어야 한다.

민족음악학자 브루노 네틀Bruno Nettl은 음악 패턴을 능숙하게 다룰 수 있는 천재적인 능력 때문에 티야가라자를 모차르트에 비교한다.[71] 유럽 고전전통에서 모차르트와 같이 티야가라자는 물에서 헤엄치는 물고기처럼 기존의 음악언어를 가지고 태어나는 행운을 누렸다. 티야가라자의 경우에는 17세기 이론가이자 작곡가인 벤카타마키Venkatamakhi가 표준화한 라가 체계가 매체가 됐다. 벤카타마키는 중구난방인 라가들을 멜라카르타melakarta라고 하는 72개 '모母'음계로 정리했다.[72] 가장 위대한 작곡가들마저 앞선 대가들의 어깨를 밟고 서야 하는 법이다. 그럼에도 18세기 서양과 인도 남부의 '고전적' 양식 사이에 존재하는 역사적 동시성은 모든 극적 대비를 두드러지게 한다.

1 티야가라자는 자신의 구루를 따랐다. 베토벤은 스승에게 저항
   했다.
2. 티야가라자가 금욕적으로 퇴진한 이유는 자기중심적이어서가
   아니라 종교적이어서였다.
3. 티야가라자는 듣는 이들이 자신의 음악을 기록하는 것에 의지했
   다. 베토벤은 사람들이 그렇게 하지 않기를 바랐다.
4. 티야가라자는 특히나 숙련된 가수였지만, 개인의 '천재성'이 아
   니라 전통의 연속성을 중시했다.

크리티를 문자 그대로 번역하면 '창조'가 된다는 흥미로운 사실
을 알 수 있다. 크리티Kriti와 창조Creation라는 두 단어는 인도-유럽어
의 근원인 산스크리트어에서 'kr'이라는 동일한 어근을 가진다. 하이
든의 「천지창조」를 듣는 영국 청중들이 그 사실을 알았어야 했는데.
유럽과 남아시아의 창의성이 지닌 공통적 유대감은 언어적 뿌리만
큼 깊다.
   개인적 숙달에 대한 베토벤식 모형은 서양에만 국한된 것이 아
니다. 집단 창의성에 대한 공동모형은 대부분의 대중음악을 작곡하
고 공연하는 방식으로, 청중들이 '예술음악'에 흥미를 잃고 시들해짐
에 따라 더욱 크게 부상하게 됐다. 내 동료이자 리버풀 대학교의 (세
계 최초) 대중음악연구소 창립멤버인 사라 코헨Sara Cohen은 1980년대
음반회사와 계약하지 않은 밴드들에 푹 빠져서 현장 조사를 실시했
고, 이 밴드들의 노래가 두 가지 주요 방식으로 생겨났음을 발견했
다.[73] 좀 더 민주적인 모형에서 음악가들은 떠오르는 아이디어들을

반복해서 연주하고 서로 논의하면서 집단역학을 통해 노래를 천천히 구체화한다. 다른 모형에서는 주도적인 예술가가 이미 아이디어를 정리해 만든 연습을 시연하고 다른 연주자들에게 가르쳐준다. 존 레넌과 폴 매카트니의 협력은 이 두 가지 접근법이 매혹적으로 결합한 것이다. 비틀스의 프로듀서인 조지 마틴George Martin은 레넌과 매카트니가 어떻게 함께 창작활동을 했는지 다음과 같이 설명했다.

> 이제 폴은 존을 음악적으로 돕습니다. 아마도 폴이 음악이론이라든지 화음 같은 것을 더 잘 이해하고 있기 때문일 겁니다. 그리고 상황을 좀 더 원만하게 끌고 갈 수 있거든요. 존은 운전할 때 클러치도 밟지 않고 가는 경향이 있어요. 변속도 하지 않은 채 그냥 가는 거죠. 반면에 존은 심상이라든가 언어에 좀 더 숙달되어 있으면서, 폴이 더 열심히 작사하게 만드는 거죠.[74]

그 매력적인 「예스터데이Yesterday」는 존이 폴에게 가사를 바꾸라고 재촉하기 전까지는 '스크램블 에그Scrambled Eggs'라는 제목을 달고 있었다.[75] 매카트니가 보통 음악에서 먼저 시작한다면, 레넌은 가사에서 시작했다. 물론 '다섯 번째 비틀스 멤버'인 마틴은 창의성이 음향공학과 레코드 제작에도 내재되어 있음을, 그리고 음악이 어떻게 미디어화 될 수 있는지를 전 세계에 알렸다. 마틴이 없었다면 비틀스의 명곡 「일리노어 릭비Eleanor Rigby」에서 그 잊을 수 없는 현악사중주 반주가 빠졌을 것이다.

베토벤과 티야가라자 같은 음악가들이 존재함에도 월드뮤직(일

반적으로 아프리카, 중남미, 아시아 등 비서양의 민속적 대중음악을 가리킨다—옮긴
이)은 개인의 창의성보다는 집단의 창의성이 표준이 된다. 예를 들
어, 정교한 장식음이 들어간 발리의 가믈란은 완전히 완성된 상태
의 전통 작품으로 연주되어 개인적 표현이 거의 허용되지 않는가 하
면,76 카메룬의 베드잔 피그미족의 폴리포니는 철저히 즉흥적으로
불려 매번 연주할 때마다 달라지기 때문에 '작품'이라는 개념을 생각
할 수도 없는 등77 온갖 경우가 존재한다. 서양의 재즈는 그사이 어
디쯤 위치한다. 많은 사람이 대화가 일종의 즉흥연주인 것처럼 재
즈는 말 없는 대화라고 생각한다. 찰리 파커Charlie Parker가 1952년 버
드랜드에서 밀트 잭슨 콰르텟과 함께 「하우 하이 더 문How High the
Moon」을 연주할 때 음정 하나하나가 단어를 떠올리게 해서, 이 연주
를 듣는 사람들은 생각의 연기 속으로 그 단어들이 사라져버리기 전
에 손을 내밀어 어루만져볼 수 있을 것만 같았다. 마야 그라티어Maya
Gratier는 스티븐 말로치가 기록한 엄마와 아기의 원시대화를 그대로
본떠 재즈의 대화를 분석한 뒤 말로치와 유사한 결론을 내렸다.78
그녀가 선택한 곡은 프랑스 재즈 기타리스트 미샤 미셸Misja Michel과
드러머 크리스토프 라베뉴Christophe Lavergne가 오넷 콜먼Ornette Coleman
이 작곡한 「쇼팽Chopin」을 즉흥적으로 연주한 것이었다. 그라티어는
미셸과 라베뉴가 눈빛을 주고받고 미소를 나누며 고개를 끄덕이거
나 상체를 움직이면서 서로에게 어떻게 맞춰 가는지를 (비디오를 통
해) 시각적으로 보여준다. 그라티어의 스펙트로그램은 음향적으로
어떻게 음악가들이 릭(재즈에서 즉흥연주의 한 악절—옮긴이)과 리프(반복
악절—옮긴이), 비트를 주고받으며 동시진행하고, 서로의 연주를 예상

하고 그에 반응하며, 심지어는 서로의 생각을 기적처럼 완성시켜주는 것처럼 보이는지를 입증한다. 이 모든 것이 작곡과 연주 사이에 '씰룩씰룩 움직일 수 있는' 유연한 공간을 품은, 찰나에 이뤄지는 시시각각의 결정을 바탕으로 이뤄진다.

재즈의 사회성은 천 년 이상의 세월을 되돌아가 보게 한다. 그라티어에 따르면, 이 재즈 연주는 어린 시절 비언어적인 '상호이해', 즉 아기와 양육자 간의 원시대화를 재현한 것이다. 더욱 깊이 들어가자면 마이오세 때 호미닌들이 동시에 일제히 지르는 소리에서 찾을 수 있는 음악의 사회적 뿌리를 반영한다. 그리고 조금 더 옛날로 가서, 비요른 메르케르Björn Merker가 대략적으로 쓴 진화의 시나리오에 따르면 맥박을 바탕으로 한 벌레와 개구리, 농게의 합창을 재현하는 것일 수도 있다.[79] 이는 깜짝 놀랄 만한 가설로, 이 책의 3부에서 상당히 혹독한 도전이 될 수 있다. 그러나 그 정도로 멀리 나가려면 아직 멀었다. 우선 개인적인 소멸이라는 약간의 문제가 존재하니까.

죽음

어느 저명한 심리학자가 수북하게 쌓인 통계자료들을 뒤지다가 작곡가의 창의성은 56세에 최고조에 달했다가 그 후 감소한다는 것을 발견했다. 베토벤은 57번째 생일을 맞이하기 열 달 전에 죽었으니 얼마나 다행인가.[80] 31세에 죽은 슈베르트는 약간 아쉽기도 하다. 실제로 음악가와 음악 애호가들은 나이가 지긋해질 때를 많이 기대한다. 젊은 시절에 연주하거나 노래했던 사람들은 은퇴한 뒤 다시 활발하게 음악을 시작한다. 여러 연구에 따르면 나이 많은 사람들은 감정을 조절하기 위해서 음악을 다르게 활용한다. 십대 청소년들은 기분이 나쁠 때 슬프거나 화난 음악을 들어 그 기분을 더욱 강화하는 경우가 많다. 나이 많은 사람들은 그 반대로 행동하며, 기분이 나아지려고 음악을 활용하는 경향이 있다. 왜 그런 행동을 하는지를 설명해주는 소식이 두 가지 있다.[81] 좋은 소식은 우리는 나이가 들면서 기분을 통제(또는 '조절')하는 데 더욱 능숙해지며, 따라서 분노와 불안을 덜 경험하게 된다는 것이다. 나쁜 소식은 노년기의 '저녁노을'이 주는 긍정적인 바이어스는 편도체의 노화로 인해 인지장애가 생긴 탓일 수도 있다는 것이다. 편도체는 정서와 밀접하게 연계되어 있는 뇌의 변연계 중 일부다. 모순적이게도 뇌의 퇴화는 황혼기의 또 다른 미덕으로 언급되는, 음악적 취향의 확장과 다양한 것을 시도해보려는 의지의 근원이 되기도 한다. 돌아가신 우리 아버지는 스트라빈스키와 다른 현대 작곡가들의 음악을 듣는 기쁨을 70대가 되어서야 깨달았다. 심리학자들은 이러한 특성을 '개방성'이라고 부르며,[82] 이는 나이 든 사람들이 자기 방식만 고집한다는 일반적인 관점을 반박한다. 나이 든 사람들이 평생의 음악적 취향이 '각인'되는 십대 시절에 들었던 음악을 선호한다는 것은 인정해야겠다.[83] 반면 색다른 것들에 대한 개방성은 사실 노스탤지어를 느끼는 것만큼이나 나이 든 사람의 특성이다. 나이 많은 모든 이가 새로운 음악에 개방적인 것은 아니나, 상당한 수가 개방적이다.

그럼에도 노년의 삶에서 무엇보다 두드러지는 현실은 당연히 신체적이고 정신적인 쇠락이다. 이런 바탕에서 음악은 실제로 일종의 만병통치약으로 진가를 발휘한다. 건강과 행복을 가져다주는 음악의 장점은 헤아릴 수 없을 정도다. 치매 환자에게 음악은 기억력을 자극하고 심지어 자아감을 상기시키기도 한다.[84] 음악은 언어보다 오래 지속된다. 아기들이 언어보다 음악을 먼저 익히는 것도 이 때문이다. 말하는 능력을 잃게 될 때 음악은 생명줄이 되어준다. 실험에 따르면 노인이 언어 기억이나 집중력을 향상하거나 회복하는 데 음악을 듣는 것이 오디오북을 듣는 것보다 훨씬 더 도움이 된다.[85] 음악은 외로움과 우울증을 줄여주고 신체적 협응능력을 강화해준다. 노래를 부르면 폐질환의 증상을 완화할 수도 있다. 영국의 자선단체 '라이브 뮤직 나우Live Music Now, LMN'처럼 전문 음악가들이 양로원과 병원을 찾아가는 기획을 지원하는 것이 중요한 까닭이 여기에 있다. 이 조직은 1977년 예후디 메뉴인Yehudi Menuhin과 자선가 이언 스타우츠커Ian Stoutzker가 생명을 어루만지는 음악의 힘이라는 비전을 널리 알리기 위해 설립했다.[86] LMN 소속 음악가들은 매년 지역과 의료시설에서 장애를 가지거나 특수교육이 필요한 어린이뿐 아니라 노인을 위해 다양한 상호작용 음악프로그램을 제시한다. LMN 같은 조직은 평생에 음악이 도움이 된다는 진실을 소중히 지켜나가고 있다.

그러나 음악의 힘을 지나치게 감상적으로 생각해서는 안 된다. 치료사들은 이제 음악에 대한 케케묵은 장밋빛 시각에서 벗어나 음악을 질 좋은 담요 정도로 생각하면서 사용 방식을 좀 더 세분화해서 구분하는 데 중점을 둔다. 증세에 음악을 맞추는 것은 중요하다.

예를 들어 이제는 복잡한 음악이 알츠하이머나 치매를 앓는 사람들에게 괴로움을 준다는 것이 분명해졌다. 인지장애로 인해 음악을 처리하기가 더욱 어려워지기 때문이다. 우울한 사람들을 위해서는 적절한 음악을 조심스레 선택해야 한다. 음악치료는 특히나 심한 무감각증을 앓는 사람들에게 효과적이다. 치료사들은 초조증 환자들이 빠른 음악을 들으면 더욱 불안해지기 때문에 이를 피하려고 한다.[87] 가장 흥미로운 점은 치매 치료 영역에서 바로크음악이 행동장애를 오히려 증가시키는 것으로 나타났다는 것이다.[88] 언젠가 음악이 공식적으로 의료행위가 되고 의사들이 약물로서 이를 제공하게 된다면 바흐와 비발디는 알츠하이머 환자들에게 적합하지 않을 수 있다.

이런 노년의 생물학적 증후들, 즉 노쇠와 노스탤지어, 새로움에 대한 개방성 등은 나이 든 작곡가들의 성과를 뚜렷하게 해줄 수도 있다. 다시 말해, 신체적 정신적 쇠락이 숙성된 치즈나 와인처럼 실제로 창의적인 성과를 내놓을 수 있다. 다음은 일부 위대한 작곡가들이 노년에 앓은 의학적 문제들이다. 바흐, 헨델, 딜리어스Delius, 오케겜Ockeghem은 실명, 스메타나는 청각소실, 슈만과 라벨Ravel은 정신병, 말러와 쇤베르크는 심장병, 드뷔시는 직장암, 스트라빈스키는 뇌졸중, 코플랜드Copland는 알츠하이머, 버르토크는 백혈병, 쇼팽은 결핵, 슈베르트는 매독, 베토벤은 청각장애와 수종병, 납중독 등을 앓았다. 이 점을 고려할 때 대부분의 경우 나이 든 이들은 사실상 장애를 가진 것처럼 보일 수 있지만, 서양은 이례적으로 이 노장들의 말년 양식을 더 높게 친다. 셰익스피어의 마지막 희곡들인《템페스트The Tempest》나《겨울 이야기A Winter's Tale》, 반 고흐가 오베르 쉬르 와

즈에서 그린 「까마귀 나는 밀밭Wheatfield with Crows」, 베토벤의 마지막 소나타와 사중주 등은 모두 서양 문명의 절대적인 정점에서 등장했다. 말년 양식들은 심지어 '장애 양식'이라 불렸는데, 역설적이게도 (오켈퍼드의 뒤를 이어) 서양의 '결함' 문화에 대해 가지고 있던 나의 의구심을 끝내주었다.[89] 환자가 된 천재를 소재적인 토대 위에 올려놓고 살펴본다면 정반대의 방향을 가리키는 것처럼 보이는 증세들을 이해할 수 있게 된다. 말년 양식의 증세로는 무엇이 있을까?

1827년 2월 베토벤이 죽음을 앞두고 있다. 그가 이제 살아갈 날은 한 달 남짓. 친구들은 그에게 향료주 같은 진미들을 가져다주었지만, 그는 맛조차 보지 못한다. 런던 필하모닉 소사이어티는 그에게 100유로를 보냈다. 출판업자 디아벨리는 모라비아인들이 모여 사는 로라우 마을에 있는 수수한 하이든의 생가를 담은 석판화를 보내왔다. "보게나. 오늘 이걸 받았지." 베토벤은 이렇게 말했다고 전해진다. "그냥 이 작은 집을 보게나. 그토록 위대한 분이 이 집에서 태어난 거야."[90] 자신의 옛 스승이자 아버지 같은 존재를 향한 베토벤의 감정은 상당히 정화되었다. 모든 열정을 쏟아낸 뒤 피어난 이러한 화해의 기운은 화음에 대한 베토벤의 용서에서 나타났다. 그는 그저 화음이 존재하는 것만으로도 만족했다. 마지막 피아노 소나타 Op. 111의 마지막 악장인 짧은 '아리에타'에서는 기교를 버리고 음악의 기본 요소인 간결한 으뜸음과 딸림음을 드러냈으며, 이 요소들이 어린아이 같은 단순함으로 은은한 빛을 발할 때까지 다듬었다. 자신의 죽음을 예감한 베토벤은 음악의 기원을 되돌아보게 됐다. 그는 빗장을 낮추어 마지막 사중주에 푸가와 변주, 스케르초, 카바티나, 바가텔, 전지전능한 소나타 형식까지 모든 요소가 들어올 수 있게 했다. 이러한 자유는 외부인들에게는 카오스처럼 보였을 수도 있다(베버는 베토벤이 '정신병원에 갈 때가 왔다'고 생각했다).[91] 하지만 베토벤은 상관하지 않았다. 이 신성한 광기는 신체적 정신적 쇠락의 이면이다. 베토벤의 말년 양식이 지닌 중요성은 영웅답게 이런저런 병환에 굳건히 맞섰다는 데 있다. 우리는 작곡가들을 황금거위와 양계장 닭 그리고 죽어가는 백조의 혼종이라고 생각하길 좋아한다. 아마도 결국엔 이상할 것도 없이, 말년 양식은 그저 산산이 부서져가는 모든 것의 후유증일 뿐이다.

대중음악에도 말년 양식이 있을까? 데이비드 보위David Bowie가 세상을 떠나기 이틀 전에 발표한 마지막 스튜디오 앨범 「블랙스타 Blackstar」가 어스름하게 빛을 발한다. 이 앨범의 제목은 보위가 곡을 쓰던 당시 그의 목숨을 앗아가고 있던 질병의 이름과 인위적으로 불완전하게 압운을 맞춘 것이기도 하다. 밥 딜런Bob Dylan은 여전히 우리 곁에 남아 있지만, 그의 말년은 20년 이상 전인 1997년 발표한 「타임 아웃 오브 마인드Time Out of Mind」에 실린 「낫 다크 옛Not Dark Yet」에서 느닷없이 드러난다. 딜런의 갈라지고 속삭이는 목소리에 사무엘 베케트Samuel Beckett의 가장 기본적인 회복탄력성이 배어나온다. 딜런은 계속 놀라움을 선사한다. 서커스처럼 다양한 딜런의 음유시인적인 목소리와 장르에는 화해의 정신이 숨 쉰다. 그의 마지막세 앨범(「셰도우 인 더 나이트Shadow in the Night」, 「폴른 에인절스Fallen Angels」, 「트리플리케이트Triplicate」)은 틴 팬 앨리Tin Pan Alley(20세기 초까지 미국의 대중가요를 장악한 뉴욕의 음반제작자와 작곡가 집단을 칭하는 말—옮긴이)와 프랭크 시나트라Frank Sinatra도 받아들인 그레이트 아메리칸 송북Great American Songbook(20세기 초 미국의 브로드웨이 연극과 할리우드 뮤지컬 등과 밀접한 관련이 있는 음악—옮긴이) 시대의 역사적 교훈이라 할 수 있다. 대중음악의 말년 양식은 노년의 충격을 전달한다.

월드뮤직에도 말년 양식이 존재할까? 아마도 존재하지 않으리라는 증거 중 하나로 다른 개발도상국들과 마찬가지로 인도에서는 치매가 개인보다는 사회의 증후군으로 인식된다는 점을 들 수 있겠다. 실제로 인도에서는 치매라는 꼬리표조차 붙지 않는다.[92] 그러한 사회문화에서 인지장애는 종종 한 사람의 가족 지지 구조가 무너졌거나 심지어 사랑이 없어서 생기는 증후군으로 여겨진다. 반면 서양의 관점에서 아시아는 어느 정도 '뒤떨어졌으며' 문자 그대로 좀 더 오래되고 신비하다고 인식된다. 몇 세기 동안 서양이 아시아로 향하는 관문이었던 무너져 내리는 도시는 이 시적인 생각을 전형적으로 보여준다. 예를 들어, 토마스 만Thomas Mann의 중편소설 《베니스의 죽음Death in Venice》과 루키노 비스콘티Luchino Visconti 감독이 제작한 동명의 침울한 영화는 구스타프 말러의 제5번 교향곡의 잊을 수 없는 아다지에토를 영원히 연상시킨다. 그 후 위대한 팔레스타인 작가 에드워드 사이드Edward Said는 상호 보완적인 두 가지 저서로 이름을 알렸다. 하나는 탈식민주의의 원칙을 사실상 창안한 《오리엔탈리즘 Orientalism》이고, 다른 하나는 《말년의 양식에 대하여On Late Style》다.[93] 서양이 무엇을 '동양'의 것이라고 칭하는지에 대한 논의가 두 번째 언급한 책에서는 눈에 띄게 결여되어 있다. 사이드의 정치적 의제는 '동양'을 서양의 우월감으로부터 방어하는 것이었다. 그러므로 이집트와 인도 또는 중국의 고대 문명을 아름다운 몰락의 상태로 그려낸 것은 서양의 오리엔탈리즘적 판타지에 기여했을 것이다.

이러한 판타지는 여전히 잘 팔린다. 따라서 서양의 주류 지역에서 벗어난 곳에서 발견되는 말년 양식은 전체적인 문화나 나라의 말년과 겹친다. 1996년 라이 쿠더Ry Cooder는 손 쿠바노Son Cubano 앨범을 녹음하기 위해 나이가 지긋한 지역의 음악가들과 함께 아바나로 여행을 떠났고(손 쿠바노는 쿠바의 고원지대에서 유래한 아프로-스페인 양식의 음악이다), 문화적 노스탤지어라는 어마어마한 돌풍을 불러일으켰다. 700만 장이 팔린 「부에나 비스타 소셜 클럽The Buena Vista Social Club」은 역사상 가장 성공한 월드뮤직 앨범이다. 음악평론 사이트 스푸트니크뮤직의 비평가들은 이렇게 분석했다. "플레이 버튼을 눌렀을 때 가장 먼저 주목하게 되는 것은 노쇠한 악기들이다. … 이 연주자들은 와인처럼 숙성됐다."**94** 첫 곡 「찬 찬Chan Chan」에 등장하는 네 가지 반복 코드 또는 '손son(스페인어로 '사운드'라는 의미다)'에 이 모든 것이 담겨 있는데, 이 곡은 89세의 트로바trova(쿠바혁명 이후 등장한 쿠바의 음악 운동으로 '발라드'라는 의미다―옮긴이) 기타리스트 콤파이 세군도Compay Segundo가 1985년 78세의 나이에 썼으며, 이 앨범 전체와 영화에서 대표적인 노래다. 이 노래에 등장하는 코드들을 냄새라도 맡듯 샅샅이 들을 필요는 없다. 노래는 마치 쿠더가 오래된 럼주의 뚜껑을 열어, 쿠바가 오랜 정치적 고립 동안 잘 품어온 1920년대 아바나의 취할 듯한 아로마를 퍼트리는 것만 같다. 그런 음악은 노화한 목소리나 연주 기술이라는 '약점에도 불구하고'가 아니라 '약점 때문에' 좋은 기억을 떠올리게 한다. 바흐나 베토벤의 말년 양식처럼 이 노년의 음악은 퇴락하지 않고 정제된다. 죽음이 가까워지면 허세는 사라지고 정신이 집중된다. 여기에서 차이점은 이 음악가들의 말년은 쿠바 문화 전체의 일대기에서 따로 분리할 수 없다는 것이다.

"이곳에서는 죽어갈 때조차도 건강하고 기분이 아주 좋아야만 하지."[95] 1941년 벨러 버르토크는 미국에서 망명 생활을 하면서 이렇게 불평했다. 20세기 헝가리 음악 거장은 1931년 파시스트들과 싸우고 무솔리니의 폭력배들에 맞서 지휘자 토스카니니Toscanini를 방어하면서 본분을 다했다.[96] 또한 직업예술가로서 고국에서 모든 인종이 조화를 이루며 살아갈 수 있게 최선을 다해 싸웠고, (북아프리카부터 발칸반도까지) 세상의 모든 고전음악과 아방가르드, 민속전통을 인류애의 춤사위로 한데 모았다. 「오케스트라를 위한 협주곡Concerto for Orchestra」은 버르토크가 1944년 미국 애디론댁산맥에 있는 요양원에서 54일간 백혈병에서 회복하며 작곡한 걸작이다. 이 협주곡의 마지막 악장은 머리가 어질어질할 정도로 기분을 들뜨게 만드는 트란실바니아 집시 춤인 '호라 넴세스카hora nemtseasca'다.[97] 12월 1일 쿠세비츠키Koussevitsky가 지휘한 보스턴 심포니 오케스트라와 함께한 이 작품의 초연을 들으면 부유한 미국 관객들이 좌석에서 뛰쳐나가 함께 춤추고 싶어 했을 모습이 그려진다.

고열에 시달리던 버르토크는 비좁은 맨해튼 아파트에 옷을 갖춰 입고 누워서 마을 풀밭 위에서 바이올린을 연주하는 집시들을 꿈꿨다. 14페이지 남짓한 악보에 스케치한 미완성 비올라 협주곡에는, 1933년 글래스고를 방문한 추억에서 비롯된 스코틀랜드 민요인 「밀밭에서Comin' Thro' the Rye」가 포함되어 있다. 1943년 버르토크가 하버드 대학교 강의에서 설명했듯, 멜로디가 매력적으로 들리는 이유는 스코틀랜드식의 길고 짧은 점음표(민요 「올드 랭 사인」에서 '오랫동안 사귀었던…'으로 진행되는 식)가 '반헝가리적'이어서다. 헝가리어(마자르어) 단어는 헝가리식 멜로디와 같이 첫 번째 음절을 강조한다.[98] 버르토크는 자긍심 넘치는 애국자임에도 민족지학적 연구에서 언제나 전 세계 다양한 민속전통을 받아들였다. 그는 지금도 마찬가지지만 당시 '외국적' 요소를 가진 국가의 민요들을 몰아내려던 과격한 국수주의 정권의 추세를 포함해, 음악적 순수주의라는 개념에 충격을 받았을 것이다.

1945년 9월 버르토크의 죽음은 〈타임〉지의 아르고플렉스 카메라 광고와 '선데이 나이트 셰프 프라이팬' 광고 사이에 껴서 언급됐다.[99] 그가 남기고 간 비올라 협주곡을 완성하기 위해 여러 재능이 더해졌고, 차바 에르델리Csaba Erdély가 완성한 곡은 2017년이 되어서야 베를린 필하모닉이 초연했다.[100]

이 협주곡이 버르토크의 죽음 후에 탄생하고 또 재탄생했다는 데서 서양 음악 기보법의 실재와 미덕이 두드러진다. 기보법은 죽음을 기만하고, 악마가 마땅히 해야 할 일을 그로부터 훔쳐낸다. 스케치가 없다면 음악도 없다. 서양 음악에는 죽음에 저항하는 몸짓이 뼛속 깊숙이 박혀 있으며, 그렇기 때문에 서양 음악은 비서양의 음악과 비교했을 때 불협화음과 고통을 과장해서 표현한다. 그 목적은 무엇인가? 나는 이 질문을 4장의 마지막까지 남겨두려 한다. 그리고 2부의 대부분을 이 질문에 답하는 데 할애할 것이다.

03

The Soundtrack of Our Lives

우리 인생의
사운드트랙

겉보기에 음악은 그 어느 때보다 풍요로워졌고 접근하기 쉬워졌다. 그러나 겉으로 보이는 모습은 우리를 현혹하고, 연구는 오해를 유발한다. 2019년 영국 전역에서 음악 창작 프로젝트에 투자하는 조직인 유스뮤직Youth Music은 어린이와 젊은이가 음악과 맺은 관계에 대한 포괄적인 평가를 의뢰했고, 그렇게 드러난 결과는 매우 고무적이었다.[1] 음악은 젊은이들이 게임만큼이나 좋아하며 스포츠나 드라마, 춤보다 더 선호하는 취미다. 한 주 동안 7세부터 17세 사이의 영국인 가운데 97퍼센트가 음악을 들었다. 67퍼센트는 음악을 만들었고, 30퍼센트는 악기를 연주했다. 놀랍게도 85퍼센트는 음악이 자신을 행복하게 만들어준다고 했고, 젊은이들의 64퍼센트는 스스로를 음악적이라고 여겼다. 이는 2006년 48퍼센트보다 오른 수치다. 보고서는 앞서 내가 한 이야기들에 담긴 비관주의에 반항하는 듯 보인다. 특히나 젊은이들의 반 이상이 활발하게 음악을 창작한다는 점에서 더욱 그렇다. 요컨대 우리는 새로운 음악의 부흥기를 지켜보고 있다. 그렇긴 하지만 여기에는 복잡한 사정이 숨겨져 있다. 어떤 사정인지는 응답자가 가장 좋아하는 음악 장르를 표현한 지도에서 살펴보도록 하자(그림 3-1).

현기증을 일으킬 듯 아찔한 다양성(신스 팝, 그라임, 재즈, 트랩, 케이팝 등) 사이에서 클래식이라는 구멍이 존재한다. 정말로 오늘날 젊은이들은 클래식을 별로 듣지 않는다는 이야기인가? 분명 클래식은 나이와 경험이 쌓여야 얻게 되는 취향으로, 오케스트라 공연에 우아하게 차려입고 온 백발의 관객들이 이를 증명한다. 반면 클래식은 1장과 2장에서 자세히 설명한 그 모든 죄로 인해 벌을 받는 것도 같다. 클래식은 지나치게 추상적이고, 지나치게 복잡하며, 지나치게 비싸다. 한마디로 너무 엘리트주의적이다. 그렇다면 1장과 2장의 비관주의는 클래식만 덮쳤고, 대중가요는 그 손아귀에서 무사히 달아난 셈이다. 다시 말해 음악적 인간은 살아남았고, 잘 지내고 있으며, 인기 많은 뮤지션이기도 하다. 그러나 이 일방적인 해석을 받아들이기가 쉽지 않다. 특히나 대중음악은 돈을 좇고, 좋은 음악을 대중적인 인기와 금전적 성공과 동일시하기 때문이다. 유스뮤직의 보고서에는 미묘한 뉘앙스가 담겨 있으며, 첫눈에 보이는 것처럼 낙천적인 상황이 아님이 드러났다. 클래식의 명백한 죽음은 그저 더 많은 사상자를 예고하는 탄광 속 카나리아일 뿐이다. 전체적인 음악교육의 죽음 말이다.

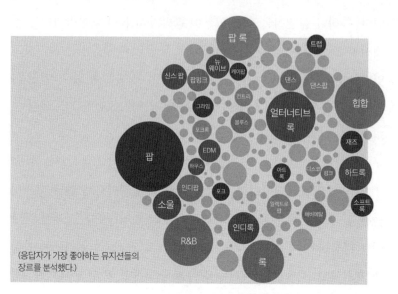

팝 록

뉴
웨이브

신스 팝
팝펑크
케이팝

그라임

컨트리

댄스

트랩

댄스팝

힙합

블루스

얼터너티브
록

포크록

재즈

팝

EDM

아트
록

디스코
펑크

하드록

하우스

인디팝

포크

일렉트로
팝

헤비메탈

소프트
록

소울

인디록

(응답자가 가장 좋아하는 뮤지션들의
장르를 분석했다.)

R&B

록

그림 3-1. 젊은이들이 가장 좋아하는 음악 장르
© The Sound of the Next Generation report, Youth Music

유스뮤직이 보고한 창작의 대부분이 학교 바깥에서 이뤄진다는
사실은 충격적이다. 우리는 노래방에서 노래하기, 컴퓨터로(때로는
욕실에서) 박자와 마디 생성하기, 작곡, 랩, 디제잉, 녹음하고 소셜 미
디어에 뮤직비디오 올리기 같은 DIY 활동을 벌인다. 그 가운데 다수
는 디지털 기술 덕에 촉발됐다. 예를 들어 (음악적으로 알려진) 틱톡 앱
은 사용자들이 짧은 형태의 (립싱크) 뮤직비디오를 생성하고 스냅챗
이나 인스타그램에 업로드할 수 있게 해주는데, 전 세계적으로 200
만 명이 사용한다. 음악 창작은 선배나 교사의 개입 없이 꽃피고 있
다. 서양과 나머지 세계 모두에서 음악이 전달되는 방식은 과거와
전혀 달라졌다. 악기를 연주하는 소수의 젊은이(30퍼센트) 가운데 절

반은 교사가 아닌 유튜브 강의를 보고 배운다. 스스로를 음악적이라고 보는 어린이 대다수가 경제적으로 음악 수업을 감당할 수 없는 저소득층에서 나왔다는 점 역시 의미심장하다.

왜 음악이 음악교육과 엇갈리게 됐는지는 흥미로운 질문이다. 학교 수업은 어느 때보다 다양해졌다. 스톰지Stormzy 같은 래퍼와 모차르트 모두를 수용한다. 그러나 음악교육의 커리큘럼은 디지털 기술의 순수한 변화의 속도뿐 아니라 유동성, 편재성, 신속성, 접근성에 뒤지지 않으려고 고군분투하고 있다. 이 멋진 신세계에서 음악 기보법은 컴퓨터 코딩으로, 연주는 기술적 인터페이스로, 물리적 공간은 가상공간으로 대체됐다. 그러나 더 심오한 원인은 음악을 가르치는 일이 시간과 돈 모두 많이 들며, 따라서 교육을 수익화하려는 정부의 정책에 맞지 않다는 점에 있다. 다시 말해, 학교에서 음악을 공부하는 것은 영국 대입자격시험인 EBacc에서 승인한 과목(영어, 수학, 과학, 지리, 역사, 외국어)을 공부하는 것만큼 유리하지 않다는 의미다. 음악 산업이 영국 경제에서 연간 44억 유로를 기여한다는 사실은 이러한 주장에 도움이 되지 않는다. 이런 방식으로 생각하는 것은 음악이 행복에 기여하는 그 셀 수 없는 '감성적인' 장점 대신 물질적 이득을 고려한다는 의미이기 때문이다. 유스뮤직 조사 연구의 응답자 가운데 하나인 필립의 이야기를 들어보자.

저는 음악을 즐깁니다. 왜냐하면 친구도 많이 사귈 수 있고, 항상 음악을 들으며 일할 수 있으니까요. 절대로 음악을 놓지 않을 거예요. 음악을 계속 연주할 거고, 절대로 포기하지 않을 거예요. 늘 함께할 거예요.

여기에 어떻게 가격표를 붙일 수 있겠는가? 음악으로 인해 필립 같은 어린이들이 누릴 수 있게 되는 인생의 기술, 다른 사람들과 공감하고 연대를 맺을 수 있는 능력, 팀으로 일할 수 있는 능력이 미래의 고용주들에게 얼마나 매혹적일지는 쉽게 알 수 있다.

교육이라는 탄탄한 기반이 없다면 유스뮤직이 보고한 좋은 소식 대다수는 거품처럼 날아가고, 아이들이 나이를 먹음에 따라 음악 활동의 비중은 79퍼센트(7~10세)에서 53퍼센트(16~17세)로 뚝 떨어진다. 음악 산업에서 성공을 거둘 수 있는 확실한 방법 같은 것은 없다. 서바이벌 오디션 프로그램인 「엑스 팩터X Factor」나 유튜브를 통해 독립적으로 데뷔하는 불확실한 방법만 있을 뿐이다. 사람들이 창작을 멈춘 뒤 남은 것은 주류를 이루던 활동들이다. 즉 (무리를 지어서가 아닌) 홀로 음악을 듣거나, (라이브 연주보다는) 녹음된 음악을 듣거나, 거의 언제나(76퍼센트) 다른 뭔가를 하면서 음악을 곁들이는 것 말이다. 한마디로 영국의 자료를 일반화할 수 있다면 현대 서양에서 가장 흔한 음악의 용도는 '사운드트랙'이다. 즉 음악은 우리 인생에 깔리는 사운드트랙이다.

혹자는 음악이 거의 수동적인 위치가 되었다는 점에서 이런 상황을 비관적으로 볼 수도 있다. 그런 결론은 1장과 2장에서 서양의 음악적 인간은 태생적인 음악성을 잃고 말 운명이라는 주장을 확증해주는 것처럼 보인다. 그러나 상황은 그보다 좀 더 미묘하다. 이 장에서는 음악이 현대적 삶에서 수동적이고 고유한 특징을 가졌음에도 활동적이 될 수 있다는 이론을 시험해보려 한다. 유스뮤직이 결론 내린 것처럼 젊은이들은 "삶에 어울리는 사운드트랙을 신중하게 고르는 디제이들"이며, "작곡가가 영화를 위해 악보를 써 내려가듯, 젊은이들은 감정을 전달하고 반영하기 위해, 정서 상태를 바꾸기 위해, 기분을 조절하기 위해 음악을 사용한다." 중요한 것은 그런 '(심리학자들의 표현에 따르면) 정서적 자기 조절'이 우리가 도시에서 일상생활을 영위해나가는 동안 현대 서양에서 이뤄지는 경향이 있다는 점이다. 게다가 도시는 음악이 동반될 수 있는 수천 가지의 활동이 일어나는 자연스러운 공간이다. 이 장에서는 내가 살고 있는 도시이자 유네스코 선정 '세계적인 음악의 도시' 리버풀에 초점을 맞춘다. 우리 인생에 깔리는 사운드트랙에서 그리고 음악이 도시 이곳저곳으로 우리를 따라다니면서 만들어낸 경로에서 어떻게 음악 듣기가 일종의 수행이자 '노동'이 되었는지를 살펴보려 한다.

일하면서 휘파람을 불자

어떤 면에서는 항상 그래왔다. 기원전 300년 아리스티데스 쿠인틸리아누스Aristides Quintilanus가 쓴 다음의 보고서에 따르면, 고대 그리스에서도 음악은 다른 활동에 곁들여졌다.

사람들이 하는 일 중에 음악 없이 수행할 수 있는 일은 분명 없다. 성스러운 성가와 제물은 음악으로 꾸며지고, 특유의 연회와 도시의 축제는 음악 속에서 기뻐 날뛰며, 전쟁과 행진은 모두 음악을 통해 촉발되고 가라앉는다. 음악은 바다를 향해 나아가게 노를 젓게 하며, 일할 수 있는 용기를 북돋아 가장 까다로운 물건을 만들 때도 버겁지 않게 한다. 심지어 일부 야만인들은 장례식에서 극단적으로 끓어오르는 열정을 가라앉히기 위해 멜로디의 도움을 받는 식으로 음악을 활용해왔다.[2]

축제, 종교의식, 장례식, 전쟁, 행진, 항해, 노 젓기 그리고 모든 다양한 노동은 오늘날에도 음악으로 장식된다. 아마도 음악은 항상 사운드트랙이었으리라. 그러나 옛날과 지금 사이에는 커다란 차이점이 네 가지 존재한다. 첫째, 쿠인틸리아누스는 노예제 사회에서 노동하지 않는 귀족의 입장에서 글을 썼다. 일반인 대다수는 음악을 일터에서 들을 수 있었다. 다른 활동과 별도로 음악 자체를 듣는다는 생각은 사회가 여가의 영역을 개척하기 전까지 터무니없는 호사인 양 비웃음을 샀다. 둘째, 음악은 타고나길 사람들이 만들어내는 것으로 음악의 카덴차는 노동의 리듬과 정서를 타고 흘러나왔다. '작품번호'를 가리키는 라틴어 'Opus'(베토벤 제5번 교향곡 Opus 67처럼)가 음악 '작업'에서처럼 '작업'을 의미하는 것은 우연이 아니다. 음악이 사운드트랙이라고 한다면, 그 사운드트랙을 만들어내는 것은 노동자들이었다. 하지만 당시 노동자들은 현대의 청중들처럼 음악을 생산하는 노동에서 동떨어져 있는 양 음악을 듣지 않았다. 셋째, 음악을 창작하고 듣는 것은 집단행동으로, 오늘날 음악 대부분이 혼자 하는 활동인 것과는 대조적이다. 마지막으로, 산업사회 이전에 대부분의 음악 작업은 도시가 아니라 교외지역, 즉 밭이나 물 위에서 이뤄졌다.

일하면서 휘파람을 불 때 가장 초기에 만들어진 곡 가운데 하나는 1586년 영국 엘리자베스 여왕 시대에 쟁기질하던 남자의 휘파람이다.

> 찢어지게 가난한 촌뜨기가 휘파람 소리와 노랫소리로 어찌나 다정하게 스스로를 위로하고 자기네 동물들을 달래는지. 세상에나. 고달픈 노동을 하며 그리도 자주 채찍질을 하고 쟁기자루를 휘두르건만 어찌나 즐거워들 하는지.3

프레드 피첼이라는 어느 한 은퇴한 노동자는 19세기 중반 이스트앵글리아 지방의 들판에서 일하면서 부르던 노래의 즐거움을 추억했다.

> 어린 시절에 나는 오직 일만 했다. 기쁜 일이 하나도 없었다. 하지만 한 가지 잊고 있던 것이 있으니 바로 노래다. 당시 마을에서는 꽤 많은 노래를 불렀고, 지금도 노래는 나의 기쁨이다. 소년들은 들판에서 노래했고, 밤이면 대장간에서 만나 노래했다.4

음악의 즐거움이 노동의 괴로움을 경감해준다는 생각 그리고 음악 작업이 스스로를 치유해준다는 개념이 두 가지 이야기 모두에서 가장 중요하다. 이 개념을 음침하게 현대적으로 만들어보자면, 소셜 미디어에서 만들어진 음악이 소셜 미디어의 고독을 어떻게 경감해주는지가 된다. 그러나 오늘날 여가를 위한 음악과 비교해보면, 고대의 노동요는 일과 음악 작업이 뒤섞였으며, 노동의 소리도 소재가 되었는데, 이는 여러 민요에서 맥을 같이한다. 셰틀랜드의 실잣기 노래는 '팀-팀-타-라, 팀-팀-타-리'라는 소리로 시작되는데 이는 물레가 돌아가는 소리를 떠올리게 한다.[5] 슈베르트의 「실 잣는 그레첸Gretchen am Spinnrade」 같은 고전적인 실잣기 노래에서 물레 소리를 흉내 내는 작업은 반복적인 피아노 꾸밈음으로 대체됐다. 뱃노래에서 필요한 힘들게 노를 젓는 작업은 '저어라'라는 음절에서 들을 수 있다. "오, 높이 노를 저어라, 우리는 저 멀리 떠날 거니까, 저어라, 사내들이여, 열심히 저어라!"[6] 뱃노래는 선원들이 돛을 올리거나 닻을 내리는 매우 협동적인 활동을 집중적으로 해내도록 요구한다. 가장 유명한 뱃노래인 「배를 뒤집어라Blow the man down」를 들을 때면 사실상 우리는 그 노동의 리듬에 맞춰 콧노래를 부르게 된다. 목화밭에서 소리 높여 부르는 노래는 전혀 다르게 들린다. 활기차기보다는 구슬프고, 풀이 죽은 선율 윤곽은 한결같은 흐느낌과 유사하며, 넓게 펼쳐진 공간에서 아주 먼 곳까지 전달되도록 구성되었다. 여기에는 분명한 이유가 있으니, 목화솜을 따는 일꾼들은 선원들보다 서로 멀찍이 떨어져서 일하기 때문이다.[7] 헤브리디스 지방의 베 짜는 사람들이 부르는 '축융가縮絨歌'는 노래와 노동, 생산품 사이의 관계가 극단적일 정도로 미묘하다는 것을 보여준다(축융이란 트위드를 짠 뒤 이를 부드럽게 만들기 위해 리드미컬하게 치대는 과정이다). 여성들은 똑같은 노래를 두 번 부르면 직물에 손상이 간다고 믿었다. 음악적 다양성은 곱게 펴진 직물의 짜임새로 바뀌었다.

민요와 팝송 간의 주요한 차이점 가운데 하나는 후자가 노동에 대해 거의 언급하지 않는다는 것이다. 사뭇 대조되는 점이다. 대중가요는 노동으로부터의 해방을 찬양한다. 이는 영화 「토요일 밤의 열기Saturday Night Fever」의 첫 장면에서 존 트라볼타John Travolta(토니 역)가 으스대며 걸어오는 모습에서 그대로 드러난다. 영화는 토니의 두 가지 세계를 극명하게 갈라서 보여준다. 토니의 시선으로 보았을 때, 일해야 하는 현대사회는 잿빛이고 질서 정연하며 대부분 침묵을 지킨다. 반면 여가의 세계는 화려하고 자유로우며 디스코와 함께 활기가 넘친다. 이 두 세계가 어떻게 동떨어져 있는지는 위대한 침묵의 이야기가 된다.[8]

산업혁명 이후 음악이 기계 소음에 밀려났다는 단순한 이유에서 침묵의 베일이 노동요 위에 드리웠다. 또한 그래드그라인드 같은 공장장들은 기쁨에 겨워 목소리가 높아지는 모습을 고깝게 보았다(그래드그라인드는 찰스 디킨스의 소설 《어려운 시절》에서 학생들에게 획일적인 교육만을 강요하는 사립학교 교장이다—옮긴이). 모든 원칙에는 예외가 있으니, 바로 남북전쟁이 일어나기 전 미국의 남부와 북부다.[9] 남북전쟁 전 자유로운 북부의 산업도시들은 예상대로 시끌벅적했지만, 이는 음악이 아닌 기계 소리 탓이었다. 정반대로 남부 농장의 음풍경은 무서울 정도로 고요했지만 노예들의 소리가 간간이 끼어들었는데, 노예들의 소리는 방문객들이 오케스트라의 영향력에 견줄 만큼 엄격한 방식으로 편성되었다. 나이 지긋한 남부의 신사였던 제임스 배틀 아비레트James Battle Avirett가 1901년에 쓴 회고록에 따르면, 오케스트라 '지휘자'의 '지휘봉'은 '오래된 농장의 종'으로, '짐 아저씨의 손에 들려 하인들의 움직임을 통제했는데, 하인들을 일터로 보냈다가 불러들이는가 하면, 각자 맡은 일들을 해야 할 시간을 알려주었다.' 그리고 이 '오케스트라'가 연주하던 것은 바로 '물레가 돌아가며 웅웅대는 소리, 베틀이 삐걱거리는 소리, 베 짜는 사람의 손놀림에 따라 신나게 울리는 소리'로 '이 모든 소리에는 농장의 노래 선율이 자주 동반됐다.'[10] 그러면서도 노동하는 자와 듣는 자 사이의 울타리는 보기보다 투과성이 좋았다. 다음의 일화에서 누가 누구의 소리에 귀를 기울이는지 생각해보자.

> 우리는 철로 위에서 흑인 작업반이 노래하는 소리를 듣기 위해 울타리 위에 걸터앉은 한 연구생의 이야기를 들었다. 그는 마침내 가사를 알아듣고선 흑인 작업자들이 다음처럼 들리는 노래를 부르고 있음을 깨달았다. "저기 저 백인을 봐. 울타리에 앉아서 … 울타리에 앉아서 … 시간 낭비를 하네. …시간 낭비를 하네."[11]

물론 목화 농장은 시대착오적이었다. 음악은 20세기 중반 2차 세계대전이 한창이던 시기에서야 겨우 공장으로 돌아왔다. 관리자들은 숙련이 필요 없는 반복 작업에 음악이 생산성을 높여주고 지루함을 덜어준다는 것을 깨달았다.[12] 함정은 음악이 이제 관리자들에 의해 강요됐으며, 노동자들이 직접 부르는 노래가 아니라 시끄러운 스피커를 통해 흘러나오는 라디오 음악 방송이었다는 것이다. 게다가 하루에 30분씩 두 번 틀어주는 게 전부였다. 전쟁이 끝난 뒤 노동요에 관한 이야기는 근본적으로 점차 그 통제권이 노동자들에게로 되돌아가게 됐다는 내용이다. 우선 노동자들은 라디오 방송국을 선택하고 언제 음악을 들을 것인지 정할 수 있게 됐다.

노동요는 분명 거의 언제나 일종의 도구였다. 위대한 뱃노래 학자 스탠 허길Stan Hugill에 따르면 "뱃노래는 칼집 달린 나이프와 작은 냄비만큼이나 중요한 장비"다.[13] 차이점은 노동요는 그게 존 레넌이든 아리아나 그란데든 비발디든 간에 다른 누군가가 노래하거나 연주하거나 작곡한 음악의 도구가 됐다는 것이다. 그럼에도 과거와 마찬가지로 음악 도구는 다양한 일을 해냈다. 다만 MP3 플레이어와 아이팟, 아이폰 같은 휴대용 기기 덕에 그 일들이 새로운 종류가 됐을 뿐이다. 현대의 노동 환경에서 이어폰은 청각적 프라이버시를 만들고 여러분을 개인적 소리의 방에 봉인해버릴 수 있다. 어느 정도 개인적인 소리 공간은 특히나 구획을 나누지 않은 사무실이나 공유 공간에서 유용하다. 다른 사람들과 계속 붙어 있어야 하는 상황에 대처할 수 있기 때문이다.[14] 이어폰을 통해 흘러나오는 음악은 산만해지는 것을 막고 외부의 소음을 차단해 업무에 집중할 수 있게 도와준다. 또한 여러분의 마음을 다른 곳으로 돌릴 수도 있어, 어떤 음악이 가장 효과가 좋은지(반드시 '이지 리스닝' 장르일 필요는 없다) 깨달을 수 있다. 또한 사무실 정치에 따라 노동요는 사적 공간을 좁힐 수도 넓힐 수도 있다. 관리자나 권력을 가진 직원이 이어폰을 빼고 볼륨을 높인 뒤 자신들의 음악을 다른 사람들에게 강요할 수도 있다. 이 모든 상황에서 흥미로운 점은 과거에 극명하게 구분되던 일과 놀이라는 두 영역이 어떻게 서로 중첩되는지 하는 것이다. 산업혁명은 노동과 여가를 별개의 세계로 세웠다. 이제 우리는 우리만의 사운드트랙을 일터로 가져와 공적 공간과 사적 공간 그리고 '하는 것'과 '듣는 것' 사이의 경계를 희미하게 만들고 있다.

사운드트랙

우리는 음악이 어떻게 도구가 될 수 있는지 살펴봤다. 사회학자 티아 데노라Tia DeNora는 한 걸음 더 나아가 음악을 '자아의 기술'이라고 불렀다.[15] 음악은 내면과 외면 모두에서 도구가 된다. 음악은 외적으로 경계와 공간을 세우며 근로환경뿐 아니라 거리와 상점도 형성하고 배열한다. 이 부분은 곧 살펴보려 한다. 음악은 우리의 두개골 안쪽으로 우리의 기분과 기억, 정체성을 관리하고 우리가 다른 이에게 투영하고 싶은 이미지를 만들 수 있게 한다. 음악은 우리의 두 번째 피부로, 우리의 온몸을 덮고 도시의 온몸을 덮는다. 우리가 미리 선곡된 플레이리스트를 들으며 잠에서 깨는 순간부터 운전해서 출근하고 일하고 쇼핑하고 먹고 놀고 운동하는 모든 순간에 사운드트랙이 존재한다. 우리는 어떻게 느끼고, 어떻게 보이며, 다른 사람과 어떻게 연결되고, 어떻게 걷는지, 심지어는 어떻게 생각하는지를 통제하기 위해 사운드트랙을 제 손으로 투여하는 약처럼 직접 골라야 한다. 혹은 우리가 방문하는 장소가 우리를 위해 사운드트랙을 선택해주기도 한다. 카페나 공항, 상점, 통화대기음 등이 그 예다. 선택이라는 요소는 음악에 접근하기 쉬워지면서 생겨났으며, 역사적으로는 새로운 개념으로, 근대적 주체, 즉, 우리의 자아감 또는 우리가 누구인지에 대한 감각이 가진 특히나 유연하고 잘 변하는 특성을 반영한다. 우리는 무엇이든 될 수 있고, 음악은 보청기나 플라스틱 피막을 입힌 외골격 로봇처럼 우리를 도와준다. 근대적 자아의 유연성은 현대의 음악도시가 겪는 활기찬 카오스 속에 고스란히 반영됐다. 이 둘은 도시공간을 가로지르는 오솔길처럼 자연스럽게 함께 간다. 사운드트랙은 소리로 만들어진 길이다.

도시를 가로지르는 음악의 여정을 따라가보자. 우선 전혀 아무런 역할도 하지 않는 것처럼 보이는 장소에서 시작하자. 바로 집이다. 집에 처박혀 가장 좋아하는 곡들에 귀를 기울이는 것은 몇 세기 동안 사회가 발전하면서 형성된 나태함의 지대에서 취하는 휴식이다. 그러나 집에서조차 음악은 바쁘다. 음악은 향초와 은은한 조명처럼 분위기를 만들어내는 인테리어 디자인의 도구가 될 수 있다.[16] 음악은 십대의 방에서, 그 최초의 조심스러운 만남에서부터 사랑의 범위를 써 내려간다. 로맨틱한 음악은 느리다. 구애는 느려야 하기 때문이다. 그렇게 충분히 머뭇거리며 탐색하고 나면 친밀한 만남은 속도를 내고, 잘 풀리지 않는다면 뒤로 물러서거나 차게 식어버린다.[17] 그 이후 벌어지는 일에 대해서, 나이 많은 독자들이라면 더들리 무어Dudley Moore의 1979년 로맨틱 코미디 영화 「텐10」에 등장하는 클래식한 장면을 떠올릴지도 모르겠다. 이 영화에서 보 데렉은 라벨의 「볼레로」 리듬에 맞춰 사랑을 나누는 법을 가르쳐준다. 또한 스포티파이는 여러분이 어떤 음악을 들으며 섹스를 하는지 아는 것으로 드러났다. 사용자들이 만든 '섹스' 플레이리스트에 가장 자주 포함되는 곡은 인디밴드 XX가 연주한 「인트로Intro」다.[18] 그리고 구글은 여러분이 좋아하는 노래 종류를 포함해 검색 기록을 추적해 여러분의 임신 여부를 당사자보다 먼저 알게 될 가능성도 있다.[19] 먼 훗날에 결혼한 커플들이 식당에서 나오는 음악으로 특별한 기억을 떠올리며 "자기야, 우리 노래가 나와"라고 말할 수도 있을 것이다.[20]

우리는 음악으로 집을 장식한다. 일상생활 속 음악의 주요한 기능이 우리가 '긴장을 풀게' 도와주는 것이란 사실은 진리가 됐다. 클래식 FM 라디오 방송국은 스스로를 '긴장을 가장 잘 풀어주는 클래식'으로 마케팅하면서,[21] 라흐마니노프와 본윌리엄스Vaughan Williams, 파헬벨Pachelbel, 로드리고Rodrigo 등의 작품을 수록해 군더더기 없이 '릴랙스Relax'라는 제목을 달고 앨범을 팔기도 한다. 스트립 조명이나 고급 주방용품 등 디자인을 강조한 비품들과 마찬가지로 이런 음악도 백그라운드 용도로 쓰인다. 인테리어 디자인이 긴밀하게 집중해서 듣기를 요구하는 클래식 녹음 기법과 음악의 가장 내밀한 곳에까지 파고들었다는 사실은 대단히 흥미롭다. 가장 높은 평가를 받는 클래식 CD들에서 쓰이는 일반적인 '사운드 스테이지'는 마이크를 가까이에 비치해 악기 바로 앞에 청중들이 자리한 것처럼 들린다. 반면 널찍하게 울려 퍼지는 스테레오 이미지는 거리두기 효과를 높여 청중들을 동시에 뒤쪽으로 물러나게 한다. 그렇게 되면 정교하고 예리한 세부 음과 꽉 찬 공명이라는 두 가지 이점을 모두 누릴 수 있는데, 라이브 공연에서는 얻기 힘든 이상적인 상태다. 이는 최근의 클래식 음악 녹음에만 쓰이는 독특한 입체효과로, 개인적인 실내음악 감상의 관례를 그 한계까지 끌어올린다. 그리고 '추상적 음악 사운드 스테이지'라는 공간을 창조해낸다.[22]

집을 떠나 리버풀의 도심지로 들어가보자. 나는 학교에 차를 세우고 마운트 플레전트로 향했다가 호프 스트리트(두 개의 대성당이 들어선 곳이라 붙은 이름이다)로 접어든다. 세인트 루크 교회를 지나, 유명한 노예이자 1802년 리버풀 시장이 된 조나스 볼드Jonas Bold의 이름을 딴 볼드 스트리트를 걸어보자. 〈론리 플래닛Lonely Planet〉은 볼드 스트리트를 영국에서 가장 훌륭한 쇼핑 천국이라 묘사했다.[23] 나는 내가 최고로 치는 무선 노이즈 캔슬링 헤드폰인 보스Bose 콰이어트 컴포트35에서 흘러나오는 박자에 맞춰 걸음을 옮긴다. 음악에 맞춰 걷는 것은 자연스럽게 느껴진다. 음악은 걸음걸이의 리듬에서 비롯됐기 때문이다. 그러나 워크맨이든 MP3든 휴대폰이든 간에 개인 스테레오가 만들어내는 사적 공간에서 걷는 것은 특별하게 느껴진다. 무리 안에서의 기쁨과 동일하면서도 반대되는 내면의 공간이기 때문이다. 이는 21세기 개인주의와 자유가 지닌 정말 기분 좋은 핵심이다. 또한 원자화된 사회의 기이한 이기주의일 수도 있다. 우리 각자는 혼자이며 격렬하게 '나다움'을 음미한다.

개인적으로 사운드트랙을 틀고 걷는 행위는 도시를 '뮤지컬화' 한다.[24] 음악의 흐름은 영화 속 음악과 완전히 똑같이 단편적인 환경에 서사적인 논리를 부여한다. 다만 이것은 나의 영화이다. 비지스Bee Gees의 「스태잉 얼라이브Staying Alive」에 맞춰 으스대며 걸어가는 토니 마네로(영화 「토요일 밤의 열기」의 주인공)를 한번 보자. 트라볼타의 자신감 넘치는 걸음걸이는 음악과 도시, 인간의 몸 사이에서 삼위일체를 이룬다.[25] 내가 이 노래를 휴대폰에 저장하면, 지나가는 누군가가 내 걸음걸이를 보고 무슨 음악을 듣는지 알아챌 수 있을까? 음악은 심지어 그보다 더 많은 역할을 한다. 음악은 내 기분에 영향을 미친다. 디스코의 형식화된 과장되고 야한 몸짓에 따라 도시를 변화시키고 장면에 색을 입힌다.[26] 또한 내 방패가 되어준다. 자동차 경적 소리와 경찰차 사이렌 소리, 고함 소리와 웃음소리, 상점에서 흘러나오는 경쟁적인 비트와 다른 사람들이 만들어내는 불협화음으로 부터 나를 감싸준다. 노래는 도시의 비전을 그려내기도 한다. 1964년 페툴라 클라크Petula Clark의 히트곡 「다운타운Downtown」에서 도시는 기쁨과 모험이 넘쳐나는 신나는 장소다. 래퍼 피프티 센트50 Cent의 2005년 앨범 「매스커The Massacre」에 실린 「인 마이 후드In My Hood」는 악몽과도 같은 도시 디스토피아를 표현한다.[27] 볼드 스트리트는 그 중간 어딘가에 자리한다.

나는 헤드폰을 벗자마자 도시의 음악 안에 내려앉는다. 각 카페와 상점, 레스토랑은 음향으로 만들어진 웰컴 매트인 뮤자크Muzak(상점이나 공항, 식당 등에서 배경음악으로 깔리는 음악의 브랜드—옮긴이)로 나를 유인하려 한다.[28] 토요일 오후이다 보니 음악은 클럽처럼 펑키하고 빠른 템포로 흘러나오면서, 저녁용 외출복을 사려고 돌아다니는 젊은이 무리와 장단을 맞춘다. 주중에 가게들은 의도적으로 느긋하거나 몽롱한 이지 리스닝 음악으로 시작한다. 드럼 앤 베이스라든가 클럽뮤직으로, 결코 고전적이거나 촌스러운 음악은 아니다. 점심시간에는 가장 빠르고 시끄러운 음악이 선택되고, 초저녁으로 접어들면 음악의 빠르기는 점차 늦춰진다. 캐주얼 스포츠웨어 전문인 캐니언 같은 글로벌 브랜드의 경우, 미국 본사에서 음악을 제공하고 뮤자크 코퍼레이션이 이를 공급해 동시간대에 있는 쇼핑객들은 동일한 순간에 동일한 음악을 듣게 된다.[29] 각 상점은 우리에게 자아상을 판매할 수 있는 음향 환경을 만들려고 음악을 활용한다. 우리는 옷을 입어볼 때면 음악처럼 매혹적인 장소에서 그 옷을 입는 스스로의 모습을 상상한다. 또한 음악은 쇼핑의 속도를 조절한다. 느긋한 업장은 느린 음악으로 쇼핑객을 오래 머무르게 한다. 활기찬 업장은 빠른 음악으로 쇼핑의 속도를 높인다. 음악은 와인이나 향수 같은 충동구매를 유도하며 여러분이 한 방향 또는 다른 방향으로 기울어지게 할 수도 있다. 실험에 따르면 클래식은 여러분이 더 비싼 와인을 사게 만들고, 내가 1장에서 언급했듯 프랑스나 독일 음악을 내보낼 때 여러분은 그 나라에서 만든 와인을 선택하도록 영향 받는다.[30] 확신이 없는 사람일수록 외적 단서에 더 혹할 수 있다.

음악은 볼드 스트리트에서 여러분을 끌어들이거나 내보내며, 도심을 통과해 '리버풀 원'이라는 거대한 쇼핑 레저 공간을 향해 언덕을 내려간다. 강가의 리버 빌딩 바로 뒤에 자리한 리버풀 원은 탈산업시대 때 황무지 42에이커(약 51,415평)에 개발된 10억 유로 규모의 건축 프로젝트다. 2008년 리버풀 재건의 핵심이었으며, 리버풀은 그해 문화의 수도가 됐다. 미국 볼티모어에서 스페인 빌바오까지 이르는 제1세계 전역에서 리버풀은 도심지 탈바꿈의 상징이 되었다. 쇼핑몰은 꽤나 영리하게 설계됐는데, 천장이 개방되어 있고 주변 도로들과 연결된 것처럼 보인다. 올드 독 부두를 향해 굽이치는 테라스들에는 장식용 나무들이 심겨 있다. 모든 쇼핑몰이 그렇듯 리버풀 원에서 흘러나오는 음악은 공간을 나누며, 우리가 걷고 훑어보고 구매하는 동안 공간 사이의 흐름을 관리한다.[31] 부드러운 음악은 반폐쇄적인 공간 안에 갇힌 어마어마한 사람들 사이에 있다는 폐소공포증을 완화시켜 준다. 쇼핑몰에서 음악은 꼭 고수해야 할 요소로, 이어폰으로 듣는 음악이 거리에서 우리를 차단해주는 방식을 반대로 뒤집은 거울상과 같다. 얼빠지고 정신이 산만해진 쇼핑객들은 세세한 부분까지 인식하기 어려운 불분명해진 음악에 따라 계속 움직인다. 이는 욕망의 사운드트랙이며, 물질주의적 소유를 향한 끝없는 동경이다. 그리고 리버풀의 강물이 어떻게 머나먼 곳에 대한 갈망을 상징하게 되는지에 대한 일그러진 메아리다. 사람들은 구체적인 리버풀의 '소리'를 찾아내기 위해 고군분투하면서, 에코 앤 더 버니멘 Echo&the Bunnymen의 「오션 레인Ocean Rain」 같이 신시사이저와 현악 그리고 음울한 보컬을 울림 있게 조합해 촉촉한 '강기슭'의 공명을 담은 앨범에서 그 소리를 들을 수 있다고 주장한다.[32] 항구도시에서 물과 상업과 음악은 불가분으로 엮여 있다. 사운드트랙은 배가 떠나면서 남긴 흔적에 녹아들었다.

리버풀의 중심점은 이곳이 항구라는 것이다. 1715년 토머스 스티어스Thomas Steers는 머시강의 독을 세계 최초의 폐쇄계선 독(배를 매어두는 구조물로 조석간만의 차가 큰 항만의 경우 출입구에 갑문을 설치해 항상 같은 물높이를 유지한다—옮긴이)인 올드 독Old Dock에 설치하면서 삼각무역의 흐름에 시동을 걸었다. 영국 전역에서 온 생산품은 리버풀을 통해 서아프리카로 보내졌다. 그리고 아프리카 노예들은 신대륙으로 수송됐다. 이 배는 다시 목화, 럼주, 설탕, 담배를 싣고 돌아왔고, 음악도 함께 전달했다. 19세기 노래들은 북대서양 곳곳을 누볐고, 2차 세계대전 이후 리버풀과 뉴욕을 잇는 커나드 유람선에서 일하는 웨이터와 조리사들인 '커나드 양크스Cunard Yanks'는 고향에 록큰롤과 리듬 앤블루스, 컨트리 앤 웨스턴, 모타운과 걸그룹의 음악을 가져왔다.[33] 1964년 비틀스의 미국 진출은 이에 대한 보답이었다.

그러나 최초의 음악 화물은 뱃노래로, 그 가운데 하나는 리버풀의 비공식 주제가 됐다.**34** 리버풀이 노예로 인해 골치 아픈 빚을 졌다는 사실을 고려하면 「매기 메이Maggie May」가 1856년 벤자민 핸비Benjamin Hanby가 작곡하고 미국 남북전쟁의 노예제 폐지론자들이 부르던 「달링 넬리 그레이Darling Nelly Gray」 또는 「넬리 레이Nelly Ray」를 번안한 것이라고 보는 게 맞다.**35** 음정과 리듬은 거의 유사하며, 각본도 비슷하다. 넬리는 강 하류에 자리한 조지아주의 한 농장에 팔렸고, 매기는 리버풀로부터 반디맨스랜드라는 호주의 죄수유형지까지 실려 간다. 가장 큰 차이점은 노래의 배경이다. 둘 모두 노동요이고 고된 노동을 하면서 부르기 위해 만들어졌지만, 배의 리듬과 목화밭의 리듬은 이 세상에서 가장 멀리 떨어져 있다. 우리는 1904년 J. W. 마이어스J. W. Myers가 부르고 녹음한 전형적인 「넬리 그레이」의 구슬픈 외침을 온라인으로 들어볼 수 있다.**36** 넬리와 매기는 표면적으로 닮아 있음에도 그 DNA는 이들을 각자의 길로 떠나보냈다. 넬리는 루이 암스트롱Louis Armstrong이 1937년 녹음한 음반에서 알 수 있듯 블루스의 표준이 됐다. 매기는 리버풀의 스키플 밴드인 더 바이퍼스The Vipers가 녹음한 1957년 버전을 포함해 팝과 록이라는 좀 더 경쾌한 세계로 인도되는 운명이었다.

1891년 철선 도우풀Dawpool이 샌프란시스코로부터 케이프 혼을 거쳐 리버풀로 돌아왔을 때 선원들의 노래는 온 부둣가에 울려 퍼졌고, 바다의 작가 바질 러벅Basil Lubbock에 따르면 "사람들은 현재 리버풀 대성당이 세워진 세인트 제임스 마운트에서도 닻을 감아올리는 뱃노래를 들을 수 있었다고 말했다."**37** 러벅에게 이 배는 해양의 성가대였고, 그 일요일 아침에 성가대는 고된 항해 중 세상을 떠난 선원들을 추억하며 노래를 불렀다. 러벅의 비유는 공상과는 거리가 멀다. 교회의 신랑nave(성당 중앙에 자리한 신자석—옮긴이)은 라틴어 'navis'에서 유래됐는데, 배를 의미한다. 신랑의 아치형 지붕은 배의 용골(선박 하단의 중앙부를 앞뒤로 가로지르는 중심축—옮긴이)을 뒤집어놓은 모양을 본뜬 것이다. 성 어거스틴에게 노아의 방주는 '이 세계를 순례하는 신의 도시의 상징'이었다.[38] 그리고 폴 매카트니가 최초로 시도한 클래식이자 성당에서 연주한「리버풀 오라토리오Liverpool Oratorio」가 어떤 평을 받든 간에, 그 주인공의 이름이 '샨티Shanty(뱃노래라는 의미—옮긴이)'인 것은 우연이 아니다. 이제 선원들은 더 이상 뱃노래를 부르지 않지만, 도시 전체에 퍼져 있는 다민족 교회, 즉 스칸디나비아와 독일, 그리스 정교회, 모스크, 세계에서 가장 아름다운 시너고그가 그 유적이며, 이 모든 장소에는 각 종교의 취향에 맞는 음악이 함께하고 있다. 중국 이민자 첫 세대는 1860년대에 이 지역 소녀들과 결혼한 선원들인데, 이들은 사원이 아닌 중국식 패루(중국에서 시설물이나 무덤, 공원 등의 어귀에 세우던 아치 모양의 장식문—옮긴이)로 흔적을 남겼다. 이 아치문은 유럽에서 가장 먼저 생긴 차이나타운으로 들어가는 입구이며, 오늘날에는 파고다 중국계 어린이 오케스트라가 활동하는 장소다.

　리버풀의 코튼 라인은 중앙아시아의 옛 실크로드만큼이나 음악 이민의 경로였다. 실크로드에 대해서는 뒷장에서 다시 다룰 예정이다(공교롭게도 1860년대 중국 뱃사람들은 상하이로부터 실크를 나르는 중이었다). 리버풀은 고대의 원리를 생생히 되살렸다. 음악이 여행하는 방식을 그대로 보여준다는 의미다. 이민자들이 가져온 세계의 음악은 일단 마른 땅에 상륙하면 정착하고, 섞이고, 그러다가 도시 전체로 퍼져나간다. 음악은 항상 움직인다. 선율이 가수에게서 관객에게로 바이러스처럼 퍼져나가서만은 아니라, 직업음악가들이 다음 차례의 공연을 하고 청중을 만나며 끼니를 해결하기 위해 이동하기 때문이다.

세계 음악의 도시

사운드트랙을 구성하는 적정한 단위는 개인이 아니다. 일터나 집 혹은 다른 장소도 아니며, 현대 도시 전체, 즉 음악과 함께 꽃피고 살아 숨 쉬는 존재인 도시다. 허먼 멜빌Herman Melville은 《모비딕Moby-Dick》을 완성하기 12년 전인 1839년에 리버풀을 방문했을 때 도시의 활기로부터 큰 감명을 받았다.

> 저녁이면 특히나 선원들이 여럿 모일 때면, 이 거리는 가장 특이한 구경거리를 선사했는데, 언뜻 보기에 근방의 모든 인구가 이 거리에 몰려나온 것 같았다. 풍각쟁이들이 손풍금이며 바이올린, 심벌즈 등을 연주하는 소리는 뱃사람들의 노래, 여인들과 아이들의 조잘거림, 걸인들의 흐느낌과 한데 섞였다. 여러 합숙소로부터 … 흥청망청한 소음과 춤사위가 계속됐다.[39]

2016년 UN 자료 보고서에 따르면, 우리의 반 이상(64퍼센트)이 도시에 살며, 이 숫자는 2030년이 되면 전 지구의 거의 3분의 2로 늘어날 것이라 추정된다.[40] 2015년에 리버풀은 유네스코 세계 음악의 도시로 지정됐다. 리버풀은 세계 모든 곳에서 음악 도시를 대표할 수 있다. 현대의 음악 경험이란 근본적으로 '도시적'이기 때문이다. 루스 피네건Ruth Finnegan이 저서《은밀한 음악가들The Human Musicians》에서 표현했듯 영국의 도시들은 대중적인 음악 창작의 중심지다.[41] 피네건의 연구 대상이었던 밀턴 케인스(런던의 주택난을 해결하기 위해 잉글랜드 버킹엄셔주에 지은 신도시—옮긴이)처럼 중형도시에는 아마추어 합창단과 재즈, 블루스, 포크송이나 클래식을 하는 무리, 브라스 밴드, 록밴드와 학교 오케스트라 등의 멤버들이 다져온 음악 경로가 수없이 교차한다. 다시 말해, 피네건의 전망에 따르면 인구의 6 퍼센트가량이 음악 활동에 적극적으로 참여했다는 의미다. 이는 그저 소수에 그친다는 의미가 아니다. 유스뮤직 보고서에서 보듯 7세에서 17세 사이의 어린이와 청소년들 가운데 67퍼센트가 음악에 적극적으로 관여하고 있음을 고려한다면, 한참, 아주 한참 낮은 수치다. 멜빌의 시대와 현재 사이에 변화한 세계적인 음악 도시의 운명은 이 붕괴에 가까운 하락에 얼마나 많은 영향을 미쳤을까? 리버풀의 역사적인 그리고 사뭇 험난해 보이는 사운드트랙을 설명해줄 최고의 가이드는 놀랍게도 어느 소박한 악기상인 것으로 밝혀졌다.

리버풀의 문화지구Cultural Quarter에는 세인트 조지 홀, 워커 갤러리, 픽튼 리딩룸의 눈부시게 아름다운 원형 홀 등 어마어마한 건물들이 서 있다. 문화지구 바로 바깥에는 카운티 코트 세션과 TUC 노동조합빌딩 사이로 새로운 내부순환도로의 일부인 고가도로가 통과하는 땅 한 자락이 있다. 이 작은 땅이 리버풀 역사상 가장 중요한 음악

원이었던 러시워스 뮤직 하우스가 있던 곳이다.[42] 1840년부터 2002년까지 5대를 내려온 러시워스 가문은 상점이 문을 닫기 전까지 리버풀의 음악을 이끌었다. 러시워스는 뉴욕과 유럽, 서아프리카에 피아노를 팔았고 그 악기들은 퀸엘리자베스 2세 호와 퀸 매리 호에 실려 7대양을 누볐다. 또한 러시워스는 오르간을 제작해서 리버풀의 교회 440곳에 오르간 파이프를 공급했다. 폴 매카트니는 첫 기타 제니스를 이곳에서 구입했다. 2세기가 넘는 세월 동안 상점은 사회활동의 중심부로서, 상인, 부두 노동자, 의사, 판사가 정치나 종교를 입에 올리지 않는 한 자유롭게 어울리는 곳이었다. 1962년의 어느 아침 존 레넌은 상점 카운터에 기댄 채 예정된 사진촬영 스케줄에 대해 허세를 한껏 부리다가, 코트를 입으면 청바지 뒤쪽에 난 구멍이 가려질지 걱정하기도 했다. 다른 많은 도시의 뮤지션들처럼 비틀스는 수다를 떨고 인맥을 쌓으려고 상점에서 시간을 보냈고, '먼저 듣고 사세요'라는 러시워스의 마케팅을 적절히 활용했다. 한 판매원은 레넌이 반복적으로 코스터스Coasters의 앨범을 들으면서 코드와 가사를 끄적이다가, 캐번클럽의 점심 공연을 하러 부리나케 가던 모습을 회상했다.

1850년대 평일 아침 리버풀의 이슬링턴 13번지를 걷다 보면, 창업자 윌리엄 러시워스(플루트)와 세 아들(피아노, 바이올린, 첼로)이 연주하던 음악 소리에 이끌려 본점으로 홀리듯 들어갔을 수도 있다. 건물은 가정집이 되면서 두 배 커졌다. 우연처럼 바로 옆 건물인 11번지는 주류를 공급하고 판매하는 곳이었다. 음악과 술은 언제나 서로서로 도왔는데, 2천 곳에 달하는 리버풀의 술집에서만 일어나는 일도 아니었다(리버풀에서 교회와 술집의 비율은 5:1이었다). 19세기 초 거리의 뮤지션들은 술 한 잔을 위해 노래했다. 1840년대에는 눈부시게 밝은 가스등이 술집의 침침함을 몰아냈고 술 마시는 사람들은 음악과 춤에 이끌려 안으로 들어왔다. 노래하는 술집은 노동계층이 여가 시간을 보내는 중추가 됐다. 러시워스는 문화적으로 애매한 중산층을 겨냥해 싸구려 중고 피아노를 팔았다. 가구계의 워너비가 된 피아노는 후대에서 그라모폰과 라디오, 현대의 플라즈마 화면이 그렇듯 부르주아 가정생활을 대표하는 핵심이 됐다.

피아노에서 CD로, 디지털 미디어로 이어지는 음악기술의 진화는 리버풀의 경제적 운명과 닮아 있었고, 필연적으로 이 상점의 운명과 궤를 같이했다. 악기상은 고객이 돈이 없으면 물건을 팔 수 없다. 1850년 리버풀 항구는 런던 수출무역업의 두 배 규모인 3,500만 유로를 누렸다. 1985년 리버풀의 실업률은 27퍼센트로, 전국 실업률인 7.5퍼센트의 거의 4배에 달했다. 1980년대에 리버풀에서 활동하는 밴드수가 1,000개였다는 사실은 대세를 거스르는 것처럼 보이지만, 일자리가 없는 뮤지션은 새로운 악기를 살 수 없는 법이다.[43] 이 음악과 경제의 공생관계 때문에 러시워스의 사업모델은 청중수를 늘려서 수요를 창출하는 것이 되었다. 이들은 자기네 건물 뒤에 200석 규모의 콘서트홀을 지었고, 관객들은 좌석으로 가기 위해 항상 전시해둔 피아노 300대를 지나쳐야 했다. 다양한 자선활동도 곁들여졌는데, 지역축제와 브라스밴드, 음악경연대회 그리고 블루코트 아트 소사이어티나 로드월드 콘서트 소사이어티, 필하모닉 오케스트라 같은 시립 단체들을 후원하는 일들이었다. 러시워드 공연국은 심지어 공연을 조직하는 역할까지 맡았다. 그리고 상점에서 LP를 팔게 될 때 당연히 러시워스는 리버풀 그라모폰 소사이어티의 본부가 됐다. 오늘날 상점이 문을 닫은 뒤에도 러시워스 트러스트(5대손인 조너선 러시워스가 이끌고 있다)는 다양한 음악적 명분에 따라 후원을 하고 있다. 3대손 윌리엄은 "콘서트는 재정적 계획을 드러내서는 안 되지만, 그 손실은 대중이 음악을 사랑하게 하기 위한 미래에 대한 투자임이 증명될 것"이라고 밝혔다.[44]

음악 사업의 적이 경제 쇠퇴나 기술 발달인지 묻는 것은 흥미롭다. 우리는 1877년 에디슨의 축음기 발명으로 상황이 악화되기 시작했다고 답한다. 이는 음악의 연주와 감상 사이에서 전투가 시작되는 총성처럼 보였다. 혹은 닉 웡Nick Wong의 멋들어진 표현처럼 "실용적인 뮤지션과 소비자 사이의 결별"일 수도 있었다.[45] 하지만 리버풀에서 음악이 건강하게 무럭무럭 자라는 모습은 역사를 두 가지 방향에서 읽을 수 있다는 증거가 된다. 쾌활한 행진곡 작곡가인 존 필립 수자John Philip Sousa는 거드름을 피우며 축음기를 증오했다.

그 누구도 음악을 배우는 고상한 훈련에 전념할 준비가 되어 있지 않은 시대가 오고 있다. 모두가 기성음악 혹은 해적판 기성음악을 저장해둘 것이다.[46]

반면 BBC 프롬스의 창시자 헨리 우드Henry Wood 경은 훨씬 더 실용적인 입장을 취하면서 "매우 예술적인 공연이 가능한 악기다. … 그라모폰은 내가 아는 그 어떤 변화보다도 평범한 사람의 귓가에

좋은 음악을 들려주고 이해할 수 있게 해준다"라며 그라모폰을 옹호했다.[47]

진정성은 이따금 즐길 수 있는 맛있는 음식과 같다. 나는 사람들이 (무선 이어폰을 선호하며) 유선 이어폰의 시대가 저버렸음에 아쉬워하는 모습을 여러 번 목격했다. 친구와 커플들이 더 이상 이어폰을 한 쪽씩 나눠 끼고 음악을 나누는 친밀함을 즐길 수 없기 때문이다. 러시워스는 이 경지에 결국 이르지 못했다. 러시워스는 1960년대 최전성기를 맞아 유럽 전체에서 말 그대로 가장 큰 악기상이 됐을 때, 5층으로 구성된 매장에 악보부터 피아노와 기타, 축음기와 LP, 라디오와 텔레비전까지 가능한 모든 음악기술을 모아두었다. 음악의 수직적 연대기라고나 할까. 어쩌면 6층 디지털 음악층까지 다각화되었을 수도 있었을까? 그러나 이 상점은 궁극적으로 전 세계가 더 이상 상점에서 음악을 사지 않게 되면서 혹은 음악 자체를 전혀 사지 않게 되면서 2002년 문을 닫았다. 저 위쪽 뉴 처칠 웨이 고가도로를 질주하는 차들의 음향시스템에서 흘러나오는 대부분의 노래는 아마도 무료일 것이다.

어떤 음악은 판매가 불가능하다. 한 도시는 축구경기장에 모인 2만 명이 함께 응원가를 부를 때 그 집단의 정체성을 경험한다. 이 소리의 바다에서 제트엔진처럼 으르렁대는 소리와 빠른 조류처럼 끌어당기는 손길이 경쾌하게 교차하면서 집단적 정서가 형성되고 장소감場所感이 드러난다. 리버풀 FC의 홈구장인 안필드 혹은 애칭인 '콥Kop'이 리버풀을 위한 성역이자 지역성이 드러나는 현장이 되는 이유가 여기에 있다. 이곳은 음악의 궁극적 목표가 집단의 유대감을 표현하는 것이며 개인이 느낄 수 있는 가장 명민한 음악적 희열은 군중 속에 녹아드는 것이라고 믿는 이들에게 신빙성을 부여해준다. 새로운 이야기는 아니다. 머나먼 옛날 그리스 도시국가 또는 폴리스는 원형극장에서 스스로에게 경의를 표했고 경쟁부족이 선보이는 거칠고 열광적인 디티람보스(주신 디오니소스를 기리는 노래나 춤—옮긴이)에 귀를 기울였다.[48]

또한 이 그리스의 전례는 전쟁이 벌어졌을 때 정체성을 찬양하는 행위가 어떻게 자연스럽게 끼어드는지 보여준다. 사람들을 단합시키는 데 적군만 한 것이 없다. 내가 가장 좋아하는 만평 가운데 하나는 환희에 찬 축구팬이 리버풀 축구팀의 응원가 「당신은 혼자 걷지 않을 거예요You'll Never Walk Alone」를 부르고 깃발을 흔들며 축구장에서 빠져나오는 모습을 보여준다. 이 응원가는 제리 앤 페이스메이커Gerry and the Pacemakers가 부른 노래로, 원곡은 로저스 앤 해머스타인Rodgers and Hammerstein의 뮤지컬 「회전목마Carousel」에 등장한다.[49] 이 축구팬은 정말로 혼자가 아니었다. 패배한 상대 팀의 으르렁대는 응원단 무리가 우르르 쫓아오고 있었으니까(그림 3-2). 축구는 다른 방식으로 치르는 전쟁의 연속이다. 1970년대와 1980년대 영국의 축구장 관중석은 상대 팀 팬들이 서로를 죽이는 사고를 막기 위해 분리됐다. 그때나 지금이나 이들은 응원가를 주고받으며 간단히 서로를 모욕한다. 현재의 탈脫홀리건과 탈인종적 시대에 노래는 유머러스해질 수 있다. 한 응원가는 맨체스터 유나이티드 선수인 호날두가 자주 넘어지는 습관을 비웃는다. 「로니, 걔가 또 엉덩방아를 쪘어. 또 엉덩방아를 쪘어」는 로저스 앤 하트Rodgers and Hart의 「블루 문Blue

Moon」의 멜로디를 사용했다.[50] 2018년 〈리버풀 에코Liverpool Echo〉지
는 팬들이 새로 팀에 합류한 이집트 선수인 모하메드 살라를 환영하
기 위해 영국 밴드 닷지Dodgy의 노래를 개사해 다음의 응원가를 만
들었다는 마음 따뜻한 기사를 실었다.

> 그가 당신에게 충분하다면, 내게도 충분하지.
>
> 그가 몇 골을 넣으면 나도 무슬림이 될 거야.
>
> 그가 당신에게 충분하다면, 내게도 충분하지.
>
> 모스크에 앉아보자. 내가 있을 곳이 거기거든!
>
> 모 살라-라-라-라, 라-라-라-라-라-라-라.[51]

그림 3-2. 〈펀치Punch〉에 실린 만평
© Punch Cartoon Library/TopFoto

언제나 이런 식은 아니었다. 크리스탈 팰리스 FC 최초의 흑인 선수였던 빈스 힐레어Vince Hilaire는 1970년대 후반에 앤필드에서 뛰던 시절을 이렇게 회상했다. "경기장으로 통하는 그 컴컴한 통로를 뛰어나갔고 … 콥에서 한 명의 목소리가 울려 퍼지는 것을 들었어요. '데이오- 우리는 데이오라고 하지, 데이오라고 하지.' 그러더니 나머지도 따라 부르기 시작했어요."[52] 이 노래는 흑인 음유시인의 함축적인 의미를 담은 칼립소(서인도제도 트리니다드 섬에서 시작된 경쾌한 4분의 2박자 민속음악─옮긴이)를 패러디한 것이었다.

사실 리버풀은 수많은 콥 가운데 하나일 뿐이다. 콥은 (위간, 더비, 블랙풀과 리즈를 포함해) 다른 많은 클럽이 공유하는 영국 축구장의 일반적인 이름이며, 남아프리카 보어전쟁에서 가장 잔혹했던 전투지인 스피온 콥을 줄여서 부르는 말이기도 하다. 축구 응원가의 다문화주의는 리버풀의 부의 근원이었던 노예제도를 얼마만큼 보상하기 시작한 걸까?

올 투게더 나우All Together Now

우리는 음악의 기원에 대해 다양한 출처를 상상해낼 수 있다. 가장 대표적으로는 한 무리의 사람이 모여 협동하는 과정에서 음악이 생겨났으며, 이때는 연주자와 청중 간의 구분이 없었을 것이라는 의견이 있다. 이 두 측면(연주자와 청중)은 호미닌들이 처음으로 함께 돌을 내리치던 시절 고대의 노동요에 내재되어 있었다. 이 의견은 10장에서 탐구해볼 예정이다. 음악이 노동으로부터 분리되고 축제나 저녁 술자리에서 그 자체로 하나의 행위가 되어 행해질 때도 이 측면들은 여전히 존재했다. 인류학자 토머스 투리노Thomas Turino는 연주하는 자와 듣는 자가 동일한 이런 유형의 음악을 참여 음악이라 불렀다.[53] 도시 전체가 축구장에 모여 응원가를 부르는 이 우스꽝스러운 모습이 참여 음악을 보여주는 완벽한 예가 된다. 따라서 음악에 참여하는 것부터 그저 음악을 듣기만 하는 것으로 옮겨간 역사적 변화는 음악 참여가 적극적인 형태에서 수동적인 형태로 쇠퇴했음을 보여주는 또 하나의 특질이다. 그러나 전과 마찬가지로 그보다는 흥미로운 이야기가 기다리고 있다. 우선, 축구 응원가부터 꾸밈없는 마을축제 음악까지 오늘날 우리를 둘러싼 참여 음악의 사례들이 존재한다. 그리고 참여 음악으로부터 점차 멀어지기 위해 반드시 영겁의 시간이 필요한 것도 아니다. 짧은 기간 안에 그리고 한 밴드의 여정 안에서도 벌어질 수 있는 변화다.

매기 메이가 육지에 상륙한 날은 1957년 7월 6일로, 이날 울튼의 어느 인상적인 고딕식 교회에서 존 레넌이 폴 매카트니를 만났다.[54] 매기는 「레일로드 빌Railroad Bill」, 「컴벌랜드 갭Cumberland Gap」, 「비 밥 바 룰라Be Bop A Lula」 등 다른 스키플(블루스와 포크, 재즈가 혼합된 음악 장르—옮긴이) 곡들과 함께 존 레넌의 첫 밴드인 쿼리멘Quarrymen의 공연 목록에 등장했다. 그러나 언제나 주인공이 아닌 서브 여주로서, 비틀스가 가장 좋아하는 공연 오프닝곡이었으면서도 1970년에 발표된 마지막 앨범 「렛 잇 비Let It Be」에 이르러서야 42초간 넌지시 단편적으로 등장한다. 위대한 작가들은 자신에게 가장 의미 있는 내용을 각주에 묻어두는 법이며, 위대한 뮤지션들도 마찬가지다.

레넌과 매카트니는 영화 「백 투 더 퓨처Back to the Future」에서 마티 맥플라이의 부모가 「인챈트먼트 언더 더 씨Enchantment Under the Sea」에 맞춰 춤추는 것만큼이나 터무니없게 만나서 서로를 심사하게 됐다. 영국 시골의 소박한 흥분으로 물든 그런 만남이었다. 오늘날에도 리버풀에서 가장 숲이 울창하고 부유한 지방인 울튼 빌리지에는 여전히 "늙은 하녀들이 영성체에 참석하기 위해 가을 아침의 안개를 뚫고 자전거를 타는" 조지 오웰George Orwell의 판타지가 배어 있다.**55** 1957년 7월 6일은 마을 공동체 생활에서 가장 중요한 울튼 정원축제가 열리는 날이었다. 쿼리멘은 장식용 풍선들로 구성된 카니발 행렬이 함께하는 잔치에 끌려 나왔고, 형식에 따라 체서 요먼대로부터 가능한 한 먼 곳에 배치됐다. 교회 마당에서 한 무리의 남성들이 모리스 댄스(영국의 민속 무용으로 남자들이 영국 전설에 나오는 인물로 분장해 춤을 춘다―옮긴이)를 추었고, 장미의 여왕으로 뽑힌 여성의 대관식도 열렸다. 언뜻 사랑받지 못하고 그저 스쳐 지나가버린 스키플의 참신함은 공동체 의식과는 그다지 상관없어 보였다. 울튼 마을 사람들은 이 음악을 좋아하지 않았다. 연주하기에 조잡했고 귀담아 들을 만한 음악도 아니었으니까. 그러나 스키플은 흥미로운 기원을 가지고 있었다.

스키플의 이름과 기풍은 1920년대 금주법 시대에 시카고에서 열린 '렌트 파티(주최자가 임대료를 마련하기 위해 여는 파티―옮긴이)'에서 비롯됐다. 파티 참석자들은 불법으로 술을 마시고 빨래판과 빨래통(또는 차 상자) 같은 싸구려 악기들로 즉흥적으로 연주한 재즈와 블루스를 들었다. 그리고 음악 제작에 참여하려고 임대료에 보탤 수 있게 약간의 돈을 지불했다.**56** 스키플은 투리노의 용어에 따르면 '참여적'이었다. 투리노는 이 특징이 짐바브웨의 쇼나족이나 페루의 아이마라족, 중서부 아메리카의 춤만큼 멀리 떨어진 곳의 음악에서 공통적으로 나타난다는 것을 발견했다. (「넬리 그레이」를 포함해) 수많은 미국 음악과 마찬가지로 스키플은 대서양을 건너면서 '백인화'됐고, 아프리카계 미국인들의 블루노트Blue Note(반음을 내린 제3도 또는 제7도—옮긴이)를 로니 도네건Lonnie Donegan의 유럽풍 화음과 보컬 스타일로 바꿔놨다(다만 혼란스럽게도 도네건의 「테이크 디스 해머Take this Hammer」와 「록 아일랜드 라인Rock Island Line」은 여전히 노예에 관한 노래였다).**57** 영국 스키플에 한발 들여놓는 것은 기이한 일방통행 길에 접어드는 것과 같았다. 딱히 노력이 필요 없는 쉬운 음악이었고 같은 방향으로 참여하는 사람은 누구든 환영받았다. 1957년 스키플이 잠깐이나마 최전성기에 접어들었을 때 영국에는 5만 개 정도의 스키플 밴드가 있었던 것으로 추정된다.**58** 스키플은 영국의 젊은이들을 흡수했지만 그다지 큰 영향력을 발휘하지는 못했다. 솔직히 스키플은 외부에 있는 사람들에게는 지루하게 들렸다. 그렇기 때문에 비틀스는 좀 더 세련된 음악을 찾아 자신들의 여정을 시작하게 됐다.

이 여정은 울튼에서부터 시작해 문자 그대로 물리적 족적을 남겼다. 이들은 함부르크에서의 수습 기간을 전후로 지리적으로 머지사이드(리버풀이 속한 주—옮긴이)의 술집과 극장, 무도회장과 댄스장 주변을 순환했다. 비틀스의 광신도들은 이 홍행 경로를 교리문답서처럼 읽고 또 읽는다.

- 1960년 12월 17일(함부르크에서 막 돌아옴): 카스바 커피 클럽

- 12월 24일: 강을 건너 월러시의 그로스베너 무도회장으로 감

- 12월 31일: 카스바로 돌아감

- 1961년 1월 5일: 도시의 북쪽에서 리더랜드 시청으로 감

- 1월 6일: 부틀의 서쪽으로 방향을 틀어 세인트 존스 홀로 감

- 1월 7일: 아인트리 인스티튜트로 다시 옴

- 2월 9일: 캐번 클럽…[59]

음악은 실질적으로 언제나 행진 중이다. 그러나 비틀스의 사운드트랙은 더 깊은 의미에서 음악 양식을 꿰뚫는 여정이라 할 수 있었다. 투리노는 세계의 음악을 네 종류의 예술적 관행 또는 분야로 분류하는데, 참여 음악, 표현적 음악, 실황 녹음, 스튜디오 음향예술이 그것이다. 이 분류는 매우 고차원적인 추상화를 넘어서는 것으로, 음악의 소규모 진화 또는 말하자면 천국으로 통하는 계단이다.

● 참여

비틀스-퀴리멘은 스키플의 참여적 관행에서 시작됐다. 투리노는 함부르크에서 보낸 비틀스의 무명시절 역시 참여적이라고 생각했는데, 비틀스가 이곳에서는 근본적으로 댄스밴드였고 댄서들은 적극적으로 행사의 소리와 움직임에 기여하기 때문이다. 전 세계 참여음악은 다양한 공통점을 지닌다.[60] 참여 음악은 다양한 능력을 제공하며, 그 성공은 예술 능력보다는 사람들의 참여 정도로 측정할 수 있다. 또한 뚜렷한 시작이나 끝이 없이 개방적인 형태를 갖췄기 때

문에 사람들은 언제든 원할 때 참여했다가 빠져나갈 수 있다. 그리고 기억하기 쉬운 짧은 단위의 음악이 주기적으로 반복되는데, 연주자들은 그저 막연하게 각본을 만들어놨을 뿐이지만 참여자들이 그 순간에 서로에게 정밀한 관심을 기울여 동시성과 즉흥성이 최고조에 이르도록 해야 하기 때문이다. 또한 구조가 자주 중복되고, 조율의 범위가 넓으며, 시끄럽고 빠르게 진행되어 서툰 참여자도 친절하게 이끌어준다. 이 모든 특징은 블루그래스bluegrass로 진화하기 전 애팔래치아산맥의 옛 현악대의 연주와 짐바브웨 북부의 '비라'라는 조상을 부르는 의식에도 존재한다. 이런 음악은 연주하기엔 즐겁지만, 대비를 이루는 부분 없이 계속 반복되기 때문에 외부인들에게는 지루할 수 있다. 도네건의 이름을 그대로 딴 스키플 히트곡에서 '컴버랜드 갭Cumberland gap'이라는 단어는 끝없이 반복되다가 그만 반가움을 압도한다. 결코 죽지 않는 비틀스의 팬들만이 초기 선집을 깊이 팠다.

● **표현**

비틀스는 좀 더 성공한 뒤에는 음악을 들으려는 청중들을 위해 연주했다. 그들의 음악에 여러 사건이 벌어졌는데, 그 완벽한 예가 최초로 전국 1위의 영예를 안고 전국구 방송 출연 기회를 얻은 음악 「플리즈 플리즈 미Please Please me」다.[61] 노래의 형태는 분명 정의된 처음과 끝('인트로'와 '아웃트로')이 있다는 점에서 폐쇄적이다. 절과 후렴 사이의 대비 그리고 절 자체의 대비를 눈여겨보자. 첫 구절이 반복된 뒤로 더 길고 복잡한 화음이 여기에 응답한 후 완벽하게 들어

맞는 클라이맥스가 이어진다. 물론 1963년 비틀마니아들이 몰려든 '에드 설리반 쇼'에서 공연한 「트위스트 앤 샤우트Twist and Shout」 같은 반복적인 노래는 팝과 스키플 사이의 경계가 분명치 않음을 보여준다. 히스테리컬한 청중의 비명소리는 확실히 노래에 참여한다. "우-"라는 소리와 폴과 조지의 끄덕임은 유들유들하게 콜 앤드 리스폰스의 형식을 이루며 함성을 자아냈다.[62] 트위스트 춤도 함성을 자아냈다(비틀스의 노래 「트위스트 앤 샤우트」를 빗대어 한 말이다—옮긴이). 그러나 나는 1963년 11월 레넌이 영국 왕실이 주관하는 로열 버라이어티 퍼포먼스에서 엘리자베스 여왕을 초대해 노래에 참여하게 했다고 해서 영국의 사회 계층들이 정말로 화합했는지는 잘 모르겠다. "마지막 노래를 부르려는데 여러분의 도움이 필요해요. 싸구려 좌석에 앉은 분들은 박수를 쳐주시겠어요? 그리고 나머지 분들은 그냥 보석을 흔들어주시면 되겠어요." 존 레넌은 이렇게 말했다.[63]

● 실황녹음

서양에서 대부분의 음악은 라이브보다는 녹음으로 소비된다. 비틀스는 이 부분에서 선구자 역할을 했고, 다행히도 훌륭한 사운드 엔지니어와 프로듀서와 함께 일할 수 있었다. 완벽주의가 발현하면서 관객 앞에서 연주할 때는 가능하지 않은 수준으로 음악을 통제하기도 했다. 비틀스는 1966년 「리볼버Revolver」 앨범 이후 거의 라이브 연주를 하지 않는데, 가장 공들여 제작한 앨범인 「리볼버」에는 실황녹음의 비밀도 잘 담겨 있다. 즉 실황녹음은 라이브 연주를 수동적으로 포착하는 것이 아니며, 그보다는 생생함이라는 환각을 강화하기 위해 조작과 처리가 필요하다. 생생함의 효과는 신기루 같은 것으로, 결국 노래는 영화필름을 편집하듯 여러 차례 녹음한 것을 스튜디오에서 한데 꿰어 붙여 만든 불가능한 상상 속의 물건이다. 압축과 이퀄라이제이션(음악이 동등하게 들리도록 음향을 조절한 것—옮긴이), 리버브(특정 공간에서 발생한 수많은 반사음으로 구성된 음향—옮긴이), 에코, 클로즈 마이킹(악기나 보컬의 선명한 음을 담고 주변 악기의 간섭음을 줄이기 위해 마이크를 가까이에 배치하는 방식—옮긴이) 그리고 개별 부분의 분리 등은 음악의 세부적인 부분 모두 청취자에게 명료하게 들리게 만드는 것을 목표로 한다. 그러나 이 종합적인 선명함은 15세기 플랑드르 화파의 수정같이 맑은 풍경화만큼이나 이상주의적이다. 예를 들어 반 에이크Van Eyck의 그림 「거룩한 어린 양의 경배Adoration of the Mystic Lamb」를 보자. 정중앙에 자리한 양의 귀 위로 그려진 금색 광선이 전경에 있는 풀잎처럼 아주 날카롭다. 라이브 연주에서 북소리는 저 멀리 있는 안개처럼 조화롭게 녹아들지만 녹음된 앨범에서는 신 앞에 바쳐진 것만 같다.

「리볼버」의 마지막 트랙 「투머로우 네버 노우즈Tomorrow Never Knows」에서 쓰인 몇 가지 효과가 그렇다.[64] 박으로 만든 인도 악기 탐부라는 점점 더 또렷한 소리를 내고, 링고의 드럼은 억눌리고 한 풀 꺾인 소리가 난다. 해리슨의 기타 독주는 겹치거나 거꾸로 녹음되고, 퍼즈 박스(전자기타의 소리를 흐릿하게 만드는 장치—옮긴이)와 레슬리 캐비닛(확성기를 뒤집어서 소리를 조정한다)으로 변형된다. 또한 조지 마틴은 레슬리 캐비닛을 사용해 레넌의 리드보컬을 넣었는데, "레넌이 산꼭대기에서 노래하는 달라이 라마처럼 들리고 싶어 했기" 때문이었다. 매카트니의 테이프 루프(카세트테이프를 자르고 붙여서 반복적이고 리듬 있는 음향을 겹겹이 쌓는 기술—옮긴이)는 웃음소리와 왜곡된 기타소리를 믹싱해서 사운드이미지의 왼편과 중간 사이를 거칠게 보여준다.

● 스튜디오 음향예술

「서전트 페퍼Sgt. Pepper」 앨범의 마지막 곡 「어 데이 인 더 라이프A Day in the Life」에서는 표현적인 설정에서 연주될 거라 상상할 수 있는 특별한 효과를 노래에 더해 결정적인 차이를 만들어냈으며, 가지각색의 재료들을 조합해 곡 전체를 하나의 통일된 소리 객체로 표현해냈다. 어떤 의미에서 곡은 추상화가 된다. 심지어 곡 중반에 등장하는 유명한 관현악적 '경악'은 매카트니가 당시 추종하던 아방가르드 음악을 닮아 있다. 아방가르드 작곡가 슈토크하우젠Stockhausen의 얼굴은 「서전트 페퍼」 앨범 표지에도 등장한다.[65] 비틀스는 자신들의 최절정기에 추상적 예술음악과 융합했다.

이 네 단계를 따라 올라가는 짧고 집중적인 커리어를 통해 비틀스는 음악사 전체를 요약했다. '역사'는 진보를 전달하기 때문에 잘못된 단어라는 사실은 차치하고, 투리노는 이 '분야'들이 저마다 이점을 지녔음을 올바르게 파악했다. 누군가는 복잡한 음악을 듣는 것보다 단순한 음악 게임에 참여하는 데서 훨씬 더 큰 즐거움을 얻을 수 있다. 옆 사람과 손을 꼭 붙잡고 몸을 흔들며 "헤이 주드"를 끝없는 주문처럼 속삭이는 관객들과 함께 공연에서 듣는 음악이, 여러분이 안락의자에 파묻혀 헤드폰을 통해 듣는 음악과 똑같은 대상인지도 미심쩍다. 연극으로 보는 '햄릿'은 로런스 올리비에의 '햄릿'과는 다른 괴물이다. 매기 메이는 항해를 계속하다가 최근 「캐리비안의 해적 5: 죽은 자는 말이 없다」에서 잭 스패로우 선장의 아저씨로 깜짝 출연한 폴 매카트니의 노래로 소식을 전했다.[66]

사람들을 단합시키는 음악의 능력에 눈가가 촉촉해질 정도로 감동하지는 말자. 콥이 주는 또 다른 교훈은 축구 응원가가 다른 방식으로 전쟁, 즉 보어전쟁(남아프리카에서 대영제국과 당시 네덜란드계 백인인 보어족 사이에서 벌어진 전쟁—옮긴이)을 계속 이어갔다는 사실이다. 음악은 여러 방식으로 무기가 될 수 있다. 노리에가 장군이 1989년 파나마 시티의 바티칸 대사관으로 피신했을 때 미군은 그에게 51일 동안 풍자 가득한 록음악으로 공격을 퍼부었다. U2의 「올 아이 원트 이즈 유All I Want is You(내가 원하는 건 당신뿐)」, 더 클래시The Clash의 「아이 파우트 더 로I Fought the Law(나는 법과 싸웠어)」, 반 헤일런Van Halen의 「파나마Panama」 등의 곡이었다. 오페라를 사랑하던 노리에가 장군은 1990년 1월 3일 항복했다.[67] 음악은 여전히 쿠바 관타나모 베이에서 수감자들을 고문하는 기술로 활용된다. 한 보고서에 따르면 "음악으로 그들을 들들 볶았다"고 했다.[68] 그리고 이라크전쟁에서 미군은 선적컨테이너에 잡힌 수감자들을 혼란스럽게 하기 위해 메탈리카Metallica를 활용했다. 미군 전술 심리작전 담당 상사인 마크 해드셀Mark Hadsell은 이렇게 말했다. "이 사람들은 헤비메탈을 들어본 적이 없다. 그러니 참을 수 없다. 24시간 동안 이 음악을 들으면 뇌와 몸은 무너지기 시작한다."[69]

군의 음악은 좀 더 교묘한 형태를 띨 수도 있다. 1941년 미국이

전쟁에 돌입한 후 디즈니의 1940년작 「피노키오」에서 지미 크리켓 Jiminy Cricket이 부른 「웬 유 위시 어폰 어 스타When You Wish Upon a Star(별에게 소원을 빌 때면)」는 전쟁 물자를 구하기 위한 프로파간다용 음악으로 채택됐다(베라 린Vera Lynn의 「우리는 다시 만날 거예요We'll Meet Again」와 마찬가지다).[70] 그러나 히틀러가 이 노래의 선율을 가장 좋아하게 되면서, 저녁파티 때 손님들에게 휘파람으로 불어주기까지 했다. 알베르트 슈페어Albert Speer는 히틀러 총통이 샤요 궁에서 정복된 파리를 내려다보면서도 이 노래를 휘파람으로 불었고, 그렇게 함으로써 미군의 면전에서 감상적인 태도를 대놓고 비웃었다고 회상했다.[71] 사람들은 가끔 '재즈와 블루진(미국의 정신을 상징함—옮긴이)'이 냉전에서 승리를 거두었다고 말하기도 한다.[72] 그러나 오늘날의 그 부차적인 이득을 고려한다면, 미국 국무부가 유럽에서 러시아와 벌이는 문화전쟁에서 이기기 위한 방법이자 외교정책의 무기로서 고급 클래식과 심지어 아방가르드 음악을 후원했다는 것은 믿기 어렵다. 1953년 10월 24일 드와이트 D. 아이젠하워는 장관에게 보내는 메모에 존 포스터 덜레스John Foster Dulles에게 심리전의 범주 안에 '아름다운 찬송가를 부르는 것'을 포함하게 하라고 촉구했다.[73] 아이젠하워는 미국 국립극장 및 아카데미American National Theater and Academy, ANTA에 문화외교의 임무를 맡겼다. 목표는 미국 예술과 음악을 공산주의로부터 떼어놓고, 미국 민주주의와의 일치성을 증명하는 것이었다. 1959년 아마도 ANTA에서 가장 성공한 특수요원이었을 레너드 번스타인Leonard Bernstein은 뉴욕 필하모닉과 함께 러시아 순회공연을 했고, 보리스 파스테르나크Boris Pasternak 같은 권위자들에게 왜 러시아의 문화유산이

그레이트 아메리칸 송북을 우러러봐야 하는지를 강연했다.[74]

칼 마르크스가 옳다면 그리고 역사가 한편의 코미디처럼 반복된다면, 음악의 냉전은 유로비전 송 콘테스트(유럽방송협회가 개최하는 유럽 최대의 음악경연대회—옮긴이)의 터무니없고 우스꽝스러운 상연물을 마련하기 위한 예행연습이 되었을 것이다. 로디Lordi(2006년 우승자)와 베르카 세르두츠카Verka Serduchka(2007년 준우승자) 같은 참가자들에도 불구하고 유로비전은 진지한 콘텐츠를 제공하고 있다(사진 3-3). 서로를 비웃고 함께 투표하는 2억 명의 시청자들은 문화이론가 베네딕트 앤더슨Benedict Anderson이 '상상의 공동체'라고 부른 것을 구현해 냈다.[75] 해마다 유럽은 몇 시간 동안 통일성 있는 전체성을 경험한다. 1683년 비엔나 전투 이후 유럽의 관문에서 쫓겨나고 무기한으

사진 3-3. 베르카 세르두츠카와 친구들
© Johannes Simon/Getty Images

로 EU 회원국에서 배제된 튀르키예는 이라크전쟁이 벌어진 2003년 유로비전에서 우승했다. 2003년 이후 영국은 여전히 그 전쟁과 브렉시트로 인해 벌을 받으면서 유로비전 상위 10위 안에 여섯 차례 진출했고 투표 결과 거의 꼴찌를 차지했다.[76] 물론 영국도 촌스러운 노래들을 제출했지만 말이다.

클래식이라면

클래식은 유스뮤직 보고서에서 아이들이 가장 좋아하는 장르의 지도에 당연히 빠져 있다. 투리노의 연구에 따라 우리는 이제 왜 그런지 알 수 있다. 클래식은 우리 문화에서 '참여적'인 것과 가장 동떨어진 음악 같다. 기술적 어려움과 (주로) 세상을 떠난 유럽 백인남자 음악이라는 인식 둘 다 젊은이들의 가치와는 거리가 멀다. 클래식은 일종의 사운드트랙이 되어 대부분 라이브 연주보다는 녹음을 통해 소비될 뿐 아니라, 딱히 매력적인 음악도 아닌 것 같다. 그러나 모든 학생에게 (학생뿐 아니라 교사와 급식조리원들에게도) 악기를 하나씩 주고 지역 심포니 오케스트라가 학교에 애정 공세를 펼친다면 무슨 일이 벌어질까? 그리고 그 학교가 도시에서 가장 빈곤한 지역에 위치해 있다면, 그리고 클래식이 사회적 시민적 재생의 도구로 사용된다면 어떨까?

일부 사람들은 웨스트 에버튼에 있는 (예전에 천사들의 성모마리아 성당이었던) 탁발수도원이 로마 외부에 존재하는 이탈리아 르네상스 건축물의 가장 아름다운 예 중 하나라고 주장한다. 수도원은 로열 리버풀 필하모닉 오케스트라RLPO를 위한 녹음과 리허설 공간으로 바뀌었다. 페이스 초등학교의 여든네 명의 어린이와 교사, 급식조리원들로 출발한 웨스트 에버튼 어린이 오케스트라는 2009년 이후 RLPO의 '인 하모니In Harmony' 프로그램의 일환으로 수도원에서 리허설을 시작했다. 인 하모니 프로그램은 베네수엘라의 엘 시스테마로부터 영감을 얻은 것이었다. 학교 전체, 심지어 교장 선생까지 음악에 흠뻑 빠지는 모습을 보는 것은 짜릿한 일이며, 시내의 필하모닉 홀에서 콘서트를 여는 모습을 보는 것은 더욱 보람 있다. RLPO에 따르면 인 하모니는 "에버튼의 어린이와 젊은이들의 건강과 교육, 열망을 높이기 위해 오케스트라를 통한 음악 창작을 장려한다."[77] 학교가 위치한 에버튼 구역은 소득과 취업률, 교육, 건강과 주거의 결핍 정도를 측정한 복합결핍지수Index of Multiple Deprivation, IMD가 67.5로 리버풀에서 가장 높다.[78] 음악이 정말로 도움이 될 수 있을까?

베네수엘라 모델의 결과는 복합적이다. 1975년 정치인 호세 아브레우José Abreu가 지하 주차장에서 시작한 엘 시스테마는 어린이 70만 명을 빈곤과 마약, 범죄로부터 구한 것으로 인정받는다. 〈데일리 텔레그래프Daily Telegraph〉의 예술담당 기자 폴 겐트Paul Gent에 따르면, 2007년 대표격인 시몬 볼리바르 오케스트라가 알버트홀에서 선사한 어느 열광적인 콘서트는 "역사상 가장 위대한 공연"이었다.[79] 엘 시스테마의 가장 유명한 졸업생인 구스타보 두다멜Gustavo Dudamel은 로스앤젤레스 필하모닉의 음악감독이 됐다. 리버풀 출신으로 베를린 필하모닉을 거쳐 런던 심포니 오케스트라 지휘자를 맡고 있는 사이먼 래틀Simon Rattle 경은 엘 시스테마를 "세계를 통틀어 음악 안에서 벌어진 가장 중요한 사건"이라 불렀다. 실제로 그는 이렇게 말했다.

누군가가 내게 클래식의 미래에 정말 중요한 일이 어디에서 일어날지 묻는다면, 나는 그저 여기, 베네수엘라라고 말하고 싶다. … 나는 베네수엘라에서 음악의 미래를 보았고, 그게 바로 음악의 부활이었다고 말해야겠다.[80]

엘 시스테마의 분명한 성공은 조화로운 사회와 완벽한 세계를 위한 본보기가 되어줄 오케스트라의 이상적인 이미지라고도 할 수 있다.[81] 이 이미지는 유럽 계몽주의시대에 비롯된, 백여 명의 개인이 아름다운 음을 만들어내기 위해 함께 노력하는 것을 의미한다. 오케스트라는 이상향과 같아서, 레너드 번스타인은 1989년 크리스마스에 베를린에서 베를린 장벽의 붕괴를 기념하며 베토벤의 「환희의 송가Ode to Joy」를 연주했다. 오케스트라에서 연주하는 경험이 아이에게 규율 의식과 사회적 책임감을 부여하지 않을까?

그런데 음악학자 제프리 베이커Geoffrey Baker가 제시하는 조직적 폭로에 따르면 베네수엘라의 기적에는 숨겨진 약점이 있다.[82] 베이커는 다음과 같은 사실을 추적했다. 엘 시스테마가 모집한 백만 여 명이라는 추정치에는 근거가 없다. 대다수는 마약과는 상관없이 안정적으로 사는 중산층 어린이들이었고, 빈곤한 가정환경을 지닌 어린이들이 학교('누클레오Núcleo'라고 부르는 교육장)에서 배워 오케스트라에 들어갈 수 있는 경우는 거의 없었다. 또한 중도 포기율도 매우 높앗고, 육체적 성적 학대 문화도 존재했다. 사회개발프로젝트로서 엘 시스테마는 가짜였음에도 국제적인 개발 은행들로부터 5억 달러를 대출받았다. 그다음으로 베이커는 그 원칙들을 지적했다. 오케스트라의 위계적인 피라미드형 구조는 엘 시스테마가 결성될 무렵 국가의 오랜 지도자였던 차베스의 진보 정치와 어긋나게 보수적이고 권위적인 사회모델을 제시했다. 교육, 특히나 음악교육은 창의적이고 어린이가 중심에 있어야만 한다. 그러나 오케스트라 연주는 기계적인 일과를 따르며 성인 지휘자에 대한 복종을 필요로 한다. 오케스트라가 실제로 사회모델이라고 본다면, 표준화와 중앙집권화의 산업시대로 되돌아가는 셈이다. 그렇게 되면 우리는 직관과 상상력, 유연한 문제해결이 중요한 정보화 시대와 불확실하고 빠르게 변화하는 세계에 맞게 어린이들을 키울 수 없다.

　　베이커의 주장이 진실이든 아니든 간에(책이 촉발시킨 논의가 활발히 이뤄지고 있다),[83] 현실은 리버풀 인 하모니와 엘 시스테마는 다르다는 단순한 이유로 인해 이 주장을 적용할 수 없다는 것이다. 인 하모니는 결성 이후 어린이집과 가족센터를 포함해 광범위한 지역사회 환경을 아우르면서 계속 성장하고 있다. 오케스트라는 도시의 특정 지역을 정확히 겨냥하며 RLPO 산하에서 운영된다. 국립교육연구재단 National Foundation for Education Research, NFER이 마지막으로 실시한 평가는 미묘하고 민감한 뉘앙스를 띤다. "인 하모니에 참여한 어린이들이 학교에서 더 큰 성과를 냈다거나 다른 학교에 다니는 어린이들보다 더 규칙적으로 학교에 출석했다는 수치적 증거"가 없었던 것이다.[84] 반면 이 보고서는 좀 더 섬세하고 계량화가 어려운 방식으로 행복감이 증대됐다고 증언한다. 부모들은 학교에 더욱 열심히 참여하게 됐다. 악기를 연주하는 아이의 모습을 바라보는 것은 자랑스러움을 자아냈고 가족의 열망을 높여주었다. 부모와 친척들은 인 하모니 오케스트라가 일 년에 한 번 공연하는 필하모닉홀에 난생처음 들어섰고, 런던으로 가는 기차에 올라 로열알버트홀에서 열린 가족 음악회에서 어린이들이 연주하는 음악을 들었다. 리버풀 전체에서 여행의 확대는 A580을 건너는 것으로 상징되었다. A580은 필하모닉홀과 세인트조지홀이 있는 부유한 도심에서 에버튼을 갈라놓는 고속도로다. 분주한 항구도시의 이미지와는 모순되게도, 불우한 지역사회는 뒤처질 수밖에 없었다. 이런 면에서 음악은 두 가지 방식으로 기동성을 가져다주었다. A에서 B로 움직이는 현실적인 일은 말 그대로 지평을 넓혀주었고, 음악이 가족의 삶에 약간의 마법을 부림으로써 이들이 새로운 현실을 꿈꿀 수 있게 해주었다.[85]

따라서 클래식은 비평가들이 의문을 품었던 것보다는 훨씬 직접적이지 않은 유용성을 가진다. 모차르트 음악을 듣는다고 해서 정말로 똑똑해지지는 않는다. '모차르트 효과'라는 것은 사실 존재하지 않는다.[86] 그러나 오케스트라에서 연주를 하는 데 필요한 훈련은 아마도 가족 전체의 지평을 활짝 열어주었고, 그렇기 때문에 장기적으로는 더욱 똑똑해질 수 있을지도 모른다. 마찬가지로 오케스트라에서 연주하는 일은 19세기 공장에서 권위주의적인 관리자 혹은 지휘자의 지시를 받으며 노예처럼 일하는 것과는 전혀 다르다. 연주와 지휘에 필요한 기술은 그보다 훨씬 더 섬세하며, 이 기술들이 인생의 기량으로 변화하는 모습을 보기는 어렵지 않다. 그렇다면 지휘자는 실제로 어떤 일을 할까? 킹즐리 에이미스Kingsley Amis의 짓궂고 우스꽝스러운 풍자소설《스무 살 소녀Girl, 20》에 등장하는 가상의 지휘자 로이 밴더베인 경은 무능력한 사람임에도 그저 음악가들에게 맥주를 사줘서 그들이 자신을 좋아하게 만든 뒤 훌륭한 결과를 이끌어낸다.[87] 그러나 풍자는 제쳐두고, 지휘자 없는 오케스트라의 성과를 두고 논란이 많이 일며, 가끔은 20세기 초 소련의 공산주의나 근대 미국 경영이론에서 말하는 정반대의 이상과도 연결된다.[88] 지휘자의 손길은 박자를 나타내고, 얼굴과 몸 전체는 표현을 나타낸다. 한 학자는 심지어 지휘자의 눈썹 움직임을 분석했다.[89] 눈썹이 올라가고 고개가 한쪽으로 갸우뚱 기울어지면 '제시합니다'라는 의미, 눈썹이 가운데로 모이고 다시 고개가 한쪽으로 기울어지면 '애원합니다'라는 의미, 눈썹이 올라가고 두 눈이 음악가에게 향하면 '그 음정에 악센트를 주세요'라는 의미, 눈을 가늘게 뜨면 '좀 더 정확하게 연주하세요'라는 의미이다. 좀 더 광범위하게는 지휘자는 청중의 분리된 주의를 반영한다. 이 경우에 분리된 주의란 전체 음악가 무리와 개인 연주자 사이에 주의가 나뉘는 것을 의미한다. 결정적으로 오직 지휘자만 포괄적인 청각을 가지고 있다. 연주자들은 저마다의 파트에 사로잡혀 있기 때문이다. 지휘자만이 개관적으로 보거나 '듣는다.'

　현악 부문은 (다른 악절이 아니라면) 좀 더 복잡해지는데, 연주자 자체의 주의도 나눠지기 때문이다. 우선 이들은 서로의 시각적 단서(보통은 수석 또는 콘서트마스터의 활)를 본 뒤 지휘자를 보게 된다. 다시 말해, 악단 내에서의 동조성은 악단과 지휘자 사이에서 무엇보다 우선시되어야 한다. 또한 이상하게도 오케스트라는 지휘자의 박자보다 20밀리초에서 50밀리초 정도 뒤늦게 따라오는데,[90] 이는 '멜로디 리드melody lead'라는 유명한 현상으로 지휘에만 한정된 건 아니다. 낭만적인 피아노 연주에서도 오른손이 왼손보다 조금 앞서 연주하며 '루바토rubato'라는 효과를 만들어낸다. 항상 멜로디가 앞서 주도하는 것도 아니다. 재즈가 느긋하게 들리는 이유는 멜로디가 반주보다 뒤처지기 때문인 경우가 종종 있다. 고전적인 현악사중주에서 바이올린과 첼로는 가끔 비올라 뒤를 쫓아간다(그렇기 때문에 모차르트나 베토벤 같은 위대한 작곡가들은 사중주에서 비올라를 연주하면서 무거운 책임을 지길 좋아했다).[91] 흥미롭게도 지휘자와 오케스트라 간의 시간차는 모든 것이 느려지고 침묵으로 잦아드는 그 아슬아슬한 순간에 마무리된다. 다시 말해 오케스트라는 청중의 주의가 가장 예리하게 또렷해지고 홀 전체가 숨을 죽이는 그 정확한 순간에 지휘자를 따라잡는다. 나는 그런 순간을 종교적인 계시의 순간이라고 묘사할 수밖에 없다.

사원과 동굴

막다른 길 끝에서 음악은 종교가 된다. 이 책의 2부와 3부는 종교가 우리 여정의 시작이었음을 보여줄 것이다. 사운드트랙은 그곳에서 시작되고 끝난다. 그러나 그 길은 갈라져서, 각 갈래는 일종의 교회에서 시작하고 끝난다. 한 교회는 사원이고, 다른 교회는 동굴이다. 나는 음악교육의 비평가들이 교과과정의 불균형을 파헤치듯 도발적으로 "스톰지Stormzy(또는 아델Adele이나 테일러 스위프트Taylor Swift라도 상관 없다)의 노래가 모차르트만큼 정교하게 만들어졌다"고 주장(하고 나는 그렇게 요약)할 때 그 수에 절대 넘어가지 않는다. 학교에는 대중음악과 클래식을 위한 공간이 있었다. 그렇지 않을 이유가 있겠는가? 두 음악 모두 기존 종교 입장에서 '영성'에 빠진 상태 혹은 변성의식상 태altered state of consciousness(심리학에서는 ASC라고 줄여서 부른다)를 경험하게 해준다. 두 가지 유형의 ASC가 있다고 전 세계 모든 문화의 민족음악학자를 설득한 연구는 프랑스 인류학자 질베르 루제Gilbert Rouget 의 유명한 《음악과 트랜스La musique et la trance》다.[92] 루제는 음악이 다음과 같은 특징을 지닌 두 가지 변용상태, 즉 '트랜스'와 '황홀경'을 유발한다고 주장했다.[93]

트랜스: 움직일 수 없음, 침묵, 고독, 감각 차단, 기억
황홀경: 움직임, 소음, 군중, 감각의 과잉자극, 기억상실

언뜻 봐도 콘서트홀에 조용히 앉아 있는 경험과 록 콘서트 관객석에서 폴짝폴짝 뛰는 경험을 어느 카테고리로 구분할 것인지는 명확하다. 그러나 학자들은 음악이 연주되는 장소보다 연주된 음악의 수준이 음악 경험에 더 많은 영향을 미친다고 지적하며 루제의 개념을 비난했다. 예를 들어 우리는 테크노 레이브 음악에서와 마찬가지로 스트라빈스키 공연에서도 반복적인 북소리를 들을 가능성이 높다. 반대로 대중음악의 세계에도 성찰적인 음악이 존재하는데, '춤출 수 없음'이라는 특성으로 규정되는 인디 하위 장르가 그렇다.[94] 음

악 양식 자체가 아닌, 다양한 장소와 연계된 '트랜스 같은' 그리고 '황홀경에 빠진' 의식에 대해 이야기를 나누는 것이 좀 더 실용적이겠다. 프랑스 사회학자 피에르 부르디외Pierre Bourdieu는 이를 '아비투스habitus'라고 불렀다. 이를 가장 잘 보여주는 표시는 신체 움직임이다. 그렇다면 콘서트에 참여하는 심리에서 어떤 면이 트랜스 같고, 콘서트홀은 왜 교회와 같은가?

라이프치히 게반트하우스는 본래 1781년에 세워진 직물길드회관의 별채였으나 19세기에 콘서트홀로 탈바꿈했다(그림 3-4).**95** 이 건

그림 3-4. 본래의 라이프치히 게반트하우스 콘서트홀
© AKG-images

물은 말편자 모양으로 설계됐는데, 이는 청중들이 거의 대부분 서로의 맞은편에 앉았다는 의미다. 청중들끼리는 서로를 잘 볼 수 있지만 오케스트라 무대는 시야가 한정됐다. 말편자 모양은 실제로 라이프치히에 있는 바흐의 교회인 성 토마스 교회의 이중성가대를 본뜬 것이다. 1727년 성 토마스 교회에서 바흐의 「마태 수난곡」을 공연할 때 두 합창단이 서로를 마주본 것처럼, 게반트하우스에서 청중들이 지시하는 대상은 오케스트라가 아니라 공동체였다. 음악의 공동체는 루터교 집회에서 발전했다. 그리고 예배를 하는 청중들은 자기 자신을 바라봤다.

1849년 완성된 리버풀의 첫 필하모닉홀 역시 말편자 모양이었다. 홀이 1933년 불타버린 뒤 현대식 콘서트홀이 선호하는 직사각형 모양으로 새로 문을 열었고, 청중의 시선은 절대적으로 무대 한가운데에 머물게 됐다. 청중은 자기 자신이 아닌 음악에게로 주의를 돌렸다. 어떤 면에서는 청중이 좀 더 수동적이 됐다고 볼 수 있다. 현대의 공연 에티켓에 따르면 대화하거나 움직이는 것은 눈살을 찌푸릴 만한 행동이기에, 오늘날의 청중은 때론 침침한 조명 밑에서 꼼짝도 하지 않고 조용히 앉아 있어야 한다. 현대의 콘서트홀은 교회처럼 보이지는 않지만, 교회에 있는 것처럼 느껴진다. 이는 종교적 명상에 준하는 음악을 발전시키고 우리의 고전적인 작곡가들을 성인이나 반신반인으로 추종하는 데도 도움이 됐다. 서양의 체계화된 종교가 계몽시대 이후 사그라지기 시작하면서, 음악은 신의 모습을 한 빈자리로 성큼 들어섰다. 나 같은 무신론자에게 콘서트 참석이라는 의례는 영적 경험을 제공한다. 그러나 현대의 청중이 조용하고 가만히 있긴 해도 수동성과는 거리가 멀다. 이들은 귀를 기울이는 방식으로 기도의 체계를 실행하고 있다.

나는 자리에 가만히 앉아 움직이고 싶은 유혹과 싸우며(음악에 맞춰 움직이고 싶은 충동은 참기 어렵다) 머릿속으로 그 몸짓들을 재구성한다. 뇌전도검사(뇌의 전기적 활동을 읽는 기술)를 통해 음악에 귀를 기울일 때 운동기능과 연결된 거울뉴런이 자극된다는 것을 알 수 있다.[96] 우리는 움직일 수 없기 때문에 오케스트라 맨 앞에 서서 작은 춤사위를 선보이는 사람, 즉 지휘자에 주의를 기울이게 된다. 지휘자의 몸짓은 때로는 드라마틱하고 화려한데, 그는 우리가 억누르고 있는 행동을 대리해주는 중요한 존재인 셈이다.

나 또한 오케스트라의 리듬에 맞춰 끌려가기도 한다. '동조'는 사람들이 리듬과 주기에 따른 행동을 서로에게 맞춰나가는 과정이다(책 후반부에서 동조를 좀 더 자세히 다룰 것이다).[97] '교향곡'이 '동의' 또는 '화합'이라는 의미임을 고려하면, 음악으로 인해 음악가와 청중의 몸 전체가 심장박동수와 호흡 패턴을 맞춰가게 된다고 상상하는 것이 이상적이지 않을까? 아직 실험에서 그 증거가 발견되진 않았다.[98] 그러나 이 실험들에 따르면 심장박동수는 음악의 주요 경계선인 시작, 중간과 끝에서 변화한다. 이 부분들은 말 그대로 숨이 턱 막히는 순간임을 알 수 있다. 다시 말해 청중의 동조성은 특히나 음악이 점차 느려지고 아주 조용해져서 바늘이 바닥에 떨어지는 소리도 들릴 그 마디점에서 변화한다. 그 순간 우리는 동시에 움직이는 것이 아니라 고요함이 조화를 이루는 모습을 본다. 홀 전체가 숨을 멈춘다.

내 마음은 루제가 묘사한 그대로 이리저리 방황하고 머릿속엔 여러 가지가 떠오른다. 여러분이 긴 프로그램의 한중간에 몽상을 하거나 주의가 흐트러져도 사과할 필요는 없다. 45분 동안 집중력을 유지한다는 것은 슈퍼맨이나 가능할 테니까. 심리학자들은 청중들이 콘서트뿐 아니라 일상의 대화에서도 '미래지향적'인 주의와 '분석적'인 주의 사이에서 왔다 갔다 하는 것을 발견했다.[99] 너무 익숙한 원칙이다. 화자가 말하는 대로 따라가다가 한마디를 놓쳤을 때, 한쪽 귀는 (하던 대로) 여러분이 그 말을 정확히 들었는지 확인하기 위해 되돌아가고, 다른 한쪽 귀는 실시간으로 계속 이야기를 듣는다. 여러분의 주의는 일시적으로 분리되어, 세부적인 내용을 듣고('분석적') 이야기를 듣는다('미래지향적'). 콘서트에서는 예를 들어 클라리넷 연주에 주의를 기울였다가, 전체 오케스트라 연주를 들으려고 물러섰다가, 그다음으로는 첼로와 비올라 사이의 대화에 초점을 맞추려고 다시 움직이면서 이리저리 뜀을 뛴다. 여러분이 음악을 어떻게 듣든 옳고 그른 건 없다.[100] 하지만 규칙이 없는 대신 흥미로운 원칙은 있다. 음악이 질서정연하거나 '위계적(전체와 부분 사이에 조직체계가 분명함)'일 때 분위기를 바꾸고 수준을 전환하기가 가장 쉬운 것으로 나타났다.[101] 질서정연한 작품의 경우, 작곡가가 어떤 의미에서 여러분을 위해 곡을 먼저 들어본 것이다. 거꾸로 말하면, 음악이 지나치게 복잡하거나 심지어 뒤죽박죽이라면(즉 형편없는 작곡이라면) 주의를 돌리기가 더 어렵다. 물론 숙련된 음악애호가는 듣기에도 능숙하며, 이런 재능은 연습으로 얻어진다. 또한 전체 청중의 주의가 한 번에 모이는 마디점도 있는데, 박수를 치는 시점 같은 때다.

　나는 필하모닉홀에 모이는 2천 명 다수가 홀로 와서, 군중 속의 고독이라는 개인적인 감정을 즐기고, 음악에 사로잡히며, 산만함에서 벗어난다고 생각한다. 사람들이 엑스터시(또는 향락성 약물, MDMA)를 원한다면 잔지바르, 이스트 빌리지 아트 클럽, 스튜디오2, 로맥스 또는 리버풀시티 곳곳에 자리한 수십 개의 장소에서 얼마든지 이를 접할 수 있다. 이들은 동굴에서의 광란을 누리기 위해 사원의 고요함을 포기한다. 동굴은 모든 것이 시작된 장소다. 캐번(비틀스가 공연한 클럽 이름이자 '동굴'이란 의미도 가졌다—옮긴이)은 모든 것이 시작된 장소다. 매튜스트리트의 원조로서 어둡고 눅눅하고 비좁고 땀으로 끈적거리지만 훌륭한 음향을 가진 캐번 클럽은 황홀경에 빠진 군중으로 들썩거렸고 살아 있는 가수들이 손에 닿을 거리에 서 있었다. 그런데 어떤 의미에서 동굴은 교회와 같을까?

DJ들은 광란의 파티를 즐기는 사람들의 심장박동수를 일반적인 수치인 60~100bpm(분당 심박수)에서 140 심지어 180까지 능숙하게 올리면서 변성의식상태로 만든다. 특히 테크노음악은 여러 생리 효과를 고조시키는 데 연관성이 있는 것으로 나타났다. 즉, 수축기 혈압, 신경전달물질과 펩티드 농도, 호르몬 반응을 높인다. 레이저와 섬광등은 알파파와 세타파 등 뇌파를 활성화시킨다. 오랜 시간 춘 춤은 피로와 과호흡증후군으로 이어지고, 혈당을 떨어뜨리거나 저혈당증, 환각을 일으킬 수 있다. 과열된 파티는 아편성 물질을 분비한다. 파티 전의 수면 부족과 단식은 질주하는 리듬의 효과를 강화한다.[102] 이 모든 효과는 미국 딥사우스Deep South(미국 최남동부 지역의 루이지애나, 미시시피, 앨라배마, 조지아, 사우스캐롤라이나 등 5개주—옮긴이)의 오순절 교회부터 이슬람 신비주의 수피파의 춤추는 데르비시(극도의 금욕생활을 하는 이슬람교도로 예배 때 원을 그리며 춤춘다—옮긴이)에 이르기까지 '황홀경에 빠지는' 종교적 전통에서도 발견된다.

사원이든 동굴이든 중요치는 않다. 트랜스와 황홀경은 종교로 수립되기 전까지는 실제로 동일한 것이었다. T. S. 엘리엇T. S. Eliot이 말했듯 불과 장미가 하나였던, 회전하는 세계의 정지점에서 말이다.[103]

04

Imaginary Landscapes, Invisible Cities

상상 속 풍경과
보이지 않는 도시

고대 그리스 철학자 피타고라스는 장막 뒤에서 강의를 했기 때문에, 제자들은 그의 목소리만 들을 수 있었다. 피타고라스의 제자들은 '듣는 사람'이라는 의미에서 아쿠스마티코이akousmatikoi라 불렸고, '어쿠스매틱acousmatic'이라는 용어는 서양에서 음악 청취의 상태를 규정하는 용어가 됐다.[1] 서양 음악, 특히나 서양 고전음악은 이중적인 의미에서 '어쿠스매틱'하다. 우리가 콘서트홀에서 바이올린 소리를 들을 때, 두 눈으로 바이올린을 똑똑히 잘 보고 있더라도 음정은 현실 세계의 어떤 출처에서 비롯된 것이 아니다. 예를 들어, 멍멍 짖는 소리는 개를, 삐거덕 소리는 문을, 쿵쿵 발자국 소리는 발을 가리키는 것과는 다르다. 그 대신 우리는 음정 자체의 소리를 즐긴다. 이 어쿠스매틱한 특징은 우리가 연주자를 전혀 볼 수 없는 녹음된 음악을 들을 때 더욱 강화된다.

어쿠스매틱 청취는 자연스러운 것이 아니다. 현실 세계에서 청각은 환경에 관한 정보를 수집하는 역할을 하는 감각의 일부다. 우리가 3장에서 보았듯 음악이 보통 다른 뭔가, 특히나 노동과 관련된 활동에 곁들여졌던 이유가 여기에 있다. 그러나 1800년대 중반, 프랑스 혁명 이후 중산층의 여가 시간이 늘고 철학적 환경이 달라지면서 이 모든 것이 변했고, 음악을 추상적으로 취급하는 것이 관례가 됐다. 1800년대 분수령의 한편에서 우리는 프랑스 철학자 장바티스트 뒤보스Jean-Baptiste Dubos가 1719년 《시와 회화에 관한 성찰 Réflexions critiques sur la poésie et sur la peinture》에서 음악은 오직 그림과 문학처럼 현실을 대변해야만 유효한 예술이 된다고 주장하는 모습을 보게 된다.

> 음악을 지배하는 기본 원칙은 시와 회화를 지배하는 원칙과 비슷하다. 시와 그림처럼 음악은 모방이다. 음악은 대상의 선택과 표현의 정확성 같은 문제에서 다른 예술에 적용되는 일반 규칙을 따라야만 좋은 예술이 될 수 있다.[2]

그러나 1800년 이후 청중은 음악을 자율적인 구조를 가진 존재 자체로 받아들이는 방법을 배웠다. 음악이 뭔가를 '그리거나' '표현해서'가 아니었다. 음악 작품은 조각이나 그림, 적어도 단어가 실물을 가리키는 시보다도 구체적이지 않지만, 음악 그 자체가 물리적 객체로 당당하게 존재할 수 있다. 베토벤의 교향곡 같은 음악 작품은 이제 형식적 일관성이라는 내적 지지를 받게 됐고, 한 작품 내에서 각 음정은 서로 다른 음을 내는 것으로 들렸다. 당연히 표제 음악은 계속 번창했다. 리스트와 리하르트 슈트라우스의 음시 또는 드뷔시의 「바다La mer」처럼 단편 작품이 탄생하기도 했다. 그러나 상황은 이제 역전됐고 이야기를 들려주거나 그림을 그려내던 음악은 뒤보스가 말한 예술의 일반 규칙에서 예외가 되거나, 심지어는 심각한 의심의 눈초리를 받았다. 19세기 위대한 음악비평가이자 브람스의 친구 그리고 바그너의 적이자 18세기 뒤보스와는 대척점에 있던 에두아르트 한슬리크Eduard Hanslick는 표제 음악을 제거해야 할 혐오의 대상이라고 굳게 믿었다.3 음악작품은 악보에 소중히 담기면서 승리를 굳혔고, 이 악보는 서양문화의 기념물로 귀한 대접을 받게 됐다. 서양의 고전음악은 철학자 리디아 고어Lydia Goehr가 '음악작품으로 채운 상상의 박물관'이라 부른 것을 세웠다. 이 작품들은 오직 사람들의 머릿속에서만 존재하기 때문에 '상상'의 박물관이 된다.4

　음악을 추상적이고 독립적인 대상으로 취급하는 것은 서양 전통에서 옳지 않은 모든 것을 나타내는 것으로 보일 수도 있다. 반면 몰입적인 가상환경이 최근 비디오 게임에서 순수한 형태로 급부상하고 있다. 달리 말하자면 어쿠스매틱 음악이 가장 기대되는 분야가 바로 게임이다. 클래식은 어쨌든 예술로서 존재하는 한 일종의 허구이며, 그렇기 때문에 음악은 단순한 소리와는 다르다고 표현할 수도 있겠다. 햄릿이 실존 인물이 아니듯, 음악이 가리키는 대상은 없다. 일단 음악을 가상의 예술 형태로 인정하기 시작하면, 더 이상 그에 대해 양해를 구할 필요는 없다. 음악이 여러분을 치유해주기 때문에, 일자리를 마련해주기 때문에, 아니면 우리가 3장에서 탐구했듯 실용적인 역할을 하기 때문에 소중한 것이라고 변명할 필요가 없는 것이다. 분명 음악은 이 모든 일, 아니 그 이상을 해낸다. 하지만 음악이 언제나 실용적일 필요는 없다.

우선 주목해야 할 점은 어쿠스매틱 음악이 전혀 추상적이지 않다는 것이다. 세계에서 동떨어진 클래식과 달리 어쿠스매틱 음악은 세계를 실제로 소화하고 개선한다. 이는 우리가 포도주스를 와인으로 정제하거나, 꽃향기를 향수로 정제하는 방식에 비유할 수 있다. 원료의 원형을 유지하면서도 이를 농축하고, 정제하고 끌어올리며, 마술에 걸린 듯 변화시키는 방식 말이다. 우리는 이 장에서 음악이 그렇게 할 수 있는 비법이 미메시스, 즉 다윈이 소위 원시인에게서 발견해냈고 생물학자들이 동물의 왕국에 속한다고 간주하는 그 모방 능력을 발휘하는 데 있음을 살펴보려 한다. 역설적이게도 서양 클래식은 생물의 미메시스를 최대치까지 정제해왔다.

그렇다면 음악은 무엇을 모방할까? 철학자 뒤보스가 요구했던 구체적인 대상(나무 또는 얼굴 등)이 아니라, 우리가 3장에서 확인했던 모든 사운드트랙을 포함해 움직임과 정서의 특성을 모방한다. 그런데 이 사운드트랙은 더 이상 도시를 통과하는 경로가 아니라, 음악 작품으로 만들어진 눈에 보이지 않는 도시와 상상 속 풍경을 지나쳐가는 길이다. 2부와 3부에서는 여행과 걷기가 음악적 인간에게 얼마나 중요한지를 살펴보려 한다. 우리의 원시적 호미닌 조상인 오스트랄로피테쿠스가 근본적으로 걷는 유인원이라서 걷기가 중요하다는 이야기가 아니다. 나는 소나타 또는 교향곡을 듣는 일이 음악의 과정이라는 오솔길이 나 있는 가상의 풍경을 '걷는 것'과 유사하다고 주장하려 한다. 특히나 서양의 클래식 전통에서는 음악적 풍경이 광활하게 존재하며, 이는 분명 3분짜리 팝송 문화에서는 공유할 수 없는 부분이다. 나는 클래식과 대중음악을, 모차르트와 스톰지를 겨루게 하지 않으려고 조심하는 편이다. 그렇지만 20분부터 몇 시간까지 펼쳐질 수 있는 클래식의 '풍경'을 '걸어'보면서 의식을 고양시키는 경험이 서양문화의 정점 가운데 하나를 나타낸다고 믿는다.

도중에 나는 일부 과격한 아이디어, 즉 인간의 몸짓과 마찬가지로 걷기는 정서를 표현하고 음악적 여정의 한 걸음 한 걸음은 논리적 주장의 과정과 같다는 주장을 할 수도 있다. 우리는 마침내 이 책전체를 관통하는 공통된 주제인 '정서란 정말로 무엇인가'라는 문제에 직면하게 될 것이다. 나는 왜 우리가 음악을 움직임으로서 들어야 하는지, 왜 음악에 몰입하는 것이 바다를 헤엄치는 것과 같은지, 왜 음악의 바다는 종교처럼 광대한지 물을 것이다. 그리고 여기에서 우리는 음악 작품이 고통을 설명하려 하는 서양 종교의 기이한 집착을 어떻게 반영하는지를 묻는 엄청난 난제에 부딪히게 된다. 종교와 신화와 연극처럼, 서양의 음악 작업은 고통과 구원의 길에 고통이 필수적인 부분이라고 합리화하는 논리적 순서에 집착한다.

요컨대 우리는 움직임-정서-모방-종교라는 단계를 거치는 오솔길을 따라가 보려고 한다. 우리는 음악의 '공간'에 있어서 무엇이 특징적이고 무엇이 은유적인지 고민하는 데서 이 여정을 시작해보려한다.

음악 공간 - 움직임 연속체의 수수께끼

「무지개 너머 어딘가에Somewhere Over the Rainbow」의 첫 두 음정은 주디 갈랜드Judy Garland가 캔자스의 하늘을, 아마도 오즈를 올려다보는 동안 한 옥타브 '상승'한다. 그 후 멜로디는 부드럽게 집으로 '하강'하면서 무지개처럼 호를 그린다. 굳이 '상승'과 '하강'이라는 단어에 따옴표를 붙였는데, 음악에서 음표는 실제로 상승하거나 하강하지 않고, 또 절대 움직이지 않기 때문이다. 행진용 음악대가 다가오거나 멀어지고 또는 왼쪽에서 오른쪽으로 이동하면서 소리의 물리적 근원이 움직이는 것을 듣지만, 가만히 서 있는 음악가로부터 음정이 흘러나올 때 실제로는 아무것도 보이지 않고 그저 공기만 진동할 뿐이다. 그러니 공간을 통한 움직임의 관점에서 음악을 논한다는 것은 은유일까? 로미오가 줄리엣을 태양에 비유할 때("부드럽게 저 창문을 통해 새어나오는 빛은 무엇이지? 그쪽은 동쪽이야. 그리고 줄리엣은 태양이지") 줄리엣이 이글이글 타오르는 가스 덩어리라는 의미는 아니다. 로미오는 은유적으로 말했고, 아마도 도로시도 은유적으로 노래했으리라.

음악 '공간'과 '움직임'이 비유적 표현은 아니더라도, 적어도 현실 세계에서의 공간과 움직임과는 차이가 있다. 그 차이점 가운데 하나는 음정이 한 단계 높아질 때, 이를테면 C가 D로 갈 때 새가 두 나뭇가지 사이를 건너다니듯 그곳에 도달하기 위해 중간에 위치한 모든 것을 거칠 필요는 없다는 것이다. 음계는 디지털시계에 나타나는 숫자처럼 한 음정에서 다른 음정으로 한 번에 변한다. 일정하게 움직이는 아날로그시계의 시곗바늘과는 반대다. 음악 공간의 두 번째 수수께끼는 DNA 분자 구조처럼 나선형이라는 것이다. 음계를 올라갈 때 우리는 8개의 음정을 거쳐 결국에는 처음 시작한 곳에서 끝맺음하게 된다. 따라서 옥타브는 첫 음정(으뜸음)과 동일한 음정이지만 진동의 음향 주파수는 두 배가 된다. 마음속으로 '썸-웨어Some-where' 하고 노래를 불러본다면 이 옥타브를 소리로 들을 수 있다. '웨어Where'는 원음('썸Some')에서 여행을 해야 할 만큼 멀리 떨어져 있으면서도 더 높은 세기로 끌어올린 똑같은 음정이다. 단 하나의 단어와 한 옥타브만큼의 도약은 상상력의 도약을 통해 마술처럼 무지개의 높이를 표현해낸다.

음계의 한중간에서는 이 나선이 조금 더 회전하는데, 기준음(3도와 5도) 역시 다소 떨어져 있기는 하나 원음의 안정성을 반영한다. 2장에서 보았듯(1:1의 동음을 제외하고) 음과 음 사이의 간격에서 볼 수 있는 가장 단순한 진동 비율은 역순으로 옥타브(1:2), 5도(2:3), 3도(4:5)다.[5] 도로시의 멜로디는 하강하면서 '하이high'라는 단어에서 5도를 치고, '드림스dreams'에서는 3도를 친 뒤 '룰라비lullaby'라는 마지막 음절에서 으뜸음이라는 원음에 도달한다. 다시 말해, 음계는 옥타브를 오르내리면서, 불안정(불협화음)과 안정(화음)의 지역 사이에서 왔다 갔다 흔들린다. 우리는 이후에 이 진동의 원인 그리고 걸음걸이와의 놀라운 관계를 배워볼 것이다.

실제로 음악에서 아래위로 움직인다는 게 왜 은유적이 아닌 실질적인 움직임을 뜻하는 것인지를 보여주는 단순하지만 강력한 논의가 있다. 후두에서 성대가 올라갔다 내려오는 움직임에 해당하는 것으로,[6] 후두는 높은음을 노래할 때 긴장하고, 낮은음을 노래할 때 이완된다. 노래를 해본 경험은 심지어 보컬이 없는 노래를 듣는 방식에도 영향을 준다. 피아노로 매우 높은음을 연주할 때 낮은음을 연주할 때보다 딱히 더 많은 노력이 필요하지 않음에도, 성대는 높은음을 들을 때 자기가 노래하는 양 여기에 동조해 수축된다. 게다가 우리는 음조를 음높이와 연관 짓게 타고났으며 이 연관성은 우리 뇌에 내장되어 있다는 증거도 있다.[7] 실험에 따르면 한 살 아기는 위와 아래를 가리키는 화살표에 따라 올라가는 음과 내려가는 음을 일치시킬 수 있으며,[8] 음높이는 심지어 선천적으로 시각장애를 가지고 태어난 어린아이에게도 각인되어 있다.[9]

문화적 지식이 어떻게 이 타고난 연관 능력을 중복해서 활용하는지를 보여주는 사례는 음악의 세계에 가득하다. 고대 그리스 음악 이론은 음색의 높고 낮음이 아니라 '날카로움'과 '무거움'으로 논한다. 발리와 자바에는 '작음(=높음)'과 '커다람(=낮음)'이 있다. 브라질의 키세제족은 음색을 나이와 연관 지어서 '어림(=높음)'과 '늙음(=낮음)'의 관점에서 생각한다.[10] 피아니스트는 물론 왼쪽에서 오른쪽으로 '상승'하는 건반을 연주한다. 그렇다고 해서 피아니스트가 타고난 음높이를 머릿속에 간직하고 있지 않다는 의미는 아니다. 선율 윤곽과 폭포를 연관 짓는 파푸아 뉴기니의 칼루리족에게 폭포가 위로 솟지 않으니 멜로디가 올라간다는 개념도 없다는 사실이 음높이 감각이 존재하지 않음을 증명할 수 없는 것과 마찬가지다.[11]

일반적으로 소리가 움직임을 환기시키는 이유에 대한 신경학적 근거도 있다. 우리의 청각은 전정계와 밀접하게 관련되어 있는데, 전정계는 우리가 걷는 동안 균형을 유지하는 것을 책임진다. 음악을 들으면 전운동피질과 기저핵, 소뇌 등 움직임과 연관된 운동영역이 활성화된다. 실제로 이런 뇌 구역을 활성화하기 위해 반드시 음악을 들을 필요는 없으며 그저 음악을 상상하는 것으로도 충분하다.[12] 우리가 왜 음악을 하나의 움직임으로써 듣고 상상하는지, 심지어 음악 공간의 나선을 하나로 합치려 하는지를 설명하는 가장 우아한 이론은 철학자 찰스 누스바움Charles Nussbaum에게서 나왔다.[13] 일단 물고기에게로 돌아가보자.

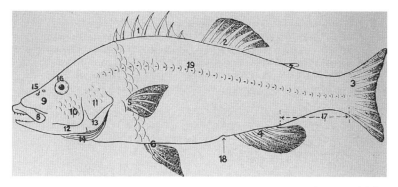

그림 4-1. 물고기의 옆줄
© Library Book Collection/Alamy Stock Photo

물고기는 잘 듣지 못한다. 하지만 물을 통해 움직임을 기가 막히게 감지한다. 다른 물고기의 주기적인 그러니까 반복적이고 순환적인 헤엄 동작을 알아낸다는 의미다. 옆줄이라고 부르는, 머리에서 꼬리까지 몸 전체에 줄지어 있는 유모세포 체계 덕에 그렇게 할 수 있다(그림 4-1).[14] 물고기는 소리를 듣기보다는 느낀다고 말하는 것이 좀 더 정확하며, 우리는 아주 낮은 베이스 음정이 우리의 하체를 '웅웅' 하고 울릴 때 이 촉각의 차원을 경험한다. 인간의 귀는 결코 옆줄에서 진화하지 않았다(오히려 물고기의 아가미에서 나왔다). 우리는 달팽이관의 핵심인 코르티기관을 통해 듣는데, 이곳에는 주기적인 압력파가 아니라 진동수에 민감한 한 무리의 유모세포가 모여 있다(그림 4-2).[15] 코르티기관은 옆줄의 축소판이자 기능적으로 매우 뛰어난 형태라고 할 수 있다. 달팽이관을 풀어보면 가장 높은 진동수에 즉각 반응하는 더 작은 유모세포들이 뇌간과 가장 가까운 위치에 분포되

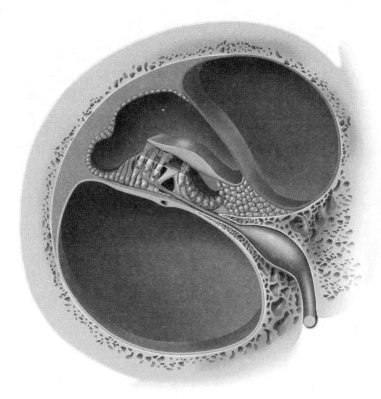

우리에겐 음악이 필요하다

어 있고 가장 큰 유모세포들은 가장 먼 곳에 있음을 알 수 있다.[16] 머리에서 꼬리까지 이어진 물고기의 수평축에서, 머리에서 발끝까지 이어진 인간의 수직축으로 옆줄을 뒤집어버리는 꼴로 진화가 이뤄진 셈이다. 이는 피아노 건반을 옆으로 세워둔 것과 비슷하며, 그렇게 해서 음높이는 왼쪽에서 오른쪽으로 움직이는 대신 상승하게 된다. 실제로 19세기 헤르만 폰 헬름홀츠Hermann von Helmholtz 같은 음향 전문가들은 코르티기관과 그랜드피아노 안에 수평으로 설치된 하프 같은 현의 배열이 닮았다고 지적했다.[17]

누스바움의 이야기는 이제 음악 듣기와 걷기 사이의 관계를 설명하는 것으로 옮겨간다. 마른 땅에서 수직으로 사는 삶에 적응하고 중력의 지배를 받으면서 걷는 행위에 주기적인(규칙적이고 반복적으로) 흔들림과 안정중심점으로의 회귀가 포함됐고, 전정계의 균형 감각으로부터 정보를 받게 됐다. 주기적으로 안정성을 찾아 되돌아간다는 점에서 누스바움은 음악 공간의 나선을 떠올렸다. 이는 화음의 정도와 불협화음의 정도 사이에서 음계가 진동하는 방식이자 결국은 옥타브가 주기적으로 돌아오는 것을 의미한다.[18] 똑바로 걷는 일이 방향과 주기적인 반복의 결합으로 이뤄지듯, 음계는 음악 공간에서 '위'와 '아래'로 움직이는 '움직임'을 주기적인 안정성으로의 회귀에 맞춰 조율한다. 누스바움이 정확하게 정리한 이야기로부터 취할 수 있는 극도로 도발적인 메시지가 몇 가지 있다. 우선 인간의 듣기는 고대 체계와 현대 체계, 즉 주기성에 맞춘 원시적인 체계와 진동수에 민감한 더 후대의 체계가 진화적으로 조합된 것이다. 또는 다른 말로 표현하자면, 우리가 옥타브를 선호하는 까닭은 우리가 물고기였던 시절에 대한 기억 때문이다. 두 번째 교훈은 정말로 음악을 듣는 것이 중력장에서 직립보행을 하는 경험과 관련 있다는 것이다. 더 나아가 물고기가 물의 촉각적 진동을 느끼듯, 음악이 우리에게 '와닿았다'라고 말하는 것은 전적으로 은유적인 표현만은 아니다.

슈베르트의 연가곡 「겨울 나그네A Winter's Journey」에서 버림받은 연인은 영적 구원을 얻기 위해 눈 내리는 풍경을 걷는다. 24곡의 노래는 다양한 유형의 걷기를 번갈아 표현한다. 터덜터덜 걸었다가, 느긋하게 걸었다가, 발을 끌며 느릿느릿 걸었다가, 공포에 질려 허둥지둥 뛰기도 한다. 보리수를 생각하며 잠시 멈췄을 때 가만히 서 있는 순간까지 표현한다(「보리수Der Lindenbaum」). 심지어 자연의 특성까지 끌어와, 얼어붙은 눈물처럼 갑자기 홱 움직이거나(「얼어붙은 눈물 Gefrorne Tränen」) 도깨비불처럼 돌아다니고(「도깨비불Irrlicht」), 거센 강물처럼 흐르는가 하면(「시냇물 위에서Auf dem Flusse」), 한 쌍의 까마귀처럼 맴돈다(「까마귀Die Krähe」). 피아노는 인간의 걸음걸이가 가진 리듬을 포착하고 시적 상상력을 불어넣는 데 제격이다. 음악은 움직임을 표현하기 위해 말이 필요치 않다. 슈베르트의 위대한 9번 교향곡의 느릿한 움직임은 마치 슈베르트가 오스트리아 남부에서 즐겨 오르던 산악지대와 같다. 풍경을 걷는 일은 서양 음악에 있어서 은유가 아니라 본질이다. 그렇다고 해서 그 풍경을 상상하는 방식에 의문을 가질 것이 없다는 뜻은 아니다. 그 길로 더 멀리 따라가 보기 위해서는 철학자 루트비히 비트겐슈타인Ludwig Wittgenstein이 실시한 유명한 사고실험을 살펴볼 필요가 있다.[19]

그림 4-3은 동그라미에서 튀어나온 한 쌍의 돌기를 보여준다. 여러분은 이 돌출부를 토끼의 귀로도, 오리의 부리로도 볼 수 있다. 심지어 한 그림에서 다른 그림으로 마음대로 휙 바꿔볼 수도 있다. 비트겐슈타인은 '보다'와 '~로 보다'를 구분 지어 설명하려고 이 그림을 사용했다. 나뭇잎이 초록이라고 보는 것은 그저 지각 활동이다. 그러나 그림이 토끼가 아닌 오리를 표현한다고 상상하는 것은 유도할 수 있는 절차다. 여러분은 뭔가를 특별한 방식으로 보겠다고 결정하고, 그렇게 이야기를 듣고 또는 가르침을 받을 수도 있다. 그리고 비트겐슈타인이 의도한 바는 아니더라도 그의 개념을 음악에 적용할 수도 있다. 우리는 음악을 한 방향 또는 다른 방향으로 듣기로 선택하거나 인도받을 수 있다.

그림 4-3. 토끼인가 오리인가
© Alpha Stock/Alamy Stock Photo

음악을 들을 때 우리는 관중의 외적 관점을 채택할 수 있다. 예를 들어 본윌리엄스의 「종달새의 비상The Lark Ascending」을 듣는다고 상상해보자. 종달새인 척하는 바이올린은 하늘을 날아오르는 것 같다. 풍경을 가로질러 움직이는 대상인 것이다. 그런데 가끔 우리가 가만히 서 있는 동안 풍경이 움직이기도 한다. 이는 우리가 머릿속으로 잘 알려진 작품을 살필 때 벌어진다. 여러분이 잘 아는 작품이나 노래를 하나 생각해보자. 「종달새의 비상」일 수도 있고, 베토벤의 제5번 교향곡일 수도 있으며, 「무지개 너머 어딘가에」가 될 수도 있다. 충분히 잘 아는 노래라면 음악의 처음과 중간, 끝부분에 마음대로 주의를 집중할 수 있다. 여러분 집의 방 여러 개를 생각할 때와 그다지 다르지 않다.

이제 여러분이 관찰자의 입장이 아니라 음악 속에 있다고 상상해보자. 로시니의 「윌리엄 텔」서곡에 나오는 질주 장면을 듣거나 상상하면 우리는 말을 타고 내달리는 스스로를 느낄 수 있다. 음악이 여러분을 스쳐 지나가는 모습을 지켜보기보다는 음악과 함께 움직이고 있다는 의미다. 이는 대부분의 춤곡과 바흐의 「브란덴부르크 협주곡」과 같이 춤추는 듯한 음악, 베토벤의 「영웅」교향곡처럼 동적인 음악을 들을 때 벌어지는 일이다. 여러분은 음악의 움직임에 굴복하고, 음악과 동일시된다. 드뷔시의 「바다」나 르네상스 다성음악의 대부분처럼 직접적인 움직임의 감각을 표현하지 않은 음악이라면 그 반대의 효과를 얻는다. 이제 여러분이 가만히 서 있는 동안 음악이 움직이고 그 음악이 여러분을 휘감는 것처럼 느껴질 것이다. 이는 시간을 상상할 수 있는 두 가지 방법과 같다. 가끔은 우리가 직접 인생의 길을 따라 여행한다고 느끼기도 하지만, 어떤 때는 인생이 그저 우리를 스치고 지나간다고 걱정하기도 하니까.

① 외적이고 대상이 움직임, ② 외적이고 풍경이 움직임, ③ 내적이고 여러분이 움직임, ④ 내적이고 여러분은 가만히 서 있음, 이 네 사례 모두에서 여러분의 선택은 음악의 특징에 따라 달라질 것이다.[20] 본윌리엄스의 종달새는 오케스트라 반주가 비교적 느리기 때문에 움직이며, 따라서 우리는 새라는 존재가 땅과 반대되는 방향으로 움직이는 것을 들을 수 있다. 반면 춤을 추거나 질주하는 음악일 때 전체 오케스트라는 함께 움직인다. 팔레스트리나의 미사와 그 외에 다른 초기 음악들이 파도처럼 우리를 휘감는 이유는 음악의 질감 texture 안에서 너무 많은 일이 벌어져 우리가 방향성을 잡거나 예측하기 어렵기 때문이다. 그러나 다양한 방식으로 음악을 듣겠다고 결심하기 위해 자극이 필요하지는 않다. 「오즈의 마법사」에 나오는 도로시의 노래가 정확히는 아무것도 없는 백지상태는 아니지만, 우리가 사고실험을 해볼 수 있을 정도로는 단순하다. 옥타브를 뛰어넘는 첫 두 음 '썸웨어'를 다시 한 번 생각해보자. 우선 이 두 음절이 제각기 낮은 자리와 높은 자리를 차지하고 있다고 상상해보자. 아마도 무지개의 밑동과 꼭대기가 될 수 있을 것이다. 우리가 하는 일은 음악의 토막을 음악 '공간' 안의 두 장소로 듣는 것이다. 이제 두 음이 움직이는 하나의 음표이며, 이 음표가 무지개를 따라 올라간다고 상상해보자. 우리의 초점은 음악의 '움직임'으로 바뀌었다. 오리-토끼, 공간과 움직임. 자, 이곳은 음악 공간-움직임 연속체이다!

움직임은 정서를 전달한다

도로시의 올라가는 옥타브는 또 다른 특징인 동경의 감각을 전달한다. 음악에서 한 음정이 다른 음정으로 움직이는 것은 무생물의 뉴턴적 움직임과는 다르다. 크리켓 공이 물리적 공간을 쌩하고 움직이는 것과는 다르다는 의미다. 음표는 자체적인 삶을 가지고 있기 때문에 '의지'에 따라 그다음 음표로 여정을 떠난다.[21] 또는 토끼에서 오리로 바꾸려고 우리는 음표와 음표 사이를 흐르는 생명력이 있다고 느낄 수도 있다. 결국 우리는 멜로디가 꼭대기로 '오르는' 동안 느껴지는 기대감을 즐기고, 그 후 꼭대기에 도달했을 때 정서적인 보상을 즐긴다. 멜로디에서 절정에 이른, 혹은 매우 높은 음은 대개 기쁨의 전율을 자아내는데, 심리학자들은 이를 '전율(심지어는 '피부 오르가즘')'이라고 부른다.[22] 「아무도 잠들지 말라Nessun Dorma('공주는 잠 못 이루고'로 더 잘 알려져 있다―옮긴이)」의 가장 높은 A음은 무조건 전달되며, 파바로티Pavarotti('하이 C의 왕')는 아무렇지 않게도 푸치니의 악보가 요구하는 것보다 훨씬 더 길게 그 음을 짜낸다.

음악적 움직임과 정서는 무슨 공통점을 가졌을까? 신경과학에 따르면 뇌의 운동과 보상체계는 뇌의 선조체 안에, 다시 말해 전뇌의 하부피질 기저핵 깊숙한 곳에서 결합되어 있다. 선조체 상부의 배면부는 행동과 예측을 담당한다. 하부의 복면부는 변연계라고 하는, 뇌의 가장 오래되고 가장 정서적인 부위로 연결된다. 캐나다 몬트리올의 맥길 대학교 로버트 자토레Robert Zatorre 교수가 이끄는 신경과학연구팀은 이 뇌 부위들과 음악적 '전율'은 직접적으로 연결되어 있으며, 도파민의 분비가 그 바탕임을 밝혀냈다.[23] 도파민은 기쁨을 유도하는 신경전달물질로, 음식, 섹스, 마약 그리고 음악과 연계되어 있다(그중 앞의 세 가지와는 달리 음악을 지나치게 취하는 법은 없다. 중독과 비슷하기는 하나 과도하게 해롭지는 않다). 연구팀은 양전자방출단층촬영(PET검사)을 사용해 가장 좋아하는 음악을 들려주었을 때 뇌에서 도파민이 어떻게 분비되는지를 측정했다. 이때 벌어진 일의 순서는 매우 흥미롭다. 8명의 피험자가 예상하고 있는 단계에서 음악이 절정부를 향해 진행되기 시작하면, 도파민이 배측 선조체로 쏟아진다. 그 후 음악은 절정에 도달한 뒤 복측 선조체에서 정서적 반응을 유발한다. 그렇기 때문에 음악을 듣는 이들은 상상력을 구사해서 음악적 목표를 향해 '움직이고' 그 목표에 도달했을 때 큰 기쁨을 경험하는 것이다.

그렇다면 작곡가의 임무는 청자가 예상하는 바를 교묘하게 조종하는 것이 된다. 이 관점은 위대한 음악이론가 레너드 메이어Leonard Meyer의 것으로, 그는 음악 정서의 수수께끼를 최초로 해결했다.[24] 메이어는 모든 음악이 패턴을 기반으로 삼는다는 것을 증명했는데, 그에 따르면 일부 패턴은 음계가 시작된 것과 같은 방향으로 계속될 것이라는 기대처럼 자연스럽고(또는 심리적으로 고정되고), 일부는 팝송에서 절 다음에 후렴이 나오는 관례와 같이 학습된다. 작곡가들은 신선함과 중복 사이에서 아슬아슬한 줄타기를 한다. 변화가 지나치게 많으면 듣는 사람은 갈피를 잃고, 너무 적으면 지루해한다. 정서는 어떤 점에서 패턴이 중단되거나 뒤집힐 때 유발된다. 누군가가 살금살금 다가와 '어흥!' 하고 놀래키는 것과 같다. 음악의 정서는 인생에서와 마찬가지로 놀람 반사에 대한 두려움에서 비롯된다. 음악 정서는 놀람을 정제한 것으로, 앞서 1장에서 하이든의 「놀람」 교향곡이 주는 충격에 대해 논했다. 그런데 메이어는 자토레가 확인한 바와 같이, 음악이 목표에 도달하고 패턴이 완성됐을 때에도 정서가 생겨난다는 것을 발견했다. 메이어는 1950년대에 이미 반세기가 지난 후에야 현대 신경과학이 실험해본 아이디어를 글로 제시했다. 음악 정서가 기대의 파괴와 해결, 예상과 절정 사이 양쪽을 오간다는 증거들이 있다. 가장 확실한 예는 오페라에서 볼 수 있는데, 오페라는 이 원칙을 극적인 국면까지 끌어간다.

오페라계에는 바그너의 「트리스탄과 이졸데Tristan und Isolde」가 다섯 시간에 이르는, 역사상 가장 질질 끄는 오르가즘이라는 농담 같은 이야기가 있다. 좀 더 정확히 말하자면, 연인들의 첫날밤은 시작 마디에서 소개되는 애끓는 '트리스탄 화음'의 조화로운 해결로 표현되지만, 오페라가 진행되다가 정확히 중간 부분에서 가로막힌다. 2장 2막에서 트리스탄과 이졸데가 키스하려는 순간 이졸데의 남편인 마르케 왕이 둘을 발견하는데, 이때 '트리스탄 화음'이 중단되는 것이다. 아주 훨씬 더 나중에 트리스탄이 브리타니의 해안에서 부상으로 인해 사망하자 이졸데는 무아지경으로 「사랑의 죽음Leibestod」을 부르면서 영혼을 쏟아내고, 그렇게 화음은 해결된다. 파괴와 해결의 리듬은 우스꽝스러운 순간에도 필수적이다. 모차르트의 「피가로의 결혼」 마지막에서 백작은 아내가 자기 하인과 간통하는 모습을 현장에서 발견하고 분노한다. 그는 아내의 베일을 올렸는데, 알고 보니 아내의 하녀였고, 부인은 숨어 있던 장소에서 나타난다. 순식간에 분노는 놀라움으로 바뀌고, 곧이어 궁금증이 되면서 용서의 찬가로 끝맺는다. 코미디로 시작하기는 하나 모차르트의 아찔한 대반전극은 고대 그리스극의 '페리페테이아peripeteia(반전)', 심지어 셰익스피어의 《겨울 이야기The Winter's Tale》 결말에 나오는 변신 장면을 떠올리게 한다.

메이어의 가장 뛰어난 제자인 음악심리학자 데이비드 휴론David Huron에 따르면 지금 벌어지고 있는 일은 '대비감정가contrastive valence'다.[25] 정서란 뭔가에 대한 우리의 평가가 부정에서 긍정으로 바뀔 때 가장 강렬하다. 실제로 그 강렬함은 대조적인 정도에 비례한다. 수백만에 이르는 유튜브 조회수로 판단하건대, 전 세계를 대상으로 한 대비감정가는 영국 오디션 프로그램「브리튼스 갓 탤런트Britain's Got Talent」에 나온 가수 수잔 보일Susan Boyle의 오디션 장면에서 유발된다.[26] 이 영상은 사회적 고정관념의 시험 사례로, 정통한 학술연구의 주제가 됐다.[27] 못생긴 중년여성의 겉모습을 한 보일이 무대에 섰고 심사위원과 방청객들은 그녀를 비웃었다. 그녀가 뮤지컬「레미제라블」에 나오는「아이 드림드 어 드림I Dreamed a Dream」을 노래하기 시작하자마자 조롱은 놀라움으로 바뀌었고, 서서히 황홀한 열광에 이르렀다. 방청객들은 앉은자리에서 일어났고, 멜로디가 상승음계의 목표인 고음에 도달할 때 방청객들의 열광도 함께 절정에 달했다. 거대한 폭풍과도 같은 정서가 몰아쳤다. 놀라움과 대비감정가, 멜로디의 기대, 절정 등이 이례적일 정도로 모였고, 이후 입소문을 듣고 전 세계가 열광했다. 심사위원 중 하나였던 피어스 모건Piers Morgan의 즉각적인 반응은 그 어떤 대본에도 나올 수 없는 말이었다.

"이 쇼를 진행해온 3년을 통틀어 가장 놀랐다." 내가 이 영상을 볼 때마다 눈물을 흘린다는 사실을 고백하며 부끄러워하지 않으련다. 냉소적이든 우연에서든 간에, 영상은 내 울음 버튼을 누른다. 영화「레미제라블」에서「아이 드림드 어 드림」을 부르고 오스카상을 탄 앤해서웨이Anne Hathaway의 연기와 비교해보는 것도 유익하겠다. 해서웨이를 보고 우리가 우는 까닭은 우리가 빅토르 위고Victor Hugo의 비극적인 여주인공을 측은하게 여기기 때문이다. 보일의 영상은 패턴과 사회적 고정관념을 파괴하기 때문에 우리를 울린다.

기대는 인간이 규칙적인 시간 간격을 충분히 누렸을 때만 가능하다. 신경과학자 아니루드 파텔Aniruddh Patel은 우리의 예측 능력이 걷기의 진화 다음에 나온 것이라고 연결 짓는다.[28] 다시 말해, 걷기는 우리의 뇌에 시간관념을 알려주었을 것이며, 시간은 아마도 발자국이라는 주기 운동에 대한 뇌의 '내부 시뮬레이션'이 되었을 것이다 (평균적으로 100밀리초마다 한 걸음씩 걷는다). 이는 음악과 정서, 기대와 걷기를 깔끔하게 아우르는 멋진 이론이다. 그러나 원숭이들은 메트로놈에 맞춰 두드리도록 훈련받을 수 없다는 것은 얼마나 중요한 의미를 지니는가? 혹은 실제로 붉은털원숭이의 뇌파 패턴을 EEG 스캔한 결과 원숭이들은 규칙적인 박자조차 인식하지 못한다는 것은 어떤 의미인가?[29] 우리는 두 발로 똑바로 서서 걷지 못하고 시간관념이 없는 (인간의 아기 등을 포함한) 동물들은 당연히 감정도 가지고 있지 않다는 추론을 회피하고 있는가? 짖어대는 개나 울부짖는 아기들을 생각해보자. 이 이론은 불리한 처지에 있으니 조금 더 연구가 필요하겠다.

음악 정서를 두고 다윈이 가르쳐준 것

지적 혁명을 한 번도 아닌 두 번씩이나 일으킨 사상가는 드물다. 찰스 다윈의 《종의 기원On the Origin of Species》은 그의 대표적인 연구이며, 그에 못지않게 중요한 연구는 《인간과 동물의 감정표현The Expression of the Emotions in Man and Animals》으로, 이 책은 감정을 현대적으로 이해하는 데 가장 큰 기여를 했다.[30] 《인간과 동물의 감정표현》에는 두 가지 혁신적인 주장이 담겼다. 하나는 인간과 동물의 감정에는 연관성이 있다는 것이다. 이 책 3부는 여기에 초점을 맞출 것이다. 그러나 우선 시험적으로 월트 디즈니의 「판타지아Fantasia」에 등장하는 티라노사우루스의 분노는 그 장면에 곁들여지는 스트라빈스키 음악의 분노와 동일한 파충류 뇌에서 나왔다는 것을 의심할 여지가 없다고 주장하려 한다. 두 번째 혁신은 인간과 동물이 적대적인 환경에서 살아남는 데 감정이 순응적인 역할을 맡는다는 다윈의 생각이다. 우리가 동물과 동일한 감정을 공유하든 아니든 간에 (나는 대부분 공유한다고 생각한다), 감정은 비슷한 방식으로 기능한다. 감정은 개념과 언어가 지닌 합리성에 반대되는, 비합리적인 장식이나 고명이 아니다. 다윈은 감정이 나름의 방식으로 합리적이며, 진화와 현대의 일상생활 모두에서 분명 중심이 된다고 봤다. 앞으로 살펴보겠지만, 이는 특히나 뛰어난 정서적 예술인 음악에 좋은 소식이다. 이 생각은 음악적 혁명의 이론을 위한 길을 개척했다.

다윈의 유레카적인 순간은 런던동물원을 방문해 뻐끔살무사라는 커다란 뱀과 마주쳤을 때 일어났다.

나는 뱀이 나를 공격하더라도 절대 물러서지 않겠다는 굳은 결심을 하고 (뱀 앞의) 두꺼운 유리창에 얼굴을 바짝 댔다. 그러나 공격을 받자마자 내 결의는 아무것도 아닌 게 되었고, 나는 깜짝 놀랄 정도로 빠른 속도로 1~2 미터를 뛰어서 도망갔다.[31]

다윈이 야생에서 뱀을 만났다면, 본능적인 뒷걸음질로 아마도 생명을 부지했을 것이다. 사실 이 직감은 우리의 본성 안에 깊게 뿌리 박혀 있어서 저항하기 불가능하다. 우리의 합리적 이성이 안전하다고 이야기해줄 때도 마찬가지다. 다윈은 이에 대해 "신경계는 운동신경에 빠르게 움직이라고 명령을 보낸다. 그 위험이 진짜인지 아닌지 판단할 시간이 우리에겐 허용되지 않는다"라고 표현했다.[32] 그렇다면 감정은 비합리적인 것과는 거리가 멀며 어떤 면에서는 이성보다 더 똑똑하고 빠르다. 감정은 '빠르고 간편한' 상황 판단을 제공하며, 우리의 행동과 잠재적인 행복에 직접적으로 연관된다.

이 '빠르고 간편한' 정서적 판단이 이야기의 끝이 아니다. 이는 (우리의 자율신경계의 활동과 안면 근육조직 변화 등의) 생리적 반응과 (유기체가 상황에 어떻게 대처하는지 등의) 운동반응을 일으킨다. 그리고 마침내 좀 더 분석적인 '인지평가("뱀이다!")' 또는 재검토("유리창 뒤에 있어." 혹은 실제 상황에서는 "그냥 막대기일 뿐이야.")로 대체된다. 다윈 이론의 영향을 받은 현대 철학자 제니퍼 로빈슨Jenefer Robinson은 "감정은 상황이나 반응, 상태나 성향이 아니다. 감정은 사건의 연속인 과정이다"라고 말했다.[33]

과학은 순서에 따라 꾸준히 발전하지 않는다. 과학은 세 발자국 앞으로 나아갔다가 두 발자국 뒤로 물러서며 추는, 룩셈부르크 에히터나흐의 중세 거위춤과 비슷하게 발전한다.[34] 감정에 대한 다윈의 개념을 좀 더 진지하게 받아들이기까지는 아주 오랜 시간이 걸렸다. 20세기의 대부분 동안 심리학을 지배한 것은 B. F. 스키너의 행동주의였다. 스키너는 인간이 조작적 조건화에 종속된 미화된 실험쥐이며 내면의 삶도 없고 분명 감정도 없다고 주장했다. 그러나 1980년대 이후 인류와 사회과학은 정서 이론가 마그다 아널드Magda Arnold, 리처드 라자루스Richard Lazarus, 키스 오틀리Keith Oatley, 니코 프리자Nico Frijda 등이 주도하는 '정동적 힘affective power'을 선택했다.[35] 다윈을 따르는 이 '평가 이론가'들은 우리의 행복을 침해하는 환경 안에서 감정이 뭔가 결정적인 부분을 찾아내고 거기에 주의를 집중하는 데 도움을 준다고 주장한다.

정서적 판단은 예측이 아니다. 예측은 미래에 무슨 일이 벌어질지 예상하는 것이지만, 판단은 바로 지금 무슨 일이 벌어지고 있는지를 인식하고 측정하는 것이다. 감정은 시각이나 청각처럼 감각적인 인지 상태다. 그렇기는 하지만 감정이 경로를 따라, 그러나 지금은 꽤나 다른 방식으로 걸어 내려가는 것을 포함한다는 내 오랜 생각은 판단과 직접적인 관련이 있다. 정서적 판단은 특정 방식으로 행동하는 경향을 유도한다. 한마디로 심리학자 니코 프리자가 '행동 경향성action tendency'이라고 일컫는 상태다.[36] 두려움은 우리를 달아나게 하고, 분노는 공격하게 한다. 사랑은 사랑하는 대상을 만지게 한다. 또한 감정은 우리의 개인적 목표를 돕거나 저해하는지의 관점에서 판단할 수 있다. 행복은 우리의 목표가 달성됐다는 의미다. 목표가 가로막히면 화가 난다. 사랑하는 이를 잃는 것처럼 목표를 잃으면 슬퍼진다. 따라서 인생이 개인적 행복의 목표(즉 진화론적 생존)를 향해 세상을 누비는 길이라고 상상한다면, 감정은 이 길을 걷는 방식이라 할 수 있다.

이 정서 모델이 음악은 상상 속 풍경을 누비는 길이라는 생각과 어떻게 연관되는지는 명백하다. 행복한 작품은 성공적인 목표를 향한 음악의 '행동경향성'을 펼쳐놓는다. 슬픈 작품은 살아가려는 의지가 없는 것처럼 보이고 이들의 길은 뚜렷한 목표 없이 구불구불 이어진다. 여러분이 배우의 관점을 택하는지 구경꾼의 관점을 택하는지, 토끼인지 오리인지, '움직이는' 것이 풍경인지 객체인지는 전혀 중요하지 않다.

이 길 가운데 다수는 실제로 이미 생활에서 개척된 상태다. 3장에서 대략적으로 제시한 바와 같이 도시를 거치는 음악의 여정을 보면 알 수 있다. 여기에는 요령 또는 (취향에 따라) 기적이 존재한다. 즉 음악적 내면의 삶에서처럼 일상생활에도 동일한 원칙이 적용된다. 음악적 인간은 음악 안에서 인간이 된다. 이는 음악의 이중생활을 구성한다.

음악의 이중생활

3장에 등장했던 십대 청소년의 침실로 되돌아가보자. 이곳에서의 음악은 연애의 사운드트랙이었다. 연인들은 관계의 초기 단계를 설명하기 위해 어떤 음악을 선택하는가? 긴장을 풀어야 하니 춤보다는 노래여야 하며, 대화할 수 있을 만큼 조용하고 나긋해야 한다. 혹은 말로 하고 싶지 않다면 사랑에 빠진 노래의 음색이 연인들을 위해 이야기를 들려주도록 한다("음악은 사랑의 언어다" 같은 식이다). 느린 노래는 만남의 속도를 신중하게 정하는 데 도움이 된다. 강렬하게 진동하는 노래는 연애 초기에 머뭇거리며 접근하다가 물러나는 대본이 되어줄 수도 있다.

　사랑 노래라면 무엇이든 적합하다. 문득 떠오르는 고전으로는 영화「보디가드The Bodyguard」에 나오는 휘트니 휴스턴Whitney Houston의「아이 윌 올웨이즈 러브 유I'll Always Love You」가 있다. 내 요점은 이런 음악이 곁들여지는 연애의 행동이 지닌 모든 특징이 노래 안에 존재한다는 것이다. 이 노래가 어떻게 시작되는지 기억을 되짚어보자. 휴스턴은 나지막하고 숨소리 섞인 목소리로 (반주 없이) 낮은 음역에서 노래를 한다. 그리고 가사와 가사 사이에 이상하게 주저하는 그 숨결이 들어가 있다. 본격적으로 노래를 부를 때, 그녀는 특유의 날아오르는 듯한 목소리로 가스펠 음악의 특징을 담아 내달리면서 가사를 내뱉는데, 가볍게 떨리는 불확실한 상황의 감정을 더욱 깊어지게 하는 효과를 낳는다. 이는 휴스턴이 자신의 최고 음역에서(음계상으로는 첫 음이지만 한 옥타브가 올라간다) 극단적으로 긴 으뜸음을 부르며 확신을 얻을 때, 노래의 결정적 순간을 위한 완벽한 장치가 된다. 가사는 노래의 의미를 완성하는 역할을 한다. 멜로디의 절정은 기타와 현악기 세션이 드디어 합류하면서 강조된다.

　그리고 나서 휴스턴은 주기를 반복하며 두 차례 더 뒤로 물러서

다가 절정으로 솟아오르는데, 앞의 파도보다 뒤의 파도가 더 높고 자신감 넘친다. 2절에는 그 시점까지 없었던 리듬 섹션이 들어와 좀 더 강렬해지고, 휴스턴은 더 큰 목소리로 더욱 큰 확신을 가지고 노래한다. 3절에서는 색소폰이 곁들여진다. 그리고 세 번째 절정을 위해 휴스턴은 조성을 올리는 옛 요령을 끌어내고, 그녀의 목소리는 마지막 최절정의 "유You"를 부르기 위해 가성으로 바뀐다. 1990년대 초 휴스턴의 노래는 영국 술집들에 소리 소문 없이 퍼졌고, 술꾼들은 노래의 절정에서 집단으로 기절하고 음악적 '전율'에 무릎 꿇었다. 음악이 어떻게 우리 몸 전체를 기쁨의 파도로 휩쓸 수 있는지를 묘사하는 데 '피부 오르가즘'보다 더 정확하게 느껴지는 표현은 없다.

「아이 윌 올웨이즈 러브 유」는 머뭇거림부터 에로틱한 절정까지 차근차근 나아간다. 「트리스탄과 이졸데」 역시 그렇다. 사실 모든 사랑의 음악은 이런 형태를 갖췄고 그렇기 때문에 사랑의 음악처럼 들린다. 사랑의 형태 또는 다윈주의적 용어에 따르면 '행동경향성'은 점진적으로 절정을 향해 파도의 폭을 넓혀간다. 이 점을 이해하기 위해 휴스턴이 케빈 코스트너를 애타게 그리는 영상을 보거나, 휘트니 휴스턴을 잘 알아야 한다거나, 심지어 가사를 이해할 필요조차 없다. 형태는 음악 안에서 찾을 수 있으며, 이는 섹스의 소리다. 그런 음악이 섹스를 묘사한다는 것은 우연이 아니다. 그럼에도 중요한 점은 음악이 매일 매일의 행동을 반영하고 내면화한다는 것이다. 결국 음악은 추상적이지 않음이 드러난다. 아니 오히려 구체적인 현실에서 추출해 집약된 형태로 만들어낸 어떤 것에 대한 전문적 관점에 따르면 음악은 추상적이다. 내가 앞서 소개한 직유법을 그대로 써보자면, 음악은 꽃의 진액을 향수로 정제하는 것과 같다.

서양의 음악은 '이중생활'을 한다. 음악은 우리의 활동과 함께하면서, 동시에 소리와 몸짓, 형식적 패턴에 그 활동을 반영한다. 우리가 「아이 윌 올웨이즈 러브 유」에서 듣게 되는 것은 다른 모든 감정에도 적용할 수 있다.

3장에 등장했던 노리에가 장군이 바티칸 대사관에서 포위됐을 때 미군이 퍼부은 것은 셀린 디온Céline Dion의 노래가 아니었다. 미군은 하드록을 틀었다. 그 공격적인 파워코드로 분노의 감정을 표현하기 위해서였다. 영화 「사이코Psycho」의 샤워 장면에서 음악감독 버나드 허먼Bernard Herrmann이 집어넣은 삐걱거리는 날카로운 바이올린 소리는, 칼을 들고 난도질하는 안소니 퍼킨스Anthony Perkins의 몸짓을 담은 소리의 유사물이다. 그런데 이 바이올린 소리는 재닛 리Janet Leigh가 공포에 질려 내지르는 비명소리와도 잘 어울린다. 히치콕Hitchcock은 분노와 공포가 동전의 양면임을 알았던 것이다. 〈데일리 텔레그래프〉가 장례식에 어울리는 노래 78곡 가운데 5위로 뽑은(묘하게도 1위는 몬티 파이튼Monty Python의 「언제나 삶의 밝은 면을 보세요 Always Look On The Bright Side of Life」였다) 알비노니Albinoni의 「아다지오Adagio」에는 '아포자투라(앞꾸밈음)'라고 하는 흐느끼는 듯한 표현이 잔뜩 담겨 있다.**37** 〈월스트리트 저널〉은 왜 아델의 「썸 원 라이크 유Someone Like You」가 사람들을 눈물 흘리게 했는지를 다룬 기사를 내놓았는데, 그 원인을 아포자투라에서 찾았다. 한숨 쉬듯 하강하는 꾸밈음들이 화음과 충돌한다는 설명이었다.**38** 슬픈 곡도 하강하는 윤곽을 따라 축 늘어지면서, 슬픔이 우리를 붙잡고 가라앉아 에너지를 앗아가는 방식을 흉내 낸다. 정반대로 우리는 자랑스러움을 느낄 때 똑바로 우뚝 서서 가슴을 부풀린다. 엘가Elgar의 「위풍당당 행진곡Pomp and Circumstance Marches」은 그런 모습을 귀에 들려준다. 우리는 오프닝 팡파레에서 프랑스 국가 「라 마르세예즈Marseillaise」의 혁명적인 열정을 들을 수 있고, 팡파레는 군대음악이 군인들을 행진시키듯 노래를 전지하게 만든다. 모든 영화음악 중에서 가장 위대하고 천재적인 곡은 상어가 다가오는 모습을 표현한 더블베이스의 깊은 울림일 것이다. 「죠스Jaws」가 나오기 오래전 베를리오즈Berlioz는 「환상 교향곡 Symphonie fantastique」의 느린 악장에서 동일한 아이디어를 활용해 폭풍이 다가오고 저 멀리서 번개가 치는 것을 떠올리게 했다. 스필버그는 이 천재적인 아이디어를 두 번 더 활용하지 않을 수 없었고, 그렇게 「쥬라기 공원Jurassic Park」의 티라노사우루스와 「라이언 일병 구하기Saving Private Ryan」의 탱크가 탄생했다.

음악적 행복은 좀 더 찾기 어렵다. 어떤 면에서 모든 음악이 우리를 행복하게 만들며, 심지어 슬픈 음악마저도 어느 정도는 즐길 수 있기 때문이다. 행복한 음악은 형식상 더 단순하고 더 관습적인 것으로 드러났다. 다원적인 행복, 즉 '행동경향성'은 목표가 달성되었을 때 생겨난다.[39] 「해피 버스데이 투 유Happy Birthday to You」는 전통적 단순함과 목표 달성을 결합한 완벽한 보물이다. 행복한 음악은 대칭과 반복을 좋아하며, 간결한 첫 가사("해피 버스데이")는 변형된 반복구로 응답 받는다. 행복한 음악에는 본궤도에서 벗어나 산만해지는 부분이 필요한데, 그래야만 의기양양하게 제자리로 돌아올 수 있기 때문이다. 노래의 후반부는 좀 더 연속적으로 이어진다(즉 대칭적인 반복이 없다). 좀 더 복잡하고, 멜로디의 고점에 도달하며("해피 버스데이 디어 ○○○…"), 끝부분에서는 은근슬쩍 최후의 반복으로 접어든다. 「쓰리 블라인드 마이스Three Bline Mice」, 「반짝 반짝 작은 별Twinkle Twinkle Little Star」, 베토벤의 「환희의 송가」 역시 도입부의 반복, 주제에서 벗어나기, 다시 돌아오기 등 동일한 원칙을 바탕으로 만들어졌다. 또한 행복의 음악은 계단식으로 하락하는 패턴을 선호하며 중력의 법칙을 흉내 낸다는 사실을 축약해서 보여준다. 훌륭하게 균형 잡힌 아치 위로 일단 올라가면 내려와야 하는 법이니까.[40]

단순하고 예측 가능한 특성을 가진 1950년대 스키플이라는 춤(3장을 보자)의 장르는 행복의 음악이 가진 또 다른 결, 즉 '참여적' 특성을 대표적으로 보여준다. 우리는 음악 창작에 참여하거나 춤을 추는 등 사회적으로 연결되어 있을 때 가장 행복하다. 춤은 우리를 행복하게 만든다. 기쁨을 자아내는 활동에 우리 몸을 온전히 참여하게 하고, 피드백루프를 강화해준다. 행복하면 춤추고 싶어지고, 춤을 추다 보면 더 행복해지기 때문이다(심리학자들은 이를 '주변피드백peripheral feedback'이라고 한다).[41] 그러나 바로 이 특성들 때문에 비판이론과 우울의 과학의 대가 테오도르 아도르노Theodor Adorno 같은 마르크스주의 철학자들은 행복의 음악을 의심스럽게 보았다.[42] 음악은 예측 가능할 때 쉽게 들리지만, 종종 얄팍하고 그다지 예술적인 흥미를 돋우지 못할 수 있다. 팝과 록음악 산업 또는 광고음악의 공급업자처럼 대중문화 공장에서 대량 생산하는 일은 쉽다. 볼드 스트리트와 리버풀 원의 아케이드에서 보았듯, 표준화된 음악과 돈 사이의 수상쩍은 관계는 이지 리스닝을 활용해 쇼핑 경험을 원활하게 만들 때 물질적 보상을 받는다. 그렇다고 해서 행복의 음악이 언제나 이 얄팍한 함정에 걸려 넘어간다는 의미는 아니다. 스키플부터 「애비로드Abbey Road」까지 비틀스의 여정은 우스꽝스러움에서 시작해 숭고함으로 점진적으로 깊어지는 행복 가운데 하나다.[43] 지극한 행복의 또 다른 버전은 서양에서 가장 명망 있는 음악 유형인 고전 소나타 형식이다. 이 형식은 대칭적이고 목표 지향적인 발전과 승리에 찬 귀환이라는 정수를 담았다. 주제는 제시부에 나타나고, 발전부에서 정교해지며 재현부에서 반복되고 해결된다. 클래식에서 기본적으로 설정되어 있는 정서적 환경은 행복으로, 그렇기 때문에 우리는 클래식을 그토록 사랑한다.

정서적 공간의 지도를 만들어보는 일은 놀라울 정도로 실용적이다. 그림 4-4는 심리학자 제임스 러셀James Russell의 정서적 원형 그래프로, 감정가(즐거운, 즐겁지 않은)와 각성(높은 에너지, 낮은 에너지)을 두 축으로 삼는다.[44] 이 매개 변수에 따라 행복, 슬픔, 분노, 온유, 공포라는 다섯 가지 감정을 좌표로 나타낼 수 있다. 행복은 즐거우면서 높은 에너지다. 분노 역시 각성이 높지만 즐겁지는 않다. 공포는 분노와 같지만, 예측 불가능하다는 요소가 포함된다. 음악 심리학자 패트릭 저슬린Patrick Juslin은 실험을 통해 청자들이 이 감정들을 멜로디가 연주되는 방식과 연관 짓는다는 것을 발견했다. 저슬린은 기타리스트에게 「웬 더 세인츠 고 마칭 인When the Saints Go Marching In」을 다양한 방법으로 연주하도록 부탁하고 나서, 청자들에게 어떤 감정이 표현됐다고 느끼는지 판별해보도록 요청했다.[45] 선율이 크게, 스타카토로(분리된 아티큘레이션articulation[연속된 선율을 분명한 단위로 구분하는 것]),

장조로 연주되면 청자들은 행복하다고 느낀다. 장조에서 단조로 바뀌면 감정은 분노로 뒤집힌다. 부드럽게, 레가토(매끄럽게)로, 느리게, 장조로 연주되면 온유로 느껴진다. 부드럽고 매끄럽고 느리지만 단조로 연주되면 청자들은 슬픔으로 듣는다. 그리고 예측할 수 없게 대조를 이루며 연주될 때는 무섭게 들린다. 이 음향적 매개변수는 클래식과 대중음악의 전체 스펙트럼 안에서 여러분이 상상할 수 있는 그 어떤 곡에 대해서도 유효하게 작용한다. 다음은 무작위로 제시하는 예들로, 조지 해리슨George Harrison의 「히어 컴스 더 선Here

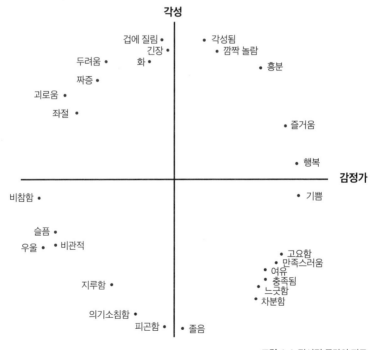

그림 4-4. 정서적 공간의 지도

Comes the Sun」─행복, 아델의 「홈타운 글로리Hometown Glory」─슬픔, 칼리 사이먼Carly Simon의 「노바디 더즈 잇 베터Nobody Does It Better」─온유, 레이지 어게인스트 더 머신Rage Against the Machine의 「킬링 인 더 네임Killing in the Name」─분노, 영국 덥스텝 예술가인 베리얼Burial의 「고스트 하드웨어Ghost Hardware」─공포 등으로 주된 감정을 짝지을 수 있다. 베리얼은 전자음과 글리치glitch(전자기기가 시스템 오류로 멈출 때 나는 기계음과 소음 등을 활용한 전자음악의 일종─옮긴이), 예측 불가능한 대비 등의 기이한 혼합과 겨우 알아들을 수 있을 정도의 음향으로 도시의 불안감에 대한 현대적 사운드를 제시한다.

공포는 자연에서 가장 원초적인 정서로, 한 생명체가 적대적인 환경에 대처하는 방식이다. 과학자들은 신경기관이 없는 원시적 유기체인 단세포점균류 가운데 황색망사점균을 특정 쓴 물질에 닿아도 움츠러들지 않도록 조건화시켰다.[46] 이 유기체가 우리와 똑같은 방식으로 공포를 경험하는지 여부를 알아내기 위해서는 역방향으로 정서를 살펴봐야 한다. 다만 여기서 우리가 '공포'라고 부르는 것은 극히 근본적인 대응기제에 붙여진 이름이다. 흥미로운 점은 이 원시적인 반사작용이 영겁에 가까운 진화의 시기를 거치고서도 인류 문화에서 가장 세련된 모습으로 여전히 남아 있다는 것이다.

슈베르트의 공포

공포는 슈베르트의 「미완성Unfinished」 교향곡의 풍경 전체에 퍼져 있다. 처음 우리 귀에 들리는 것은 더블베이스들이 거의 들리지 않을 정도로 속삭이는 신비스럽고 어두컴컴하며 느린 주제다.[47] 이 주제는 왜 그리도 위협적으로 들릴까? 우리는 생물학적으로 낮고 느린 소리는 커다란 물체와 연결 짓도록 프로그래밍 되어 있다. 이 소리가 아주 작을 때 우리는 자동적으로 거리를 조정하고, 따라서 소리는 저 멀리서 나게 된다. 존 윌리엄스는 「죠스」에서 슈베르트와 완전히 똑같은 원칙을 사용했다(다만 역설적이게도 상어들은 조용하다). 교향곡은 효과를 노리고 잠시 멈추고, 이어 바이올린들이 떨림음으로 이 위협에 반응한다. 이것이 얼음 반응으로, 공포를 드러내는 최초의 행동경향성이 된다.[48] 저음의 현악기(첼로와 베이스)가 내는 박자는 겁에 질린 심장의 두근거림을 흉내 낸 것이다. 9분이 지나서야 슈베르트의 머나먼 위협이 등장한다. 낮은음의 불길한 주제는 발전부 시작 부분에서 복수를 하러 돌아와 더욱 크고 험악해지며, 큰 혼란이 시작되고 격렬한 오케스트라 연주가 터져 나온다. 다윈주의의 관점에서 이는 공격 행동경향성이다. 9분이라는 간격에도 음악을 듣는 이는 A에서 B로 향하는 상상 속 경로인 '음악 공간-움직임 연속체'를 가로지르는 여정을 떠올린다. 우리는 그 위협이 슈베르트의 가상의 풍경을 건너 우리를 향해 '움직인다'고 듣는다.

이는 「미완성 교향곡」의 원시적 암류로, 그 위에 문화적으로 좀 더 현대적인 이야기들이 덮인다. 바로 소나타 양식의 관습적 계획이다. 소나타의 플롯은 위대한 러시아 민속학자 블라디미르 프로프Vladimir Propp가 제시하듯 틀에 박힌 동화와 그 형태를 공유한다.[49] 《장화 신은 고양이》부터 《오즈의 마법사》 그리고 「스타워즈」까지 전래동화의 세계에서는 주인공이 집을 떠나고 모험을 하다가 마침내 전투에 참여하게 되고, 그 후 승리를 거두며 집으로 돌아오거나 비극적으로 끝난다. 음악에서 우리는 '집'을 '으뜸음'이라고 부른다. 으뜸음은 음계의 첫 번째 음표 근방에 자리하는데, 보통은 음악의 첫 부분인 제시부에서 많이 사용된다. 집을 떠나는 것은 '조바꿈'이라 부르며, 보통은 음계의 5도에 만들어진 '딸림조'로 옮겨간다. 제시부의 나머지 반은 보통 딸림조로 이어진다. 모험과 전투는 발전부에서 훨씬 더 머나먼 조성으로 등장한다. 그리고 영웅은 재현부에서 집으로 돌아온다. 하이든부터 브람스, 말러, 시벨리우스와 쇼스타코비치까지 대부분 이 기본적인 이야기를 바탕으로 변화를 주며, 이는 음악애호가가 정신적으로 갖춘 지식의 일부가 된다.

앞서 얘기한 대로 '음악의 이중생활'의 일부로서, 음악 내면의 삶에도 일상생활의 동일한 원칙이 적용된다. 이것이 제1의 기적이었다. 이어 요령의 다음 단계 또는 제2의 기적이 온다. 러셀과 저슬린이 구성한 정서적 공간의 사분면은 소나타 공간에서 이뤄지는 영웅의 여정에 대한 기착지다. 음악의 주인공은 '풍경'을 따라 걸으면서 감정적 경험을 넘겨받는 과정을 겪는다. 슈베르트의 「겨울 나그네」에서 버림받은 연인이 정처 없이 옮기던 감정적인 발걸음과도 같다. 비록 그 감정들을 지르밟고 가는 것이 진짜 사람이 아닌 연이어 흘러나오는 노래라도 그렇다. 하지만 이 역시 동일한 원칙이다. 우리의 인생 여정은 영원히 변화하는 감정적인 발걸음이다. 공포로 문을 연 슈베르트의 교향곡은 다정한 두 번째 주제에서 사랑으로 조바꿈을 한다. 이 주제는 작품상 유명하고 눈에 띄는 멜로디가 된다. 제시부는 의기양양하게 절정으로 향하지만, 행복한 결론은 시기상조에다 피상적이다. 나는 여기에서 「죠스」의 악명 높은 포스터를 떠올린다. 한 여성이 바다에서 행복하게 수영하면서 수면 아래 위험은 전혀 의식하지 못한다. 이 위험은 발전부에서 수면 위로 드러나며 음악을 사로잡는다. 움직임은 다섯 번째 감정과 최종 감정인 비극적 슬픔 속에서 죽어간다.

공포영화에서와 마찬가지로 음악에서는 그 누구도 실제로 죽지 않는다. '인정사정 봐주지 않는' 자연의 현실과는 다르다. 그러나 음악의 모방 게임은 영화에서보다 더 영리하다. 음악은 추상적이기 때문이다. 음악의 삶은 아무것도 볼 게 없다는 사실만 제외하고는 일상의 삶을 닮아 있다. 어떻게 음악은 그럴 수 있을까?

미메시스

음악은 무엇이든 모방할 수 있다. 물 한 잔에 꽂힌 티스푼처럼 뭔가의 시각적 인상을 그리기에는 부족할 수 있으나, 사람들의 투쟁과 열망, 승리와 비극 같은 움직임과 정서를 표현하는 데는 환상적인 능력을 지녔다. 음악적 표현은 의성어나 손짓, 또는 사람 목소리의 오르내리는 억양만큼이나 무한하다. 우리가 낯선 땅에 갇혀서 어쩔 수 없이 손과 소리로만 소통해야 하는 때와 마찬가지다. 음악적 모방은 심지어 흉내에 대한 좀 더 일반적인 인간의 충동을 보여주는 전형적인 예가 될 수도 있다. 다윈은 이러한 충동을 '기능'이라 불렀는데, 이는 비글호를 타고 세계를 누빈 항해에서 얻은 경험을 바탕으로 한다. 비글호 일지에는 티에라 델 푸에고 원주민들과 비글호 선원들 사이의 상호작용이 기록되어 있다.

> 이들은 뛰어난 흉내쟁이다. 우리가 기침이나 하품을 하거나 희한한 자세를 취할 때마다 곧장 이를 모방한다. 일부 선원들은 사팔뜨기를 하거나 원숭이 같은 표정을 하기 시작했다. 젊은 푸에고인 가운데 하나(이 젊은이의 얼굴은 검은색으로 칠해져 있고 눈 위로는 하얀색 줄이 그어져 있었다)는 훨씬 더 흉측하게 찡그리는 데 성공했다. 이들은 여러분이 읽어주는 아무 문장이나 완벽하도록 정확하게 반복할 수 있을 것이다. … 모든 야만인은 이례적인 수준까지 흉내 내기 능력을 지닌 것으로 보인다.[50]

선원들이 모방하는 마음을 알아차리고 자신들을 흉내 내는 원주민을 흉내 내기 시작하면서 이 만남은 더욱 흥미로워졌다. 비글호 선장은 자신이 느낀 인상을 자기 일지에 썼다.

> 이들은 자기 몸을 문지르거나 토닥인 후 우리 몸을 문지르거나 토닥이면서 만족감 또는 선의를 표했다. 그리고 우리 선원 중에 춤을 잘 추고 흉내를 기가 막히게 내는 사람이 익살스러운 짓을 하는 것에 매우 기뻐했다.[51]

이 보고서들을 살펴보며 인류학자 마이클 타우시그는 "누가 누구를 흉내 내는가?"라고 물었다.[52] 어른이 아이에게 말을 건네거나 엄마 언어를 사용하면서 아기 말투를 흉내 낼 때 이와 완전히 똑같은 닭이냐 달걀이냐 식의 문제가 생겨난다. 2장에서 보았듯 사람들(이들이 반드시 부모일 필요는 없다)은 어린아이들에게 말을 걸 때 본능적으로 이 능력을 깨닫는다. 언어가 매력적인 건 우리가 크게 뒷걸음질 쳐서 통사론과 의미론에서 벗어날 때 좀 더 모방적인 특성이 드러나기 때문이다. 언어는 또박또박한 발음을 추구할 때 미메시스에서 얻은 것들을 잃게 된다.

20세기 초 미메시스의 원시적 뿌리가 일련의 사상가들을 사로잡았다. 독일의 철학자 발터 베냐민Walter Benjamin은 "유사한 부분을 볼 수 있는 능력은 다른 존재처럼 되고 싶고 행동하고 싶은 그 옛날 강한 충동의 흔적일 뿐"이라고 생각했다.[53] 프랑스 작가 로제 카유아Roger Caillois는 대담하게도 미메시스를 곤충생물학과 연결 지었다. 이를테면 대벌레 같은 유기체가 포식자로부터 숨기 위해 그 생태적 지위(생태계 내에서 한 종이 맡은 역할로, 살고 번식하는 데 필요한 모든 물리, 화학, 생물학적 조건을 포함한다—옮긴이)를 흉내 내는 것 같은 경우다. 카유아는 이것이 환경과 어우러지려는 생물의 본능을 입증한다고 믿었다. "본래의 무감각한 상태를 회복하려는 인간의 욕망이자 자연과 하나가 되고 싶은 범신론적 개념에 견줄 만한 욕망이다. 출생 전의 무의식으로 돌아가고 싶은 욕망이기도 하다."[54] 종교인류학에서 이와 비슷한 주장이 나왔고, 카유아의 서사에서 '사마귀praying mantis(프랑스어로는 'La mante religieuse'인데, 여기서 religieuse는 수녀라는 뜻이다)'가 주인공인 것은 우연이 아니다. 생물학에서 종교로 건너뛰는 것은 처음에 천문학적 비약처럼 보일 수 있지만 실제로는 전혀 그렇지 않다. 사회학자 에밀 뒤르켐Émile Durkheim은 우리에게 가장 초기의 종교가 동물 모방으로 인간을 신과 매개했음을 알려줬다. 동물과의 교감으로 인간이 자연과 초자연으로 연결되었다는 의미다. 다윈은 호주 원주민이 추는 춤 의식인 '코로보리corroboree'에 '한 사람 한 사람이 구부정하게 팔을 내미는' 에뮤의 춤이 포함된다고 묘사했다.[55] 다윈의 사상을 따르는 뒤르켐은 《종교생활의 원초적 형태The Elementary Forms of Religious Life》에서 호주 아룬타(또는 아렌테라고 한다)족에서 보듯 종교의식은 근본적으로 모방적이라는 점을 알아차렸다. 무용수들은 캥거루처럼 뛰거나 날개미처럼 난다. 박쥐의 끽끽 소리, 야생칠면조의 울음, 뱀의 쉭쉭 소리, 개구리의 개골개골 소리를 흉내 낸다.[56] 미메시스의 힘은 통제 가능성에 있다는 믿음이 팽배해 있다. 우리는 세계를 흉내 냄으로써 세계의 면면을 움직일 수 있다고 상상한다. 이는 고대의 모방마술이라는 전통에서 근본을 이루는 원칙이다. 이 과학 이전의 세계관은 나무로 만든 적의 형상을 바늘로 찌르는 부두교의 관습에 남아 있다.

미메시스는 한 발은 생물학, 나머지 한 발은 종교에 담근 채 음악이 하는 일이다. 작곡가는 자연과 세계를 흉내 내는데, 비발디의 「사계」나 베토벤의 「전원 교향곡」에 나오는 새소리처럼 그다지 피상적이지 않게 이를 해낸다. 음악은 인간 경험과 움직임, 감정의 내면세계에 파고든다.

미세시스의 미메시스는 푸에고인들과 선원들, 또는 아기와 양육자 사이에 그려진 모방의 원처럼 우리에게 제3의 기적을 가져다준다. 우리는 음악을 들을 때 그 음악을 모방한다. 그리고 음악과 동일시한다. 음악에 맞춰 마음속으로까지 박자를 맞추는 데서 끝이 아니다. 그저 음악으로 긴장감을 높이거나 이완하는 것에서 끝이 아니다. 훨씬 더 심오한 수준으로 우리는 음악, 피부, 몸 그리고 영혼에 산다. 우리는 그 길을 걷는다. 음악과 함께 걷는다는 의미가 아니다. 음악이 '걷는' 동안 우리가 곧 음악이다. 우리는 음악에서 페르소나가 되고 그 움직임과 정서를 몸에 입는다. 우리는 스트라빈스키의 어릿광대 패트루슈카와 정신적으로 결합되고 팔딱거리는 그의 리듬에 맞춰 산다. 헨델의 「사울Saul」에 나오는 장례행렬을 따라 위풍당당하게 걷는다. 심지어 생명 없는 건물이 되면 어떻게 되는지도 경험할 수 있다. 슈만의 교향곡 「라인Rhenish」은 쾰른 대성당에서 영감을 받은 작품으로, 성당의 규모와 무게감이 우리를 채워 몸이 굽고 휘청거리듯 느껴진다. 음악의 미메시스는 영국 술집에 설치된 정신적 노래방 기계와 같다. 우리는 휘트니 휴스턴을 따라 노래할 필요 없이, 그저 그녀의 노래를 듣는 것만으로도 그 목소리와 감정에 정신적으로나 육체적으로 동조됨을 깨닫는다.

그렇다면 음악의 이중생활은 미메시스의 미메시스에서 나오는 것이 된다. 그렇기 때문에 서양 음악은 창의적인 음악 창작과 분명 결별했음에도 참여적이다. 우리의 음악은 이중적이고 연결적인 면에서 참여적이다. 우선 우리는 3장에서 살펴보았듯 우리 삶을 사운드트랙으로서의 음악으로 채운다. 두 번째로 우리는 집중해서 듣는 행위를 통해 음악 속에 파묻힌다. 이 두 가지 면은 서로 연결되어 있는데, 우리는 원 안의 원처럼 음악이 우리 세계를 모방하는 데 참여한다.

음악의 미메시스는 서양에만 국한되는 것이 아니다. 이미 키세제족의 생쥐 의식을 보지 않았던가. 다음 장에서는 동물을 종교적으로 모방하는 데 있어서 음악의 기원을 더 깊이 파고들 예정이다. 그러나 나는 이 시점에서 미메시스를 상당히 다른 방식으로 사용한 월드뮤직의 두 가지 사례를 통해 서양 음악의 경계를 가려보려 한다. 이 두 가지 사례는 서양 이외의 세계에서 '전통음악은 풍경을 걷는다'는 개념을 고도로 추상적인 수준까지 끌어올리지 않았음을 보여준다.

고대 중앙아시아 카자흐족 샤먼들은 토템동물과 새들을 흉내 내면서 영적 세계를 불러냈다.[57] 말의 털로 만든 두 줄짜리 바이올린인 코비즈Qobyz로 연주하는 전통 노래 「아쿠Aqqu」는 카자흐족에게 가장 중요한 조상신인 하얀 백조가 등장하는 서사시다. 오늘날에도 여전히 라우샨 오라즈바에바Raushan Orazbaeva 같은 코비즈 연주가가 이 곡을 연주하며, 「아쿠」의 공연은 서사시에 등장하는 다른 장면과 함께 백조의 울음소리와 날아가는 방식을 모방하는 음향효과로 채워진다. 관객들은 글로 된 프로그램을 받기 때문에 이 연속적인 음향효과가 신화의 어떤 에피소드들을 묘사하는지 따라갈 수 있다. 관객들은 백조가 날고 공중을 빙빙 돌고 호수에 내려앉았다가 다시 날아올라 멀리 가버리는 소리를 듣는다. 그리고 한 소년이 추적을 시작하면 말이 질주하고 소년의 할머니가 통곡하고 소년이 적과 싸우고 더 많은 백조가 저 멀리 사라지는 소리를 듣는다. 이 모든 효과는 섬세한 악기 연주를 통해 음악적 의성어로 생생하게 재현된다. 라우샨은 조심스레 새를 관찰하며 이러한 기술들을 배웠다고 주장하고 있으며, 새들로 가득한 연못에서 「아쿠」를 연주할 때면 새들은 심지어 자신의 코비즈 소리를 백조로 착각하고 비슷한 울음소리로 응답한다고 말했다.

이제 이 모든 음향효과는 함께 결합해 의미를 만들어낸다. 관객들이 프로그램에 실린 이야기대로 따라가고 있기 때문이다. 어떤 면에서도 개별 소리가 그 자체로 서로를 따라간다고 이해되지는 않는다. 서양 음악 경로에서 한 음표가 다른 음표로 '움직이는' 것과는 다르다. 서사시는 분명 움직이지만, 이 진행은 음악 자체가 아니라 서사시의 언어가 추진하는 것이다. 더 중요하게는 우리가 코비즈를 백조로 들을 준비가 되어 있지 않다면 그렇게 들을 수 있을지조차 의심스럽다.

두 번째는 중국의 사례다. 중국의 7현 악기인 친은 나지막하고 섬세한 소리를 내어 전통적으로 사람들 앞에서보다는 홀로 있는 시간에 단독으로 연주되어 왔다. 친의 연주는 개인의 깨우침을 향한 과정에서 영적 명상의 연장선상에 있었다.[58] 샤먼적인 코비즈와 마찬가지로 친의 연주자들은 자연의 모방을 통해 영적 영역으로 통하는 길을 찾으려 했다. 중국의 경우에는 도 사상이 이를 이끌었다. 친은 가늘게 떨리는 현을 통해 공명하는 울림통이었고, 깊숙한 자연의 화음을 내보냈다. 최초의 기록이 당 왕조(618~907)까지 거슬러 올라가는 친의 음악은 코비즈의 전통 노래와 마찬가지로 믿을 수 없으리만큼 표제 음악에 가깝다. 반면 친은 자연의 심상에 흠뻑 빠지는 듯한 인상을 준다. 150편의 친 선집에는 강과 산, 나는 새, 물 위에 뜬 조각배, 새의 노래와 심지어는 여성이 흘리는 눈물을 표현하는 시와 이야기, 프로그램이 곁들여 있다. 심지어 손과 손가락의 자세도 모

방적 의미를 지닌다. 1413년《태고유음太古遺音》선집에서는 몇 가지
자세에 '먹이를 잡는 표범', '그늘에서 우는 두루미', '무리를 찾는 외
로운 오리', '꼬리를 흔드는 물고기' 같은 이름을 붙였다.[59] 1868년에
편찬된 편람에 따르면, 유명한 친 작품인「모래톱에 내려앉은 기러
기平沙落雁」에는 기러기가 우는 소리와 날개 젓는 효과를 현으로 표현
하려는 의도가 담겼다. 기러기들은 기슭에 앉았다가 서로를 부른다.
공중에 있는 새들과 기슭에 앉은 새들이 서로 울음으로 대화한다.
공중을 날던 외로운 기러기는 결국 땅 위에 내려앉아 친구들과 함
께한다. 그러나 카자흐의「아쿠」가 정확히 그러하듯, 이 소리들의 의
미 역시 오직 글로 쓰인 프로그램을 참고해야만 확실해진다. 실제로
「모래톱에 내려앉은 기러기」는 음악에 있어서 상반되는 해석을 낳
는다.[60]

전통적인 친 음악은「아쿠」와 마찬가지로 분리된 순간의 연속이
다. 게다가 화음이 극도로 자유롭게 진행되어 분리의 정도는 더욱
강해진다. 한 순간에서 다음 순간으로 직선처럼 이어지는 연속성 같
은 것은 없다. 음악은 자유로이 떠도는 분자의 연속이다. 대략적으
로 말하자면, 음악이 정지될 때 듣는 이는 영적 평온함을 맛보게 된
다. 그렇게 시간의 고뇌로부터 축복처럼 구원받게 되며, 이것이 바
로 서양 사상이 지닌 특별한 고통이라 할 수 있는 목표가 이끄는 시
간성(하이데거가 제시한 개념으로 인간이 존재의 의미를 망각하고 일상에 빠져 있
는 실존의 상태를 의미한다—옮긴이)이다.

계속 새 이야기를 해보자. 서양적 시간의 고통을 이해하기 위해
서는「아쿠」와「초암금보蕉庵琴譜」를 차이코프스키의「백조의 호수

Swan Lake」(이 주제는 바그너의 「로엔그린Lohengrin」에서 백조 기사로부터 가져왔다) 나 생상스의 「동물의 사육제Carnival of the Animals」, 시벨리우스의 「투오넬라의 백조Swan of Tuonela」 등 클래식에 등장하는 백조들에 비교해보면 된다. 이 서양의 새들은 (콧노래로 따라 부를 수 있을 만큼) '개별적 인간 주체'라는 독특한 서양의 개념과 마찬가지로 경계 지어진다. 다만 인간에 대한 이 서양의 개념은 세계 대부분에서 동의하지 않는 인류의 이미지다. 경계를 가진 개인으로서 우리는 시간의 강을 따라 나른하게, 의도적으로 떠내려가는 이 백조들과 스스로를 동일시한다. 「로엔그린」 공연에 대한 유명한 사례가 있는데, 한 멍청한 무대 담당자가 주인공을 바닷가로 실어 보내는 역할을 맡은 백조 기계를 예정보다 너무 일찍 내보냈다. 타야 할 배를 놓쳤을 뿐 박자는 놓치지 않은 테너 레오 슬레작Leo Slezak은 관객을 향해 몸을 돌리고 이렇게 물었다. "Wann geht der nächste Schwann?(다음 번 백조는 몇 시에 오죠?)"[61]

영적인 경로

서양 음악의 기원 설화에는 백조가 아니라 수수께끼의 아리따운 반인반조(그게 아니면 반인반어)인 혼종이 등장하는데, 그 이름은 세이렌이다(그림 4-5). 그리스 신화에 따르면 세이렌은 거부할 수 없는 아름다운 노랫소리로 선원들을 유혹해 목숨을 앗아간다. 호메로스의 《오디세이Odyssey》에서 오디세우스는 트로이 전쟁을 끝내고 배를 타

고 집에 돌아오는 길에 세이렌의 노래를 안전하게 들어보겠다고 결심했다. 선원들을 시켜 스스로 돛대 위에 꽁꽁 묶이고, 선원들의 귀는 밀랍으로 막았다. 하지만 음악에 압도당한 오디세우스는 바닷속으로 뛰어들 수 있게 자신을 풀어달라고 애걸복걸하고, 선원들은 그의 애원이 들리지 않기 때문에 계속 노를 저었다. 이 우화는 아마도 (미메시스로 인해) 압도적인 음악의 힘을 자신과 지나치게 동일시했을 때 생기는 위험성과 안전장치를 다룬 것이라 할 수 있겠다. 20세기 가장 영향력 있는 정치관을 세운 테오도르 아도르노와 막스 호르크하이머Max Horkheimer는 이를 자연을 정복하려는 서양 문명의 등장을 보여주는 우화로 보았다.

(오디세우스가) 뭔가를 하는 행위(다시 말해 노를 젓는 노동)로부터 자신을 분리한 끈은, 동시에 세이렌이 그 행위로부터 멀리서 거리를 유지하게 만든다. 그리고 세이렌의 유혹을 단순히 사색의 대상 그리고 예술로 무력화시

킨다. 속박당한 남자는 훗날의 청중들처럼 움직일 수 없는 상태로 콘서트를 듣게 되고, 풀어달라는 그의 열렬한 부름은 아무도 귀를 기울이지 않는 박수로 대체된다. 이런 방식으로 원시 세계는 뒤에 남겨지고 예술과 노동의 즐거움은 갈라진다.[62]

내 책에서 다루는 여러 주제가 이 구절에서 모두 만난다. 음악적 인간이 동물의 노래(세이렌은 반인반조 또는 반인반어다)로부터 갈라져 나온다는 생각, 문명이 우리를 음악적 본성으로부터 멀어지게 하고 듣는 이를 움직일 수 없게 한다는 생각, 음악적 정교화의 대가는 추상화라는 생각 말이다. 또한 그러한 거리두기에 대한 보상으로 추상화는 우리가 미메시스를 통해 스스로의 존재를 잃지 않도록 하는 안전장치가 되어준다는 생각도 있다. 이 생각들을 하나씩 풀어 나가보자.

미메시스에 관해 많은 글을 쓴 아도르노는 이 능력에 대한 카유아와 베냐민의 장밋빛 시각에 당연히 부정적이었다. 한 객체와 동일시하면서 스스로를 그야말로 잃어버리는 일은 죽음을 의미하며, 그렇기 때문에 프로이트는 미메시스를 '죽음 충동'이라고 불렀다. 우리는 영원과 신, 물과 음악 같은 우리보다 더 위대한 존재에 항복할 때 이를 가장 본능적으로 경험한다. 현대 심리학의 아버지이자 소설가 헨리 제임스의 형인 윌리엄 제임스는 종교와 대양 간의 연관관계를 완전히 이해했다.

종교적 황홀감, 도덕적 열광, 존재론적 경이, 우주적 정서는 정신이 모두

일체화된 상태로, 자아라는 모래알과 모래사장은 점차 사라지게 된다. 여기가 우리가 헤엄치는 바다다.[63]

음악은 문학이나 그림보다 더욱 물과 같아서 우리가 헤엄을 칠 수 있는 매개체가 된다. 대양이라는 은유는 평범한 사람들의 '음악에 대한 강렬한 경험'을 연구한 심리학자 알프 가브리엘슨Alf Gabrielsson이 수집한 보고서에 두드러지게 드러난다. 레스피기Respighi 의 「로마의 소나무The Pines of Rome」 연주를 들은 한 중년여성은 "공연에서 생겨난 음향효과는 내가 음표/음악이 넘실거리는 바다로 빨려 들어가는 듯한 기분을 주었다"라고 썼다.[64] 또 다른 여성은 바흐의 「마태 수난곡」을 들으며 "내 안에서 어떻게 세차게 흘러가고 거품이 이는지"를 들었다고 했다.[65] 한 남자는 쇼스타코비치의 현악 4중주 8번을 듣고 '파도에 실려 가는 듯' 느꼈다.[66] 일반적으로 왜 소리는, 특히나 음악은 우리가 푹 빠져버릴 수 있는 매개체인 양 몰입되어 느껴질까? 앞서 보았듯, 누스바움은 음악적 자각이 '직접적인 접촉의 특성'을 가졌다고 주장했으며,[67] 이 주장을 위해 물고기의 옆선까지 거슬러 올라갔다. 누스바움의 주장에 함축되어 있는 바는 우리가 음악에 빠져들면서 얻게 되는 '대양 같은' 감정은 생명이 시작되는 곳에 대한 기억이라는 것이다. 나는 이 주장이 그럴듯하면서도 강렬할 정도로 매혹적이라고 느꼈다.

음악은 대양적 특성 덕에 종교와 손잡을 수 있었다. 실제로 이 책 2부와 3부를 관통하는 중요한 줄기는 음악과 종교가 동시에 생명을 얻었다는 점이다. 악음musical tone은 즉시 하느님의 존재를 느끼는 감각을 전달하며, 영적 영역이 내뿜는 빛살처럼 '다른 존재'를 오롯이 느끼게 한다. 음악이 태초부터 소리로 된 장신구처럼 의례에 너무나 자연스레 동반된 이유가 여기에 있다. 음악으로 의례를 포장하면서 신비로움이 가미됐다. 신의 존재를 의식하는 일이 음악의 기준선이라면, 그 빠르기와 소리의 강도 또는 복잡성을 강화하는 일은 종교적 황홀경을 자아내는 변성의식상태로 이어질 수 있다. 이 부분을 우리는 지난 장의 가장 마지막에서 살펴봤다. 음악적 인상이 쏟아지면서 오는 감각과부하는 존 파이퍼가 '몽롱상태'라고 이름 지은 트랜스와 유사한 상태를 만들어낼 수 있다. 종교철학자 파이퍼는 "몽롱상태에서 당신은 이미 신념을 넘어서 믿어버린다. 전적이며 열렬하게 메시지가 후광을 업고 종교적 계시의 힘으로 전달된다"고 설명했다.[68]

오디세우스와 마찬가지로 우리는 대양과 같은 '몽롱상태'에 빠지는 것을 방해받을 수 있다. 상당히 다른 환경에서 나는 한때 절대자의 위험한 마력을 경험할 기회가 있었다. 프랑스 랭스 대성당의 탑을 오르던 중이었는데, 이 탑은 몹시도 지친 현대시대의 관광객에게는 끔찍할 정도로 높았다. 나는 창 너머를 내려다보다 현기증을 느꼈을 뿐 아니라 거의 저항할 수도 없을 만큼 뛰어내리고 싶다는 충동에 사로잡혔다. 성당 건축가는 기독교인들이 신을 마주했을 때의 경외감을 맛볼 수 있도록 그 공포를 고려해서 작업했던 것이다. 나는 히치콕의 「현기증Vertigo」을 보았을 때 음악감독 버나드 허먼이 얼마나 신중하게 이 느낌을 표현할 음악을 찾아냈는지 알아차릴 수 있었다. 우리는 제임스 스튜어트가 허먼의 아찔하고 소용돌이치는 화성에 따라 성당 종탑에서 비틀거리다가 빠져들다가 끌려가는 모습을 본다.[69] 제임스 스튜어트는 뒤로 물러섰다. 서양 음악도 뒤로 물러섰다.

서양 음악은 어떻게 뒤로 물러설 수 있었는가? 이 질문에는 두 가지 답이 있다. 첫 번째 답은 음악적 구조가 제공하는 추상적 개념이 서양 음악을 보호했다는 것이다. 음악 형식은 오디세우스를 돛대에 동여맨 족쇄다. 종교의식이 종교의 수단이자 신에 지나치게 가까워지지 않도록 막아주는 안전장치인 것과 마찬가지다. 음악 형식과 종교의식은 본질적으로 동일한 이중 기능을 수행한다. 그렇다면 서양 음악의 추상화가 왜 그토록 필수적인지를 이해하기 위해 우리는 독약이자 치료약인 음악의 알쏭달쏭하고 자가 치료적인 역할을 이해할 필요가 있다. 독일의 시인 횔덜린Hölderlin은 이렇게 썼다. "위험이 있는 곳에 구원도 생겨난다." 독초과 약초는 서로의 옆에서 나란히 자라날 뿐 아니라, 심지어는 아예 같은 식물일 수도 있다.

두 번째 답은 서양 종교의 독특한 본성이다. 그리스-유다계 기독교 전통은 몹시도 복잡한데, 이는 책 후반부에서 직접 설명할 것이다. 누스바움은 서양의 종교와 철학, 예술이 갈등과 고통 그리고 겉보기에 부조리한 혼란과 우주의 자의성을 의미하는 일반적인 '불의의 사건에 대한 두려움'에 유별나게 매료되어 있음을 지적하며 핵심을 아주 정확히 찔렀다. 플로티노스부터 헤겔까지 철학자들은 충만의 원리에 동의해왔고, 모든 결함과 모순을 포함하는 충만함과 다양성의 세계는 건전한 양 보이게 만든 세계보다 훨씬 우월하다고 믿었다. 이런 긴장상태가 논리적으로 필수적임이 입증되는 한 그렇다.[70]

그리스의 비극, 그리스도의 수난, 고전적 교향곡까지 이들의 공통점은 불협화음을 포용하고 설명했다는 것이다. 추상적 음악 작품은 신성한 계획과 같다. 만물은 마지막 구석구석까지 이치에 맞는다는 의미다. 형식주의적 일관성에서 모든 음표는 '으뜸음'으로 통하는 필수 경로를 따라 어쩔 수 없게 그러나 만족스럽게 그다음 음표로 움직인다. 그러나 이 형식주의적 일관성은 서양 이외의 세계에서는 발달하지 않았다. 서양의 추상 개념은 기만적이게도 관능을 포기한 것처럼 보이는데, 관능의 포기는 동양의 종교, 그중에서도 불교의 주요한 특성이라 할 수 있다. 공허하고 덧없는 세계를 거부하는 불교는 서양의 충만의 원리와는 대척점에 있다.[71]

좋든 싫든 이 사실은 서양에서 음악적 인간의 심장에 화살처럼 꽂힌다. 비록 비서양인의 귀에는 이 통일성과 목표에 대한 집착이 부자연스럽고 지나치게 인내하는 것처럼 들릴 수 있더라도 말이다.

2부로 통하는 관문

움직임-정서-모방-종교. 이 여정은 우리를 놀라운 방향으로 데려가 논쟁을 뒤집었다. 1장과 2장에서는 음악의 몰락을 이야기했다. 3장에서는 현대인의 삶이 비록 실용적인 종류이기는 하나 실질적으로 음악으로 가득하다는 좋은 소식을 전했다. 4장에서는 일상생활에서의 음악이 어떻게 음악작품에 흡수됐는지 알아보고, 음악을 듣는 일이 전혀 수동적 행위가 아님을 확인했다. 음악 안에는 삶이 있다. 그보다도 우리는 음악의 추상화가 자연과 신에 지나치게 가까워지지 않게 해주는 필수적 안전장치임을 배웠다. 그리고 음악적 인간에게 일어난 일이 서양문명의 더 큰 화두가 됐음을 알았다. 음악이 정제되는 과정에서 그 특성이 별로 많이 '죽여지는' 게 아니라는 것을 알았을 때 무드음악은 더 밝아진다.

2부에서는 뼈 피리부터 베토벤까지 음악적 인간의 역사를 대놓고 다룬다. 이 이야기의 각 단계에서 서양 음악을 '나머지 세계'의 음악과 나란히 볼 것인데, 이는 가끔 전자에 불리할 수 있다. 내가 언제나 강조하길, 서양 음악에 여러 빛나는 구석이 있다 하더라도 그와 똑같이 이 세상 어딘가에는 가능한 대안이 존재했다. 우리는 궤도에서 벗어나, 일반적인 유럽 관광객들의 길로부터 멀리 떨어진 광경들을 살펴볼 것이다. 인도, 아프리카, 중국, 일본뿐 아니라 수메르, 이집트, 아테네, 로마, 마야와 아스테카 왕국 등이 되겠다. 더 깊이 있는 수준에서 이 여정은 오디세우스와 세이렌 같은 서양의 기원 설화에 대한 연이은 변주가 될 것이며, 서양 음악의 '진전'에 대한 비용편익 분석이 될 것이다. 이 신화에 대한 아도르노와 호르크하이머의 해설은 익숙한 이야기가 된다. 역사를 통틀어 인간은 초기에 자연과 신화, 의례와 종교에 대해 매달렸던 만큼 그 후에는 이성에 복종하게 됐다. 고대 신화는 이성의 딜레마를 예견했다. 즉 영웅들은 운명에서 벗어나려고 애쓸수록 비극의 악마적 논리에 사로잡혔다. 오이디푸스는 테베에서 겪는 궁지에서 벗어날 수 있는 방식을 이성적으로 고민하고 스핑크스의 수수께끼를 풀려고 시도할수록 더욱 깊은 구렁텅이에 빠진다. 서양에서 이성의 폭력성은 물결치듯 연속해서 진행되는데, 기독교의 중앙집권, 식민주의, 제국, 노예, 세계화와 근대의 관료제 등이 그 예다. 서양의 집단적 운명에 대해 음악적 인간을 비난하는 것은 그 놀라운 성과를 무시하는 것만큼이나 편파적일 수 있다. 그보다 우리의 임무는 비서양인의 삶에서 그리고 더 깊이 파고들어가서는 음악적 인간의 동물 본성 안에서 성과를 내기 위해 필요한 막대한 비용을 인식하고 인정하는 것이 되겠다.

PART

2

역사

HISTORY

05

Ice, Sand, Savannah and Forest

얼음, 모래, 사바나
그리고 숲

시작은 소리였다. 우리는 138억 년 전 빅뱅이 만들어낸 메아리를 여전히 수집하고 있다. 1963년 뉴저지 홈델의 벨 연구소에서 천문학자 아르노 펜지아스Arno Penzias와 롭 윌슨Rob Wilson은 은하수로부터 발산되는 희미한 마이크로파 신호를 감지했을 때 처음에는 안테나에 떨어진 비둘기 배설물이 전파방해를 일으킨 탓에 생겨난 소음이라 여겼다.[1] 그리고 그 실수는 효과적이었다. 책의 후반부에서 새들이 온갖 기이한 방식으로 음악의 기원 근처를 맴도는 경향이 있음을 보게 될 것이다. 그런데 천문학자들이 '뱅bang(쾅음이라는 의미—옮긴이)'과 '소음'을 이야기하는 것은 그저 은유에 불과할까? 별진동학asteroseismology이라는 새로운 과학은 별들이 악기처럼 울리거나 진동한다고 주장한다. 난기류가 외층에 갇히기 때문이다. 물론 별들은 인간이 듣기에는 너무 낮은 주파수로 공명한다. 버밍햄 대학교의 빌

채플린Bill Chaplin 같은 별진동학자들이 이 주파수를 귀에 들릴 수 있는 정도로 높여 은하계 안에서 무슨 일이 벌어지고 있는지 알아낼 수 있는 도구를 개발하고 있다.[2] 작곡가 트레버 위셔트Trevor Wishart는 전자기 스펙트럼을 음향 스펙트럼으로 바꿔놓음으로써 실험을 마무리했다.[3] 위셔트의 작품 「수퍼노바Supernova」는 몇 천 년 동안 서양을 괴롭혀왔던 '천구의 음악'이라는 신화를 새롭고 경이롭게 바꿔놓았다. 예를 들어 서기 2세기에 이집트 수학자 프톨레마이오스는《화성학Harmonics》을 통해 세 가지 행성 운동(행성의 상승과 하강)을 세 가지 멜로디와 비교했다.[4] 채플린과 위셔트가 등장하기 이전까지 천구의 음악을 듣기 위해서는 신성한 귀가 필요했다.

빅뱅의 소리를 듣기 몇 세기 전까지, 음악적 인간은 세상이 어떻게 음악을 통해 생겨났는지에 관한 기원 설화들을 이야기했다. 캘리포니아 북부의 마이두족은 지구 창조자가 점토덩어리 위에서 노래할 때 세상이 만들어졌다고 믿었다.[5] 미국 뉴멕시코주 라구나 푸에블로의 케레스족은 여신인 테 체 나코Tse che nako가 "우주 한가운데에서 노래를 부르며" 세계를 창조했다고 생각했다.[6] 더욱 핵심으로 들어가면, 성 요한은 "태초에 말씀이 게시니라"라고 썼고, 추측하건대 그 말은 아마도 대부분의 종교 경전처럼 노래로 불렸을 것이다. 일본에는 특히나 유쾌한 신화가 있다. 신토교의 태양의 여신 아마테라스는 남동생과 다툰 뒤 동굴에 숨었다. 여동생이 아마테라스를 유인해내기 위해 노래 부르고 춤을 추다가 옷을 벗어버렸고, 이 광경을 보고 있던 800만 신에게 즐거움을 안겨주었다.[7] 이 이야기는 음악의 기원을 천지창조가 아니라 여름과 번식력의 회귀와 연결 짓는다.

신화를 제외하고, 그렇다면 무엇이 사실인가? 이 책의 시작 부분에서 보았듯 역사의 기록은 유럽의 중세시대를 지나쳐, 고대 그리스와 메소포타미아의 음악을 넘어서, 원시의 사바나를 덮고 있을 그 고요함을 마주할 때까지 조금씩 사라져간다. 우리의 초기 비관론은 부당했다. 초기의 세계는 그저 침묵뿐이었기 때문이다. 이 장에서 나는 네 가지 주요 도구를 통해 증거를 모아볼 예정이다. 첫 번째는 악기의 고고학, 두 번째는 원시의 암면미술과 도자기에 등장하는 음악과 춤의 이미지, 세 번째는 마음이론을 수반하는 초기 사피엔스의 사회적·물질적 조건, (첫 번째 못지않게 중요한) 네 번째는 현대 수렵채집인이라는 살아 있는 화석과 정착사회의 음악문화다.

우선 첫 번째 원칙에 의지해보자. 여러분이 4만 년 전 유목민이나 수렵채집인의 일원으로서 유럽 남부에서 툰드라를 건너 수백 킬로미터를 이동해야 한다면, 어떤 악기를 가져가겠는가? 그랜드피아노일까? 아직 발명 전이네. 북? 너무 무거워. 차라리 어린아이를 데려가는 게 낫지. 여러분은 돌도끼 같은 휴대용 석기를 택하리라. 게다가 여러분은 자연의 악기, 다시 말해 여러분의 목소리를 가지고 있지 않던가.

휴대성의 원칙

여러분은 악기의 고고학적 기록으로부터 놀랄 만한 것들을 더듬어 밝힐 수 있다. 그것들은 살아남는 악기가 휴대하기에 점점 더 무거워짐에 따라 어떻게 사피엔스들이 점차 안정된 사회로 접어들었고 마침내 도시국가를 이루었는지에 관한 이야기를 들려준다.

● 260만 년 전: 플라이스토세/후기 구석기시대

탄자니아 올두바이 협곡에서 발견된 돌도끼의 이름을 딴 올두바이 도구는 파란트로푸스(최초의 호미닌 조상인 오스트랄로피테쿠스보다 조금 더 발전한 인류)가 바위에 내리칠 때 타악기 같은 소리가 났다.[8] 이것이 최초의 음악일까? 이 시점에서는 고려할 가치가 없는 질문이다. 3부에서 살펴보겠지만, 최초의 합주음악은 아마도 호미닌들의 공동 노동의 부산물이었을 것이다. 따라서 우리는 150만 년 전, 고의로 소리를 만들어내는 데 사용되었을 수도 있고 아닐 수도 있는 호모 에르가스터의 서양배 같은 아슐리안 주먹도끼는 뛰어넘을 것이다. 50만 년 전 아프리카 최초의 사피엔스는 돌을 함께 부딪쳐 소리를 만들어냈을 가능성이 매우 높긴 하지만, 소리를 사용한 흔적의 양상을 확인하기란 불가능하다.[9] 그러니 4만 년 전의 성숙한 사피엔스와 세계 최초로 목적을 가지고 만들어진 악기로 넘어가자. 그 악기는 바로 피리다.

● 기원전 4만 년: 전기 구석기시대/빙하기

2008년 한 고고학 연구팀은 독일 슈바벤알프스에 있는 홀레펠스 동굴을 탐사했고, 관능적으로 균형 잡힌 여인상을 발견했다. 소위 '홀레펠스 비너스'는 누가 봐도 인간을 표현한 가장 오래된 작품이다.[10] 매머드와 코뿔소, 타팬(야생말의 원시종) 등의 조각상과 함께 피리도 발견됐다. 홀레펠스는 가이센클로스텔레의 또 다른 동굴과 매우 가까운 곳에 있는데, 1992년 여기에서 다른 피리들도 발견됐다 (사진 5-1).**11** 초창기 탐험대 일원인 울프 하인Wulf Hein은 이 피리 가운데 하나를 재현해냈다. 입을 대는 부분은 V자 모양이고, 구멍은 다섯 개다. 유튜브를 통해 하인이 미국 국가를 비롯해 (5음 음계를 기본으로 한) 펜타토닉 멜로디를 연주하는 것을 감상할 수 있다.**12**

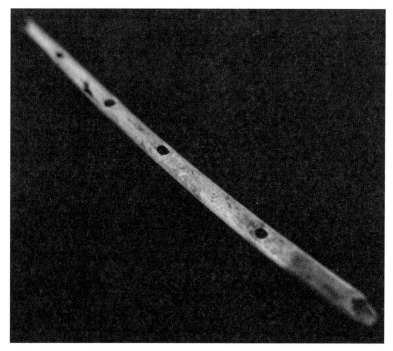

사진 5-1. 홀레펠스에서 발견된 독수리 뼈로 만든 피리
© SASCHA SCHUERMANN/DDP/AFP via Getty Images

● 기원전 2만 5천 년: 마지막 최대 빙하기

아마도 또 다른 생식력의 상징인 또 하나의 비너스는 '로셀의 비너스'다. 로셀의 비너스는 1911년 프랑스 남서쪽 도르도뉴에서 석회암 덩어리에 조각된 모습으로 발견됐다. 여인은 13줄이 그어진 뿔피리를 들고 있다.[13] 소뿔처럼 생긴 뿔피리는 초승달처럼도 보이는데, 어쩌면 13개의 줄은 달의 13주기를 나타내는 것일 수도 있다. 음악을 동물과 천문학에 연결 짓는 우리의 원시적 조합이 제자리를 찾았다. 당시 매머드나 소의 뿔을 입에 대고 불었을 것이라 추측할 수 있다. 동물은 생분해되니, 청동기시대와 철기시대에 야금술이 발명되기 전까지는 아무런 증거도 남지 않았을 뿐이다. 그러나 근본적으로 우리가 지금까지 획기적으로 물려받은 것은 세 가지 훌륭한 악기류인 퍼커션, 목관악기, (뿔로 만든) 금관악기다. 이제 현악으로 건너가 보자.

● 기원전 2000년: 신석기시대

1950년과 1955년 사이, 고고학자들은 이라크 니푸르에서 쐐기문자로 경전을 새긴 일련의 석판을 발견했다.[14] 세계에서 가장 오래된 자세히 설명된 기보법이었다. 이를 통해 우리는 리라를 조율하는 법과 7음 음계(서양의 도-레-미와 비슷하다)의 예시, 심지어 후르리인들이 불렀던 광신적인 노래의 일부 멜로디까지 알 수 있다. 대영박물관에 소장된 이 석판은 세 가지 발명품인 현악, 음표, 멜로디를 한데 모았다. 이 세 가지 핵심적인 발전은 모두 동일한 역사적 순간에 등장했다. 즉, 1만 년 전 농업의 발명으로 가능해졌다. 현은 동물의 내장을 꼬아서 만든 것이다. 리라와 하프는 장거리를 이동하기에는 크고, 섬세하며, 실용적이지 못했다. 농부들과 마찬가지로 이제 악기는 안정된 지역사회에 뿌리를 내리게 됐다. 철의 등장으로 악기들이 더욱 무거워지면서 이 뿌리 역시 더욱 깊고 단단해졌다.

● 기원전 1700년: 청동기시대

쇠로 된 최초의 악기는 중국 상 왕조(기원전 1750~1046) 때 만들어진 청동종이다. 워싱턴 D.C.의 스미소니언박물관에 보관되어 있는 상 왕조의 종은 세기를 거듭할수록 점점 더 커지고 무거워졌다.[15] 기원전 1600년에 만들어진 작은 종은 청동으로 된 고리에서 입을 아래쪽으로 벌린 채 추와 함께 매달렸을 것이다. 좀 더 작은 종류의 종은 아마도 개나 돼지와 같이 집에서 키우는 가축의 목에 달아놨으리라. 기원전 1200년에 만들어진 나오 종은 좀 다른데, 이 종은 매달려 있는 게 아니라 바닥이 위를 올려다보는 모습으로 꽂혀 있으며, 망치로 두드려서 연주하는 것이었다. 아마도 서로 다른 음을 만들어내는 다양한 크기의 종들이 연속으로 매달려 있는 악기 가운데 일부였을 것이다. 기원전 1500년의 상 왕조 종부터 1장에서 언급한 '증후을묘의 종'이라는 편종에 이르기까지 악기는 황제를 찬양하기 위한 의식에 음악을 접목했다. 이 무겁고 고정된 음악은 도시국가의 소리였다.

악기를 살펴보고 그 소리에 귀를 기울일 때 매우 많은 것을 발견할 수 있다. 앞의 개요는 부족에서 부락으로, 부락에서 도시국가로 진화하는 모습을 개략적으로 설명한 것으로, 구석기시대의 뗀석기 (돌을 서로 부딪침)부터 신석기시대의 가축몰이(내장으로 만든 현을 뜯음), 그리고 청동기시대의 금속 단조(종과 징을 침)까지 기술의 발달을 반영한다. 사회적 관점에서 보면 평등한 사회에서 위계적이고 중앙집권적인 사회로 변천했다는 신호다. 또한 새로운 사고방식의 기록이기도 하다. 과거와 현재의 수렵채집사회에 대한 권위자 팀 인골드 Tim Ingold는 이들의 세계에는 '즉흥성, 자율성, 공유'라는 세 가지 특징이 있다고 했다.[16] 이들은 언제나 음식 혹은 단순히 물을 찾아 움직이면서 '현재의 순간을 영원히 지향하는' 삶을 산다. 우리는 수렵채집인의 음악이 바로 그 구조 자체에 평등주의적 유희를 지녔음을 보게 될 것이다. 반면 정착의 사고방식은 훨씬 더 계획적이고 미래지향적이며, 종종 계절의 주기와 조화를 이룬다. 그렇게 해서 농경사회에서는 의식에 대한 집착이 생겨나고, 음악에서 이는 순전한 반복으로 나타난다. 도시국가에서 유희와 의식은 중앙권력을 찬양하기 위한 것이다. 오랜 세월 동안 음악은 화려한 행사의 충직한 하인이었다.

이러한 관점에서 음악적 인간의 초기 단계는 단순하고 명확하게 보이는데, 현실은 훨씬 더 흥미롭다. 게다가 고고학적 기록은 들쑥날쑥하고 운이나 적어도 주관적 해석에 달려 있기 때문에 슬쩍 접근해야 한다. 서사를 뒤집어버릴 수 있는 뭔가가 내일이라도 나타날 수 있다. 실제로 악기는 이미 아웃라이어outlier(특이값)로 해석되어 왔다. 예를 들어 네안데르탈인의 피리처럼 보이는 물건은 6만 7천 년 전에 만들어졌으며, 사피엔스 피리보다 3만 년 앞섰다.[17] 코끼리 가죽으로 만든 북의 분명한 흔적은 3만 7천 년 묵은 것으로 보인다.[18] 2만 4천 년 된 매머드 뼈는 의례를 위해 붉은색으로 칠해져 있고, 실로폰처럼 두들겼음을 보여주는 반복적 흔적을 품고 있다.[19] 또한 바이올린처럼 연주된 사냥용 활을 그린 1만 5천 년 된 그림도 있다.[20] 실제로 우리가 사용하는 현대의 바이올린은 기본적으로 서로를 문지르던 두 개의 사냥용 활이며, 우리가 죽인 짐승의 내장으로 엮은 것이다. 일부 고고학자는 초기 사피엔스들이 사슴의 발가락뼈에 구멍을 뚫어 호루라기를 만들었다고 생각하고, 다른 고고학자들은 그 구멍은 그저 맛있는 골수를 빼먹기 위해 뚫은 것이라고 주장한다.[21] 상식 역시 작동한다. 동물의 뼈와 가죽이 생분해되더라도, 초기 사피엔스들이 그것들을 연주하지 않았어야 할 이유는 없다. 가나는 코끼리 상아로 연주하는 식민지 시대 이전의 나팔 음악으로 유명하다. 상아나팔은 매머드와 코끼리만큼이나 오랫동안 존재해왔다.[22] 코끼리 가죽 북도 어쨌든 진품이다. 비록 우리가 나무로 된 틀 위에 피부나 가죽을 잡아당겨 씌우는 기술이 상당히 최근의 것이라 생각하더라도 말이다. 고대 중앙아메리카 무덤에서 발견된 소라껍데기가 나팔처럼 부는 용도라는 증거는 없지만, 우리는 후기 마야와 잉카의 상형문자를 보고 이 물건이 나팔처럼 쓰였을 것이라 추론할 수 있다.[23] 그렇게 이야기는 계속된다.

악기는 진화한다. 악기는 흥했다가 쇠하고, 공룡처럼 멸종하기도 한다. 청동기시대의 루르lur는 손가락 구멍이 없는 긴 뿔피리로 바이킹과 함께 소멸해버렸다. 다만 그 이름은 전화기를 가리키는 현대의 스웨덴어와 버터 브랜드 루어팍(루르처럼 생긴 그림이 포장지에 그려져 있다)에 남아 있다.[24] 악기의 가족 또는 종種도 존재한다. 체명 악기(예: 실로폰)는 스스로 진동한다. 막명악기(예: 북)는 피부 또는 막을 통해 진동한다. 현명악기(예: 피아노와 바이올린)는 진동하는 현을 통해 소리를 만들어낸다. 기명악기(예: 플루트와 오보에)는 공기 기둥을 진동시킨다. 5천 년 전 고대 중국인들은 돌, 나무, 실크, 대나무, 청동, 가죽, 박 또는 진흙 등 재료에 따라 악기를 구분했다.[25] 종마다 진화의 혈통을 따라가 볼 수 있다. 세렝게티의 탄자니아 바위 징은 소리에 있어서 세계적 불가사의 가운데 하나다(사진 5-2).[26] 바위 징에는 마맛자국처럼 움푹한 자리들이 있는데, 각 자리가 다양한 금속음을 내어 현대 실로폰의 조상이라 할 수 있다. 중석기시대의 활은 바이올린의 조상으로, 하프와 리라로 갈라지는 두 갈래 진화의

사진 5-2. 세렝게티의 바위 징
© imageBROKER/Alamy Stock Photo

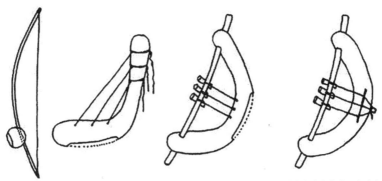

그림 5-3. 사냥용 활에서 발전된 하프와 리라
© Richard Dumbrill

계통을 만들어냈다(그림 5-3).**27** 하프 현은 속이 비어 있는 악기의 몸통 안에 직접 들어가지만, 리라에서 현의 진동은 브리지를 통해 전달된다. 하프는 점점 더 커지고 묵직해져 이동성이 줄어들다가, 어느덧 그랜드피아노 안으로 들어갔다. 하프를 가장 처음으로 그린 그림은 이스라엘 골짜기 북서부에 있는 므깃도(아마겟돈) 바위에 뚜렷이 새겨진 것이다. 2천 년 전에 그려진 것으로 추정되는 네게브 암각화는 메소포타미아 아카디아에서 들여온 비대칭 상자 모양의 리라를 대략적으로 보여준다. 기원전 9세기의 도장은 꽃으로 장식된 12현의 원숙한 가나안 리라를 보여준다. 이 리라는 다윗 왕(기원전 1010~970)이 연주한 것과 같은 종류다. 히브리어 'Kinnor(키노르)'는 가끔 '하프'로 잘못 번역되기도 하지만, 다윗은 실제로 리라를 연주했다.

일단 문명이 좀 더 안정되자 휴대성이 다시 옵션으로 등장했다는 점이 흥미롭다. 리라를 연주하는 소년 다윗은 방랑하는 음유시인 같아서 한탕주의에 빠진 대중음악 기타리스트처럼 인정받지 못했다. 반면 하프와 그 이후의 피아노는 실제로 움직일 수 없었기 때문에 존경받았다. 하프와 리라 사이의 언쟁은 현대에 와서 피아노와 기타 사이의 강렬한 싸움으로 이어진다. 18세기 후반 유럽에서는 애호가들이 피아노보다 기타를 선호했다. 빅토리아시대 부르주아 가정에는 업라이트피아노가 아닌 기타가 놓여 있었을 가능성이 높다. 19세기 음악의 세계를 정복한 기타는 한 세기가 흐른 뒤 전세가 역전되기까지 우위를 차지했다.

음악적 진화가 가진 중요한 규칙은 원시 악기가 대체되어 사라지는 것이 아니라 계속 유지된다는 것이다. 예를 들어 돌 두 개를 부딪치는 관례는 심벌즈라는 금속제 형태로 남았다. 심벌즈는 몇 천 년이 지나도 그다지 많이 발전하지 않았고, 오케스트라계의 실러캔스가 됐다(실러캔스는 한때 백악기 후세에 멸종됐다고 여겨졌다가 1938년 남아프리카 해안에서 헤엄치는 모습으로 발견됐다). 이는 사피엔스가 사라져서 지질층 사이의 점으로 남아버릴 때 외계인들이 찾아와 사막에 아무렇게나 나동그라져 있는 괴상한 심벌즈를 자기네 촉수로 찔러볼 수도 있다는 이야기다. 그렇게 되면 외계인들은 우리가 바이올린이나 오보에를 가지고 있지 않았다는 잘못된 추론을 할 수도 있다. 우리 역시 빙하기 오케스트라에 대해 이와 유사한 잘못을 저지르고 있는지도 모른다. 나무로 된 악기는 남아 있지 않기 때문이다. 하지만 쇠닝엔 창과 유물들은 호모 하이델베르겐시스가 42만 년 전에도 매우 정교하게 나무를 조각할 수 있었음을 보여준다.[28]

또 다른 규칙은 휴대성의 원칙이 가장 중요한 악기를 놓치고 있다는 것이다. 풍경 그 자체 말이다. 동굴의 종유석과 사막의 바위 징을 포함해 소리를 내는 돌들은 어느 부위를 치면 되는지 보여주는 물감 자국과 줄무늬를 가진 채 발견됐다. 호미닌과 사피엔스는 동굴의 천연 공명을 이용했다. 동굴의 음향 특성을 지도로 나타내는 고고음향학자들은 공명이 최대치가 되는 지점이 암면미술로 표시되어 있음을 발견했다.[29] 피리 조각은 이 지점에 가깝게 놓여 있고, 동굴에서 좀 더 실용적인 업무가 이뤄지는 구역과는 먼 곳에 떨어져 있을 가능성이 높다. 동굴의 신비한 공명은 음악과 풍경 그리고 신의 결합을 가리킨다.

풍경은 분명 가지고 다니기엔 너무 무겁다. 하지만 동굴이나 연주용 바위에서 다른 곳으로 스스로 옮겨가면 되기 때문에 문제되지 않았다. 가장 중요하게는 사피엔스는 몸 안에 동굴을 지니고 다녔다. 입 말이다. 외몽골 유목민 투바족은 멀티포닉multiphonic(한 음 이상의 음이 동시에 나는 것―옮긴이) 창법을 연습한다. 여러 목소리가 한 번에 노래하는 것처럼 들리는 배음overtone을 만들어내기 위해 입모양을 만드는 것이다.[30] 티베트의 성가 역시 동일한 원칙에 따라 만들어지는데, 구금Jew's harp도 똑같이 연주된다. 이 고대 아시아의 악기는 입안에서 혀로 튕기며 연주한다(갈대나 대나무로 만든 악기로, 후에는 금속으로 만들었다). 투반과 티베트 그리고 유대인 하프 연주자들은 깊은 기음부터 더 높은 반음까지 화성을 타고 올라가면서 신에게로 간다고 믿었다. 올라가는 배음은 천국으로 통하는 계단이었다. 우리는 원시 샤먼들이 이 원리를 아주 잘 알고 있었다고 추측할 수 있다.

가이센클로스텔레에서 발견된 피리는 그리폰독수리의 날개 뼈로 만들어졌다. 이 사실이 왜 중요할까? 사뭇 단순하게, 남아프리카 블롬보스 동굴에서 나온 그림과 유물은 인간이 6만 년 전 혹은 7만 년 전에 인지적으로 성숙했음을 보여주지만, 이들이 피리를 만들 기회는 없었을 것이다. 아프리카에는 여기에 알맞은, 속이 빈 뼈를 가진 새가 거의 없기 때문이다. 고고학적 기록에 따르면 중석기시대에 인간들이 아프리카에서 유럽으로 건너가는 시점에 백조, 독수리, 거위, 수리 등이 다음의 유라시아와 아프리카 지역에 등장했다.

백조: 아제르바이잔, 프랑스, 독일, 네덜란드, 러시아

독수리: 아제르바이잔, 프랑스, 조지아, 독일, 그리스, 포르투갈, 루마니아, 스페인

거위: 아제르바이잔, 불가리아, 프랑스, 조지아, 독일, 이탈리아, 네덜란드, 폴란드, 러시아, 스페인, UK

수리: 아제르바이잔, 불가리아, 프랑스, 독일, 그리스, 이탈리아, 포르투갈, 러시아, 스페인, 리비아(아프리카에서 유일한 예다)[31]

고고학자 이언 몰리가 강조했듯, 단 하나의 예외인 리비아의 수리와 함께 원시 아프리카에는 알맞은 조류가 부족했던 것으로 보인다. 아프리카의 사피엔스는 악기를 조각할 능력이 없었던 게 아니라, 그저 기회가 없었을 뿐이다. 기악곡이 서양, 실질적으로 독일에서 시작됐다는 확증은 미약하게나마 19세기 음악학자들을 기쁘게 했을 것이다. 유럽의 음악적 우월성을 옹호하는 이들은 다소 불편하겠지만, 바흐의 푸가가 아마도 고대 아프리카에서 유래됐을 것이라

고 보는 반증은 차고 넘친다(비록 악기가 아니라 목소리로 만든 것일지라도 그렇다).

수렵채집인

스스로를 4만 년 전 독일 가이센클로스텔레의 그 동굴에 살고 있다고 가정해보자. 베르너 헤어조크Werner Herzog의 걸작 「잊힌 꿈의 동굴Cave of Forgotten Dreams」을 보는 것도 도움이 될 것이다. 이 영화는 대부분 프랑스의 쇼베 동굴에서 찍었지만, 울프 하인이 가이센클로스텔레 동굴 바깥에서 피리를 부는 모습도 등장한다. 하인은 수목이 우거진 골짜기를 지그시 응시한다. 이 산은 2,500미터 두께의 빙하 아래에 자리 잡고 있었기 때문에 예전에는 얼음으로 뒤덮여 있었을 테다. 사슴과 매머드는 고대의 꽃가루로 추측해보건대 일종의 풀을 우물거리며 툰드라 곳곳을 돌아다녔을 것이다. 하인은 사슴 털가죽을 꿰매어 만든 옷을 꼭 맞게 입고 사슴 가죽으로 지은 부츠를 신었다. 그는 이누이트처럼 보인다.

이 이누이트 같은 사냥꾼을 오르핀갈리크Orpingalik라고 불러보자(그 이유는 후에 밝히겠다). 지난 빙하기 중반에 오르핀갈리크의 삶은 어땠을까? 이 시대에는 겨울이 아홉 달 동안 계속됐고 평일에는 고작 몇 시간 동안만 소중한 햇볕을 쬘 수 있었다.[32] 40인의 영혼으로 구성된 작은 부족은 번식지를 찾아 떠나는 연간 주기에 사슴과 매머드를 따라 몇 주마다 옮겨 다녔고 그 일원인 오르핀갈리크는 가죽으로 만든 이글루처럼 생긴 구조물에서 살았다. 동굴은 어둠이 내린 뒤 모이는 장소였다. 이들은 이야기를 나누기 위해 동굴에 불을 피우고 둘러앉아 많은 시간을 보냈고, 이야기는 노래로 바뀌었으며, 거의 언제나 춤이 더해졌다. 이 사람들에게 연대란 음식과 보금자리만큼이나 중요했고, 그렇기 때문에 오르핀갈리크 같은 장인들은 사냥에서 물러나 분명 생존을 위한 가치는 전혀 없는 물건인 피리를 만드는 데 수백 시간을 보낼 수 있었다. 삶의 모든 부분에는 노래가 있었고, 그 가운데 다수는 사냥과 관련됐다. 창을 축복하고, 부족을 격려하고, 사냥한 동물을 기념하는 노래들이 있었다. 노래 하나는 송아지가 음매 하고 우는 소리를 따라 했는데, 절벽 위로 성체 매머드를 유인하기 위한 노래였다. 또한 아이들에게 어디에서 클라우드베리의 조상격인 열매를 딸 수 있는지 알려주기 위한 노래도 있었다. 이 노래들은 대부분 반조반인인 여신 토템의 언어를 따라 하기 위해 아무 의미 없는 음절들로 만들어졌다. 오르핀갈리크는 새 뼈로 만든 피리를 불 때 이 여신에게 직접 말을 걸 수 있었다. 부족 대부분은 작은 딸랑이와 딱딱이 같은 것들을 연주했는데, 가끔 이들은 이 악기들을 양팔이나 다리에 묶기도 했다. 따라서 이 악기들이 내는 소리는 직접적으로 춤의 리듬을 따랐다.

　누가 이 노래들을 만들어냈을까? 원칙적으로 누구나 할 수 있었지만, 부족은 그들의 샤먼인 타쿠트자르타크Takutjartak가 꿈에서 들은 노래들을 특히 귀하게 여겼다. 타쿠트자르타크는 영혼여행자로, 조상들과 함께 교감하기 위해 우주의 층 사이로 여행했다. 이 느슨한 공동체를 단단히 유지하고 부족민들이 다른 부족으로 빠져나가는 것을 막는 것은 어느 정도 가수로서 그의 능력에 달려 있었다. 부족의 모든 이는 저마다 특징적 멜로디를 가지고 있어서, 그 노래에 맞춰 다음 여행을 떠날 때 벌어지는 일들을 새로운 가사로 지어낼 수 있었다. 한 사람은 긴긴밤을 지새우며 작살로 물고기를 잡는 동안 가사를 떠올렸다. 노래는 지역을 거치는 여행을 기록했다. 이 특별한 동굴과 연관된 노래가 있는가 하면, 근처의 홀레펠스에 관한 노래도 있고, 빙하를 다룬 노래도 있었는데, 이 노래는 여전히 살아남아 응답을 받았다. 부족들은 이 노래들을 부르면 풍경 속에 잠들어 있는 조상의 영을 깨우고 되살릴 수 있다고 믿었다. 부족 자체에도 특유의 노래가 있어서, 한겨울에 힘겹게 이동하다가 다른 부족이 의식용 모임 공간에 다가오면 이를 알아보는 데 도움이 되었다. 소리는 어마어마한 거리를 여행했다. 이런 향연이 벌어지는 동안 오르핀갈리크의 부족민들은 피레네산맥의 이스튀리츠만큼 머나먼 곳에 있는 부족으로부터 도구와 노래들을 찾았다.

이 노래들은 어떻게 들렸을까? 울프 하인은 이 재현된 피리로 미국의 국가를 즐겁게 연주했다. 그러나 오르핀갈리크가 연주한 노래는 우리 귀에 선율로 들리지 않았을 것이다. 그의 노래 중 대부분은 겨우 몇 초 동안만 지속됐고, 마치 감정이 터져 나오는 듯 들렸다. 멜로디도 아니었고, 음악의 원자들이 미묘하게 진동하며 반복되거나 그냥 반복됐다. 가수들에게는 이 파편들을 조합하는 것이 기술이자 시험이자 게임이었다. 그리고 손뼉을 치거나 몸을 때리거나 딸랑이를 흔드는 등의 반주는 따로 진행되어 희한하게도 노래와 박자를 맞추지 않았다. 가끔 모두가 함께 노래했고, 여성과 어린이들은 남성보다 한 옥타브 높게 불렀다. 다른 경우 이들은 대화에서처럼 독립적인 가사를 따라 불렀다. 모두가 저마다의 수준에서 합류했고, 선택하는 대로 대화에 참여했다가 떠났다. 개별적 노래 자체는 짧았지만 중요한 것은 수백 곡에 이르는 노래가 연속적으로 이어졌고 이 노래들은 밤새 부를 수도 있었다는 것이다. 한겨울의 향연에서 노래의 계승은 몇 주 동안이나 계속됐다. 우리 기준에서 보면 이 사람들은 어마어마한 기억력을 가졌다.

고고학적 기록이 남아 있지 않은 상태에서 우리는 이 모든 것을 어떻게 알 수 있을까? 내 이야기는 증거가 전혀 없는 것은 아니지만, 분명히 사고실험이다. 내 설명의 모든 것은 현대 수렵채집사회의 관례에서 가져온 것으로, 오르핀갈리크라는 이름은 1921년 덴마크 탐험가 크누드 라스무센Knud Rasmussen이 인터뷰한 이누이트 샤먼에게서 따온 것이다.[33] 현대의 수렵채집인들은 지구 곳곳에 흩어져 살고 있으며, 그 풍경은 열대우림과 사막, 초원부터 극지방까지 다양하다.[34] 거의 모든 경우에 이 사회는 평등주의적 유목민 사회이고, 음악은 대부분 금속을 사용하지 않은 채 타악기 반주에 맞춘 목소리로 이뤄졌다. 구석기시대의 음악이 실제로 어떻게 들리는지는 우리는 알 수 없지만, 현대의 수렵채집인들은 구석기시대의 음악이 어떻게 들렸을지에 관한 놀랄 만큼 풍요로운 보고를 안겨준다. 이 사실들은 가능성의 영역과 경험에서 우러난 추측으로 구성되어 있다.

수렵채집인들은 그저 호박 안에 냉동되어 있으며 그들에겐 역사가 없다고 믿는 것은 확실히 잘못됐다. 이들에게 중대한 역사적 사건은 당연히 서양과의 충돌이다. 반면 이 사회를 식민주의의 수동적 희생자로 취급하는 것 역시 생존의 존엄성을 크게 해치는 것이다. 예를 들어 이누이트 전통은 유럽인과 최초로 접촉하고 두 세기가 흐른 뒤에도 계속 확장되고 있다. 호주 원주민들이 지리적으로 6만 년 동안 고립되어 있다가 1778년 쿡 선장을 만났다고 생각하면 특이하다. 호주 원주민들의 몹시도 긴 역사를 시계라고 가정하면, 자정을 1초 남긴 순간에 쿡 선장을 만났다고 할 수 있기 때문이다.

현대의 수렵채집인 음악을 원시시대 연대표에 정리하는 일에는 좀 더 고차원적인 사색이 요구된다. 빙하기에서 농업이 발명되기까지 1만 2천 년에서 9천 년 전 사이에 날씨는 점차 따뜻해졌고, 기원전 1만 2900년에서 9700년 사이에는 영거 드라이어스라는 일시적 한랭기가 잠시 찾아오기도 했다. 또한 초기 인류는 중앙아프리카부터 아시아, 호주, 유럽까지 뻗어나갔고, 그 후에는 베링 해협을 건너 알래스카로 가서 결국 아메리카 대륙을 거쳐 남쪽으로 이주했다. 음악적 인간의 분산이 어떤 소리처럼 들렸을지 생각해보자. 이를 위해 아프리카 피그미족, 호주 원주민, 알래스카 이누이트와 아메리카 원주민 등 지리적으로 다양한 네 곳의 수렵채집사회의 음악을 차례로 살펴보자.

카메룬의 바야카 피그미족은 코끼리 사냥에 나서기 전날 밤 여성들이 늦게까지 「옐레Yele」라는 노래를 부른다.[35] 이 노래는 동물들이 '크와아나Kwaana', 즉 온화하고 느긋하며 졸린 느낌을 가지게 만들어 사냥을 쉽게 해준다. 바야카 부족은 50명에서 100명 정도의 소규모 집단으로 열대우림에 흩어져 살며, 때로는 (특히 건기에) 영靈의 연극을 하기 위해 더 큰 공동체에 함께 모인다. 바야카 부족의 생활은 집합과 분산의 리듬을 탄다. 이들은 위계질서나 사유재산이라는 개념이 없으며, 모든 음식과 물건을 공유한다. 이들의 사회적 상호작용이 가진 명랑함은 음악에 생기를 입힌다. 이들은 꿈속에서 조상들이 음악을 준다고 믿는다. 이 명랑함은 피그미족 음악의 가장 유명한 특징이 폴리포니polyphony라는 것을 알려준다. 피그미족의 노래는 여러 개의 멜로디로 이뤄졌으며, 대위법에 따라 다양한 운율로 동시에 불린다. 피그미의 폴리포니는 음악이 단순한 형태에서 복잡한 형태로 진화했다고, 다시 말해 하나의 목소리로 부르는 간단한 질감에서 바흐의 푸가처럼 복잡한 대위법으로 바뀌었다고 믿는 음악사학자들에게는 불편한 진실이다. 피그미 사회에 '원시적인' 것은 아무것도 없는 것과 마찬가지로, 피그미의 음악은 그 무엇도 단순하지 않다. 인골드 같은 인류학자들은 수렵채집인들의 평등주의가 후기 '문명'을 위한 모델이란 주장을 지지하기 위해 일반적 서사를 완전히 뒤집었다.[36] 서양 음악학에서 대위법이 (개념적으로 '아프리카 밖으로' 흩어지기 전에) 아프리카에서 시작됐다는 생각, 그리고 음악이 본래 (멜로디가 아닌) 폴리포니로 시작됐다는 생각은 거의 스캔들이나 다름없다. 나는 이 스캔들을 몇 번이고 계속 언급할 예정이다.

그렇다면 질문은 '왜?'다. 왜 멜로디보다 폴리포니가 음악적 근원에 더 가까운 것일까? 여러 진화와 관련한 의문이 그러하듯, 답은 여러 개별적 요소가 수렴하는 부분에 숨어 있다.

사람들의 공동체는 춤곡에 맞춰 서로 몸이 부딪힐 때 가장 육체적인 모습을 띤다. 피그미족은 춤추면서 '자기 자신을 함께 섞는다bosanganyenjo'. 신체적으로는 팔다리를 엮고, 음악적으로는 멜로디와 맞물린다는 의미다.**37** 음악적 폴리포니는 몸의 대위법에서 나온 다. 또 다른 요소는 피그미족의 분산된 자아감으로, 이는 현대 서양 의 개인적이고 경계가 있는 자아와는 구분된다. 피그미족은 위계 없 이 집단적으로 생각한다. 또한 다른 많은 요소도 존재한다. 서로 맞 물린 멜로디는 덤불 속에서 교차하며 지나가는 동물들의 흔적과 같 다. 다른 멜로디를 노래하는 것처럼, 그저 이웃과는 다른 흔적을 따 라 사냥을 가는 것이 훨씬 더 효율적이다. 위험을 분산하기 때문이 다. 마찬가지로 폴리포니를 협의하는 기술은 동물이 지나다니는 길 을 해석하는 기술로 전할 수 있다. 그렇게 음악은 사냥을 가르친다. 더 많은 요소가 피그미족과 피그미족을 둘러싼 환경인 열대우림 간 의 관계를 따라다닌다. 밀림을 와자지껄하게 채우는 동물과 새의 울 음소리 역시 일종의 폴리포니를 이룬다. 사냥이 형편없을 때 피그미 족은 몇 주 동안 지속되는 의식에서 몰리모 나팔(본래는 코끼리 상아로 만들었다)을 불어 밀림에 이야기를 건넨다.**38** 새벽 합창을 하는 조류 개체군 사이에서 신호를 보내는 행위는 특히나 도발적이다.**39** 합창 소리가 너무나 빽빽하기 때문에 새들은 더 크고 더 높은음으로 노래 해 이를 돌파해야만 한다(이 현상은 시끄러운 대도시에서 유명하다). 이 신 호들을 이중코드로 만들어 경쟁자와 잠재적인 배우자 모두에게 닿 게 할 수도 있다. 피그미족과 새의 관계는 꽤나 미묘하다. 일부 수렵 채집인들(파푸아 뉴기니의 칼루리족 등)과는 다르게 피그미족은 새의 실 제 멜로디를 모방하지 않고, 그 대신 폴리포니를 이중코드로 만들었 다.**40** 피그미족 노래에서 놀라운 부분은 번갈아 나오는 음정들을 요 들처럼 부른다는 것이다. 전 세계 여러 지역에서 요들은 (스위스 산맥에서처럼) 동물들을 몰거나 피그미족의 열대우림에서처럼 사냥을 하기 위해 장거리에 신호를 보낼 때 사용한다. 피그미족의 대위법은 이중코드로 되어 있는데, 목소리들은 노래 안에서 서로 번갈아가며 대화를 나누고, 요들을 통해 먼 거리를 건너 도달한다. 피그미의 대위법과 새벽 합창은 생태적 지위에 적응하기 위해 수렴진화(전혀 다른 생물종이 비슷한 환경에 적응하기 위해 진화해서 결과적으로 외형 등이 비슷해지는 것—옮긴이)한 사례다.

생태적 지위가 변하면 음악도 변한다. 바야카 부족에서 320킬로미터 이상 떨어진 곳에는 티카르 평원의 베드잔 피그미가 살고 있다. 이들의 음악에는 요들이 전혀 포함되지 않는다.[41] 이를 보완하기 위해 베드잔족의 폴리포니는 모든 피그미 음악 가운데에서 아마도 가장 변동이 심할 것이다. 베드잔족의 노래는 불릴 때마다 달라진다. 안정적이거나 반복적인 구조를 가진 노래에 대한 개념이 전혀 없다. 당연한 일이다. 노래가 게임이나 스포츠, 심지어 사냥이라고 생각하면, 음악 역시 조깅이나 점프 같은 활동이지 물건이 아니다. 그렇기 때문에 인류가 음악을 다음 세대에 전달하는 방식에 극적인 결과를 낳는다. 즉 인류가 기억하고 전달하는 것은 노래가 아니라 노래를 창작해내는 기술이다. 아이에게 물고기를 내어주는 것이 아니라 물고기 잡는 법을 가르쳐줘야 하는 것이다.

숲으로 만들어진 덮개의 자연스러운 공명에서 멀리 떨어진, 호주 사막의 음악적 인간들은 매우 다른 생태에 적응했다. 적대적이고 시끄럽고 잘 보이지 않는 밀림에서 벗어나, 수렵채집인들은 더 광대한 거리로 퍼져나갈 수 있었다. 시각의 경계선은 활짝 트였다.

아니, 브루스 채트윈Bruce Chatwin이 호주 원주민들에 관해 쓴 유명한 저서 덕에 널리 알려지게 된 용어를 사용하자면 노랫길songlines이 트였다. 6만 년 전 최초의 호주 원주민들은 노래를 부르며 호주 대륙을 가로질렀고, 그러면서 영역을 표시했으며 심지어 그 선율 윤곽 자체를 멜로디 라인에 흡수한 것으로 추정된다. 채트윈은 이렇게 설명했다.

> 노래의 선율 윤곽은 노래가 지나쳐가는 땅을 묘사한다. … 특정 구절과 음정의 조합은 조상의 발자취를 묘사하는 것으로 여겨진다. 전문적인 가수는 자신이 몇 번이나 강을 건너거나 산등성이를 올랐는지 세어보고, 자신이 따라온 노랫길을 계산할 수 있다. 음악 구절은 지도상에 표시된 지점이다. 음악은 세상을 향해 길을 찾아가기 위한 기억장치다.[42]

아름다운 글이다. 그러나 채트윈의 말이 의아한 사람도 있을 것이다. 이 설명은 낭만적이지만 거의 잘못됐기 때문이다. 호주 원주민들은 만물을 아우르는 직선성linearity을 월드뮤직에 도입했고, 이 직선성이 풍경을 가로지르는 여행과 밀접하게 관련되어 있음은 인정한다. 하지만 채트윈이 상상한 모습과는 다소 다르다.

호주 원주민의 노래는 지도가 될 수 없다. 순식간에 끝날 정도로 매우 짧기 때문이다.[43] 또한 땅의 구체적인 윤곽을 담아내지도 못한다. 노래들은 모두 동일한 윤곽, 즉 경사지어 내려오는 모습을 가지는 경향이 있다. 호주 원주민의 노래 하나가 그 자체로 지도가 되는 것은 아니지만, 엄청나게 길어진 노래의 사슬에서 각 노래는 주위 환경에서 한 물건이나 장소에 꼬리표를 단다. 이 장소들과 연관된 신비로운 이야기들을 춤으로 추고, 노래하고, 그림을 그리면서 호주 원주민들은 풍경 안에 잠들어 있는 토템의 영혼을 깨운다. 꿀개미와 에뮤, 불, 물 같은 토템들 말이다. 이 영혼들은 아주 오랜 옛날 이 세상을 만들었고, 호주 원주민들은 이를 '드리밍Dreaming'이라고 부른다 (왈피리어로는 주쿠르파Jukurrpa, 아렌테어로는 알티에레Altyerre라고 한다). 걷기에 공동의 모임을 오가면서 사슬처럼 이어진 노래들을 차례로 부르고, 그렇게 노랫길은 호주 원주민들의 이동을 이끄는 물처럼 사막 사이로 천천히 흘러나간다. 식민주의 침입자들과는 달리 호주 원주민들은 사막을 피해야 할 건조하고 텅 빈 장소가 아니라 영혼과 음악, 의미로 가득한 곳이라고 생각한다. 이들은 인류학자들과 달리 자연과 문화를 구분 짓지 않는다.

호주 원주민들은 피그미족처럼 대위법으로 노래한다. 단지 헤테로포니heterophony라는 조금 더 느슨한 용어로 부를 따름이다. 헤테로포니 노래의 층은 각기 다른 멜로디가 아니라 동일한 멜로디의 미묘한 변종으로 구성된다. 아넘랜드 동북부의 욜릉구Yolngu족은 개별 목소리가 주머니쥐의 꼬리에 함께 엮이는 실이라고 말한다.**44** 멜로디와 가사의 상호작용에는 또 다른 종류의 대위법이 존재한다. 호주 원주민의 노래는 피그미족 노래보다 훨씬 더 많은 단어가 포함된다. 아프리카인들은 단어 하나로 시작해서 무언의 발성으로 넘어간다. 말이, 그 말에 딸린 개념적 의미가 왜 호주에서 그토록 중요해졌는지는 확실치 않다. 이런 대위법은 루소 같은 계몽주의 철학자들을 기쁘게 했고, 이들은 목소리로 내는 노래에서 문자화된 노래로 넘어가는 것이 문명으로 한 발짝 나아가는 것이라고 강조했다(다만 '자연'에서 멀어지는 잘못된 방향이었다). 그럼에도 말과 음악은 현대의 서양 노래보다 훨씬 더 불규칙한 방식으로 상호작용한다. 멜로디와 단어, 리듬이 실질적으로 별개의 길을 가게 되고, 이들의 주기적인 반복은 서로를 가로지른다(예를 들어, 하나의 멜로디 악구에서 단어들은 AABB 형식으로 반복될 수 있다).[45] 주머니쥐에 관한 이 욜릉구의 노래에서 단어의 반복을 주목해보자.

> 시작이야,
>
> 주머니쥐-털가죽 끈,
>
> 영원히 여행해, 끝
>
> 나타나,
>
> 둥둥 떠다니지, 주머니쥐-
>
> 털가죽 끈, 둥둥 떠다니지
>
> 엮어봐
>
> 영혼의 진수,
>
> 시작이야,
>
> 주머니쥐-털가죽 끈
>
> 밤을 여행해.[46]

호주 원주민들은 주머니쥐의 꼬리 은유뿐만 아니라, 노래 안에서 원문의 순환과 멜로디의 순환이 서로 맞물리는 것을 표현하기 위해 '널리 퍼진다'는 풍경의 은유를 사용한다.[47] 피그미의 폴리포니가 숲길 네트워크가 되듯, 호주 원주민들의 음악은 풍경을 통해 널리 퍼져나간다.

언제나 세계 문화의 차별성에 주의를 기울여야 한다. 아프리카 음악의 한 충격적인 특성은 다른 대륙과 비교해 암벽화에 춤을 표현한 경우가 없다는 것이다.[48] 아프리카 문화에서 춤이 차지하는 중심적 위치를 생각하면 수수께끼 같다. 아프리카 음악에 반反구상주의적 취향이 존재한다면, 동물의 소리나 움직임을 흉내 내지 않으려는 피그미족의 회피가 타당해진다. 다른 상황에서 동물의 소리나 움직임은 깊이 관련되어 있기 마련이다. 반면 호주 원주민들은 동물의 몸짓을 흉내 내길 좋아한다. 이를테면 브롤가(두루미의 일종)가 부리로 깃을 다듬는 모습이랄지, 캥거루가 뜀뛰기하는 모습 말이다.[49] 흉내 내기에 대한 선호는 호주 북부에서 가장 강렬하게 나타나는데, 이곳의 암면미술은 형상 묘사가 가장 뚜렷하고, 중앙부와 남부로 갈수록 서서히 희미해지면서 선과 원을 선호하는 기하학적 미술이 나타난다.[50] 나는 호주 원주민의 음악이 지닌 시각적 심상이 호주의 광활하고 탁 트인 공간으로부터 흘러오는 것인지 궁금하다. 어떤 사람이 여러분을 향해 다가오는 모습을 보기도 전에 여러분은 그 사람의 이크웨ikwe, 즉 대표 멜로디를 들을 수 있다. 의례장소로 다가오는 여성의 행렬(언제나 남서쪽에서부터 와야 한다)은 먼 곳에 있어 흐릿하게 보일 수는 있지만, 아마도 잔바djanba나 왕가wangga, 리르가lirrga 등 이들이 부르는 노래는 잘 들려 즉각 알아들었을 것이다.[51]

호주 대부분의 지역은 적어도 1만 년의 시간 동안 혹독할 정도로 더웠고, 홍적세 빙하기 동안 거의 영향을 받지 않았다. 아시아와 유럽을 통해 북쪽으로 퍼져나가던 초기 인류는 여러 면에서 훨씬 더 가혹했던 조건들에 적응했다. 원칙적으로 피그미족과 호주 원주민들의 소리인 폴리포니는 왜 차가운 기후에서는 성하지 않았을까? 사람들이 한 번에 여러 멜로디를 노래하면 가사는 왜곡되기 일쑤지만(모차르트의 오페라 앙상블이 이 점에서 유명하다), 피그미족과 호주 원주민들에게는 문제가 되지 않는다. 이들은 음악의 음향적 소리가 가사보다 훨씬 더 가치 있다고 보기 때문이다. 그러나 극단적인 기후 조건에서는 말이 삶과 죽음의 문제가 된다고 볼 수 있다. 이런 곳에서 사람들은 이글루처럼 작고 갑갑한 공간에 머물고, 반드시 갈등을 피해야 한다. 긴장을 가라앉히기 위해서는 말뿐 아니라 장난기와 유머도 필요하다. 우리가 상상하는 음침하고 암울한 공간과는 달리 빙하기는 웃음으로 가득했을 것이라고 생각하는 게 편하다. 빙하기의 노래는 모노포니monophony로, 모든 사람이 같은 음악을 한목소리로 불렀을 것이다. 깔끔하고 명료하게 가사를 전달하기 위해서다. 이 가사들은 사회적이고 교육적인 의도를 가졌고, 아마도 아주 웃겼을 것이다. 우리는 이 가설에 대한 역사적 증거를 조금도 가지고 있지 않다. 그러나 러시아 시베리아의 추크치족부터 일본 홋카이도의 아이누족, 라플란드의 사미족과 그린란드·알래스카·캐나다의 이누이트까지 극지방 주변 지역에 퍼져 있는 현대 수렵채집사회의 음악에서는 정확히 이와 똑같은 상황이 벌어진다. 우리는 이것이 미국으로 향하는 극지 주변의 이주 과정임을 안다. 즉 유럽을 지나 아시아에서 베링 해협을 건너 북아메리카로 가는 그 길 말이다. 또한 우리는 이 지역 전체의 문화가 언어학적, 고고학적, 심지어는 유전적 역사를 공유한다는 것도 안다. 유전의 나무와 언어의 나무는 서로 부합한다는 루카 카발리-스포르자Luca Cavalli-Sforza의 발견은 특히나 매력적이다.[52] 다시 말해, 그는 한 민족의 언어의 진화는 그 유전자의 진화를 그림자처럼 따라다닌다는 사실을 발견했다. 이 개념은 민족음악학자들에게 영감을 주어, 공유되는 음악적 관례의 '유전자' 안에 유사한 배포의 패턴이 존재함을 발견하게 했다. 연주하고 노래하는 방식이 세대를 거쳐 내려가는 유전자와 비슷하다고 간주하는 것이다.[53]

이누이트는 상대적으로 늦은 서기 900년에 알래스카에 도착했고, 투니트족(또는 도싯족)을 쫓아냈다. 투니트족은 그보다 3천 년 전에 시베리아부터 이동해온 팔레오 에스키모의 마지막 후손이었다.[54] 고대 에스키모 설화는 전부는 아니더라도 일부가 1920년대 이후 기독교 선교사들에 의해 지워졌고, 시베리아 추크치족의 문화는 공산주의에 의해 깊은 동면에 들어갔다. 다음에 살펴보겠지만, 이누이트의 음악과 추크치족의 음악을 비교하는 일은 시베리아에서 알래스카로 이어지는 진화적 여행의 방향을 드러낸다.

1921년 이누이트의 샤먼 오르핀갈리크가 크누드 라스문센을 만났을 때, 그는 탐험가에게 '인간의 마음속에서 노래가 어떻게 탄생했는지'를 설명했다.

노래는 생각이오. 위대한 힘에 의해 사람들이 움직이고 평범한 말로는 충분치 않을 때 숨결과 함께 소리 내어 노래하는 거요. 사람은 조류에 따라 이곳저곳 흘러가는 유빙처럼 움직이오. 그의 생각은 기쁨을 느낄 때, 공포

를 느낄 때, 슬픔을 느낄 때 … 흐르는 힘에 의해 움직이오. … 그러나 우
리에게 필요한 말은 그 자체로 생겨날 것이오. 우리가 사용하고 싶은 말이
스스로 튀어나올 때, 그때 우리는 새 노래를 얻소.**55**

오르핀갈리크의 노래 가운데 다수가 살아남았고, 이 노래들에는
엄청난 유머가 포함되어 있다. 어떤 노래는 오르핀갈리크의 오랜 노
래 동지인 타쿠트자르타크에게 가시 돋친 말을 던지기도 한다. "네
뚱뚱한 엉덩이에 던진 커다랗고 훌륭한 화살. 넌 정말 짜증났겠지.
너 진짜 재빨리 도망가더라." 농담으로 부르는 노래였다. 이누이트
음악의 다수는 짓궂게 놀리고, 농담하고, 게임하는 노래들로 구성되
어 있는데, 이례적으로 적대적인 환경에서 직접적인 갈등을 피하려
고 만들어졌다. 가장 유명한 게임 노래는 카타자이트katajjait라고 하
는, 목구멍으로 부르는 노래의 일종이다.**56** 두 여성이 서로 입을 맞
출 수 있을 정도로 가깝게 마주 보고 선다. 둘은 속사포처럼 빠르게
들숨과 날숨을 번갈아 쉬며 상대방의 입속에 일련의 성음을 내뱉다
가, 둘 중 한 명이 너무 지쳐서 헐떡임을 견딜 수 없게 되는 순간 게
임에서 지게 된다. 결투는 사회적 빙산의 일각이다. 세대를 거슬러
올라가는 서사적 가계도를 담은 노래도 있다. 클라우드베리와 블루
베리를 어디에서 딸 수 있는지, 날씨가 어떤지 알려주는 노래도 있
다. 어떤 노래는 아이들에게 새와 그 새들이 둥지를 짓는 패턴을 가
르쳐준다. 또는 뜀뛰기 게임과 저글링 게임처럼 신체 협응 능력을
가르쳐주는 노래가 있는가 하면, 썰매를 타거나 작살로 고래를 잡거
나 동물을 잘게 자르는 등의 모습을 흉내 내는 춤을 추면서 온갖 활

동 방법을 젊은이들에게 가르쳐주는 노래도 있다. 물론 노래의 대부분은 사냥과 관련 있다. 예를 들면 새끼 물개의 울음소리를 흉내 내면서 성체 물개를 꾀어낼 수 있는 노래 같은 것이다.[57]

단연코 가장 중요한 것은 이누이트의 북춤의 노래inngerutit로, 유목流木이나 한데 묶은 뼈로 만든 커다란 탬버린qilaat을 들고 춤추고 카리부 순록의 갈비뼈로 만든 막대기로 연주한다. 북춤의 노래는 원래 춤 대결을 위한 것이었다.[58] 두 명의 남자가 서로를 바라보고 서서, 노래하고 춤추고 북을 치며, 상대방을 조롱하고 관객들을 웃기는 것이었다. 그러나 북 자체의 소리는 지독히도 진지했는데, 전 세계 무속 문화에서 북소리의 중심적인 위치와도 관련 있다. 무서운 북소리는 두 가지 목적을 가졌다. 하나는 악령을 겁주어 내쫓는 것이고, 다른 하나는 이누이트 청중들을 트랜스와 비슷한 상태로 만드는 것이다. 드럼이 중심적인 위치를 차지하면서 노래 자체의 상대적 단순함이 보완됐다. 이누이트의 노래는 피그미족과 호주 원주민의 대위법이 지닌 풍부한 질감에 비해 상대적으로 단순하다. 말과 교제의 중요성이 음악을 서서히 몰아낸 것 같다. 이 부분을 바라보는 또 다른 관점이 있는데, 숲길과 노랫길로 돌아가 멜로디와 비교해보는 것이다. 단조로운 북극 툰드라에서는 발자국이 길게 이어지지 못한다. 길을 내자마자 갓 내린 눈이 덮어버리기 때문이다. 따라서 이누이트의 길은 마음속에 내어지고, 심지어 호주 원주민의 노랫길보다 훨씬 더 상상 속에 존재하게 된다. 마치 그물코처럼 엮인 길들이 좀 더 추상적인 문화의 망으로 진화한 것 같다. 사피엔스들은 빙하기에 이 수준의 추상화를 강요당했고, 이는 신석기시대의 정착문화와 함께 생겨난 사회적 복잡성에 중요한 발전을 가져왔다. 농업의 발명에 관련된 인지적 혁명에 있어서도 마찬가지다.

우리는 이누이트가 현대적인 문화를 가졌음을 잊어서는 안 된다. 놀랍게도 북은 현대적인 악기다. 도자기를 굽거나 나무틀 위에 가죽을 당겨서 씌우는 기술은 현악기를 만드는 것보다 훨씬 더 최신의 것으로, 기원전 7천 년 무렵 개발됐다. 동그란 뼈대의 프레임 드럼frame drum을 보여주는 최초의 그림은 기원전 2천 년의 것으로 알려진 시베리아의 한 동굴벽화에 남아 있는데, 새처럼 하늘을 나는 샤먼이 이 북을 연주하는 모습이 있다.[59] 빙하기의 오르핀갈리크는 사슴 가죽을 소변으로 푹 적셔서 돌돌 만 나무껍질 위에 씌운 뒤 불에 데워서 수축 포장이 되게 했다. 그러나 우리에게는 이를 증명할 물적 증거가 없다. 그는 연주용 돌이나 종유석을 두드리면서 춤곡을 만들어냈을 가능성이 더 높다.

그럼에도 이누이트 음악의 몇 가지 특색이 시베리아에서 비롯됐을 것이라고 추론할 수 있다. 시베리아 추크치족은 '피크 에이넨pič eynen'이라고 하는, 여자들이 목으로 소리를 내는 목 노래throat-song로 대결하는 나름의 형태(카타자이트Katajjait)를 가지고 있다. 이누이트는 절대로 목 노래 게임과 북춤 노래를 동일한 의식에서 행하지 않았던 반면, 추크치족은 같이 행했다. 추크치족에게 이 두 게임은 통일성을 이루는 역할을 했다. 이 음악전통은 북미를 향해 서쪽(또는 동쪽)으로 전해지면서 두 가지 개별 음악으로 쪼개졌고, 여성과 남성에 의해 여러 다른 경우에 연주됐다.[60] '시베리아에서 벗어난' 음악 확산은 부족의 확산과 유사하게 이뤄졌으며, 통일성에서 다양성으로 진화했다. 이성적인 논리로 따져보았을 때 우리는 이 음악 확산이 4만 년 전으로 거슬러 올라가 가이센클뢰스텔레의 동굴에서 시작됐다고 추론할 수 있으며, 수많은 수렵채집인의 음악이 이후 다른 모습으로 진화했지만 본래는 함께 노래하고 연주했던 것임을 추측할 수 있다.

'아프리카에서 벗어난' 이주자 무리가 도착한 마지막 대륙인 아메리카에는 200부족에 달하는 '원주민First Nation'이 살고 있으며, 이들은 사실상 피그미족과 이누이트, 토착 호주인의 음악이 지닌 모든 특색을 갖가지 조합으로 보여주고 있다.[61] 북미 원주민 문화는 평화주의적이다. 이들은 사유재산 개념이 없고, 부족에 느슨하게 소속되어 있다(마음대로 부족을 떠났다가 합류할 수 있다). 또한 역사적으로 유목민으로, 물을 찾아 완만한 초원을 가로지르는 버펄로 떼를 따라다녔다.[62] 음악은 초자연적 기원에서 시작됐다고 여겨지는데, 치료주술사가 꿈속에서 듣는 소리였다고 한다. 노래에는 여러 타악기와 딸랑이, 불 로러bull-roarer(얇은 타원형 나무 조각 끝에 끈을 매고 빙빙 돌려 소리를 내는 기구—옮긴이)가 곁들여졌는데, 이 악기들은 말린 박이나 나무껍질, 거미집, 사슴 발굽, 거북 등 껍데기 등으로 만들었다. 북미 원주민들이 이누이트에 가장 가까운 양식을 지닌 젊은 수렵채집인으로 추정되는 건 이들이 프레임 드럼을 좋아하기 때문이다. 이누이트처럼 이들의 음악 역시 모노포니이다. 북미 원주민들은 가끔 다 같이 합창을 하기도 한다. 또한 음악의 중심에는 사냥이 있다. 이누이트가 어미 물개를 유인하기 위해 아기 물개처럼 노래하듯, 구슬픈 송아지의 울음소리를 흉내 낸 노래로 아메리카들소를 절벽으로 꾀어내는 식이다.

북미 원주민들의 노래가 여전히 젊은 축에 속하는 이유는 자신들의 의례와 역사를 의식하면서 흥미를 보여서다. 미시시피강 유역의 촉토족은 고대 인디언과 매머드의 시대까지 8천 년을 거슬러 올라가는 특히나 생생한 구전역사를 그대로 간직하고 있다.[63] 촉토족은 자신들이 신화적 이주를 하는 동안 창조자인 실럼비시 치토 Shilumbish Chito로부터 노래를 받았다고 말한다. 오늘날에조차 이들은 아침에 좋은 노래를 하면 조상의 목소리를 들을 수 있다고 주장한다. 이누이트가 한 줄로 춤추기를 좋아한다면 촉토족은 둥글게 서서 추는 춤을 좋아한다. 촉토족에게 둥글게 서서 추는 춤은 성스러운 세계를 상징하는데, 이 세계는 구의 단면처럼 생겨 네 개의 방위를 가졌고, 온전함, 균형, 지속성을 대표한다. 이 세계는 네 개의 악구로 구성된 노래의 순환에도 반영되어 있다. 촉토족의 원은 우주의 조화를 의미하는 보편적 상징인 티베트의 만다라와 유사하다. 나아가 촉토족은 역사적 시간에 대해서도 순환적 개념을 가지고 있으며, 역사가 겹겹이 층을 이룬다고 본다. 즉, 역사는 과거에서 현재, 미래로 일직선으로 흐르는 것이 아니라 시간의 층 사이를 위아래로 누비며 움직인다고 여긴다. 꿈꾸는 샤먼이 조상의 시간부터 현재의 시간까지 그리고 다시 과거로 우주의 각 층을 가로지르며 여행하는 것과 같다. 노래는 촉토족의 순환적 반복 그리고 변화를 가진 반복에 대한 상호작용에서 순환하는 역사를 의미하는 소리로 된 아이콘이다. 훌륭한 촉토족의 노래에서 가수들은 강력한 노래의 선창자가 분명하게 표현해주는 기본적 패턴 위에 음악 모티브를 입힌다. 보통 선창자는 샤먼 자신이 맡는다. 이는 혁신의 층을 거치는 과거의 끈기와 지속성을 나타내는 완벽한 은유다. 반복적 의례와 함께 축토족은 계절의 순환이 지배하는 정착사회라는 새로운 세계의 문을 두드린다.

이 네 개의 수렵채집인 문화가 아프리카에서 빠져나와 동쪽과 서쪽으로 향한 사피엔스의 흐름과 맥을 함께하는지 확실히는 알 수 없다. 결국 내 설명은 진화과학자들이 그럴듯한 이야기라고 부르는, 최고 수준의 우화가 된다. 반면 공통적인 음악의 관례를 공유하려는 지구의 멀리 떨어진 구석에서 나온 이 현대문명은 선사시대의 핵심을 입증한다. 즉, 이야기는 진실의 일면을 가지고 있다는 것이다. 이 생각은 우리에게도 영향을 미친다. 망원경을 거꾸로 향해놓고 보면, 이 고대 세계의 파편이 우리의 의식 구석에 여전히 살아 있다는 것이 놀랍다. 북미 원주민의 사기꾼 같은 신들이 변신한 토끼와 코요테는 현대의 만화영화에서 벅스 버니와 와일 E. 코요테라는 새로운 탈을 뒤집어쓰고 「루니 툰스Looney Tunes」의 음악에 맞춰 여전히 서로를 추격한다. 그리고 퉁구스(시베리아) 샤먼의 총대장인 그 유명한 성 니콜라스는 신석기시대의 종들이 만들어낸 음악에 익숙한 여덟 마리 카리부 순록들이 끄는 썰매를 타고 하늘을 가로질러 달린다.[64]

정착의 음악[*]

약 1만 2천 년 전 지구온난화로 인해 홍적세는 완신세로 흘러갔고, 인류는 '정착' 사회로 자리 잡고 농업을 발견했다. 그렇게 역사는 시작됐다. 적어도 엄청나게 복잡한 이야기를 짧게 만들자면 그렇고, 사실은 반전과 변화와 놀라움으로 가득 차 있다.[65] 예를 들어, 인류학자들은 정착이 농업의 발견 후가 아닌 전에 일어났다고 믿는다. 따라서 최초의 정착마을은 기원전 1만 2000년 레반트의 나투프 지역이었으며, 농업(식물과 동물의 길들이기)은 어느 정도 시간이 흐른 뒤인 기원전 9000년에 중동의 비옥한 초승달 지대에 등장했다.[66] 마찬가지로 놀라운 점은 이 연속적인 사건들을 촉발시킨 것은 새로운 종류의 종교로 보인다는 사실이다. 둥글게 세운 돌 같은 종교 사원을 세울 때까지 수백 년이 걸렸고, 그러기 위해서 사람들이 정착해야 했으며, 그 정착사회는 먹을거리가 필요했다. 우리는 음악이 이 종교들의 창시에 중심적 역할을 했으며, 이 극적인 사회적·물질적 변화에 따른 인지혁명에 함께했다고 추정할 수 있다. 정착사회는 어떻게 생각했을까?

수렵채집인들은 순간을 산다. 그러나 농부들은 한편으론 계절력에 늘 주의를 기울이며 매우 미래지향적으로 살고, 다른 한편으로는 과거에도 관심을 가진다. 고정된 장소에 거주하면서 지식을 축적하는데, 이는 전통이 되기 때문이다. 다시 말해, 많은 사람이 한곳에 정

---

[*]　'정착문화sedentism'는 오랜 기간 동안 한 장소에서 정착하는 관례를 의미하는 것으로 인류학자들이 선호하는 용어다.

착하게 되면 다음과 같은 일이 벌어진다. 이들은 서로를 주의 깊게 살펴보고, 집단관찰은 세월이 흐르며 문화적 틈새를 만들어낸다. 이는 결국 사람들의 행동을 바꾸기 위한 피드백이 되며, 전통을 통해 기억과 행동은 훨씬 더 공통적인 것이 된다. 전통을 포괄하는 것이 바로 종교의식이다. 종교의식과 계절력, 일상적인 부락생활 등 모든 요소를 아우르는 것은 원이라는 개념으로, 앞서 촉토족 사회에서 살펴본 내용과도 관련 있다. 심지어 오늘날에도 현대 정착사회에서의 음악은 일반적으로 마을의 중앙광장 주변을 맴돈다. 예리코와 같은 최초로 기록된 정착지 역시 원형이었다.[67] 성서에 따르면 예리코의 벽은 고대 이스라엘이 양의 뿔을 일곱 차례 불며 그 주변을 행진했을 때 무너지고 말았다.

우리는 앞서 정착문화의 새로운 기술(도예술과 금속술)이 최초의 프레임 드럼뿐 아니라 현악기와 금속악기를 탄생시켰음을 보았다. 신석기시대 정착사회는 토기로 냄비를 만들고, 냄비 위로 가죽을 당겨서 씌우는 방법을 발견했다. 또한 금속으로 종과 징을 만들고, 가축의 내장으로 현악기를 만드는 법을 배웠다. 좀 더 일반적으로, 악기는 이제 크기와 무게, 섬세함을 키우는 것이 가능해졌다. 망가지기 쉬운 하프도 장거리 여행을 하느라 부딪치고 긁힐 필요가 없어졌다.

부락의 사회적 복잡성 덕에 악기 역시 다양해졌다. 우리는 회반죽을 바른 벽이나 도자기에 그려진 그림에서 훨씬 더 풍부한 악기들이 조합되어 연주되는 모습을 보며 이를 추론할 수 있다. 신석기시대 음악을 더욱 깊이 파고들기 위해 경험에서 우러난 추측을 할 수 있다. 우선 앞서와 같이, 전 세계 현대의 정착 음악문화에 대해 이미 알고 있는 점들을 바탕으로 지도를 그릴 수 있다. 또한 신석기시대의 음악이 반복적 의례가 가진 안정적 힘과 같이 농경생활의 다른 측면들과 동일한 원칙을 바탕으로 만들어졌다는 타당한 짐작도 가능하다. 음악작품을 영구적이고 안정적인 존재로 보는 현대적 개념은 아마도 약 1만 년 전 정착문화와 같은 시기에 싹텄을 것이다. 우리가 이미 살펴보았듯 수렵채집인의 음악은 고정된 멜로디가 아니라 음악의 기본 단위들로 만들어졌고 자꾸 바뀌는 게임처럼 조립됐으며, 음악은 매번 연주될 때마다 달라졌다. 신석기인들은 음악을 반복하면서 아이들에게 전해줬을 것이다. 우리가 동일한 순서로 멜로디를 반복한다면 이는 본질적으로 곡을 만들어내는 것과 같다. 추측에 근거한 이야기지만, 안정적인 사회의 논리를 따라가다 보면 신석기시대의 음악에서 선율이라는 개념이 고안됐을 가능성이 높아진다.

이 이론의 증거물 A는 1994년 클라우스 슈미트Klaus Schmidt가 발견한 고대 튀르키예 아나톨리아 언덕 위에 세워진 사원이다. 기원전 1만 년으로 거슬러 올라가는 괴베클리 테페는 지구에서 가장 오래되고 흥미진진한 고고학적 발굴지이며 역사의 전환점이다(그림 5-4).[68] 괴베클리 테페는 실제로는 언덕이 아니라, 거석문화시대에 울타리를 쌓은 일련의 구역 혹은 성역을 형성한 인공 둔덕이다. 이 구역 내에 T모양의 통기둥이 원을 그리고 있는데, 각 기둥은 인간이 두 팔을 옆으로 쭉 뻗고 우뚝 서 있는 모습을 나타낸 것이다. 원을 구성한 기둥들보다 더 위로 솟은 것은 6미터 높이의 중앙 통기둥이다. 돌기둥은 황소, 여우, 뱀, 거미와 전갈 등의 그림으로 장식되어

있고, 아마도 위험한 동물들과 연계된 공포를 극복한다는 차원에서 종교로 기능했을 수 있다. 음악가들이 괴베클리 테페의 거석에 흥미를 가지는 건 이 거석들 역시 연주용 돌이었기 때문이다.[69] 움푹 파인 기둥 중앙부를 손으로 세심하게 두드리면 14헤르츠의 초저주파 공명과 함께 북소리가 난다. 소리는 귀를 지나쳐 몸에 직접적으로 영향을 미칠 만큼 낮다. 지하철이 지나가는 우르릉 소리를 몸이 '듣는' 것과 같다. 고고학자들은 고대의 지하 목욕 장치인 몰타의 샤라와 그리스의 에피다우로스의 원들이 그렇듯 돌 아래 땅이 비어 있을 것이라고 믿는다. 사실상 괴베클리 테페의 지하 상자는 거석의 공명을 위해 변환기(에너지를 전환하는 장치) 역할을 한다. 이 부분은 돌 '현'

으로 된 거대한 하프를 위한 울림통인 것이다.

괴베클리 테페에서, 모하메드는 산으로 오르지 않았다. 산이 모하메드에게로 왔다. 그 연주용 돌은 산이나 동굴 같은 자연환경의 붙박이가 아니다. 사람들은 일부러 이곳을 건설하고 정리했다. 거석으로 둘러싸인 공간은 음악이 주도하는 종교의식을 위한 장소로, 근처 마을을 위한 곳이었다. 농경 초기시대에 가장 유명한 아나톨리아 마을의 예는 차탈회위크로, 이는 콘야라는 오늘날의 튀르키예 도시 근처에 있는 34에이커(41,621평)의 땅이다.[70] 차탈회위크는 진흙 벽돌로 만든 방 하나짜리 집이 빽빽하게 모여 있는 지하 묘지로, 이 집은 지붕 구멍을 통해 들어갈 수 있다. 기원전 7200년부터 5700년까지 전성기를 누렸던 차탈회위크에는 만 명가량이 살았고, 모든 의미에서 정착사회였다. 음악적 유물은 아무것도 남지 않았지만, 차탈회위크의 회반죽벽(그림 5-5)에 그려진 심상에서 대부분 드러난다. 한 그림에는 서른 명이 커다란 황소를 둘러싸고 춤을 추고 있다.[71] 신석기 암면미술은 여러 동물과 사람들의 상을 담고 있는데 상호작용하는 모습은 거의 없다. 인간과 황소를 하나의 시각적 공간에 표현한다는 것은 차탈회위크 주민들의 삶과 의식에서 가축이 중심이 되었음을 의미한다. 프레임 드럼을 가장 처음으로 표현한 프레스코 벽화도 있다. 한 등장인물은 원시적인 활 모양 하프처럼 보이는 악기를 연주한다. 다른 이는 아프리카 남부의 현이 하나인 활(말룽가malunga와 베림바우berimbau)을 연주하듯 두 개의 활을 한꺼번에 문지른다. 프레스코 벽화는 뜯거나 긋는 현악기와 북으로 구성된 초창기 오케스트라를 묘사한다. 인간의 다채로운 피부색은 오케스트라가 남성과 여성,

그리고 다양한 인종으로 구성되었음을 암시한다. 방은 노래와 연극, 춤을 포함한 종교의식에 필요한 제단처럼 보인다.

그림 5-5. 사냥용 활을 보여주는 차탈회위크의 벽화
© Getty Images

사실 차탈회위크에는 그런 제단이 많은데, 각 제단은 음악이 집 안에서 연주됐음을 시사한다. 농업의 부산물인 음악의 가정화는 음악이 풍경(동굴 또는 산)에서 사원(괴베클리 테페의 거석)으로 향했다가 사람들의 영구적인 집 내부로 흘러가는 여정에서 어마어마하게 중요한 순간을 의미한다. 반복이 의례의 기초라면, 차탈회위크의 집들은 그 의식들이 문자 그대로 어떻게 땅에서 솟아났는지를 보여준다. 주택은 모두 동일한 모양과 크기를 가졌고, 몇 천 년 이상 흐르는 동안이 집들은 발아래 묻힌 조상들의 머리 위로, 같은 장소에 계속 지어졌다. 우리는 차탈회위크의 음악이 동일한 방식으로 계속 만들어졌

다고 상상해볼 수 있다. 또한 제실에서 발굴된, 사실상 똑같이 생긴 황소 머리 조각상과 테라코타로 빚은 풍요의 여신상 수백 개처럼 음악 역시 표준화됐다는 것도 알 수 있다.

표준화는 사회적 위계가 없음을 의미한다. 동일한 크기의 생활 공간으로 판단하건대 차탈회위크는 수렵채집 사회만큼이나 평등주의 사회였을 것이다. 그러나 농업이 점차 안정화되면서, 많은 풍작을 거둔 이는 부를 축적하게 되었고 이는 사회적 불평등으로 이어졌다. 일부 사람들은 먹을거리를 키우느라 등골 빠지게 일해야 했고, 여유 있는 계층들은 이를 관리하고 지키며 기도를 했다. 차탈회위크로부터 4천 년이 흐른 뒤 기원전 3000년에 스톤헨지에서 열린 음악의식에 참여한 마을 사람들은 현대의 공연장에 모인 관객들처럼 사회적 지위를 의식했다. 상류층 사람들은 돌 중앙이나 근처에서 있었고, 하층민들은 가장자리로 점차 밀려났다. 이는 음향고고학자인 루퍼트 틸Rupert Till이 제시한 이론으로, 스톤헨지의 훌륭한 음향 자산은 오랫동안 찬양받아왔다.[72] 《테스Tess》의 작가 토머스 하디Thomas Hardy는 이렇게 썼다. "윙윙거린다. 귀를 기울여라!" 테스의 연인 엔젤은 이렇게 말했다. "바람은 커다란 조형물을 스치고 지나가며 윙윙 울리는 선율을 만들어내고, 현이 하나인 거대한 하프로 음정을 연주하는구나." 스톤헨지는 세 가지 방식 즉, 하디가 들은 것과 같이 '바람의 사원'으로서, 북과 다른 타악기로 음악을 창작하는 장소로서, 그리고 연주용 돌을 두드리는 집결지로서 소리를 만들었다. 청회색 사암으로 만든 규모가 작은 거석들은 더 커다란 사르센석(사암)과 구분되는데, '울리는 돌들'이라고 불리는 웨일스의 어느 지역에서부터 내내 끌어온 것이었다. 운반하고 곡선으로 다듬고 윤을 내는 노력에 더해 이 오목한 표면이 원의 중심을 향하도록 배치하는 지혜까지, 이 모든 것이 장기간에 걸친 계획을 세우는 것이 가능했던 문화임을 시사한다. 더 정확히 말하면, 유럽에서 대성당을 세우는 기간보다 1,500년이 더 걸리는 '장기간'이다.

스톤헨지는 황홀경에 빠지는 파티를 열 수 있는 신석기시대의 장소였다. 현대의 레이브 문화가 그 영광을 이어받고 있음은 우연이 아니다. 스톤헨지에서 파티를 즐기던 신석기인들은 진흙이나 나무로 만든 북이나 나무 조각을 연주하고, 아니면 그저 작은 돌들을 맞부딪쳤다. 원 안에서 소리는 각 거석에 부딪혔다가 증폭됐고, 성바울 대성당의 속삭이는 화랑 또는 베이징 천단에 있는 황궁우의 메아리 벽과 다를 바 없는 효과를 만들어냈다. 또한 야외에서 이뤄진 만큼 부가적인 효과도 더해졌다. 스톤헨지의 거석 절반이 사라졌기 때문에 정확히 어떤 소리가 났는지는 알기 어렵다. 틸은 디지털 컴퓨터 모델링을 사용해 원래의 효과를 재구성해보았다. 그는 작은북의 중심부를 치며 연주할 때 그 고주파의 음이 최고의 소리를 만들어냈을 것이라고 추측했다. 또한 중요하게는 돌로 만든 원의 중앙에 서 있는 청중들에게 그 반향이 가장 강력했을 것이라고 보았다. 사르센석으로 만든 원 바깥이지만 여전히 주변을 둘러싼 둑과 배수로 안쪽에 자리한 이들에게는 음향효과가 조금 떨어졌고, 둑과 배수로 바깥으로 밀려난 청중들에게는 가장 효과가 떨어졌을 것이다. 중앙을 차지할 만큼 운이 좋거나 중요한 이들에게 이곳은 말 그대로 '상석'이었다.

다시 한 번 우리는 음악의 선사시대가 일직선으로 움직이지 않음을 보게 된다. 암면미술이든 연주용 돌이든 농업이 등장했다고 사라지지 않았고, 특히나 비옥한 초승달지대를 벗어난 세계까지 시야를 넓혀보면 더욱 그렇다. 남인도 쿠팔에서 현지인들은 절벽에 매달린 신석기시대 화강암 바위를 '음악의 바위'라 부른다.[73] 이 바위들은 한 대 쳤을 때 깊고 징 같은 소리를 낸다. 오직 소를 모는 젊은 남성들만 이 돌을 연주할 수 있다. 언덕 꼭대기 바로 밑에 수직으로 선 바위 표면을 오를 만큼 힘이 세야 하기 때문이다. 바위들엔 의인화된 형상과 가축 혹은 성관계하는 모습을 새긴 암각화가 있다. 절벽 근처로 고대 소들의 배설물이 쌓여 있는데, 이는 신석기인들이 가축을 기르는 목축농업을 했음을 증명한다. 들쭉날쭉한 음악의 돌에 접근할 수 없게 한 것은 소를 기르는 문화의 위계질서로 비춰볼 때 전혀 이상하지 않다. 소를 기르는 문화에서는 소 떼와 가장 가까이 접촉하는 이들이 가장 높은 지위를 지닌다. 음악이 어떤 소리를 냈는지 살피자면 가축과 깊이 연관된 정착문화에서 현대적 사례를 찾을 수 있다. 우리는 1장에서 르완다의 투시족을 만나보았다. 또 다른 사례로는 남수단의 누에르족이 있다.[74] 이들이 부르는 거의 모든 노래에 가축이 등장한다. 이 노래들은 나일 골짜기의 목초지에서 가축을 돌보며 오랜 시간을 보낼 수 있게 도와준다. 누에르족 성년식에서 소년은 소를 찬양하는 노래를 만들어야만 한다. 이 노래는 피리나 팬파이프로 반주를 맞춘다. 북은 없다. 왜 그럴까? 생리음악학자 닐스 월린Nils Wallin이 제시한 그럴듯한 이유는 '고음역에서의 음조 패턴이 가축에게 가장 강력하게 인지효과를 일으키는 음향적 기능을 가졌다'는 것이다.[75] 분명 피리 음악은 가축들을 차분하게 가라앉히는 반면 북소리는 어지럽힌다. 다음 장에서 살펴보겠지만, 누에르족의 고대 이집트계 조상들은 이를 완벽하게 이해했고, 그렇기 때문에 이들의 음악은 피리와 하프로 구성된 차분하지만 경쾌한 가락이 지배한다. 서양 클래식에서도 전원 음악을 나타내는 대표적인 소리는 이와 비슷하다(드뷔시의 「목신의 오후Prélude à l'après-midi d'un faune」를 떠올려보자). 마을 전체로 높은음이 퍼져나갈 때 쿠팔의 바위 징은 꽤나 멀리 떨어져 있어 아마도 소 떼에게 겁을 주진 않았을 것이다.

소음 때문에 화가 나고 겁에 질린 소는 네팔의 박타푸르 거리를 달려가고, 나무막대기와 심벌즈를 두드리고 '드하dha'라는 작은 북통을 치는 음악가들이 그 뒤를 쫓아가며 행진한다.[76] 이는 가이자트라Gaijatra라는 고대 행사로, 지금도 매년 우기 동안 굴라Gula라는 달의 두 번째 주일이 시작되는 날 열린다(동물을 존중하기 위해 오늘날 소뿔로 장식한 대나무 막대기가 소 대신 등장한다). 가이자트라는 전해 세상을 떠난 박타푸르 사람들을 기리는 축제다. 소는 영혼들이 이승과 저승을 가르는 신성한 강인 바이타르니강을 건널 수 있게 해준다. 음악가들은 한 사원에서 다른 사원으로 옮겨 다니고 마을을 훑다가 중앙광장에 도착하기까지 원 모양의 코스를 밟는다. 원형의 행진은 마을의 지리를 그릴 뿐 아니라 계절의 순환과 생명의 순환, 우주의 형태와 힌두교 카스트 제도의 위계질서를 상징한다.

가장 중요한 부분은 이 모든 게 음악가들이 연주하는 음악의 순환적 형태를 통해 소리에 담긴다는 점이다. 가이자트라의 소위 '막대기 춤'의 음악은 앞서 설명한 수렵채집인의 음악처럼 자유롭고 즉흥적으로 만들어지는 게 아니다. 이 음악은 농촌부락을 지원하기 위한 사회적 전통으로 정해졌고 의례화됐다. 패턴은 다음과 같다. 일곱 걸음마다 무용수들은 몸을 돌려 서로를 바라보고 막대기를 내민다. 또 다른 농경의식 사례인 영국의 모리스 춤과 비슷하다. 이 동작은 춤의 첫 부분에 일어난다. 행렬이 중요한 사원에 도착하면, 무리를 이끄는 무용수는 다른 이들에게 속도를 높여서 세 번째 박자마다 막대기를 내밀라고 신호를 준다. 그렇게 되면 박자가 좀 더 빨라지면서 음악이 점점 더 신나진다. 전 세계 대부분의 노래는 진행되는 과정에서 점차 빨라지고 더욱 격렬해진다. 사실상 모든 팝송이 그렇다. 음악이 점진적으로 강화되는 것은 하나도 이상할 게 없다. 음악적 시간을 클라이맥스를 향해가는 주기라고 볼 때 이는 필연적 결과다. 실질적으로 달력과 같다. 가이자트라는 강렬함의 파도를 타고 오르내리며 계절의 순환을 반영한다. 이렇게 고도로 의례화된 음악은 수렵채집인의 개방적이고 참여적인 노래와는 다르다. 부족의 모든 일원이 그저 즐기면서 노래에 참여했다가 빠진다면, 음악은 시작과 중간, 끝으로 구성될 수 없기 때문이다.

동물과 음악의 가장 매력적인 측면 가운데 하나는, 9장에서 살펴보겠지만 동물들이 몹시도 인간의 음악을 싫어한다는 것이다. 음악의 궁극적 기원이 동물을 목소리로 표현하는 데 있음을 생각하면 이는 시사하는 바가 크며, 이 책의 가장 두드러진 주제도 되돌아보게한다. 다시 말해, 역사와 진화의 모든 단계에서 인간의 음악은 동물과 얽혀 있다. 혹자는 음악적 인간의 본질적 의미를 규정하는 특성이 동물에의 집착에 있다고 조심스레 말할 수도 있다. 부분적으로 음악은 사피엔스가 위험한 동물들, 더 나아가 동물의 모습을 한 영을 동굴에서 몰아내기 위해 타악기처럼 뭔가를 두드려서 소리를 내던 데서 비롯됐다. 음악은 말 그대로 정착할 수 있는 공간을 만들어낸다. 긍정적으로 보았을 때는 그 마법적인 기운 때문이고, 부정적으로 보았을 때는 악마를 계속 몰아내고 문명과 자연, 마을과 숲 사이에 경계선을 정하는 회피적 힘 때문이다. 따라서 음악은 정착보다 앞섰다. 이것이 괴베클리 테페의 사원이 주는 교훈으로, 종교와 음악이 정착문화에 자극을 주었다는 증거가 된다. 요컨대 이는 음악이 할 수 있는 많은 일 중 일부다. 음악은 공간을 만들어낸다. 음악은 정착지의 경계선, 그리고 인간의 세계와 동물 영역의 구분선을 만들어낸다. 인간과 신 사이를 중재하고, 그 기원에서 동물과 농업의 역할을 설명해준다. 음악의 역할을 보여주는 가장 흥미진진한 사례는 지구상에서 네팔의 정반대에 있는 아마존 열대우림의 한 마을이다.

이전 장에서 언급했던 브라질 마토 그로소의 키세제족은 농업이 어디에서 시작됐는지 설명해주는 기원 설화를 가지고 있다. 이들은 옛날에 썩은 통나무에서 살았으며 어느 날 생쥐 한 마리가 옥수수와 고구마를 기르는 법을 가르쳐줬다고 믿는다. 소년을 위한 통과의례이며 여러 의례로 가득한 한 해의 최고조에서 열리는 생쥐의 의식이 절정에 이를 때, 키세제족 소년은 상징적으로 쥐로 변신한다. 한 해 동안 각 계절에는 저마다의 의례가 있다. 가이이Gaiyi 의식은 우기의 마지막을 기념하며, 생쥐의 의식은 옥수수가 익을 때 열린다. 정원의 노래는 밭을 태워 개간할 때 부른다. 꿀벌의 의식은 정원의 분할을 기념하는데, 이때 사람들은 집에서 집으로 벌처럼 몰려다닌다.

각 사회집단은 저마다의 노래를 가졌으며 그 노래를 부르도록 허락받은 장소도 보유한다(마을광장, 집, 숲 등). 키세제족 노래는 사회를 반영할 뿐 아니라 창조해낸다. 예를 들어, 평소에는 서로 대화하지 않을 매부와 처남, 시숙 또는 적들이 함께 노래를 부를 수 있다. 흥미롭게도 키세제족은 노래 형식(즉, 프레이징의 길이와 구조)과 배경 형식 사이에 분명한 유사성을 만들어냈다. 가장 '고전적인' 음악은 서양에서 말하듯 가장 주요한 장소에서 생겨나기 마련이다. 바로 마을의 중앙광장이다.

인류학자 앤서니 시거는 키세제족과 많은 시간을 보내면서, 마을이 일 년 내내 콘서트가 열리는 콘서트장이며 마을 사람들은 오케스트라라고 믿었다.[77] 마을은 중앙광장 주변에 초가집이 둘러싸고 있어 극장처럼 구성된다. 남자 가수들이 광장을 둥글게 에워싸면(오직 남성들만 그렇게 하도록 허락된다), 집에서 눈물 흘리는 여성들이 여기에 답했고, 늙은 남성과 아이들은 고함을 치고 소리를 지르며 낄낄웃었다. 이 공연 동안 만들어지는 모든 소리는 음악으로 간주된다. 확실한 중앙집중식 위계질서가 존재하고 중앙광장으로부터 음악의 중요성이 방사상으로 퍼져나가지만, 키세제족은 연주자와 관객 사이에 장벽이 있다고 생각하지는 않는다. 여기에서 우리는 피그미족과 호주 원주민의 표현 형식인 폴리포니의 의미를 다시금 생각해보게 된다. 한편으로 키세제족 노래에는 대위법이 쓰이지 않는다. 같은 가락을 여럿이 동시에 부르거나 하나의 성부만 노래한다. 이들은 악기에 그다지 관심을 기울이지 않으며, 타악기조차 사용하지 않는다. 키세제 음악은 본질적으로 성악이다. 그러나 공연을 둘러싼 소리와 소음에는 전체적으로 더 광범위한 '대위법'이 존재한다.

키세제족이 먼 '조상'을 언급할 때, 그들의 전통이 아주 오랜 과거까지 거슬러 올라갈 것이라 생각하거나 그들의 문화가 세월이 흘러도 변치 않을 것이라 상상하는 것은 일종의 판타지다. 키세제족은 구체적 맥락과 역사를 가졌다. 이들은 브라질 싱구Xingu 국립공원 상부에 정착한 부족들로 이뤄진 다채로운 집단의 일부일 뿐이며, 식민지적 갈등에 의해 19세기에 좀 더 북쪽으로 밀려났다.[78] 특히나 아라와크족과 카리브족, 카마유라족과 강력한 관계를 맺고 있는데, 이들은 각각 독특하고 마찬가지로 복잡한 음악 천지학musical cosmography을 보유하고 있다. 예를 들어 카마유라족의 음악에는 목소리보다 피리가 주도적으로 쓰이고, 이들은 피리의 힘을 부족의 용기, 숲속에서 자기네 구역에 정착하는 행위 자체와 연관 짓는다. 모든 부족은 자신들이 외부인으로부터 새로운 노래를 배운다고 믿는다. 수렵채집인들이 노래를 찾아다닌다면, 정착문화는 포로처럼 사로잡는다. 이런 이유로 1만 년 전 정착생활을 시작한 인류가 공유해온 것은 음악문화의 세부적 특징들이 아니라 공간과 경계, 외부인의 개념을 형성하기 위해 음악을 사용했던 메커니즘일 것이다.

우리가 버려야 할 또 다른 미신으로는 정착사회가 반드시 유목사회 이후에 등장했다는 것이다. 조건이 맞지 않을 때 정착생활은 망가지고 사람들은 길거리로 되돌아갈 수 있다는 것은 상식이다. 실제로 북미의 사례가 (또는 중동으로 다시 돌아가서, 네게브 사막에서 방황하는 이스라엘인들이) 그렇다. 한 가지 구체적인 실례는 애리조나주의 푸에블로 인디언들로, 서기 500년에 이들은 농업을 발견하고 원형의 마을을 세웠으며 다양한 음악과 춤을 그림으로 남겼다. 도자기 항아리에 그려진 그림은 한 무리의 사람들이 서로 어깨동무를 하고 원을 그리며 춤추고 있으며 피리 연주자 한 명이 근처에 서 있는 모습을 보여준다.[79] 원을 그리는 춤의 핵심은 사회적 집합체라는 미명하에 개인의 신체적 자유(예를 들어, 팔의 움직임)를 제한하는 것이다. 유목생활을 하는 호피 인디언은 푸에블로족의 자손으로, 이들 역시 원을 만들며 춤을 춘다. 그러나 이들은 오늘날 더 이상 서로의 어깨에 팔을 올리지 않고 각자 춤춘다.

마야인

역사학자들은 여전히 초기 인류가 멕시코라는 좁은 통로를 통해 남아메리카로 조금씩 넘어갔는지, 아니면 원시적 배를 타고 태평양을 건넜는지 여부에 대해 논쟁한다. 어느 쪽이든 팔레오 미국인 문화는 마야와 잉카, 아스테카 같은 문명이 세운 일련의 도시국가들로 절정에 이르렀다. 멕시코 보남팍의 고대 마야 도시에서 발견된 사원 벽화는 음악이 도시로 왔을 때 무슨 일이 벌어지는지를 보여준다(그림 5-6). 두 명의 나팔 연주자가 그림 바깥쪽을 향해 열렬히 연주한다. 열두 명의 남성으로 구성된 이 오케스트라의 다른 연주자들은 아마도 연극 행렬의 일부로, 드럼과 딸랑이, 오카리나(호루라기처럼 생긴 작은 피리)를 연주한다.[80] 벽화는 마야의 고전기Mayan Classical Period를 훌쩍 넘긴 775년에 그려진 것으로 추정되지만, 이 그림이 묘사하는 음악은 3천 년이나 앞선 선고전기(기원전 2000년~기원후 250년)에 연주됐을 가능성이 높다. 나팔은 나무로 만들어졌는데, 마야인들은 800년이 되어서야 야금술을 습득했다. 또한 스페인인들이 들여오기 전까지 모든 현악기가 아메리카 대륙에서 낯선 존재였다는 사실 역시 놀랍다.

그림 5-6. 보남팍의 마야 사원에 그려진 벽화의 세부 모습
© DEA/G. DAGLI ORTI/De Agostini via Getty Images

마야 역사에서 우리는 1523년 페드로 데 알바라도Pedro de Alvarado가 지휘하는 스페인군에 마야가 패배한 뒤 탈접촉기 혹은 탈식민기 후반부에 목격자가 직접 진술한 이야기를 들을 수 있다. 다음은 1624년 마야인들이 전투에서 잡은 포로를 제물로 바칠 때 나무 나

팔을 사용했다는 내용이다.

> 말뚝에 묶인 포로는 재규어와 퓨마, 독수리와 다른 동물로 분장한 네 명의
> 무용수들로부터 공격을 받았다. 무용수들은 고함을 지르고 삼현금처럼
> 보이는 길게 비틀린 나팔을 연주하는 등 지독할 정도로 시끄럽게 굴면서
> 포로를 죽이려 했다. 섬뜩하고 음울한 소리는 누구든 간담을 서늘케 하며
> 겁을 주기에 충분했다.[81]

　마야인들이 거주하던 저지대에서 발굴한 화병에는 놀라울 정도
로 세세한 그림이 그려져 나름의 이야기를 들려준다. K731이라는
이름표가 붙은 이 화병에는 거북 등을 가르고 나온 마야의 옥수수
신이 등장한다(이 거북은 그 외에는 생기 넘치고 상태도 좋아 보인다). 또 다른
신이 카누 뒤쪽에서부터 거북 등을 사슴의 갈라진 뿔로 두드리며 다
가온다.[82] 마야의 천문학은 오리온자리를 거북이라 불렀고, 지구는
원시 바다에서 헤엄치는 천상의 거북 등 위에 올려져 있다고 보았
다(테리 프래챗Terry Pratchett의 소설 《디스크월드Discworld》는 이 아이디어를 빌려왔
다). 화병에 그려진 그림은 음악을 농업, 천문학, 동물숭배와 혼합했
는데, 이것이 마야의 음악 천지학의 핵심이 된다. 과테말라의 현대
마야인들은 오늘날에도 라스 포사다스 의식에서 옥수수자루 두 개
를 손에 쥐고 거북 등으로 만든 북을 치면서 풍년을 기원한다. 또한
라브lahb라는 표현을 여전히 쓰는데, 이는 마야어로는 Ch'orti'(초르티)
로 '토르티야 요리사가 능숙하게 북을 치다'라는 의미다.
　잉카와 아스테카처럼 마야 역시 독재적인 왕을 중심으로 정착사

회의 농업적이고 위계적인 특성을 의례로 확장했다. 기원전 600년에 번창했던 마야 도시, 엘 미라도르는 10제곱마일 넓이의 지역을 차지했으며, 세계에서 가장 큰 피라미드로 높이가 72미터에 달하는 라 단타La Danta도 보유했다. 라 단타의 꼭대기에서는 제물로 바쳐진 희생자들의 심장이 나팔처럼 부는 소라껍질의 무시무시한 소리로 인해 마구 요동쳤다. 저 아래쪽 중앙광장에서는 커다란 행렬이 태양이나 옥수수신을 향해 노래를 했다. 이런 행렬을 묘사한 가장 생생한 기록에는 페루에 있는 잉카 도시 쿠스코에서 1535년 4월 열린 잉카추수축제가 담겨 있다. 스페인 식민지배자인 후안 데 베탄소스 Juan de Betanzos는 이 축제를 다음과 같이 관찰하고 묘사했다.

이 행사는 1535년 4월 쿠스코 골짜기에서 그들이 옥수수와 다른 작물들을 추수할 때 벌어졌다. 매해 추수가 끝난 후 쿠스코의 지배자들이 태양에 훌륭한 제물을 바치는 관습이 있다. … 이들은 두 줄로 나뉘었고, 각 줄에는 3백 명 이상의 우두머리가 늘어섰다. 서로를 마주 보는 합창대가 함께하는 행렬 같았는데, 이들은 매우 조용하게 서서 태양이 떠오르길 기다렸다. 태양이 조금씩 떠오르면 훌륭한 질서와 조화를 가진 노래를 단조롭게 부르기 시작했다. 이들은 폴리포니 가수들처럼 발을 번갈아 구르면서 노래했고, 태양이 떠오르면 더욱 목소리를 높였다.[83]

이들이 노래하는 동안 위대한 잉카의 왕은 천막 안 왕좌에 앉아 지켜보다가 가끔 걸어 나와 합창대에 합류한다. 이 행사는 일출부터 일몰까지 계속된다. "정오까지 태양은 계속 솟아오르기 때문에 이들의 목소리는 계속 커졌고, 정오를 지나면서는 태양을 따라 조심스레 잦아들었다."

구경거리나 종교로서가 다가 아니었다. 마야인들은 집과 법정에서도 음악을 즐겼다. 오카리나와 다른 악기들이 가정집 부엌의 폐허 속에서 발굴됐는데, 아마도 가족들의 즐거움을 위해 연주됐을 것이다. 작은 조각상 뭉치는 원숭이 얼굴을 한 노래하는 샤먼 주변에 앉은 모습으로 발견됐다. 조각상 하나는 권투를 하면서 나팔을 부는 부서진 난쟁이였다(마야의 권투는 재규어가 앞발을 휘두르는 모습을 따라 한 것이다). 또 다른 난쟁이상은 춤을 추면서 딸랑이를 연주하는 모습이었다.[84] 명랑한 해학을 제쳐두고, 마야인들은 노래를 우두머리들의 업적을 보여주는 미덕으로 매우 진지하게 받아들였다. 벽화에 쓰인 그림문자(비종교적인 상형문자)는 뺨에 빨간 점을 찍은 가수들과 그 입에서 피어나는 꽃들을 의미했다.[85] 빨간 점은 '우두머리'를 뜻하고 꽃은 가수가 음악의 신을 흉내 냄을 보여준다. 음악의 신은 언제나 머리에 꽃 장식을 둘렀다. 마야인들이 음악을 향에 연관 지었기 때문이다(음악과 향 모두 바람이 나른다). 이 상징들의 집합은 본질적으로 마야의 가수들이 남성이며 매우 존경받았음을 의미한다. 나아가 가장 성공한 가수는 왕과 왕자임도 보여준다.

마야의 태양의 노래는 실제로 어떻게 들렸을까? 이 이교도들의 관례에 경악한 스페인인들은 손에 넣을 수 있는 사실상의 모든 것을 파괴했으며, 아마 여기에는 양피지 악보도 포함됐을 것이다. 우리는 마야의 복잡한 상형문자 체계에 기보법도 있는지는 확신할 수 없다. 그러나 음표가 어떻게 움직이는지를 더 넓은 관점으로 본다면 어떤 부분은 살아남았을 수도 있다. 악보의 선은 사실 시간의 흐름에 따른 음악의 파동을 나타내는 것일 뿐이다. 음악에 맞춰 팔을 흔드는 일은 날것의 행위이면서 그 나름의 표기법이기도 하다. 마야 예술에서 말의 두루마리는 소리의 세기를 보여주기 위해 넘실거리는 모습으로 사람들의 입에서 펼쳐져 나온다.[86] 비의 신 차아크의 입에서 나온 우레와 같은 반향은 그의 말 두루마리의 들쑥날쑥한 선에 의해 생겨난다. 미사어구는 채찍처럼 생긴 말 두루마리에 따라 노련하게 주고받을 수 있다. 전투 소음은 마야 북에 그려진 V자 모양의 평행한 줄로 표시된다. 이 소리는 1523년 아스테카 제국의 수도 테노치티틀란을 두고 전투가 벌어졌을 때 에르난 코르테스$_{Hernán Cortés}$를 겁줄 수 있게 소음처럼 만들어졌을 것이다.

> 일단 승리를 거두자 이 도시의 주민들은 경찰 총장과 페드로 데 알바라도를 겁주기 위해, 죽었든 살았든 포로로 잡은 스페인 사람을 모두 틀라텔롤코 시장으로 끌고 갔다. 그곳의 높은 탑에서 포로들을 벌거벗기고 가슴을 갈라 심장을 꺼낸 뒤 우상에게 제물로 바쳤다. … 적들은 낮과 밤 내내 북을 치고 나팔을 불면서 이날을 기념했는데, 어찌나 시끄러운지 세계가 끝나버린 것처럼 보일 지경이었다.[87]

끝나버린 것은 마야인들의 세계이지 우리의 세계가 아니었다. 살아남은 한 가지 소리는 돌 그 자체에 잠들어 있다. 매년 춘분이 되면 고대 마야의 도시인 멕시코 치첸이트사 쿠쿨칸 피라미드에는 날개 돋친 뱀 케찰의 모습을 한 그림자가 드리운다. 이는 매해 하늘에서 내려오는 신을 상징한다. 그곳에서 손뼉을 치면 피라미드는 새가 지저귀는 듯한 메아리로 화답하는데, 날개 달린 케찰 새가 길게 끌며 우는 하강조의 소리로 들린다.[88] 다시 한 번 새가 음악의 기원 주위를 맴돌고 있는 것이다.

서양의 조율

시대마다 저마다의 소리가 있다. 기원전 1만 2000년 무렵 하느님의 귀는 중동에 머물렀고, 아마도 어떤 부족을 '선택받은 민족'으로 뽑을 것인지 고민하다가 엄청난 북소리를 들었으리라. 기원전 4000년의 음풍경은 하프와 피리로 부드러워졌다. 기원전 1700년에는 일종의 더블오보에라 할 수 있는 아울로스의 찢어지는 소리가 끼어들었다. 로마인들은 나팔을 좋아했다. 고대 세계라는 서사시는 4악장으로 구성된 교향곡이다.

제1악장: 빙하기. 전율 가득한 타악기
제2악장: 청동기. 하프와 피리로 만들어내는 목가적이고 전원적
　　　　　인 느린 전개.
제3악장: 철기. 새로운 암흑기로 접어듦. 음악은 더 빠르고, 시끄

럽고, 날카로워짐.

제4악장: 로마제국. 나팔 소리와 함께 의기양양한 군대 행진.

소리는 안정과 붕괴, 질서로의 회귀라는 고대 이야기를 들려준다. 몇 천 년 동안 하프와 피리는 고대 이집트 왕국의 두드러진 악기였다. 도해를 보면 알 수 있다. 그러다가 어떤 일이 벌어져 이집트의 음풍경에 충격파가 전해졌다. 이집트 제19왕조(기원전 1307~1070)의 언젠가에 쓰인 한 파피루스에는 즐거운 불협화음을 담은 그림이 그려져 있다(그림 6-1).[1] 한 음악가가 아울로스를 불면서, 류트와 리라, 하프를 연주하는 악어와 사자, 당나귀를 뒤따라 행진하고 있다. 토종 하프와는 달리 훨씬 더 시끄러운 이 악기들은 모두 이집트에 새로 소개된 것들이다. 기원전 1720년 힉소스인이 침략하면서 벌어진 일이다. 힉소스인은 수수께끼에 싸인 해양민족에 붙은 이름으로, 바이킹처럼 바다를 누비는 무리가 서아시아로부터 진출해왔고, 기원전 두 번의 천 년 동안 지중해 동쪽을 휩쓸었다. 해양민족은 종종 세계를 첫 암흑기로 몰아갔다는 비난을 받는다.[2] 역사학자들은 이집트 문명이 붕괴한 해를 콕 집어서 기원전 1177년이라고 말한다.[3] 그러나 힉소스인의 음악은 기원전 1720년 이후 500년 이상 이집트를 위협해왔다. 아울로스는 음악을 좀 더 날카롭고 새되게 만들었고, 리라(하프보다 더 작고 가벼운 악기)는 음악을 좀 더 쉽게 휴대할 수 있게 해주었다. 하프의 현이 4개에서 16개로 늘어나면서, 음악은 더욱 시끄러워졌다. 힉소스인은 줄받이fret가 여러 개 장착된 류트를 소개했는데, 이 악기는 이집트인들이 모르던 중앙아시아의 대표 악기였다.

류트의 뛰어난 특징은 반음과 미분음(반음보다 좁은 음)을 무제한으로 다양하게 연주할 수 있다는 것이다. 그와는 대조적으로 하프 현의 음높이는 고정되어 있다. 이 모든 것은 이집트의 음악이 훨씬 더 유연하고 정교한 조율 체계를 갖추게 됐다는 의미가 된다. 아시아와 접촉하면서 이집트의 경직된 음악은 부드러워지기 시작했다. 그리고 서양인들이 폄하하며 '동양'이라고 부르는 나긋나긋하고 이국적인 소리와 서양 음악 간의 결합이라는 훌륭한 이야기가 시작됐다. 우리는 이 '오리엔탈리즘(2장에 등장한 에드워드 사이드의 용어다)'을 튀르키예의 행진 악단에 빠져버린 모차르트에게서 들을 수 있다(모차르트 피아노 소나타 제11번 A장조 K. 311의 「터키풍으로Rondo Alla Turca」). 또한 스페인

그림 6-1. 제19왕조 파피루스에 그려진 동물 음악가들
© Pap. Turin Cat. 2031/001=CGT 55001, photo by Nicola Dell'Acquila and Federico Taverni/Museo Egizio

식 기타에서 묻어나는 무어인의 한숨도 그렇다. 이러한 사랑은 고대 이집트에서 시작됐다.

이집트와 '동양' 간의 관계는 아시아 대부분의 지역을 아우르던 교환 체계의 일부다. 훨씬 뒤에 이 체계는 '실크로드'라고 하는 중국에서 지중해까지 뻗은 무역망으로 합쳐졌다. 우리는 7장에서 음악의 실크로드를 탐험해볼 예정이다. 지금 강조할 부분은 고대 음악에 대한 전통적인 유럽 중심적 관점은 고대 그리스와 로마에 대한 우리의 집착으로 더욱 강화됐으며 다소 정상은 아니라는 사실이다. 중대성의 진정한 중심점은 소아시아에 있었다. 현대인의 귀에 고대 그리스 음악은 아라비아 음악처럼 들린다. 중세 무슬림 세계가 그리스 사상(플라톤과 아리스토텔레스의 철학)뿐 아니라 그리스 음계의 후견인으로서 그리스 음악을 아랍식 '마캄maqam'으로 바꾸어 놓았기 때문이다. 음악의 실크로드에서 주인공은 류트였다. 류트는 아시아, 아프리카, 유럽을 건너면서 다양한 가면을 쓰게 됐다. 중동의 우드, 중국의 비파, 인도의 비나, 유럽의 기타로 말이다. 고대 세계의 주인공은 리라인데, 다윗의 악기이자 호메로스의 악기이기도 했다. 호메로스는 '포르밍크스phorminx'라는 4현의 리라로 반주하며 〈일리아드〉와 〈오디세이〉를 즉흥적으로 지어냈다.[4] 리라 현의 숫자가 일반적인 7현(혹은 그 이상)에서 4현으로 줄어들었다는 외면할 수 없는 사실은 호메로스가 노래하던 문명의 붕괴를 증명한다(트로이전쟁은 기원전 1184년에 벌어졌고, 호메로스는 기원전 800년에서 700년 사이에 살았다). 호메로스는 오직 네 개의 음인 D, E, F, A로만 낭송했다. 그가 〈일리아드〉를 천년 전에 지었다면, 아마도 현대적인 7음 음계 전체를 오롯이 즐겼을 것이다. 첫 암흑기 동안 음악사는 실질적으로 후퇴했다.

유라시아 대륙을 덩어리로 본다면, 공통적인 고대의 음악언어이자 원시 인도-유럽어의 자매어가 산스크리트어에서 비롯됐다고 추론할 수 있을까? 우리는 2장에서 '창조'와 '크리티(남인도의 노래 장르)'가 'Kr'이라는 동일한 산스크리트 어원을 가졌음을 살펴본 바 있다. 호흡을 의미하는 현대 독일어 'atem(아템)'은 영혼 또는 보편적 정신을 의미하는 'atman(아트만)'에서 파생했다. 월드뮤직에도 유사한 연관성이 있을까? 놀랍게도 연관성이 있다. 전통적인 일본 음계와 고대 그리스 음계인 에나르모니온enarmónion이 그렇다. 두 음계 사이의 엄청난 지리적, 역사적, 문화적 거리를 고려하면, 학자들은 극도로 오래된 '장3도 트라이코드 벨트(반음과 장3도라는 세 개의 음 때문에 '트라이코드trichord'가 된다)'가 동아시아에서 지중해로 뻗어 있었으며, 여기에는 인도와 몽골, 티베트, 캄보디아, 인도네시아, 한국과 일본의 음악도 포함됐지만 중국은 예외였다고 추측하고 있다.[5] 이 원시 언어가 지닌 중요성과 중국이 열외가 된 이유를 이해하기 위해서 고대 음악사를 잠시 공부해볼 필요가 있다. 에나르모니온이란 정확히 무엇인가?

고대 음악이론의 교훈

4장에 나온 옥타브의 원리를 되새겨보자. 현대 서양의 음계를 계속 따라 올라가다 보면 결국에는 '으뜸음'으로 돌아가지만, 이 음은 여러분이 시작한 음보다 한 옥타브(8음) 높다. 도-레-미-파-솔-라-시-도 또는 C-D-E-F-G-A-B-C다. 단계별로 올라가는 것은 실질적으로 현대적 사고방식이다. 더 오래되고 좀 더 자연스러운 과정은 음을 더하는 것이 아니라 간격을 나누는 것으로, 옥타브를 가장 순수한 음악적 울림과 1:2의 가장 단순한 음향학적 비율(바탕음보다 두 배 빠르게 공명함)로 시작하는 것이다. 4장에서 보았듯 가장 단순한 간격은 5도(2:3의 비율)와 4도(3:4의 비율)다. 스탠리 큐브릭Stanley Kubrick의 2001년 작 「스페이스 오디세이A Space Odyssey」에 등장하는 돌기둥 장면에서 우리는 옥타브와 4도, 5도의 조화로운 삼각관계를 들을 수 있다(리하르트 슈트라우스의 「차라투스트라는 이렇게 말했다Also Sprach Zarathustra」 덕이다). 또한 두 번의 세계대전으로 사망한 이들을 기리기 위해 매해 '런던 세노타프'라는 또 다른 돌기둥 옆에서 나팔부대가 '취침나팔'로 알려져 있는 군 신호를 연주하기도 한다.

4도(이론적으로 5도의 자리바꿈으로 볼 수 있다)는 고대 멜로디에서 가장 중요한 간격으로, 유럽 중세까지 잘 버텨서 전해졌다. 르네상스 시대는 유럽이 설탕을 발견했을 무렵 3도를 선호하도록 우리를 가르쳤고, 그렇기 때문에 3도를 가장 잘 사용하는 모차르트의 음악이 달콤하게 들리는 것이다. 이는 4도를 좋아하는 더 오래되고 짭짤한 우리의 입맛을 변질시키기도 했다. 그리스는 4도의 간격을 음악의 기본으로 삼았고, 이를 테트라코드tetrachord(문자 그대로 '4개의 음'이라는 의미다)라 불렀다. 고대 그리스 음악이 4개의 음에 국한된다는 의미가 아니다. 그보다는 그리스인이 음계를 함께 엮인 여러 개의 테트라코드로 보았다는 의미다.[6]

본래 에나르모니온은 경계음boundary note과 반음 관계에 있는 테트라코드의 음정이며, 그렇기 때문에 4도는 3도와 반음으로 쪼개졌다. 다시 말해 에나르모니온에는 세 개의 음(트라이코드)이 있었고, 간격이 더 짧은 음정과 더 긴 음정으로 구성됐다. 우리 관점에서 보자면 이토록 보잘것없는 음정step과 도약 진행leap을 물려받으면서 서양 음악의 원시적 핵심이 형성됐으며, 이는 일본의 쿠모이 음계와 인 음계, 발리 가믈란의 펠로그 음계에 여전히 남아 있다.⁷ 일본과 발리 모두 섬이고, 역사에 있어서도 섬이라는 점을 눈여겨보자. 이구아나나 대왕거북 등 갈라파고스제도에 살아남은 살아 있는 화석들처럼, 음악의 고대종은 발리와 일본에서 살아남았다. 우리는 그리스인들이 이 음계를 이집트로부터 배웠다고 추측한다. 1세기의 유대인 역사가 플라비우스 요세푸스Flavius Josephus가 이집트의 하프를 '오르가논 트리고논 에나르모니온órganon trígonon enarmónion'이라고 정의했기 때문이다.⁸

에나르모니온에 있어서 가장 두드러진 점은 고르지 않다는 점이다. '음정(반음)'은 '도약 진행(장3도)'에 네 번 포함되는데, 이는 음정 하나가 다른 음정의 네 배가 된다는 의미다. 테트라코드의 4도를 채울 수 있는 좀 더 공평한 방법이 분명 있지 않았을까? 실제로 이런 일이 유라시아 대부분의 지역에서 벌어졌다. 음도scale step의 크기를 균일하게 만들려는 움직임이 있었던 것이다. 후기 그리스의 동향을 배우려는 로마인들은 현대 유럽의 7음 음계를 대중화했다. 중국인들은 다섯 음으로 된 옛 5음 음계를 고집했지만(피아노의 검은건반으로만 연주하는 아이들의 「젓가락 행진곡」을 떠올려보자), 반음을 제거해서 차이를 줄이고 음을 안정시켰다. 여기서 다시 중국의 흥미로운 역할이 등장하는데, 이 부분은 7장에서 다룰 것이다. 앞서 설명한 대로 중국은 그리스, 인도, 몽골, 티베트, 캄보디아, 인도네시아, 한국, 일본을 아우르는 범아시아의 '장3도 트라이코드 벨트'에서 한발 물러서 있다. 이모든 지역에서 에나르모니온은 더 최근에 등장한 음계들과 어깨를 나란히 하며 여전히 주요한 역할을 맡고 있지만, 중국의 경우는 다르다. 실질적으로 서양에서도 마찬가지다. 음악의 불규칙성, 즉 불규칙한 음정 크기가 로마와 중국 모두에서 근절된 이유는 단순하다. 로마와 중국은 둘 다 제국이었고, 제국들은 동에서 서로 관료제와 표준화를 통해 나라를 통치했다.

고대 역사는 로마와 중국 제국 간의 대결 속에서 나사렛 예수가 탄생할 때 절정에 이르렀다는 것은 자명하다.[9] 이런 관점은 진실의 음악적 낟알이 되어준다. 로마와 중국은 현대의 균등하게 나눠진 음계라는 공통의 목적을 위해 완전히 반대의 길을 밟아 나간다. 로마에서 음악적 근대성은 유럽의 7음 음계라는 형태를 띤다. 중국은 '반음이 없는' 5음 음계를 해결책으로 찾아낸다. 우리가 음악적 인간에 대해 이야기할 때 이 지점에서 추상화는 결코 서양의 전유물이 아니며, 일반적으로 제국에 나타나는 징후임이 드러난다. 요컨대 우리는 서양이 동양보다 '합리적'이라는 케케묵은 오리엔탈리즘적 소설은 취급하지 않으려 한다. 그러나 자체적인 길을 가는 서양 음악을 좀더 날카롭게 들여다보기 시작하면, 추상화의 세밀한 특성은 그 어느 때보다 분명해진다.

그 특수성은 메소포타미아(수메르, 아카드, 바빌로니아와 아시리아)와 이집트 그리고 가장 중요한 이스라엘의 음악을 포함해 내가 아직 언급하지 않은 요소들로부터 만들어진다. 지속적이고 살아 있는 흐름은 유럽 음악의 기반을 구성하는 바빌로니아의 찬가와 애가, 유대인의 시편, 기독교 성가를 연결한다. 유럽 음악은 이 흐름이 고전 그리스의 천재들과 합류한 결과물이다. 고대 그리스의 희곡은 거의 명목상 오페라에 가까웠다. 이 결합을 굳히고 촉진한 것은 로마의 구조적 영향력이었다. 곧 살펴보겠지만, 로마제국이 음악에 독자적으로 기여한 바는 거의 없다. 그러나 로마제국은 그리스-유대교(후에 기독교로 진화한다) 음악을 서양 전반에 전파하는 일을 분명 해냈다.

기독교인들은 이렇게 물었다. 누가 음악을 발명했는가? 누가 서양과 아테네 혹은 예루살렘을 변하게 했는가? 어느 전설에 따르면 그리스 철학자 피타고라스는 대장장이의 망치질 소리에서 음악의 비율을 찾아냈다. 예루살렘의 추종자들은 《창세기》 4장 21절에서 유발Jubal을 '리라와 오르간을 연주하는 이들의 아버지'라고 설명했음을 강조한다.[10] 중세에는 두 가지 신화가 하나로 합쳐졌는데, 유발에게 모든 공을 돌리는 한편 이교도 철학자 피타고라스는 지워버렸다. 13세기 프란치스코 교회 수사인 에지디오 자모렌시스Aegidius Zamorensis는 "라멕이 아내 아다와 낳은 아들 투발(원문 그대로)은 최초로 음악의 비율과 화음을 발견했고, 따라서 목자의 작업은 … 기쁨으로 변하였느니라"라고 말했다.[11] 교회의 기억이 더 오래 지속됐더라면, 음악의 혈통은 서양 문명의 요람인 메소포타미아까지 거슬러 올라갔을 것이다.

아테네와 예루살렘을 부모로, 로마를 산파로 둔 유럽 음악의 탄생을 착한 요정과 나쁜 요정이 거들었다. 나쁜 천사는 나중에 도착해 아이를 저주했다. "이 아이는 절대 고향을 모르고, 진정한 자유의 느낌을 모르게 되리라. 나이는 들지만 절대 죽지 않고, 복잡함에 둘러싸여서 끝도 없이 지구 표면을 헤매며 끝도 없이 방랑하리라. 그리고 이 아이에게 그 누구도 귀를 기울이지 않으리라." 착한 요정은 부모에게 몸을 돌리고 이렇게 말했다. "당신들의 아이에게 형식적 완벽성과 영적 열정 그리고 영원한 생명을 축복할게요. 아이는 전 세계에서 사랑받을 거예요. 무엇보다도 모두가 아이의 이름을 알게 될 거예요."

달에게 노래를

세계 역사에 최초로 기록된 작곡가의 이름은 엔헤두안나(기원전 2285~2250)로, 수메르 공주다.[12] 사르곤 대왕(기원전 2334~2279)의 딸인 엔헤두안나는 우르 시에서 달의 신 난나를 기리는 사원의 대사제로서 이난나(이슈타르)를 숭배하고 섬겼다. 우르는 오늘날 이라크 남부의 텔 엘 무카이야르에 자리한 도시로, 아브라함의 고향이기도 하다. 아브라함은 아카드어로 '군중의 아버지'라는 의미를 가진다. 우르를 기억해야 할 또 다른 이유로는 기원전 21세기 슐지 왕이 완성한 광활한 계단식 피라미드인 지구라트가 있다. 지구라트는 사르곤 왕이 재임하던 당시에도 그 형태를 유지했을 것이다. 지금까지 남아 있는 기반만으로도 충분히 인상적인데, 지구라트는 본래 천국을 향해 높이 30미터를 올라야 하는 크기였다. 바벨탑의 원형이었으며, 야곱의 사다리에 영감을 주었다. 영국의 고고학자 레너드 울리 Leonard Woolley는 1927년 우르의 사원 지구를 발굴하면서 방해석으로 된 둥그런 판에 새겨진 엔헤두안나의 이름과 형상을 발견했다(사진 6-2). 그는 지구라트가 '야곱의 사다리가 하늘에 세워지고, 천사들이 그 사다리를 타고 오르내리는' 모습을 떠올리게 만든다고 했다.[13] 사다리는 지구라트의 삼단 계단이었고, 하늘에서 오르내리는 '천사들'은 아마도 '난나의 조각상과 문장을 들고 공식 예복을 입은 사제들'이었을 것이다. 메소포타미아 평원에는 산이 없었기 때문에(모세가

사진 6-2. 세계 최초의 작곡가 엔헤두안나
© agefotostock/Alamy Stock Photo

오른 시나이산과는 다르다) 수메르인들은 인공 산인 지구라트 꼭대기에 신들을 모실 집을 지었다. 엔헤두안나는 자신의 바벨탑 꼭대기에서 달의 신을 위해 찬가를 불렀고, 굉장히 화려하게 장식된 우르의 리라를 연주했을 것이다. 우르의 리라는 세계에서 가장 오랫동안 살아남은 현악기다.[14]

고대에는 노래와 시를 구별하지 않았다. 그러므로 엔헤두안나는 세계 최초의 시인이기도 하다. 엔헤두안나가 일조한 바빌로니아의 종교적 전통에 따라 그녀는 유대인의 시편과 호메로스의 찬가 모두의 근원이 되었다. 엔헤두안나가 쓴 22편의 예배용 작품들은 2천 년 동안 복제되고 재복제됐으며, 그녀가 세상을 떠난 뒤에도 세계로 퍼져나갔다. 초창기 기독교 교회에서 부르는 성가에서는 희미한 메아리 소리가 들려오기도 한다.[15] 엔헤두안나는 지구라트 꼭대기에서 무슨 노래를 불렀을까? 악보에 기록된 멜로디 중 최초로 살아남은 작품을 보기 위해서 우리는 약 천 년 후인 기원전 1400년까지 기다려야 한다. 우리에게 남은 것은 엔헤두안나의 글이 전부니까. 이 단어들의 날것 그대로의 강렬함은 엔헤두안나의 음악이 어떻게 들렸을지에 대한 맛보기가 된다. 다음은 그녀가 쓴 153행의 찬가 〈이난나의 찬양The Exaltation of Inanna〉이다.

> 전투의 선두에서 모든 것이 당신 앞에 스러지고
> 나의 여신이여, 당신의 힘으로 치아가 다 으스러지지요.
> 당신은 번개를 잔뜩 모은 폭풍우처럼 번개를 내리고
> 우르릉대는 폭풍우처럼 우르릉 노호하지요.

이쿠르와 함께 계속 우레를 울리고

강풍으로 기진맥진하게 만들지만

당신의 발은 지칠 줄 모른다오.

큰 소리로 우는 발라이북으로 애가를 부르리라.[16]

흉포한 엔헤두안나는 영화 「왕좌의 게임Game of Thrones」 등장인물로 '폭풍우 속에서 태어난' 용의 기수 대너리스 타가리엔 같은 인상을 준다. 수메르인들이 문자를 발명한 덕에 엔헤두안나가 실존인물이라는 사실을 알게 된 것을 제외하면, 본래 문자는 티그리스강과 유프라테스강이 범람하지 않도록 관리하기 위한 별것 아닌 도구였다.[17] 이런 이유로 쐐기문자와 수학(육십진법 등), 천문학(월식의 예측 등), 의학, 관개와 12개월 달력 등 메소포타미아인들이 세계문명에 기여한 기나긴 목록에 작곡가도 덧붙일 수 있겠다. 그러나 우리는 무엇보다도 중요한 발명인 문자 덕분에 이러한 성과들을 알아볼 수 있다. 쐐기문자로 기보법 자체뿐 아니라 음악과 음악가에 관한 정보들이 기록됐다.

그럼에도 문자가 가져온 인지혁명(정보의 대량 저장과 검색, 국가 경영, 추상적 상징의 처리, 문화의 재생산과 보급 등)은 실제로 근본적인 권력구조의 징후가 됐다.[18] 도시장벽과 지구라트 같은 거대한 건축물로 상징되는 권력은 왕에게 집중되어 있었고, 왕의 권위는 하늘이, 실제로는 사제가 정당하게 부여한 것이었다. 따라서 권력은 궁궐과 사원이라는 두 건축물 사이의 파트너십을 중심으로 결정됐다. 초기의 수렵채집사회와 정착사회 모델보다 위계질서의 정점이 극적일 정도로 가팔라졌다. 문자 덕에 우리는 메소포타미아 음악의 위계에 관해서도 꽤 많은 것을 알 수 있다.

　궁궐과 사원은 다른 종류의 오케스트라를 채용했다.[19] 궁궐 오케스트라(나르)는 대부분 현악기로 구성된 반면, 사원 오케스트라(가르)는 타악기가 주도하면서 악령을 겁주어 내쫓는 이 악기의 원시적 역할을 영속적으로 이었다. 오케스트라는 그 자체로 위계적이었고, '책임음악가'가 이끌었다. 실제로 우리는 엔헤두안나 같은 귀족뿐 아니라 수백 명의 책임음악가 이름을 파악하고 있다. 예를 들어 '우르-우투'라는 이름의 가르(사원 오케스트라) 음악가를 보자. 우리는 봉급과 식량배급량이 쓰인 기록을 바탕으로 그가 풍족한 사회적 지위에 있음을 추론할 수 있다. 혹은 리시야와 와라드-일리수라는 이름의 기원전 18세기 마리 시에 살았던 고귀한 (남성) 두 나르 음악가도 있다. 공주를 제외하고, 여성 음악가의 지위는 보통 비참했다. 리시야와 와라드 같은 남성은 토지를 소유할 수 있고 심지어 외교적 임무까지 위임받았던 반면, 노래하거나 연주하는 여성들은 왕의 하렘에 속해 있었다. 팀브렐(탬버린의 일종)을 연주하는 여성의 테라코타 조각상은 벌거벗은 모습으로 음모가 강조되어 있다. 즉, 아무 장식 없는 그리스의 이상적인 신체상과는 거리가 멀다.[20] 여성 음악가를 성애화해서 표현하는 일은 오랜 풍요신의 숭배까지 거슬러 올라간다. 그러나 월드뮤직은 매춘이라는 낙인을 결코 떨쳐버릴 수 없다. 아카드어와 이집트어, 히브리어와 아랍어를 비롯한 고대 중동의 셈어파에서 어근 šmc는 여자 가수와 첩을 동시에 의미하며, 아카드어로 '듣다'를 의미하는 'shemu'와 연결되어 있다.[21]

궁궐과 사원 밖에서 음악은 일상생활 구석구석에 존재했다. 상류층이나 하류층 모두에서, 쐐기문자로 쓴 수백 가지 장르의 노래들이 기록됐다. 밭이나 가축우리, 탁아소와 여관 등 일터에도 음악이 있었다. 음악가들은 결혼식과 장례식, 종교의식과 축제를 살아 숨 쉬게 했고, 가끔은 곡예꾼과 마술사도 함께했다. 'Alala(알랄라)'는 기쁨의 감탄사('오예!'의 어원이었을까?)였고, 번식 능력을 의미하는 것으로 추정되는 노동요의 후렴이기도 했다. 한 노래의 가사는 이랬다. "우라르투 왕의 휴경지에서 내가 알랄라 노래를 다시 부른다네. 왕의 하인들에게 다시 한 번 읊조리게 했지, 그 달콤한 알랄라 노래를."[22] 또한 음악가들은 전쟁에 나갔고 전리품을 받았다. 포로로 잡힌 음악가는 중동 왕실 네트워크를 통해 음악이 전파되도록 도왔다. 수메르인에게는 '음악적 기교narutu', '즐겁게 노래하다nagu', '악기를 연주하다zamaru', '축제판nigutu', '두드리다 또는 치다tuku' 등 음악가의 강의와 악기의 종류, 조율과 연주 기술, 음악을 만들기 위한 다양한 활동을 가리킬 수 있는 풍부한 언어가 있었다.[23] 중요한 것은 일반적인 음악을 가리키는 단일 단어가 없었다는 점이다. 이는 전적으로 현대 서양 외부에 있는 세계 문화의 특징이다. 오직 서양인만이 음악적 관례를 통해 형성된 자원을 하나의 단어로 추상화했다.

그림 6-3은 아카드어 쐐기문자로 쓰인 옛 바빌로니아 교과서의 한 조각으로 니푸르에서 발견됐으며 기원전 약 2000년경의 것으로 추정된다.[24] 신입 음악가에게 12현 리라를 어떻게 조율하는지 가르치는 내용이다. 석판 아랫부분의 오른쪽 구석에서 한두 줄은 사라졌지만 쐐기문자를 식별해서 번역할 수는 있다.

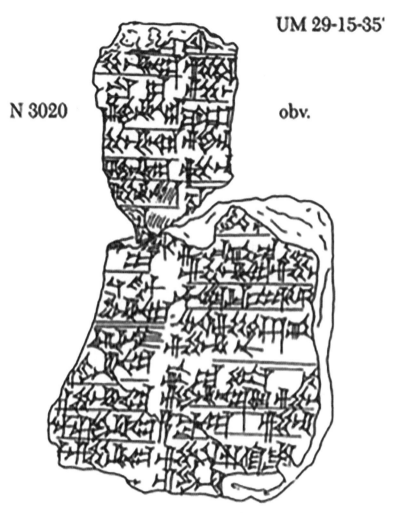

N 3020

UM 29-15-35'

obv.

그림 6-3. 옛 바빌로니아 교과서의 쐐기문자
© Steve Tinney, from 'Old Babylonian Music Instruction Texts'

Li-pí-it-es-tár	성가의 제목
geze-en-nu-um	시험/조율
si-hi-ip ni-id qá-ab-l i-im	결합된 음계
ze-en-nu-um	조율

우선, 성가의 제목을 알려준다. 두 번째 줄에서는 연주자가 현을 '시험'해보는데, 이를 위해 다른 현과 비교해서 소리를 내보라고 지시하고 있다. 세 번째 줄에서 언급되는 '결합된 음계'는 조율을 통해 생성되는 음계의 유형을 의미한다. 이는 물론 어떤 음에 맞춰 현이 조율되는지에 따라 달라진다. 일단 리라 현이 조율되면, 음은 바뀔 수 없다(류트와는 대조적인데, 류트의 조율은 훨씬 더 자유롭다. 류트의 현 위를 손가락으로 어디든 짚을 수 있기 때문이다). 일곱 개의 다양한 '음계' 중에서 미리 선택할 수 있다 하더라도 12현 리라로는 오직 열두 개의 음만 연주할 수 있다. 설명서의 마지막 줄에서는 연주자에게 현을 조율하라고 알려준다. 연주자는 '조이기', '늦추기', '교정/완료', '올리기/높이기', '고정하기', '내리기' 등으로 번역되는 바빌로니아식 순서를 거쳐 현을 조율한다. 조율은 '진앙적'이다. 그 의미는 음악가는 중심 현의 음높이를 고정한 뒤에 바깥쪽을 향해 짝을 이루는 현을 작업하고, 5도와 4도의 음정을 번갈아 바꾼다는 것이다. 수메르인은 이 음정의 진동이 폭풍의 신 아다드가 보내는 들쑥날쑥한 우레처럼 들린다고 생각했다. 무시무시한 천둥소리 뒤에는 한결 작아진 소리들이 연달아 들리니 말이다. 《에누마 아누 엔릴Enuma Anu Enlil》이라는 어느 천문학 교과서에 실린 각주에는 이렇게 표현되어 있다. "아다드가 자기 목소리를 피트넘pitnum처럼 앞으로 내던진다면…."(피트넘은 리라의 조율 체계다).**25**

바빌로니아 음계에는 7개의 음이 있었다. 12현 가운데 5개는 추가적인 공명을 만들기 위해 이 음들을 옥타브에서 두 배로 만들었다. 음계는 7개였다. 7개의 헵타토닉heptatonic 음계는 신비주의적 의미를 가진 일곱 꼭짓점의 별처럼, 조율 차트 위에 배열되어 있다. 고대의 장3도 트라이코드 벨트의 핵심인 에나르모니온은 어디에 있을까? 에나르모니온은 이 7음 음계 가운데 가장 일반적으로 사용되던 음계에 깊이 새겨져 있다. 바빌로니아 사람들은 이를 이사르투isartu라고 불렀고, 그리스인들은 도리안(E-F-G-A-B-C-D)이라고 불렀다. 7음 음계 가운데 하나인 엠부부embubu는 현대의 온음계처럼 보인다.[26] 엠부부는 이론상 모두 똑같이 생긴 별의 꼭짓점 가운데 하나지만 실제로는 거의 사용되지 않았다. 아시리아 중부의 노래집에 32종류의 노래가 실렸는데, 오직 두 곡만이 서양의 현대적 음계를 사용했다.[27] 세계를 정복하려는 음계의 장기적 방침은 여기에서 시작되지만, 4천 년 전에는 특별한 경우에만 사용됐다. 우리 귀에는 평범하고 자연스럽게까지 들리지만, 바빌로니아 사람들에게 엠부부는 장중한 느낌을 안겨주었다.

바빌로니아 사람들에게 조율의 중요성은 아무리 강조해도 부족했다. 숫자가 지배하는 우주에서, 음악과 수학 그리고 천문학과 달력 간의 마법과도 같은 조화 속에서, 조율이 틀어진 리라란 끔찍한 결과를 가져올 수도 있는 잘못 조율된 우주를 의미했다. 바빌로니아 음악의 신 엔키Enki는 숫자 40으로 표현됐는데, 이는 60진법에서 60:40의 비율을 가진 숫자이다. 또한 음향학에서는 5도의 음정을, 바빌로니아 달력에서는 동짓날 가장 긴 밤에 대한 가장 짧은 낮의 길이를 나타낸다.[28] 조율이 잘못된 리라를 연주했다가는 수확이 형편없을 수 있었다. 바빌로니아 사람들에게 악기는 싸울 준비가 된 무기처럼 특별하고 강력한 존재였다. 실제로 악기는 신이었고, 그렇기 때문에 리라는 종종 이난나의 화신인 소의 모양을 했고, 실제 소의 내장으로 현을 만들었다("나의 선하고 신성한 야생소여!" 엔헤두안나는 자신의 찬가에서 이렇게 부르짖었다). 기원전 2120년 라가시의 구데아 왕은 발라그balag(하프와 북의 혼종악기다)에 경의를 표하며 자신의 연호를 정했다. 구데아 왕이 가장 좋아하던 발라그의 이름은 '땅의 위대한 용'이었다.[29] 이 모든 것을 통해 (현대적인 감각으로는) 깜짝 놀랄 만한 바빌로니아의 개념인 '이사루Isaru'에 견해를 더하게 된다. 즉, 하프 현의 팽팽함을 남성의 발기에 비교하는 것이다. 이를테면 이런 식이다. "내 성기를 하프의 팽팽한 줄처럼 만들어라. 그녀에게서 빠져나가지 않게."[30] 악기는 무기이자 여신이자 성적 대상이었다. 존 레넌이 기원전 2000년에 살았더라면 그는 이렇게 썼을 것이다. "행복은 따스한 리라지." 고대 세계는 섹스와 종교를 한데 섞는 것에 우리만큼 고상한 척하지 않았다. 구약성서의 백미이자 몹시도 에로틱한 아가雅歌는 메소포타미아의 연가들에 빚을 진 셈이다.[31] 엔헤두안나의 메아리는 바흐의 가장 위대한 작품 가운데 하나에서 울려 퍼진다. "신랑이 다가오네. 작은 노루와 젊은 수사슴이 언덕을 뛰어오르네." 바흐는 이 가사를 칸타타(BWV 140, 「눈 뜨라고 부르는 소리가 있어Wachet auf」)에 집어넣었다. 칸타타의 가사는 아가를 기반으로 하고 있으며, 길게 굽이치는 전통의 길인 수메르의 찬가를 따라간다.

하지만 실질적인 음악은 어땠을까? 세계에서 가장 오래된 악보는 1950년대 우가리트 왕궁에서 발굴된 점토판에 새겨진 「후르리인 찬가 제6번Hurrian Hymn No. 6」으로, 기원전 1400년에 만들어진 것으로 추정된다. 감질나게도 점토판에는 탑시후니, 푸히야나, 우르히야, 암

미야라는 네 명의 후르리인 이름만 새겨져 있다. 좀 더 안타까운 점은, 노래는 탄탈루스의 사과처럼 손에 닿지 않는다는 것이다. 노래는 아카드 쐐기문자로 온전히 표기되어 있으며, 따라서 세계에서 가장 오래된 노래로 인정받을 수 있지만 상징을 어떻게 해석할지에 대해 합의하지 못했다. 이 노래를 해독하기 위해 한없이 많은 잉크가 쓰였고, 수학 비슷한 차트와 표가 쓰인 수천 장의 종이가 나왔다. 그리고 아바Abba의 「댄싱 퀸Dancing Queen」이 베토벤의 5번 교향곡에서 나왔다고 할 만큼 이 노래는 짧은 구절 쪼가리에 걸맞지 않을 정도로 전혀 다른 형태로 연주되곤 한다. 어떤 해석에 따르면 기분을 달래주는 기독교 시편처럼 들리고, 또 다른 해석에 따르면 깊은 감동을 주는 이슬람 성가처럼 들린다.[32]

여기에서의 교훈은 평범한 메소포타미아 사람들 대다수가 서양 학자들처럼 이 악보가 해석이 불가하다는 것을 깨달았다는 점이다. 실제로 이는 오늘날 대다수가 어떤 기보법이든 뭔가 가까이 하기에 어렵다고 느끼는 현실을 가리킨다. 그리고 이것이 바로 핵심이다. 어마어마한 불평등 사회에서 읽고 쓰는 능력은 일부 엘리트에게 제한되어 있고, 이들은 지구라트나 궁궐처럼 위협적인 권력의 도구로 문자를 사용했다. 글쓰기는, 특히나 음악적 글쓰기의 가장 신비로운 형태에서 마법의 기운으로 빛이 났다. 글은 벽과 기념건축물 위를 장식했다. 해석할 수 없음에도 사람들에게 두려움을 안겨줄 수 있었기 때문이다. 또한 신비주의는 메소포타미아 종교와 종교적 성가를 덮었다. 엔헤두안나는 지구라트 꼭대기에 있는 내부 성소에서 난나에게 노래를 불렀고, 달의 신은 움푹 파인 벽면(파라크쿰parakkum)에 놓인 대좌 위에 자리한 작은 조각상으로 표현됐다. 그리스 신전의 개방적인 포르티코portico(기둥으로 받친 지붕이 있는 현관—옮긴이)와는 전혀 달랐다. 아카드의 기도는 집회에서가 아니라 개별적으로 이뤄졌으며, 유대인의 회당, 그리스의 합창단, 기독교 교회의 사교적 차원을 가지고 있지도 않았다. 메소포타미아 음악문화의 엘리트주의는 한편으로는 그곳의 음악이 보기보다 현대적이지 않음을 시사하지만, 다른 한편으로는 지나치게 현대적인 것일 수도 있다. 자신이 다스리는 사원 단지 내 사무실에 앉아 있는 외로운 존재. 개인 미용사인 일루 팔리리스의 손에 머리 손질을 맡기고, 필경사 사구두에게 노래를 받아 적으라고 하는 엔헤두안나(울리가 발견한 원형 도장에서 두 인물 모두 그녀 옆에 있다). 엔헤두안나는 모든 면에서 세계 최초의 클래식 작곡가가 맞다.[33]

태양에 눈이 멀고

카르나크에 위치한 람세스 3세 사원의 남쪽 벽에는 음력 두 번째 달에 열리는 오페트 축제의 일부로 가수와 음악가들이 행진하는 호화로운 장면이 새겨져 있다. 아문과 무트(아문의 아내), 콘스(이들의 아들) 등 세 신의 조각상은 나일강을 따라 카르나크 신전에서 룩소르 사원으로 항해했다. 서쪽의 외벽은 강기슭에 선 여성 숭배자들이 신들이 탄 범선을 맞이하는 모습을 보여준다. 이들은 파피루스 우산과 일종의 타악기인 시스트럼을 들고 있다. 여왕은 독수리 왕관을 썼다. 숭배자들의 두 번째 줄은 동그란 틀의 북을 연주하는 한 여성이 이끌고 있다.[34] 고대 이집트인들은 음악을 귀하게 여겼고, 행렬 같은 공적 의식에서 이를 사용하는 것이 나라를 결속시키는 효과적인 방식임을 알고 있었다. 이보다 애매한 부분은 고대 이집트의 3,000년 역사에서 음악이 맡았던 역할, 또는 음악사에서 이 거대한 문화가 끼친 영향력 같은 것이 되겠다. 우리는 투탕카멘부터 클레오파트라까지 고대 이집트에 대해 잘 안다고 생각한다. 그러나 이집트 역사에서 '음악'이라고 표시된 부분은 텅 비어 있다.

가끔 세계사의 전환점에 정확한 날짜가 있기도 하다. 청동기가 끝나고 철기가 시작된 때는 기원전 1177년으로, 람세스 3세가 즉위한 지 8년째 되던 해였다. 이집트는 해양민족에게 다시 맹공격을 당하고 있었고, 지중해에서의 영향력을 상당수 잃고 힘에서 두 번째로 밀려난 뒤였다.[35] 지중해 동부와 에게해 전역에서 제국(히타이트, 아카드, 아시리아, 우가리트)은 몰락했고 궁궐들은 사라졌다. 글을 포함해 제국에 정당성을 부여하던 행정구조도 무너져 내렸다. 오랜 황금기는 계속되는 전쟁과 문맹의 암흑기로 붕괴됐다. 람세스는 왕의 골짜기 근처 메디나트 하부에 있는 장제전의 벽에 해양민족의 공격을 생생하게 설명하는 글을 새겨두었다.

외부 국가들이 저마다의 섬에서 음모를 꾸몄다. 별안간 벌어진 전투로 땅은 사라지고 흩어졌다. 카테와 코데, 카르케미시, 아르자와, 알라시야까지, 그 어떤 땅도 그들의 힘 앞에서 버틸 수 없었고, 단번에 뚫렸다. 아무루 왕국의 어느 지역에 병영이 세워졌다. 이들은 아무루 사람들을 죽였고, 그

땅은 결코 존재한 적 없는 땅처럼 됐다. 이들은 이집트를 향해 전진해왔고, 그 앞으로 화염이 준비됐다. … 이들은 지구의 둘레만큼 먼 곳에 있는 땅에 손을 뻗었다. 그 심장은 자신감 넘치고 확신에 차 있었다.[36]

우리는 이제 람세스가 묘사하는 적이 힉소스인이며, 이들의 음악가가 어떻게 생겼는지 안다. 민야에서 약 19킬로미터 떨어진 베니하산 무덤에 그려진 벽화는 근대 베두인족을 닮은 외국인들이 이집트에 도착하는 모습을 담고 있다.[37] 한 여성이 입은 밝은색 무늬의 옷은 이집트인들이 입은 더 엷은 색 옷과 대조된다. 턱수염을 기른 남자는 리라를 들고 있다. 앞서 말한 대로 힉소스인들은 실제로 중왕국 시대 제2 중간기에 이집트를 지배하면서 리라와 다른 다채로운 악기들을 들여왔다. 류트, 더블오보에(아울로스), 더 큰 하프, 다라부카darabukka라고 하는 점토북 등이다(힉소스인들은 말과 짐마차도 들여왔다). 이 악기들은 힉소스인들이 쫓겨났을 때도 남아 새로운 왕국의 범세계적 용광로로 섞여 들어갔다.

이집트 문명의 재능은 3천 년 동안 적응하고 견뎌냈다는 점이다. 외관상 이집트와 유사한 메소포타미아와 비교해보는 것이 유용하겠다. 메소포타미아와 이집트 모두 강변에 자리한 사막 왕국으로, 강력한 군주제와 전지전능한 신, 발전된 기술, 제한적인 문해력과 거대한 공공작품 등을 갖췄다. 그러나 독립적인 도시국가들의 집합인 메소포타미아가 끊임없이 서로 전쟁을 벌였다면, 이집트는 약 480킬로미터 이어지는 나일강을 따라 통일성과 안정성, 역사적 연속성을 즐겼다. 한편으로는 지리적으로 고립된 덕분이기도 한데, 이는 극단적인 보수성을 낳았다. 플라톤은 이집트 음악에 대한 극보수적 태도를 언급했다. 이 그리스 철학자는 이집트의 선율이 "법에 의해 정해져 있고 영구적으로 축성 받는다. … 자세한 부분까지 규정되어 있으며 사원에서 공표된다"고 했다. 전통은 그림에 소중하게 간직되었다. "화가와 다른 모든 자세와 묘사의 창작자들은 전통적 형태 이외에 뭔가 다른 음악의 갈래 등을 포함해 어떤 혁신이나 발명도 소개하는 것이 금지됐다."[38]

상형문자에 관한 우리의 일반적 지식에 따르면, 이 문명이 대중에 공개되는 그림에 얼마나 가치를 두는지 알 수 있다. 사원과 무덤, 조각상과 파피루스 구석구석까지 장식되어 있기 때문이다. 심지어 음악 그림이 등장하는 빈도수에 따라 이집트의 성쇠도 추적할 수 있다. 기원전 2181년경 제6왕조 이후 고왕국이 멸망해가면서 음악 그림은 훨씬 더 드물어졌다. 그림 수는 신왕국 동안 절정에 달했다. 이 집트 문명이 특히나 아케나톤과 투탕카멘 등 제18왕조 파라오 밑에서 정점에 달하던 시기였다. 연회 장면은 무덤화의 주요한 부분으로, 무덤 주인과 그의 아내가 테이블에 앉아 만찬을 즐기고, 하프와 류트, 리라와 더블오보에를 연주하는 음악가들이 이들을 즐겁게 해주는 모습이 그려져 있다. 모두가 힉소스의 악기다. 하지만 이런 장면들이 람세스 시기의 마지막에는 거의 고갈된다. 제20왕조와 신왕국의 마지막 파라오인 람세스 11세(기원전 1107~1078)가 사망한 뒤 600년 동안 연회 장면은 단 하나도 없다.[39] 이는 철기시대에 음악적 내핍이 오래도록 지속됐음을 보여주는 침묵의 웅변이다.

모든 변화가 힉소스가 연 문 앞에 놓인 것은 아니다. 변화는 내부로부터 온 것일 수도 있다. 17년이라는 태양왕 아케나톤의 재위 기간은 이집트 전체로 보자면 하루살이의 수명 정도다. 그러나 유일신에 대한 실험으로 유명한 아케나톤은 이집트의 평온한 표면 아래에 어마어마한 지뢰를 심어놨다. 일부는 람세스 3세 시대에 벌어진 음악의 극적 변화에도 영향을 미쳤다. 이 변화들은 무엇일까? 우리에게 이 물음이 난제가 되는 건 그 음악이 전혀 살아남지 못했기 때문이다. 고대 이집트인은 수메르인과는 달리 기보법 체계를 전혀 발달시키지 못했다. 왜 그랬을까?

구왕국의 상형문자에서 '노래하다'라는 단어는 팔 그림과 함께 규칙적으로 등장한다. 고대 이집트인은 문자로 된 악보가 아닌 합주를 관장하는 책임음악가가 지시하는 손과 팔의 움직임으로 음악을 표시했다. 이것이 이집트의 카이로노미chironomy 기술이다. 카이로노미 지휘자는 일반적인 지휘자보다 훨씬 더 대단했다. 현대 지휘자들은 본질적으로 오케스트라를 몰고 가기 위해서 음악을 흉내 낼 뿐이다. 반면 카이로노미 지휘자들은 연주자들에게 실제 음높이와 음정, 리듬을 제시했다. 영화 「미스터 빈Mr Bean」의 한 에피소드에서 로완 엣킨슨Rowan Atkinson은 구세군 악단을 지휘하면서 몸짓이 음악을 직접적으로 창작해낼 수 있다는 판타지를 구현한다.[40] 미스터 빈은 팔을 더 많이 휘두르면서 크리스마스 캐럴을 재즈로 바꿔놓는다. 이집트의 구왕조에서 카이로노미가 영향을 미친 방식이 이렇다. 멤피스 근처 제5왕조의 니안크크눔 무덤에 그려진 어느 그림에는 열한 명의 사람이 등장하는데 그 가운데 다섯은 음악가이며(둘은 하프, 둘은 피리, 하나는 클라리넷을 연주한다), 나머지 여섯은 카이로노미 지휘자다. 말도 안 될 정도로 세밀한 관리다. 사공이 많으면 어떻게 될까? 그래서는 안 되는 법. 실제로는 한 명 또는 두 명의 지휘자가 등장했을 테고, 손짓발짓을 하는 네 명의 인물은 아마도 개별적인 카이로노미 지휘자라기보다는 선율을 그려내기 위해 연재만화에서처럼 순서대로 정리한 음표 모음집을 상징하는 것이리라. 이는 재즈 즉흥연주를 위한 큐시트 또는 코드 차트와 동일한 원리다.

매의 눈을 가진 화가들이 믿을 수 없을 만큼 정확하니 이 음표들이 무엇이었는지 한 번 추측해볼 수도 있다. 사카라에 있는 프타호텝 무덤 그림에서는 한 명의 카이로노미 지휘자가 하프 연주자에게 두 가지 신호를 주는데, 한쪽 팔은 손바닥이 보이게 쭉 뻗고, 다른 쪽 팔은 엄지와 검지로 꼬집는 시늉을 한다. 이는 같은 그림에서 하프가 연주하는 두 가지 음과 연관성이 있으며, 현의 길이로 그 음이 무엇이었는지 판단해볼 수 있다. 길이가 두 배 긴 현은 진동수가 반으로 줄어서 진동한다. 이집트 그림에 등장하는 대부분의 하프에서 가장 짧은 줄과 가장 긴 줄 사이의 비율은 3:4로, 이는 완벽한 4도 또는 테트라코드이며 원시적인 에나르모니온의 경계선이기도 하다. 앞서 언급했듯, 일찍이 유대인 역사가 요세푸스는 이집트 하프를 '오르가논 트리고논 에나르모니온'이라고 정의했다.

이 몸짓으로 지시하는 관료들에게는 더 넓고 우주적인 의미가 있었다. 이들이 궁극적으로 하는 일은 음악의 화신인 메리트 여신을 모방하고 심지어 동일시하는 것이었다. 메리트는 노래와 몸짓을 통해 우주의 질서(이집트어로 마아트Ma'at라고 한다)를 창조했다. 메리트는 보통 박수를 치려는 듯 팔을 바깥으로 쭉 뻗은 모습으로 묘사되는 카이로노미 여신이다. 그다지 낯선 생각은 아니다. 우리가 베토벤 교향곡 9번이나 「보헤미안 랩소디Bohemian Rhapsody」를 '지휘'한다든지, 아니면 허공에 대고 기타 연주를 할 때 보통 그렇게 한다. 우리는 몸짓으로 우주를 만들어내려는, 그저 하찮은 댄스의 신 또는 여신이 된다. 또한 카이로노미는 초기 이집트인의 강렬한 시각적 민감성, 시력과 사교성 사이의 관계를 확증하기도 한다. 메소포타미아인은 "사회 같은 것은 존재하지 않는다"라는 대처 총리의 악명 높은 주장을 지지했을 수도 있다. 메소포타미아인의 세계는 권력과 강제적 순응의 세계였다. 반면 이집트는 정치적 설득과 국교가 결합시키는 작은 마을 공동체들의 집합체였으며, 그렇기 때문에 이들은 시각적 구경거리에 엄청난 돈을 쏟아부었다.[41] 시각의 중요성은 일상생활에도 배어들었는데, 모든 사적이고 공적인 일은 문자보다는 얼굴을 맞댄 소통을 통해 이뤄졌다. 인구의 오직 2퍼센트만이 읽거나 쓸 수 있었기 때문이다.[42] 정확히 동일한 방식으로 이집트 악단의 음악가들은 모던 재즈밴드에서 그러하듯 기보법을 필요로 하지 않았다. 가까운 거리에서 서로를 바라보고 서로의 움직임을 기대할 수 있었으니 말이다. 결국 카이로노미 기술은 신왕조 시대에 사라지고 말았다. 이 시기는 이집트의 시각문화가 절정에 달했고, 지금껏 외곽에 국한되어 있던 화려한 건축물들이 도시 중심가로 옮겨오던 때다.[43] 음악가들은 눈에 띄는 존재가 됐고, 더 이상 외부 관계자들에 의해 무엇을 할지 지시받을 필요가 없어졌다.

그 후 태양왕이 즉위했고 음악은 어둠으로 밀려났다. 아멘호테프 4세(기원전 1380~1336) 혹은 아케나톤은 이집트 역사상 가장 논란을 일으킨 인물 가운데 하나로, 태양원반이자 태양신 라의 상像인 아텐 그리고 태양의 아들인 자기 자신 외에 다른 신을 숭배하는 것을 금했다.**44** 프로이트가 주장하듯, 그가 유대인들에게 일신론의 개념을 안겨주었을까?**45** 그리고 음악가들이 아케나톤 앞에서 또는 신 앞에서 연주할 때는 눈을 가리거나 심지어 눈이 멀어야 한다고 한 그의 구속과 일신론 사이에는 어떤 관계가 있을까? 아케나톤의 수도였던 아마르나에 있는 메리라Meryre 무덤에는 일곱 명의 사원 음악가가 등장하는 그림이 있다. 이 음악가들은 모두 나이가 많고 대머리에 배가 불룩 튀어나왔는데(이는 영양상태가 좋은 고위직이라는 의미가 된다), 하프를 연주하는 또 다른 늙은 남자 옆에 쪼그려 앉아 있다.**46** 화가는 이 음악가들의 눈을 좁고 가느다란 틈으로 표현해서 이들이 눈이 멀었음을 나타내느라 고생했을 것이다. 카르나크의 부조에는 궁궐 음악가들이 눈을 가리고 있는 모습이다. 추정하건대 아케나톤은 눈먼 음악가들이 신의 파장을 맞추는 데 더 낫다고 생각했을 것이다. 자연은 눈먼 이들에게 더 예리한 청각을 준다는 일반적인 믿음과도 얼추 맞아떨어진다. 혹은 눈가리개는 남자 음악가들이 네페르티티 같은 궁궐의 미녀들에게 추파를 던지지 못하도록 막기 위함이었을 수도 있다. 여자 음악가들은 눈을 뜬 채 연주하는 게 허용되었으니 말이다. 어쨌든 이 독불장군 파라오는 사후에 사원들이 파괴되고 조각상은 박살이 났으며 옛 신들이 복원되는 등 역사에서 지워졌음에도, 눈을 가린 종교적 하프 연주자의 이미지는 커다란 영향을 미친다.

람세스 3세는 기원전 1155년 두 번째 부인에게 암살당해 왕의 골짜기에 묻혔다. 1768년 스코틀랜드 여행 작가 제임스 브루스James Bruce가 발견한 그의 무덤에는 두 명의 눈먼 하피스트 그림도 있었다.[47] 드문 일은 아니었다. 람세스 시대 무덤들에 눈먼 하프 연주자들의 그림이 유행했던 건 부분적으로 인생의 허무함을 한탄하는 시 '하프 연주자의 노래'라는 이집트 문학 장르의 인기 덕이었다.[48] 결정적 차이는 하프 연주자의 노래에 등장하는 하프 연주자들이 한때는 눈이 멀지 않았지만 이제는 눈이 멀었다는 것이다. 우리는 람세스 3세의 하프 연주자의 노래가 무엇인지는 알 수 없다. 하지만 그의 할아버지인 위대한 람세스 2세의 고관이었던 파세르의 무덤에서 하프 연주자의 노래 가사를 볼 수 있다. "귀족은 얼마나 지치고 피곤한가." 노래는 이렇게 시작한다. "진실로 시체들은 신의 나날 이후 싸늘해져 버리네."[49] 충분히 우울한 시작이지만 이 하프 연주자의 노래는 내세의 삶에 집착하는 이 문명이 죽음을 숭배했다는 미신이 거짓임을 보여준다. 실제로 이 노래들의 주제는 오늘을 즐기는 것이다. "행복한 날을 보내시라, 귀족이여. 모든 악은 무시하고 행복을 기억하라." 이집트인들은 내세가 현생의 연장선이라고 생각했고 죽은 친구들과 조상들과 다시 연결될 수 있는 기회라고 믿었다.[50] 그렇다면 하프의 노래들은 오감을 만족시키고 삶을 긍정하며, 흥겹게 떠들고 놀라는 부름이었다. 매년 장막절이 되면 읽는 전도서의 〈전도자의 노래Song of the Preacher〉는 그 누가 썼든 간에 친구 엔키두를 잃은 길가메시를 위로하기 위한 〈길가메시 서사시〉에서 사촌 시두리의 노래뿐 아니라 이집트 하프의 노래를 따라 한 것이리라(장막절은 이집트를 탈출한 이스라엘 사람들이 40년 동안 광야에서 장막 생활을 한 것을 기

넘하기 위한 유대인의 절기다—옮긴이).[51]

따라서 우리는 한 바퀴를 돌아 제자리로 돌아온다. 해양민족이 침입한 결과로 연회 장면은 사라졌고, 외로운 하프 연주자가 앞으로 나서게 됐으며 시력을 잃고 쇼의 주인공이 됐다. 그림 6-4에서 연주자는 무슨 일인지 만찬에서 늘 다른 음악가들과는 떨어져 앉아 있다. 오락용 음악은 붕괴되고(적어도 묘사되는 일은 사라졌다) 경건한 하프의 노래를 선호하게 됐다는 것은 단순히 금욕적 의미일 뿐 아니라 (정의와 보복을 포함한) 인간관계의 연계성, 그리고 이집트인들이 '마아트'라고 부르는 세계의 질서가 붕괴된다는 신호였다. 눈먼 하프 연주자의 노래는 람세스 시대의 이집트에서 국가가 승인한 신앙심의 부활을 집약적으로 보여준다.[52] 신앙심은 이 새로운 불확실성의 세

그림 6-4. 눈먼 하프 연주자가 함께하는 이집트의 연회 장면
© Heritage Image Partnership Ltd/Alamy Stock Photo

계에 대한 자연스러운 반응이었다. 이제 스포트라이트는 구약성서에 묘사된 욥과 여호와의 관계보다는 모든 강력하고 변덕스러운 신에 대한 개인의 복종에 꽂혔다. 프로이트는 모세가 아크나텐의 죽음 이후 이집트로 흘러온 아텐교의 사제라고 주장했다. 이집트에서 유대인들이 감금되어 있었다는 역사적 기록은 프로이트의 생각보다 확실치 않음에도, 모세가 카르나크 또는 아마르나의 사원에서 눈을 가린 채 하프를 연주하고 진실한 유일신을 숭배하는 모습을 상상하는 건 매우 유쾌한 일이다. 곧 눈먼 하프 연주자는 리라를 든 다윗이 되겠지만, 고상한 반전이 함께한다. 다윗은 완전히 눈을 뜨고 신은 사라지는 것이다.

위대한 나팔 소리

모세가 홍해를 건너 자기 사람들을 인도한 이후 이스라엘인들은 여호와에게 찬양의 노래를 부르며 감사했다. 모세가 이끄는 남자들이 이렇게 시작했다. "내가 여호와를 칭송하리니. 그는 높고 영화로우심이요. 말과 그 탄자를 바다에 던지셨음이로다." 뒤이어 미리암과 여자들이 비슷한 구절로 대답한다. "너희는 여호와를 칭송하라. 그는 높고 영화로우심이요."(출애굽기 15:1) 모세의 첫 전기작가인 유대인 철학자 필로Philo(기원전 30년 출생)는 "히브리서는 남자와 여자로부터 두 종류의 합창을 이끌어내며 신을 찬양했다"고 말했다.[53] 한 합창단이 다른 합창단에 대답하는 콜 앤드 리스폰스 패턴은 유대인 종교음악의 특징이다. 이를 가리키는 또 다른 단어로는 '응답 송가'가 있다. 다윗이 블레셋을 무찌르고 돌아왔을 때, 여자들은 응답곡을 번갈아 부르며 그를 맞이했다. 치어리더가 "사울이 죽인 자는 천천이요"라고 노래하면, 나머지 사람들은 모두 "그리고 다윗은 만만이로다"라고 대답했다.[54]

예수는 예루살렘 성전에서 응답 송가를 듣고, 심지어는 함께 부르기도 했다. 서기 70년에 성전이 파괴되기 전 살았던 탈무드의 나이 든 랍비들은 이것이 어떻게 이뤄졌는지 기록했다.[55] 선창자가 솔로로 전체 멜로디를 노래하면, 신자들이 각 구절의 절반 이후에 후렴구로 응답한다. 이것이 할렐Hallel을 부르는 방식으로, 할렐이란 유월절(기원전 13세기에 이스라엘인들이 이집트에서 탈출한 것을 기념하는 유대인의 축제일—옮긴이) 같은 축제일에 부르는 여섯 편의 시편(113-118편)을 바탕으로 하는 기도이다. 또는 솔로이스트와 신자들은 반 절씩 바꿔가며 부를 수 있는데, 이는 아침 기도와 밤 기도의 중심이 되는 셰마 이스라엘Shma Israel의 형식이다.

이스라엘인이 응답 송가를 창시한 것은 아니다. 이 오랜 영향은 아시리아와 이집트를 거쳐 북아프리카와 서아프리카까지 뻗어나간다. 페르시아의 아르타크세르크세스 2세는 만찬 자리에서 첩들이 교창으로 노래하는 모습을 보며 즐기길 좋아했다. 고대 수메르의 애가는 여성 가수 무리가 번갈아가며 불렀다.[56] 1930년대 정도 되는 근래에도 나일강에서 노 젓던 누비아인 무리는 선창자가 짧은 멜로디의 일부를 즉흥적으로 부르면 다른 남자들이 그 노래에 응답하는 고대 이집트의 관례를 이어갔다.[57] 이는 결국 고대 아프리카 구전문학의 언어적 '유사성'으로 거슬러 올라갔다가,[58] 오늘날 사하라 사막 이남 지역에서 선창자와 합창단이 교대로 노래하는 대표적인 형식으로 되돌아온다. 예나 지금이나 표현양식은 강한 지도자 주변에 느슨한 부족 연합이 존재하는 모습을 반영하는데, 그 지도자는 왕이 될 수도 있고, 선창자나 나일강의 뱃사공 또는 선지자가 될 수도 있다. 헨델은 동일한 응답 패턴을 오라토리오 「이집트의 이스라엘인 Israel in Egypt」 제3부에서 모세와 미리암이 부르는 찬양의 노래인 소위 「바다의 노래Shirat Ha Yam」를 작곡할 때 유지한다.

모세와 다른 선지자가 실제로 언제 존재했고 혹은 정말로 존재하기나 했는지 등 연대표의 복잡한 문제는 차지하고서, 당연히 눈에 띄는 질문은 철기시대 후반에 유목민들이 중동을 방랑하면서 무슨 일을 했는지다. 고대 유대인 음악의 참여적 기풍은 구석기시대 수렵채집인들의 집단적 노래로 되돌아간다. 다시 말해, 합창은 메소포타미아인이나 이집트인보다 이스라엘인에게 훨씬 더 중요했고, 이는 이스라엘인의 문화가 훨씬 더 사교적이고 덜 위계적이라는 의미가 된다. 유대인 음악은 옛것들의 충격을 전달한다. 그러나 다른 두 가지 면에서 유대인 문화는 사실 매우 현대적이었다.

유대인 유목민을 구별해주는 첫 번째 혁신은 문해력이다. (인류학자들에 의하면) 수렵채집인은 읽거나 쓰지 못했을 것이기 때문이다. 히브리어 비문은 기원전 9세기에 나타나기 시작했다. 예언자 이사야의 시대라 할 수 있는 8세기가 끝날 무렵, 아랍인 필경사들은 페니키아 알파벳을 등에 업고 아시리아 제국의 대부분 지역에 읽고 쓸 줄 아는 능력을 전파했다(페니키아 알파벳은 쐐기문자나 상형문자보다 읽기가 훨씬 더 쉬웠다). 이스라엘 사회 전체에서 문맹률이 낮아졌다. 도자기에 새겨진 볼품없거나 철자가 잘못된 글이 바로 이에 대한 증거다. 전문적인 필경사가 아니라 평범한 사람들이 쓴 게 분명하기 때문이다. 반면 메소포타미아와 이집트에서는 일부 엘리트들만이 글을 읽고 쓰는 능력을 손에 쥐고 있었다.⁵⁹

두 번째 새로움은 이들의 유일신이 보이지 않는 데다 뿌리가 없다는 것이다. (아케나톤을 제외하고) 모든 역사에서 표준은 신들이 특별한 장소나 사원 또는 산이나 동굴, 냇물이나 빙하 같은 풍경의 일부에 산다는 것이었다. 실제로 영은 메아리와 같이 풍경이 유출된 존재로, 영을 깨운다는 것은 소리를 깨운다는 의미였다. 다윗은 제1성전을 짓기 이전에 탁 트인 하늘 아래에서 하느님에게 노래를 했다. 하느님은 다윗이 조각상처럼 볼 수도 숭배할 수도 없었다. 그 대신 하느님은 토라의 성문화된 법에 살았다. 신명기 30장 12절이 우리에게 일깨우듯 '토라는 하늘에 있지 않다.'⁶⁰ 토라는 '언약의 통로'를 타고 전달됐고, 하느님은 자신이 선택한 민족처럼 늘 움직였다. 글자에는 몹시도 활동적인 구석이 있었다. 유대인 역사가 탈출과 디아스포라로 낙인찍힌 것만큼 그 문자는 시대를 타고 전달됐다.

모든 삶은 시편에 있는데 시편은 대부분 하느님을 칭송했다. 일부 학자들은 다윗이 쓴 시편 104편은 다음에 나오는 아케나톤의 '아텐에게 바치는 위대한 찬가'의 영향을 받았다고 생각한다.

가수여, 음악가여, 기쁨의 함성을 질러라.
안식처의 뜰 안에서

그리고 아케나톤의 모든 사원 안에서

그대가 크게 기뻐할 진실의 장소이리니.[61]

고대 유대인 가수들은 하느님의 관심을 사로잡기 위해 목청껏 노래하는 전통이 있다. 가르멜산에서 엘리야는 바알의 사제들을 다음과 같이 비웃는다. "큰 소리로 소리 질러라. 그는 신이기 때문이니, 말하거나 추구하거나 여정을 떠나거나 그리고 어쩌면 잠들어 있을지라도 반드시 꿈에서 깨어나야 한다네."[62]

무엇을 노래했을까? 《미쉬나Mishnah》(구전 토라로, 최초로 랍비 문학의 주요 작품이 됐다)는 모든 성경이 멜로디에 따라 낭송되어야 한다는 점을 강조한다. "성경을 멜로디 없이 읽는다면, 또는 선율 없이 미쉬나를 반복한다면, 성경은 그에게 이렇게 말하리라. '그렇기 때문에 내가 그들에게 그다지 좋지 못한 법을 준 것이니라.'"[63] 그렇다면 그 멜로디는 어땠을까? 놀랍게도 유대인 성경의 음악은 멜로디와 암송 사이의 중간쯤에서 쏟아내는 목소리인 캔틸레이션의 전통 속에 살아남았다. 점과 선에 가까워 보이는 마소라 악센트(타아밈)는 히브리어를 글로 나타낼 때 모음을 지시하기 위해 자음 위에 적용된다는 사실이 기록되어 있다.[64] 각 악센트는 단 하나의 음높이가 아니라 두세 개 음의 묶음을 의미하며, 각 무리(또는 모티브)에는 저마다 고유한 이름이 있다(이에 대한 해석의 근거는 대부분 《사해사본》에 드러나 있다). 바빌로니아의 유대인 디아스포라가 보존한 문장의 캔틸레이션을 살펴보자. "그 후 모세는 모든 이스라엘 원로를 불렀다Wayikra moshe Le chol zigne Israel Qadma Tvir Pashta Tarcha." 각 단어에는 저마다 모티브가 붙는다. 'Wayiqra'는 콰드마qadma라고 하는 마소라 악센트로 부르며, 이는 '선행'이라는 의미다. 'Moshe'는 트비르Tvir(분산), 'lcholziqne'는 파샤Pasha(후렴)로 부른다. 능숙하게 읽을 줄 아는 사람은 자동적으로 각 단어에 어떤 음악적 악센트가 들어가는지를 안다. 음표의 작은 묶음들인 악센트는 능수능란한 춤 선생이 합쳐놓은 댄스 스텝처럼 흘러간다. 파 쌩쁠르pas simples, 파 도블레pas doubles, 러프리즈reprises, 브랑르branles(곧게 한 발, 두 발 앞으로, 빙글 돌고, 흔들고).**65**

　시편은 춤을 추며, 이를 통해 모든 것을 가장 놀랍게 연결해낸다. 마소라 악센트인 타아밈은 우리가 고대 이집트에서 보았던 그 시각적 카이로노미의 손짓을 글로 추적해 나타낸 것이다. 구약성서에 나오는 다음의 두 구절 "다윗이 여호와의 성전에서 찬송하는 직분을 맡긴 자들은 아래와 같더라(역대상 6:31)"와 "레위 사람들은 제금을 들고 서서 다윗의 손짓대로 여호와를 찬송하되(에스라 3:10)"를 살펴보자.**66** 다윗의 한 손은 음계의 음정을 가리켰고, 다른 한 손은 적용해야 할 꾸밈음을 보여줬다. 한 손은 히브리어 문자 위에 더해진 악센트가 됐고, 다른 한 손은 마지막에 마무리를 지었다. '손바닥tifha'과 '단계darga' 그리고 '상승과 하강oleh we-yored' 등의 마소라 용어는 비밀을 누설한다. 기원전 10세기에 솔로몬 왕이 지은 첫 번째 성전의 멜로디는 본래 이집트에서처럼 카이로노미 손짓을 통해 지휘됐다. 전체 인구가 글을 읽고 쓸 수 있게 되고 시편을 글로 나타낼 수 있게 되면서 손짓은 문자 표기로 변환됐다. 그러나 사실상 이스라엘인은 이 성가 캔틸레이션을 통해 자신들의 방식대로 '춤'을 추었다. 이집트 카이로노미 지휘자들이 춤의 여신 메리트를 모방한 것과 마찬가지다.

또한 시편에는 현악기인 네기노트neginot(시편 4, 6, 54, 55, 67, 76)와 8
현 하프인 하세미니트hasseminit(시편 6, 12), 리라인 하기티트haggittit(시편
8, 81, 84), 관악기 마할라트mahalat(시편 53, 8) 등 다양한 악기 반주가 언
급된다. 시편 55편에서 성가대 지휘 대장을 의미하는 람나세lamnasse
라는 단어가 등장하지만 시편 137편에 등장하는 수금은 우리가 생
각하는 하프가 아니다("바빌론의 강변에서 … 우리는 우리의 수금을 걸어놓았
노라"). 킨노르kinnor라는 단어는 '하프'가 아니라 리라를 의미한다(단,
현대 히브리어에서 킨노르는 바이올린이다).[67]

그렇다면 왜 기독교 교회의 성직자들은 악기를 악惡이라 여기며
금지했을까? 시편 영창의 직접적인 후손인 평성가는 오늘날 악기
없는 아카펠라로 공연된다. 그 답은 피와 제물에 의해 악기들이 어
떻게 오염되고 신성해졌는지를 들려주는 흥미로운 이야기에 있다.
첫 번째와 두 번째 성전에는 다채로운 악기를 갖춘 오케스트라가 있
었다. 예수기에는 매일 성전에서 시편을 하나씩 노래했으며, 나팔수
를 비롯해 열두 명의 레위 음악가들이 공연했고, 공연의 절정에서
양을 도축했다. 실제로 악기는 안식일 당일에도 성전에서 용인되었
다. 여기에는 제물이 함께했는데 악기가 그 중요성을 강조하는 데
도움이 됐다.[68] 악기와 피 사이의 연결점은 무엇일까? 단서는 양의
뿔로 만든 악기 쇼파shofar의 중심 역할에 있다.[69] 구약성서에는 쇼파
가 그 어떤 악기보다 많이, 70번이나 언급됐다. "나팔과 호각(쇼파) 소
리로 왕이신 여호와 앞에서 즐겁게 소리칠지어다"(시편 98:6). 양의 뿔
이 내는 소리는 유대인에게 아브라함이 아들 이삭 대신 양을 죽인

때를 떠올리게 하고, 인간을 희생하는 대신 그 대용으로 동물을 희생시킴을 나타낸다. 페니키아인은 자신들의 신 바알에게 인간을 제물로 바쳤는데, 이 점만 제외하고 페니키아인과 유대인은 많은 공통점을 가졌다. 쇼파는 유대인과 신의 계약을 나타내는 상징이다.

신나는 쇼파의 울림은 모든 유대인의 의식에 간간이 파고들었다. 이는 하느님이 시나이산에서 처음으로 모세에게 스스로의 모습을 드러낸 소리였다. 쇼파는 새로운 달이 떠오름을 알리고, 집회를 소집해 중요한 소식을 알리며, 왕에게 왕관을 씌우고 전쟁을 벌였다(그리고 예리코의 벽을 허물었다). 또한 하느님의 존재를 선언하고 잠자는 영혼을 깨웠다. 쇼파는 유대인의 새해인 로쉬 하샤나와 속죄일에도 불린다. 가장 중요하게는 쇼파 혹은 일반적으로 오역되듯 '나팔('트럼펫'에서 나왔다)'은 세계사에서 세 차례 소리를 낸다. 첫 나팔은 시나이산에서 울렸고, 마지막 나팔은 심판의 날에 울릴 것이다. 그러나 위대한 나팔 소리는 메시아가 왕좌에 앉는 그날 마침내 울릴 것이다.[70]

유대인이 이집트인으로부터 유일신의 개념을 훔쳤든 아니든 간에, 이들의 종교는 그 골자를 버렸다. 유대교는 내세와 죽은 자들의 왕국 또는 기독교인이 '천국'이라고 부르는 것을 인정하지 않는다. 그 대신 소위 '종말론'을 통해 역사의 마지막에 이곳 지구에서의 구원의 근거를 마련했다.[71] 역사 발전을 일직선으로 보는 관점은 아마도 클래식을 포함해 유대인이 서양 문명에 준 중요한 선물일 것이다. 특히나 서양 음악에 있어서 유대교는 기독교 전례에 영향을 미치면서 다음의 네 가지 축복을 선사했다.

1) 경전의 계율

2) 공개적으로 경전을 읽고 논의하는 관례

3) 신자들이 함께 기도하는 제도

4) 시편의 150가지 찬송가 모음[72]

서양의 클래식에는 우리가 악보라고 부르는 신성한 음악 서적의 법규집이 있으며, 수백 편의 음악적 걸작들이 귀히 여겨진다. 우리는 대학에서 때로는 대중적으로 이 악보들을 읽고 논한다. 이 음악을 숭배하는 제도를 공공 음악회라고 부른다. 유대-기독교 교회는 서양 클래식이 어떻게 진화했는지에 관한 모형을 만들어내는 데 도움이 됐다. 나는 1부에서 이 체계를 대략적으로 제시했다. 7장과 8장에서는 이 과정이 어떻게 펼쳐지는지에 관한 이야기를 할 것이다.

모형의 나머지 반쪽은 그리스인이 만들어냈다. 그리스 음악은 유대인의 음악만큼이나 사교적이지만 여러 면에서 완전히 반대되기도 한다. 두 음악 모두 하나의 관악기를 두고 노래하고 춤추는 합창단이 함께했다. 쇼파는 하느님의 목소리로 유대인 코러스를 단결하도록 이끌었다. 아울로스는 악마처럼 날카로운 소리를 냈고 그리스 합창단이 비극적 갈등을 겪도록 자극했다.

비극이다!

'Music(음악)'이라는 단어는 그리스어 'mousikē(무시케)'에서 왔는데,

'뮤즈들의'라는 의미로 예술과 과학의 아홉 가지 화신을 가리킨다.[73] 따라서 음악은 본래 무리 가운데 하나로, 노래의 뮤즈인 에우테르페는 테르프시코레(춤)와 멜포메네(비극) 그리고 그 여동생들과 손을 잡는다. 멜로디를 언어와 신체의 움직임, 희곡과 분리해 추상화시키고, 그 의미를 '음악'이라는 것으로 축소시키는 서양의 습관은 풍부하게 상호 연결된 그리스의 세계관을 위협했다. 그리스 문화의 가장 두드러진 특징이 된 음악적 형식은 개인적 노래가 아니라 복수의 합창단이었다. 디오니소스를 찬양하고 노래하는 축제에서 50명의 가수이자 무용수는 단 한 명의 음악가가 아울로스(두 개의 파이프를 동시에 부는 일종의 오보에)를 연주하는 동안 그 주위에 원을 그리며 도약하고 노래한다.[74] 이들은 이집트의 오시리스와 유라시아의 아티스/아도니스와 관련된 풍요의 신 디오니소스의 단말마와 부활을 상기시킨다. 아울로스의 소리는 50명의 가수가 만들어낸 소리를 뚫고 나아갈 수 있도록 매우 강력해야만 했다. 그리스인들은 아울로스가 무시무시한 소리를 낸다는 것을 깨달았음이 분명하다. 아리스토텔레스는 아울로스가 '흥분시킨다'고 말했는데, 그 소리가 종교적 광란을 불러일으킨다는 의미였다. 또한 롱기누스는 아울로스의 소리가 듣는 이를 정신 나가게 만든다고 주장했다.[75] 아리스토파네스에게 아울로스는 '깊이 으르렁대는barybromon 파이프'였다.[76]

디티람보스는 유대인 합창단처럼 춤추고 노래하는 수렵채집인 무리로 되돌아가는 것이다. 그리스가 세련된 도시국가로서 이스라엘보다 더 안정적이었다는 점에서 그리스 음악의 퇴보는 특히나 희한하다. 합창단이 (디티람보스뿐 아니라 승리의 노래를 할 때도) 상대적으로 늦게 등장했다는 사실 역시 이상하다. 나는 2장에서 그리스 음악을 '발명된 전통'이라 불렀다. 합창단은 '고전기' 동안 프리지아(아나톨리아 튀르키예)와 크레타로부터 들어왔다. 핀다로스는 디티람보스를 술 취한 신들의 축제로 불렀는데, 이는 그리스 다신교의 핵심에 존재하는 창조적 혼란이라는 중심을 꿰뚫은 것이었다.[77] 예술적으로 신이 많다는 것은 이해할 만하다. 그 절정기에 디티람보스 무리는 오늘날의 축구 경기장에서 라이벌 팀들이 싸움을 벌이는 것처럼 극장에서 열리는 축제에서 경쟁했다. 3장에서 논했던 것처럼 축구 응원가 전쟁은 정확한 비유가 되겠다.

디티람보스에 세 명의 연사를 더한 것이 비극tragedy으로, 이는 틀림없이 서양 문명에 존재하는 최고의 예술형태이다. 그리스 비극은 노래로 표현됐고 우리가 '연극'이라고 부르는 형태보다는 오페라에 가까웠다. 같은 이유로, 가장 위대한 그리스 작곡가는 에우리피데스다. 에우리피데스는 아이스킬로스와 소포클레스로 시작하는 비극작가 삼인방 가운데 세 번째이자 가장 나이가 어린 작가로, 그리스의 바그너이기도 하다. 그가 쓴 비극《헤라클레스Herakles》의 절정에서 헤라클레스는 헤라에 의해 미치광이가 됐고, 자신의 가족 전체를 학살하고 만다.[78] 희곡에서 가장 충격적이고 슬픔을 자아내는 부분은 아내와 아버지, 아이들이 헤라클레스에게 자비를 베풀어 달라고 애원하는 합창이다. "그의 자식들은 그곳에서 아름다운 형태로 합창했고, 아버지와 메가라도 그랬다." 그 음악은 알 수 없지만 합창에는 디티람보스처럼 아울로스가 반주를 맞췄을 것이다. 아울로스는 전통적으로 동물을 제물로 바치는 행위를 포함해 그리스의 숭배 의식에서 사용됐다. 다시 한 번, 우리는 이스라엘인과의 놀라운 유사점을 볼 수 있다. 쇼파가 아브라함이 이삭을 제물로 바친 것에 대한 대체물이었던 것처럼 《헤라클레스》에서의 아울로스는 교양 있는 관객들의 즐거움을 위해 아이를 살해하는 공포를 표현했다. "내가 너를 공포로 입 다물게 해주지." 헤라클레스의 복수의 여신 릿사는 이렇게 협박한다. 합창단은 아울로스의 위험성을 너무 잘 알고 있다. 이들은 이렇게 노래한다. "물러서라, 아이들이여. 도망가! 지금 부는 이 노래는 파괴를 불러온단다."[79] 아리스토텔레스에 따르면 《헤라클레스》 같은 비극의 임무는 연민과 공포라는 심미적 정서를 느끼게 하는 것이었다.[80] 희생물은 유대인에 의해 종교로 바뀌었고, 그리스인에 의해 고급 예술이 되었다. 그리스 음악의 중심에 있는 공포는 의례적 폭력이라는 근원에서 엄청나게 멀어졌지만 여전히 잠시 생각해볼 여지를 준다. 왜 우리는 그 음악을 즐기는가? 우리는 어떻게 여기까지 오게 됐는가?

그리스 음악의 기원, 즉 발명된 전통이 가진 상상 속 기원이 아니라 진정한 기원은 아주 다르다. 그리스 음악은 호메로스의 서사시로 세계무대에 등장했다. 〈일리아드〉와 〈오디세이〉는 시인이 홀로 노래했고, 포르밍크스phorminx라는 원시적인 4현 리라가 곁들여졌다.[81] 위대한 호메로스 연구가인 앨버트 로드Albert Lord는 이 서사시가 글로 적거나 작곡한 것이 아니라 일련의 클리셰 혹은 공식을 질질 끌어서 즉흥적으로 지어낸 것임을 설득력 있게 증명했다. 로드는 자신이 《이야기의 가수The Singer of Tales》를 쓰던 1950년대 옛 유고슬라비아에서 이 전통이 구전으로 짓는 세르비아-크로아티아 서사시에 살아 있음을 입증했다.[82] 〈일리아드〉는 "장밋빛 손가락의 새벽", "포도주처럼 어두운 바다", "날아갈 듯 달리는 아킬레스" 등 한없이 다채로운 공식의 연속이다. 영국의 국가적 서사시이며 앵글로색슨족의 시 〈베오울프Beowulf〉 역시 즉흥적으로 지어졌고 이런 식으로 노래가 됐다. 우리는 음악적 공식이 존재했음도 추측할 수 있다. 각 연은 정서의 동일한 포물선을 따라 노래되었고, 목소리의 윤곽은 두 개의 위대한 파동을 따라 그 높이가 오르내렸다.[83] 가끔 시인은 순리에 어긋나게 노래했다. 중요한 단어를 강조하거나 수사적 효과를 내기 위해 특정 부분에서 음높이를 낮추거나 올리지 않기로 하는 것이다. 고대 그리스어는 음높이를 강조하는 언어였기에 기본적 멜로디는 이미 일상적 말투에 배어 있었다. 음절 하나짜리 단어를 포함해 모든 단어를 강조할 때는 영어처럼 강세를 주는 것이 아니라 5도 정도 더 높은 음으로 말(또는 노래)했다.[84] 따라서 우리는 〈오디세이〉의 첫 구절에서 말의 멜로디가 〈일리아드〉를 여는 구절보다 두드러지게 더 불협화음처럼 들리면서 제약이 없었다고 말할 수 있다.[85]

〈일리아드〉는 특히나 음악으로 가득 차 있다. 스파르타의 왕비 헬렌은 자신과 파리스 모두 "장차 태어날 이들 사이에서 노래의 주제가 될 운명"이라고 절망한다.[86] 그녀는 〈일리아드〉가 근본적으로 트로이의 헬렌에 관한 노래란 걸 알았더라면 기뻐했을 수도 있겠다. 《일리아드》 9권에서 아킬레스는 연인 패트로클루스를 위해 은 받침이 달린 포르밍크스를 연주하고 노래했다. 폴릭세네(아킬레우스를 죽음으로 이끈 트로이의 공주―옮긴이)의 석관은 진짜 트로이의 폐허로부터 그다지 멀지 않은 곳에서 발견됐는데, 이 석관에는 아킬레스가 패트로

클루스의 무덤에서 갑옷을 입고 춤췄다는 미신이 언급되어 있다.[87]

트로이 전쟁이 실제로 일어났든(그리고 어떤 방식으로 벌어졌든) 아니든 간에 아나톨리아 트로이의 아시아적 정신은 토종 그리스 음악을 지배하게 됐다. 그리스인은 대부분의 악기를 아시리아와 소아시아, 페니키아 등에서 전수받았다. 철학자 아리스토크세누스는 올림푸스라는 전설적인 프리지아의 관악기 연주자가 에나르모니온을 그리스로 가져온 것이라고 주장했다.[88] 이는 두 가지 면에서 거짓이었지만, 그리스인이 범아시아적 음악의 모국어 에나르모니온과 아울로스를 아나톨리아(현재의 튀르키에)에서 온 침입자라고 믿었음을 보여준다. 그리고 실제로 이 두 가지는 연결되어 있다.

호메로스의 서사시는 그저 폭력을 묘사했고, 그리스의 음악은 실제로 이를 재현했다. 아울로스와 리라, 동과 서의 대결이었다. 이는 음악을 땅콩 껍질만 하게 또는 리라를 만드는 거북 등만 하게 요약해보는 그리스의 투쟁이었다. 그리스의 지성적 기적은 아곤Acon(그리스 희곡에서 주요 인물들이 말다툼하는 부분—옮긴이)이라고 하는 갈등을 중재했다. 이는 철학의 변증법부터 비극의 올가미까지 모든 수준에서의 갈등이었다. 니체는 《비극의 탄생The Birth of Tragedy》에서 이를 아폴론과 디오니소스라는 두 신, 즉 아폴론적 이성과 빛 대對 디오니소스적 감정과 악마적 어둠의 우주적 전투라고 표현했다.[89] 아폴론의 악기는 리라였다. 다만 헤르메스가 리라를 발명하고 오르페우스가 완성했을 뿐이다. 디오니소스는 아울로스를 연주했다. 들판에서 뽑아온 갈대는 이 농업의 신의 손길을 거쳐 아울로스가 됐다. 아폴론과 리라는 비극에서는 환영받지 못했다. 리라를 연주하는 오르페우스는 디오니소스에 미친 여성 광신도들인 바칸테에게 사지가 갈기갈기 찢겨 오직 머리만 강물에 떠다니며 쓸쓸하게 노래하는 비참한 최후를 맞이했다. 에우리피데스의 희곡 《안티오페Antiope》에서 아울로스를 좋아하는 군사 활동가 제토스는 리라를 연주하는 형제 암피오네를 공격한다.[90] 《안티오페》는 두 악기 사이의 동족 갈등에 대한 우화다. 왜 리라와 아울로스는 서로를 미워했을까?

부분적으로 이는 계층 간의 전쟁이었다. 리라 또는 더 성숙한 형태의 키타라는 '심포지아'라는 지식인들이 철학적 이야기를 나누는 속물적 만찬 파티의 악기였다. 아테네식 화병에 그려진 그림들은 어떻게 '지혜의 사랑philo-sophy(philos는 애호라는 의미고 sophy는 지식이라는 의미로, 둘을 합치면 '철학'이 된다)'이 키타라를 연주하는 매력적인 소년들의 사랑으로 자연스럽게 변해가는지를 보여준다. 소년들은 턱수염을 기른 연회 참석자들을 피하기 위해 리라를 사용한 것으로 보이는데, 이는 키츠Keats의 〈그리스 항아리에 바치는 송가Ode on a Grecian Urn〉에서 정화되어 묘사된 '미친 듯한 추격'과는 큰 차이가 있다. 아리스토파네스의 희곡 《구름Clouds》은 리라가 지닌 남색男色적 평판을 조롱한다. 한 철학자는 '더 나은 논증'이라 부르면서, 벌거벗은 소년들이 리라의 스승인 키타리스테스에게서 수업을 받기 위해 질서정연하게 들어오는 내내 '허벅지를 한껏 벌린 채'였던 '옛날의 호시절'을 추억했다. 그리고 아테네의 정치인 아이스키네스는 젊은 알렉산더('대왕'이 되기 이전)가 마케도니아 공중 토론에서 리라에 맞춰 노래하는 모습을 보고 흥분하고 만다.[91]

리라는 음악이론의 악기로, 가장 난해하고 아마도 퇴폐적이면서 과학적인 악기이기도 했다. 요컨대 서양의 조율은 리라를 통해 이뤄졌다. 리라는 조율 체계를 시각화하기에 이상적이었는데, 현이 나란히 배치되어 있으며 조율된 상태를 유지했기 때문이다. 반면 아울로스는 입의 근육을 통해 조율되고 음높이가 악명 높을 정도로 불안정하게 흔들려 쓸모가 없었다. 위대한 음악이론가 아리스토크세누스는 "관악기는 끊임없이 변화하고 절대로 같은 상태에 머무르지 못한다"고 불평했다.[92] 아리스토크세누스는 리라를 기반으로 다양한 음계 유형 또는 '선법'을 분류하는 '완전 체계'를 창안했으며, 이 체계는 처음에 도움을 받았던 메소포타미아 체계보다 훨씬 더 뛰어났다.[93] 예를 들어, 각 선법(도리아, 이오니아, 로크리아, 리디아, 프리지아 등)은 특정 풍조나 정서와 연결되면서 청중과 사회 모두에 영향을 미쳤다. '완전 체계'는 음악을 아름다운 추상화라는 틀로 에워쌌다. 아나톨리아로부터 밀려들어온 매력적인 아울로스 연주자 아울레트들을 포함해, 살아 숨 쉬는 음악가들이 실제로 한 연주에 이론이 일치하는지 따져보는 건 트집을 잡기 위해 던지는 질문에 다름 아니었다.

침입자이자 말썽쟁이인 아울레트들은 민주주의적인 군중을 의미하는 '시민'의 음악가였다. 플라톤과 아리스토텔레스가 아울로스를 좋아하지 않은 주요한 이유는 아울로스 연주자들이 전문가였기 때문이다. 전문적 경쟁이 부인하기 어려울 정도로 기준을 높여 놓았음에도 그렇다.[94] 아울레트들은 그리스 문명이 정점에 달했던 5세기 아테네에 '신음악' 혁명의 선봉에 섰다. '신음악(그리스인들은 '극장음악'이라 불렀다)'은 좀 더 복잡하고 기교적이며, 더 정서적이고 원시적인 자의식을 지녔다. 그리고 새로울수록 더욱 디오니소스적이었다. 예를 들어 아리온이라는 작곡가가 만든 거칠고 열광적인「포세이돈 찬가Hymn to Poseidon」는 원을 그리며 춤추는 돌고래를 노래했다.[95] 리라보다 훨씬 더 유연한 아울로스로는 음 사이를 쪼갠 미분음을 연주할수 있었다. 물론 두 개의 관을 가지고 대위법으로 연주할 수도 있었다. 이들의 끊임없이 선회하는 멜로디는 메두사의 뱀처럼 발버둥 친다. 훌륭한 아울레트는 사실상 무엇이든 흉내 낼 수 있었다. 천둥소리, 바람소리, 동물의 울음소리, 끽끽거리는 차축과 도르래, 웅웅거리는 말벌까지 모두 다. 스파르타 군대는 행진하며 아울로스를 연주했고, 그렇기 때문에 스파르타의 영원한 적인 아테네인은 아울로스의 소리가 본능적으로 공포스럽다고 느끼는 데 길들여졌다.[96] 가장중요하게는 아울로스로 '전조', 즉 조바꿈을 할 수 있었다. 초기 멜로디는 아이스킬로스의 합창을 포함해 동일한 선법에 갇혀 있었고, 따라서 동일한 정서에만 묶여 있었다. 신음악 작곡가 중 가장 뛰어났던 에우리피데스는 느낌과 선법이 가사를 반영하며 바뀔 수 있는 멜로디를 썼고, 그가 쓴 가사는 전통적 형태에서 벗어나 있었다('연stanza'이 아닌 다양한 운율을 사용해 나누는 '폴리메트릭polymetric'한 가사였다). 이러한탈바꿈metabola은 플라톤이 아울로스를 불규칙의 대리인이라 비난하는 또 다른 이유가 됐다. 플라톤은 이를 아테네 사회의 불안정함과연결 지었고, 또 그럴만하기도 했다. 아테네인은 시민과 귀족 사이의지속적인 투쟁으로 분열되어 있었다.[97] 위대한 음악이 위대한 선善을위해 희생되어야 한다면 그렇게 해야 했다.

　신음악은 기보법의 추가적 보너스를 만들어냈다. 일단 음악이구전 전통에 맡겨두기에 너무 복잡해져 글로 남겨야만 했다. 감사하게도 우리가 약 150편의 그리스 음악을 누릴 수 있게 된 이유가 여기에 있다. 많은 양은 아니고 그 파편들은 굉장히 불만스러운 수준이지만, 고대의 음악을 이해하는 데 비약적인 발전을 가져왔다. 이 말뭉치corpus에 등장하는 2,200개의 연속적인 음표 가운데 47퍼센트는 서로 이웃해 있기 때문에, 그리스의 멜로디는 주로 차근차근 진행됐다고 추측할 수 있다. 또한 아치형이 그려져 있는데, 이는 오르막으로 시작해 노래의 마지막에는 내려감을 뜻했다.[98] 가장 귀한 작품은 에우리피데스의 희곡/오페라인 《오레스테스Orestes》가 시작되는 합창의 일부(첫 합창곡 또는 노래의 1절)다. 합창단은 오레스테스에게 불안한 '도크미악dochmiac' 형식으로 괴로움을 호소한다. 도크미악은 8개의 짧은 음이 3개와 5개로 갈라지는 복잡한 리듬 패턴이다(현대적인 불가리아 민속 리듬과 유사하다).

비통하도다, 비통하도다. … 네 어미의 피가 너를 미치게 만드는구나. 영원히 살 수 없는 이들의 눈부신 번영은 영원하지 않다네. 여기에 분노한다는 것은 재빠르게 항해하는 범선이 거칠고 힘겨운 파멸의 파도 안에서 더 높은 힘에 먹혀버리는 것과 같지. 바다에서처럼 말이야.[99]

다음은 그리스인이 음악을 표기한 한 방식이다.[100]

Π Ρ Ϲ   Ρ Φ Π
κατολο φυρομαι Ζ ματεροϲ
[ka - to - lo - phy - ro - mai   ma - te - ros]

그리스 기보법은 세 단계로 이뤄진다. 밑부분은 코러스가 부를 가사다. 맨 윗줄은 불러야 하는 음을 알려준다. Π는 B플랫이고, P는 미분음으로 약간 낮은음이다. C는 A자연음계다. 따라서 우리는 P(미분음)가 다음 음절('mai') 뒤에 다시 나온다고 이해할 수 있다. 가운데 줄에서 대문자 Z는 아울로스로 연주하는 G음을 가리킨다. 편의를 위해 단어 사이에 끼어들어갔고, 실제로 G는 저음부 반주로 계속 연주된다.

이 소리는 어떻게 들릴까? 음악적 흐느낌 또는 비탄은 거의 아델의 노래나 바버Barber의 〈현을 위한 아다지오Adagio for Strings〉와 같다. 이 모티브를 가리키는 현대적 이름은 '앞꾸밈음appoggiatura'이며, 이는 관례적으로 슬픔을 표현한다. 일부 특성, 즉 도크미악 음보와 미분음(에나르모니온 음계는 본래 반음을 두 개의 4분음으로 분리하지 않았다. 신음악에서 밀접하게 묶인 음표 뭉치는 피콘pyknon이라 불렸다)은 기원전 420년경의 음악임을 보여준다. 그러나 이 앞꾸밈음과 휘몰아치는 리듬과의 조합은 분노와 연민, 공포의 작품인 모차르트 교향곡 40번을 우리에게 선사하기도 했다. 말문이 막힐 정도로 깜짝 놀랄 일이다. 우리는 고대 음악이 스스로 모습을 드러내기까지 영겁의 시간을 기다려야 했다. 뼈 피리는 그저 뼈의 일부였고, 메소포타미아 악보는 해석이 불가했다. 마침내 우리는 그리스 음악에 드리워진 커튼을 걷고, 살짝 들여다보았으며, 그리하여 발견한 것은 … 2,500년의 세월을 건너 우리를 되돌아보고 있는 스스로의 모습이다. 고대 그리스의 비탄은 서양 클래식의 비탄과 그다지 다르게 들리지 않는다. 모차르트(또는 아델)가 에우리피데스를 모방했음에는 의문의 여지가 없다. 그보다 핵심은 에우리피데스와 모차르트, 아델 그리고 우리 자신이 연속적인 서양의 전통을 함께한다는 것이다. 우리는 여전히 그리스인이다.

음악적 인간은 5세기 아테네에서 태어난 에우리피데스의 신음악에서 나이를 먹었다. 음악은 언어에서 해방되었다. 《오레스테스》의 앞꾸밈음은 가사의 성조와는 독립적으로 쉴 새 없이 반복됐다. 음악의 형식이 탄생했고 형식은 혼란을 틀에 가뒀다. 아마도 문명에 대한 그리스인의 가장 위대한 기여는 죽음을 예술적 형식 안에 반드시 필요한 순간으로 설명한 것이리라. 이들은 극단적인 불협화음과 무질서를 음악적 용어로 구조화하는 방식을 찾아냈고, 심지어 필연적으로 들리게 만들었다. 시간을 넘어 죽음을 구원하는 유대인의 성취를 보완했다. 유대인의 역사와 그리스의 형식이라. 두 문화는 내세에 대한 이집트인의 유혹을 거부했다(그리스인의 하데스는 천국이 아니다). 기독교인은 한 걸음 한 걸음씩 역사와 형식을 클래식으로 융합했다. 그 시기는 유럽이 실질적으로 여전히 로마이던 때였다. 그렇다면 로마인은 우리를 위해 무엇을 했을까?

조지가 불타는 동안 곤조는 바이올린을 연주하는 거야

「머펫 쇼Muppet Show」(1976년부터 1981년까지 방영된 인형극 코미디 프로그램—옮긴이)의 에피소드 210편에 초대 손님이자 전설적인 미국의 배우 조지 번스George Burns의 이름을 가지고 하는 뻔한 농담이 나온다.[101] 번스는 자신의 탈의실에서 여송연을 뻐끔뻐끔 피우면서 카메라를 향해 세련되게 잡담을 하고, 그동안 그레이트 곤조Great Gonzo는 바이올린을 켠다. 그러면서 개그는 계속된다. 우리는 모두 미치광이 네로 황제가 자신의 도시에 불을 지르고 바이올린을 켜면서 그 광경을 감상했다는 것을 알기 때문에, 아무도 이 장면을 보며 굳이 네로를 언급하지 않는다. 네로의 악기는 사실 키타라였고, 서기 64년 7월 19일에 그는 로마에서 35마일 떨어진 안티움에 있는 거처에 머물고 있었다는 사실은 상관이 없다. 마르크스가 내뱉었듯 역사는 반복된다. "처음에는 비극으로, 두 번째는 웃음거리로."**102** ('Burn'은 '불에 태우다'는 의미이기 때문에 George Burns는 '조지 번스'라는 이름뿐 아니라 '조지가 태운다'라는 의미도 가지는 데에서 나온 농담이다—옮긴이).

고대 로마의 음악은 여러 면에서 그리스 문화의 우스꽝스러운 반복이었다. 네로 자신보다 더 생생한 사례는 없을 것이다. 서기 64년 초, 나폴리 시민들은 상륙 허가를 받은 대규모의 알렉산드리아 선원 대표단과 함께 특별한 구경거리를 목격했다. 그 시대의 트럼프 대통령이라고 할 만한, 지구에서 가장 많은 권력을 휘두르던 남자가 그리스의 키타로데kitharode, 즉 리라 연주자처럼 차려입고 도시의 극장 무대에 오른 것이다. 긴 보라색 가운을 입고, 키톤(직사각형의 천을 몸에 둘러 핀으로 고정시켜 입는 옷—옮긴이)을 발 위까지 호사스럽게 흘러내리게 입은 뒤, 금으로 장식한 맨틀을 걸쳤으며, 머리에는 금으로 된 화관을 썼다.**103** 네로는 해가 질 때까지 노래했고, 치어리더들의 '규칙적인 박수plausus compotitus'와 '규칙적인 카덴스certi modi'로 기분을 냈다.**104** 로마 역사가 수에토니우스의 말이 맞다면, 여기 잡혀온 청중들은 '꼭 필요한 용무를 위해서조차' 자리를 뜰 수 없었다.

임신부들은 진통에 들어갔고, 남자들은 친구들의 도움을 얻어 극장 벽을 넘거나 죽은 척해서 들것에 실려 나갔다.[105] 목숨을 보전하려고 네로의 죽음 후에 글을 쓴 비평가들은 친절하지 않았다. 풍자작가 루시안Lucian은 "그의 목소리는 태생적으로 공허했고, 그의 노래는 거의 웅웅거리는 소리에 가까웠다"고 썼다.[106] 로마 동전은 네로를 키타로데로 묘사했는데, 그가 가슴팍 위로 턱을 치켜들고 있어서 하늘을 보고 있는 것 같다. 이는 당시 가수들이 어떻게 표현되었는지를 전형적으로 보여준다. 턱을 드는 것은 후두를 높이는 것으로, 이렇게 하면 높고 단단하고 시끄러우며, 후두음과 비음이 섞인 목소리가 난다. 이런 목소리는 여전히 중동에서 들어볼 수 있지만, 서양인에게는 거슬리고 부자연스럽게 들린다.[107] 네로는 자신의 한계에도 예술을 몹시도 진지하게 받아들였고, 당시 가장 유명한 키타로데였던 그리스인 테르프누스와 몇 년 동안 공부하기도 했다.[108] 네로는 목소리를 개선하기 위해 관장을 하거나 무거운 물건을 가슴 위에 올리고 등을 대고 눕는 등 굉장히 힘겨운 신체적 상황을 견뎠다. 좀 더 열성적인 가수들은 피불라fibula라고 하는 일종의 안전핀을 성기에 삽입하기도 했다. 성행위가 목소리를 해친다는 믿음을 반영한 관례였다.[109] 아주 마지막까지 자신의 판타지를 마음껏 채우던 네로는 원로원을 살해하고 로마를 불태우며 알렉산드리아로 항해해 나가 전문적인 음악가로서 인생의 두 번째 막을 보내는 꿈을 꾸었다.[110]

네로는 로마 음악에 대한 우리의 모든 야한 상상을 완벽하게 구현해냈다. 그 가운데 다수는 도해로 기록되어 있다. 폼페이 벽화는 디오니소스 숭배와 연관된 흥청망청한 음악을 보여준다. 팀파나(커다란 둥근 북)와 심발라(심벌즈 한 쌍)의 소음은 규율을 어긴 사람들의 괴성을 삼켜버렸다.[111] 로마의 원로원은 기원전 186년에 그런 축제를 금지했지만, 서기 79년 화산이 폭발할 때까지 폼페이에서 계속됐다. 로마인의 생활에서 또 다른 극단적인 면은 경기장에서 검투사들이 서로를 마구 난도질하는 가운데 넓게 구멍이 뚫린 뿔피리와 '물 오르간'을 연주한 것이다. 물 오르간의 소리는 주변을 둘러싼 대혼란에도 맞설 수 있을 만큼 컸다.[112] 물 오르간 또는 하이드롤리스 hydraulis는 세계 최초의 건반악기로, 물의 흐름에 따라 공기가 파이프로 밀려들어간다. 사상 최초는 아니지만, 폭력과 희열의 서비스에 기술이 더해졌다. 로마는 이 원칙을 한층 더 강화했고, 악기는 점점 더 크고 시끄러워졌다. 리라에는 더 많은 현이 생겼고, 티비아(로마식 아울로스)에는 더 많은 구멍과 슬라이드(더 많은 음을 만들기 위해 관을 이중으로 겹치게 만들어서 관의 길이를 조절할 수 있게 만든 부분—옮긴이)가 생겼다.

서기 383년 대기근 동안 로마는 모든 외국인 교사를 내쫓았지만 합창단과 음악교사, 3천 명의 무희는 그대로 두었다. 로마인은 분명 음악을 사랑하는 민족이었고, 따라서 우선순위를 제대로 이해하고 있었다.[113] 로마에서 음악문화의 핵심은, 음악문화가 대중적이며 사람들의 문화라는 것이었다. 이것이 아마 로마의 음악이 조금이라도 악보로 옮겨지거나 글로 남겨지지 않은 이유에 대한 설명이 되리라. 모든 고대 문화는 어느 정도 구술로 이뤄졌는데, 로마는 특히나 기억력을 중시 여겼다. 성 히에로니무스에 따르면 키케로는 어린이들이 구구단 12단을 기억하기 쉽게 도와주는 노래를 카르멘carmen이라고 불렀고, 알파벳을 배우기 위한 곡을 칸티쿰canticum이라고 했다. 성 아우구스티누스는 "Duo et unum duo, duo et duo quattuor(이 곱하기 일은 이, 이 곱하기 이는 사)"의 '오디오소 칸디오odioso cantio(끔찍한 후렴구)'에 진절머리를 냈다. 어른 로마인은 극장에서 유행하는 노래를 번갈아 부르며 기억력 훈련을 했다. 아테네인에게 비극이 있다면, 로마인은 플라우투스와 테렌티우스 같은 작가들이 쓴 희극을 가장 높이 샀다. 그리스의 비극처럼 이 연극들은 이름만 다르다뿐이지 사실상 오페라였고, 노래와 춤, 악기 간주가 곁들여졌다. 그러나 로마인은 웃음을 위해 노래하고 연기했다. 네로의 후계자인 갈바 황제가 다스렸던 7개월간의 짧은 재위기 동안(그는 서기 69년 암살당했다) 관객들이 아텔란 파르스atellan farce(이탈리아 남부에서 비롯된 일종의 판토마임이다)에서 어떻게 행동했는지를 보여주는 기록이 있다. 대중들은 유행가notissimum canticum에서 가사를 따왔는데, "오네시모가 자기 저택에서 나왔네"라는 가사를 온갖 적절한 몸짓을 곁들여 몇 번이나 반복해서 부르는 식이었다.[115] 그리고 배우 피피우스가 술에 취해 인사불성이 되면 관객들은 한목소리로 구호를 외쳤다. "Mater te adpello, exsurge et sepeli me(어머니여, 당신을 부르오니, 일어나 나를 묻어주오)." 이 정도로 관객이 집중하고 참여하는 것은 TV프로그램 「엑스팩터」나 「브리튼 갓 탤런트」 또는 영화 「클레오파트라의 음모Carry On Cleo」와 그다지 다르지 않다. 그 후 로마의 기원 설화 역시 그리스의 디티람보스보다 그럴싸하지 않다는 것이 밝혀졌다. 역사학자 리비우스는 기원전 363년에 시민들이 신들을 달래려던 것에 대한 관객들의 천박한 반응에서 악극이 비롯됐다고 생각했다. 연기자들이 춤추고 노래하는 동안, 비행청소년들은 무례한 몸짓과 욕설로 이들을 흉내 내고 조롱했다(맥주캔을 던지는 현대의 후손들을 상상하면 된다). 작가들이 플롯과 대화를 추가하면서 판토마임은 최초의 희극이 됐다.[116]

빵과 서커스로 시민들을 계속 행복하게 해줘야 하는 필요성은 심지어 세계 최초의 국제적 음악 연합 형성으로 이어졌다. 이 연합은 상호적 합의로 이뤄졌다. 기원전 167년 마케도니아가 패배한 뒤 그리스 음악가들이 로마로 쏟아져 들어왔고, 아니키우스 갈루스 장군은 로마 정복을 축하하기 위해 조직한 개선 경기 연주에 이들을 채용됐다.[117] 음악가들은 그 후 '디오니소스의 예술가Dionysiaci Artifices' 길드를 형성했고, 대중적인 축제 조직을 대대적으로 개선했다. 클라우디우스 황제 치하에서 로마인은 자신들의 시합과 축제를 로마제국의 주요 대도시 곳곳에서 열 수 있었고, 그리스 음악가들은 '이 세상 모든 일원이 참여하는 연합Sunodos ton apo tes oikoumenes peri ton Dionuson … techniton'을 설립했다. 아우구스투스부터 디오클레시아누스(서기 316년 사망)에 이르기까지 황제들은 이 음악가들에게 세금을 면제해주며 이들을 대우했다.

또한 음악가들은 로마 군대의 선봉으로 소중히 여겨졌다. 군대용 금관악기는 튜바, 코르누, 부키나, 리투우스 네 가지로(기본적으로 트럼펫, 나팔, 뿔피리의 변형이다) 편성되었는데, 문자 그대로 군대의 활력소가 됐다. 군인 음악가들은 음유시인이나 노예보다는 온전한 군인으로 여겨졌고, 매년 120데나리의 활동 월급을 받았다(서기 160년경). 카이사르의 《갈리아 전기Commentarii de Bello Gallico》는 그가 텅 빈 야영지에 나팔수들을 심어 놓고 갈리아를 어떻게 속였는지 들려준다.[118]

수에토니우스는 루비콘강을 건너자는 카이사르의 결정이 어떻게 나팔 소리에 의해 내려졌는지를 감동적으로 표현했다. "카이사르가 운명 앞에서 머뭇거릴 때, 희귀하고 아름다운 상처를 가진 한 남자가 기적적으로 나타나서는 또 다른 연주자에게서 나팔(튜바)을 빼앗더니, 온 힘을 다해 클래시쿰classicum(황제의 팡파르)을 울리며 강을 건넜다."[119] 따라서 나팔 소리는 세계 역사의 갈림길에서 울린 것이다. 그렇기 때문에 위대한 웅변가 쿠인틸리아누스는 나팔이 로마이며, 튜바의 소리는 로마의 군사적 힘과 영광을 상징적으로 보여준다고 생각했다. 나팔과 로마의 관계는 쇼파와 이스라엘, 아울로스와 그리스 간의 관계와 같았다.

그다음으로 우리는 표면상 잡식 문화인 이 제국이 외국인 예술가들이 들끓은 반면 음악적 재능을 가진 토종 예술가들을 키워내는 데 실패했음에 놀라서는 안 된다. 로마와 마찬가지로 18세기와 19세기 영국은 세계에서 가장 거대한 제국주의 국가였지만, 독일인에게서 '음악 없는 나라'라는 조롱을 들었다. 로마와 영국의 귀족들이 돈으로 살 수 있는 최고의 음악가들을 불러들였고 최고의 음악가들이 외국인이었음은 이해할 수 있다. 하드리아누스 황제가 가장 좋아했던 궁중작곡가가 크레타 출신의 메소메데스Mesomedes였던 것처럼, 조지 1세와 빅토리아 여왕에게는 헨델과 멘델스존이 최고였다. 불난 곳에 부채질을 하자면, 로마의 음악은 모국에 방치되었고, 제국은 세계 곳곳에 외국 음악을 홍보했다. 또한 음악을 다소 단순하게 만들었다. 대중문화는 현재로서는 팝의 왕국이다. 명료한 웅변 챔피언인 키케로는 그리스 신음악의 '융통성'을 모방했다.[120] 지나치게 복잡한 반음과 에나르모니온 음계는 온음계의 규칙적인 단계로 대체됐다. 온음계는 서양 음악의 영원한 기초다. 따라서 이는 포퓰리즘과 제국적 관료제 그리고 서양의 조율이 공통적인 음계상에서 어떻게 교차하는지를 보여준다. 이 발전 과정의 획기적 사건이자 역사적 기록상의 또 다른 기념물은 바로 오늘날의 튀르키예이자 당시 헬레니즘 로마의 한 지역에서 발견된 2세기 묘비 기둥에 새겨진 짧은 노래다. 세계에서 가장 오래 살아남은 온전한 이 음악작품은 소위 「세이콜로스 노래Seikolos song」다.[121] (「오레스테스」의 합창은 아주 일부일 뿐, 「세이콜로스」가 전체다.) 다음이 그 가사다.

> 그대가 살아 있는 동안, 빛이여
> 아무런 슬픔도 없으리니
> 삶은 그저 짧은 기간 동안만 이어지니
> 시간은 제 할 일을 해야 하지

「세이콜로스」는 기적적인 작품이다. 우리 귀에 사실상 완벽하게 현대적으로 들리기 때문이다. 규칙적인 네 마디 악구가 배치되고, 온음계이며, A장조다. 또한 「오레스테스」의 고뇌에 찬 도크미악 음보보다 훨씬 더 단순한, 춤곡 같은 약강오보iambic 리듬을 가졌다. 실제로 한 세기 앞선 메소메데스의 매력적이고 풍부한 가락을 떠올리게 한다. 이로써 우리는 이 형식이 상당히 일반적이었음을 알 수 있다. 하지만 천 년 이상 서양 음악에서 이 아름다운 선율의 양식을 찾진 못할 것이다. 밭과 여관에 분명 계속 존재했을 테지만, 이를 악보로 옮기지 못하도록 나쁜 요정이 금지령을 내렸으니 말이다. 나쁜 요정은 이 이야기에 등장하는 또 다른 존재로, 기독교 교회라는 탈을 쓰고 돌아오고 말았다.

초강대 세력

신성로마제국은 1806년 나폴레옹에 의해 붕괴되기 오래전부터 조롱거리가 됐다. 마지막 순간 신성로마제국은 볼테르Voltaire의 유명한 빈정거림처럼 신성하지도 않았고 로마도 아니었으며 제국도 아니었다.[1] 그러나 서기 800년 크리스마스에 교황 레오 3세가 프랑크족의 왕 샤를마뉴를 왕위에 앉혔을 때만 해도 '신성로마제국'은 적절한 국명이었다. 현대 역사학자들은 서기 476년 야만적인 오도아케르Odoacer 왕이 로물루스 아우구스툴루스Romulus Augustulus 황제를 폐위시키고 공식적으로 제국이 무너진 뒤에도 로마의 정치 형태는 지속됐음을 강조하는 경향이 있다.[2] 프랑크족에 정치권력을 양도하면서 로마 자체는 서양 교회의 수도로 바뀌었다. 로마는 이제 노래의 제국, 아니 적어도 성가의 제국이 되었다. 히브리어로 된 시편 암송을 기반으로 하지만, 이제는 라틴어로 노래했다.

새로운 로마는 군인이 아니라 가수로 제국을 꾸려나갔고, 가수들은 전 세계 기독교 국가 구석구석까지 모든 기독교도가 동일한 찬송가 책자를 가지고 노래하는지 말 그대로 확인하기 위해 파견됐다. 심지어 옛 로마제국의 변경인 하드리아누스의 방벽 근방의 영국 최북단까지 갔다. 앵글로색슨계 수도원장 베네딕트 비숍Benedict Bishop은 서기 686년 웨어마우스(뉴캐슬어폰타인 근방의 신도시)에 수도원을 세운 직후 로마의 성베드로 대성당의 성가대 지휘단장 요한을 데려왔다. 영국에서 가장 위대한 초창기 역사학자인 베다 베네라빌리스Beda Venerabilis에 따르면, 요한은 아마도 '일 년 내내 성가를 부르는 형식을 수사들에게 가르치기 위해' 초청되었을 것이다.[3] 요한은 영국인에게 시편을 로마식으로 부르는 방법을 가르쳤다.

서기 122년, 하드리아누스 황제가 방벽의 건축을 점검하기 위해 타인Tyne까지 배를 타고 간 이래, 음풍경은 어떻게 바뀌었을까?[4] 서기 122년 웨어마우스에서 그다지 멀지 않은 로마의 항구 빈돌란다에 서 있노라면, 아마도 하드리아누스가 그리스어로 된 짧막한 노래를 부르는 소리를 들을 수 있을지도 모른다. 이 노래들은 하드리아누스가 가장 총애하던 궁중작곡가인 크레타 출신 메소메데스가 픽트어(고대 브리튼섬의 민족의 언어—옮긴이)로 된 전쟁의 함성과 로마의 나팔 신호에 맞서기 위해 만든 것이었다(그러나 당시 백파이프는 존재하지 않았다. 중동 악기인 백파이프는 서기 1000년이 되어서야 스코틀랜드가 받아들였다).[5] 그다음으로는 라틴어로 평성가를 부르는 소리가 들려왔다. 음악의 언어는 그리스어에서 라틴어로 바뀌었다. 유럽과 지중해 유역 전체에서 7세기 음악가들은 왜 굳이 죽은 언어를 사용했는지 궁금할 것이다. 라틴어의 보편적 도입은 급부상하는 클래식의 형식적 절차에 딱 맞는 상징이었다. 라틴어로 부르는 성가는 '공식적인' 서양 음악을 천 년 이상 뒷받침해왔다. 우선 성가는 그 자체로 단순한 선율로 불렸다. 이후 이는 마쇼와 뒤페이Dufay, 조스캥Josquin, 팔레스트리나Palestrina 같은 위대한 서양 작곡가들이 작곡하는 폴리포니 미사곡과 모테트(성서의 구절에 곡을 붙인 악곡─옮긴이)의 발판이 되었다. 겨우 16세기 말이 되어서야 성가에 제약이 느슨해졌는데, 이는 서양이 실제로 급성장하는 현대 시대가 시작되던 무렵이다. 이번 장에서는 서양이 인도와 중국, 이슬람 세계라는 다른 음악적 초강대 세력들로부터 탈출할 수 있게 된 그 시점에 어떻게 도달했는지를 살펴보려고 한다.

음악사학자들이 서양에 집착하고는 있으나, 르네상스 이전에 유럽이 다른 초강대 세력들과 상당히 좋지 않은 관계를 유지하고 있었다는 점을 강조해야겠다. 인도의 굽타왕국, 중동의 우마이야조와 아바스 왕조, 중국의 송 왕조는 모두 유럽보다 훨씬 일찍 '르네상스(문화적이고 기술적인 개화)'를 경험했다. 음악적 성취에서도 마찬가지다. 그렇다면 왜 서양 음악은 16세기 이후 세계를 정복하게 됐는가? 미국의 작가이자 박식가인 재러드 다이아몬드Jared Diamond가 서양의 세 가지 비밀병기로 꼽은 총, 균, 쇠에 대응할 음악의 요소를 찾아보고 싶은 유혹이 든다. 서양 음악의 세 가지 '킬러 애플리케이션'은 음표, 기보법, 폴리포니(다성음악)다.[6] 이 세 가지는 1600년 이후부터 서양 음악을 점차 규정하게 됐는데, 다른 위대한 음악 문명에서는 특징적으로 존재하지 않았다. 반면 다른 문명들은 서양에서 간과하던 다른 측면들을 강조했다. 이슬람 세계에는 꾸밈음이 있었고, 인도에는 극도로 정제된 맛과 관련된 정서가 있었다. 중국은 음악의 중심에 색깔 또는 음색을 집어넣었다(서양에서 이 세 가지는 주변적 요소다). 꾸밈음과 맛, 음색은 서양 음악이 택하지 않은 길을 대표한다.

다른 문명들에서는 음악을 기록하는 보편적 체계인 기보법이 발달하지 않았으며, 시각적 관점과 유사하게 음악을 수직적으로 쌓는다는 개념도 없었다. 아마도 이 화음과 대위법의 수직적 측면이 서양 음악의 가장 도드라진 특징일 것이다. 이 특징은 아시아와 중동의 좀 더 수평적 대세에서 스스로를 끊어냈을 뿐만 아니라, 노래와 춤의 대중적이고 민속적인 전통에도 등을 돌리게 했다. 이 책의 초반부에서 제시했던 바와 같이, 이것이 서양 음악의 킬러 애플리케이션이 자연을 죽인 이유와 방식이다.

모든 비난을 종교로 돌리기는 애매하다. 앞에서 주장했듯 음악과 종교는 본래 같은 동전의 양면이다. 그렇다면 문제는 종교가 어떻게 제도화되고 관리되었는지가 된다. 유대-기독교는 인도의 불교와 힌두교, 중국의 도교와 유교, 그리고 그 이후 발생한 이슬람교와 함께 인구증가와 시장경쟁에 대응해 기원전 800년 소위 '축의 시대'에 생겨난 수많은 연민 어린 신앙심 가운데 하나일 뿐이었다.[7] 기독교와 그 음악을 구분지어 주는 것은 섹스의 문제였다. 다른 종교들은 성애적 즐거움에 실용적 태도를 취했고 이를 신과 황홀하게 하나가 되는 모습으로 변장시켜 사원에 들였다. 반면 기독교의 원죄에 대한 집착은 지나치게 육감적인 음악을 의심하게 만들었다. 음악은 지나치게 정교하거나 다채로울 때, 악기가 들어가거나 춤추게 만들 때 죄가 됐다.

서양 음악은 13세기에 죄에 현혹됐다. 흥미롭게도 인도가 수피 교로부터 영감을 얻은 무아지경의 장르인 카왈리를 발견하고, 중국의 원 왕조가 오페라를 발명한 바로 그 시기였다. 세계적 변화의 행위자는 바로 이슬람과 말을 탄 몽고인이었다. 거의 3천 년 전에 힉소스인이 말을 타고 유사한 음악적 혁명에 영향을 미친 방식이 보낸 머나먼 울림이었다(6장 참고). 서양에서는 무슬림이 다스리는 이베리아반도를 가리키는 '알-안달루스' 음악이 궁정연애를 노래하는 프랑스 음유시인들에게 영감을 주고 음악적 르네상스의 기나긴 도화선에 불을 붙여, 두 세기가 흐른 뒤에 불타오르게 된다. 1300년경 음악적 초강대 세력 넷이 황홀경의 손길을 받아 하나가 될 수 있었던 것은 무엇일까?[8] (다섯이라기보다는 넷이었다. 사하라 이남 아프리카가 음악에 미친 지대한 공헌, 특히나 그 리듬은 문자의 부재로 인해 역사적 기록에서 사라져버렸다). 세계적 관점을 적용해서 우리는 이 네 가지 음악문명을 따로따로가 아닌 서로 충돌하는 당구공처럼 살펴보려 한다. 움직임과 충돌, 융합이 실크로드의 거래보다 더욱 강조될 것이다. 음악적 실크로드는 무엇이었을까?

그리고 이들을 한데 묶는 구호

5장에서처럼 새들은 여러 세계 문화의 기원 설화에 불쑥 등장했다. 서양의 음악적 기원에도 새가 관련되어 있다. 교황 그레고리우스 1

세(540~604)는 그레고리오 성가(중세 전례가의 대명사다)의 창시자로 추측되는데, 가끔 귀에 속삭이는 비둘기의 모습을 한 성령으로부터 명을 받는 모습이 그림에 담겼다. 이것이 진실이라면, 이 일은 가브리엘 천사가 610년 무함마드에게 코란을 낭독해주기 얼마 전에 벌어졌을 것이다(곧 살펴보겠지만, 코란의 낭송이 '노래'인지 여부는 이슬람 학자들 사이에서 큰 논쟁의 대상이었다). 기독교인들에게 성가는 성령의 완벽한 현신이었다. 멜로디의 파동이 점차 커짐에 따라 솟구치는 성가는 일종의 기도였고, 영혼의 작품이었다. 힌두교와 이슬람교의 전통에서도 영혼의 작품을 노래로 불렀지만(2장에 등장하는 티야가라자의 「소가수가」를 떠올려보자), 흥미롭게도 중국에서는 그러지 않았다. 다시 한 번, 중국은 유라시아의 주류에서 동떨어져 있었다. 중국어가 인도-유럽어가 아닌 것처럼, 그리고 중국의 펜타토닉 음계가 고대의 '장3도 트라이코드 벨트(6장 참고)'의 일부가 아닌 것처럼, 중국의 멜로디는 황홀경의 절정을 향해 점차 격렬해지는 세계적인 종교음악의 경향과는 맞지 않는다.[9] 곧 살펴보겠지만, 아마도 이는 시간에 대한 중국인의 태도와 관련 있는 듯하다.

그레고리우스 교황은 실제로 성가를 만들지는 않았다. 그레고리우스 교황의 성인전을 쓴 작가는 그가 위대한 교회 개혁자이기 때문에 그 공로를 인정했을 뿐이다.[10] 기독교의 시편 찬송가는 4세기에 예수를 믿는 유대인 개개인의 집에서 시작됐다. 317년 콘스탄티누스 황제가 기독교를 승인하기 전후의 시기였다.[11] 그 후 찬송가는 끊임없이 금식하고 노래하는 광적인 은자들의 입을 통해 알렉산드리아 외부의 사막까지 전해졌다. 시편 찬송가는 은자들의 열정에 힘

입어 지중해를 미친 듯이 휩쓸고 도시로 돌아왔다. 그리고 신도와 주교가 존재하는 도시에서 더욱 커졌고(홀로 부르는 기운 없는 웅얼거림이 줄었다) 선율은 더욱 풍부해졌다. 성가는 대성당에 입성하면서 그 특징적 공명을 획득했다. 목소리가 돌에 부딪혀 만들어내는 메아리는 성가의 영혼이 되었다.

논리적으로 숙고해보면, 은자가 하루 밤낮을 꼬박 성가로 채우는 것을 목표로 삼았다는 것은 기이한 일이다. 기독교 교회의 동쪽 군대인 비잔티움에는 끊임없이 노래하는 임무를 부여받은 '잠자지 않는 자들Sleepless Monks의 수도원'마저 존재했다.[12] 성가가 우리 내면의 호흡이며 우주의 영혼이라고 한다면, 음악이 어찌 끊길 수 있을까? 놀랍게도 음악이 언제 어디서나 존재해야 한다는 '유비쿼터스 음악'에 대한 현대적 필요에 대한 영적 기반이 여기에 있다. 또한 교회는 그로 인해 적절한 성가로 매 시간 또는 모든 예배, 그리고 그로부터 전례력의 모든 나날을 밤낮없이 채워야 한다는 임무를 부여받기도 했다. 이 과정을 가리키는 단어는 'Properization(타당화)'로, 'Proper(타당한)'라는 단어에서 유래됐으며, 이는 일 년 내내 부를 찬송가의 모음집을 의미한다.[13]

기독교 교회는 세력을 키워가면서 모든 기독교도를 한데 묶기 위해 찬송가를 사용했다. 로마제국의 붕괴로 인해 생겨난 유럽의 정치적 파벌과 새로운 노래의 제국 사이에는 분명한 상호관계가 존재했다. 교전 중인 언어와 정책을 가로지르는 라틴어 시편 찬송가는 유럽을 좀 더 영적인 수준에서 단일화했다. 로마 교회가 옛 권력구조를 의식적으로 본떠서는 공동의 정체성을 획득하지 못했음은 말할 것도 없다. 《로마 예식서Ordo Romanus I》라는 문서는 700년에 편찬된 것으로, 교황 미사가 어떻게 거행되었는지를 보여준다.[14] 로마의 황제처럼 차려 입은 교황은 라테라노 궁부터 성모마리아 대성당까지 기마대와 함께 위풍당당하게 행진했다. 귀족들은 교회의 '원로석sanatorium'이라는 자리에 앉았고, 교황과 부주교, 차부제, 성가대 지휘대장, 하급 선창자, '장관prior'이라고 불리는 리드보컬 등 미사 집전자들은 군대에 준하는 지휘 계통에 따라 배치됐다. 찬송가 자체는 멜로디가 아니었으나, 가수들은 즉흥적으로 실시간 멜로디의 아이디어를 만들었고, 그 단서는 교황으로부터 신호로 전달되었다. 이는 고대 이집트의 카이로노미나 첫 번째 성전의 '다윗의 손'과 그다지 다르지 않다. 음악가들이 손짓을 통해 지시받는 방식이었던 것이다.

제국의 원칙이라는 채찍질은 모든 표적 위에 휘둘러졌다. 기독교 음악을 적절하게 표준화하고, 제어하고, 궁극적으로 정화하기 위해서였다. 교회는 다음과 같은 것을 금지하거나 중대하게 제한했다.

- 악기: 초기 교회 사제들은 악기를 사악한 것으로 보았고, 히브리어 시편이 악기에 관한 자료로 가득 차 있다는 사실에 당혹스러워했다.[15] 기독교 수사들은 천사의 합창처럼 아카펠라(무반주로 부르는 노래)를 불렀다. 하지만 천사들은 아무런 악기를 심지어 하프조차도 연주하지 않기 때문에 이는 성경과도 엄연히 다르다.
- 여성: 기독교 합창에는 여성의 목소리가 존재하지 않았다. 교회의 성에 대한 복수는 흥미롭게도 육체로 나타난 하느님이라는 가장 중요한 기독교의 성육신成肉神 개념과 갈등 관계에 있었다.

- 춤: 교회는 세속적 음악이나 대중음악에 얼굴을 찌푸렸다. 춤뿐 아니라 기억하기 쉬운 선율과 현란한 꾸밈음을 포함해 여관이나 극장에서 흘러나오는 소리 모두에 그랬다.

- 언어: 아마도 가장 이상한 것은 라틴어를 위해 사람들의 일반적인 언어를 배제했다는 점이다. 다른 위대한 신앙의 음악은 저마다의 구어로 대중들에게 닿았다. 코란의 아름다운 아랍어가 가장 눈에 띄는 사례다. 라틴어는 냉랭한 장벽을 세웠다.

- 자유: 샤를마뉴 대제는 수사들이 원하는 음은 무엇이든 부를 수 있는 자유를 탄압했다. 그는 카롤링거 왕조 동안 8가지 선법인 소위 '옥토에코스octoechos(8선법)'에 따라 모든 찬송가를 작곡하고 노래하도록 명령했다.[16] 이는 음악의 독창적인 '링구아 프랑카 lingua franca(다른 모국어를 가진 사람들이 서로를 이해하기 위해 습관적으로 사용하는 언어—옮긴이)'였다. 다시 말해 프랑크족(샤를마뉴 대제를 뜻한다 —옮긴이)이 로마의 법을 강요한 셈이다.

이러한 제약으로 서양 음악의 가장 강력한 도구이자 11세기 이탈리아 수사인 귀도 다레초Guido d'Arezzo(991~1033)가 발명한 기보법, 즉 우리의 악보로 통하는 길이 생겨났다. 오선지의 줄과 공간은 음계상의 음을 배치해서 보여주었는데, 고대의 알파벳 또는 구분표시 부호로 쓴 악보보다 직관적이고 읽기 쉬웠다('구분표시' 부호는 히브리어에서처럼 문자에 추가되는 표시와 강세다). 과거에는 찬송가를 배우기 위해 평생 고될 정도로 반복하고 기계적으로 학습해야만 했다. 몇 년 동안 찬송가를 외우기 위해 고생했던 수사들은 이제 눈앞에 있는 종이에서 찬송가를 읽어낼 수 있었다. 귀도에 따르면 악보는 '멍청한 수사들'이 공부하고 기도할 시간을 벌어주기 위해 의도된, 몹시도 노동을 절감해주는 도구였다. 귀도가 교황 요한 14세의 손에 악보를 쥐여 주자 교황은 즉시 교송의 짧은 시구를 읽으며 기쁨을 느꼈고, 이 기보법은 교회 전체의 승인을 얻었다.[17]

비용편익분석에 따르면 오선기보법은 음악적 혈류에 독소가 아닌 효소를 매우 다양하게 주입했다. 시각적 요소는 후두와 손가락의 근육기억으로부터 음악을 분리해냈다. 음악의 태생적 위치는 몸속이었으나, 갑자기 음악이 종이 위에 정식으로 기술됐다. 동화 속 공주님이 요람에서 끌려나와 그림 속에 갇힌 것과 같았다. 시각적 요소는 음악을 지역과 공동체로부터 분리해냈고, 음악이 악보를 통해 널리 유포되면서 음악의 고향은 이제 어디에든 있고 어디에도 없었다. 오선에 그려진 정확한 음표의 단계는 음악을 연설로부터 떼어냈고, 음높이는 자연스레 각 음표로 살며시 자리 잡았다. 무엇보다 중요한 것은 기보법 덕에 교회가 제국을 좀 더 단단히 옥죄면서, 물리적으로 가수들을 파견하지 않고도 이념적 순결함을 확보할 수 있었다. '순결함'이란 수상쩍은 단어다. 귀도는 수사들이 기보법을 통해 금욕적 헌신을 '쿰 푸리타테cum puritate(순결하게)' 유지할 수 있었다고 썼다. 근본적으로 이들이 섹스에 관해 생각하지 않게 해주었기 때문이다.[18] '순결'은 완전한 금욕이라는 기독교 정신을 전형적으로 보여준다. 그것은 철야기도를 할 때의 톡 쏘는 차가운 공기와 사막의 은자들 발밑의 뜨거운 모래를 전한다.

연애 대위법

처음에는 음표, 그다음에는 악보였으며, 세 번째 킬러 애플리케이션은 폴리포니 또는 대위법이다. 폴리포니는 또다시 교회에서 태어났던 것처럼 보인다. 구체적으로는 12세기 파리의 노트르담 성당에서 태어났으며, '오르가눔organum'이라고 하는 두 목소리의 조화는 그곳으로부터 모든 서양 음악으로 퍼져나갔다.[19] 다만 이 시점에서 발을 조심스레 디딜 필요가 있다. '모노포니(성가 같은 단일 목소리의 음악)'에서 '폴리포니(여러 개의 독립적인 선율)'로 진화한다는 추측이 서양 음악의 우월함의 서사, 그리고 단순성에서 복잡성으로 나아가는 위대한 역사적 행군을 뜻하는 주된 서사를 만들어냈기 때문이다. 이 서사는 거짓이다.

나는 5장에서 아프리카 피그미족의 폴리포니가 수렵채집인 음악의 집단적이고 참여적인 특성에 매우 적합하다고 주장한 바 있다. 위대한 춤에서 멜로디들이 뒤엉키듯 팔은 팔끼리 휘감긴다. 실제로 기독교 성가의 강요된 모노포니는 일탈이었다. 예나 지금이나 세계 대부분의 음악은 폴리포니 혹은 좀 더 엄밀히 이야기하자면 헤테로포니다. 목소리는 다양한 버전의 선율을 따라 저마다의 길을 간다는 의미다. 다음은 웨일스의 성직자 제럴드 드 바리Gerald de Barri가 1198년 영국제도 대부분에서 무슨 일이 벌어지고 있는지를 묘사한 내용이다.

이들은 음악을 함께 창작할 때 어느 다른 곳(수도원을 의미한 것이었다)에서처럼 서로 일치하는 선율로 노래하는 것이 아니라, 부분적으로는 여러 유사한 선법과 악구를 가지고 노래한다. 따라서 한 무리(웨일스에서 매우 자주 만날 수 있는 무리다)에 여러 사람이 존재하는 만큼 여러 멜로디와 뚜렷이 다른 파트들을 들을 수 있다.[20]

4세기의 선교사인 레메시아나(오늘날의 세르비아)의 니케타Niceta는 사뭇 다른 관점을 제시했다. 니케타는 성가를 '기독교적으로 단순하게 불러서, 조화로운 합창의 소리 안에 자신의 목소리를 섞을 수 있게' 해야 한다고 생각했다.[21] '기독교적 단순함'은 명령적 규제를 감추려는 가면으로, 신입 수사의 목소리가 '조화로운 합창'에서 불쑥 튀어나오면 재앙이 됐다. 교회 사제들은 신플라톤주의자로, 플라톤이 《법률Laws》에서 제시한 의구심에 따라 대위법이 시민들의 '갈등과 혼란'의 징후라고 보았다.[22] 플라톤이 《국가론Republic》에서 제시한 이상적인 도시 시민은 한목소리로 노래했다. 그래서 성 아우구스티누스가 폴리포니를 로마 세계를 휩쓰는 야만인 무리의 대혼돈과 연결 지었던 것이다.[23] 조화로운 노래를 강요하는 일(또는 옥타브로 노래하는 일)은 재미있게 표현하자면 '주도권을 되찾는 것'이었다.

플라톤은 '천체의 음악', 즉 여덟 개의 회전하는 천체(태양, 달 그리고 유명 행성들)가 따라가는 여덟 음표의 대위법에서 위험이 없는 한 폴리포니를 인정했다.[24] 그러나 그런 천체의 대위법은 불완전한 인간에게는 과분했다. 그렇기 때문에 《신곡Divine Comedy》에서 단테의 서사는 대단히 흥미로우면서 애매해진다. 단테의 음악적 이야기는 '지옥' 편에서 지옥의 불협화음으로 시작하는데, 이곳은 악마 말라코다가 '엉덩이로 나팔을 부는' 곳이다. '연옥' 편에서 참회하는 자들은 한목소리로 그레고리오 성가를 부른다. 그리고 '천국' 편에서 축복받은 이들로 구성된 공동체가 풍부한 폴리포니를 노래하면서 절정에 이른다.[25] 단테는 노래하는 영혼으로 구성된 톱니바퀴가 복잡하게 맞물리는 천문 시계라는 잊힐 수 없는 그림을 그렸다. 플라톤처럼 단테는 폴리포니가 우리에게는 과분하다고 생각했을까?

핵심은 단테가 14세기 피렌체에서 들었던 폴리포니의 종류가 피그미족의 밀림이나 웨일스의 여관에서 연주됐던 것과는 달랐다는 것이다. 폴리포니는 수학적 비율에 따라 매우 고도로 조정됐는데, 각 목소리는 서로에 대해 완벽한 협화음(완전 1도, 옥타브, 4도, 5도, 3도, 6도)을 내도록 되어 있었다. 단테의 관점에서 훨씬 더 자유로운 웨일스(혹은 토스카나의) 농민들의 헤테로포니는 문자 그대로 악마적이고 사악했다. 다시 말해, 불협화음이라는 의미다. 오직 서양만이 이 위계적이고 통제된 폴리포니를 이뤘다는 점은 흥미롭다. 다른 측면에서 유럽은 기술적으로 다른 초강대 세력들보다 훨씬 뒤처져 있었기 때문이다. 예를 들어, 단테의 대위법적인 영혼의 시계에 영감을 준 천체 시계는 서양에서 1271년 발명되었는데, 이는 725년 중국에서 천문학자 일행이 만든 것보다 반 천 년 뒤처진 것이다.[26] 결정적 차이는 현실에서 이런 이상적인 폴리포니를 실현하는 일이 다른 초강대 세력에는 결코 벌어지지 않았다는 점이다. 반면 서구 기독교 세계에서는 진짜로 살아 있는 사람 안에서 폴리포니를 구현해냈다. 하느님이 예수 그리스도라는 인간의 모습으로 나타난 것과 마찬가지였다. 교회의 여러 사제들은 그 유사성을 되풀이해서 드러냈다. 옥타브가 2:1의 비율로 완전 1도와 공명하듯, 기독교도는 그리스도와 공명한다. 신과 인간이라는 이중성을 가진 그리스도가 그 자체로 대위법적이었기 때문이다.[27]

어딘가 다른 곳에서 온 소식

때는 1434년 2월 8일, 당시 가장 강력했던 세속주의 통치자인 필리프 3세의 사부아 궁정이었다. 필리프 공의 궁중 작곡가 기욤 뒤페 Guillaume Dufay는 중세가 저물어가던 시기의 뛰어난 음악 천재였고, 호화스러운 폴리포니 모테트와 미사곡의 창작자였다. 사람들은 사보이 공작 루이와 키프로스의 왕 야누스 1세의 딸 앤의 결혼을 축하하기 위해 그곳에 모였다.[28] 뒤페는 창피당하기 일보직전이었다. 우리는 궁중시인 마르탱 르 프랑Martin Le Franc의 서사시 《귀부인의 투사 Le Champion des dames》 덕에 이를 알 수 있다.

> 자네는 들어봤을 거야, 눈먼 남자가
> 부르고뉴의 궁중에서 연기하는 소리
> 아니라고? 분명 들었을 텐데.
> 지금껏 그런 게 있던 적 있었나?
> 나는 뱅슈아가 부끄러워하는 모습을 봤지
> 그리고 바이올린 앞에서 입을 다물어버렸어
> 뒤페는 짜증이 나서 우거지상을 했다고

왜냐하면 그만큼 아름다운 멜로디를 못 만들었거든.

　뒤페와 그의 동료 작곡가 뱅슈아를 부끄럽게 한 것은 스페인에서 온 눈먼 떠돌이 음악가 후안 페르난데스Juan Fernandez와 후안 데 코르도바Juan de Córdoba의 명연주였다. 이들의 악기인 비엘은 더 긴 목과 몸통을 가진 일종의 바이올린으로, 아랍의 리밥이 진화한 것이었다. 혹자는 언제나 기독교 교회가 옹호하는 모든 것과 반대되는, 대중음악의 저항문화가 존재했을 것이라 의심한다. 여기서 우리는 몹시도 감사하게 그 부분을 발견할 수 있도록 커튼 뒤를 살짝 들춰보려고 한다. 뒤페는 자신의 상상보다 더 본능적이고 자유로운 음악에 맞닥뜨린 후, '포르투갈러portugaler'라는 별명이 붙은 기악춤곡을 이베리아식으로 쓰는 우스꽝스러운 짓을 저질렀다. 이 짧은 소곡은 엄청난 학문적 논쟁을 불러일으켰다.[29] 뒤페가 작곡했던 그 어떤 음악과도 같지 않기 때문이다. 내가 2장에서 언급한 (스키플 등) '참여적' 형식의 대중적인 댄스음악에서 음악가들이 원하는 부분에 어디든 들어왔다 나갈 수 있도록 한 것처럼, 빠른 음표가 많이 포함된 몹시도 구획적인 곡이었다. 뒤페는 다시는 이런 식의 음악에 손을 대지 않았다. 하지만 당시 바람이 어느 방향에서 부는지는 충분히 보여주었다. 바로 동쪽에서였다.

　동부는 세 가지 면에서 신성한 음악의 제국을 압박하고 있었다. 우선, 비잔티움(콘스탄티노플)과 동방교회가 있었다. 예루살렘을 해방시키기 위한 십자군 전쟁의 좋지 못한 결과도 있었다. 그리고 눈먼 음유시인들이 어슬렁거리며 찾아온 것처럼, 스페인을 통한 이슬람의 영향력도 있었다. 비잔틴 교회 음악은 더 오래되고, 더 순수했으며, 라틴어보다는 그리스어로 노래했다. 그리고 최신 유행의 서양식 화음 또는 폴리포니를 확고부동하게 반대했다. 당시 세계에서 가장 큰 교회였던 콘스탄티노플 성 소피아 성당의 위대한 성구 보관인 실베스터 시로풀로스Sylvester Syropoulos는 1439년 페라라-피렌체 공의회에서 몇몇 뒤페의 모테트를 들었고, 이를 '이해할 수 없다'고 느꼈다.[30] 그 규모에 어울리게 성 소피아 성당은 160명의 가수를 고용했고, 이들은 굉장한 목소리를 냈다. 샤를마뉴 대제가 통치 기간 동안 옥토에코스(8선법)를 내놓으라고 재촉한 건 그가 비잔틴 성가의 일부를 들었기 때문이었다.[31] 물론 선법은 그리스식이었다. 그리스 음악이론의 모든 보물은 비잔티움에 자리했고, 이 가운데 일부가 샤를마뉴를 통해 서양으로 전해지면서(아랍을 통해서는 훨씬 더 많은 것이 들어왔다), 그 위대한 전달체계가 고대 음악에서 현대 음악까지 이어졌다. 그 후 이 보수적 전통은 점차 동쪽으로 서서히 움직였고, 처음에는 그리스로, 이후에는 러시아 정교회로 향해 오늘날에도 우리 귀로 들어볼 수 있다.

아랍군과 맞서 싸운 십자군은 매우 선별적으로 무엇을 가지고 고향으로 돌아갈지를 정했다. 이슬람 문명이 보호한 그리스 지식(유클리드, 플라톤, 아리스토텔레스 등)을 선호한다고 해서 그리스의 영향을 받은 아랍의 음악이론 또는 실질적으로 아랍 음악 자체를 선호하게 되지는 않았다. 십자군은 음유시인, 즉 방랑하는 귀족적 싱어송라이터의 세대가 기사도적 사랑을 노래하는 데 열광하도록 만들면서 음악에 간접적으로 영향을 미쳤다. 훨씬 더 직접적인 영향은 무어계 스페인인 알-안달루스로부터 왔다.[32] 최초의 음유시인들이 아랍어로 노래했기 때문이다. 아랍어로 된 사랑 노래는 프랑스 사랑 노래의 직접적인 모델이 되었고, 유럽 음악에 불을 지폈다.

꾸밈음의 길

서양의 폴리포니는 꾸밈음이라는 오랜 기술을 희생시켰다. 나머지 세계의 음악과 비교해서 서양의 멜로디는 좀 더 명확한데, 그럴 수밖에 없는 것이 음표가 조화로운 대위법 체계 안에서 함께 맞물려야만 하기 때문에 장식을 가지치기해야만 했다. 반면 이슬람 예술은 완전히 다른 길을 걸었다. 유럽은 언제나 이슬람의 꾸밈음에 거들먹거리는 태도를 취했고, 한편으론 그 풍부함을 칭송하면서도 이슬람 예술이 서양에서처럼 '성장'하지 못했고 사람들을 물들이지 못했다는 사실을 아쉬워했다. 이슬람 화가들이 수식적 묘사를 피한다는 것은 딱히 사실이 아니다. 다만 초상화는 공개적 장소에 전시되기보다는 축소판으로 만들어 숨겨놓는 경향이 있었다. 류트 연주자가 안달루시아 정원에서 한 귀족 여성에게 노래해주는 모습을 담은 「귀족 여성을 위해 정원에서 노래하는 류트Chant de luth dans un jardin pour une noble dame」라는 아름다운 그림을 살펴보자. 이 그림은 13세기 필사본 《바야드와 리야드의 역사Histoire de Bayad et Riyad》에 수록되어 있다(그림 7-1 참고). 어쨌거나 이 그림은 메카와 바그다드로부터 북아프리카와 중세 스페인을 거쳐 뻗어온 이슬람 초강대 세력의 예술에서 장식

그림 7-1. 안달루시아 정원에서 무왓샤흐Muwashshah를 노래하는 모습
© CPA Media Pte Ltd/Alamy Stock Photo

이 중심이 되는 사례다. 꾸밈음은 어디에서 왔고, 왜 서양에서는 발전하지 못하다가 어떻게 음악에서 스스로를 드러냈을까?

우리는 우리가 떠나온 곳에서 시작하려 한다. 바로 알-안달루스다. 예언자 무함마드(570~632)가 세상을 떠나고 고작 8년이 흐른 뒤무슬림 세력은 711년에 이베리아반도를 건너 우마이야 칼리파의 문화 수도로 코르도바를 세웠다. 안달루시아 음악은 바그다드에 기반을 두고 활동한 경쟁자 아바시드 칼리파의 궁중음악보다 더 인기에 영합했고, 기억하기 쉬운 선율에 기교를 더한 노래 장르인 '무왓샤흐Muwashshah'를 전형적으로 보여준다.[33] 무왓샤흐는 가끔 고도로 훈련받은 소녀 노예들이 작곡하고 노래하기도 했다. 성차별적인 서양에서는 어려운 일이다. 위대한 아랍의 역사가 이븐 할둔Ibn Khaldun(1332~1406)은 "무왓샤하트Muwashshat(무왓샤흐의 복수형)는 엘리트와 대중 모두에게 인정받았다. 이해하기 쉽고 형식이 익숙하기 때문이었다"고 했다.³⁴ 무왓샤흐라는 단어는 다채로운 색깔로 수놓아진 여성의 거들을 의미하는 '위시아wishah'에서 파생됐다. 시 역시 비슷하게 길고 짧은 연이 번갈아 나왔다. 프랑스 음유시인들은 꾸밈음이 풍부하게 붙은 멜로디와 엄청나게 복잡한 운율 구성에 감명 받았다. 베르베르의 시인 알 티파시Al-Tifashi(1184~1253)는 한 문장으로 된 시를 두 시간 동안 즉흥적으로 지어낸 어느 안달루시아 가수에 대해 언급한 바 있다. 또한 하나의 구절에 74개의 꾸밈말hazzat(하자트)을 넣은 가수도 있었다.³⁵

놀랍게도 우리가 당연하게 받아들였던 복잡한 각운과 소네트 형식을 대중에게 알린 것은 안달루시아의 운문이었다. 서양에서는 페트라르카와 셰익스피어의 소네트로 가장 잘 알려진 형식이다.³⁶ 가장 유명한 무왓샤하트 작가인 이븐 자이둔Ibn Zaidun(1003~1071)은 우리에게 짝사랑의 이상적인 형태란 고상한 열정과 도달할 수 없이 머나먼 곳에 있는 사랑을 향한 갈망이라고 했다(단테의 베아트리체는 서양식 모방이다).³⁷ 우리는 이 예술적 성과를 대수와 아라비아 숫자(인도로부터 빌려왔다), 세 가지 코스로 구성되는 식사, 이불보와 속옷 같은 가정의 위생용품 그리고 '잡지magazine'와 '관세tariff' 등 이슬람의 발명품을 담은 긴 목록에 더할 수 있겠다.³⁸

오늘날에도 부르는 무왓샤흐 가운데 가장 인기가 많은 「자다카 알 가이투Jadaka al-Ghaithu(그대 위로 떨어지는 빗물)」는 아마도 11세기에

이 노래들이 어떻게 들렸을지를 알려주는 희미한 메아리에 지나지 않을 것이다. 그러나 이 노래는 화려한 꾸밈음에 휘몰아치는 리듬을 녹여내는, 이슬람 음악의 본질적인 역설을 간직하고 있다. 서양에는 정교한 멜로디가 많다. 그레고리오 성가가 가장 오래된 사례일 것이다. 그러나 성가는 사실상 춤과 결합하지 않으며, 문자 그대로 시대를 초월한다. 13세기 이후 규칙적인 운율이 조금씩 서양 교회 음악에 도입되면서, 꾸밈음은 제거되기도 하고 위대한 폴리포니 미사곡에서 시대를 초월해서 계속되기도 했다.[39] 튀니지 가수 소니아 므바레크Sonia M'Barek가 「자다카 알 가이투」를 부르는 것을 듣는다면, 그녀가 별로 힘들이지 않고 음 하나하나에 트릴을 넣거나 다음 음으로 매끄럽게 넘어가거나, 꾸밈음을 넣는 것을 듣고 충격을 받을 수도 있다.[40] 이는 노래보다는 말할 때 자연스럽게 음높이를 변화시키며 흘러가는 것, 즉 우리가 대화하면서 하나의 음높이에서 다음 음높이로 미끄러져 가는 방식에 더 가깝다. 반면 드럼과 치터, 류트와 바이올린의 리듬은 느리지만 꾸준히 나아간다.

멜로디 꾸밈음과 운율 꾸밈음의 조합은 공기처럼 가볍게 듣는 이를 도취시킨다. 이슬람 음악의 가장 위대한 작품 중에서 이 두 가지 극과 극의 꾸밈음은 서로 번갈아가며 등장하다가, 음악이 황홀경의 절정을 향해 점점 더 빠르게 진행되면서 서로를 추적한다. 예를 들어 '나우바nowba'라고 하는, 다수의 악장으로 구성된 노래 모음은 가끔 몇 시간 동안이나 계속된다. 나우바는 짧고 자유로운 리듬의 즉흥적인 악기 연주인 '탁심taqsim'으로 시작된다. 목소리가 들어오면서 리듬은 점차 규칙적이 되고 멜로디는 좀 더 복잡해진다. 뒤이은 악장에서 음악은 점점 더 빠르고 단순해지며, '타랍tarab'이라고 하는 황홀한 음높이에 도달한다. 이 절정은 성적이면서 성스럽다. 코르도바의 또 다른 뛰어난 지성인 철학자 이븐 하즘Ibn Hazm(994~1064)은 연인 사이의 열정에 이상적인 아름다움이 들어갈 자리를 마련했다. 그후 에로틱한 욕망은 성스러운 사랑에 대한 은유로 받아들여졌다.[41]

음악이 건축과 같다는 것은 진부한 표현이다. 그러나 경우에 따라서 건축은 음악이 될 수 있다. 이슬람 장식의 익숙한 걸작으로는 알함브라 궁전으로 알려진, 그라나다의 나스리드 궁전과 성채가 있다. 알함브라는 두 가지 극단적인 이슬람 장식, 즉 곡선미가 살아 있는 아라베스크와 일직선의 기하학이 조화를 이룬 건축물이다. 이는 안달루시아 노래에서 멜로디와 운율과 유사하다. 한때 그 정원에서 부르던 무왓샤하트와 같이(그림 7-1 참고) 알함브라는 방문객들을 정원에서 하늘로 데려간다. 차례로 연결된 뜨락으로 구성된 정원은 연속적으로 배열된 아치와 기둥을 지나 주거 공간 내에 타일 모자이크로 만들어진 포도넝쿨손의 아라베스크로 시선을 이끈다. 궁중목욕탕에 바둑판무늬로 배치된 다색 타일은 하얀 배경에 대비되는 미묘한 기하학적 리듬을 준다.[42] 방문객들은 형태와 색상으로 과할 정도로 자극받고, 이후 그 마음은 코마레스 홀의 둥근 천장에 새겨진 별무늬와 무하르나스(이슬람 건축의 내부 천장을 장식하는 기법으로 벌집 또는 종유석 같은 기하학적 형태를 띤다—옮긴이) 지붕에 압도된다. 코마레스 홀 천장 장식은 일곱 개의 이슬람 천국에 대한 은유다.

무함마드와 코란은 음악에 양가적 감정을 가지고 있었고, 이슬람 내에서 음악의 지위는 언제나 논란의 대상이었다.[43] 공식적으로 음악은 하람haram 즉 불법이며, 예언자는 사랑의 시에서 멜로디를 따오는 낭송자를 승인하지 않았다. 1999년 레바논 가수 마르셀 칼리프Marcel Khalife는 가요에 코란 구절을 사용했다는 이유로 이슬람 법정으로부터 고발당했다.[44] 그러나 '예배를 알리는 소리adhan(아잔)'는 라스트Rast 선법에 따라 점점 더 많은 꾸밈음을 붙여 세 차례 반복되고, 전체는 매일 다섯 차례 제창되는데, 분명 명목상으로는 아니지만 실질적으로 음악이다.[45] 같은 이유로 지크르zikr(알라의 이름을 리드미컬하게 암송하는 것)는 수피교의 데르비시가 만들어내는 회전만큼 자극적이다.[46] 여전히 이슬람은 코란 자체의 '암송tajwid(타즈위드)'을 지정하는 데 조심스럽다. 아랍어 소리가 음악처럼 아름답다고 일컬어지더라도 그렇다. 무슬림은 그 종교 경전의 음향적 아름다움에 다가갈 수 있는 특권을 누린다. 영어를 사용하는 기독교인은 1526년에 틴들 성경이 나오고 나서야 이 즐거움을 알게 됐다. 그나마 겨우 번역을 통해 한 다리 건너서였다. 코란과 음악의 연결고리는 간접적이고 미묘하다. 20세기 가장 위대한 중동의 가수 움 쿨숨Umm Kulthum은 자국과 몹시도 친밀한 관계에 있어서 이집트 장군들이 그녀의 라디오 방송에 맞춰 전투 시간을 잡을 정도였는데, 움 쿨숨은 가끔 코란을 암송하며 목소리를 가다듬었다고 한다.[47]

더 광범위하게 보자면, 구술 암송의 음향적 아름다움은 아랍어의 흘림체에서 자연스럽게 흘러나오는 서예의 아름다움과 같다. 소리와 글은 장식적이며, 음악은 음향으로 하는 서예다. 서양은 장식은 '피상적'이고 '구조'보다 중요도가 떨어진다는 생각에 갇혀 있어 이를 파악하는 것을 어려워한다. 그러나 사실주의에 대한 서양의 우월감에 의문을 품고 상황을 바꿔 생각해볼 수 있다. 인간의 형상뿐 아니라 뭔가를 표현한다는 것은 현실에서 떨어진 심미적 공간을 만들어내며, 이는 삶과 착각 사이의 경계에 있다. 그렇기 때문에 서양음악은 청중으로부터 멀리 떨어진 영역에 거주하는 것이다. 그레고리오 성가는 듣는 이들을 전혀 고려하지 않는다. 수사들이 스스로를 위해 부르는 노래이기 때문이다. 반면 이슬람 아라베스크 또는 기하학적 격자무늬는 표면에서 흘러넘쳐 주변 세계를 채운다. 아랍어 단어 '와자드wajd'는 음악가와 음악을 듣는 이를 연결하는 상호작용적인 기분의 순환 그리고 분위기를 의미한다.[48]

팔사파falsafa 시대에 이슬람이 어떻게 고대의 지혜, 특히나 유클리드 기하학을 물려받았는지에서 숨길 수 없는 차이가 드러난다.[49] 팔사파 시기는 9세기에서 12세기 사이에 아바스 문명이 존재하던 때를 의미한다. 우리가 알함브라 궁전의 천장에서 6개 또는 12개 꼭짓점의 별, 그 모든 12각형과 등변삼각형, 마름모 단위 등이 만들어내는 복잡한 모자이크 세공을 즐길 때 기하학은 구체적이 된다.[50] 서양에서는 20세기에 피카소와 몬드리안이 나타날 때까지 기하학은 여전히 눈에 보이지 않는 기초 원리일 뿐이었다. 기독교가 신을 예수의 모습으로 구현했다면, 이슬람은 기하학을 세계에 구현했다. 둘 모두 신으로 향하는 합법적이지만, 반대되는 길이다.

이슬람 음악가들은 어떻게 이 길을 따라갔는가? 이슬람인은 팔사파에서 갈라져 나온 음악적 가지인 그리스 선법 내에 고이 간직되어 있던 수학적 비율을 독특하게 받아들였다. 샤를마뉴 대제가 9세기에 비잔틴 가수들로부터 그리스 선법을 배웠을 때, 서양 교회는 유럽 음악에서 계속 고질적 문제가 되는 실수를 저질렀다. 선법을 추상적 음계로 취급하면서, 이후 음악과 음계가 별도의 영역에 존재하게 된 것이다. 아랍인들은 선법이 음계가 아니며, 선법은 즉흥연주를 위한 지도 또는 청사진이라는 점을 이해했다. 반면 서양의 음계는 그저 음높이의 사다리다. 마캄이라는 아랍의 선법은 음악가에게 더 많은 이야기를 전했다. 어떤 음표를 강조할 것인지, 멜로디는 얼마나 높게 혹은 낮게 연장해야 하는지, 특징적인 모티브는 무엇인지, 심지어는 그 작품의 분위기까지 말이다.[51] 가장 흔한 마캄인 라스트는 언제나 으뜸음에서 시작했고, 위엄 있으면서도 소박했다. 마허mahur는 5도에서 시작했고 좀 더 활기찼다. 일부 선법은 아치형 구조로 올라갔다가 떨어졌고, 또 다른 선법은 하강했다. 마캄은 혁신과 전통 사이의 격차를 줄였고, 이슬람의 평등주의 정신과 장단을 맞추면서 연주자를 음악의 위대한 형제애와 결합시켰다.

이슬람 장식은 페르시아로 가까워질수록, 또 그리스의 무게중심으로부터 더 멀어질수록 더욱 꽃피었다. 당시 페르시아는 시적 은유로 가득한 정원을 가진 시인 루미Rumi와 신비주의 수피교의 고향이었다. 이슬람 음악은 다른 문화와 소통하고 심지어 충돌할 때 가장 밝게 빛났다고 주장할 수도 있다. 예를 들어, 13세기 델리 왕조하에 무슬림이 인도 대부분의 지역을 식민화했을 때가 그랬다. 이에 대해서는 다음 장에서 살펴보려 한다. 13세기 스페인을 돌아본다면 음악문화는 혼합주의적일 때, 다시 말해 다양한 사람이 화합할 때 가장 활기찼다. 카스티야와 레온 지방의 알폰소 10세(1252~1283)는 420곡의 칸티가cantiga를 작곡한 작곡가로, 그의 궁정은 기독교와 무슬림, 베르베르인과 유대인이 만나는 장소이자, 알비 십자군이 도망 간 뒤 남은 음유시인들의 피난처였다.[52] 스페인계 유대인은 무왓샤 하트를 받아들이고 히브리어로 노래했다.[53] 알폰소 10세의 궁정에 서 연주된 음악 그림에는 이 모든 전통에서 쓰이는 악기들이 등장한 다. 슬프게도 일부 초강대 세력들은 다른 곳들보다 더 혼합적syncretic 이다. 이집트와 시리아 최초의 술탄이자 아유비드 왕조의 창시자였 던 살라딘Saladin(1137~1193)은 자기가 정복한 민족의 믿음을 용인했지 만, 제1 십자군이 1099년 예루살렘을 약탈했을 때 이들은 모든 남성 과 여성, 아이를 학살했고 회당에 피해 있던 유대인을 산 채로 불태 웠다.[54]

맛의 길

서양 음악은 미각을 잃었다. 맛 또는 향미를 가리키는 산스크리트어 'rasa(라사)'는 인도 미학의 핵심이다. 미틸라를 50년간 지배한 난야데 바 왕(1057~1147)은 카르나타카 왕조를 세우고, 여가 시간에는 고대 인도 음악이론의 가장 위대한 논문인 《바라타바샤Bharatabhasya》를 썼 다. 난야데바 왕은 음악 취향을 단어 하나로 묘사할 수 없다고 언급 했다.[55] 음악을 훌륭한 커리라고 생각해서 무엇을 얻을 수 있는가? 서양인들이 음악의 '맛'을 논할 때('그 신사는 피아노 소나타를 좋아하는 고 급스러운 입맛을 가졌다'처럼) 이는 사람이 사회적으로 세련됐음을 의미 하나, 음악 자체의 수준을 논하는 것은 아니다. 라사 이론은 그 반대로, 맛은 듣는 이보다는 음악과 함께한다. 맛을 중앙에 놓는 것은 음악 경험의 직접성과 상호연결을 강조한다. 라사는 실제로 정서를 가리키는 은유로, 정서는 서양에서처럼 듣는 이가 어떻게 느끼는지에 있는 것이 아니라 소리에서 퍼져 나온다. 마찬가지로 라사의 정서는 인도 철학의 우주적 몰입 특성을 가리키는 은유로, 소리를 듣는 '나드nad'는 '절대자'에 대해 명상하는 것과 같다. 아마도 라비 샨카르 Ravi Shankar가 연주하는 시타르 저음부의 향기로운 몽롱함은 힌두교 또는 불교의 마음챙김을 보여주는 음향의 아이콘이다. 샨카르는 심지어 그 소리가 '우주의 핵심'을 드러낸다고까지 주장했다.[56] 문제는 시타르와 저음이 난야데바 왕과 그 후손들의 시대가 아주 오래전에 끝나고 무굴이 침략한 16세기가 되어서야 인도에 도착했다는 것이다. 인도 음악은 어디에서 그리고 누구에게서 맛을 얻게 됐는가?

기원전 2500년 현대의 파키스탄에 있는 인더스강 유역의 하라판 문명은 음악적 유물이 거의 남아 있지 않다. 눈에 띄는 예로는 약 10센티미터 길이의 춤추는 소녀 청동 조각상이 있다.[57] 우리는 소녀가 무슨 음악에 맞춰 춤추는지 모른다. 그러나 인도 예술의 상징인 곡선미 담긴 자세를 취하고 있어서, 직선으로 생긴 동시대의 이집트와 메소포타미아 예술과는 비교된다. 인도는 물의 세계로, 아마도 그 예술이 지닌 유선형은 기원전 1700년 베다 문명을 발전시킨 인도-유럽 이주 도중 모래투성이 중앙아시아로부터 아리아 민족이 침입해온 시기보다 앞선다. 베다의 네 권의 책에는 불교 이전 인도의 종교적 지혜가 모두 담겨 있고, 「리그베다」의 산스크리트 운율의 영창을 기반으로 하는 베다 낭송은 지구에서 가장 처음 기록된 음악을 대표한다.[58] 낭송이 그저 목소리가 고조된 것을 말하는 게 아니라 '음악'이라는 것에 동의하는지 여부에 따라, 「리그베다」는 6장에서 언급한 기원전 1400년의 「후르리인 찬가」보다 우위에 서게 된다. 음악의 뿌리는 비옥한 초승달 지대나 아프리카보다 인도에서 더욱 많이 드러난다. 다시 말해, 이 영창은 주요한 낭송음을 중심으로 웅얼대는 두세 개의 음표만 존재할 정도로 원시적이라는 의미다. 우리는 역사적 섬에 존재하는 또 다른 살아 있는 화석 덕에 이를 알 수 있다. 베다 성가는 현대 스리랑카에서 여전히 이런 방식으로 공연되고 있다.[59]

베다 성가는 음악이 한두 개의 음표로부터 전체 옥타브를 채우기까지 확장되면서 진화했다고 제안한다. 하지만 우리는 그리스인과 수메르인이 정반대로, 옥타브를 더 작은 음정으로 세분하면서 음악이 시작됐다고 생각했다는 걸 떠올릴 수 있다. 어느 쪽이 맞을까?

이는 시작점이 악기(그리스와 수메르의 리라 현)인지 인간의 목소리인지에 따라 달라진다. 물론 인간의 목소리는 논쟁의 여지 없이 더 오래되고 더 태생적인 것으로, 인도인도 목소리를 가졌다. 실제로 인도인은 우주 전체가 신성한 음절인 '옴Om(아옴aum이라고도 발음한다)'에 담겨 있다고 믿었고 이 음은 모든 베다 의식에서 읊조려졌다. 《만두키야 우파니샤드Mandukya Upanisad》('우파니샤드'라 부르는 고대 산스크리트어 경전 108편 가운데 6번째로 가장 짧다)에 따르면, 음절의 처음 세 음소는 각기 깨어남(a), 꿈(u), 깊은 잠(m)의 상태를 표현하며, 네 번째 4분음은 가늠할 수 없는 영원을 의미한다.[60] 옴 만트라의 음향적 배음은 영원한 비상이자 세계 영혼 아트만Atman('대기atmosphere'의 산스크리트어 어근이다)으로의 소리의 회귀를 불러일으킨다. 아트만의 숨결은 음악의 영혼으로, 아트만을 맛보기 위해서 시타르를 연주할 필요는 없다. 3천 년 전 베다 만트라에 이미 모두 담겨 있다.

목소리와 호흡은 언제나 인도 클래식에서 기본이 되지만, 인도는 서양보다 악기를 훨씬 더 귀하게 여겼다. 서양은 처음 천 년 동안 악기 없이 견뎌냈다. 가수는 비나 또는 탄푸라(후에는 시타)의 공명하는 현에 목소리를 조율했고, 청중들은 그 소리에 몸을 맡겼으며, 음악은 세계의 영혼으로 녹아들어 갔다. 이 과정은 인도에서 가장 오래되고 명망 높은 음악 장르인 '드루파드Dhrupad'에 담겨 있다. 드루파드는 오늘날에도 여전히 연주되며, 다음과 같은 이 전통의 주요한 맥락을 함께 묶어낸다.

● 라가

인도에서 수백 가지의 라가는 음악의 여러 신 크리슈나, 람, 시바 그리고 셀 수도 없이 많은 신을 의미한다. 라가는 반음계, 반⨌멜로디로 구성되지만, 종종 비교되는 그리스 선법이나 이슬람 마캄과는 상당히 다르다.[61] 라가는 성스러운 특성을 지녔으며, 실제로 특정 신과 연관된다. 아랍의 무왓샤흐나 페르시아의 가잘Gazhal*은, 한 작품 내에서 하나의 마캄에서 다른 마캄으로 옮겨갈 수 있다('조바꿈'을 할 수 있다). 드루파드는 조바꿈이 금지되며, 반드시 한 번에 하나의 신에게 성실하게 스스로를 봉헌하도록 되어 있다.

---

* 가잘은 동일한 이름을 가진 고대의 아랍 운문 형식을 음악으로 만든 것이다. 5개에서 15개의 짝을 이룬 대구로 이뤄져 있으며, 성적이고 애정 어린 특성을 가졌다.

● 명상

드루파드는 알랍Alap이라는 운율 없는 즉흥곡으로 시작하는데, 한 시간 정도로 길게 이어진다. 알랍은 라가 중간 음역의 으뜸음인 사sa 주변을 선회하며 시작해서 점차 두 개 또는 세 개의 옥타브로 확장된다. 라가는 한 번에 한 음씩 공개된다. 서양과 달리 인도 음악은 선禪과 같이 위엄을 갖추고 개별 음표를 명상한다. 스와르swar라는 음에는 우주 전체가 포함되어 있고, 심지어 성스러운 영혼도 있다.[62] 꾸밈음은 (이슬람 음악에서 그러하듯) 외적으로는 고정되어 있지 않으며, 음 안에서 극도로 세밀해진다. 드루파드를 듣는다는 것은 그 음과 서서히 드러나는 라가를 명상한다는 의미다.

● 라사

명상이란 라가의 맛인 라사를 음미하는 것이다.[63] 라사는 문자 그대로 '수액, 즙, 진액'이라는 의미다. 라사는 다른 인도 사상과 같이 하나의 '과정'으로, 포도주스를 포도주로 증류하듯 개인적이고 덧없는 상태를 영원으로 바꿔놓는 과정이다. 여기에는 서른세 가지 일시적인 감정상태 혹은 브하바bhava가 있는데, 염세, 불안, 질투, 기쁨, 자만, 당혹감 등이다. 음악은 브하바를 아홉 가지 영원한 감정, 즉 성애적인shringara, 웃기는hasya, 애처로운karuna, 분노한raudra, 영웅적인vira, 끔찍한bhayanaka, 역겨운bibhatsa, 우수한adbhuta, 평화로운shanta 감정으로 정제해준다. 라사의 목표는 해탈moksa로, 모든 세속적이고 개인적인 상태를 몰아낸 영적 기쁨을 의미한다.

● 진화

알랍이 라가를 드러내고 더 빠른 가트Gat의 단호한 박동을 따르게 되면서, 음악은 물질에서 서서히 형태를 드러내고, 그렇게 세계의 진화가 일어난다. 드루파드의 즉흥연주는 음악에 있어서 말의 생산성generativity에 가장 가까운 개념이기도 하다. 말의 생산성은 사람들이 마음속에 존재하는 언어적으로 가장 깊은 구조로부터 문장을 만들어내는 방식을 의미한다.[64] 또한 드루파드가 인도 음악의 역사를 요약해서 말해준다고 들을 수도 있다. 인도 음악사는 굽타 문명의 여파로 서기 500년 이후, 종교 음악 마르가marga의 중심에서 토속적 형식 데시desi가 확산하는 형태다. 인도 음악의 본질은 (신, 문화, 장식 등) 표면적 풍성함의 이면에 있는 근원적인 영적 통일성을 보는 것이다.

이 추상적 생각의 방식을 촉진한 것은 물론 불교였다. 불교는 힌두교 자체에서 일어난 개혁적 움직임에서 비롯됐다. 어린 싯다르타이자 미래의 붓다는 음악을 즐겼고, 《니다나카타Nidānakathā》*에 따르면 4만 명의 무희가 그를 따랐다.[65] 그러나 니르바나로 향하는 절제의 길에서 성숙한 붓다는 음악이 감각을 산만하게 만드는 위험한 존재라며 멀리했다. 실제로 《랄리타비스타라Lalitavistara》**에 음악은 '육욕을 자극하는 여자의 전략 서른두 가지'로서 설명되어 있다.[66] 테

---

* 《자타카Jātaka》의 도입부를 이루는 《니다나카타》는 붓다의 일대기를 설명하며, 붓다가 세상을 떠난 지 적어도 50년이 지난 기원전 4세기에 쓰였다.

** 붓다의 성인기에 초점을 맞춘 《랄리타비스타라》는 훨씬 후인 3세기경에 편찬된 것으로 보인다.

라와다Theravada 불교에서 제시하는 본래의 불교 교리는 음악을 죄의 전형으로 보았지만, 서기 200년 이후 더 온건한 마하야나Mahayana파는 즐거이 붓다의 삶을 축하하는 데 음악을 활용했고, 음악은 인도, 티베트, 일본을 포함해 아시아 전 지역으로 확산됐다. 8장에서 살펴볼 일본 음악은 단언컨대 가장 '불교적'이다. 금욕적인 불교의 정통파와 대조적으로, 대부분의 인도 음악은 순수한 소리의 현란함에 초월과 명상을 제공했다. 이는 4장에서 (누스바움에 이어) 설명했던 '충만의 원리'를 의미한다. 이런 관점에서, 모든 월드뮤직 가운데 인도 음악이 서양 기독교 세계에 가장 가까이 있다.

혹자는 이 독특한 전통이 무슬림이 침략한 첫 번째 파도가 몰아친 뒤, 즉 가즈나 왕조의 마흐무드Mahmud가 1018년 아프가니스탄에서 인도로 진입한 뒤 몹시 요동치다가 멈춰버렸을 것이라 상상할 수도 있으리라. 그러나 진실은 그 반대다. 이슬람은 북인도 음악에서 가장 뛰어난 부분들을 끄집어냈고, 반면 남부 카르나티크 지역은 옛 방식을 쪼개고 보호했다. 이슬람의 영향이 낳은 첫 번째 결실은 리듬이다. 언제나 인도에서 중요히 여겨지던 북은 더욱 시끄러워졌다. 1051년 탄자부르의 라자 라제스와라 사원의 경우, 157명의 음악가 가운데 북연주가가 72명에 달했다. 17세기 타악기의 비율은 더욱 늘어났다. 무굴 왕국 악바르Akbar 황제의 궁중악대는 한 쌍의 심벌즈와 23개의 관악기, 42개의 북을 갖췄다.[67] 무엇보다 가장 충격적인 혁신은 탈라tala라는 개념이었다. 라가를 지지하는 운율 주기인 탈라는 오늘날 인도 음악에서 가장 기본적이고 익숙한 측면이다. 그런데 이는 13세기에 수피가 들여온 것으로, 이슬람의 반복적인 디크르

dhikr(황홀경에 이를 때까지 알라의 이름을 부르는 주문)와 연속적인 데르비시 춤에서 영감을 얻는 것이다.[68] 고대 인도 이론은 탈라를 논했으나, 그저 형식적 비율이라는 추상적이고 근본적인 원칙으로서만 언급했다. 탈라를 진짜 음악으로 끌어내는 데 기여한 것은 이슬람이다. 궁궐을 장식하기 위해 기하학을 구현했듯 탈라를 구현했다.

두 번째로 주요한 이슬람의 기여는 카왈리라고 하는 수피/힌두의 혼성체다.[69] 20세기 가장 위대한 카왈리 가수 누스라트 파테 알리 칸(1948~1997)은 아시아에서 일반적인 구루-시스야(스승-제자) 관계의 사슬을 따라 그 혈통을 추적할 수 있다. 13세기 델리 술탄국 시대에 수피교 성인 아미르 호스로우Amir Khusrow가 카왈리를 창시한 그 시점까지 말이다. 호스로우는 페르시아와 아랍, 튀르키에의 양식을 힌두스탄의 종교 음악과 융합했고, 이는 아시아 싱크리티즘 syncretism(여러 종교와 철학, 사상의 혼합—옮긴이)의 본보기가 됐다. 또한 이슬람 제국의 다른 측면에서 벌어지고 있는 아랍-스페인의 통합체를 보여주는 거울상이기도 했다. 카왈리는 금욕적인 드루파드보다 좀 더 본능적으로 자극적이다. 드루파드는 홀로 하는 명상이라면, 카왈리는 서로를 부추기고 경쟁적인 정신으로 서로를 과시하는 한 무리의 남자들이 부른다. 이 남자들은 그 어느 때보다 높은 성스러운 황홀경의 절정으로 음악을 휘몰아친다. 드루파드에도 늘 점점 더 격렬해지는 부분이 있지만 라가의 안정적 명상에 의해 저지된다. 카왈리는 극적 표현을 위해 인정사정없이 이 안정감을 뒤집어버린다. 이는 이슬람적인 것이었을까? 카왈리의 극적인 부분은 인도의 연극 음악이라는 자생적 전통에 다다랐을 가능성이 높으며, 헌신의 음악으로부터 전혀 다른 음악이 됐다. 다시 말해 대세는 성스러운 움직임과 세속적인 움직임을 융합하는 방향으로 흘러가고 있었다.

그리고 우리는 이렇게 위대한 무굴 황제의 궁궐에서 이슬람이 인도 음악에 미친 세 번째 영향력을 만나게 된다.[70] '무굴'이라는 단어는 '몽골'에서 유래됐고, 무굴 왕조의 시조인 바부르Babur는 지금의 우즈베키스탄에서 태어난 티무르(서양에서는 타메를란으로 알려져 있다)의 증손자였다. 바부르의 호사스러운 궁궐은 사치스러운 나우밧 오케스트라를 갖추고 인도 클래식의 황금기를 시작했다. 나우밧naubat이란 '세계 정복의 오케스트라'라는 의미로, 바부르의 손자인 악바르 치하에서 무굴의 적들은 페르시아 북과 심벌즈(다마마damama, 나카라naqara, 두훌duhul, 산즈sanj), 더블리드 목관악기(수르나surna), 나팔(나피르nafir), 뿔피리(싱sing) 등으로 구성된 나우밧 포병들에 맞서 싸울 기회가 없었다. 이 모든 악기는 악바르 왕권을 연대기로 기록한 역사가 아불 파즐Abu'l Fazl이 충실히 기록해놓았으며,[71] 1590년 혹은 그 이전에 바그와리 칼란Bhagwari Kalan이 그린 「델리에서 발생한 악바르 암살 시도 사건Attempt to assassinate Akbar at Delhi」에서도 이를 식별할 수 있다(그림 7-2의 왼쪽 위에 음악가들이 보인다).

악바르의 통치하에서 음악계의 보석은 인도 음악에서 가장 전설적인 인물인 탄센Tansen(1500~1586)이다. 탄센의 드루파드 공연은 비를 부르고, 해가 지게 만들며, 등잔불에 불을 붙일 정도로 강력했다고 한다. 이 시기는 드루파드의 황금기이기도 했다. 이슬람의 꾸밈음을 흡수한 드루파드는 사치스러울 정도로 꾸밈음이 붙은 장르인 카얄Khayal에 한층 더 가까워졌다. 그러나 이슬람과 힌두교라는 두

그림 7-2. 델리에서 발생한 악바르 암살 시도 사건
© Science History Images/Alamy Stock Photo

종교 간의 차이 그리고 결국 인도에서 파키스탄이 분리해나간 어긋
난 선을 고려해본다면, 이슬람 음악과 힌두 음악이 어떻게 결합하게
됐는지 추측하는 것은 놀라운 일이다. 힌두교는 다신교이며, 카스트
제도를 기반으로 삼고 전도하지 않는다. 또한 우상을 숭배하고 소를
신성시한다. 이슬람은 유일신에 평등주의적이고, 적극적으로 전도
하며, 우상을 파괴하고 돼지고기를 금기시한다. 결정적으로, 힌두교
는 음악 자체를 훨씬 더 관대하게 받아들인다. 서로 다른 둘이 어떻
게 만날 수 있었을까?

17세기 무굴의 시인 순다르Sundar에 따르면 페르시아 문화는 라

사rasa라는 자체적 개념을 가지고 있었다. '라사의 길은 모두가 이해했다.'72 바부르 또는 악바르의 궁궐에 속한 감정가鑑定家는 '라시카rasika'라고 불렸으며, 예술의 맛을 음미하는 역할을 맡았다. 그러나 모든 종류의 라사가 아닌 아홉 개의 세트에서 나온 특정 라사를 바탕으로 했다. 황홀경에 빠진 사랑의 감정인 시링가라 라사Shringara rasa는 페르시아어인 'ishq(이시크)와 정확히 일치한다. 다시 말해, 무슬림-힌두 간의 혼인 제단은 '이시크-시링가라 라사'라는 공통점을 바탕으로 삼았다. 1,004자의 드루파드 본문은 '이시크-시리랑가 라사', 즉 사랑에 헌정됐다. 덕망 있는 드루파드는 사랑의 장르로 재구성됐고, 가끔은 무굴의 황제들을 거부할 수 없는 연인으로 찬양하기도 했다.73 수도 없이 많은 드루파드의 주제가 된 샤 자한Shah Jahan은 사랑하는 아내 뭄타즈 마할Mumtaz Mahal의 죽음을 깊이 애도했고, 아내를 기억하기 위해 세계에서 가장 아름다운 무덤을 지었다. 이는 장식과 맛의 건축적 결합으로, 우리는 이곳을 타지마할이라 부른다.

본성의 길

가장 위대한 중국학자이자 《중국의 과학과 문명Science and Civilization in China》의 저자인 조지프 니덤Joseph Needham은 중국이 한 세기마다 평균적으로 열다섯 개의 발명품을 만들어냈다고 생각했다.74 대부분은 엄청난 성과를 거두었는데, 화약과 종이, 나침반, 등자, 주철 그리고 온갖 교량 기술 등이 있다. 아마도 더욱 흥미로운 부분은 잠자코

때를 기다리고 있던 '잠자는' 기술들이리라. 레오나르도가 헬리콥터를 스케치하기 몇 세기 전에, 도교 철학자 갈홍葛洪(283~343)은 《포박자》에 다음과 같이 보고했다.

> 누군가 대가에게 위험한 높이까지 오르고 광활하고 무한한 공간으로 여행하는 원리를 물었다. 대가는 이렇게 말했다. "누군가는 대추나무의 중간 토막으로 날아다니는 차를 만들 것이오. 이 기계가 움직이게 만들려고 돌아가는 날개에 단단히 묶은 소가죽(끈)을 사용할 것이오."[75]

갈홍이 언급한 것은 사람이 탈 수 있는 연에 회전하는 날개를 붙인 기술이었다. 갈홍의 설명은 비록 날아다니는 카펫과 지니, 샤먼(또한 잔인한 황제의 취미생활도 있는데, 그는 죄수를 사형할 때 비행 실험에 참여시키길 좋아했지만 가끔 그 실험은 잘되지 않았다) 등 동양의 전설로 조금씩 바뀌기는 했으나 이를 믿지 않을 이유는 없다. 헬리콥터는 18세기 유럽에서 '중국식 팽이'라는 이름을 단 장난감으로 다시 등장했고, 연도 마찬가지였다. 그리고 이 둘은 서양에서 프로펠러와 초기 비행 날개로 적당하게 다듬어졌다. 그러나 중국에서는 아니었다. 나는 다음 장에서 '니덤 문제'를 규명해보려 한다. 엄청나게 위대한 출발에도 불구하고 중국의 과학은 왜 서양에게 추월당하고 말았는가? 지금으로서는 음악에서 잠들어 있는 발명품들을 살펴보는 게 좋겠다. 이 발명품들은 고대 중국에서 발견됐지만 뚜렷한 이유 없이 그 이상으로 발전하지 못했다.

증나라 후작 을은 양쯔 지역 가운데에 있는 작은 나라를 다스리다가 기원전 433년에 세상을 떠났다. 1978년 중국 인민해방군이 그의 무덤을 발굴했을 때 전 세계는 을 후작이 하모니카와 치터, 북, 목관악기와 타악기로 구성된 풍성한 합주단으로 내세를 찬양했음을 알게 됐다.[76] 이 합주단의 주인공은 청동걸이에 걸린 65개의 종(증후을 편종)이었다(사진 7-3). 왜일까? 종은 반음계 음표들을 표현할 수 있어 연주자들이 12개의 반음계를 뽑아낼 수 있었기 때문이다. 반면 서양 음악가들은 중세 후반에 와서야 건반(즉, 현대 피아노의 흑백건)을 발명해 반음계를 사용할 수 있었다. 증후을 편종은 중국이 17세기 앞서 음계를 발견했음을 증명한다.

수수께끼는 개별 종에 다섯 음의 펜타토닉 음계(반음을 포함하지 않는 안헤미토닉anhemitonic)가 새겨져 있었다는 것인데, 이는 실질적으로

사진 7-3. 증후을 편종
© Ian Littlewood/Alamy Stock Photo

중국에서 이 음계가 존재했다는 최초의 구체적인 증거가 된다. 중국 음악이 펜타토닉 음계를 선호했다면, 왜 증후을 편종은 세 개의 옥타브에 걸친 반음들을 모두 제공했을까? 이 퍼즐에 대한 답은 중국 사상의 실용주의에 있다. 일단 청동 종은 단조하고 깎아내고 나면 리라나 치타의 현과는 달리 되돌릴 수 없다. 따라서 합주단의 다른 악기들과 맞추기 위해 종은 다른 음으로 시작하는 펜타토닉 음계로 만들어졌다. 예를 들어, 한 음계의 종은 C(C, D, E, G, A)에서 시작하고, 다른 종은 올림F(올림F, 올림G, 올림A, 올림C, 올림D)에서 시작했다. 각기 서양식 키보드의 흰건반과 검은건반으로 사용하기 위함이었다. 이 조옮김한 음계는 겹치지 않기 때문에 가상의 키보드에서 모든 반음을 채웠다. 그래서 각기 다른 종에 조율된 세 개의 피리가 그 사이에 있는 반음계상 12개의 반음 모두를 연주할 수 있는 것이다. 몇 천 년 전 서양에서는 이 음계를 말 그대로 생각할 수도 없었다. 현 길이의 분할에 따른 산술적 추론에서 갈피를 잃었을 것이다. 훨씬 더 실용적인 중국 음악가들은 출발점을 음정(4도, 5도 등)으로 잡지 않고 음표 자체로 삼았다. 중국의 음악은 종의 문화였다. 서양 음악은 현의 문화였고 지금도 그렇다.

종이 만들어낸 음향적 파편은 너무나 복잡해서 단순한 산술적 비율로는 표현할 수 없다. 다른 대부분의 악기가 만들어내는 음과는 다르다.[77] 그렇기 때문에 종은 실질적으로 음악에 사용할 수 없다. 서양에서 종을 교회 탑으로 보낸 이유가 여기에 있다. 중국의 음향 과학은 당시 세계에서 가장 뛰어났다. 증후을 편종의 비대칭적 디자인(동그랗기보다는 편구형이며 '메이'라고 하는 서른여섯 개의 돌기로 덮여 있어서 중앙이나 가장자리를 칠 때 음높이가 다르다)은 배음의 범위를 넓혔고, 빠르게 소리가 사라지도록 했다. 따라서 서양의 종과 달리 여러 차례 반복해서 칠 수 있었다. 그릇과 화병에 묘사되어 있는 유교 사원의 오케스트라 그림에는 전국시대(기원전 481~221) 동안 음악가들이 편경과 편종을 망치와 집게로 연주하는 모습이 있다.⁷⁸ 이 고대의 종 문화는 자바섬의 현대 가믈란, 보르네오섬 다약족의 롱 하우스Long House 징 합주단에 남아 있다. 한 왕조 동안(기원전 206~기원후 220) 종은 치터와 피리에 밀려 가장 선호되는 악기의 자리에서 내려왔지만, 다른 악기들을 조율하기 위한 음인 으뜸음을 가리키는 이름은 '황종黃鍾'이었다. 종 문화는 중국인들이 음악적 재료의 물리적 특성에 기울이는 흥미와 악기들을 재료에 따라 즉, 금속, 돌, 점토, 가죽, 실크, 나무, 박 또는 대나무로 분류하는 이유를 설명한다. 반면 고대 인도와 그리스, 서양에서는 두드리고, 진동하고, 부는 등 소리를 만들어내는 방식에 따라 악기를 분류했다.

그렇다면 중국은 소리의 본성, 즉 음색에 훨씬 더 관심을 기울였던 셈이다. 음색이란 소리의 파동과 배음으로 만들어진 복합적인 꾸러미다. 음높이(탄력 있는 본체가 주변 공기를 떨리게 하는 진동수)는 음색보다 정렬하기가 훨씬 더 쉽고, 그렇기 때문에 우리는 음계는 가지고 있지만 오케스트라의 음색으로는 등급을 정할 수 없다. 연주할 수 있는 악기의 수만큼 수많은 음색이 존재하기 때문에, 그것들은 글자 하나마다 단어와 개념을 가리키는 5만 개의 한자와도 같다. 산스크리트어와 그리스어, 라틴어, 아랍어 등 알파벳 문자보다 훨씬 더 오래된 중국 문자 체계는 철저히 차별적인 생각의 방식을 반영한다.

인간 뇌를 다루는 고고학에서 콜린 렌프루Colin Renfrew는 "중국의 사상과 서양의 사상은 두 가지의 대단히 독립적인 발전의 궤적이 만들어낸 생산품"이라고 말했다.[79] 중국의 예외주의exceptionalism는 음악에서도 분명하다. 서양 그리고 대부분의 경우, 인도와 중동도 음높이의 길을 걸었다. 도교(여기에서 '도'는 '길'이라는 의미다)는 중국의 음악을 본성과 음색의 길로 이끌었다.

도교의 자연과의 조화는 '기氣'라는 규정하기 어려운 개념을 통해 표현된다. 그리스어의 '프네우마pneuma'와 산스크리트어의 '아트만'과 유사한 개념인 '기'는 우주를 아우르며 부는 생명력이다. 그러나 기는 음과 양이라는 두 가지 대립적인 기운이 옥신각신하고 섞이고 증식하는 상호 작용에서 얻는 것이어서, 희한할 정도로 흔들리지 않고 균등한 생명력이 된다. 음악가들에게 가장 중요한 것은 음과 양의 충돌이 소음을 만들어낸다는 사실이다. 손희단孫希旦은 "땅의 기는 위로 오르고, 하늘의 기는 아래로 내려간다. 음과 양은 서로 부대끼고, 하늘과 땅은 서로를 거칠게 떠민다. 이들이 북을 치면 천둥의 커다란 소리가 만들어진다"라고 했다.[80] 대나무를 통해 기가 불면 바람과 숨결의 조화를 통해 음악이 만들어진다. 중국 음악의 기원 설화가 기의 통로인 대나무통을 바탕으로 삼는 이유가 여기에 있다. 필연적으로 이 기원 설화에는 다시 한 번 새들이 등장한다. 음악의 경우에는 한 쌍의 요염한 불사조였다. 전설에 따르면 황제는 영륜伶倫에게 쿤룬산 골짜기에서 자라는 대나무를 꺾어오라고 명령했다.[81] 그는 여섯 마리의 수컷 불사조와 여섯 마리의 암컷 불사조에서 영감을 얻어 대나무에 열두 개의 구멍을 뚫었다. 12개의 반음계는 을 후작의 묘에서 현실이 되기 오래전부터 전설의 소재였다.

기의 소리는 전국시대 이후 덜 추상적이고 은유적이 된 대신, 좀
더 구체적이고 실용적이 됐다. 전국시대는 중국이 진과 한 밑에서
단일 황제의 권력에 따라 안정되던 시기다. 진의 황제들은 음악을
증오했고 악기들을 태워 없앴다. 그러나 한은 음악의 힘이 국가의
건강을 측정하는 도구이자 질환을 치료할 수 있는 약임을 알아보았
다. 《효경孝經》에서는 "관습을 바꾸고 예절을 변경하는 일에서 그 무
엇도 음악을 이길 수 없다"라고 했다. 그리고 여기에는 "외국의 관습
과 타락한 음악"을 몰아내는 것도 포함됐다. 광활한 나라에 사는 이
질적인 사람들을 중앙권력하에 단결시키는 임무에서, 한은 교화를
위해 음악을 사용했다. 이와 관련해 자주 인용되는 철학자 순자荀子
의 말이 있다.

> 음악이 중심이 되고 균형을 이룰 때, 사람들은 평화롭고 제멋대로 굴지 않
> 을 것이며, 음악이 근엄하고 당당할 때 사람들은 단결하고 무질서하지 않
> 을 것이다. 사람들이 평화롭고 단결을 이룰 때, 군대는 강해지고 도시의
> 장벽은 안전해지며 적국은 감히 공격하려 들지 않으리라.[82]

그로부터 음악의 의미는 무게와 단위, 한자와 마찬가지로 표준
화됐다. 중국의 소위 '상관적 우주론'은 우주의 (음악을 포함한) 모든 측
면이 연계망 안에서 서로 연결된다는 체계로, 우리에겐 대단히 미신
적으로 보일 수 있다. 예를 들어 봄에 피리를, 여름에 치터를, 가을
에는 편종을, 겨울에는 북을 연주하는 것이 상서로운 이유는 무엇일

까? 대나무 피리는 봄에 나무들이 싹을 틔우도록 도와주기 때문이다. 여름 동안 뽕나무 잎을 먹으며 통통하게 살이 오르는 누에고치는 실크로 만든 치터 현이 내는 음을 즐긴다. 가을은 자연의 양의 힘이 물러가는 때로, 종소리는 군대가 퇴각할 때 들리는 소리다. 마지막으로 가장 원시적인 악기인 북은 동지점이라는 위기 속에서 겨울의 태양을 지켜준다.[83]

한편 복종을 확인하기 위해 제국의 힘이 미치기에 먼 지역의 민요와 의례음악은 중앙의 악부樂部에서 승인을 받도록 했다.[84] 한이 세운 악부가 마지막 왕조인 청이 붕괴된 1911년이 되어서야 문을 닫았다는 점은 중국 문명이 충격적일 정도로 오래 지속되었다는 증거가 된다.

이 실용적이고 문명화된 음악의 활용은 한의 국교였던 유교의 승리를 반영한다. 유교는 도교의 사색적이고 어느 정도 수동적인 본성과는 반대된다. 어떤 면에서 이 두 종교는 중국문화의 음과 양을 대표하며, 둘 사이의 긴장은 가장 명망 있는 악기인 7현의 쟁(또는 현대의 고쟁)의 심장부에서도 고동친다. 쟁은 길고 납작하며 텅 빈 나무 상자로, 길이는 약 90센티미터이고 실크로 된 현이 세로로 길게 뻗어 있다. 그 부드럽고 섬세한 소리 덕에 쟁은 선비 같은 학자들에게 이상적인 악기가 됐다. 중국 그림에서 선비가 높은 산의 외로운 대나무 숲에서 쟁을 연주하는 모습을 볼 수 있다. 대나무 숲에서 쟁의 소리는 바람과 침묵 속에 녹아들어 간다. 쟁은 자연의 악기임과 동시에 영적인 몽상의 악기다. 공자가 정원에서 명상하듯 쟁을 연주하는 모습을 담은 그림들 또는 제자들에게 연주 방법을 가르쳐주는 모습을 담은 그림들이 다양하게 존재한다(그림 7-4). 그러나 이 고요한 이미지는 오해일 뿐이다. 공자의 《논어論語》에서 악기는 훨씬 더 세속적인, 다시 말해 유교적 능력을 가진 정치 도구이자 심지어는 무기로 등장한다. 책의 한 구절에서 대가는 만남을 청하는 방문객에게 자신이 너무 아파서 만날 수가 없다는 핑계를 대지만, 그 후 쟁을 들고 문틈으로 연주를 하여 발길을 돌린 손님에게 자신이 건강하다는 사실을 알린다.[85] 또 다른 구절에서 공자는 북쪽에서 온 남성의 청을 거부하는데, 그 남자가 연주하는 거친 소리에 불쾌해졌기 때문이다.[86] 한참 후에 당 왕조의 문화적 개화기 동안, 시인이자 화가, 작곡가이자 아마도 중국에서 가장 위대한 전천후 예술가일 왕유王維 (699~759)는 고대의 중국 우화 모음집인 《장자莊子》에 등장하는 전설을 암시하는 어느 시에 유교를 부드럽게 연결 짓는다.[87] 한 일화에 따르면, 어느 날 늙은 어부가 쟁을 연주하는 공자의 소리에 이끌려 배를 댄다. 그리고 이 대가가 살구나무 밑에서 하는 강의에 귀를 기울이기 위해 곁에 앉는다. 오랜 대화 끝에 이 어부는 그다지 감명을 받지 못한 채 길을 떠난다. 도교에 더 끌렸기 때문이었다.

쟁을 연주할 때 음색은 가장 중요하며, 음높이보다 훨씬 더 중요하다. 전통적으로 1,070개의 손가락 기술이 있으며, 이는 200개의 한자로 표현한다.[88] 현대의 연주자는 약 40개의 기술을 사용하며, 각 기술은 다양한 음의 색을 만들어낸다. 예를 들어 다음과 같다.

- 안쪽에서 바깥쪽으로 현을 뜯는다劈, 挑.
- 왼쪽에서 오른쪽으로 현을 따라 미끄러진다圈, 附.

그림 7-4. 살구나무 밑에서 쟁을 연주하는 공자(백운립 그림)

- 아래 방향으로 줄을 친다吟.

- 현을 위로 들었다가 놓아준다抓起, 捻.

- 가장 바깥쪽의 줄을 아래로 눌렀다가 바깥쪽으로 밀어내고 푼
   다推出.[89]

쟁의 기보법은 '악보'가 아니라 식별표다. 각 글자는 음이 어떤 소리인지가 아니라 손가락의 적절한 위치와 자세, 움직임을 통해 어떻게 만들어지는지를 알려준다. 가장 중요한 점은 리듬이 명시되어 있지 않다는 것이다. 어떤 면에서 음악은 자유롭게 흘러 다니는 색의 원자들처럼 보이기도 하고, 인도 드루파드가 점점 더 강렬해지면서 그리는 커다란 호와는 멀리 떨어진 세계 같은 인상을 주기도 한다. 시간은 가만히 멈춘 듯 보이지만 음악은 순간의 연속이다. 이것이 중국 음악의 예외주의를 더욱 심화시킨다. 중국의 펜타토닉 음계가 고대의 '장3도 트라이코드 벨트(6장 참고)'에서 동떨어져 있는 것과 마찬가지로, 중국의 시간 개념은 '화살(서양의 유대-기독교 세계)' 모델이나 '원(그리스와 인도)' 모델에 맞지 않기 때문에 스티븐 제이 굴드 Stephen Jay Gould가 널리 알린 두 시간 모델 사이의 차이는 더욱 두드러진다.[90] 중국의 시간에 일직선의 (또는 순환적인) 방향성이 없고 고대 중국어에는 시제가 없다고 해서 고대 중국에 시간 개념이 없었다는 의미는 아니다. 중국의 시간은 양적이기보다는 질적이다. '상서로운' 사건이라는 개념이 이를 전형적으로 보여준다.[91] 인류학자 클리포드 기어츠 Clifford Geertz가 조언한 발리에서 시간을 묻는 방법을 고대 중국에도 적용할 수 있을 것이다. 몇 시인지 묻지 말고, 어떤 종류의 시간인지 묻자.[92]

송 왕조(1127~1279)에 곽초망郭楚望이 작곡한 「샤오샹강에 흐르는 물과 구름」은 오늘날까지도 연주되는 가장 유명한 쟁 작품이다.[93] 맞다, 음악은 단편적인 순간의 연속이다. 그러나 각 순간은 《역경》에 나오는 64괘처럼 상서롭다. 또한 (음양과 비슷하게) 움직임과 반대되는 움직임으로 가득 차 있는데, 만화경 속에서 빙글빙글 도는 색깔처럼 싸우고 섞이고 확산된다. 어떤 식의 은유를 선호하느냐에 따라 손가락은 지판 위를 곡예사처럼 '춤'을 추거나 태극권 전사처럼 뛰어오르거나 허공에 글을 쓴다. 이 순간들은 목표 지향적이진 않겠지만 분명 즉석에서 움직인다. 고대 중국의 시간 개념은 아마도 일본의 전통 음악인 가가쿠와 샤쿠하치에 가장 잘 보존되어 있을 것이다. 이는 고대 중국의 '잠자는' 발명품을 보여주는 또 하나의 사례로, 드뷔시와 존 케이지John Cage, 메시앙Messiaen, 슈토크하우젠, 불레즈Boulez의 작품 등에서 20세기 서양 음악을 변신시켰다.

「샤오샹강에 흐르는 물과 구름」은 작곡가의 슬픔과 애국심을 표현한 곡이다. 작곡가는 샤오와 샹이라는 두 강을 떠다니다가 강 건너 지우이산이 구름과 피어오르는 안개 때문에 희미해 보인다는 것을 깨닫는다. 이 광경이 그에게 몽골의 불청객들이 자신의 나라를 침입해왔음을 다시금 떠올리게 한다.[94]

실크와 말의 길

네 개의 초강대 세력과 네 개의 초강력한 힘. 서양에는 (음표와 악보가 함께하는) 폴리포니가 있었다. 이슬람에는 장식이 있었다. 인도는 맛을 추구했다. 중국의 힘은 색 또는 음색이었다. 이 고대 음악의 거인들은 위풍당당하게 홀로 서 있기보다는 서로 부딪히고, 겨루고, 섞였다. 그리고 문화적 피는 실크로드의 동맥을 따라 흘렀다. 실크로드는 중앙아시아의 광활한 초원부터 지중해와 북아프리카로, 그리고 중국에서 로마로 뻗어나가는 통상로의 체계다. 실크로드는 역사의 스포트라이트를 유럽에서 유라시아로 돌렸기 때문에 매력적이다. 피터 프랭코판Peter Frankopan이 관찰했듯, 여기에 부적절한 명칭이 있었다면 '지중해'라는 단어, 즉 '땅의 중간'이라는 단어였을 것이다.[95] 같은 이유로, 오늘날 모든 길은 중국으로 통한다.[96]

또한 실크로드는 멜로디와 음계, 선법, 악기와 연주 기술을 위한 음악적 슈퍼 하이웨이였다. 실크와 목화, 화약과 향신료를 실은 카라반에 류트도 함께 실렸을 것이다. '요크 류트(몸통에서 팔 두 개가 가로장까지 뻗은 형태다)'는 기원전 3000년이 끝나갈 무렵 메소포타미아 석조 조각에 처음 등장하지만, 아마도 현재의 아프가니스탄 지역에서 훨씬 더 일찍이 만들어졌을 것이다. 류트는 힉소스인에 의해 기원전 1650년경 이집트로 옮겨졌고, 훨씬 뒤에 그리스에 도착했으며, 그곳에서 판두라가 됐다. 그로부터 만돌린과 탄부르, 탬부어, 탬버린이라는 단어가 파생됐다.[97] 류트는 인도로 이동해 비나가 됐고, 천 년이 지난 후에는 기다란 목의 시타르가 됐다. 또한 비파(중국), 비파(한국), 비와(일본)가 되기도 했다. 바르바트는 600년경 페르시아로부터 아랍의 영토로 넘어갔고, 페르시아어로 '막대'를 뜻하는 '오우드'가 됐다(서양에서는 '류트'라 한다).

이슬람 음악이론가들에게 오우드는 그리스인에게 알려지지 않은 새로운 종류의 음계를 시각화하는 데 완벽한 악기였다. 이들은 장3도와 단3도 사이에서 손가락을 매끄럽게 움직였고, '행복'과 '슬픔' 음정 사이에서 4분음을 만들어냈다. 이 4분음을 우스타 잘잘

Wusta Zalzal이라고 부르는데, 아랍의 비애에서 돋보이는 부분이다. 류트는 안달루시아 스페인의 궁궐을 통해 서유럽에 도달했다. 몇 세기가 지난 뒤, 샤를마뉴 대제 이후 가장 세련된 신성로마제국의 황제 프리드리히 2세는 무어 문화에 푹 빠져서 시칠리아에서 살기를 좋아했다. 이곳에서 그는 류트를 알게 됐고 독일에 소개했다. 이 여정을 통해 류트는 이탈리아와 네덜란드로 갔고, 그곳에서 티티안Titian, 카라바조Caravaggio, 베르메르Vermeer의 그림에 등장하고, 곧 영국으로 건너가 귀족의 조신이 사용하는 자연스러운 악기가 됐다. 홀바인Holbein의 그림 「대사들The Ambassadors」은 현재 런던 내셔널 갤러리에 소장되어 있는데, 당시 일반적인 이탈리아 류트처럼 열한 개의 T자형 줄감개를 가진 아름다운 류트가 지구본과 책, 악보 등 지적인 외교관에게 어울리는 모든 장비 곁에 놓여 있다.[98] 열한 줄 가운데 하나가 망가져 있어서, 이를 죽음의 상징으로 보았다(그림 아래쪽의 해골과 맥을 함께한다). 또한 헨리 8세의 급박한 이혼과 제명의 결과로 나타나는 기독교 세계의 분열을 뜻하는 전조로 읽히기도 했다. 중국의 관점에서 제국의 조화는 깨져버렸다.

좋든 나쁘든 끊어진 현은 실제로 서양 악기 음악의 본체가 됐다. 류트로 퉁기던 폴리포니는 착각이었다. 손가락은 기껏해야 계속 독자적인 멜로디 라인과 비슷한 것만 만들어낼 수 있다. 프랑스 바로크 음악을 연구하던 학자들은 이를 '스틸레 브리제stile brisé' 또는 '스틸레 루테stile luthé'라고 불렀고(문자 그대로 '망가진 형식' 또는 '류트 형식'이란 의미다), 샹보니에르Chambonnières와 쿠프랭Couperin 같은 17세기 류트 연주자들은 이를 하프시코드 음악에 도입했다.[99] 바흐의 건반 모음

곡은 스틸레 브리제의 망가진 대위법을 문자로 옮긴 것으로, 바흐는 음악의 실크로드를 여행하며, 류트의 길고 긴 역사를 따라갔다. 오늘날에도, 시간과 공간의 격차를 넘어 그 어떤 기타 연주자든 옛 실크로드 시장(아마도 신장지구 카슈가르의 유명한 시장이리라)에서 팔려고 매달아놓은 아몬드 혹은 수박 껍질 류트를 마주치게 됐을 때, 그 류트를 집어 들고 연주하면서 즉각적으로 천 년이라는 음악의 시간표를 다시 연결할 것이다.[100] 류트의 DNA는 우리 피에 흐른다. 혹은 류트의 관점에서 고대 갑각류 동물이 진화했으나 알아볼 수 있을 정도로 동일한 종으로 남아 있는 셈이다.

실크로드는 물건과 사상을 전달하는 길 이상으로 행동하는 정신을 나타냈다. 중앙아시아에는 말을 타고 움직이는 유목민 문화가 있었다. 또한 말의 삶에 친밀하게 개입하며 사는 부족들(훈족, 타타르족, 몽골족, 투르크멘족, 위구르족 등) 간에 험난한 소용돌이가 존재하기도 했다. 말의 기동성 덕에 유목민들은 남쪽에 있는 농지에 대해 군사적 우위를 차지할 수 있었다. 또한 유라시아는 부족과 촌락으로 구성된 거대한 연합으로 통일될 수 있었다. 유목민들의 말에 대한 집착은 키르기스스탄의 키르기스인들의 〈마나스Manas〉 같은 구전 서사시로 묘사됐다.[101] 50만 개의 연으로 이뤄져서, 〈마하바라타Mahabharata〉 길이의 두 배이고 〈일리아드〉와 〈오디세이〉를 합친 것의 두 배 분량인 이 노래하는 시는 아마도 세계에서 가장 긴 음악 작품으로 쳐야 할 것이다. 서사시는 시적 여정이기 때문에 길다. 유라시아 초원이 광활한 지리적 공간을 거치는 여행을 제공하다 보니 〈마나스〉는 가장 길어졌다. 〈마나스〉에는 완전히 말만 등장한다. 귀족적인 말 또는 마법의 말 이야기가 그 절들을 채우고, 시적 운율(강약4보격)은 질주하는 말을 흉내 낸다. 제대로 낭독된다면, 유르트에서 옹송그린 청중들은 영적 세계로부터 생겨난 유령 같은 말발굽 소리가 들린다고 주장했을 수 있다.[102] 그리고 청중들이 받은 효과는 실제로 말을 타고 달릴 때 느끼는 아찔한 활기, 몽골과 시베리아의 샤먼이 마법의 날개가 달린 산등성이에서 떠맡은 영적 여정의 경험이 주는 맛과 필적할 만할 수도 있다.

유라시아 서사시는 보통 반주 없이 노래된다. 중앙아시아에서 가장 도드라지는 악기는 류트가 아니라 2개의 현을 가진 말머리 모양의 피들로, 몽골 마두금(또는 모린호르)이라고 부른다. 나무로 된 사다리꼴 나무상자 위로 기나긴 목이 나오며 그 끝에 말의 머리가 조각되어 있는데 가끔은 가죽으로 된 귀가 달리기도 한다(사진 7-5).[103] 굵은 외현은 종마의 말총을 엮어서 만들고, 더 가는 내현은 암말의 것으로 만든다. 전통적인 몽골 발라드는 칭기즈칸에게 속한 말 두 마리가 자신의 뛰어난 재능을 알아보지 못한 주인으로부터 어떻게 도망 나왔는지를 노래한다. 칭기즈칸은 말들의 뒤를 쫓는다. "칭기즈칸은 갈색 말 알쿨의 등에 올라, 금색 피들을 챙겨Aruasun quyurci-ji 하얀색 잘zal 활을 활집 안에 단단히 넣은 채 피들 켜는 아리야 순이 이끄는 대로 달렸다네."[104] 전설에 따르면 첫 번째 마두금은 마법의 하늘을 나는 말의 뼈와 가죽과 털로 만들었다고 한다. 마르코 폴로 Marco Polo(1254~1324)가 몽골족(또는 타타르족) 군대가 적과 단단히 맞서는 모습을 생생하게 설명한 바에 따르면, 말을 탄 수천 명의 군사가 마두금을 연주했다.

곧 두 군은 전투 대형을 갖추고 케틀드럼 소리가 울리기를 기다렸다. 타타르족은 대장이 북을 치기 전까지 감히 전투를 시작하지 않았다. 북소리를 기다리는 동안 2현 악기를 아주 달콤하게 연주하고 노래를 부르면서 전투에 대한 기대를 한껏 높이는 것이 이들의 관습이었다.[105]

마르코 폴로는 양측에 75만 명의 '기마군'이 있었다고 헤아렸다. 그의 추정 가운데 일부만 진실이라 하더라도, 이는 빅토리아 시대의 「메시아Messiahs」와 말러의 「천인 교향곡Symphony of a Thousand」을 금세 초라하게 만들, 역사상 가장 큰 음악 공연이었을 것이다.

그렇다면 실크로드를 실크와 말의 길로 보는 것이 좀 더 정확하겠다. 중국인들은 실크를 수출하고 말을 수입했다. 최초의 2현 바이올린이 송 왕조(960~1279) 시대에 몽골에서 중국으로 국경을 넘어가 초창기 중국 현악기인 이호와 호금으로 발전했다는 점에서 이 교류는 물리적으로 구현된 셈이다(이호와 호금에 공통적으로 들어가는 '호'는 '야만인'의 악기라는 의미다).106 쟁 치터와 마찬가지로 이호와 호금 역시 실크로 된 현을 가졌는데, 활은 말꼬리 털로 만든다. 이 누에고치와 말의 혼종은 실크의 길과 말의 길에 대한 음향적 은유다. 우리는 오늘날 서양 바이올린을 말꼬리 털 활로 문지르면서 이 은유를 다시 한번 되살린다. 다만 현재 바이올린 현은 실크가 아닌 내장이나 금속으로 만든다.

활 연주의 깊은 역사적 기원은 뚜렷하지 않다. 우리는 5장에서 차탈회위크의 벽에서 1현 악기의 그림을 발견했고, 이는 아프리카 사냥활로 거슬러 올라갈 수 있을 것이다. 그러나 우리는 음악을 창작하기 위해 현을 연주하는 관례가 중앙아시아에서 처음 시작됐음을 확신할 수 있다. 그로부터 활 연주라는 개념은 류트와 함께 똑같은 비단길을 따라 여행하는 동지가 됐다. 마두금이 남쪽으로 내려가 이호를 만들어내고, 북쪽과 서양으로 가서 아랍의 라바브와 안달루시아의 비엘, 중세 유럽의 레벡 그리고 현대식 바이올린을 탄생시켰다.

실크와 말 사이의 교류가 만들어낸 가장 극적인 성과는 원 왕조(1271~1368)에 탄생한 중국식 오페라다. 당시 중국은 칭기즈칸의 손자인 쿠빌라이칸(1215~1294)이 이끄는 몽골의 지배를 받고 있었다.107 실크로드의 자손인 이 오페라는 여러 부모를 가졌다고 보는 게 맞겠다. 첫 번째 부모는 몽골의 문화적으로 상당히 다채로운 취향과 스토리텔링을 가미한 노래와 춤, 노래로 된 시를 결합시킨 장르에 대한 사랑이었다. 또 다른 부모는 외국의 점령하에서 살아가는 현실이었다. 음악예술을 박탈당한 중국의 지식인들은 쟁을 내려두고 이전까지 경멸했지만 이제는 새 통치자를 즐겁게 해주는 변방의 민속전통을 받아들여야만 했다. 오페라는 진지함과 대중성 사이의 동맹에서 나온 결과다. 나머지 부모는 남쪽에서 왔으니, 자카타Jakata와 판차탄트라Panchatantra라는 인도의 민간 설화 장르다. 이 장르는 산문과 운문이 번갈아가며 나오면서, 악기를 동반해서 노래할 때 중요한 부분에서는 운문으로 된 악절이 등장한다는 점에서 새로웠다. 이런 오페라 형식은 중국, 그리고 아주 나중에 서양에서 그대로 적용됐다. 즉, 말로 표현하는 '레치타티보'와 노래로 부르는 아리아가 번갈아 나오는 형식이었다.**108**

원 왕조의 오페라인 '잡극'은 서양의 오페라와 그다지 다르지 않았다. 1607년 몬테베르디가 작곡한 최초의 오페라 「오르페오L'Orfeo」에서 신과 영웅들을 연기한 배우들은 근본적으로 노래하는 동상이었다. 대좌 위에 꼼짝 않고 서서 관중을 바라보며, 연극조의 태도를 갖추고 입을 벌려 소리를 냈지만 그 외의 근육은 움직이지 않았다. 서양의 오페라는 그 이후 고정되고 정적이 됐다. 그와는 완벽하게 대조적으로, 중국 잡극은 멀티미디어적 오락이자 총체연극Total Theater이었다. 즉 이야기, 음악, 목소리, 움직임, 메이크업, 복장, 무대 디자인 등이 변화무쌍하게 혼합되어 있었다. 이를 물려받은 현대의 베이징 오페라 '경극'은 무대를 배우의 네 가지 기술功인 노래唱, 대사念, 팬터마임을 포함한 춤做, 아크로바틱을 아우르는 무술打을 보여주는 기반으로 본다.[109] 잡극은 삶의 향신료 자체였던 실크로드만큼이나 풍성하고 다양했다. 전적으로 춤추고, 노래하고, 움직이는 잡극 배우는 쟁을 연주하는 몸짓이나 3D 애니메이션으로 표현되는 중국의 표의문자 같았다. 언어, 음악, 동작 등 총체연극의 개별적 측면 모두는 에너지가 만들어낸 하나의 원으로 흡수됐다. 동작은 중국어 성조의 윤곽을 따라 시작되고, 선율 윤곽으로 바뀌다가, 북소리에 맞춰 몸짓이 절정에 이르고, 쭉 뻗은 팔 또는 시선의 움직임으로 가볍게 넘어가 무대 앞쪽으로 휘어진다. 배우들이 S자 곡선을 그리면서 공간을 가르고, 무대 위를 가로지르다가 반대 방향으로 다시 원을 그린다. 이 모든 움직임은 아크로바틱한 도약과 무술 동작으로 이루어진다.[110] 그 비상이 만들어내는 선을 따라가다 쭉 뻗은 집게손가락 끝에서 반짝이는 격렬한 감정으로 끝을 맺는다는 사실은 매우 흥미롭다. 다음은 1300년경 어느 코믹한 군 오페라의 독백에서 따온 적절한 '말'의 사례다.

내게는 미늘창이 있었고, 그에게는 쌍날의 검이 있었다. 순식간에 그는 내 왼팔을 베어냈다. 나는 말에서 뛰어내려 내 도구함을 열고 떨어져 나간 팔을 다시 꿰매 붙이고 그를 다시 만났다. 이번에 그는 칼창을 꺼냈고 나는 활을 꺼냈지만, 우리의 쇠붙이가 부딪히기도 전에 그는 내 오른팔을 잘라버렸다. 말에서 내려 도구함을 열고 팔을 다시 꿰매 붙인 뒤 우리는 또다시 만났다. 그는 이제 날이 어마어마하게 큰 도끼를 꺼내들고 나는 쌍날 검을 꺼낸다. 이번에 그는 말과 사람을 두 동강 내버린다. 땅에 내동댕이쳐진 나는 도구함을 열고, 모든 것을 꿰매 붙인 뒤 그를 다시 만난다. 우리는 열 번을 만났고 내 온몸은 너덜너덜해졌다. … 마침내 그는 탄복하며 이렇게 울부짖는다. "싸움은 더럽게 못하지만 바느질만큼은 확실하구먼."111

익살스럽고 음탕한 이런 식의 극은 셰익스피어가 즐겨 하던 엘리자베스 시대의 춤곡을 떠올리게 한다. 자생적으로 생겨난 영국 버전의 총체연극은 코믹한 연기를 노래와 춤, 무대결투, 팬터마임에 섞었다. 셰익스피어는 이 다차원의 총체연극을 자신의 희극에 흡수한 반면, 서양의 오페라는 모차르트의 「마술피리The Magic Flute」를 제외하고는 이를 흡수하지 못했다. 서양의 오페라는 고요히 있다가 사산되었지만, 우리가 르네상스라고 부르는 문화적 부활을 통해 완전히 똑같은 모습으로 다시 태어났다.

왜 유럽의 르네상스가 음악적 인간의 생명을 목 졸라 살해했는지는 다음 장의 주제가 된다. 그러나 네 가지 초강대 세력 중 어느 것도 역사의 파도에서 안전하지 못했고, 몽골 치하의 중국도 마찬가지였다. 쿠빌라이칸은 도원경에 장엄한 아방궁을 지으라고 명했다. 칸 황제의 오케스트라에서 가장 눈에 띄는 자리는 공작새 기계로 꾸며진 오르간으로, 이 공작새는 음악에 맞춰 흔들렸다.112 중국의 기술적 우월성을 보여주는 정수인 이 태엽 장치 역시 일종의 죽음을 맞이했다. 노래하는 불사조가 등장하는 미신으로 시작한 문명은 새 로봇으로 끝을 맺었다. 분명 영리하고, 다채로우며, 여러 문화가 공존하지만 고요한 문명이었다.

엔드게임

우리에게 최초로 우리 세계를 행성에서 내려다보는 관점을 제시해 준 것은 한 장의 지도였다(그림 8-1). 아브라함 오르텔리우스Abraham Ortelius의 「지구의 무대theatrum orbis terrarum」(1570)는 이를테면 지구의 주요 방향이 여러 개의 중심을 가진, 즉 막상막하의 초강대 세력들이 당구공처럼 충돌하면서 마주치던 행성에서 단 하나의 중심을 가진 자본주의 세계로 바뀌고 있음을 확인해주었다.[1] 이 변화는 상당히 일찍이, 아마도 지구가 신성한 권위의 비호를 받으며 하나가 되었을 때 시작됐다. 교황 알렉산데르 6세가 스페인과 포르투갈 제국 사이에서 신대륙을 가르는 가상의 선을 그어 대서양과 태평양을 양분한 1494년 토르데시야스 조약, 그리고 1529년 사라고사 조약을 통해서였다. 스페인은 북미와 중미, 필리핀을 손에 넣었다. 포르투갈은 더 커다란 몫을 떼어갔다. 남아메리카, 아프리카와 인도의 커

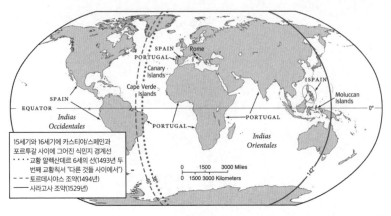

그림 8-1. 세계는 어떻게 잘렸는가: 아브라함 오르텔리우스의 「지구의 무대」
© Walter Mignolo/Duke University Press

다란 한 덩어리였다. 그렇게 서구화라는 엄청난 서사가 시작됐고, 기술과 자본, 심지어 이성 자체의 유럽식 모델은 항해하는 배를 타고 해군의 탐사와 기독교 전도사, 그리고 식민주의를 통해 전 지구로 퍼져나갔다.

하나의 중심을 가진 세계는 대위법의 세계였다. 유럽의 신성한 폴리포니의 걸작을 탄생시킨 대위법은 전 세계를 선교사와 정복자라는 똑같은 배로 손에 넣었다. 이런 면에서 음악이 교황과 왕 사이의 협의를 단단히 다지는 데 도움이 됐다. 그러나 다른 면에서 위험성은 훨씬 높았다. 신성로마제국은 폴리포니 이후에 그레고리오 성가를 통해 유럽을 처음으로 통합시켰다. 이제 이 과정은 지중해 유역에 쏟아져 일곱 바다를 가로질러 퍼졌다. 대위법의 승리는 절대적이고 세계적이었다. 이를 보여주는 가장 극적인 사례는 스페인 침략이후 멕시코 원주민들의 음악적 개종이다.

1519년 코르테스는 멕시코에 상륙했다. 그림 8-2는 1520년 5월 테노치티틀란에서 스페인들이 아즈텍 음악가들을 모두 학살해버린 사건을 보여준다.[2] 인간을 제물로 바치는 아즈텍 관례는 이들의 기독교 감성을 건드렸고, 스페인은 우선 음악가들(그 후에는 무용수들)을 처형하기로 결정했다. 응원단장과 군 나팔수를 쏘는 식이었다. 5장에서 보았듯 스페인인의 손에 아즈텍 음악문화의 한 조각 한 조각이 범죄 수준으로 파괴되면서 거의 아무것도 기록이 남지 않았다. 원주민들은 놀라운 속도로 전향했다.[3]

1527년 수도사 후안 카로는 테츠코코의 학교에서 폴리포니를 가르치기 시작했다.

1530년 원주민 합창단이 멕시코 성당에서 정기적으로 공연했다.

그림 8-2. 톡스카틀 축제의 대학살
© Bridgeman Images

1532년 대학살이 일어나고 12년 후 선교사제 페드로 데 간테는 카를 5세에게 '전하의 교회에서 훌륭하게 노래할 수 있는 가수들'에 대해 이야기하면서 '직접 보지 않으면 믿지 못할 정도'라고 한다.[4]

1559년 원주민 성당 합창단이 카를 5세의 죽음을 기념하며 스페인 모테트를 불렀다.

1575년 에르난도 프란코Hernando Franco가 작곡가로서는 최초로 멕시코에 도착했고, 성당 성가대 지휘자로 부임했다.

1617년 멕시코 최초의 토착 작곡가 후안 데 리에나스Juan de Lienas가 탄생했다. 원주민 작곡가들은 훨씬 전부터 활동하고 있었지만 이를 증명하기란 쉽지 않다. 이들이 기독교식 스페인어 이름을 받아들였기 때문이다.[5]

리에나스가 호화로운 레퀴엠인 「살바 레지나Salva Regina」와 「마그니피카트Magnificat」를 작곡하기 오래전, 프란치스코회 선교사 제로니모 데 멘디에타Gerónimo de Mendieta(1525~1604)는 《원주민의 교회 역사 Historia Eclesiastica Indiana》에서 "원주민들은 성가를 배우기 시작하고 고작 몇 년이 흐른 뒤에 작곡을 시작했다"라고 언급했다. 멘디에타는 "이들의 작품을 스페인 작곡의 대가에게 보여주자 우월한 예술 작품이라고 평했다. 실제로 스페인 작곡가들은 가끔 원주민들이 그 곡들을 썼을 리 없다고 생각하기도 했다"고 했다.

지구 반대편에서는 필리핀 마닐라에서 정확히 동일한 대사가 등장했다. 필리핀은 스페인이 아메리카와 아시아 사이를 오가는 무역

항로에서 태평양상의 집결지였다. 멕시코에서 출발한 배들은 악보와 악기(오르간, 기타, 하프, 반도라 등)뿐 아니라 이를 만들 수 있는 숙련된 기술자들을 싣고 왔다. 성벽으로 둘러싼 도심이었던 마닐라의 인트라무로스는 세계에서 수녀회와 교회가 가장 밀집되어 있는 곳이었고, 그 내부에서는 필리핀 가수들이 라틴어로 부르는 성가가 울려 퍼졌다. 세계 최초로 생긴 국제도시이자 세계적인 무역과 문화 교류의 거점이었던 마닐라는 음악적으로 매우 다채로웠다. 맨 처음 도착한 악기 연주단은 포르투갈 총독이 기부한 아프리카 노예들로 구성된 리코더 합주단으로, 이들은 이탈리아 폴리포니를 연주했다.[6]

마닐라는 아시아를 음악으로 선교하기 위한 중요한 도약 지점이었다. 즉 예수회 선교사들 역시 음악가였다는 얘기다. 스페인의 예수회 소속인 후안 데 산타 마르타Juan de Santa Marta(1578~1618)는 미아코(오늘날의 교토)에서 감옥에 갇혀 처형을 기다리며(그는 십자가에 못 박혔다) 대위법 미사곡을 썼다. 그 이후로 잠시 공백이 생기는데, 일본의 막부가 1868년 메이지유신 전까지 서양의 영향을 받지 않도록 문을 걸어 잠갔기 때문이다. 예수회의 토마스 페레이라Tomás Pereira(1645~1708)는 중국에서 이보다 더 활발하게 활동했다. 강희제가 한 번도 들어보지 못한 연회 음악을 쓰고 공연해서 그를 기쁘게 해주었기 때문이다. 동료인 선교사 겸 작곡가 테오도리코 페드리니Teodorico Pedrini(1671~1746)는 베이징에서 황제에게 코렐리 양식으로 쓴 소나타를 바쳤다.[7]

전체적으로 서양 클래식의 승리를 이끈 선봉으로서 대위법은 세계를 사로잡았다. 이 장에서는 그 이유를 묻는다. 서양 음악은 어떤

면 때문에 셰익스피어와 영어, 자본주의, 기술, 심지어 크리켓처럼 세계 곳곳으로 퍼져나갔을까? 크리켓은 어느 정도 훌륭한 비교 대상이 된다. 스포츠를 수용한 옛 영국 식민지 중 다수(인도, 파키스탄, 남아프리카, 서인도제도 등)가 크리켓을 고유의 것으로 만들었다. 멕시코 원주민이 스페인 대위법을 고유의 것으로 만든 것처럼 말이다.[8] 이 장에서는 누가 패배자인지도 묻는다. 세계화의 희생물에는 지배자에게 맞추기 위해 원주민들이 포기해야만 했던 여러 민속전통도 포함되어 있다. 코르테스는 원주민 음악가뿐만 아니라 그들이 연주하던 음악도 학살했다. 에드워드 사이드는 이 세계화의 어두운 부분을 담기 위해 '대위법'의 은유를 차용했다.[9] 언뜻 보기에 대위법적인 성격이 촘촘히 엮인 목소리들은 다문화주의와 유사한 멋진 존재처럼 보인다.[10] 그러나 모든 목소리가 평등한 것은 아님을 우리가 깨닫는 순간, 이 은유는 금세 암울해진다. 문화적 대위법은 느긋한 다원주의의 태평스럽고 개방적인 사회가 아니라, 지배하는 '목소리'와 지배당하는(또는 '하위') '목소리' 사이에 벌어지는 권력 싸움이다. 서양과 나머지 세계 사이의 국제적인 대위법에서, 혹은 대위법과 세계 사이의 '대위법'에서 맞지 않는 음악은 집단의 그림에서 버려지고, 조용히 삭제되고 혹은 더 심한 짓을 당했다.

세계적인 '대위법'은 서양 외부에서 '클래식'의 여러 전통을 계속 위협하고 있다.[11] 취약한 음악 전통은 태국, 라오스, 캄보디아, 베트남, 인도네시아, 일본, 중국, 한국, 북인도와 남인도, 북미와 남미, 중동과 아프리카 전역 등 전 세계에 흩어져 있다. 그중 다수가 서양 음악의 엘리트주의를 따르고 있고, 마찬가지로 위대한 작품의 공허

한 작품 목록을 전파하고 있다. 그렇다면 어떤 면에서 서양의 고전적 전통은 이 수많은 대안음악과 다를까? 가장 눈에 띄는 차이는 음악이 '어떻게' 전파되는가이다.[12] 세계 대부분의 지역에서 음악은 스승-제자 관계의 거대한 사슬을 통해 구전으로 전해 내려간다. 그와는 반대로 서양에서는 작품이 악보에 새겨지고 그 악보가 마치 병에 담긴 편지처럼 탁 트인 바다를 떠다녔다. 이는 과거에 대한 비판적이고, 때로는 공격적인 태도를 불러일으켰고, 따라서 서양 음악사는 끊임없는 실험과 혁신의 과정이 됐다. 서양 바깥에서 제자들은 스승과 스승이 대표하는 음악적 과거를 제각기 따랐다.

혹자는 서양의 식민지적 공격성이 내부를 향했고, 자신의 음악적 과거를 끊임없이 공격했을 것이라 말한다. 영원한 혁명에 대한 열광은 서양의 음악적 '진보'를 끌고 가는 동력이었다.

20세기와 21세기 초반, 서양의 세계화는 두 가지 음악적 역류, 심지어는 해일에 의해 추월당한다. 첫 번째 물결은 아프리카로부터 왔다. 이 물결은 탈식민주의 이론가인 폴 길로이Paul Gilroy가 '검은 대서양Black Atlantic'이라 부른, 아프리카 노예 세대의 음악적 왕래를 따라 밀려들었다.[13] 북미와 남미, 캐리비안 지역에 블루스, 재즈, 록, 펑크, 랩 그리고 룸바와 레게, 레게톤까지 다양한 장르에 씨를 뿌린 음악의 부䨇는 다시 아프리카로 되돌아가 하이라이프와 아프로펑크 같은 새로운 전통에 영감을 안겨주었다. 이 흐름은 기록하기도 어려울 정도로 복잡한 횡류와 합류를 만들어냈다. 이후 두 번째 물결이 아시아에서 몰려왔다. 1905년 클로드 드뷔시의 관현악 작품「바다」의 첫 음반 표지는 카츠시카 호쿠사이(1760~1849)의 목판화「카다가와만의 파도 아래서」에서 따온 것이다.[14] 이 이미지는 19세기 프랑스를 덮친 자포니즘 열풍을 상징하며, 아시아의 기풍이 의식과 시간의 해방 모델과 함께 서양을 사로잡은 방식을 대변하기도 한다. 이 장의 마지막에 살펴보겠지만, 이는 일본 애니메이션 음악, 제이팝과 케이팝에 대한 열광으로 이어진다.

이 두 물결은 역사적 관점에서 억압된 것의 귀환이다. 세계적 음악사는, 문화적·경제적인 복합적 이유로 서양의 클래식이 유럽이나 북미보다 중국과 한국, 일본에서 훨씬 더 건강한 상태라는 궁극적 모순에 사로잡혀 있다. 어쩌면 동북아시아가 서양 자체의 죽음 이후 몇 백 년 동안 서양 음악을 보존해주는 보호 구역이 될 것이라고 감히 예측해볼 수도 있을 것이다. 유럽 르네상스 이전까지 이슬람이 고대 그리스 문화를 보호해준 것처럼 말이다. 이와 유사하게, 오늘날 세계에서 가장 흥미로운 록과 포크뮤직은 아시아와 아프리카, 남아메리카에서 만들어지고 있다.

르네상스

현대 음악은 1600년 10월 6일에 시작됐다. 바꾸어 이야기하자면 역사책들은 '공통 음악어법 시대common practice period'의 음악이 최초의 유럽 오페라의 초연으로 시작됐다는 데 동의한다. 공통 음악어법 시대의 음악이란 여러분이 듣게 되는 음악이 서양에서 정기적으로 연주되던 대로라는 의미다. 야코포 페리Jacopo Peri의 「에우리디체

Euridice」는 형편없는 그리고 이제는 잊힌 불발탄임이 드러났다.**15** 그러나 1607년 서양 최초의 오페라 걸작인 몬테베르디의 「오르페오」로 곧 만회됐다. 오페라는 일련의 실험을 통해 만들어지고 발전했다. 실제로 서양 과학의 아버지의 아버지가 촉발한 지적인 활동으로 등장하게 됐다.

망원경을 통해 지구가 태양 주변을 돈다는 코페르니쿠스의 이론을 증명한 갈릴레오는 또 다른 과학자의 아들이었다. 갈릴레오의 아버지 빈센조 갈릴레이Vincenzo Galilei(1520~1591)는 작곡가이자 작가, 음악이론가이자 음향학자였다.**16** 현의 진동을 만들어내는 물리적 특성에 대한 빈센조의 체계적인 실험은 그의 아들에게 두 가지 교훈을 주었다(그는 음정의 비율이 현에 가해지는 긴장도의 제곱근에 비례한다는 것을 증명했다).**17** '옛 권위자를 믿지 말라'와 '모든 것을 실험해보라'였다. 실제로 아들 갈릴레오가 음악이론에서 실험의 프로토콜을 배웠다고 주장하는 것은 그다지 억지가 아니다. 논쟁이 된 실험은 고대 그리스의 악극을 다시 만들어내려는 것이었다. 카메라타 데 바르디 Camerata de'Bardi는 유럽 르네상스의 요람인 피렌체에 기반을 둔, 지성인들과 예술가들의 두뇌집단이었다. 카메라타 데 바르디의 일원이었던 빈센조는 우리가 6장에서 만난, 하드리아누스 황제가 가장 사랑하던 작곡가였던 크레타 출신의 메소메데스가 쓴 세 가지 찬가를 우연히 알게 된다. 메소메데스에게서 영감을 얻은 빈센조는 1581년 진정으로 한 시대를 정의하는 에세이《고대 음악과 현대 음악에 대한 대화Dialogo della musica antica e della moderna》를 펴낸다.**18** 이 에세이에서 빈센조는 음악의 일반적 형식을 배격하고 '모노디monody'라고 하는 새로운 형식을 옹호한다. 모노디는 영혼을 직접 토로하는 이야기 노래의 일종으로, 피렌체의 카메라타가 고대 그리스인이 발명했다고 믿었고, 이후 서양 문명에 의해 상실된 정서적인 가사 설정을 모방했다. 에세이는 이탈리아 작곡가들에게 혹독한 시련을 안겨 줬는데 그 결과가 바로 오페라다. 페리가 먼저 시도했고, 몬테베르디가 성공했다.

갈릴레이의 개입은 여러 면에서 놀랍다. 의도적으로 서양 역사의 2,000년을 고대 그리스까지 도약한 것은 혁명적인 행위였고, 전통과 권위를 매우 도발적으로 거부한 것이었다. 그는 아마도 당시 살아남은 그리스 음악의 전부였던 메소메데스의 찬가를 해독하지 못했을 테지만, 그리스 악극의 이상향에 의해 동기를 부여받았다. 그럼에도 갈릴레이는, 우리가 6장에 나오는 에우리피데스의 '신음악'에서 보았듯 기원전 5세기 아테네의 악극이 서양의 지난 음악적 혁명의 시기에 포함된다는 자신의 직관이 얼마나 옳은지 알 수 없었다. 다시 말해 동시대 학자들은 5세기 그리스인의 비극이 서양의 첫 근대 음악이라는 증거를 모았고, 그 결과 거시적인 의미에서 에우리피데스와 몬테베르디가 거의 2,000년 가까이 거리를 둔 두 개의 음악적 거봉임이 드러났다.

또 다른 이야기가 있다. 빈센조가 모노디를 창시했다는 것은 음악의 르네상스가 부흥의 의미를 가졌음과 동시에 혁신적이라는 인상을 안겨준다. 뭔가를 맥락에서 제거한다는 것, 이 경우에는 잃어버린 그리스 예술을 역사에서 제한다는 것은 의도적으로 적절치 않은 추상화 행위라는 것이 상식이다. 이는 서양의 실험 과학의 탄생과도 밀접한 관계가 있다. '뒤로 물러섬으로써 앞으로 나아간다'는 이 오묘한 결합, 문자 그대로 미래를 향해 뒷걸음치는 것은 이탈리아의 르네상스를 서양 바깥에서 꽃피던 다른 모든 르네상스와 구분해준다. 인도의 무굴 제국, 오스만 튀르크와 중국의 명 왕조 역시 16세기에 문화적 개화를 즐겼고, 유럽에서 전개되던 상황에 견줄 수 있다. 이 다른 르네상스들은 분명 문화의 영광스러운 기념비들을 만들어냈다. 그러나 다른 지역의 르네상스는 본질적으로 보수적이며, 급진적이지 않았다. 영국 예술사학자 케네스 클라크Kenneth Clark는 다른 지역의 르네상스에는 위대한 이탈리아 예술사학자 조르조 바사리Giorgio Vasari가 언급한 '비평정신'이 결여되어 있다고 보았다. 비평정신이란 갈릴레오 가문이 일가를 이룰 수 있게 한, 권위에 대한 비협조적인 회의론을 의미한다.[19]

클라크의 권위 있는 TV시리즈 「문명Civilisation」에서 이탈리아 르네상스 이미지는 그 시대의 대부분을 차지하면서도 역경을 그다지 잘 극복하지는 못했다. 클라크의 전통적인 설명은 명료성, 빛, 영광과 훌륭한 예절이라는 이탈리아 인본주의 원리를 내세웠다. 공평하게 말하자면, 그는 피렌체의 문화가 무역과 금융의 활발한 교류를 바탕으로 세워졌음을 인정했다. 그러나 이를테면 피렌체의 파치 예배당이나 라파엘의 작품에서 우리가 알아차릴 수 있는 조화와 비율, 우수성의 정신을 옹호하게 되면서 '비평정신'은 경시되었다. 이 경향은 음악에서는 대위법을 전적으로 부드럽고 가볍게 끌고 가는 능수능란한 팔레스트리나의 전통적 관점으로 드러났다.[20] 혹자는 이 관점에 반대하기 위해 르네상스라는 몸의 피부 아래 숨어 있는 육체적 폭력성을 증명하면서, 여러 르네상스 인물을 줄줄이 제시할 수도 있겠다. 이는 페라라의 공작 에르콜레 데스테Ercole d'Este(1431~1505)의 그림에서 가장 생생하게 드러난다.

에르콜레 공작은 전사로 커리어를 시작했다. 에르콜레는 1482년에서 1484년 사이에 벌어진 페라라 전쟁에서 베네치아인에게 수치스럽게 패배한 뒤, 전략을 바꾸어 이탈리아에서 가장 큰 예술 후원자이자 가장 고급스러운 음악협회 소유자가 됐다.[21] 에르콜레는 예술가와 작곡가의 후원이 표면상 군사적 실패에 대한 보상임을 내세웠지만, 현실에서는 문화를 통해 전쟁을 수행하며 문화를 정치적 무

그림 8-3. 에르콜레 데스테(도소 도시Dosso Dossi 작품)
© Mondadori Portfolio via Getty Images

기로 배치했다. 그는 스스로를 강한 남자로 내세우기 위해 회화와 조각, 드라마와 음악 등을 마음대로 사용했고, 갑옷을 입고 안뜰을 거닐기를 좋아했다.[22] 군복을 차려입은 이 유명한 그의 초상화는 도소 도시Dosso Dossi의 작품으로, 이탈리아의 정복자이자 코르테스의 전우로 묘사됐다(그림 8-3). 에르콜레는 당시 가장 잘나가던 작곡가인 조스캥 데프레에게 음악적 초상을 만들어달라고도 의뢰했고, 그 결과인 「페라라 공작 헤르쿨레스의 미사Missa Hercules dux Ferrariae」는 에르콜레의 이름에 들어가는 글자가 멜로디에 사용된다. 즉 멜로디 또는 칸투스 피르무스cantus firmus는 음높이에 에르콜레 이름을 반영하며, 미사의 모든 성부에서 쉴 새 없이 되풀이된다. 음악으로 무장한 헤르쿨레스 공작은 조스캥의 대위법이 만들어내는 소리와 맞서는 전투에 내던져진다. 대위법은 전투다.

이 이야기의 모든 폭력적 가닥을 한데 모아보자. 에르콜레는 조스캥을 다른 이탈리아의 궁궐들과 맞서는 문화적 전투에 동원했다. 이탈리아 국가들 사이의 문화적 경쟁은 고대 그리스 도시국가들 간의 경쟁에서 나온 오랜 메아리이기도 하고, 유럽 국가들 간에 벌어지는 경쟁의 축소판이기도 했다. 결국 에르콜레는 조스캥을 프랑스로부터 훔쳐왔다. 프랑스어와 이탈리아어, 이베리아어, 영어와 독일어를 사용하는 땅들은 가장 뛰어난 화가와 시인, 음악가를 획득해서 서로를 앞지르려 노력했다. 서양은 다른 음악적 초강대 세력들보다 단결력이 떨어졌고, 끓어오르는 언어와 문화, 종교의 용광로에 가까웠다. 대위법이 이끄는 목소리 대 목소리의 전쟁은 유럽을 완벽하게 상징했다.

그렇기 때문에 빈센조 갈릴레이가 '현대적인' 모노디를 선호하고 대위법을 거부하는 것은 길고 거대한 문화 전쟁에서 가장 최근에 벌어진 전투에 지나지 않았다. 갈릴레이가 '고대' 르네상스 대위법에서부터 '현대' 음악을 떼어놓은 것과 동일한 방식으로, 르네상스 대위법의 이론가들은 중세 문화를 원시적이라고 풍자적으로 표현했다. 이들은 음악이 고트족의 가장 저급한 야만적 행동으로 인해 사라졌다가 15세기에 '엑스 니힐로', 즉 무無에서 다시 태어났다는 신화를 꾸며냈다. 그 자세한 내용은 불협화음의 기술에 관한 것인데, 무엇이 협화음과 불협화음을 구성하는지에 대한 비교였다. 르네상스 이론가인 차를리노Zarlino는 장3도가 협화음이라고 주장했고, 오늘날 우리 귀에도 그렇게 들린다.[23] 반면 중세 이론가들은 3도를 불협화음이라고 들었고 좀 더 단순한 4도와 5도의 조화로운 비율을 선호했다. 취향은 변하는 법이다. 그러나 4도를 기반으로 한 조화와 3도를 기반으로 한 조화 사이의 어긋남은 그 자체로 음악적 혁명이었다.

서양 클래식의 역사를 정통으로 통과하는 음악 혁명들이 있다. 이 음악 혁명들의 성명서는 '르네상스', '바로크', '고전주의', '낭만주의', '인상주의' 등 시대에 붙은 양식의 이름이라 할 수 있다. 각 양식은 저마다의 시대에는 나름대로 새로 태어난 '르네상스'이며, 새로운 시대의 시작으로 여겨졌다. 그럼에도 우리의 문제는 음악적 근대성의 탄생을 식별하는 것이 헛된 짓이라는 게 아니다. 그보다 핵심은 바사리의 '비평정신', 즉 선조에 대한 본능적 거부가 처음부터 서양 음악에 깊이 내재되어 있다는 점이다. 우리가 서양에서 음악적 인간의 결정적 특성 하나를 짚어내야만 한다면 바로 과거에 대한 비판적 태도일 것이다. 인도와 중국, 아프리카, 이슬람의 음악에서 길게 이어지는 스승-제자의 복종 관계는 서양에서 '비아 네가티브via negativa', 즉 부정의 신학으로 쪼개졌다.

그럼에도 실질적인 어떤 일이 17세기 초반부에 유럽에서 시작됐다. 서양이 결코 문화적으로나 예술적으로는 아니더라도, 기술적으로 세계 다른 지역을 앞지르기 시작한 순간이다. 앞서 설명했듯, 어느 나라나 제국이 예술적 개화를 경험하는 것은 일반적인 일이다. 이탈리아와 마찬가지로, 16세기에 악바르 황제가 지배하던 무굴 왕국, 술레이만 대제가 통치하던 오스만 제국, 중국의 명 왕조 역시 이러한 일이 일어났다. 또한 이탈리아와 마찬가지로, 몽골의 침략 이후 명 왕조 때 과거의 영광이 되살아난 것처럼 느껴졌다. 왜 현대 과학이 서양에서만 부상했는지에 대한 질문은 특히나 중국에 적절하다. 중국이 10세기에 이중으로 피스톤 운동을 하며 불꽃을 뿜어내는 맹화유궤를 발명했다는 점을 고려해본다면 더욱 그렇다.[24] 이것이 바로 《중국의 과학과 문명》의 저자의 이름을 딴 '니덤 문제'다. 1500년 이후의 중국은 관료제와 문화적 동질성, 내부 경쟁의 결여로 무능함을 드러내게 됐다는 일반적인 요점과는 별개로, 니덤 문제에 만족할 만한 대답을 아직 찾지 못했다. 굽타왕조 이후의 인도는 카스트제도와 노동의 경시로 멸망의 길을 걸었고, 이는 무굴이 서양 기술을 수용하지 못한 이유를 부분적으로 설명한다.[25] 오스만의 경우는 좀 더 복잡한데, 아메리카의 발견에 가장 직접적이면서 부정적인 영향을 받았기 때문이다.[26] 신대륙으로부터 약탈한 은으로 부를 쌓은 유럽 상인들은 오스만의 원자재를 사들이면서 연쇄 반응을 일으켰다. 즉 오스만 지역의 국내 생산성 감소는 암시장과 경직된 관료주의로 이어졌다.

서양 음악이 비서양 음악보다 조금이라도 뛰어난지 아닌지에 대한 의문은 있어서는 안 된다. 서양 음악은 서양 과학이 진정으로 비상하는 동시에 음악적 대세에서 분리되었고, 과학의 세 가지 특징, 즉 유명인의 선호, 실험방식, 역사적 발전의 감각을 획득하게 됐다. 이 세 가지 특성을 뒷받침하는 기반은 음악을 악보에 보존하겠다는 집착이었다.

음표를 악보에 쓴다는 서양 음악의 독특한 고집으로 인해, 서양은 완전히 기록된 역사를 가진 유일한 음악적 초강대 세력이 됐다. 우리는 괜찮은 서점에 잠깐 들르는 것만으로 400년(심지어는 1,000년의) 역사를 손에 쥘 수 있다.[27] 이는 눈부시면서도 어떤 면에서는 매우 괴로운 성과다. 그 어떤 세계문화에서도 이에 견줄 만한 음악사가 없다는 점에서는 눈부시다. 분명 우리가 앞서 보았듯, 현대 시대의 카왈리 가수는 자랑스레 자신의 계보를 찾아 13세기 아미르 호스로우Amir Khusrow로 거슬러 올라간다. 그러나 그는 이 전통이 계속됨을 자랑스러워할 뿐이지 역사적 변화를 자랑스러워하는 게 아니다. 게다가 다른 구전전통들과 마찬가지로 카왈리의 경우, 근대 들어 풍금 연주가 더해지는 등의 광범위한 참신함을 넘어서, 그런 변화를 기록한 악보의 역사가 없다.[28] 반면 서양 음악사를 괴롭게 만드는 것은 실제로 사람의 역사가 아닌 악보의 역사라는 사실이다. 비록 악보들이 개념적으로는 헨델과 모차르트, 브람스 같은 '유명인'

에 부착되어 있음에도 그렇다.[29] 헨델과 모차르트, 브람스와 수많은 이가 우리에게 악보들의 작곡가로 알려져 있다. 이들이 피와 살을 가진 진짜 사람으로서 어땠는지 흥미롭게 느껴질 수 있으나(베토벤은 모닝커피 한 잔을 위해 정확하게 60알의 커피콩을 신중하게 갈았다고 한다. 바그너는 실크가운을 입고 자기 집을 돌아다니는 것을 좋아했다고 한다), 음악사에 적절하다고는 할 수 없다. 어떤 경우에는, 안톤 부르크너Anton Bruckner보다 훨씬 더 파란만장한 삶을 산 형편없는 작곡가도 많다. 부르크너는 사실상 아무 일도 하지 않고 아무 곳에도 가지 않았으며 연애도 하지 않았지만, 그 사실은 우리에게 중요치 않다. 부르크너가 훌륭한 작곡가였기 때문이다. 우리는 흥미롭지만 실력이 형편없는 수많은 작곡가는 신경 쓰지 않는다.

음악 원고는 400년 이상의 역사를 가졌다. 1600년 이후, 현대 과학이 일종의 후산後産처럼 뒤늦게 등장한 뒤 유럽 음악은 기독교의 품에서 벗어나는 변화를 맞게 된다. 몬테베르디의 친구들이 '프리마 프라티카prima Prattica(최초의 또는 오래된 관례)'라고 혹평한 대위법 표현 양식은 교회 음악의 양식이었다. '세콘다 프라티카seconda prattica(두 번째 관례)'는 세속적이고 새로운 것이었다. 몬테베르디와 갈릴레오 이후 유럽의 작곡가들은 음악적 망원경의 방향을 신에서 인간으로 뒤집었다. 알렉산더 포프가 저서《인간론Essay on Man》에서 묘사한 내용을 조정하기 위해 이들은 '음악적 인간에 알맞은 연구는 음악적 인간이다'라고 판단했다. 악보라는 관념은 작곡가들이 음악적 개념을 가지고 놀면서 조화와 형태를 만들어낼 수 있는 단순하고 밀폐된 환경을 제공해준다. 악보는 실험실이자 시험관이었다. 그렇기 때문에

1600년 이후 작곡가들은 과학자와 같았다.

서양의 음악적 르네상스는 '공통 음악어법의 시대'에 커튼을 드리웠다. 서사극이 다음과 같은 기나긴 등장인물들(몬테베르디—쉬츠—바흐—모차르트—베토벤—슈베르트—슈만—브람스—바그너—말러—쇤베르크…)을 데리고 그 뒤를 따르는데, 이는 다른 연구에서 철저하게 연대순으로 기록되었고 1부에서 매우 간략하게 개요를 서술했다. 시작 부분에서 언급했듯 내 관심사는 일반적 교과서('누가 언제 무엇을 썼음')에서 찾아볼 수 있는 음악사가 아니라 음악적 인간의 더 깊고 더 세계적인 역사다. 오페라하우스와 콘서트홀의 조명이 비추는 곳 너머 커튼 반대편에서는 더 어두운 드라마가 벌어지고 있었다. 문제는, 누가 돈을 내는가였다.

식민주의의 범죄

해변은 그저 땅과 물이 접속하는 곳이 아니라 문명이 접속하는 곳이다. 원주민들은 해변에 서서 익숙지 않은 배들이 다가오는 모습을 지켜보면서 나팔과 북소리, 휘파람 심지어 시편 찬송이 만드는 소리에 끌렸다.[30] 음악가들은 원주민과 침입자 간의 첫 번째 조우에서 가장 앞에 선 대사였다. 새로운 땅에서 음악은 보편적 언어이자 영적 교류를 여는 첫 수로 진가를 발휘했다. 1578년 브라질의 투피남바 원주민들과 마주친 프랑스 선교사 장 드 레리Jean de Léry는 그들에게 시편 104를 노래로 불러주었다. "정녕 노래를 뛰어나게 잘하는군." 그들이 통역가를 통해 말했다. "그러나 우리는 당신의 언어를 이해하지 못하오. 그러니 그 노래를 설명해주시오."[31] 그렇게 바다에서 시작된 일이 교회에서 끝났다. 그러나 선교사와 토착 문화 사이의 춤은 복잡하고도 다양한 면을 가졌다. 브라질 동남부의 예수회는 자신들의 메시지에 당의를 입히기 위해 인기 있는 원주민 춤 카테레테cateretê를 받아들였고, 오늘날 이 춤은 성 곤살로에 바치는 춤으로 전국에 전파되어 있다.[32]

그러나 식민주의의 어두운 측면은 철저히 드러났다. 다음은 19세기 초반 진보적인 콜롬비아인 페드로 페르민 데 바르가스Pedro Fermín de Vargas의 말이다.

> 우리의 농업을 확대하기 위해 인디언들을 히스패닉화하는 것이 필수였다. 이들의 게으름과 어리석음, 평범한 노력에 대한 무관심은 이들이 그 기원으로부터 멀어질수록 악화되는, 퇴화한 인종이라고 생각하게 만들었다. 인디언들은 인종혼합(잡혼)을 통해 진화하는 것이 매우 바람직할 것이다.[33]

따라서 인디언들은 실제로 총과 균에 의해 몰살됐다.

음악이 다른 점은 잘못된 음을 연주해도 보통은 아무도 죽지 않는다는 것이다. 스페인인이 아스테카에서 소름끼치는 관행을 맞닥뜨리긴 했지만 말이다. 16세기 역사가 베르나르디노 데 사하군Bernardino de Sahagún에 의하면, 가수나 북 연주자(테포나스틀리)들이 실수를 저지르면 "족장이 즉시 그를 잡아오도록 명령해 그다음 날 사형했다."**34** 아니, 문명화된 음악적 처벌은 조금 더 미묘했다. 1585년 멕시코시티 성당은 잘못을 저지른 음악가들에게 벌금을 물게 하거나 해고한다고 명령했다. 아즈텍족이 스페인의 대위법에 복종하면서 벌어진 '폭력'은 토속음악을 대가로 삼았다. 페르민 데 바르가스가 언급했듯, 원주민들의 음악은 서양에 의한 인종혼합을 통해 소멸됐다. 다음은 세련된 폭력의 범위에 추가되어야 할 핵심 세 가지다.

1. 음악은 감추고 오도할 수 있다. 1733년 비발디는 아스테카 왕국의 마지막 황제의 최후를 다룬 「모크테수마Moctezuma」를 썼다. 줄거리는 믿을 수 없을 만큼 우스꽝스러웠다. 모크테수마와 황후 미트레나는 자신들의 딸 테우틸레가 코르테스의 형제인 라미레와 결혼하는 데 동의했고, 코르테스는 관대하게 모크테수마를 용서하고 그가 스페인의 부하로 멕시코를 지배하도록 했다. 이 악보(한때 잃어버렸다가 2002년에야 재발견됐다)는 비발디가 가장 호화롭게 쓴 것 가운데 하나다.

2. 베르너 헤어조크Werner Herzog의 영화 「피츠카랄도Fitzcarraldo」에서 클라우스 킨스키Klaus Kinski는 페루의 아마존에 있는 이키토스에 오페라 하우스를 세우는 꿈을 꾼다. 그는 실패했으나 이키토스의 전 군대는 배에서 카루소가 베르디 오페라 「에르나니Ernani」를 공연하는 것을 들으러 해변까지 내려간다. "이 신은 대포와 함께 오지 않았소." 피츠카랄도가 선언한다. "카루소의 목소리와 함께 왔지."**35** 실제 오페라 하우스는 1892년 브라질 북서쪽 마나우스에서 문을 열었다.

3. 3장에서 보았듯 엘 시스테마는 베네수엘라에 잘 훈련된 오케스트라 연주를 선사했다. 그런데 왜 젊은 베네수엘라인은 살사나 메렝게 같은 자신의 전통 음악이 아닌 교향곡을 연습하는 것일까?

음악적 식민주의의 궁극적 범죄는 피지배민족의 토속음악을 제거한다는 것이다. 우리는 아즈텍족이 무슨 노래를 했는지 모르지만, 아마도 오늘날 잉카제국의 옛 수도인 페루 쿠스코의 케로에서 연주되는 안데스 산지 주민의 폴리포니와 유사했을 것이다. 이들의 음악은 단테가 인정하지 않았던, 자유롭고 '원시적인' 대위법을 소환한다. 공연에서는 전형적으로 다섯 또는 그 이상의 원주민 여성이 동시에 노래하면서 이야기를 들려주고 일상에 대한 불평을 털어놓는다. 노래는 오직 가끔씩만 특정 악절이나 음에서 마주치고, 그 외에는 아주 행복하게 자신만의 길을 간다.[36]

그렇다면 대위법은 아마도 스페인과의 접촉 이전의 남미와 중미에서 만연했고, 스페인의 폴리포니보다 훨씬 더 자유로웠을 것이다. 모순적이게도 아스테카와 스페인 모두 음악을 '장식이 지나치게 많다'고 생각하는 은유를 공유했다. 5장에서 묘사된 마야와 아스테카의 관습을 기억해보자. 음악이 한 사람의 입으로부터 소용돌이치며 흘러나오는 '노래 꽃'이라고 묘사하는 상형문자가 있다.[37] 따라서 아스테카가 한 가톨릭국가로부터 침략당했다는 것은 희한하게도 어울린다. 유럽의 종교전쟁에서 영국 프로테스탄트는 폴리포니가 가톨릭 우상숭배의 음악적 징후라고 보고, 모국과 외국 모두에서 거부했다. 그렇기 때문에 영국인들이 북미를 식민지화할 때 원주민들에게 대위법 미사가 아닌, 모두 걸러낸 청교도적 찬송가를 강요했던 것이다.[38]

아프리카와 아시아에 너무 많은 교회가 지어졌다. 우리가 바흐나 모차르트에서 들을 수 있는 화음인 서양의 조성은 찬송가를 통해 밀반입돼 거대한 카펫처럼 아프리카 전체를 덮듯 퍼져나갔다. 아프리카 국가들의 국가國歌에서조차 전통 리듬은 신중하고 깔끔하게 제거됐다. 예를 들어, 가나 국가에서 춤추는 듯한 추가 부분인 '오지 이Osee Yee'는 필립 그베호Philip Gbeho(1905~1976)가 작곡한 것으로, 검열자들에 의해 제지되었다.[39] 처음에 서양교회 음악은 아프리카의 정체성을 산처럼 갉아먹었다. 케냐의 어느 사바오트족 여인은 이렇게 말했다. "이 새 노래(찬송가)는 우리를 갈라놓는다. 어린이들은 사라지고, 이 교회 양식은 우리 문화를 시들게 한다."[40] 그러나 1960년대 '아프리카화' 운동 이후, 침략자들은 좀 더 협조적으로 나왔다. 아프리카 교회 예배는 이제 여러 대표적 전통음악을 흡수하고 있다. 폴리리듬의 박수와 북, 콜 앤드 리스폰스, 다층화음, 음성 효과와 통곡, 몸의 움직임 등이 포함되며, 가수는 머리부터 다리까지 물결이 이는 것처럼 움직이는 특징을 보인다. 여기에서 질문이 나온다. 언제부터 식민 세력이 길들여지게 됐는가?

매혹적인 사례로는 인도네시아 교회 HKBPHuria Kristen Batak Protestan가 있다. 이 교회는 400만 명이 소속된, 아시아에서 가장 큰 프로테스탄트교 가운데 하나다. 그 창설자인 독일계 루터교 선교사인 루트비히 잉거 노멘센Ludwig Ingwer Nommensen(1834~1918)의 이야기는 음악적 식민주의가 활동하는 모습을 생생하게 그려낸다. 전임자들이 창에 찔려 죽은 수마트라에서, 노멘센의 바이올린 연주는 문자 그대로 상대를 무장해제시켰다. 호전적인 토바족들이 몰려오자 노멘센은 "바이올린을 들어 팔이 아플 때까지 연주하고, 시계를 보여주고, 이들이 불쾌함을 잊고 떠날 때까지 유럽에 관한 이야기를 들려줬다."[41] 한번은 강렬한 비우스bius 의식에 빠져 있는 무리 사이를 헤치고 지나가다가, 곤당gondang 공(징)의 리듬(가믈란과 비슷함)이 만들어내는 히스테리에 휘말려 그들 선조의 영혼sombaon(솜바온)을 사탄이라고 비난했다. 아마도 그런 무모한 행동은 죽음을 불러온다고 생각할 수 있겠지만, 노멘센은 현명하게도 토바의 관습에 호소하면서, 비우스가 그들의 관례적 접대 방법adat(아다트)과 충돌한다고 설명했다. 그의 첫 번째 개종자인 라자 폰타스 룸반토빙Raja Pontas Lumbantobing은 1865년 세례를 받았고, 나머지도 도미노같이 무너졌다. 많은 이가 오르간의 권위적 굉음에 끌려 교회로 왔다. 인도네시아는 중국과 마찬가지로 공의 문화였지만, 결국 공은 교회 종으로 넘어갔다. 그 후 20세기 들어, 한때 의식과 결혼식에서 금지됐던 곤당은 점차 다시 허용되었지만, 선조의 정신은 제거되었다. HKBP는 토착종교가 될 만큼 단단하게 자랐다.

음악적 식민주의는 우리의 관점에서 어떻게 보이는가? 서양 음악은 이슬람과 싸운 첫 번째 십자군 이후 동양의 왜곡된 이미지인 '오리엔탈리즘'에 감염됐다. 1453년 5월 29일 메흐메드 2세가 이끈 오스만군에 콘스탄티노플이 무너진 후, 유럽이 쉽게 식민지 그 자체가 될 수 있음이 분명해졌다. 오스만에 대한 공포는 마치 운명의 붉은 실처럼, 베토벤을 지나 그 이후까지 쭉 서양음악을 관통했다. 콘스탄티노플이 무너졌을 때 유럽은 「무장한 남자L'homme Armé」라는 노래에 열광했다. 그 가운데 하나는 르네상스 작곡가 앙투안 뷔누아Antoine Busnois가 작곡했으며 다음과 같은 가사가 남아 있다.

당신을 위해 튀르크족에 맞서

싸울 것이오, 시몬

분명 그럴 것이오,

그리고 도끼가 튀르크를 칠 것이오.[42]

「무장한 남자」의 멜로디는 군대 나팔 신호를 흉내 내어 만들어졌다. 유럽에는 이 선율을 바탕으로 한 40개 이상의 미사곡이 넘쳐났다. 다시 말해, 이 선율은 대위법을 통해 구조적 주요 성부인 고정선율cantus firmus로 이어졌다. 「무장한 남자」의 멜로디는 본질적으로 튀르키예의 위협에 대한 음향적 상징이었고, 모든 위대한 르네상스 작곡가는 「무장한 남자」 미사곡을 쓰면서 자신의 패기를 증명했다. 이는 유럽의 역사적 적군에 대항하는 대위법의 힘을 집결시키는 역할을 했다. 가장 훌륭한 사례로는 조스캥이 작곡한 미사곡 「무장한 남자」로, 이 작품은 페라라의 무장한 남자인 에르콜레 공작을 위한 미사곡의 본이 되었다. 우리는 한 바퀴를 돌아 제자리로 왔다.

또 다른 헤아릴 수 없는 역사적 우연으로, 마닐라는 같은 해인 1571년 레판토 해전으로 세워졌다. 오스만 해군은 그해 신성동맹군(프랑스로부터 떨어져 있는, 지중해의 모든 해양 가톨릭 국가)에게 패했다. 이는

1453년 튀르키예가 최전성기를 맞은 이후 이슬람에 맞서는 기독교 세계의 운동에서 전환점이 됐다. 그러나 유럽의 대위법이 이슬람 장식에 패했다면 음악적 서구화는 절대로 일어나지 않았을 것이다. 패배 이후 오스만은 베니스의 거리와 운하를 따라 여기저기서 발라드 형식으로 풍자됐다.

> 내 노래여, 셀림 황제에게로 가렴
> 그리고 제발 과음하지 말라고
> 대신 예수를 신으로 모시라고 애걸해주렴.[43]

이 구절은 동양을 향한 유럽의 음악적 태도가 두드러지게 변화했음을 보여준다. 공포에서 조롱으로 바뀐 것이다.

세 번째 전투에서는 비엔나의 성문 바로 앞에서 튀르크의 가장 갑작스러운 공격을 막아냈다. 1683년 오스만의 비엔나 포위 작전에는 확연히 대비되는 두 가지 음악적 영향이 있었다. 하나는 표면상 경의를 표할 만했다. 프로이센의 프리드리히 대제를 포함해 주요 유럽국가의 지도자들은 오스만 예니체리(오스만 튀르크의 보병 군단―옮긴이) 음악의 형식에 굴복해 자신들의 군 내부에 튀르키예 군악대(메흐테르mehter)를 포함시켰다.[44] 베네데토 람베르토Benedetto Ramberto는 《튀르키예에 관한 세 가지Libri tre delle cose de Turchi》에서 메흐테르를 말을 타거나 걷는 나팔수와 고수로 구성된 200명의 군인이라고 설명하면서, 이 군악대가 공포스러운 소음을 자아냈다고 했다.[45] 군에 메흐테르를 소속시킨다는 것은 적의 전력을 앗아가는 오스만 바이러스의 압박을 예방주사처럼 주입시키는 것이나 다름없었다. 또 다른 영향은 모차르트의 「터키풍으로Rondo alla Turca」와 오페라 「후궁으로부터의 유괴Die Entführung aus dem Serail」로 잘 알려진 '터키풍'의 모방이었다. 오스민(「후궁으로부터의 유괴」에 등장하는 별장지기—옮긴이)의 우스꽝스러운 취급법을 보자. '터키풍' 소리는 음악적 인종차별의 편법이었다. 또한 실질적으로 비서양 음악의 특성이라 여기던 원시주의에 대해 유럽의 고전양식이 가장 처음으로 내놓은 전천후 코드였다. 18세기 가장 영향력 있던 독일의 음악이론가 하인리히 코흐Heinrich Koch는 1802년에 발간한《음악사전Musikalisches Lexicon》에 다음과 같이 썼다. "예니체리 음악은 여전히 야만스러운 민족들의 음악이 지닌 특징적 표식, 즉 시끄러운 소음과 단조로운 타악기가 만들어낸 가장 확실한 리듬의 표현 등을 배반했다."[46]

그리고 1824년 베토벤의 제9번 교향곡으로 넘어갈 수 있겠다. 「환희의 송가」는 맨 처음 등장하는 절정부 이후에 신의 얼굴 그 자체를 그려내는 불가능한 시도를 한다. 합창단은 "그리고 천사는 신의 앞에 섰다네Und der Cherub steht vor Gott"라고 노래한다. 소음처럼 시끄러운 오케스트라 연주가 나온 뒤, 침묵이 이어진다. 커튼이 내려오고, 「오즈의 마법사」에서 마법사가 등장하는 장면처럼 신의 소리는 이렇게 증명된다. … 튀르키예 군악대인 메흐테르는 베이스 드럼과 귀에 거슬리는 바순 그리고 트라이앵글로 마무리한다. 베토벤은 무엇을 연주한 것일까? 튀르크족을 비웃었던 걸까? 아니면 "보라, 유럽의 귀신인 튀르크족조차 우리의 형제로구나!"라고 말하는 것일 수도 있다. 결정은 전적으로 듣는 이에 달렸다. 그러나 역사적 모순은 매우 절묘해서, 베토벤의 송가는 EU가 터키의 가입을 거절하던 당시 국제적인 주제곡으로 쓰였다.

따라서 혹자는 소위 국제적 주제곡이 「환희의 송가」에서 1971년 코카콜라의 CM송인 「전 세계에 완벽한 하모니로 노래하는 법을 알려주고 싶어I'd Like to Teach the World to Sing in Perfect Harmony」로 바뀌었다는 게 의심스러울 수도 있다. 관건은 언제나 이렇다. 누가 배제되었는가? 무엇을 피하는가? 마찬가지로 의문스러운 것은 편안하게 모든 것을 아우르는 '월드뮤직'이라는 흔해빠진 개념이다. 이 용어는 1987년 여름 런던의 어느 술집에서 음악관계자가 소매업자들이 록이나 레게, 포크와 재즈 같이 일반적인 카테고리에 맞지 않는 음악을 팔 수 있게 돕기 위해 만든 마케팅 전략에서 비롯됐다.[47] 그게 아니라면 안데스 팬파이프, 클레즈머, 광둥어 팝, 아프로비트와 그 외의 음악들은 문자 그대로 공통점을 전혀 가지고 있지 않다. 이 음악들의 공통점이라면 BBC 라디오3의 '레이트 정션Late Junction' 같은 프로그램들이 제공하는 탈脫스포티파이 플레이리스트 문화와 청각을 통한 관광업이 될 수도 있다. 청각을 통한 관광업 자체에는 잘못된 점이 없다. 음향적 잡식이 그 음악을 만들어낸 문화와 민족에까지 확장되지 않는다는 점이 흥미로울 뿐이다.[48] 이 막대기의 날카로운 끝은 절도다. 즉, 밀림의 소리는 매력적인 제품이지만, 피그미족의 음악을 샘플로 사용하는 예술가들은 그들에게 보수를 지불하고 있을까?[49]

음악적 식민주의의 부수적 피해는 계속된다. 개발도상국에서 서양식 예술학교를 세우는 일 역시 구전 음악전통을 동결시키는 위험을 낳는다.[50] 아랍과 중국의 '오케스트라'는 일반적으로 결코 함께 연주되지 않는 다양한 악기를 집합시켰는데, 쟁 지터를 전자적으로 증폭시킨 건 이 악기의 미묘한 음색에 대한 실질적 폭력이다. 심지어 우리가 2장에서 보았던 클래식과 유사한 카르나티크 작곡가들이 작곡한 「성 삼위일체」를 남인도가 제도화한 것조차 영국 제국주의에 대한 인위적 반응이었다. 즉 하이든, 모차르트, 베토벤이라는 서양 클래식 삼위일체에 대한 자의식 섞인 경쟁이었다.[51] 서양의 자극을 받아 인도 국수주의가 자아낸 아주 해로운 결과 하나는 부유한 무슬림이 자신들의 음악적 유산에 기여하지 못하도록 체제적으로 억압했다는 점이다. 인도의 역사가 이슬람을 희생한 힌두교의 역사와 일치하게 됐다는 것은 윌리엄 존스William Jones(1746~1794) 같은 초창기 동양학자들이 처음에 제시한 사례였다. 훨씬 후에 벵골의 음악학자 수린드로 모훈 타고르Sourindro Mohun Tagore(1840~1914)는 인도 문명의 위대함을 증명하는 음악적 증거로 제목 그대로 《6편의 라가와 36편의 라기니Six Ragas and Thirty-Six Raginis》를 빅토리아 여왕에게 선사했다. 수피교, 시크교, 자인교, 불교 또는 기독교에서 나온 인도의 음악은 말할 것도 없고, 이슬람은 어디에 있는가? 나는 비틀스의 후기 앨범이 힌두교의 라비 샹카르가 아니라 이슬람의 카왈리 대가와 함께했다면 얼마나 다른 소리를 내게 됐을지 궁금하다.

우리의 불편한 진실은 인종차별이 아니라 인종이다. 탈식민주의 이론의 대책은 '인종'이 적어도 생물학적 관점에서 실제로 존재하지 않는다고 보는 것이다.[52] 사람들이 '인종'이라고 칭하는 것은 실제로 문화적 사회적 차이를 반영하는 것이지, 생물학적 차이가 아니라는 의미다. 그러나 이 결정적 합의는 태곳적부터 사람들이 실질적으로 해왔던 행위, 즉 낯선 인간을 동물로 취급하던 것과 정면으로 충돌한다. 여기에는 외계의 말과 노래를 동물의 소리로 듣는 것도 포함된다. 플리니우스Plinius(23~79)는 《박물지Natural History》에서 말하기보다는 끼익거리는, 짖어대는 '개머리(키노케팔로스)'와 숲속의 생명체에 관해 다뤘다. 이 동물은 아마도 개코원숭이로, 고대 여행자들은 인간의 한 부족으로 오해하곤 했다. 1247년 도미니크회 선교사인 생 캉탱의 시몽은 흑해 북쪽 어딘가에서 몽고인이 노래하는 소리를 들었는데, "황소처럼 우렁차게 울거나 늑대처럼 길게 울부짖는다"고 했다.[53] 선의를 가진 현대의 인류학자들조차 이런 전략에 의존했다. 우리가 7장에서 살펴봤던 키르기스족의 서사시 〈마나스〉로 돌아가서, 러시아 학자 보리스 스미르노프Boris Smirnov가 1914년에 쓴 다음의 보고서를 한번 생각해 보자. 이 글은 키르기스족 가수인 켄제 카라Kenje Kara(1859~1929)가 1904년 왁스 실린더로 녹음한 「마나스」에 관한 것이다.

> 그의 음악과 노래에서 얻은 감동을 전달하기란 쉽지 않다! 이는 우리가 일반적으로 이해하는 관점에서, 사람이 내는 소리가 아니다. 그의 목소리에는 거친 신음과 울부짖음, 낙타가 우렁차게 우는 소리와 말이 히잉거리는 소리, 양의 울음소리 등과 유사한 뭔가가 있다.[54]

생물학적 인종차별 가운데 가장 악랄한 사례는 세계에서 가장 사랑받는 로고 중 하나인 HMV의 트레이드마크 이미지에서도 볼 수 있다. 원래 HMV의 이미지는 강아지가 집중해서 축음기의 나팔 안을 들여다보며, 자기 주인의 목소리에 귀를 기울이는 모습이다. HMV가 중국에서 새로운 '뮤직박스'를 출시할 때 강아지를 늙은 남자의 사진으로 바꾼 로고가 등장했다(사진 8-4). 왜 그랬을까? 1905년 〈워싱턴포스트〉에 실린 이 기이한 이야기를 읽어보자.

중국인은 뮤직박스의 트레이드마크와 관련해 이상한 생각을 가졌다. 꽤
나 유명한 트레이드마크인, 축음기에서 흘러나오는 주인의 목소리를 들
으려고 바짝 긴장한 강아지의 모습은 혐오스러운 것으로 증명됐다. 음악

사진 8-4. 개 그림이 사람으로 교체된 중국 HMV의 '뮤직박스' 로고
© Du Jun Min

우리에겐 음악이 필요하다

을 듣는 사람과 강아지를 짝짓는 것처럼 보였기 때문이다. 따라서 그런 트레이드마크는 교체되어야만 했고, 작은 테리어 대신 늙은 아저씨가 음악을 듣는 모습을 보여주게 됐다.[55]

중국인은 미국이 자신들을 개에 비유해서, 서양 주인의 목소리에 충성스럽게 귀를 기울이는 것처럼 그렸다고 생각한 듯하다. 그러나 이 기사는 말만 그럴듯할 뿐, 이야기의 배경은 무시했다. 미국에 거주하는 10만 명의 중국인이 1882년 배화법(중국인 배척법)에 따라 비인간적 대접을 받고 있다는 사실에 국수주의적 정서가 일었고 추후에 미국 제품을 보이콧하겠다는 위협이 이어졌다는 사실 말이다. 즉 플리니우스의 '짖어대는 개머리'라는 비방이 1905년 상하이에서도 여전히 살아 있었다는 의미다. HMV가 그림을 교체했을 때 이는 인종적 감수성이 다시 눈떴기 때문이 아니라, 경제적 이기심과 동서 무역 측면에서 나온 결과였다.

이 이야기는 우리에게 두 가지를 시사한다. 이 책의 역사적 부분이 끝나가면서 세 번째 진화 부분으로 넘어갈 수 있는 길을 닦아준다. 그 연결고리는 보편적 인류애를 추구하는 과정에서 싫든 좋든 일반적 인간의 동물성으로 넘어가게 된다는 선동적인 아이디어다. 내가 반복적으로 관찰했던 것처럼, 음악적 인간은 동물과 얽혀 있다는 점에서부터 정의된다. 또한 음악적 인간은 그 자체로 동물이라고 강조해야겠다.

검은 대서양

「섹스머신Sex Machine」을 부른 가수이자 펑크의 아버지 제임스 브라운 James Brown은 콩고민주공화국(혹은 예전의 자이르)의 수도 킨샤사로 향 하는 비행기에 올랐다. 브라운은 무하마드 알리Muhammad Ali와 조지 포먼George Foreman 간의 권투시합(1974년 10월 30일)인 '럼블 인 더 정글 Rumble in the Jungle'에 대한 워밍업 격인 3일간의 라이브 음악 페스티 벌 '자이르 74'에 출연하기로 되어 있었다. 카메라에는 다음과 같은 대화가 녹화됐다.[56] "음, 제임스, 우리가 마침내 집으로 돌아가는 것 처럼 느껴지네요." 브라운의 동료 가운데 하나가 말했다. "우리는 돌 아가는 게 아니에요. 흑인은 여기에 있어요. 킨샤사의 소규모 밴드 들은 모두 제임스 브라운의 비트를 연주한다고요." 브라운이 대꾸했 다. 브라운은 그런데도 "비트가 그 뿌리로 돌아가게 될 것"을 열렬히 기대했다면 자신이 완전히 틀렸음을 자서전에서 시인한다. "내 뿌리 는 내 안에 단단히 박혀 있을지도 모르겠다. 그리고 잘 모르겠지만 나는 아프리카로 돌아갔을 때 내가 그곳에서 물려받은 그 무엇도 알 아보지 못했다."[57]

브라운이 보여준 귀향과 환멸의 짧은 드라마는 아프리카-아메리 카 음악의 주요 갈등을 보여준다. 한편에서는 그 음악의 근원이 되 었을 아프리카의 뿌리와 문화적 기억에 대한 깊은 동경이 존재한 다. 펑크와 재즈, 블루스가 아프리카에 무엇을 빚졌는지에 관한 곤 란한 의문은 아프리카 역사 자체의 흐릿함에 녹아 있다. 아프리카는 7장에서 자웅을 겨루던 초강대 세력 집단들에서 두드러지게 배제되어 있다. 아프리카에 음악사가 없기 때문이 아니라 그 누구도 식민지 이전의 시대를 기록하지 않았기 때문이다. 다른 한편으로, 브라운은 자기 음악의 구성요소가 '아프리카적'이 아니라 새롭고 미국적임을 알고 있었다. '아프리카-아메리카'라는 두 단어의 줄다리기는 서로 반대되는 심금을 울린다. 그리고 섞이지 않는다.

아프리카와 아메리카의 음악은 공통적인 역사적 근원을 가지고 있을까? 흑인 음악에서 '흑인'이란 무엇인가? 어떤 사람들은 '콜 앤드 리스폰스' 양식이라고 생각한다. 알리는 여섯 번째 라운드에서 졌지만, 그가 관중에게 "Ali boma ye!(알리가 그를 죽일 거야!)"라고 소리치면 6만 명의 자이르인은 알리가 유리하게 움직이도록 응답했다.[58] 이는 가장 장대한 규모의 콜 앤드 리스폰스다. 그러나 공통 근원에 대한 역사적 근거는 조금의 과장도 없이 산발적으로 등장한다. 1장에서 나는 힙합이 말리의 그리오들에게서 비롯됐을 가능성을 과감히 제시했다. 말리의 그리오들은 노래로 자기 부족의 역사를 말하는 음유 시인들이다. 과거로부터 또한 말리에서 나온 또 다른 돌풍은 솔리요 Soliyo 혹은 '말 부름'이라고 하는 노래 장르다. 솔리요는 700년 전 말리제국에서 탄생했다.[59] 고대 말리의 전사들은 자기 말을 부르고 전투 준비를 하기 위해 특별한 멜로디를 사용했다. 이 고함소리가 솔리요에 남았고, 전투를 찬양하는 노래 가사는 구전 역사가 됐을 가능성이 있다.

아프리카 역사는 전통적으로 구전으로 전해진다. 가나 다곰바족의 '북의 역사'가 그 생생한 예다.[60] 다곰바족의 역사적 지식은 '삼반룽가Samban'lunga(말 그대로 '바깥의 북소리'라는 의미다)가 토대가 된 것으로 알려져 있다. 일 년에 두 차례 장대한 행사가 열리면 추장의 집 밖에서 북을 친다. 북 연주자는 홀로 서서 어깨에 모래시계 모양의 북(루나)을 걸고 벽 너머로 추장을 바라본다. 백여 명의 다른 북 연주자들이 뒤에 앉아서 그가 노래하는 절에 따라 북으로 응답한다. 보통 8시간 정도 동안 노래를 멈추지 않고 계속 부르는데, 머릿속에는 과거의 추장들과 그들의 혈통, 그가 무엇을 성취했고, 어떻게 그 찬양의 이름을 얻었는지에 대한 셀 수 없이 많은 내용이 담긴다. 역사가 창조적 기억의 위업일 때, 신뢰성이나 진실이라는 개념은 물론 논외가 되어야 한다.

글로 기록된 역사를 원한다면, 우리는 식민주의 침략자들이 쓴 인종차별의 역사에 묶이게 된다. 이 역사의 미묘함이 가진 초기의 신랄함은 다음과 같이 카이로의 의사이자 신학자인 이븐 부틀란Ibn Butlan(1005~1050)이 《노예를 사고 신체적 결함을 찾아내는 법On how to buy slaves and how to detect bodily defects》이라는 글에서 내세운 주장에 담겨 있다. "흑인이 하늘에서 땅으로 떨어졌다면 리듬을 타면서 떨어졌을 것이다."[61] 리듬의 DNA는 흑인의 몸에 깊숙이 새겨져 있어서, 노예들은 심지어 목을 매달아도 리듬에 맞춰 죽는다고 했다. 식민지 역사는 일부 즐거운 놀라움을 선사한다. 1400년 후반에 발렌시아와 세비야, 피렌체와 나폴리 등의 도시는 생기 넘치는 흑인 문화를 즐겼고, 1520년 리스본 인구의 10퍼센트는 흑인이었다.[62] 남유럽은 파사카예, 사라반다, 차코나 같은 아프리카 댄스에 몸을 흔들었고, 이 춤들은 바흐의 음악에서 파사칼리아, 사라반데스, 샤콘느라는 프랑스식 이름을 걸치고 우리에게 익숙해질 운명이었다. 또한 현재 서양 음악에 널리 유행하는 양식인 8분의 6박자(한 마디 안에서 8분음표가 6개 들어감)가 본래 15세기 유럽에서 아프리카 음악가들과 연관되어 있었다는 점도 놀랍다. 어떤 음악이 퍼지는 속도 또한 충격적이다. 1750년대 앙골라의 루안다에서 연주되던 음악은 6주 후 리우데자네이루에서 들려왔다.**63**

증거를 통틀어 보자면, 흑인 음악은 문화적으로 전혀 오염되지 않은 상태와는 거리가 먼, 언제나 여러 가지가 혼재해 있는 세계적인 음악이다. 이는 중요한 발견으로, 아프리카 음악이 인류가 타락하기 전의 순수한 상태에서 시작됐으며 그 후 잡종이 되었다는 미신과는 정면으로 부딪친다. 인류학자 게르하르트 쿠비크는 "모든 문화는 절대로 별개의 존재가 아니기 때문에 '잡종'이라는 언어 자체가 자격에 맞지 않는 조건이 된다"고 말했다.**64** 쿠비크의 경고가 어느 정도는 사실이나, 앞서 탐색해보았던 더 광범위한 대륙적 차이(아프리카 대 인도, 중국, 중동 또는 유럽)를 지워버릴 수는 없다. 순수주의는 잠시 접어두고, 문화에서 가장 중요한 것은 냉혹하게 살아남는 것이라는 감상적인 이상에 반대하면서 우리가 끌어낼 수 있는 가장 중요한 교훈은, 문화 역시 변화를 수반한다는 것이다. 보존은 망각과 혁신에 밀접한 연관을 가지고 이뤄진다. 망각의 사례로는 차코나와 8분의 6박자의 '흑인성'이 완전히 표백된 사실이다. 아무리 노력한다 해도 바이올린 독주로 연주하는 바흐의 샤콘느나 베토벤의 「전원」 교향곡(마지막 악장이 8분의 6박자다)을 흑인 음악으로 듣기란 불가능하다. 제임스 브라운이 자신의 아프리카 뿌리를 거의 의도적으로 잊으려 했던 이유를 점차 이해하게 된다.

아프리카에서 신대륙으로 옮겨가는 음악의 역사적 과정에 대해 여러 추측이 존재하는데, 그 추측은 증명할 수 없는 만큼 매력적이다. 가장 깔끔한 이론은 북아프리카와 남아프리카의 차이는 북미와 남미의 차이와 연관 지을 수 있다는 것이다.[65] 북미의 블루스와 재즈, 록은 우리가 생각하는 아프리카 음악의 핵심만큼 리듬 면에서 복잡하지 않다. 북미 농장들이 대부분의 노예를 이슬람 문화권인 서아프리카에서 데려왔기 때문이다. 알렉스 헤일리Alex Haley의 소설 《뿌리Roots》에 등장하는 노예 쿤타 킨테는 무슬림계 감비아에서 납치되어 왔다. 이 관점에서 재즈 즉흥연주는 북아프리카 이슬람의 즉흥적인 노래라는 전통에 빚을 진 셈이다. 또 다른 근거로는 북미에서 농장의 노예들이 '말하는 북'을 통해 서로 소통하는 것을 막기 위해 북을 금지했다는 점이다.

서부 아프리카 남부에서 온 노예들 덕에 남미 음악에 풍부한 복합박자와 마림바 연주가 담겼다는 사실을 동일한 이론이 설명해준다. 예를 들어, 콜롬비아 민속음악은 다양한 아프리카 특성을 지녔다. 콩고에서 온 이중창 형식, 콰어에서 온 북의 말, 피그미족의 요들 그리고 좀 더 일반적으로는 집단적 참여와 반복되는 패턴 위로 두텁게 깔린 리듬이 그렇다.[66] 이 패턴 또는 '시각표'는 메트로놈 같이 많은 리듬에 맞서는 밝은 북의 음색을 통해 드러난다. 메트로놈과는 달리 북의 고동은 비대칭적이며, 8개 또는 12개 박자로 된 악구를 세 박자와 두 박자로 나눈다(3+3+2 또는 3+2+3+2+2). 또한 콜롬비아계 아프리카인들은 15세기 이베리아인을 매혹시킨 8분의 6박자를 가져와서 소위 '파파 콘 유카papa con yuca(감자와 유카)'로 '재아프리카화'했다. '파파 콘 유카'는 마림바를 연주하고 리드미컬하게 퉁기는 바이올린에 맞춰 박자감을 주는 단어들이다.

이 놀랍고 그럴듯한 가설 외에도, 우리의 시선을 엉뚱하게 끌어가는 가설들이 있다. 가장 두드러지는 것은 블루스가 아프리카에서 왔으며, 농장 노예들의 깊은 향수병을 표현한다는 것이다. 그렇다면 왜 카리브해 연안에는, 아니 아프리카 자체에는 블루스가 존재하지 않으며, 장조('우울한blue' 음 없이)로 노래하는 것이 더 일반적일까? 블루스에 관한 더 신빙성 있는 발원지는 딥사우스 지역의 미국인들이 말하는 방식이다. 언어학자 벤저민 분Benjamin Boone은 젤리 롤 모튼Jelly Roll Morton이 1938년 인류학자 앨런 로맥스Alan Lomax와 가진 인터뷰에서 블루스처럼 말하는 것을 발견했다. 이 말투의 스펙트럼을 컴퓨터로 분석한 분은 "일반적으로 블루스와 연관 있는 음높이"였다고 결론지었다. 뉴올리언스의 음악가인 모튼뿐 아니라 로맥스의 말투도 마찬가지였다.[67] 로맥스는 백인이긴 했지만 남부에서 자랐다. 살짝 백인 쪽에 더 가깝긴 하지만 여전히 애매한 녀석이 있다면 바로 스윙이다. 듀크 엘링턴은 "스윙이 없다면 아무 의미도 없다"고 말했다. 스윙의 기원은 아마도 아프리카보다는 켈트족이었을 것이다. 19세기 초 애팔래치아 지역의 아일랜드와 스코틀랜드 출신 피들 연주자들은 미국을 휩쓸며 흑인 바이올리니스트들에게 자신들의 전통음악을 가르쳤다. 바이올린은 밴조 외에 흑인 음악가들이 연주해도 된다고 허락받은 유일한 악기였다.[68]

재즈의 고향 뉴올리언스에는 좀 더 탄탄한 기반이 마련되어 있다.[69] 아프리카 음악은 미국 프로테스탄트보다는 뉴올리언스의 프랑스 가톨릭에서 좀 더 너그럽게 받아들여졌고, 노예와 자유로운 신분의 유색인들이 콩고 스퀘어 같은 공개된 장소에서 춤을 추곤 했다. 아프리카 콩고에서 온 링 댄스는 밴드 뒤로 길게 물결을 이루며 일렬로 추는 '세컨드 라인' 댄스로 재정비됐고, 사람들은 장례식과 축제 행진에서 이 춤을 추며 온 도시를 돌았다. '세컨드 라인' 댄스는 아프리카의 폴리리듬 감성에 무한한 자유를 안겨주었는데, 행렬의 맨 앞에서 행진하는 유럽식 포스퀘어four-square 리듬을 덧붙였다는 점에서 중요하다. 견고한 행진 박자와 복잡한 당김음 간의 조합은 1960년대에 펑크가 어떻게 시작됐는지를 정확히 보여준다. 제임스 브라운의 음악감독 알프레드 '피 위' 엘리스Alfred 'Pee Wee' Ellis에 따르면, 이것이 바로 제임스 브라운의 진정한 뿌리였다.[70] 브라운의 복합적인 펑크는 록과 팝의 공식을 극단적으로 가져온 것이다. 각 마디에서 처음에는 네 가지 단순한 박자가 나오고 당김음과 백비트 등이 뒷부분에 등장한다. 이 공식은 전 세계로 퍼져나갔다. 그런데 이 라인댄스의 모든 스텝이 콩고 스퀘어를 통해 브라운으로 이어졌고 다시 콩고로 이어졌다고 한다면, 왜 브라운은 킨샤사로 가는 길에 자신의 아프리카계 뿌리를 부정했을까?

뉴올리언스 정신은 인종적 순수성에 관한 모든 개념에 반대하고 항의하는 과정에서 생겨났다. 이 정신은 공공장소에서 인종을 분리하는 짐 크로우 법을 전복시켰고, 그 장벽을 넘어서도록 부추겼다. 그런데 이런 식의 태도는 훨씬 더 이른 시대인 1890년대 뉴올리언스에서 형성됐다. 기억에 길이 남을 용어인 폴 길로이의 '검은 대서양'을 건너 이주한 경험과 노예제에서 나온 결과이기 때문이다.[71] 아프리카에서 아메리카로, 그리고 다시 아프리카로 향한 여정에서 검은 대서양의 소리는 출발 지점(순수성)이나 도착 지점(잡종성)의 소리도 아니고, 그 사이에 있던 대양의 소리도 아니다. 그보다 이 소리는 통과하는 소리이자 장벽을 넘는 소리, 그리고 적응하고 살아남기 위해 다 함께 혁신적으로 혼합되는 경험에서 나오는 소리였다. 하위 장르와 퓨전이 횡류하고 확산하는 음악의 대양에서, 예를 들어 정글의 룸바(1920년대에 쿠바에서 콩고에 도달했다)를 1970년대에 브라운이 가져온 펑크라든가 오늘날의 아프로펑크로부터 분리해내는 일은 불가능하다. 그렇기 때문에 물로 채워진 검은 대서양이 모래 가득한 실크로드를 젖히고 현대적 경험의 상징이 된 것이다. 검은 대서양은 1480년 국제적인 리스본에서부터 2020년 다문화적인 런던까지 근대성 자체의 조건이 됐다.

J부터 K까지

중국에서는 4천만 명의 어린이가 피아노를 배운다. 중국은 전 세계 피아노 생산의 76.9퍼센트를 차지하는, 세계에서 가장 큰 피아노 생산국이자 소비국이다.[72] 피아노는 일본과 한국에서도 비슷한 인기를 누리는데, 서양의 클래식도 그렇다. 동북아시아 출신의 뛰어난 피아노 비르투오소 군단이 있다. 후쫑, 랑랑, 미츠코 우치다, 김선욱 등이다. 왜 그럴까? 후쫑이 1955년 제6회 쇼팽 국제 피아노콩쿠르에서 3위를 했을 때 중국은 전쟁 대신 서양에 대항하기 위해 클래식을 지원했다. 이후 서양 클래식은 현대성과 중산층의 상징으로 진화했다. 더욱이 클래식 형태는 아시아 문화의 격식과 잘 어울렸다. 일본은 모차르트와 슈베르트의 우아함에서 일본식 예의범절의 모습을 찾아냈다. 사진 8-5에서 심포니 오케스트라의 지휘자는 일본 애니메이션 주인공과 손을 잡고 있다. 그 이유가 무엇이든 현실은 동북아시아가 서양 음악의 중심이 됐다는 것이다. 클래식이 서양에서 침몰하는 동안 중국과 일본, 한국이 구명정을 띄운 셈이다.

이 묵시록적 상황에서 우리는 아마도 가장 현대적이고 서양화된 음악문화를 가진 일본의 한 장면으로 종반전을 마무리 짓게 될 것이다. 검은 대서양과 비교해 일본은 아주 다른 형태의 근대성을 제시

사진 8-5. 지휘자 히로후미 쿠리타와 도쿄 필하모닉 오케스트라와 함께
등장한 애니메이션 주인공 하츠네 미쿠가
© CFM

한다. 일본의 근대성을 대표하는 것은 쓰라리도록 냉정한 영화와 시끄러운 언더그라운드 밴드, 캡슐호텔과 하이테크 화장실, 초고속열차 그리고 가라오케 등이다. 가끔 이 광경은 서양 자체의 왜곡된 또는 하이퍼리얼리즘의 형태이기도 하다. 일본인의 눈으로 서양을 관찰하는 건 매우 먼 곳에 있는 거울로 비춰보는 것과 같다. 또는 '우주의 끝에 있는 식당'(소설 《은하수를 여행하는 히치하이커를 위한 안내서》에 등장한다—옮긴이)에서 우주의 창조와 폭발을 구경하며 호화로운 식사를 즐기는 손님들이 된 것처럼 느껴지기도 한다. 이는 서양에서는 그 누구도 들어본 적 없는, 가장 유명한 일본의 클래식 작곡가 히사이시 조의 음악을 들을 때 느끼게 되는 묘하게 혼란스러운 경험을 설명하기도 한다.

히사이시는 미야자키 하야오의 지브리 스튜디오에 소속된 작곡가로, 지브리는 2003년 아카데미 시상식에서 「센과 치히로의 행방불명」으로 최고의 장편 애니메이션상을 수상했다.[73] 서양 관객들에게 히사이시의 음악은 미야자키 감독의 영화가 보여주는, 말로 다 표현할 수 없는 일본의 우수함에서 필수불가결한 요소다. 따라서 그의 음악이 민요와 라이트 재즈, 이지 리스닝, 미니멀리즘, 일렉트로니카와 몽롱하고 애매한 음 등 서양 음악의 표류물과 폐기물로부터 만들어진 것이라고 보기는 어렵다. 히사이시의 음악은 지나치게 절충적인 데다 개성이 영화에 녹아 있기 때문에 특색 없게 들리기도 한다. 그렇다면 왜 이 영화들은 그토록 일본적으로 느껴지는가? 그 단서는 캐릭터들의 이례적일 정도로 큰 눈(원래는 베티 붑 등 1930년대 미국 클래식 만화에서 영감을 얻은 것이다)에서 찾을 수 있는데, 이는 서양의 관객과 일본의 관객에게 다른 의미를 지닌다. 서양인에게 캐릭터의 큰 눈은 백인처럼 느껴지지만, 일본인은 이를 양식화된 자신들의 전통적 취향으로 느낀다. 그와 비슷하게, 일본인들은 전통적으로 거리 두기를 좋아하고 엉뚱한 것을 선호해서, 영화에는 이탈리아 알프스와 바이에른의 성들, 웨일스 지방의 마을과 코트다쥐르 등이 뒤섞인 엉망진창의 유럽식 배경이 등장한다.

미야자키의 시각적 표현만큼이나 히사이시의 음악은 일본을 표현하기 위해 서양의 일부를 흡수한다. 희한하게도 이는 외부세계와 대응하는 일본의 전통적인 군사 전략이기도 하다. 역사학자 아널드 토인비Arnold Toynbee는 이를 일본의 '헤롯'식 입장이라고 규정했다. 즉, '미지의 위험에 대비하는 가장 효과적인 방식은 그 비결을 완전히 숙달하는 것이라는 원칙에 따라 행동하는 인간'의 입장이라는 의미다. 헤롯은 '전통적인 전쟁 기술을 버리고 적의 전략과 무기를 가지고 적과 싸우는 법을 배우면서 대응'했다.[74] 일본은 9세기에 막강한 이웃나라 중국으로부터 불교와 유교, 중국의 문자 체계에 이어 가장 오래된 고전음악 형태인 가가쿠를 들여올 때도 그렇게 행동했다.[75] 가가쿠는 중국에서 유래했음에도 일본 궁중음악으로 토착화됐다. 일본에 가장 지대한 영향을 미친 '헤롯식' 방어는 미국 군함에 대한 반응에서 드러난다.

1853년 7월 8일 매튜 캘브레이스 페리 준장이 탄 기선이 우라가 항에 도착했다. 이 사건은 작곡가 스티븐 손드하임Stephen Sondheim 의 「태평양 서곡Pacific Overtures」으로 영원히 박제되기도 했다. 이 일은 1641년 이후 외국인과의 접촉을 금지해온 일본의 오랜 고립을 깨뜨렸다. 일본의 개항은 서양 선교사들이 일본을 딱 알맞게 익은 열매처럼 보았을 때부터 완전히 다르게 시작됐다. 1580년대 일본의 기독교인은 10만 명에 달했고, 1577년 오르간티노 네키Organtino Gnecchi 신부는 교토에서 이렇게 썼다. "우리에게 더 많은 오르간과 다른 악기만 있다면 일본을 기독교 국가로 바꾸는 데 일 년도 채 걸리지 않을 것이다."**76** 1868년 이후 메이지 유신으로 일왕이 왕위를 되찾으면서, 일본은 기독교가 아닌 서양 음악에 진정으로 물 흐르듯이 굴복했고, 상당히 적극적으로 무릎을 꿇었다. 서양식 군술軍術에는 서양 음악이 필요했고, 따라서 군은 1872년 첫 군악대를 편성했다. 그리고 몇 년간 공개적인 서양 음악 연주는 군악대가 맡았다. 여전히 일본 국가로 쓰이는 기미가요는 이 시대에 서양식으로 작곡된 것이다. 학생들은 1880년 서양식 기보법을 배웠고 1890년에는 도쿄에 서양식 음악학교가 세워졌다. 일본 작곡가들은 드뷔시와 브람스를 배우기 위해 파리와 베를린으로 보내졌다. 일본 민요는 동서양의 융합을 증명하면서 서양식 화음을 그 위에 입었다. 이 융합을 보여주는 대표적인 사례가 1954년 영화 「고질라」에 등장하는 혼다 이시로의 음악으로, 일본 민요가 무거운 오케스트라로 연주되며 도쿄를 휩쓴다.**77**

1945년 '0시Nullstunde(독일이 1945년을 현대사의 0시로 삼고 과거와 단절했음을 보여주는 표현—옮긴이)' 이후, 국수주의가 제거되고 연합군이 독일을 점령하면서 미국과 유럽 아방가르드로의 접근성이 높아지자 젊은 일본 작곡가들은 동서양의 융합을 더 세련된 수준으로 작품에 선보였다. 그중에서도 가장 뛰어난 작곡가인 타케미츠 토루는 일본과 서양의 영향력 사이에서 기이할 정도로 미묘하게 우왕좌왕하는 행위를 '교호작용reciprocal action'이라고 표현했다. 드뷔시의 인상주의는 동아시아의 모드스케일과 음색, 정적의 시간, 픽처레스크picturesque(그림처럼 아름다운 풍경―옮긴이) 등에 매혹되어 나온 것이었다. 타케미츠와 동료들은 일본으로 재수입된 이런 특성들을 활용해 일본의 문화를 되짚어보고 더욱 몰두했다. 그러나 서양에서 일본으로 되돌아가는 이 완곡한 우회의 여정이 추구하는 것은 아마도 가장 깊숙한 곳에 숨겨진 일본적인 특성, 즉 자연과 하나가 되기 위해 개인의 의식을 억압하는 것이리라. 타케미츠는 이렇게 설명했다. "나는 전통적인 일본음악이 자아를 부정하고 자연과 소리의 결합을 갈망하는 데에서 뭔가를 배우고 흡수했다."[78]

자아를 부정하고 선종으로 향하는 길은 일본의 음악문화에서 많은 부분을 차지한다. 그렇다면 일본인이 보여주는 가장 기묘한 관습인, 베토벤의 제9번 교향곡에 대한 열광은 어떻게 받아들여야 할까? 어느 일본 만화책에는 1918년 반도 포로수용소에서 일본 최초로 이 교향곡을 연주했던 이야기가 등장하기도 한다.[79] 1944년 젊은 일본 군인들은 죽음을 불사하고 싸우도록 전쟁터에 내보내졌다. 직접 참전했던 한 생존자는 "우리 한 명 한 명에게는 뭔가 우리에게 가까운 것, 뭔가 고향을 상징하는 것에 대한 기억을 전장까지 가져가야 한다는, 거의 절망에 가까운 욕망이 꿈틀거리고 있었기 때문에" 베토벤 제9번 교향곡의 연주를 들었다고 했다.[80] 매년 새해 전날 밤이 되면 전문적인 오케스트라와 열정적인 아마추어들이 「환희의 송가」를 전역에서 연주한다. 베토벤 제9번 교향곡에 대한 일본의 열정은 오스트리아나 독일보다 훨씬 더 크다. 일본 (또는 아시아) 역사에서 개별적으로 '위대한' 작곡가라는 전통이 존재하지 않는다는 점에서 이는 더욱더 당혹스러운 상황이다. 그렇다면 왜 베토벤은 일본의 국민 작곡가가 됐는가? 음악비평가 요시다 히데카즈는 교사 시절 학생들에게 정확히 이와 동일한 질문을 던지며 글을 써보도록 했다. 히데카즈는 '대다수의 글이 음악 자체보다는 베토벤이 청각장애와 짝사랑, 가족의 상실 같은 역경에도 불구하고 위대한 작품을 작곡해낸 능력을 가졌다는 것에 대한 존경을 담고 있음'을 발견했다.[81] 일본인들에게 베토벤은 무아無我의 전형인 셈이다. 반면 서양에서는 자기 승리이다. 동일한 음악이 각 문화가 사로잡혀 있는 부분을 반영할 수 있다는 점은 놀랍다. 나치 독일에서 제9번 교향곡은 명백히 국가사회주의의 작품이었다. 러시아와 중국인들은 베토벤이 자본주의자인지 공산주의자인지를 논했다.[82]

존 케이지 같은 서양 작곡가들은 「미카도The Mikado」와 「나비부인 Madame Butterfly」 등에 매료된 뒤 일본으로부터 자아의 부정을 중요한 교훈으로 배웠다. 하지만 이 역시 일본의 영향력보다는 서양의 자기 반성의 문제였다. 미국 작곡가들은 구시대의 유럽과 주류 교회로부터 거리를 두기 위해 선종의 정신을 이용했다. 마찬가지로 가끔은 새로운 물결이 지나갈 수 없는 문화적 방화벽이 존재하기도 한다. 제이팝이 아시아 바깥으로의 진출에 고전한 반면, 케이팝은 어떻게 서양을 정복할 수 있었는지 의문을 품는 것은 흥미로운 일이다. 싸이의 「강남스타일」에 맞춰 온 세계가 춤을 추지만, 서양의 감수성으로는 지나치게 달콤하고 윤리적으로 문제가 있는 제이팝의 미성년자(처럼 보이는) 걸그룹 문화를 소화하기 어렵다. 물론 이런 장르가 그저 순수하고 건전한 재미일 뿐이라는 일본의 주장을 믿는다. 안타까운 점은, 그 화려하고 야한 표면 뒤로 제이팝 화음이 서양 대중가요보다 더 흥미로우면서 천편일률적이지 않다는 사실이 가려져 있다는 것이다. 제이팝 코드는 훨씬 더 크게 순환하며, 동일한 I-IV-V 진행이 끝없이 반복되지도 않는다.

그렇다면 케이팝은 어떻게 그 과정을 돌파할 수 있었을까? 첫째, 일제강점기(한국음악이 금지되던 시기)부터 시작해 전후의 보수 정권들까지 거의 한 세기에 걸친 정치적 억압에서 풀려난 열광적인 에너지와 그 유출 속도 덕분이다. 둘째, 1990년대 후반 BBC가 방영한 유아 프로그램 「텔레토비Teletubbies」에서 파생한 믿기 어려울 정도로 다채로운 영상미 덕분이다.[83] 케이팝 뮤직비디오는 빠르게 움직이는 장면 전환과 함께 클릭수에 따라 좌우되는 디지털 경제 내에서 휴대용 기기의 화면으로 수없이 볼 수 있도록 만들어졌다. 주된 색상과 짧은 주의집중 시간, 역설적인 거리감을 무기로 케이팝은 어린이와 십대 청소년, 성인과 문화이론가까지 휩쓸고 있다. 케이팝은 21세기 초반의 보편적인 음악이다. 2020년 세계에서 가장 높은 소득을 올린 그룹은 한국 보이그룹 BTS였다. 이들은 UN에서 연설한 최초의 케이팝 그룹이기도 하다.

지브리 애니메이션이 서양 관객들을 위해 다시 음악 작업을 하면서 뭔가 흥미로운 일이 벌어지고 있다. 히사이시 조는 침묵을 메우기 위해 추가적인 음악을 작곡했다. "디즈니 스태프들에 따르면 외국인(비일본인)은 3분 이상 음악이 없으면 불편해한다고 합니다."

히사이시는 이렇게 말했다.[84] 예를 들어, 1986년작 「천공의 섬 라퓨타」의 원작은 상영시간이 2시간이지만 음악은 오직 1시간 정도다. 나머지 시간 동안 관객들은 비평가들이 '필로우 숏pillow shot'이라고 부르는 침묵을 즐긴다. 이는 이야기가 '숨 쉴 수 있는' 공간을 주면서, '이전에 지나간 일과 앞으로 올 일 사이에서 거의 음악에 가까운 박자'가 된다. 물론 '침묵'에 있어서 핵심은 그것이 실질적으로 존재하지 않으며, 자연의 소리를 들을 수 있는 기회라는 점이다. 예를 들어 동물과 영, 풍경과 어린이가 등장하는 미야자키의 영화에서 대표적인 소리는 풀 사이를 스쳐 지나가는 바람의 소리다. 타케미츠는 그런 환경의 소리를 '사와리さわり'라고 부른다. 타케미츠는 샤쿠하치(일본식 대나무 피리—옮긴이)의 대가가 자신을 위해 연주하고 배경으로는 스키야키 요리가 끓고 있던 멋진 경험을 들려주었다. 이 젠Zen의 음악가에게 타케미츠는 이렇게 말했다. "스키야키가 보글보글 잘 끓고 있는 소리가 들렸어요." 그러자 대가가 대답했다. "그렇다면 제 연주가 정말로 좋았다는 증거군요. 그 스키야키 소리가 바로 제 음악이었거든요!"[85]

3부로 통하는 창

서양의 청중은 음악을 소음 또는 사와리로부터 분리하지 않으려고, 혹은 음악을 자연으로부터 떼어내지 않으려고 애쓸 수도 있다. 그러나 일본은 음악과 음악가에 대한 서양의 모델이 역사적 탈선이자 진화의 일시적인 문제라고 본다. 시대를 초월하고 서양 밖 세계 전체를 다스리는 규범에 따르면, 언제나 음악은 자연의 일부였다. 그와는 상반되게, 음악적 인간은 언제나 자연과 본성을 살해하거나, 아니면 적어도 정제하고 초월하려고 애를 써왔다. 미야자키와 타케미츠가 환경에 관해 가지는 흥미는 고베와 히로시마의 포화 속에서 생겨났다.[86]

타케미츠 토루는 TV에 출연하는 셰프로서의 부업을 즐기고 괴짜 요리책(대부분은 파스타 요리다)을 쓰기도 했다. 우주의 끝에 있는 일식 레스토랑에서 타케미츠 곁에 앉는다면 음악적 인간은 다음과 같은 두 개의 창을 통해 내다볼 수 있을 것이다.

1. J창문: 그다지 유망해 보이는 광경은 아니다. 그녀는 몇 만 년 전 과거의 지구를 본다. 그곳의 유일한 음악은 동물이다. 결국 음악적 인간은 동물이다.
2. K창문: 극도로 편안한 전망이다. 그녀는 웨어러블 기술 또는 IT 기술이 강화시켜준 음악 경험의 가까운 미래를 본다. 여기에서 음악적 트랜스휴먼은 사이보그다.

이제 J창문을 통해 나가보자.

PART
3

진화

EVOLUTION

동물

인류가 보내는 명함이라 할 수 있는 보이저호에 실린 골든 레코드에는 55가지 언어로 된 인사말이 담겨 있다. 그다음으로는 환경적인 소리부터 생물의 소리까지 '지구의 소리'를 온 우주에 들려준다. 외계인은 화산과 번개, 바람, 파도와 비 소리에 이어 귀뚜라미, 개구리, 새, 하이에나, 코끼리, 침팬지 같은 동물의 울음소리를 들을 것이다. 인간의 음악은 하등동물부터 고등동물까지 이 진화의 등반에서 가장 꼭대기에 있다. 누군가는 마지막 4종의 동물 가운데 어떤 종이 가장 지능이 높은지를 두고 입씨름을 벌이겠지만, 침팬지가 인간 유전자와 98퍼센트를 공유한, 생명의 나무에서 우리와 가장 가까운 친척이다. 흥미로운 사실은 NASA가 고래의 노래를 인간의 메시지와 함께 (음악이 아닌) 인사말 카테고리에 포함시켰다는 점이다. 즉 우주로 보내는 메시지는, 지구상 모든 생명체 가운데 오직 인간과 고래만이 언어를 가지고 있다는 것이다. 아마도 NASA는 역사상 가장 많이 팔린 자연의 소리인 1970년의 앨범 「혹등고래의 노래Songs of the Humpback Whale」가 성공한 데서 영감을 얻었을 것이다(사진 9-1). 여전히 고래목을 향해 넘치는 열정의 여파로, 1986년 영화 「스타트랙 4: 귀환의 환로Star Trek IV: The Voyage Home」는 외계인들이 어떻게 지구에 도착하고 아무도 이해할 수 없는 신호를 전파하는지를 이야기했다. 그 신호는 대양으로 향했고, 고래 안에서 드러났다.

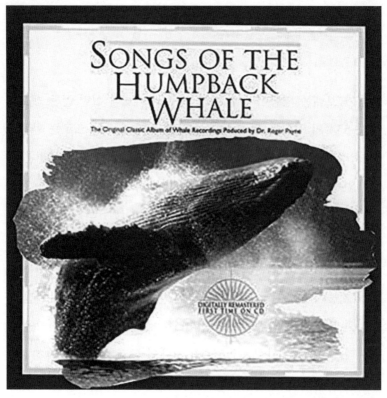

사진 9-1. 역사상 가장 많이 팔린 자연의 소리 「혹등고래의 노래」
© Universal Music/Roger Payne

이 책의 세 번째이자 마지막 부분은 가장 광범위한 범위에서 인류의 역사부터 음악의 진화까지 다룬다. 동물의 커뮤니케이션은 인간의 음악이 어떤 면에서 이례적일 정도로 우수하며, 우리의 뒤를 이를 존재의 음악 역시 그럴 것임을 보여줄 수 있다. NASA보다 한 발 물러서서, 우리는 진화의 사슬을 따라 AI의 소리와 인간-기계의 상호작용까지 따라가게 된다. 동물-인간-기계는 음악 발전에서 커다란 도약이 된다.

이 장에서는 동물의 왕국에서의 음악에 관한 주요 사실들을 대략적으로 보여주려 한다. 10장에서는 오스트랄로피테쿠스 '루시'부터 음악의 언어까지 사슬을 잇는 고리를 살펴볼 것이고, 11장에서는 음악적 인간이 기계의 손에 죽음을 맞을 수도 있다는 이야기를 다룰 것이다.

우선 몇 가지 주의할 점이 있다. 우리는 언어와 마찬가지로 음악의 '진화'를 이야기할 때 언제나 은유를 사용한다는 점을 명심해야 한다. 음악은 커뮤니케이션 체계이지 생명이 아니며, 단 하나의 조상에서부터 진화하지 않았다. 은유는 상동성과 유사성 사이에서 진화론의 핵심적 차이를 피해간다. 다시 말해, 음악이 적어도 곤충, 새, 고래, 인간이라는 네 가지 별도의 경우에서 진화됐지만, 서로 다른 종류의 음악의 관계는 유사하다. 네 음악은 단일한 뿌리에서 직선으로 진화하지 않았다. 날개가 비슷하게 사용된다는 이유로 유사성이 있다고 말하고, 새, 박쥐, 곤충, 익룡에서 네 차례 진화했다고 보는 것과 동일한 원리다. 각양각색의 날개들이 공통 조상에서 왔다면, 이 날개들은 상동기관이 된다.

음악에는 단일한 근원이 없다. 여러 원산지가 합쳐져 여러 가닥의 실로 꼰 밧줄과 같다. 음악을 여러 가닥의 실로 꼰 밧줄이라고 생각하는 것은 음악적 인간을 위대한 신디사이저로 생각하는 것과 같다. 우리가 '음악'이라 부르는 대상은 하나의 '물건'이자 통일된 블랙박스가 아니다. 음악은 조건과 기능의 합성물이다. 조건에는 리듬과 멜로디, 음색과 질감이 있다. 기능에는 박자를 예측하고 맞추기, 음높이에 따라 노래하기, 음 기억하기, 옥타브 동치성 인정하기, 대위법망의 가닥 따라가기 등이 있다. 가장 중요한 음악적 기능 중 하나는 동물학자들이 '음성 습득vocal learning'이라 부르는 것이다. 대부분의 동물은 지니고 태어난 소리를 벗어나지 않는다. 전부는 아니지만 일부 새들과 고래, 박쥐, 코끼리, 바다표범, 노래하는 들쥐라는 호색적인 아속Sumeriomys Argyropul 등 동물 중에서 아주 일부만이 새로운 소리를 배울 수 있다. 진화생물학자 테컴세 피치Tecumseh Fitch는 음성 습득은 동물의 커뮤니케이션이 음악으로 자격을 얻게 되는 절대적인 전제 조건이라고 믿는다.[1]

그렇다면 음악적 인간을 특별하게 만들어줄 결정적인 요인이 있다. 음악적 조건과 기능이 동물의 왕국 전체에 여기저기 퍼져 있다면, 오직 인간 음악가만이 그 모든 것을 해낼 수 있다. 우리는 모든 조건과 기능을 종합하기 때문이다.

음악적 조건과 기능이 오랜 역사에서 다양한 시점에 나타났다면, 음악의 심오한 연대표를 대략 작성해보는 것이 가능해진다.

● 8억 년 전

엄밀히 말하면 신호의 가장 오랜 형태는 세포 간 커뮤니케이션에서처럼 소리가 아니라 진동이었다.[2] 기계적이고 화학적인 커뮤니케이션은 8억 년에서 10억 년 전 사이에 맨 처음 나타난 다세포 후생동물 내에서 벌어졌을 것이다. 진동을 통한 커뮤니케이션은 공기나 물을 통해서가 아니라, 잎이나 벌집, 땅 같은 단단한 물질인 '기질'을 통해 흘러간다. 이것이 매미충이나 코끼리들이 '듣는' 방법인데, 퍼커셔니스트 데임 이블린 글레니Dame Evelyn Glennie 같이 청각장애를 가진 뮤지션들도 이 방법으로 듣는다.

● 1억 6,500만 년 전

진동은 리듬이 됐다. 과학자들은 화석화된 쥐라기의 여치나 베짱이가 날개로 만들어낸 정확한 음높이를 재구성했다.[3] 현대의 자손들과 마찬가지로 원시시대의 베짱이들은 규칙적인 박자로 짹짹거렸는데, 이 기능은 매미와 개구리가 공유하고 있다. 또한 시각적으로는 반딧불이의 깜빡임이나 농게들의 동기화된 파동 등과 유사하다. 규칙적인 박자를 인식하고 동기화하는 것은 인간의 기본적인 음악적 기술이다.

● 6,600만 년 전

그다음으로 멜로디가 나온다. 가장 오래된 것으로 알려진 울대(새의 발성 기간으로 인간의 후두와 유사하다)의 화석은 백악기에 북극에서 살았던 오리 모양의 새에서 나왔다.[4] 우리는 이 새가 복잡한 노래뿐 아니라 그에 동반되는 음악적 능력의 일체를 갖췄을 것이라고 추론할 수 있다. 이를테면 다른 새들로부터 새로운 노래를 배운다거나, 스스로 새 노래를 만든다거나, 절대적인 음높이와 스펙트럼 형태(음색)를 인식하는 등의 능력이다. 이런 능력은 실험실에서 현대의 새들에게 실험해볼 수 있다.

● 5,000만 년 전

사피엔스가 등장하기 전에 마지막으로 진화한 능력은 음악문화로, 최초의 고래가 발전시켰다. 어느 특정 시간과 지역에서든 모든 혹등고래는 똑같은 노래를 부른다.[5] 그리고 이 노래는 매년 고래 관찰자들이 쉽게 추적할 수 있는 방식으로 바뀐다. 고래 음악에 '전통'이 있다고 말하는 것은 의미 있다. 게다가 고래 노래는 새의 노래보다 더 길고, 풍부하며, (인간의 관점에서) 좀 더 '노래답다.' 이 고래들의 잊히지 않는 소리가 1970년대에 처음 발견되어 공개되었을 때 전 세계의 상상력을 사로잡았던 건 이 때문이다. 고래가 포유동물이라서 우리는 새보다 고래와 공감대를 형성하기가 더 쉽다.

유인원들은 2,300만 년 전과 500만 년 전 사이에 나타나 다양화됐지만, 음성 습득이 불가능해 음악적 연대표 안에 들어가지는 못한다. 엄밀히 말하자면 유인원들은 전혀 음악적이지 않다. 침팬지와 보노보, 고릴라는 신체적 동작이 유연하고도 창의적이다. 그러나 이들의 음성 커뮤니케이션은 새나 고래와 비교해 빈곤하다. 음악적 인간이 600만 또는 700만 년 전에 새나 고래가 아니라 음을 구별할 줄 모르는 유인원들로부터 시작해 우리의 마지막 공통조상(또는 '미싱 링

ㅋmissing link')을 거쳐 진화했다는 것은 장엄한 농담이다.

　그럼에도 진화는 교묘하게 에둘러서 이뤄지고, 우리는 유인원의 계통을 따라 사회지능을 물려받았다. 춤과 노래, 함께 놀기의 기본은 다른 사람의 마음을 읽을 수 있는 능력이다. 계통수에서 유인원의 계통과 좀 더 음악적인 가지가 단절되었다는 것은, 음악적 인간이 처음부터 음악을 할 줄 아는 척해왔다는 의구심과 함께 우리를 곤혹스럽게 만드는 난제가 된다.

　이 장에서는 음악적 인간이 종합할 수 있을 몇 가지 동물의 능력을 훑어보려 한다(정반대로, 동물 음악가들이 우리보다 훨씬 더 나은 부분도 있다). 이는 우리에게 가장 궁금하고 중요한 의문이 될 것이다. 동물의 소리는 복잡하고, 매력적이며 아름답기도 하리라. 그러나 이 소리를 예술이라 할 수 있을까?

곤충

우리가 호박 안에 갇힌 벌레로부터 쥐라기 음악을 재구성할 수 있다면 얼마나 멋질까? 중국의 어느 과학자들이 몽골에서 찾은 1억 6,500만 년 전 중기 쥐라기의 것으로 추정되는 여치(베짱이) 화석을 차선책으로 이를 수행했다.[6] 그 화석으로부터 얼마나 많은 것을 추론해냈는지 놀라울 정도다. 현대의 베짱이들은 한쪽 날개의 시맥(오른쪽 앞날개에 있는 돌기 모양 기관—옮긴이)을 다른 쪽 날개의 플렉트럼(왼쪽 앞날개에 있는 줄 모양 기관—옮긴이)에 문지르는 '마찰음'이라는 과정을 통해 쨱쨱거리는 소리를 낸다. 연구팀은 7센티미터가량 되는 화석의 커다란 앞날개의 시맥을 조사하면서 고대의 곤충들이 6.4킬로헤르츠의 순수음 또는 낮은 제자리 E음을 낸다는 것을 밝혀냈다. 쥐라기 노래의 정확한 음높이를 밝혀낸 것 자체가 눈부신 성과다. 게다가 많은 부분이 그로부터 밝혀질 수 있었다. 여치는 아마도 쥐라기 수풀의 땅 가까운 곳에서 노래했으리라. 높은 음높이는 빠르게 사라지는 대신 낮은 주파수는 더 멀리 전달되니 말이다. 곤충의 공룡 포식자는 아마도 제자리 E음을 듣지 못했을 것이며, 음의 음향 주파수는 쥐라기 전파 탐지기보다 낮았을 것이다. 그리고 침엽수와 거대한 양치식물들로 우거진 수풀은 아마도 시끄러운 환경으로, 여치의 순수한 음조는 비와 바람, 냇물과 수도 없이 많은 생명체의 소리를 뚫기 위해 적응했을 것이다. 그러나 가장 충격적인 교훈은 여치의 노래가 진화적으로 막다른 길이었다는 점이다. 후대의 귀뚜라미들은 노래하지 않았고, 한 무리가 함께 뚤뚤거리거나 삑삑거리면서 리듬으로 합창했다.

왜 그리고 어떻게 귀뚜라미들은 무리를 지어 완벽하게 동조를 이루며 우는지는 오랫동안 곤충학자들을 헷갈리게 했다. '이유'는 어느 정도 널리 퍼진 '성적 과시' 현상에서 찾아볼 수 있다. 성적 과시란 짝짓기 기간 동안 암컷들의 관심을 끌기 위해 수컷 동물들이 경쟁적으로 기교를 부리는 것이다. 그러나 경쟁하는 중이라면 왜 하나의 목소리로 우는 걸까? 아마도 반딧불이의 동조화된 깜빡임을 연구하면서 발견한 '신호 효과beacon effect' 때문일 것이다.[7] 개체수가 많을수록 소리의 힘은 커지며, 이 신호를 모음으로써 귀뚜라미 '합창단'은 라이

벌 합창단을 능가할 수 있다. '진폭의 가중'을 통해 집단적으로 신호를 보내는 것이 각 귀뚜라미에게 짝짓기의 이점을 안겨주는 듯하다. 한 합창단에서 다른 합창단으로 일단 암컷의 관심을 끈 뒤, 무리 내에서의 경쟁이 시작된다. 공통적 파동을 기준치로 깔고 수컷 귀뚜라미는 튀기 위해 다른 귀뚜라미들보다 찰나만큼 앞서 신호를 보낼 것이다. 이 규칙적인 불규칙성은 재즈 뮤지션들이 박자에 맞춰 스윙을 하고 싱커페이션syncopation(강세 없는 박자를 당겨서 연주하는 기법—옮긴이)하는 것과 유사하다. 우리는 어떻게 인간 재즈 뮤지션을 1마이크로그램의 신경 조직을 가진 생명체, 혹은 실질적으로 뇌가 없는 곤충과 비교할 수 있을까? 이제 '어떻게'를 한번 생각해 보자.

말 그대로 뇌가 없는 진자와 메트로놈조차 시간이 흐를수록 진동을 동기화한다. 1665년 네덜란드 물리학자 크리스티안 호이겐스Christiaan Huygens는 동일한 선반 위에 놓인 두 개의 진자시계가 점진적으로 서로 동기화되는 것을 시연했다.[8] 한쪽 시계의 진자를 방해하더라도 30분 내로 다른 쪽 시계와 똑같은 흔들림으로 되돌아갔다. 호이겐스는 이 과정을 '시계의 공명'이라고 불렀으며, 요즘은 '동조화'라고 한다. 우리가 외부적으로 주어진 박자에 따라 숫자를 세거나, 박수를 치거나, 움직일 때 우리는 그 박자에 동조하게 된다. 귀뚜라미와 반딧불이, 농게는 재즈 밴드 뮤지션들처럼 서로 동조한다.

호이겐스의 시계는 선반이라는 동일하게 진동하는 표면을 공유했기 때문에 동조화됐다. 귀뚜라미와 반딧불이 같은 곤충들은 그 조그마한 뇌에 아주 작은 진동기를 가지고 있기 때문에 동조한다. 다음은 스티븐 스트로가츠Steven Strogatz의 베스트셀러인《동시성의 과학Sync》에 나오는 전제다.

> 반딧불이 무리에서 각각은 계속적으로 신호를 주고받으면서, 번갈아가며
> 상대의 리듬을 바꿔주고 자신의 리듬을 바꾼다. 왁자지껄한 가운데 어떻
> 게든 동시성이 발생하고 반딧불이는 스스로 정렬한다. 명지휘자는 필요
> 치 않고, 날씨가 어떤지도 중요치 않다. 동시성은 상호간에 신호를 주고받
> 으며 발생한다. 오케스트라가 지휘자 없이 완벽한 박자를 지키는 것과 같
> 은 방식이다. 각 반딧불이는 진동자 혹은 작은 메트로놈을 가지고 있으며,
> 그 타이밍은 다른 반딧불이의 깜빡임에 반응해서 자동적으로 조정된다.
> 그게 전부다.[9]

철학자이자 재즈 뮤지션인 데이비드 로텐버그David Rothenberg는
최초로 곤충의 음악을 진지하게 다룬 연구가 담긴 멋진 저서《곤충
의 음악: 곤충들은 우리에게 어떻게 박자와 소음을 선사하는가Bug
Music: How Insects Gave us Rhythm and Noise》에서 귀뚜라미의 동시성을 흥
미롭게 다루었다. 곤충학자 토머스 워커Thomas Walker의 생각을 바탕
으로, 로텐버그는 귀뚜라미의 중추신경계에 진동기가 있어서 주기
적인 전기 충동이 만들어진다고 설명한다. 귀뚜라미는 상대 귀뚜라
미의 울음소리에 맞춰 자신의 진동기를 조정한다. "상대의 울음소
리가 자신의 울음소리가 시작하는 부분보다 앞서 들린다면, 이 귀뚜
라미는 자신의 시계를 다시 정비하고 약간 더 빠르게 자신의 주기를
시작한다."[10]

이제 곤충의 리듬감이 인간의 리듬감만큼 발달했다는 것은 무모

한 주장이 된다. 인간은 외부적으로 주어진 박자에 맞춰 고동치다가 그 박자가 멈췄을 때도 계속 박자를 맞출 수 있다. 우리는 그 상태를 상상할 수 있다. 그리고 우리의 상상력은 박자를 패턴 안의 패턴으로 무리 지을 수 있다. 이를 '선법'이라고 부른다. 다른 동물들, 심지어 유인원들조차도 이런 방식으로 뇌가 맥박을 계층적으로 조직할 수 있을 만큼 정교하다는 증거는 없다. 그러나 자연은 우리 안에서 1초 동안 10^{16}번 진동하는 원자부터 미국 매미의 17년 번식 주기까지 다양한 시계로 가득 차 있다. 진화의 연대표를 극단까지 밀어붙인다면, 심지어 매미의 시간이 시아노 박테리아와 함께 30억 년 전에 시작됐으며,[11] 어느 유기체의 정의를 "(느슨하게 연결된) '진동기 집단'"이라고 할 수도 있을 것이다.[12] 네덜란드의 음악인류학자 프랑크 쿠벤호벤Frank Kouwenhoven이 각다귀에 관해 한 이야기를 곰곰이 생각하면 경이로울 지경이다.

> 어느 날 나는 허밍으로 노래하다가 내 머리 위 허공을 맴돌던 각다귀 무리가 내 음악에 맞춰 '춤추기' 시작했음을 깨달았다. 곤충들은 자기들이 '듣는' 리드미컬한 소리의 신호에 맞춰 단결해서 (위 또는 아래로) 움직였다. 짐작건대 이들은 공기의 진동에 반응하는 것이었겠지만, 왜 또는 어떻게 전부가 외부의 시계인 내게 동시적인 방법으로 반응하는 것인지는 확실치 않았다.[13]

우리의 음악성이 어디에서 왔는지 이해하기 위해서는 우리가 가진 여러 기능의 단순함을 강조하는 것이 유용할 것이다. 동물의 노래는 인간 음악의 특별함을 좀 더 확실히 강조해준다. 이와 관련해 구애하는 모기의 이중창 안에 어떻게 모든 음악이 함축적으로 담겨 있는지 생각해보자.[14] 수컷 모기는 짝을 유혹하기 위해 날갯짓으로 600헤르츠의 주파수 혹은 제자리 D음을 만들어내며 윙윙거린다. 암컷 모기는 보통 400헤르츠의 피치 주파수 또는 제자리 G음으로 왱왱거린다. 그러나 짝짓기 직전에 두 모기는 1,200헤르츠의 동일한 피치 주파수로 조화를 이루기 위해 비행 음을 조절한다. 이는 수컷의 D음보다 황홀경에 빠진 한 옥타브 높은 음이다. 우리가 노래하는 모든 것은 그저 이를 보충한 것일 뿐이다.

새

귀뚜라미는 뚤뚤거리고 모기는 왱왱거리지만, 새의 노래는 진짜다. 음악적 인간이 천천히 계통을 이어온 음악적 자연이 형상화된 존재라는 의미다. 인류는 언제나 일종의 음악적 이상으로 나무 위에서 노래하는 새들의 소리를 간절히 올려다보았다. 시인 키츠Keats는 〈나이팅게일에 부치는 노래Ode to a Nightingale〉에서 우리 모두를 대신해 기쁨에 넘치는 예찬을 바친다. 그러나 여러 문제가 이 수풀 속에서 헤매고 있으니, 당황해서는 안 될 것이다. 새의 노래는 예술인가? 음악은 예술이다. 그 자체로 즐길 수 있기 때문이다. 반면 다윈주의는 새가 자웅선택을 위해 노래한다고 했다. 우리는 어떻게 새의 노래가 음악이 아닌 언어임을 알 수 있는가? 아마도 새가 만들어내는 소리는 그저 또 다른 종류의 동물 커뮤니케이션일 수 있다. 우선 새의 노래가 지닌 기능을 샅샅이 뜯어보자.

'왜 새는 노래하는가'에 대한 간단한 대답은 다음과 같다. 짝에게 구애하느라, 경쟁자를 쫓아내느라, 그리고 집을 만들기 위해. 다윈주의의 자웅선택에 따르면 암컷은 더 길고, 더 복잡하며, 더 다양한 멜로디를 부르는 새를 선호한다. 가끔은 나이팅게일처럼 먼 거리를 여행하면서 연달아 일부일처제를 유지하는 난봉꾼들이 부르는 노래도 좋아하는데, 매년 봄 먼 곳에서 돌아오면 더 열심히 구애를 하기 때문이다.[15] 동물학자 클라이브 캐치폴Clive Catchpole은 "더 많은 음절로 이뤄진 레퍼토리를 가진 수컷은 경쟁자들이 덜 복잡한 노래로 덤비기 전에 암컷을 먼저 유혹한다"고 했다.[16] 200편의 노래를 갖춘 키츠의 나이팅게일은 그의 정원에서 어렵지 않게 가장 똑똑한 새가 됐고, 암컷들은 이 음악적 지성을 섹시하다고 느꼈다.

새의 노래가 전혀 노래가 아니며 일종의 언어인지를 간단히 대답하자면 '그렇다'다. 그러나 새의 노래는 매우 우수한 언어로, 지시 내용과 의미를 갖췄지만 통사는 없다. 푸른머리되새의 열두 가지 울음은 뚜렷하게 구분된다. 비행의 울음소리, 사교의 울음소리, 부상의 울음소리, 공격의 울음소리, 튜-씨-씹-하는 경고의 울음소리, 세 가지 구애의 울음소리(킵, 첩, 씹), 갓 태어나거나 막 둥지를 떠난 어린 새가 먹이를 구걸하는 울음소리 등이다.[17] 각 울음소리는 인간의 언어에서 단어가 그렇듯 의미가 있지만, 푸른머리되새는 인간이 문장을 만들 듯 좀 더 복잡한 구조로 여러 울음소리를 한꺼번에 사용하지는 못한다. 새는 통사론이라는 문법이 없는 원시적인 언어를 가졌다.

그러나 새의 노래를 기능적인 커뮤니케이션으로 정의내리는 문제, 따라서 음악이 아니며 예술도 아니라고 보는 것은 음악이 무엇인가라는 질문을 가져오기 때문에 말로만 그럴듯해 보일 뿐이다. 지금껏 우리가 살펴보았듯, 음악의 다양성은 인간 세계로만 한정 지을 때조차 아찔할 정도다. 이제 새들이 고의로 소리를 가지고 노는지, 그 소리로부터 미학적 즐거움을 얻는지 하는 질문은 잠시 접어두고, 음높이와 리듬, 음색, 윤곽이라는 매우 정교하게 복잡한 구조가 우리가 '음악'이라고 생각하는 것과 많은 공통점이 있음을 부인하는 것은 고의적이라 할 수 있다. 우선 인간의 관점에서 새들이 음악적임을 보여주는 모든 면을 열거하면서 시작하려 한다. 그 후에는 왜 새의 노래가 언어가 될 수 없는지를 설명해주는 해부학적 근거를 살펴볼 것이다.

우선, 음악성이다. 인간과 달리 모든 새가 음악적이지는 않다. 음성의 습득이라는 재능은 실제로 알려진 9,000종의 조류 중 일부에만 실제로 제한적으로 주어졌다. 즉 명금류(연작목)와 앵무새(앵무목), 벌새(칼새목) 등 세 가지 계통군이다.[18] 자연은 놀라울 정도로 엘리트주의다. 따라서 조류학자들은 '울음소리'와 '노래' 사이에 명확한 구분을 짓고 있다. 푸른머리되새의 언어 같은 열두 가지 울음소리는 타고난 것으로, 모든 푸른머리되새에게 보편적이며 변하지 않는다. 대부분의 새는 오직 울음소리만 가지고 있다. 그러나 푸른머리되새를 포함해 울음소리를 가진 새들에게는 노래도 있다. 푸른머리되새의 노래는 악구 4개의 패턴으로 끊임없이 창의적으로 변하면서 울린다. 이런 식이다.[19]

악구 1: 칩-칩-칩-칩

악구 2: 텔-텔-텔-텔

악구 3: 체리-에리-에리-에리

악구 4: 티시-체-위-우

중요한 것은 대부분의 사람이 푸른머리되새의 울음소리와는 달리('비행의 울음소리', '경고의 울음소리' 등) 이 악구들(또는 하위 악구) 가운데 그 무엇도 의미를 가지지 않는다고 믿는다는 것이다. 우리는 공작새의 깃털에 있는 소용돌이무늬처럼 이 역시 개별적으로 아무런 의미가 없다고 생각한다(물론 우리가 틀렸을 수도 있지만). 의미가 없기 때문에 새의 울음소리는 언어가 아니라 음악이다.

음성 습득이라는 재능을 부여받은 새들은 몇 백만 년 전에 이미 우리의 음악적 기술을 획득했다. 실제로 우리가 할 수 있는 대부분의 일은 새들이 더 잘할 수 있다. 기본적으로 조류의 울대는 인간의 후두보다 훨씬 더 유연하다.[20] 새들은 혼자서도 노래할 수 있고, 연인이나 라이벌들과 듀엣으로 노래하거나, 인간의 대화에서처럼 차례로 부를 수도 있다. 새들은 기본적으로 아버지에게서 첫 노래를 배우고, 인간의 아이처럼 지저귀는 단계로 시작했다가, 넓은 범위의 소리들을 실험해본다. 완전히 성숙한 노래를 구체화한 뒤에조차 새들은 적어도 태어나서 첫해에, 일부는 그 뒤로도 오랫동안 새로운 노래들을 계속 배워나간다. 종을 넘어선 새의 노래의 다양성은 놀라울 정도다. 미국 박새들은 휘늘어진 두 음표 노래를 부르는데, 일부는 누군가가 '피-비'라고 부르는 것처럼 들린다.[21] 정반대의 극단에는 갈색 개똥지빠귀가 있다. 갈색 개똥지빠귀는 세계에서 가장 다산하는 새 작곡가로, 개똥지빠귀가 부르는 1,800곡의 복잡한 멜로디는 우리가 공작새의 꼬리나 호주 바우어새가 암컷을 유인하기 위해 다양한 재료로 짓는 기묘한 둥지를 보며 즐기는 그 시각적 화려함에 해당된다.[22]

인간의 음악과 같이 새의 노래는 전 세계적으로 엄청나게 다양하다(다만, 새와는 달리 우리는 하나의 종으로서 이 다양성을 달성했다. 이 이야기는 책의 가장 마지막에 하려 한다). 심지어 새들은 지리적 영역의 생태에 적응해서 다른 '사투리'로 노래한다. 노랑부리저어새나 올리브그린의 카마롭테라 같은 열대의 새들은 빽빽한 초목에 적합하도록 길게 늘어진 음을 사용한다. 탁 트인 지역의 새들이 부르는 노래는 더 높고 반복적인 꾸밈음이 있다. 실제로 아메리카 솔새는 초목으로부터 방해받지 않고 더 높이 날수록 더 높게 노래한다.[23] 아마도 이 '음향 적응가설'의 가장 깔끔한 증거는 붉은목참새가 개방적인 서식지에서에서는 더 빠르게, 삼림지대에서는 더 느리게 꾸밈음을 낸다는 사실일 것이다.[24] 또한 이 가설은 우리가 새의 노래와 종 분화(진화를 통한 새로운 종의 형성) 사이의 연관성을 이해할 수 있게 도와준다.[25] 보통 종 분화에는 억겁의 시간이 걸린다. 그러나 버들솔새의 울음소리는 사람들이 거의 기억할 수 있는 범위 내에서 진화했다. 버들솔새들은 아주 오랜 고향인 티베트고원으로부터 시베리아를 향해 북쪽으로 움직이면서 울음소리가 점점 더 길고 복잡해졌다. 왜 그럴까? 북쪽으로 갈수록 초목이 더 빽빽해지고 개체수가 적어지면서 노래가 더욱더 경쟁적이 된 것이다.

기술적 측면에서 명금(노래하는 새)의 음악성은 실험실이라는 조건 안에서 측정될 수 있다. 그래서 우리는 찌르레기가 우리와 정확히 똑같은 가청범위를 가졌다는 것이 특이한 일임을 알 수 있다.[26] 대부분의 새는 훨씬 더 좁은 가청범위를 가졌으며, 500헤르츠에서 6,000헤르츠 사이의 주파수에 민감하다. 그러나 좀 더 제한적인 음역 내에서 새들은 사람보다 음높이와 리듬, 음색에 훨씬 더 민감하다. 새들은 인간을 비롯해 모든 포유류보다 절대음정을 인식하는 데 우월하다.[27] 반면 인간은 상대 음정과 선율 윤곽에 더 뛰어나다. 따라서 새들은 노래를 조옮김했을 때 같은 곡임을 인식하지 못한다. 어린아이와 비슷한 점이다. 또한 우리와는 다르게 새들은 옥타브를 같은 음의 더 높거나 낮은 버전으로 듣지 못한다. 그럼에도 새들은 경이로울 정도로 아주 작은 리듬이나 스펙트럼 형상의 굴절에 민감하다. 이들은 리듬을 인식하는 데 우리보다 두 배나 빠르다. 이 사실은 새들의 뇌가 우리 뇌보다 처리 속도가 두 배 빠르다는 의미가 된다. 심지어 새들은 우리보다 두 배 빠른 속도로 인생을 경험한다. 마찬가지로 놀라운 것은 새들의 음색 인식이다. 임금펭귄 부자는 서로의 목소리가 가진 특징에 매우 정교하게 조음되어 있어서 4만 쌍의 부부펭귄이 사는 서식지에서도 서로를 찾아낼 수 있다.[28] 펭귄들은 '칵테일파티 효과' 또는 심리음향학자인 앨버트 브레그먼이 청각 장면 분석이라고 이름 붙인 경기에서 쉽게 이긴다. 칵테일파티 효과란 1장에서 보았듯, 파티에 참석한 이가 대화를 나눌 때 특정 목소리에 집중하고 나머지 목소리는 모두 제거해버리는 원리다. 이는 바흐의 푸가를 듣는 청중들이 음악에 얽혀 있는 선율적인 목소리에 몰두하기 위해 사용하는 것과 정확히 같은 능력이다.

그러나 새들이 가지지 못했다고 보이는 한 가지 능력이 존재하니, 이는 곤충과 인간처럼 리듬을 맞추는 것이다. 그래도 예외 없는 원칙은 없어서, 고독한 천재 새이자 큰유황앵무인 '스노우볼'은 외부 박자에 맞출 수 있다고 알려졌다. 몇 년 전 스노우볼의 영상이 입소문을 타고 퍼졌는데, 이 영상에서 스노우볼은 백스트리트 보이즈 Backstreet Boys의 음악에 맞춰 춤을 춘다.[29] 그러나 새들은 박자를 따르지 못하는 법이다. 슈테판 쾰슈Stefan Koelsch가 지적하듯, 영상에서는 스노우볼 뒤로 주인이 격려의 손짓을 보내고 있는 모습이 감춰져 있다.[30] 새가 박자 맞추는 법을 야생이 아니라 사육 상태에서 배웠다는 사실은 중요할까?

아마도 새의 음악과 우리의 음악 사이의 가장 큰 차이는 우리에게 역사가 있다는 점일 것이다. 키츠는 나이팅게일에 관해 글을 쓸 때 이 부분을 제대로 추측했다. "이 흘러가는 밤에 내가 듣는 그 목소리를 / 그 옛날 황제와 광대들도 들었으리라 / 아마도 바로 그 똑같은 노래를." 그 특정 서식지 안에서 한 종의 새가 노래하는 레퍼토리는 보통 몇 천 년 동안 동일하다. 다시 말해 새는 주위 환경으로부터 새로운 소리를 모방하기 때문에, 새의 노래는 '얄팍한' 역사를 가지고 있다는 의미다. 제한적인 '전통'을 보여주는 즐거운 사례로는 1969년 호주 뉴잉글랜드 내셔널파크의 금조가 있다. 이 새는 플루트의 음색에 맞춰 스코틀랜드 민요 「킬 로우Keel Row」의 일부를 노래하는 것처럼 보인다.[31] 몇 가지 추적 끝에 플루트 연주자가 1930년대 근처 농장에서 살았고 애완용 금조에게 이 노래를 연주해준 것이 밝혀졌다. 민요는 새들의 사회에 퍼져나갔고 여러 세대에 걸쳐 전해졌다.

결론적으로 새들은 음악을 만들기에 필요한 모든 능력을 갖췄다. 노래 그 자체가 잘 형성된 음악적 구조를 갖춘 것으로 기준을 충족할까? 열정가들은 몇 백 년 동안 새의 노래를 기록하려 애썼지만, 초음파 진단기가 발명된 후에야 정말로 어떤 일이 벌어지는지를 파악할 수 있었다. 그림 9-2는 수컷 나이팅게일이 계속 노래하는 소리를 2분 동안 초음파 진단기로 분석한 결과로, 파동은 시간의 차원에 맞춰 소리 크기(진폭), 음높이(주파수), 음색(스펙트럼 형상)을 나타낸 것이다.[32] 초음파 진단기로 기록한 소노그램은 31가지 개별 '노래'의 '기간'을 보여주는데, 각 노래는 소리가 빠르게 폭발하다가 2초 혹은 3초간 침묵으로 구두점을 찍는다. 색이 칠해진 두 박스 안에서 볼 수 있듯, 2번 노래와 31번 노래는 정확히 똑같다. 새는 노래를 다시 부르기 시작하지만 동일한 순서로 하지 않고 창의적으로 재배열한다. 아래쪽 그림은 한 특정 노래의 구성 부분을 확대한 것이다. 연구자들은 표면상 다수의 다양한 노래처럼 보이는 것이 실제로는 네 가지 부분으로 나눠진 단일한 모형임을 밝혀냈다. 즉 (1) 하나 또는 여러 개의 부드러운 음, (2) 다양한 소리 크기의 음의 연속, (3) 반복적인 음의 폭발, (4) 문장의 마침표 같은 역할을 하는 단일요소 등이다. 그렇다면 새들은 일관성 있는 문법구조에 따라 즉흥적으로 노래하는 것이다. 촘스키 언어학자들은 새의 노래와 인간의 문장이 정교하게 만들어낸 '심층구조' 사이의 유사점에 매달려 왔다.[33] 새의 노래는 인간 음악의 구문과도 비교할 만하다. 따라서 내가 앞서 부인했던 질문이 딸려온다. 새의 노래는 정말로 언어인가? 새의 노래가 언어가 아닌 이유는 왜 새의 뇌가 리듬에 적합하지 않으며, 왜 새들은 처음에 하늘을 날게 됐는지와 연관이 있다. 생물학은 잠시 접어둔 채, 나는 이 까다로운 문제에 맞서 왜 새의 노래가 실제로는 사람의 음악과 비슷한지 가장 강력한 이유를 제시하려 한다.

일찍이 살펴보았듯 새의 발성 기관인 울대의 가장 초기 흔적은

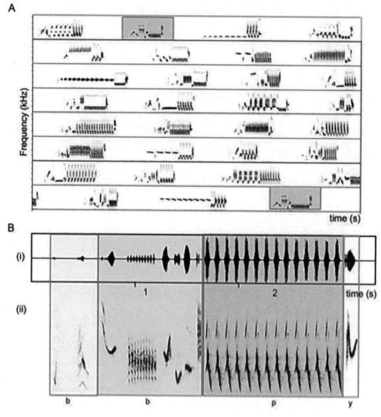

그림 9-2. 나이팅게일 노래의 소노그램
© Henrike Hultsch

6,600만 년 전, 백악기에 생긴 것이다(그림 9-3).**34** 이 화석은 오리처럼 생긴 생물인 베가비스 이아이Vegavis iaai의 것으로, 북국 베가섬에서 발견되었다. 최초의 새 울음소리는 아마도 경적 같은 끼루룩 소리였을 것이다. 현대의 타조들과 마찬가지로 베가비스 이아이와 동시대를 살았던 공룡들은 울대가 없었고, 따라서 공룡들의 울음은 우리가 「쥬라기 공원」에서 듣는 것보다 타조의 굵은 소리를 닮았을 것이다. 새들은 청각의 몇 가지 측면을 악어와 공유하는데,**35** 함기화(뼈와 귀의 기포)는 지배파충류에도 존재했다. 오리 부리를 가진 하드로사우루스의 두개골 융기에서 보이는 것과 같다.**36** 그럼에도 파충류는 소리보다는 시각과 냄새에 훨씬 더 크게 의존했다. 따라서 왜 새들은 노래하는가의 질문은 왜 새들이 하늘을 날게 됐는가의 질문으로 넘어간다. 비행의 이점은 먹이와 섹스에 훨씬 더 쉽게 접근할 수 있다는 것이다. 그리고 노래는 비행의 높은 신진대사 비용, 즉 많은 칼로리 소모를 보상하기 위해 진화했다. 노래는 아주 먼 거리까지 도달하기 때문에 새들은 방향을 지시하는 듣기를 통해 3차원 공간에서 자신의 위치를 추적할 수 있다.

새의 뇌를 좀 더 깊숙이 뒤져보는 일은 큰유황앵무 스노우볼에 대한 쾰슈의 회의론을 설명하는 데 도움이 된다. 새들의 뇌는 규칙적인 리듬과는 상관이 없는 것으로 보인다(실질적으로 뇌가 없는 곤충들은 완벽하게 해내는데도 그렇다). 새들은 음성 습득과 노래 생성에 필요한 핵을 포함한 구피질을 정교하게 발달시키면서 공룡과 파충류보다 더 복잡한 전뇌를 가졌다.**37** 노래하는 새의 뇌를 그려보면 HVChigher vocal centre와 X 영역Area X을 정확히 알 수 있다. X 영역은 암컷에는

그림 9-3. 베가비스 이아이. 백악기 새와 비슷한 생물로, 중간 크기의 랩터 공룡 위를 날아가고 있다.

없는 중추로, 노래하는 행위가 왜 암컷 새에서 훨씬 더 드문지를(아닐 수도 있다) 설명해준다. 새의 뇌는 성인기에도 새로운 신경세포가 계속 자라는 특별한 능력이 있다는 점에서 우리의 뇌보다 훨씬 더 뛰어나다. 새의 뇌는 말 그대로 노래를 불러야 할 봄에 더 커지고, 무게를 줄여야 할 겨울에는 작아진다.**38** 새들이 어떻게 뇌의 무게를 바꿀 수 있는지를 이해할 때 알츠하이머병을 치료할 수 있을 것이다. 새의 뇌 설계는 한 측면에서 포유동물의 뇌보다 열등한 것이 아니라 근본적으로 다른 것이다. 포유류는 신선조체라고 하는 진화적으로 새로운 구조를 포함해 몇 가지 층의 대뇌피질을 더했다. 그 역할은 감각체계와 운동체계, 인지체계 사이에서 정보를 통합하는 것이다. 인간 포유류에서 생각, 감정, 운동 간의 연결은 언어적 진화에 근본이 되었다. 그렇기 때문에 우리는 리듬을 맞출 수 있고, 아마도 스노우볼은 예외겠지만 새들은 하지 못하는 것이다. 과학자들이 고유의 언어로 새의 노래를 인정하지 않으려 하는 이유도 여기에 있다. 새들은 문자 그대로 언어를 위한 뇌를 가지고 있지 않다.

그러나 예술이라면?

그렇다면 새의 노래는 언어인가 음악인가? 적용할 수 있는 커뮤니케이션 체계인가, 아니면 작은, 아주 작은 의미 없는 소리의 흐름인가? 하지만 이 양자택일의 딜레마는 잘못된 이분법에 의한 것으로, 새의 노래는 4장에서 인간의 음악이 그랬음을 알게 됐듯 둘 모두가 될 수 있다. 우리는 일상생활에서 사운드트랙이 어떻게 음악작품의 상상 속 풍경 안에 흡수되는지 살펴보았다. 아마도 새들 역시 주변 환경으로부터 소리와 신호를 따와 아름다운 패턴으로 짜 넣을 것이다.

새들이 실제로 신호들을 가지고 논다는 명료한 증거는 호주 앨버트의 금조이다. 이 새는 데이비드 아텐보로의 BBC 시리즈 「살아 있는 지구Planet Earth」에 등장해,[39] 웃는물총새의 울음소리를 흉내 냈고(또한 스무 종의 새를 흉내 낼 수도 있다), 카메라 셔터와 카메라 모터드라이브, 자동차 경고음, 수목관리원의 전기톱 소리를 묘하게 정확히 모방하기도 했다. 금조의 눈부신 기술은 암컷들에게 깊은 인상을 준다는 것이 생물학적 설명이다. 그러나 음악적 관점에서 금조의 노래는 사회적이고 환경적인 공간의 신호를 따라 하는 것이기도 하다. 인간의 음악에서와 마찬가지로 이 공간의 신호는 본래의 기능이나 의미에서 추상화된 것이다(금조가 진정으로 웃는물총새를 이해했는지는 의심스럽다). 금조는 아마도 주변 환경과 타협하기 위해 모방을 했을 것이다.

그렇게 해서 나는 새의 노래가 의미 없다는 합의는 아마도 틀렸다고 믿게 됐다. 다른 사례 두 가지를 더 살펴보자.

우선, '피-비' 하고 우는 박새의 두음은 여러 태생적 울음소리만큼 짧지만 분명 노래이다. 이 노래는 단순해서 오해를 산다. 노래 결투에서 수컷 박새는 윗음('피')의 높이를 더 높이지만 두 음 사이의 정확한 음정은 유지한다('피-비'). 높은 음을 날카롭게 높이는 일은 새의 노래가 새벽 합창이 만들어내는 불협화음을 뚫고 나갈 수 있게 한다. 경쟁 관계에 있는 귀뚜라미가 경쟁자보다 조금 앞서서 노래하는 것과 비교된다. 절대음정('피')과 상대음정('피-비'의 윤곽) 간의 완벽한 균형은 그가 최고의 새(하급한 새는 이 균형을 망쳐버린다)라는 인상을 준다. 이 울음소리는 지위와 공격성의 신호를 조정하기도 한다. 즉 절대음정은 경쟁자에게 경고를 주며, 정확한 상대음정은 짝을 유혹한다.[40]

박새의 노래는 한 곡으로 짝짓기와 경쟁이라는 두 개의 동시적 기능을 어떻게 충족할 수 있는지를 설명해준다. 새 전문가들은 새의 노래에 의미가 있음을 부인하기 위해 이 수수께끼를 반복적으로 내세워왔다. 노래가 동시에 두 가지 목표를 충족한다면 이는 어떤 의미를 가질 수 있는가? 정답은 노래가 신호를 혼합할 수 있다는 것이다.

두 번째로, 나이팅게일은 우리가 처음에 생각했던 것보다 더 많이 노래하고 있을 수도 있다. 앞서 보았듯, 나이팅게일의 몇 백 가지 노래는 네 단계의 패턴을 정교화한 것이다. 이제 여기에 덧붙여야 할 점은, 이 통사의 두 번째 단계가 짝을 유인하기 위한 높은음의 휘파람이며, 세 번째 단계는 전형적인 공격의 신호인 딸깍 소리라는 점이다. 사람의 노래와 마찬가지로 이 새의 노래는 사랑과 전쟁의 소리를 혼합한 것이다. 그리고 우리의 음악과 마찬가지로 나이팅게일의 음악은 외부의 기능적 소리를 음악적 문법으로 만들어진 내면의 미학적 세계로 소화시킨다.

마지막으로, 우리는 왜 새가 노래하는지에 대해 답할 수 있다. 궁극적으로 새가 노래를 즐기기 때문이다. 그렇다. 노래에는 네 가지 적응적인 기능이 있으며, 노래의 구성 박자는 의미를 지닌다. 하지만 그 점이 새가 음악을 만드는 데에서 즐거움을 얻는 가능성을 갉아먹지는 않는다. 우리가 새들이 즐거움을 누린다고 인정하면서 불편해하는 건 다윈을 잘못 이해한 까닭이라는 것이 진화과학자 리처드 프럼Richard Prum의 견해다. 프럼은 과감한 수정주의자의 입장에서 책을 저술하면서, 다윈의 자웅선택 이론은 여성의 성적 즐거움을 인정하지 않는 빅토리아 시대의 정신을 따르던 당시의 과학자들로부터 검열 당했다고 주장했다.[41] 따라서 본래는 훨씬 더 풍부했던 다윈의 이론이 왜곡되면서 현재의 통설로 굳어진 것이다. 이 통설은 새와 고래를 포함해 모든 동물의 노래가 순전히 기능적이며 전혀 미학적이지 않다는 입장을 굳건히 지킨다. 그러나 새의 노래가 지닌 길이와 복잡성은 가끔 짝을 유인하기 위해 필요한 정도를 넘어선다. 이 통설에서 벗어나면 동물과 인간의 음악 사이에 있던 장벽은 무너진다.

이 신조의 또 한 가지 문제는, 암컷 새의 뇌에 'X 영역'이 존재하지 않는다는 이유로 음악이 수컷의 분야가 된다는 점이다. 이 사실은 약 10년 전부터 과학적으로 합의되었다.[42] 그러나 암컷 새들도 분명 노래를 한다. 아마도 자웅선택보다는 사회적 유대 등의 이유로 노래하는 것으로 보인다. 따라서 'X 영역'은 과거에 생각했던 것보다 의미가 없을 수도 있다.[43] 실제로 과학자들은 야생에서 새의 성별을 구분하는 데 어려움을 겪기도 하고, 노래하는 새는 수컷이라는 가정 때문에 수컷과 암컷을 구분할 기회를 놓치기도 한다. 다음과 같은 두 가지 순환논리가 서로 나선을 그리고 있음을 주목하자. 오직 수컷만이 노래를 한다. 따라서 노래한다면 그 새는 수컷이다. 암컷은 노래를 할 수 없기 때문에, 그 능력이 없다는 것은 뇌 속에 'X 영역'이 존재하지 않음을 의미한다.

이 논쟁은 여성이 작곡할 수 없으며 음악적 인간은 철저히 남성이어야 한다는, 이제는 우습기만 한 신념만큼이나 치명적이다. 물론 우리는 이제 당연히 서양 음악사에서 여성 작곡가들이 부족한 건 생물학적 이유가 아닌 사회적 문화적 편견 탓이라고 여긴다. 여자를 혐오하는 음악학자들이 역사적 사건에서 요점을 추출해내기 위해 자연을 들여다보았는데 자연과학 역시 동일한 편견으로 가득 차 있다는 것이 얼마나 모순적인가. 다윈의 음악이론, 즉 수컷 새가 노래하고 암컷이 선택한다는, 또는 인간의 관점에서는 남성이 작곡하고 여성이 마음을 정한다는 이론은 완전히 틀렸다. 프럼은 노래를 듣는 암컷의 미학적 기쁨이 진화론적으로 중요하다고 강조하면서, 빅토리아 시대의 성차별을 바로잡기 위해 노력하고 있다. 그러나 아직 멀었다. 암컷 새도 노래한다면, 그리고 반드시 자웅선택을 위한 노래가 아니라면, 음악의 기원은 고작 섹스가 아닐 것이다. 곧 살펴보겠지만, 수컷 혹등고래가 노래할 때 주변에 그 노래를 듣는 암컷 혹등고래는 없다.

고래

고래의 음악은 새의 노래보다 더 황홀하다. 좀 더 '인간'처럼 들리는데, 아마도 고래가 포유류이기 때문일 것이다. 고래의 노래는 우리를 놀라게 한다. 진화하는 음악문화에 가장 가깝기 때문이다. 고래의 노래는 몇 십 년에 걸쳐 천천히 발전한다. 그러나 한때 고래는 소리를 내지 못하거나 듣지 못한다고 여겨졌다. 이 믿음은 고래가 인간을 만났을 때, 냉전시대 US해군이 실시한 일급비밀 연구 덕에 모두 바뀌었다. 프랭크 와틀링턴Frank Watlington이라는 해군 엔지니어는 버뮤다 세인트 데이비드의 팰리세이드 수중음파탐지기 기지에 배치되어 바닷속 수심 700미터에 설치된 수중청음기(수중 마이크)를 통해 러시아 잠수함의 소리를 들으라는 임무를 받았다.[44] 그가 들은 것은 잠수함 대신 혹등고래의 노래였다. 와틀링턴의 녹음은 환경보호활동가 스코트 맥베이Scott McVay와 프린스턴 대학교를 중심으로 활동하던 조류 과학자 마크 코니시Mark Konishi의 손에 들어갔고, 고래 전문가 로저Roger와 케이티 페인Katy Payne에게로 넘겨졌으며, 둘은 소노그램 시각화를 바탕으로 그 소리를 분석했다. 그 이후는 역사가 됐다. 와틀링턴의 녹음을 사용해 페인과 맥베이는 「혹등고래의 노래」를 만들어냈고, 이 앨범은 3,000만 장이 팔렸으며 '세이브 더 웨일스Save the Whales'를 비롯해 전 세계적인 환경 운동을 촉발했다. 대단한 이야기이다. 이 이야기는 데이비드 로텐버그David Rothenberg의 책 《천 마일의 노래Thousand-Mile Song》에 생생하게 담겨 있다.

로텐버그가 보여주듯, 페인은 고래의 노래가 단순히 아름다운 것 이상임을 깨달았다. 고래의 노래는 복잡한 구조를 띠고 있고, 몇 분마다 상당히 정확하게 반복된다. 두드러지는 점은 고래의 노래가 새의 노래와 똑같이 위계적이고 언어 같은 구조를 가지고 있으며, 단어와 비슷한 단위에서부터 문장과 비슷한 어구 그리고 전체 노래와 기간에 이르기까지 복잡성 수준이 점점 높아지도록 정렬된다는 것이다. 로텐버그는 심지어 고래의 노래를 몇 배 정도 빠르게 재생하면 나이팅게일처럼 들린다는 것까지 시현해 보였다.[45] 그러나 나는 여기에 동의하지 않는다. 고래의 노래와 새의 노래는 몇 가지 이유로 다르다. 내가 자세히 살펴보려 하는 근본적인 차이점은 고래의 노래가 모든 방향으로 '흐른다'는 것인데, 이는 물이라는 매개체에 의해 유도된다. 반면 새의 노래는 새의 육체적 움직임에 따라 경쾌하게 또는 갑자기 변한다. 이런 비교는 다른 의미로 오해받을 수 있다. 고래와 새 모두 3차원 공간을 통해 직접적으로 들을 수 있는 소리를 사용하지만, 공기와 물은 서로 다른 속성을 지녔다. 비단 소리가 공기보다 물속에서 다섯 배는 더 빨리, 초당 1,500미터의 속도로 이동한다는 사실만이 아니다. 바닷속이 가시성이 형편없음을 고려할 때, 듣기는 시각적 정확성을 지닌 새보다 고래에게 훨씬 더 중요하다. 대왕고래의 신음 소리에서 나오는 초저주파 음파는 바다의 '심해음파통로'를 통해 몇 천 킬로미터씩 이동할 수 있어서 지구를 반 바퀴쯤 돌 수 있고, 그렇게 로텐버그의 책 제목이 됐다.

고래의 노래는 일반적으로 7분에서 30분가량 지속되어서 새의 노래보다 훨씬 길다. 또한 노래들은 서로 이음새 없이 매끄럽게 이어져 23시간까지 지속된다.[46] 기억하자. 나이팅게일의 '노래들'은 몇 초씩만 지속되며 이들은 숨을 쉬기 위해 2초 혹은 3초의 침묵으로 구두점을 찍는다. 반면 고래의 노래에서 틈은 노래가 아닌 '단어' 사이에 들어가 각 울음은 엄청난 무게와 표현력을 전달하는 것으로 보인다. 그림 9-4는 1964년 4월 버뮤다에서 고래가 만들어낸 소리(와틀링턴이 녹음한 것)에 대해 페인과 맥베이가 분석한 결과다. 고래의 함성과 신음 소리, 쾅쾅거리는 울림 등을 표현하는 윤곽을 상상하기는 매우 쉽다. 이 울음들이 어떻게 노래 전체에서 점차 진화하는지를 상상하는 것도 마찬가지다. 예를 들어 기록의 네 번째 줄에서 높은 곳에서 미끄러지는 함성 소리는 분명 처음에 등장하는 더 침착한 울음소리와는 확실히 다르게 보이고 들린다. 어떻게 소리가 더 빠르고

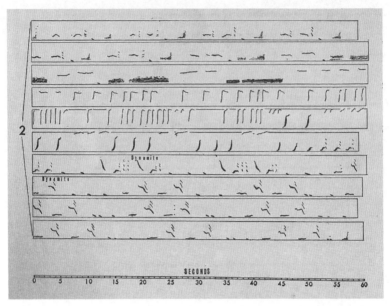

그림 9-4. 고래의 노래의 기록
© Roger Payne

더 높이 반복되는지도 살펴보자. 여기에는 논리와 진전이 있다.

로저 페인과 그의 동료들은 고래의 노래가 새의 노래보다 훨씬 더 악구의 끝마무리가 '라임'을 이룬다는 것을 발견했다. 인간의 노래에서와 마찬가지였다. 언어학자들은 새의 노래가 언어인지 음악인지 아니면 두 가지의 혼합인지를 계속 논쟁하면서 호미닌의 '원시언어'를 예측했는데(10장 참고), 고래의 노래는 그 반복성과 운율을 지닌 악구의 종결 등으로 볼 때 우리가 '음악'이라 생각하는 것에 절대적으로 더 가깝다.

아마도 고래의 노래에서 가장 놀라운 점은 이 노래들이 매년 바뀐다는 점일 것이다.[47] 옛 노래는 조금씩 새 노래로 발전하고, 혹등고래의 레퍼토리는 완전히 달라진다. 고래들은 팝 아티스트들과 같이 유행을 따르는 생명체다. 페인이 1960년대 고래의 노래를 더 좋아한다고 한 고백이 어찌나 흥미롭던지! 고래의 노래에는 역사가 있다. 반면 특정 서식지 내에서 한 종류의 새가 노래하는 레퍼토리는 대개 똑같다. 존 키츠는 자신의 말이 정말로 옳았음을 알지 못했다.

더 자세히 연구할수록 고래의 노래는 더 이상하고 더 설명하기 어렵다는 것이 드러났다. 기간 내 어느 시점에서든 전체 고래는 똑같은 노래를 하지만, 새의 사투리와는 사뭇 다르게 바다는 같은 장소가 아니라 멀리 떨어져 있다. 1991년 1월과 4월 사이의 번식기에 해양생물학자 살바토레 체르키오Salvatore Cerchio와 동료 학자들은 약 4,830킬로미터 떨어진 하와이 카우아이와 멕시코의 소코로에서 고래의 노래를 들어보았고, 서로 다른 무리가 똑같은 여섯 개의 주제로 이뤄진 똑같은 노래를 한다는 것을 발견했다.[48] 이는 1983년 피터 프럼호프Peter Frumhoff가 "기록된 노래의 시간 동안 동일한 순서로 두 번 혹은 그 이상 반복되는 최소 세 가지 주제"의 배열이라고 정의한 바에 따르면 '노래'로 이해할 수 있었다. 이 정도로는 놀라기에 부족하다는 듯, 학자들은 초기에 생각했던 것처럼 고래의 노래가 계절과 계절 '사이'뿐 아니라 계절 '내에서'도 진화한다는 것을 발견했다. 그리고 신기하게도 진화는 동일한 패턴을 보이며, 빙하가 갈라지듯 한 주제가 두 가지 별도의 주제로 갈라지는 과정을 거쳤다.

우리는 어떻게 고래가 이렇게 하는지 모른다. 여러분은 똑같이 기이한 설명 가운데에서 선택할 수 있다. 엄청나게 빠른 문화 전달인가? 불가능하다: 거리가 너무 머니까. 텔레파시? 말도 안 된다. 그 거대한 뇌 속에 노래 진화를 위한 유전적 틀이 있는가? 나쁘지 않지만 아직은 좀 그렇다. 미스터리는 여전히 남았다.

우리는 정말로 왜 고래가 노래하는지 모른다. 왜 새가 노래하는지보다 더 알 수 없다. 대부분의 생물학자는 전통적인 자웅선택설을 붙들고 있다. 확실히, 오직 수컷만이, 그것도 짝짓기를 하는 겨울에만 노래를 한다. 혹등고래의 노래는 여름에 녹음되는 법이 거의 없다. 이 관점에서 우리는 매우 광범위하게 펼쳐진 구애의 장소에서 서로 1,600킬로미터씩 떨어져 있는 고래들이 경쟁적으로 똑같은 노래를 불러 젖히는 모습을 상상할 수 있다. 그리고 거대한 곤충들의 합창에서 체르키오가 주목한 변화를 이끄는 것은 서로를 능가하려는 열정이다. 그러나 보통은 암컷들이 인근 지역에 없으며 관심을 가진 것처럼 보이지도 않기 때문에 이런 설명을 곧이곧대로 믿기는 어렵다. 에두아르도 메르카도Eduardo Mercado 같은 학자들은 노래가 반향정위(박쥐 등이 초음파를 발사해 물건의 위치를 알아내는 방식—옮긴이)의 역할을 한다고 주장하기도 하지만,[49] 대부분의 전문가는 혹등고래의 노래가 놀라울 정도로 높이 삑삑거리거나 빽빽거리는 돌고래의 초음파 수중탐지 소리처럼 들리지는 않는다며 이에 동의하지 않는다. 참 안타깝다. 메르카도의 관점처럼 이 노래들을 고래들이 심해까지 헤엄쳐 나가면서 정보를 형성하고 전하는, 3D로 펼쳐지는 바다의 음향지도라 생각해본다면 멋지기 때문이다. 그런 설명은 인간의 음악을 '산책'할 수 있는 일종의 '풍경'이라고 보는 생각과 통한다.

가장 설득력 있는 이론은 수컷들이 훌륭한 포유동물로서 사회적 유대감을 위해 함께 노래한다는 것이다. 당연히 인간들도 늘 함께 노래한다. 그런데 혹등고래들은 동일한 노래를 할 때, 조화롭지 않은 음으로 노래한다.[50] 인간의 음악이 시작될 무렵 얽히고설킨 팔다리와 목소리로 노래하고 춤추는 합창단들이 선보인 헤테로포니(7장에서 웨일스와 토스카나 농부들처럼 동일한 노래를 변형해서 동시에 부르는 것)가 아니라면 그 불협화음은 무엇일까?

구체적인 노래 한 곡을 살펴보자. 온라인에서 쉽게 들어볼 수 있는 「혹등고래의 노래」에 실린 첫 번째 트랙 「고래의 독창Solo Wale」을 살펴보는 것이 가장 적합하겠다.[51] 처음에는 놀라울 정도로 다채로운 소리들이 강한 인상을 준다. 안개 속을 울리는 경적처럼 깊은 신음소리에서 시작해 코끼리가 내는 나팔 소리 같은 울음, 연달아 이어지는 광대역의 그르릉 하는 소리와 고동 소리가 등장하다가, 우리가 들을 수 있는 가장 높은 수준의 음까지 닿는 환호성과 비명, 휘파람 같은 소리가 나온다. 노래의 시작 부분에서 그르렁대는 소리는 오토바이 소리를 연상시킨다. 오넷 콜맨이 아방가르드한 즉흥 연주에서 색소폰이나 트럼펫을 사용해 믿기 어려울 정도로 높은 비명 소리를 쥐어짜듯, 자유로운 재즈 연주의 괴팍한 관악기 음색으로 오해할 법한 소리가 몇 차례에 걸쳐 번갈아 등장한다. 처음의 그르렁 소리는 고래들이 숨을 쉬러 해수면으로 올라올 때 내는 특징적인 소리로, '래칫ratchet'이라고 부른다. 체르키오와 다른 고래 연구자들은 '래칫'이 노래의 시작부를 알리는 실질적인 부분이라 본다. 다만 노래들은 이음새 없이 계속 반복되기 때문에 판단하기가 쉽지는 않다.[52] 이 트랙의 5분 50초 부분에서 '래칫'을 들을 수 있는데, 이는 고래가 긴박하게 해수면으로 돌아왔다는 사실과 노래가 다시 반복된다는 사실 모두를 알린다. 전체 노래는 6분이 채 되지 않는데, 두 번째 반복이 반쯤 진행될 때(9분 30초) 트랙은 끝이 난다.

「고래의 독창」은 고래의 호흡 주기와 조화를 이루며 깔끔하고 완벽하게 알아들을 수 있는 논리를 가졌다. '래칫' 이후에 노래의 처음 절반은 계속 상승하는 쌕쌕 소리와 휘파람 소리가 차지한다. 고래가 깊은 물속으로 가라앉는 후반부는 몹시도 낮은 신음 소리와 우르릉 소리로 특징지어진다. 많은 고래의 노래가 비슷하게 오르내리는 아치형의 윤곽을 가졌는데, 인간의 노래가 지닌 윤곽과는 다르다. 「고래의 독창」에서 호흡 주기와 3차원 공간의 라임은 이례적일 정도로 선명하게 드러난다. 높은음은 수면 위에서 가장 잘 전달되고 낮은음으로는 수면 밑에서 더 멀리 소통할 수 있기 때문에 여기에는 음향적 논리가 존재하는 셈이다. 앞서 살펴봤듯 새의 세계에서 아메리카솔새가 높이 날수록 더 높은음으로 노래하는 것과 비슷하다. 실제로 「고래의 독창」만큼 완벽한 고래의 노래는 매우 드물다. 「고래의 독창」과 비슷한 노래들이 많았다면 고래들의 음악이 지닌 벅찬 다양성을 지도처럼 기록하기가 더 쉬웠을 것이다. 그러나 그 구조적이고 음향적인 논리는 고래의 음악이 일종의 원형이지만, 인간 작곡가들이 단순함으로부터 다양한 음악을 창조해내는 것과 비슷한 방식으로 정밀하게 구성되고 되었음을 시사한다.

고래의 노래가 어떻게 계절과 계절 사이에 그리고 계절 내내 진화할 수 있는지, 우리가 아직 답을 찾지 못한 그 질문으로 돌아가 보자. 일정 기간 동안, 가끔은 몇 년 동안 똑같은 노래는 더욱 길고 느려지다가 갑자기 더 짧막한 노래들로 갈라지고, 그 후 늘어나는 과정이 다시 시작된다. 페인과 그 동료들은 1983년 어떻게 이런 일이 벌어지는지를 설명한다. 새로운 주제가 기존의 노래에 살그머니 끼어들면서 옛 주제와 공존하다가, 다른 단위들이 점점 단계적으로 사라지면서 자리 잡게 된다. 1976년과 1977년에 추적된 두 가지 주제('주제 8'과 '주제 9'라고 이름 붙여졌다)는 노래의 63퍼센트를 구성했는데, 1978년에는 남아 있던 주제들이 제거되면서 그 비율이 100퍼센트가 되었다. 게다가 주제의 순서가 정해져서 주제 8은 항상 주제 9로 이어졌다(과거에는 주제 9가 가끔 주제 8로 이어졌다).[53] 이들도 안정적인 주제가 더 새롭고 짧은 주제로 나뉠 수 있다고 언급했다. 한 가지 놀라운 발견은 고래들이 두 가지 주제 사이에서 '과도기적인 단계'로 진화했으며, 과도기에는 두 가지 주제의 특징 모두가 혼재한다는 점이다. 인간의 작곡가가 작업하는 방식과 동일한데, 과도기를 통해 상반되는 주제들을 중재하는 것이다. 고래 음악에는 유려하게 진행되는 발달 논리가 존재하는데, 이는 새의 노래가 지닌 급작스러운 점묘법과는 다르며 인간의 음악이 움직이는 방식에 훨씬 더 가깝다.

우리는 인간과 동물의 음악을 비교하는 데에 극도로 조심스러운 자세를 취해야만 한다. 그러나 페인과 다른 학자들의 연구에 따르면 고래의 노래가 진화하는 방식은 음악학자들이 '트로핑troping'이라고 부르는 유명한 원칙을 따른다.[54] 그레고리오 성가와 초기 폴리포니에서 트로핑은 기존의 멜로디에 새로운 음표를 삽입한다는 의미다. 몇 년 혹은 몇 십 년 동안 장식음은 더 길고, 더 확고부동하게 자리 잡으며 새로운 성가를 낳았다. 오래된 음은 떨궈져 나가고 새로운 성가를 바탕으로 모든 과정이 처음부터 다시 시작됐다. 새로운 성가는 끊임없는 주기에 따라 아기 성가를 낳았다. 트로핑은 서양에만 국한된 것이 아니다. 비슷한 기술이 인도와 중국에서도 발견된다. 문화적으로 확산된 것이 아니라 평행적으로 고안된 것이기 때문이다. 고래의 트로핑은 기나긴 목록 중 또 하나의 사례일 뿐이다.

따라서 왜 혹등고래의 노래가 진화했는지를 설명하려면 유전자보다는 음악적 주제의 개체군 동태, 즉 문화뿐 아니라 종의 장벽을 넘어서는 것처럼 보이는 원칙이 더 중요하겠다. 일부 사람들은 주제가 유전자처럼 진화하며, 도킨스의 '밈'의 음악적 버전과 같다고 생각한다. 나는 이 개념을 11장에서 살펴볼 예정이다. 지금으로서는 「고래의 독창」 같은 노래를 들을 때 왜 우리는 인간으로서 또는 적어도 포유동물로서 동류의식을 느끼는지를 고민해보자.

굴은 바다의 맛을 그리고 고래의 노래는 바다의 광활함과 바다만큼 커다란 음악의 영혼을 일깨운다. 혹등고래의 음악은 모든 면에서 '깊이'를 가졌다. 나는 고래의 음악에 우리가 공감하는 이유가 우리의 음악처럼 고래의 음악에서 움직임과 변화가 중요하기 때문이라고 제안하고 싶다. 고래의 노래 안에는 주제가 점차적으로 고조되고, 그 후 단계적으로 빠져나가는 움직임이 존재한다. 또한 변화가 존재해서, 하나의 음 또는 몸짓은 '과도기'를 거쳐 또 다른 음이나 몸짓으로 녹아들어 간다. 노래가 계절과 계절 사이 또는 전반에 걸쳐 진화하는 굉장히 중요한 역사도 있다. 혹등고래의 노래는 이들이 살아가는 물만큼 유동적이며, 그로부터 고래의 움직임과 사람의 움직임 간의 차이가 드러난다. 고래의 노래에 두드러지게 부족한 부분이 있다면 바로 직립보행이 만들어내는 리듬이다. 내가 4장에서 사피엔스가 두 발로 서서 걷는 경험에서부터 진화됐다고 주장한 리듬은, 음악적 박자의 규칙적 행진을 의미한다. 직립보행은 영장류가 음악의 산을 오를 수 있게 된 중요한 수단이며, 수영과 걷기처럼 고래의 노래와 인간의 음악에서 기본적인 차이를 낳았다. 실제로 우리 시야를 넓혀주는 것은 고래들이 분명 우리보다 몇 백만 년 앞서 음악을 해왔다는 사실이다. 우리는 NASA가 외부 우주로 뛰어넘던 바로 그 시기 동안 내부 우주의 이 외계인들을 발견하고 만 것이다.

유인원의 침묵

새의 노래를 바탕으로 한 인간의 음악 작품은 무척 많다. 그중 아주 훌륭한 사례는 모차르트의 열일곱 번째 피아노 협주곡(K.453)으로, 자신이 기르던 찌르레기로부터 영감을 얻은 작품이다. 클래식은 곤충들 모임으로 북적이는데, 귀뚜라미(조스캥 데프레의 세속 성악곡「일 그릴로Il Grillo」), 꿀벌(림스키 코르스코프Rimsky Korskov의 「왕벌의 비행Flight of the Bumblebee」), 금파리(버르토크의 「파리의 일기 중에서From the Diary of a Fly」), 나비(슈만의 「나비」) 등이 있다. 작곡가들은 고래의 노래를 발견하자마자 기쁘게 받아들였다. 조지 크럼George Crumb의 「고래의 목소리Vox Balaenae」가 바로 그 예다. 내가 아는 한 원숭이 울음소리가 등장하는 유일한 음악은 「펑키 기번The Funky Gibbon」으로, 1975년 코미디언 빌 오디Bill Oddie가 부른 신기한 노래다. 공교롭게도 다윈은《인류의 계보The Descent of Man》에서 유인원과 원숭이 그리고 실질적으로 일반적인 포유류가 노래하지 않는다는 원칙의 예외로 긴팔원숭이(기번)를 들었다. 그는 이렇게 썼다. "우리는 놀랍게도 암컷을 사로잡기 위해 수컷 포유류들이 이 (발성) 기관을 사용한다는 적절한 증거를 아직 찾지 못했다."[55] 그러나 이 주장은 말도 안 되는 것으로 드러났으며, 다윈은 믿음직한 소식통을 통해 긴팔원숭이들이 반음으로 옥타브 음계를 노래할 수 있음을 들었다.

다윈 이후, 실질적으로 인간을 제외한 영장류들의 발성에 대한 풍부한 연구가 이뤄졌다.[56] 유인원이 우리의 가장 가까운 사촌임을 고려할 때, 이들의 울음소리가 인간 음악의 기원을 밝혀준다고 기대할 수도 있다. 그러나 그렇지 않다. 유인원의 발성은 막다른 골목과 같은데, 단순히 보자면 이들은 노래가 아닌 울음소리를 내는 것이다. 침팬지와 보노보, 고릴라는 동물의 커뮤니케이션을 음악으로 정의 내리기 위한 필요조건인 음성 습득이 불가능하다. 다시 말해서 유인원들의 울음은 선천적이고, 보편적이며, 융통성이 없다. 또 다른 결정적으로 부족한 점은 리듬이 없어서 박자 맞추는 것이 불가능하다는 것이다.

그렇다 하더라도 영장류 울음소리에서 두드러진 사례 서너 가지는 묘하게도 음악을 연상시킨다. 침팬지들은 만났을 때 '팬트 후트 pant-hoot' 합창이라는 집단적 의식을 선보이는데, 이 합창은 점차 절정의 비명에 이르렀다가 사라져버리는, 흡족한 음악적 구조를 가졌다. 인간의 레이브 파티의 기원을 찾는다면, 침팬지의 '카니발 쇼'보다 더한 것은 자연에 없다. 침팬지들은 식량의 발견이나 소집단의 만남 같은 사건을 축하하기 위해 새된 비명을 지르고, 발을 구르고,

나무를 찰싹찰싹 때리거나 주변을 뛰어다니는 집단적인 광란을 선보인다.**57** 긴팔원숭이의 경우, 현실은 다윈이 상상하는 것보다 훨씬 더 기이하다. 수컷과 암컷 긴팔원숭이들은 사랑의 노래를 듀엣으로 부르는데, 이 복잡하고 아름다운 노래는 때론 한 시간 동안 계속되기도 한다. 또한 우리는 안경원숭이와 인드리여우원숭이, 랑구르원숭이의 노래도 안다.**58** 그러나 핵심은 긴팔원숭이와 안경원숭이, 인드리여우원숭이와 랑구르 원숭이는 이 소리를 알고 있는 상태로 태어났다는 점이다. 따라서 이 소리는 서식지 어느 곳에서든 동일하고, 절대로 변하지 않는다. 이 소리는 음악이 아니라 울음이다.

가장 흥미로운 예외는 에티오피아에서 온 '겔라다'라는 구대륙 원숭이다. 겔라다원숭이들은 신음 소리나 동요하는 소리, 하품, 꿀꿀거리는 소리 등 풍부하고 다양한 울음소리를 사용한다. 근본적으로 아내들 사이에서 평화를 유지하기 위한 소리들이다. 한 유명한 연구에서 영장류 동물학자인 브루스 리치먼Bruce Richman은 겔라다의 발성이 뚜렷이 다른 네 가지 패턴으로 구분됨을 증명했다.**59**

⑴ 급작스럽게 발생하는 시리즈: 박자가 절정에 이르기까지 속도를 높이다가 천천히 늦춤.

⑵ 긴 시리즈: 미끄러지듯 천천히 진행되는 도입부—고조되는 소리가 삽입된, 더 빠르고 스타카토가 많이 들어간 중간부—마지막으로 길고 복잡한 멜로디에 가까운 소리가 삽입된 세션으로 이어짐.

⑶ 콜-리스폰스 교환: 여러 다른 목소리들로부터 빠르게 솟아오르는

짧은 끙끙거림이 빠르고 동일한 간격을 두고 순서대로 진행됨.
(4) 흥분의 시리즈: 음높이와 리듬, 소리의 질에서 빠르게 변화하는 중간 부분을 포함함.

리치먼은 동시적인 의미를 표현하기 위해 시리즈가 다음과 같이 변할 수도 있다는 것도 관찰했다. 긴 시리즈는 보통 수컷의 접근을 알리는 분명한 신호다. 그러나 리치먼은 수컷이 '평소의 긴 시리즈보다 더 크고 길며 높고 날카로운 목소리로 긴 시리즈'를 만드는 것을 들었다. 원숭이는 몇몇 숫총각 원숭이들과 한 차례 험악한 시간을 보내고 난 뒤, 이 '높고 날카로운' 혹은 시끄러운 긴 시리즈를 만들어냈다. 리치먼은 "높고 날카로운 목소리로 긴 시리즈를 만들어냄으로써 수컷들은 필연적으로 동시에 두 가지 정서적/참여적 상태를 표현하게 된다"라고 했다.

언뜻 보기에 겔라다의 발성은 음악보다는 언어의 기원에 훨씬 더 가까워 보인다. 본질적으로 버빗원숭이의 유명한 경고의 울음보다 더 복잡한 형태이기 때문이다. 버빗원숭이의 경고의 울음은 포식자에게 한정된다. 표범을 보면 커다란 소리로 짖고, 독수리에게는 짧은 이중음절로 기침을 하며, 뱀이 보이면 '쫏쫏'거린다.[60] 겔라다 원숭이가 울음소리의 의미를 바꾸기 위해 음조를 바꾼다는 리치먼의 발견은 운율 체계(목소리의 정서적인 어조와 윤곽, 리듬과 속도 등)가 언어학자들이 생각했던 것보다 언어의 기원에서 훨씬 더 중요하다는 것을 보여준다. 놈 촘스키와 레이 잭켄도프Ray Jackendoff 같은 언어학자들은 언어의 기원을 통사론의 진화와 언어의 순서라는 관점에서 보았다.[61] 그러나 이와는 대조적으로 겔라다의 음조 변화는 운율 체계가 자연의 커뮤니케이션에서 가장 중요한 위치를 차지하고 있음을 보여준다. 그래, 겔라다원숭이의 발성은 노래보다는 언어에 가까울 수 있다. 그러나 음악은 아닐지라도, 분명 음악적이다.

유인원 커뮤니케이션의 음악성은 다음 장에서 핵심적인 줄기가 될 것이다. 지금으로서 우리는 유인원의 울음소리에 밑줄을 긋고, 유인원이 인간의 음악에 기여한 가장 큰 부분이 소리와는 전혀 관련이 없다는 희한한 사실을 고민해봐야겠다. 음악적 인간이 유인원으로부터 배운 것은 사회적 지능이며, 이 지능은 음향적이라기보다는 시각적이다. 아유무라는 이름의 침팬지가 등장하는 두 가지 보고서는 그의 강점이 어디에 있는지를 분명히 보여준다.

유인원 행동의 권위자인 프란스 드 발Frans de Waal은 아유무가 인간의 기억력을 부끄럽게 만든 이야기를 전한다.[62] 아유무는 교토대학 영장류연구소에서 다른 침팬지들과 살고 있으며, 컴퓨터를 갖춘 작은 방 몇 개를 자유롭게 드나들 수 있다.

아유무는 1부터 9까지 일련의 숫자들을 기억해낼 수 있으며 올바른 순서를 맞출 수 있다. 숫자들이 스크린 위에 무작위로 나타나고, 화면을 누르는 순간 하얀색 네모로 바뀜에도 불구하고 그렇다. 나도 직접 이 작업을 해봤지만 몇 초 동안 스크린을 바라보고 나면 다섯 개 이상의 숫자를 기억하는 데에 어려움을 겪었다. 반면 아유무는 숫자를 단 210밀리초만 보고도 똑같은 순서를 기억했다. 이 시간은 5분의 1초로, 말 그대로 눈 깜빡할 사이이다.

인간들은 다섯 개의 숫자를 기억하는 아유무의 수준까지 훈련받았지만, 아유무는 아홉 개의 숫자까지 기억하고 80퍼센트의 정확도를 보였다. 아유무는 심지어 카드 한 벌의 전체 순서를 기억하는 시합에서 영국의 기억력 챔피언까지 이겼다.

두 번째 보고서에서 우리는 이 몹시도 지적인 유인원이 침팬지가 규칙적인 박자에 맞출 수 있는지 여부를 발견하는 실험에서 낙제하는 모습을 보고야 만다. 아유무는 형편없는 리듬감을 가진 것으로 드러났다. 2013년 하토리 유코가 이끄는 일본의 과학자들은 아유무와 다른 두 마리의 침팬지에게 전자키보드 위의 불이 들어오는 키를 누르도록 훈련시켰다.[63] 그러다가 침팬지들이 600밀리초의 ISI Interval between beats(박자 간 간격)로 음의 율동을 연주하게 됐을 때 그 가운데 오직 한 마리만이 박자에 맞춰 키를 누를 수 있었는데, 그 침팬지는 아유무가 아니라 아이라는 다른 침팬지였다. 왜 아유무가 아니라 아이일까? 왜 아이는 단 하나의 율동(400밀리초나 500밀리초의 ISI가 아닌 오직 600밀리초 ISI)만 좇아갈 수 있는 반면, 인간들은 다양한 템포에 유연하게 동조할 수 있는가? 왜 침팬지는, 아이처럼 예외적인 존재조차 야생에서 자연스럽게 동조화될 수 없는가? 그리고 결정적으로는 이런 의문이 떠오른다. 어떻게 아유무는 한 가지 영역에서는 그토록 뛰어나지만 다른 영역에서는 속수무책인가?

원숭이와 유인원들이 형편없는 가수인 두 가지 신체적 원인은 성도가 제대로 발달하지 못했고, 입속 혀가 풍부한 포먼트(음성의 모음을 구성하는 주파수—옮긴이)를 표현하기에는 지나치게 편평해서다. 유인원들은 흉내 내기에 능하지 않으며, 인간의 말을 모방하는 일부 새들과 고래목 근처에는 가지도 못한다.[64] 흉내 또는 미메시스는 리듬을 따라 하는 데 핵심이다. 아마도 이 미스터리의 뿌리는 유인원의 지능이 주로 시각적이라는 데에 있을 것이다. 예를 들어 이들은 인간의 보디랭귀지를 읽는 데 훨씬 뛰어나다(그리고 실제로 깜빡이는 숫자를 기억하는 데도 그렇다). 유인원들이 인간의 문장 전체를 이해하는 것처럼 보이는 유명한 사례들은 틀렸다. 실제로는 우리의 얼굴 표정과 제스처를 정확히 인식하면서 단어를 미숙하게 파악한 것이다.[65]

창의성은 유인원의 발성에서 특히나 부족한 요소이지만, 몸짓에서는 철저하게 발휘된다. 유인원들은 음성 습득이 불가능한 반면, 전 생애에 걸쳐 몸짓을 배우고 만들어낼 수 있으며, 엄청나게 유연하게 다양한 맥락에서 이를 적절히 사용할 수 있다. 그렇기 때문에 고언어학자들은 언어의 심오한 기원을 찾아 영장류의 발성보다는 몸짓을 살펴본다. 영장류 동물학자인 마이클 토마셀로Michael Tomasello에 따르면, 성인 침팬지는 사지의 움직임(팔을 든다거나, 손가락을 구부린다거나 손을 뻗고 부탁하는 등)을 포함해 30종류에서 40종류에 달하는 몸짓과 자세(웅크리고 항문을 내보이고 아래위로 뛰는 등), 다양한 감정(공포, 기쁨, 공격성, 절망, 흥분 등)을 표현하는 열 가지 얼굴 표정 등을 가지고 있다.[66] 또한 다른 침팬지의 몸에 부드럽게 손을 얹는다거나 아랫입술을 빠는 것 같은 촉각에 관련한 몸짓, 배를 두드리고 발을 구르는 등의 청각에 관련한 몸짓 등도 사용한다.

이 엄청난 다양성 내에서 토마셀로는 특히나 유인원의 사회적 구역 내에서 어떤 일이 벌어지게 하려는 의도적인 몸짓과 다른 유인원의 주의를 사로잡으려고 하는 몸짓 사이에 차이점이 있음을 발견했다. 침팬지는 놀고 싶다는 의도를 표현하기 위해 손을 들어 올리거나, 섹스를 원하기 때문에 생식기를 드러낼 수 있다. 예를 들어 먹이나 발기한 성기로 다른 침팬지의 주의를 끌기 위해 땅을 치거나 발을 구르거나 소리를 지르고, 아니면 실제로 관심을 끌 수 있을 때까지 연속적인 몸짓을 선보이기도 한다. 주의를 끌기 위한 몸짓이 연속으로 이뤄질 때, 중요한 것은 특정 몸짓 그 자체가 아니며, 몸짓이 흘러가는 순서 역시 중요하지 않다. 즉 언어와 같은 '통사'로 표현되는 경우가 거의 없다. 그보다 핵심적인 대상은 몸짓이 가리키는 목표다. 유인원의 몸짓은 언제나 실용적이며, 목표를 향한 의도를 지닌다.

그렇다면 유인원의 몸짓이 대표적으로 나타내는 것은 이들의 발성과는 전혀 다른 '유연성'이 된다. 대부분의 동물의 울음과 같이, 유인원과 원숭이의 발성은 기능과 일대일 대응한다. 앞서 언급한 버빗원숭이들의 경고의 울음소리가 고전적인 사례가 되겠다. 버빗원숭이들은 단어 또는 음악적 단위와 유사하게 우는 것일까? 그렇지 않다. 경고의 울음소리는 그 숫자가 지나치게 한정적이다. 울음소리는 특정한 경우에 고정되어 있으며, 단어나 음표가 문장과 악구로 합쳐지듯 절대로 결합되지는 않는다. 학습되는 것이 아니라 선천적이고 보편적이기 때문이기도 하다. 반면 유인원 몸짓의 48퍼센트는 놀기와 걷기, 싸움, 섹스, 보살핌, 매무새 다듬기, 먹기 등 여러 맥락에서 사용된다.[67] 아기 침팬지는 어미에게 자세를 바꿔서 안아달라고 부탁하거나, 어미의 위치를 바꾸거나, 먹이를 요구하는 등 세 가지 맥락에서 '다정한 토닥임'을 사용한다.

유인원의 몸짓이 음악과 언어, 인간 인지의 진화에서 그토록 중요한 이유는 다름 아닌 철학자들이 '마음이론'이라고 부르는 것을 표현해서다. 다른 유인원들의 주의 상태에 대한 민감성, 즉 주의에 대한 주의는 '마음읽기'와 동등한 가치를 가지며, 영장류에서 인간으로 진화하는 과정에서 다음 단계에 벌어질 일에서 중요하다.[68] 여기에는 목표를 공유하고, 서로를 돕고, 활동을 위해 협동하고, 뭔가를 원해서가 아니라 단순히 흥미로운 것을 발견해서 그 물건을 가리킬 수 있는 놀라운 능력이 포함된다. 이런 능력 가운데 대다수는 이미 인간 시선의 방향을 따라가는 침팬지의 능력에서 명백하게 드러났다.

음악에서의 마음읽기는 2장에서 탐색한 엄마와 아이 사이의 원시 대화에서 생겨났다. 미소와 손길, 정다운 속삭임 사이의 대화는 본질적으로 모든 음악이 사교적이고 상호적이라는 강한 인상을 준다. 양육자들이 하는 대화에는 사회성이 담뿍 담겨 있고, 그 의미는 소리보다 더 깊으며, 촉각과 시각으로 이어진다. 이 대화는 몸짓의 영역에서 이뤄진다.

인간의 음악은 본질적으로 사회적이고 집단적이다. 그리고 우리가 포유류 동지로서 유인원들로부터 얻게 되는 것은 집단정신이다. 새들에는 집단정신이 없으며, 새들의 90퍼센트는 개별적으로 또는 일부일처로 짝을 지어 노래한다. '새벽의 합창'은 잘못된 명칭으로, 그 노래는 각각의 새 또는 커플의 불협화음이다. 모든 새가 똑같은 노래를 부르는 진정한 합창은 굴뚝새에게만 해당되는데, 아마도 굴뚝새는 이례적으로 대규모 혼성그룹으로 모여 살고 노래하기 때문일 것이다.[69] 영역을 표시하는 노래를 할 때 암컷들은 한 가지 성부를 부르고, 수컷들은 여기에 완벽하게 동조해 다른 성부를 부른다.[70]

그러나 가장 두드러지는 규칙은 우리와 달리 새들은 무리를 한데 묶기 위해 노래를 사용하지 않는다는 것이다. 음악이 없는 침팬지와 보노보, 고릴라들은 신호와 몸짓으로 그 포유류 군집을 통합하는데, 이것이 인간 음악의 기본을 이루었을 것이다.

동물의 커뮤니케이션에 대해 거의 아는 것이 없어 이는 오랫동안 풀지 못한 질문으로 남겨졌다. 어쩌면 더 예리한 도구를 통해, 유인원 울음소리의 스펙트럼 현상이 현재 우리가 예상하는 것보다 더 복잡하다는 것을 발견하게 될 수도 있다. 이는 드 발의 말처럼 전적으로 동물들이 얼마나 똑똑한지를 이해할 정도로 우리가 똑똑한지에 달렸다.

종합하기

음악적 인간은 위대한 신시사이저다. 우리에게는 곤충의 리듬이 있고, 새의 멜로디와 음성 습득 능력이 있다. 우리는 고래와 음악적 전통의 감각을 공유한다. 유인원으로부터는 음악이 아니라면 사회적 지능을 물려받았다. 그렇기 때문에 슈테판 퀼슈는 "박자와 음계를 지녔고 무리에서 노래하거나 연주하는 음악은 인간에게 한정된 독특한 현상"이라고 말한 것이다.[71] 우리는 예외적이다.

퀼슈의 주장은 음악이 상징적 언어와 기술의 습득을 기반으로 사피엔스가 등장하고 나서야 온전히 날개를 달게 되었다는 점에서 옳다. 그러나 인간의 음악은 음악의 구성요소 또는 음악적 기능을 종합할 수 있다는 관점에서만 이례적이며, 사피엔스보다 먼저 시작됐다는 사실을 결코 배제할 수는 없다. 사피엔스는 합성을 했다. 다양한 곤충과 노래하는 새들, 고래라는 여러 생물종은 리듬, 멜로디, 문화라는 기능을 나눠 가졌지만, 그 어떤 생물종도 그 모두를 가지지는 못했다.

우리는 또한 개선을 했다. 귀뚜라미나 다른 동물들과는 달리 우리는 리듬에 맞춰 노래하거나 연주하기 위해 시각적 단서가 필요하지 않으며, 일단 외부의 시간신호장치time-giver가 멈추더라도 계속 시간에 맞춰 박자를 두드릴 수 있다(메트로놈이 멈춰도 머릿속으로 박자를 듣는다). 또한 의지에 따라 템포를 바꿀 수 있다. 우리의 멜로디는 새의 노래보다 더 길고 복잡하며, 화음과 대위법을 지녔다. 우리의 음악적 전통은 고래의 전통보다 훨씬 더 길다. 혹등고래의 기억은 매 4년 또는 5년마다 스스로 다시 시작하는 듯 보이며, 우리와는 달리 노래더미가 영원히 쌓이지는 않는다. 상징적인 생물종인 우리는 사회적 의례, 신화, 책, 악보와 악기 같은 외부 기억저장장치에 우리의 전통을 쏟아 넣는다. 우리가 상상력을 발휘해본다면, 고래들이 대양의 풍경이 지닌 지형, 아마도 넘실거리는 해저에 자신들의 노래를 견고하게 뿌리내리는 모습을 떠올릴 수 있을 것이다. 호주 원주민들이 사막을 건너면서 바위와 길에 노랫길을 새겨 넣는 방식대로 말이다. 이는 고래들이 노래를 음향탐지기로 사용한다는 논쟁에 대한 우아한 답이 되겠지만 추측일 뿐이다.

모든 것이 긍정적이지는 않다. 우리의 음악은 잃어버린 것들로 인해 괴롭힘 당하기도 한다. 소리의 커뮤니케이션은 다윈이 처음 관찰했듯 포유류에게는 자연스럽지 않다. 특히나 유인원들은 시각적 신호가 더 편하다. 인간 역시 원래는 시각적 생물종이기에, 음악은 언제나 예술계 변방의 신데렐라였고, 앞으로도 그럴 것이다. 이것이 우리의 음악 안에 상상과 영성, 자기성찰의 추상적 분위기가 깊숙이 박혀 있는 이유이며, 음악이 영혼의 창이 되는 이유다.

우리의 음악 역시 기술, 즉 고대 그리스인은 '기교'라는 의미로 '테크네techné'라고 부른 것을 요구한다는 이유에서 자연스럽지는 않다. 음악은 언어와 달리 비대칭적 매체다. 누군가가 여러분에게 말을 걸 때 여러분은 말로 대답할 수 있다. 그러나 누군가가 여러분에게 플루트를 연주해준다면 이 악기를 연주하는 법을 배웠을 경우에만 답할 수 있다. 하지만 이 비대칭성이 새나 고래를 괴롭히지는 않는다.

비대칭은 포유류, 특히나 유인원들이 음성 습득이라는 맥을 끊어버렸을 때 시작됐다. 원숭이들은 그저 음악의 진화에 적합하지 않다. 이 원숭이 모양의 구멍은 페인이 그려낸 진화모델 안에서 뚜렷하게 드러난다.[72]

1단계: 귀뚜라미

귀뚜라미의 노래는 유전적으로 내재되어 있으며 변동성이 거의 없이 단단히 고정되어 있다.

2단계: 되새와 노랑턱멧새

동일한 종의 새(동종)로부터 배운 음성은 새끼 시절에 적당한 레퍼토리로 한정되어 있다.

3단계: 앵무새, 카나리아, 붉은날개검은새

생애주기 내내 동종의 새뿐 아니라 다른 종의 새들로부터 배울 수 있으며, 한 번에 더 많은 노래 레퍼토리를 배운다.

4단계: 혹등고래

새로운 버전의 노래를 평생 동안 배운다. 노래는 계속적으로 진화하며, 고래들은 몇 년 동안 엄청난 양의 레퍼토리를 배운다.

5단계: 인간

평생 동안 배우면서 생물종 가운데 가장 광활하고 다양한 레퍼토리를 보유한다.

곤충과 사피엔스 사이에 있는 '가설의 연속체'에서 혹등고래는 노래의 변동성 덕에 인간 직전의 가장 발달된 단계를 차지한다. 이 연구의 고무적인 마지막 문단은 모두 인용해볼 가치가 있다.

요컨대 고래의 노래에 대한 연구는, 단순히 정형화된 노래부터 시작해 전적으로 복잡한 인간의 노래까지 이어지는 소리의 연속체에서 일종의 잃어버린 고리가 존재함을 입증했다. 과거 연구에서처럼 인간의 노래를 고립적 현상으로 보는 대신, 우리는 이제 간단한 단계별 진화를 통해 인간의 노래가 발달했음을 알 수 있다. 우리는 이 단계들을 연구하기 위해 여러 구분된 생물종의 소리에 귀를 기울이고 있으며, 각 생물종들은 계통수에

서 각자의 가지에서부터 우리에게 노래를 불러준다.[73]

음악의 진화에 대한 페인 팀의 광활한 시야는 우리를 황홀하게 만들지만, 그 논문들은 엄청난 단절에 대해 다룬다. 유인원들은 음성 습득이라는 끈, 즉 한 생물이 자손과 동종생물들에게 음악적 전통을 전해줄 수 있는 능력을 저버렸기 때문에 인간 유인원은 배우는 법을 배워야만 했다. 우리의 음악은 어렵고 힘들게 얻어낸 것이다.

음성 습득의 단절은 세 가지 연대표를 포함해 이 책이 훑어온 역사적 나선의 모든 부분에서 되풀이된다. 개인적 삶의 수준(1부)에서 우리가 타고난 음악성과 괴리되고 말았을 때, 그리고 역사적 수준(2부)에서 구전 전통이 조금씩 흐트러지다가 1600년 음표와 악보, 천재 숭배를 바탕으로 한 서양의 음악문화가 승리를 거두면서 끝이 나고 말았을 때 드러난다는 의미다. 또한 3부에서는 진화의 바다에서 곤충과 새, 고래라는 한 면, 그리고 영장류와 호미닌이라는 다른 한 면 사이에 존재하는 종의 격차로 인해 단절이 생겨났다고 주장한다.

따라서 이 장을 도발적으로 끝내보려 한다. 누군가가 "음악의 근대성은 언제 생겨난 거죠?"라는 진부한 질문을 여러분에게 던진다면, 그 답은 20세기나 1600년 또는 호미닌이 사피엔스로 거듭난 7만 년에서 4만 년 전이 아니다. 음악은 유인원과 함께 약 2,300만 년 전에 근대화됐다.

인간

영화사상 가장 추앙받는 장면 가운데 하나는 스탠리 큐브릭Stanley
Kubrick의 「2001 스페이스 오디세이2001: A Space Odyssey」 '인류의 새벽'
의 절정에서 등장한다. 큐브릭의 원인猿人은 테이퍼의 뼈를 들고 다
른 원인의 두개골을 으스러뜨린 뒤 대퇴골을 공중에 거칠게 던져버
린다. 장면이 급전환되면서 공중에서 빙그르르 돌던 뼈다귀는 「푸
른 다뉴브강The Blue Danube」의 우아한 선율에 맞춰 지구 위를 빙글 도
는 핵무기 위성으로 바뀐다. 우리가 추론할 수 있는 바는 명료하다.
진화는 눈 깜짝할 사이에 일어난다. 뼈가 위성으로 도약하는 건 그
리 엄청난 건 아니나, 공상과학소설에서도 똑같이 명료하게 추론할
수 있는 건 호미닌에게 영감을 준 것이 외계의 모노리스, 즉 '파수꾼'
의 미스터리한 등장임을 알기 때문이다. 영화는 이 세상의 특성들이
자연선택이 아니라 신과 같은 창조자의 개입으로 설명된다고 보는

반다윈적 개념인 지적설계이론을 제시한다. 지적설계이론을 위해 큐브릭이 고른 음악은 파수꾼의 주제 음악이자 항상 신선한 리하르트 슈트라우스의 「차라투스트라는 이렇게 말했다」의 도입부다.

우리는 음악이 신의 선물이 아니라 우리 뼛속 깊이 박힌 어떤 존재임을 알고 있다. 심지어 이는 큐브릭의 해당 장면에도 암시되어 있다. 「푸른 다뉴브강」이 흘러나오는 건 충격적이기는 하나, 뼈가 빙글빙글 도는 모습으로 왈츠 동작이 구체화되는데, 원인들은 대부분 침묵을 지키고 있지만 음악은 언제나 그곳에 존재했던 것 같다. 그런데 음악이 단순히 진화의 뒤편에서 지켜보는 역할이 아니라 진화를 촉진하는 기능을 했다면 어땠을까? 언어학자 스티븐 핑커Steven Pinker는 음악이 '귀로 즐기는 치즈케이크'라면서, 분명 달콤하지만 예쁜 소리의 의미 없는 패턴일 뿐이라고 지독하게도 깎아내렸다. 그러나 그는 완전히 틀렸다.[1] 아마도 "우가우가!"에서 베토벤까지 진화하는 과정에서 음악은 주도적인 입장에 있었을 것이다.

이 장에서는 큐브릭의 원인인 오스트랄로피테쿠스부터 약 4만 년 전 뿔피리의 등장 사이의 400만 년을 아우르는 음악의 진화를 헤아려보려 한다(기계와 외계인은 11장에 등장한다). 5장과 9장에서 밝혀진 당대의 동물과 수렵채집 사회와는 달리, 지도를 만들어줄 살아 있는 호미닌이 없는 상황이라 상상력을 발휘해야 한다. 1866년 파리 언어협회는 언어와 음악의 기원에 대한 의미 없는 조사에 질려 그 주제를 금지하기로 결론지었다.[2] 그러나 19세기 이후 이 의문이 그저 철학자가 응접실에 앉아 놀이하듯 떠올리던 정도에서 벗어났다는 증거가 엄청나게 쌓이고 있다. 호미닌 신체구조의 진화에 대한 다음의 고고학적 발견은 노래를 부를 수 있는 능력과 직접적인 관계가 있다.

- 신체적 진화: 설골이 진화했고, 후두가 하강했으며, 성도는 더 넓은 범위의 소리를 내는 법을 배웠다.
- 신경학적 진화: 두개골이 확장되고 뇌 크기가 세 배로 커지면서, 발음을 통제하기 위해 성대근으로 이어지는 뉴런을 형성했다.
- 유전적 진화: 말의 진화 그리고 여기에 연결된 노래의 진화는 FOXP2 유전자의 진화와 연결되어 있는데, 이는 화석으로부터 되찾은 것이다.[3]

손과 발에 대해서도 할 말이 있다. 직립보행은 우리에게 투스텝 리듬 그리고 소리와 움직임 간의 연관성을 안겨주었다. 손이 자유로워지자 악기를 조각할 수 있게 됐다. 그리고 도구 기술과 매장 관행, 화로의 흔적과 상징 및 장식의 사용이라는 간접적인 증거는 정신의 진화와 그로부터 연장된 음악 정신의 진화를 이야기해준다. 예를 들어, 조약돌 석핵부터 양면가공 석기, 프리즘형 몸돌을 거쳐 잔석기와 손잡이 달린 복합도구까지 이어지는 도구 기술의 행진은 언어의 진화를 그림자처럼 따라다녔을 것이다. 막대기와 칼날을 조립한 복합도구는 단어와 개념을 종합하는 능력을 암시한다. 언어학자들은 이를 '합성성'이라 부르는데, 이는 음악적 구조를 짜내는 능력이기도 하다.

언어의 진화는 음악의 기원으로 안내해주는 몹시도 유용한 안내서다. 그러나 음악은 언어가 아니기 때문에, 어쩐지 믿음직스럽지 못한 안내서이기도 하다. 음악에 대한 핑커의 일축은 실제로 언어학자들의 특징이다. 그들이 자신들이 가장 잘 아는 것에 근거해 커뮤니케이션 기원에 관한 논쟁의 틀을 마련했기 때문이다. 음악과 언어는 유사한 면이 많다. 브로카 영역Broca's area을 포함해 동일한 뇌의 모듈에 의해 처리된다. 실험대상자들에게 불협화음이나 터무니없는 악구를 들려주고 뇌자도腦磁圖로 촬영하면, 문법적으로 틀린 문장을 들려줬을 때와 마찬가지로 언어와 관련된 뇌 영역인 브로카 영역에 '불이 들어온다'.[4] 브로카 영역은 호모 하빌리스 두개골의 융기 부분에서 생겨났을 것으로 추측된다.[5] 또한 음악과 언어는 우리가 새와 고래의 음악에서 보듯 모두 위계적인 구조를 가지고 있다. 둘 모두 분리된 소리(음높이와 음소)라는 문자 체계를 사용하며, 둘 모두 후두의 발달로 이익을 얻었다.

그러나 음악이 언어와 같지 않음을 보여주는 점이 훨씬 더 많다. 동물의 커뮤니케이션에서 언어는, 예를 들어 버빗원숭이들이 특정 포식자를 어떻게 언급하는지와 같은 지시 영역과 관련 있는 반면, 음악은 버빗원숭이들이 그 포식자에 대해 어떻게 느끼는지 같은 동물의 감정과 관련 있다. 언어는 문법과 통사를 가장 중시하지만 음악은 리듬과 선율 윤곽, 음색(또는 스펙트럼 형상) 등에 더 초점을 맞춘다. 언어 역시 리듬, 멜로디, 색깔, 템포, 표현이 중요하지만 문법만큼 중요하지는 않다. 앨리슨 레이와 레이 잭켄도프 같은 언어학자들이 언어의 기원에 대해 생각할 때 통사를 역설계하는 이유가 여기에 있다. 먼 옛날 '우가우가!' 같은 표현이 개별적 단어와 기본문장으로 분산되던 순간을 상상해보는 것이다.[6] 이들은 '통사 중심적 syntactocentric'이다.

통사 중심적 접근법은 음악의 기원을 알려줄 가능성이 훨씬 높은 원천인 리듬과 정서 등을 고려하지 않는다. 9장에서 보았듯 음악은 여러 가닥으로 꼬아서 만들어진 밧줄과 같다. 그중 한 가닥은 삶의 리듬으로, 특히나 구석기시대에 돌멩이를 두드리던 반복 행동을 통해 구체화됐다. 또 다른 가닥은 몸짓으로, 영장류가 완성했다. 그런데 또 다른 가닥은 동물의 울음소리가 지닌 음향적 측면이다. 예를 들어 겔라다원숭이와 되새는 다양한 의미를 전달하기 위해 발성 음조를 변환한다.

그렇기 때문에 우리는 언어와 음악이 정서적 표현이라는 하나의 뿌리에서 자라났다는 한 줌의 클리셰, 즉 하나의 뿌리로부터 나와 한 가지는 언어와 개념으로, 다른 가지는 음표와 감정으로 갈라져 나갔다는 클리셰를 다소 회의적으로 들어야만 한다.[7] 루소와 다윈, 그 외에 많은 사상가를 따라 음악을 '열정의 언어'라고 부르는 일은, 음악이 일종의 언어로서 세상에 대한 정서적 태도를 포함해 뭔가를 가리키는지 혹은 음악은 언어가 아니라 한 무리의 사람을 단결시키는 기분 좋은 행위를 포함해 조깅이나 춤과 비슷한 즐거운 활동인지 하는 질문을 하게 할 뿐이다. 한 개가 아닌 (적어도) 두 개의 뿌리가 있다.

따라서 경험에서 우러난 추측을 바탕으로, 원인의 으르렁대는 소리에서 「푸른 다뉴브강」으로 넘어가는 큐브릭 뼈다귀의 도약은 적어도 여섯 가지 중간단계로 세분화하는 것이 가능하다. 시작점은 동물의 커뮤니케이션이다. 두 번째 단계는 직립보행, 즉 걷기의 영향이다. 세 번째는 돌 두드리기 같은 합동적인 율동 활동이다. 네 번째는 원시음악으로, 우리가 2장에서 살펴본 엄마와 아기의 원시대화와 비슷할 수도 있는 음성과 몸짓의 혼합이다. 다섯 번째는 별개의 음높이와 리듬, 미성숙한 구조가 명확해지는 단계다. 여섯 번째이자 마지막은 목소리의 음악에서 연주의 음악으로, 즉 노래에서 기술로 바뀌는 단계로, 분별력 있는 상징적 정신세계가 필요한 만큼 네안데르탈인이 감히 닿을 수 없는 추상화 수준이다.

다음으로 할 일은 이 여섯 단계를 인간 진화의 여섯 단계와 연결하는 것이다.

(1) '최후의 공통조상(또는 '잃어버린 고리')'. 약 700만 년 전이다.

(2) 최초의 호미닌 오스트랄로피테쿠스. 지금으로부터 440만 년 전이다.

(3) 아슐리안 주먹도끼의 발명가 호모 에르가스터. 지금으로부터 150만 년 전이다.

(4) 유럽에 도달한 최초의 호미닌 호모 하이델베르겐시스. 지금으로부터 70만 년 전이다.

(5) 해부학적으로 현생인류와 겹치는 네안데르탈인. 지금으로부터 20만 년 전이다.

(6) 호모 사피엔스(현대인류)와 '인지혁명'. 지금으로부터 7만 년에서 4만 년 전이다.

호모 하빌리스, 호모 루돌펜시스, 호모 게오르기쿠스, 호모 에렉투스, 호모 세프렌시스, 호모 데니소바 등 호모 시리즈에는 종류가 많다. 그리고 우리는 점차 인간의 혁명이 일직선으로 진행된 것이 아니라, 여러 개의 중심을 가지며, 모자이크처럼, 간헐적으로 벌어졌을 것이라고 의심하고 있다. 그러나 완벽하다는 생각은 개선을 가로막는 적이며, 이 단편적 장면은 우리가 아무것도 모르는 게 아니라 상당한 부분을 알고 있음을 보여준다.[8] 우리 최후의 공통조상이 유인원처럼 몸짓하고 음성을 만들어낸다고 가정한 채 2단계에서 이야기를 골라보자. 음악에 대한 첫걸음은 말 그대로 첫걸음과 함께, 오스트랄로피테쿠스가 두 발로 서서 걸었을 때 시작됐다.

2단계: 320만 년 전 루시의 걸음

300만 년 전 어느 날, 에티오피아의 범람원에서 키가 1미터를 갓 넘긴 침팬지처럼 보이는 생명체가 열두 살의 나이로 나무에서 미끄러져 떨어져 죽었다.[9] 이 오스트랄로피테쿠스 아파렌시스의 화석은 '루시'라는 애칭을 가진 호미닌으로, 치명적인 낙상과 관련된 부분 골절이 보였다. 아마도 루시는 탐스러운 열매를 따기 위해 높은 가지에 올랐다가 발을 헛디뎠을 것이다. 루시의 발이 뭔가를 움켜쥐는 데 적응했더라면 아마도 가지에 매달렸을 테다. 그러나 편평한 발과 무릎 관절의 각도, 척추의 굽은 정도는 루시가 나무 위에서 많은 시간을 보냈음에도 오히려 걷는 데 적합했음을 보여준다(사진 10-1).

호미닌 화석의 기록은 실제로 루시보다 이른 시기에 시작되는데, 지금으로부터 440만 년 전의 흔적이 남아 있는 '아디'라는 여성 오스트랄로피테쿠스가 최초의 직립보행 조상이다. 어째서 걷기가 호미니드(유인원)에서 호미닌(초기인류)으로 변하게 된 게임 체인저가 됐을까? 어쨌든 여러 측면에서 루시의 해부학적 구조와 행동이 유인원과 그다지 다르지 않다는 점을 염두에 둔다면, 걷기는 그저 사소한 요소다. 약 500cc의 두개골 용량으로 측정해본 그녀의 뇌 크기는 침팬지와 거의 비슷했고, 현대 인류의 3분의 1 정도 됐다. 루시는 성도가 발달하지 않았고 후두도 너무 높았기 때문에 말은 하지 못했을 것이라 추측된다. 루시의 종족은 멀리까지 가지 못했고 도구도 없었다. 그와는 반대로, 걷기 덕에 가능했던 음악적 이익을 모두 생각해보자.

소리: 발걸음은 소리를 만들며, 호미닌의 뇌 속에서 소리와 움직임, 근육의 노력 사이의 결정적인 연결성을 형성한다.[10]

리듬: 두 박자 규칙의 발걸음(왼발-오른발, 왼발-오른발)은 모든 인간 음악의 리듬을 뒷받침하게 된다.

균형: 루시의 전정계를 통해 걷기의 리듬은 균형 감각을 의미하게 됐고, 각 발걸음은 번갈아 가며 안정성으로부터 멀어졌다 되돌아가는 것처럼 느껴졌다.

시간: 걷기는 오스트랄로피테쿠스에게 패턴의 예측 가능성이라는 감각과 몸이 잠시 뜨는 느낌을 가르쳐주었을 것이다.[11] 루시가 다른 누군가의 걸음걸이를 들으면서 자기도 직접 걸을 때마다 하나의 걸음이 다음 걸음으

로 이어졌고, 발걸음은 그녀의 정신에 과거와 현재, 미래의 연대표에 따라 정리됐다. 그와는 대조적으로, 유인원의 의식은 현재의 순간에 갇혀 있다.

음악의 과정: 사바나를 누비는 루시의 여행은 음악과 여정 사이에서 최초의 연결고리를 형성했다. 4장에서 현대 인류가 음악의 과정을 가상의 풍경을 따라 난 의도적이지만 상상 속 오솔길로 듣는 방식을 설명했다. 음악이 움직임이라는 개념은 직립보행에서 비롯됐다.

사진 10-1. 걷는 루시
© Staab Studios Inc.

PART 3. 진화

직립보행의 함축성은 훨씬 나중에 인간의 진화에서 뇌가 몸의 성장을 따라잡으며 자라기 시작하기 전까지는 드러나지 않았다. 음악을 실행하기 위해서는 뇌가 목소리를 통제하는 데 능숙해질 필요가 있다. 발로 소리를 내는 법을 배우는 일은 이에 대한 기반을 마련했다. 그런데 포유류는 일반적으로 목소리를 가지고 소통하지 않는다는 다윈의 관찰은 초기의 호미닌 이야기를 덮어버린다. 우리는 포유류가 거의 노래하지 않는다는 미스터리를 해결해야만 한다.

가장 설득력 있는 설명은 미국의 신경인류학자인 테런스 디콘 Terrence Deacon의 '언어와 인간의 뇌가 어떻게 함께 진화했는지'를 보여주는 연구로 제시됐다.[12] 우아하고 단순하며, 호흡의 불수의적 특성을 드러내는 답이었다. 우리가 숨 쉬어야 한다는 것을 잊고 질식하지 않도록 호흡은 자동조종장치로 이뤄진다. 그렇기 때문에 포유류의 후두는 내장근육에 의해 움직인다. 내장근육은 내부 장기와 연관된 근육으로, 우리가 자발적으로 움직일 수 없다. 새들은 비행통제와 호흡통제 간의 자연스러운 연결 덕에, 나는 법을 배울 때 자동적으로 호흡하지 않는다. 고래목은 물속에서 숨 참는 법을 배워서 물에 빠지지 않는다. 새의 노래와 고래의 노래는 골격근에 의해 기도를 자발적으로 통제할 수 있다는 데서 생겨났다. 인간은 혹등고래와 나이팅게일을 따라 골격근을 사용하여 혀를 움직이고 호흡을 했다. 디콘에 따르면, 이는 뇌가 진화한 덕에 가능해졌는데, 뇌의 진화는 영장류 전뇌의 확대에서 시작됐으며, 대뇌피질을 통해 정보를 받아들임으로써 운동핵을 장악하는 것을 가능하게 했다. 대뇌피질의 호흡통제는 서서히 변화하다가 인간의 뇌가 움직임을 책임지는 구조인 피질과 운동신경을 복잡하게 연결하는 데서 절정을 이뤘다.

결과적으로 우리가 말하고 노래하는 모든 단어는 본능적인 발성-호흡의 구성요소 안에 아주 원시적인 부분들을 포함하고 있다. 이 원시적 발성을 가로지르는 것은 현대 시대에 중요한 위치를 차지하는 골격적인 정확한 발음이다. 말과 노래는 인물과 배경, 현대와 고대라는 이중적 관점을 투영한다. 일단 뇌가 발달하면서 목소리가 정확해지면 수문이 활짝 열리면서 몸짓으로부터 그 지위를 넘겨받게 된다. 테컴세 피치는 문자 그대로 이런 일이 벌어졌음을 발견했다.[13] 유인원 손가락의 피질 뉴런은 인간의 목소리를 내는 피질 뉴런과 유사하며, 따라서 손동작은 실제로 음성표현으로 바뀌게 됐다. 그에 반해 목소리는 실질적으로 본인의 정서를 넘어서는 뭔가를 신호로 보내는 데 별로 소용이 없다. 그렇기 때문에 우리는 왜 커뮤니케이션이 시각에서 소리로 옮겨가게 됐는가 하는 수수께끼로 되돌아가게 된다. 음악의 운명은 확실히 그 전환에 달려 있다.

소리의 한계는 9장에서 살펴본 영장류 동물학자 토마셀로의 독창적인 사고실험으로 설명된다.[14] 그는 윌리엄 골딩William Golding의 《파리 대왕Lord of the Flies》에서처럼 두 개의 섬에 고립되어 말하는 법을 배우지 못한 두 집단의 어린이들을 상상했다. 한 섬의 어린이들은 재갈을 물려 입으로 소통할 수 없게 됐고, 다른 섬의 어린이들은 손이 결박되었다. 어떤 집단이 먼저 커뮤니케이션을 시작했을까?

전자였다. 제스처 게임이나 니카라과 수화체계*에서처럼, 몸짓으로 외부의 물건을 가리키고 그 크기와 모양, 특성 등을 흉내 낼 수 있다. 반면 발성은 외부의 어떤 것 대신 말하는 이의 정서를 가리키는 경향이 있다. 그래서 발전하기가 쉽지 않다. 실제로 정서는 호흡의 비자발적이고 자동적인 행동과 밀접하게 연결되어 있는 것으로 밝혀졌다. 소리 지르고, 웃고, 고함치고, 으르렁대고, 한숨 쉬고, 흐느껴 우는 것은 정서적 각성의 반사적 표현인데, 대부분의 문화에서 이 표현들은 타고나는 것으로, 보편적인 만큼 부정확하다. 골격근보다는 호흡에 의한 것이기 때문이다. 커뮤니케이션에는 호흡뿐 아니라 정서를 통제하는 법을 배우는 것이 수반된다.

이 모든 한계를 고려했을 때, 소리는 승리를 거둔 것일까? 영국의 진화심리학자 로빈 던바Robin Dunbar는 커다란 유인원이나 호미닌 집단 안에서 소리가 손으로 만지지 않는 그루밍 역할을 했기 때문에 급부상했다고 믿는다.[15] 다시 말해, 소리는 문자 그대로 누군가를 만지는 대신 은유적으로 사람을 '만질' 수 있다. 음성 그루밍은 모든 소리와 마찬가지로 무차별적으로 이뤄지지만, 촉각을 통한 친화적 몸짓은 분명 일대일로만 이뤄진다. 반면 비음성적 그루밍은 더 크고 더 복잡한 사회를 선호했다. 더 먼 거리까지 소통해야 한다는 압박은 여러 적응의 일부로, 현시점에서 영장류 생활에서 벗어나 더 공적인 삶으로 전환한 것도 포함된다. 이 적응이 가능했던 것은 다리

---

* 1980년대 청각장애 아동들을 위해 세워진 두 개의 니카라과 학교에서 자연스럽게 생성된 이 시스템은, 몸짓을 기반으로 한 새로운 언어의 진화를 연구하는 희귀한 기회를 언어학자들에게 제공했다.

… 다리 덕분이다. 소리의 승리는 세계적 패권을 차지하기 위한 호미닌의 끊임없는 행진과 밀접한 연관이 있다. 루시의 후손이 아프리카에서 걸어 나와 역사 속으로 들어온 것처럼 말이다.

3단계: 150만 년 전 구석기의 리듬

지금으로부터 258만 년 전 제4기 빙하기가 끝난 후 나무가 우거진 아프리카 지역은 얼음이 서서히 들어오며 메마르게 됐고 침엽수림은 널따란 풀밭이 됐다.[16] 더 시원하고 더 건조하며 외부로 노출된 세계에서 호미닌은 포식자에 맞서는 온기와 안정감을 추구하기 위해 무리 지어 옹기종기 모여 살면서, 좀 더 복잡한 사회적 기술을 발전시켰다. 나무가 사라지면서 영양분을 얻는 것은 압박이 됐다. 석기는 갈아내고 물어뜯고 죽이는 용도로 사용하는 보조적 치아 외에 무엇이었을까? 도구는 원시고고학에서 놀라울 정도로 중요한 의미를 가진다. 수천 개의 돌도끼가 살아남았고, 고고학자들은 돌도끼의 분포를 보고 호미닌 생활의 밀도를 가늠했다. 사람들은 들락날락하며 돌도끼 재료를 운반하고 완성된 도구를 전달했는데, 이 여행의 반경, 즉 돌도끼의 출처와 발견된 곳 사이의 거리는 당시 사회의 복잡성을 드러낸다.

또한 돌멩이 핵을 두드리고 부수면서 생겨난 리듬과 분명한 연관성이 있었다. 초기 호미닌은 돌을 두드리면서 타악을 만들어내려는 의도는 없었을 가능성이 높다. 또한 그 결과로 만들어진 소리를

'음악'이라고 생각하지도 않았을 것이다. 리듬은 잘 조직된 노동에서 우연히 만들어진 부산물이었다. 그러나 결과로 이어지는 연쇄적 논리에 따라 리드미컬한 음악은 날씨와 풍경, 식량에서 태어났다. 이것이 새와 인간이 아닌 포유류는 건너뛰었으나 리드미컬한 합창이 곤충에서 인간으로 이어진 에움길이다.

최초로 알려진 호미닌 도구는 지금으로부터 260만 년 전 호모 파란트로푸스가 고안한 것이다.[17] 이 호미닌은 더 연약했고(호리호리했고) 초기 오스트랄로피테쿠스보다 더 큰 뇌와 더 강한 치아를 가졌다. 파란트로푸스는 석기의 '올도완 기술'을 고안해냈다. 올도완이란 탄자니아 지역의 올두바이 협곡에서 발견된 돌도끼에서 따온 이름이다. 그러나 우리는 빠르게 몇 백만 년을 건너뛰어 150만 년 전 손에 쥐는 것에 더 신경 쓴 '아슐리안 주먹도끼'를 발명한 호모 에르가스터(약간 더 두꺼운 두개골을 가진 호모 에렉투스에 더 가깝다)에게로 넘어가 봐야겠다. 이 배 모양의 손도끼는 대칭적인 모양으로 날카롭게 갈아낸 날을 가졌다. 그런 대칭성을 탄생시킨 솜씨의 복합적 패턴은 호미닌의 신체적 능숙함과 사회적 지능을 보여주는 최초의 유의미한 상징이다. 길게 빠진 두개골과 두터운 눈썹 뼈, 불룩한 아래턱에 턱 끝은 없는 호모 에르가스터는 아직 우리처럼 생기지는 않았다. 그러나 손도끼를 휘두른 덕에 육식을 할 수 있었고, 그 결과 루시의 뇌보다 두 배 가까이 큰 900cc까지 호미닌의 뇌가 확대됐다. 에르가스터는 파란트로푸스처럼 엄청나게 많은 어금니가 필요 없었다.

왜 '아슐리안 주먹도끼'는 게임 체인저가 됐을까? 대칭으로 만드는 기술은 용기를 증명했고, 잠재적 짝에게 매력적으로 보였다. 그런데 대칭은 그 자체로도 아름다웠다. 손도끼는 호모 에르가스터가 우아한 물건에서 심미적인 기쁨을 얻었음을 시사한다.[18] 또한 대칭감은 두 감각이 통합된 것으로, 즉 시각과 청각이 교차했을 것이다. 대칭은 돌을 두드리는 규칙적인 패턴과 구석기 생활에서 가장 중요한 리듬에서도 들을 수 있었으리라.

리듬이 세계무대를 향해 옆길로 슬금슬금 진출했음을 강조해야겠다. 음악과 언어가 모두 등장하기 위해서는 여전히 백만 년은 더 흘러가야 했다. 긴밀히 맺어진 구석기 사회에는 실제로 구두 커뮤니케이션이 거의 필요 없었다. 호미닌은 아마도 유인원 사회보다 딱히 복잡하지 않을 몸짓과 그루밍으로 소통했을 것이다.[19] 무성영화에서 커뮤니케이션이 얼마나 많이 이뤄지는지 생각해보자. 구석기시대 생활에서 포용적 리듬은 말 그대로 음악 이전의 음악이었다. 왜 리듬이 정신과 사회의 진화를 이끄는 강력한 힘이 되었는지 고민해보자.

팀 인골드는 구석기의 풍경이 어떻게 단순히 특색 있는 공간이 아니라 활동을 하는 공간인지를 보여주기 위해 '행위경관taskscape'이라는 단어를 만들었다.[20] 행위경관은 '행동의 리듬'을 기반으로 하는데, 사람들은 길과 궤도를 따라 이리저리 움직이고, 서로 마주치고, 지인을 반기거나 낯선 이로부터 도망친다. 또한 함께 모이거나 멀리 도망가고, 식물을 채집하며, 동물을 죽이고 운반하고, 적절한 돌을 찾아 전달하고, 이를 조각한다. 일과들로 이뤄진 이 세계에서 삶의 리듬은 석기를 만들기 위해 필요한 기술적 몸짓의 연속에 집중된다. 위대한 프랑스 인류학자인 앙드레 르로이 구라한André Leroi-Gourhan은 이 일련의 행동을 '운영 사슬chaîne opératoire'이라 불렀다.[21]

돌덩어리 하나를 양면 날을 가진 손도끼로 바꾸는 데 필요한 이 복잡한 단계의 연속은 심오하고 강한 의미에서 '리드미컬'하다. '석핵제거'의 연속적인 단계를 가르쳐주는 유튜브 영상들이 많다. 즉, 망치형 석기로 돌을 쳐서, 양쪽으로 납작한 '단'이 드러나도록 얇은 조각들을 떼어내고, 가장자리를 돌려가며 작업하다가, 점차 석핵을 제거해나가고, 마지막으로 날을 날카롭게 깎아내고 다듬는 식이다.[22] 석핵 제거는 망치형 석기가 돌을 만났을 때 울려 퍼지는 질서정연한 율동의 흐름만큼 리드미컬한 작업이다. 그러나 귀에 들리는 리듬은 리듬이라는 어마어마한 빙산의 일각일 뿐이다. 표면 아래로 훨씬 더 많은 일이 벌어지고 있다.

운영 사슬은 우리가 운전할 때처럼(발과 손, 눈의 복잡한 조작이 필요하지만 숙련된 운전사에게 운전은 제2의 본성과 같다) 자동적이고 무의식적이다. 이는 근육기억의 모음으로, 정신과 몸 사이의 경계를 모호하게 만든다. 다시 말해, 대부분의 일과는 매우 의식적인 생각을 요하지 않는다. 일과는 쉽게 모방할 수 있기 때문에, 그리고 다음 세대까지 전해질 수 있기 때문에 구석기 시대의 근육기억은 전통의 기반이 됐다. 구경꾼들은 돌 두드리기의 리듬을 쉽게 따라 할 수 있었고, '수평적인' 문화전이가 이뤄졌다. 또한 아이들에게도 가르쳐줄 수 있었는데, 이것이 '수직적인' 문화전이였다. 리듬은 문화적 진화의 동인이었다.

그렇다면 전통은 냉동된 근육기억 덩어리라고 할 수 있겠다.[23] 세계 대부분 지역에서 손도끼 제작이 순수하게 반복되면서 구체화됐다. 20세기 헨리 포드의 모델T 자동차처럼 표준화된 것이다. 아슐리안 주먹도끼를 만드는 기술은 에티오피아에서 시작해 아시아(베이징원인 저우커우텐 손도끼), 중동(사해를 비롯한 레반트 회랑), 유럽(이 도구에 이름을 붙인 프랑스 생 아슐 지역)까지 퍼져나갔다. 물리적 대상으로서 아슐리안 주먹도끼는 반복의 화신이 됐다.

호모 에르가스터의 리듬적 기능 자체는 뇌가 없는 귀뚜라미의 기능보다 엄청나게 복잡했다. 호미닌은 자동적이 아니라 자발적으로 리듬 패턴을 따라간다. 에르가스터는 다른 이들과 박자를 맞추기로 선택할 수 있었다. 반면 베짱이에게 동조는 화학적 반사작용이다. 호미닌은 온몸으로 리듬을 표현할 수 있었는데, 손가락을 튕기거나 고개를 끄덕이거나 몸통을 흔들거나 하는 행위들을 동시에 할 수도 있었다. 다른 생물체들에게 리듬은 오직 몸의 한 부분에 국한되었다. 호미닌은 의지에 따라 리듬의 템포를 바꿀 수도 있고, 심지어는 밖으로 박자를 표현하지 않고 머릿속으로 계속 박자를 따라가는 상상을 할 수도 있었다. 상상력을 통해 호미닌은 서로 번갈아가며 그루밍하듯 리듬을 사회적 영역으로 확장시켰다. 우리가 리드미컬하게 대화를 주고받는 일은 다소 미래에 벌어질 일이지만, 서로의 행동과 울음, 마음 상태를 따라 할 수 있는 호미닌의 능력을 통해 이를 예상할 수 있다.

따라서 우리는 리듬이 어떻게 우리의 모방 기능인 미메시스와 교차하는지 볼 수 있다. 심리학자 멀린 도널드Merlin Donald는 영향력 있는 책《현대 정신의 기원The Origin of the Modern Mind》에서 인간의 진화가 유인원의 '일화적' 정신에서 호미닌의 '모방' 문화로 변화하는 결정적인 단계에서 바뀌었다고 주장했다.[24] 미메시스는 금조와 앵무의 능수능란한 모방과는 상관이 없었다(그리고 실제로 유인원은 모방을 상당히 못한다). 현재시제에 묶여 있는 동물은 '일화적인' 기억들을 회상하지 못하며, 심리학자들이 '정신적 시간여행mental time travel, MTT'이라고 부르는 활동을 하지 못한다.[25] 우리가 앞서 보았듯 침팬지들은 짧은 순간의 기억력 게임은 아주 잘할 수 있지만 사건이 벌어진 시간과 장소에서 떨어져 기억을 되살리고 심적 표상을 떠올리는 것은 할 수 없다. 그렇기 때문에 유인원들은 기술을 연습하고 개선할 수 없다. 머릿속으로 두드려 부수는 몸짓을 연습해보는 것 역시 일종의 리듬이다.

9장에서 보았지만 유인원들은 음성 습득이 불가능할 뿐 아니라 리듬을 따라가는 데도 형편없다. 반면 호미닌들은 처음부터 풍부한 리듬의 세계를 발전시켰으며, 사회가 더욱 복잡해지면서 함께 진화했다. 일부는 직립보행이 이뤄진 덕이기도 하다. 심지어 호미닌과 인류문화는 리드미컬하다고 볼 수도 있다. 문화는 우리를 동조하게 만드는 '외부의 진동자'다.[26]

정신적 시간여행은 호미닌에게 주어지고 현생인류가 완성한 선물로, 지금 이곳에서 벗어나 생각하고 행동할 수 있는, 진화하는 뇌의 능력에 섞여 들어간다. 고고학자 클라이브 갬블Clive Gamble은 떨어져서 생각할 수 있는 이 능력을 '근접성으로부터의 해방'이라 불렀다.[27] 이 능력은 가족에서 친구로, 친구에서 친구의 친구로, 그리고 낯선 이에게로 점점 더 커져가는 사회집단에서 '시간과 장소를 넘어선 사회적 관계의 확장'을 수반하며, 뇌의 확장과 동시에 생겨난다.[28] 정신적 시간여행은 호모 에르가스터가 처음으로 작업의 즉각적 맥락을 넘어서서 어떻게 음악을 상상할 수 있었는지, 다시 말해 리듬을 그저 두들김이 아닌 음악으로 들었는지를 설명해준다. 다음의 짤막하고 그저 그런 이야기에 한번 빠져보자.

십대 에르가스터 하나가 몇몇 남자친구들과 함께 몰래 시간을 보내려고 채석장 비탈길을 내려왔다(십대라는 개념은 20세기에 들어서야 생겨났지만 그냥 넘어가자). 그는 친구들에게 자신이 무엇을 만들었는지 보여주었다. 대칭적인 주먹도끼였다. 그는 잘 닦인 날을 손가락으로 훑었다. 이 물건은 공작새의 깃털만큼이나 성적으로 매력적이었다. 그는 이 아름다운 물건을 직접 만들었다. 나무 주변에서 빈둥거리며 낄낄대던 여자들이 이 물건을 보고 감탄했다. 그는 채석장 저 아래에서 들려오는 돌 두들기는 박자에 맞춰 리드미컬하게 양면을 두드렸다. 그러나 돌멩이를 깎으려고 두들기는 리듬과 그 본래의 장소나 기능과는 상관없이 그 자체로 즐기려는 리듬 사이에는 결정적인 차이점이 있었다. 이 소리는 주먹도끼의 시각적 아름다움을 청각으로 바꾼 버전이자, 음악적인 공작새의 꼬리였다.

4단계: 50만 년 전 원시음악

세월이 흐르면서 목소리는 호모의 타고난 악기가 됐다. 정확히 언제부터 그랬는지는 알 수 없다. 목소리 해부구조의 화석 기록이 우리의 바람처럼 확실하지 않기 때문이다.[29] 음성 진화의 고전적 특징인, 후두가 점차 내려오는 사례를 살펴보자. 몽골 가젤 역시 내려

앉은 후두를 가졌지만 노래하거나 말하지 못한다.[30] 좀 더 가망성 있는 것은 설골의 진화로, 설골은 혀 근육을 잡아주어 정확한 발음을 위해 꼭 필요하다. 유인원의 설골은 작고, 후두의 공기주머니로 부풀어 오른다. 수포 모양 돌기가 없는(즉, 공기주머니가 없는) 후두는 호모 하이델베르겐시스의 화석으로부터 복원해낸 것이다. 약 70만 년 전 언어가 시작됐을 것으로 추정할 수 있다(그러나 증명되지는 못했다).[31] 최근 에티오피아에서 발견된 오스트랄로피테쿠스의 설골체는 세 살 '루시'의 것으로, 침팬지의 설골체와 매우 비슷하면서 초기 호미닌들이 공기주머니를 가지고 있었음을 보여준다. 다시 말해, 우리의 설골은 더 커지는 과정에서 공기주머니가 사라졌다.[32] 반면 콜로부스 원숭이는 설골은 있으나 공기주머니가 없어서 이 이론을 붕괴시킨다.[33]

해부학으로 딱히 알 수 없다면, 점차 커지는 사회적 복잡성의 부차적 증거를 살펴보는 게 낫겠다. 갬블이 이야기하는 '사회적 확장'을 보여주는 극적 사례는 손도끼를 만들기 위해 재료를 옮기는 거리가 멀어졌다는 것이다. 전기 구석기시대(200만 년 전)에 도구가 발견된 곳과 돌 재료가 있는 채석장 사이의 평균 거리는 30킬로미터가 채 되지 않았다.[34] 후기 구석기시대(4만 년 전) 후반부에 들어서서 이 거리는 200킬로미터까지 껑충 뛰었다. 돌과 바위의 양과 질, 다양성 역시 늘어났다. 도구의 순수한 확산은 사회집단이 넓어졌다는 또 다른 신호였다. 능숙한 석공이 석핵에서 떼어낸 돌조각은 귀중한 습득물로 선물이 됐다. 돌조각과 주맥 사이의 인연처럼 선물을 받은 이는 선물을 준 자로부터 은혜를 입은 것이 됐다.

복잡한 구석기 사회에서 가장 두드러진 족적은 웨스트석세스의 복스그로브Boxgrove로, 영국에서 가장 오래된 인류의 흔적이 이곳에서 발견되었다.[35] 50만 년 전까지 거슬러 올라가, 처음으로 유럽에 정착한 호모이자 앞서 보았듯 잘 발달한 설골을 가진 호모 하이델베르겐시스의 뼈가 발견된 것이다. 도살된 커다란 동물들의 뼈도 함께 나왔다. 코뿔소와 큰뿔사슴은 한때 영국 전역을 배회했지만, 호모 하이델베르겐시스들은 복스그로브에서 주로 절벽에서 떼어낸 돌 조각으로 말을 죽여 커다란 갯벌까지 약 250미터를 끌고 갔고, 위험한 포식자들이 냄새를 맡고 관심을 가지기 전에 고기를 길게 저며냈다. 속도를 내어 함께 일하기 위해서는 높은 수준의 조직이 필요했을 것이다.

고고인류학은 개인이 아닌 오직 사회만 다루는 학문이지만, 이 부분은 다르다. 우리는 이 사람들의 이름을 모르지만(만약 이름이란 게 있었다면) 이는 문제되지 않는다. 물건에 대한 정보가 충분하기 때문이다. 우리는 현장에서 여덟 명이 여덟 개의 덩어리를 사용했음을 알 수 있다. 복스그로브에서 발견된 321개의 손도끼로부터 도구가 필요한 만큼 만들어진 뒤 휴대하고 고르기보다는 쓰고 버려졌음을 추측할 수 있다. 복스그로브는 영구적인 정착지라기보다는 여러 차례 방문하는 장소로, 그곳의 문화는 이동하고 일시적임을 추론할 수 있다. 그럼에도 이 여러 차례 방문 기록으로, 고기를 도축하고 섭취하는 행위 뒤에 따라오는 기념의식인 춤에 (이를 천연 무대인 갯벌에서 추든 멀리서 추든 간에) 초기 춤의 기억이 담겨 있었을 것이라 추정할 수 있다. 이것이 음악적 기억과 전통의 시작이었을까?

복스그로브의 사회적 복잡성은 의도성을 공유했다는 증거다. 즉, 이들이 시선을 따라가는 유인원들처럼 다른 사람의 주의에 관심을 기울이는 능력뿐 아니라 누군가의 정신 상태를 읽을 수 있는 능력을 가졌다는 의미다. 그러나 어떤 음악이 복스그로브에서 생겨났는지를 상상하는 일은 특히나 어느 정도 지식을 바탕으로 추측해야 한다.

이 원시적인 중급의 음악은 언어학자들이 '원시언어' 또는 '원시 담론'이라고 부르는 것과 유사하다. 개리 톰린슨은 맥락을 종합해 호미닌의 원시음악이 '몸짓의 울음gesture-call'에서 진화했을 것이라고 강력하게 주장한다.[36] 몸짓의 울음은 인류학자 로빈스 벌링Robbins Burling이 만들어낸 용어로, 인간이 언어와 동시에 계속 만들어내는 신체적 신호와 목소리로 내는 소리를 가리킨다.[37] 여기에는 웃음, 한 숨, 숨을 들이마시는 소리, 신음, 흐느낌, 미소와 찡그림 등이 포함되며, 이는 중요한 관점에서 일반적인 언어와는 다르다. 우리는 모두 몸짓의 울음을 가지고 태어나며 이를 배울 필요가 없다. 그리고 모든 문화에서 상당히 같다. 몸짓의 울음은 정서와 밀접하게 연결되어 있고, 정서와 함께 자동적으로 작동된다. 그래서 우리는 슬플 때 흐느끼고 놀랐을 때 숨을 헉하고 들이마시는 것이다. 알파벳의 소리(음소)와는 다르게 몸짓의 울음은 의미 또는 정서로부터 추출해내기가 어렵다. 이들은 단어나 문장으로 결합할 수 없으며, 더 작은 단위(미소의 단위가 무엇일까?)로 쪼갤 수도 없다. 그 대신 단계적으로 강도가 달라지는데, 예를 들어 피식 웃다가 소리 내서 웃을 수 있고, 그 후에 깔깔대고 웃거나 코웃음을 치거나 울 수도 있다. 그렇기 때문에 벌링은 몸짓의 울음을 '아날로그', 제대로 된 언어(음과 단어)를 '디지털'이라고 부른다. '고양이'와 '박쥐' 사이에는 단계적 차이가 없지만(디지털), 한숨과 흐느낌 사이에는 있다(아날로그).

초기 호미닌의 몸짓의 울음은 우리와 매우 비슷할 가능성이 높다. 그러나 몸짓의 울음으로부터 원시음악으로 진화하는 데는 몇 가지 결정적 단계가 필요했을 것이다.

성도의 발달은 우리 목소리가 생성해낼 수 있는 소리를 폭발적으로 증가시켰다. 이는 우리가 신체적으로 목소리를 더 잘 통제할 수 있다는 의미, 즉 몸짓의 울음이 가진 다양성이 기하급수적으로 늘어났다는 의미다. 우리가 필요로 하는 것보다 훨씬 더 많은 소리를 가지고 발성은 정서로부터 느슨하게 풀려났다. 버빗원숭이의 경고의 울음소리처럼 흐느끼고, 한숨을 쉬고, 혀를 끌끌 차는 일은 특별한 감정과 상황에 따라가는 반면, 소리는 이제 자유로이 부유하며 신선한 의미를 갖게 됐다. 다윈주의 관점에서 발성은 자연선택으로부터 분리됐다. 길들여진 십자매에 대한 실험에서, 일단 새의 노래가 울음소리가 적응기능을 하는 외부세계로부터 해방되면 폭발적으로 빠르게 진화하는 것으로 나타났다.[38] 토마셀로는 맥락으로부터 소리를 분리해내는 이 과정을 '자유재량으로의 이동'이라 불렀다.[39] 또 다른 핵심 단계는 소리가 더 이상 몸짓에 의존하지 않는 것이었다. 일단 행동과 자세, 얼굴 표정에 소박하게 보충이나 강화가 더해지자, 소리는 독립 언어 체계로서 무르익게 됐다.

그러나 우리는 아직 음악에도, 실제로는 언어에도 도달하지 못했다. 원시음악은 본질적으로 문법이 없는 극도로 정제된 어휘이며, 배열된 순서와 의미가 상관없는 소리의 모음이었다. 원시음악으로서 가장 잘 알려진 현대의 사례는 「톰과 제리」 같은 만화영화의 사운드트랙이다.[40] 톰은 미끄러지듯 길게 연주되는 트롬본 소리에 맞춰 스탠드램프의 목을 따라 내려온다. 살며시 들리는 바순 음에 따라 바닥을 슬금슬금 걷고, 바닥 널이 부서질 때 바이올린이 내는 트릴음은 그 공포스러움을 강조한다. 불독 부치가 톰을 쫓기 시작하는데, 이빨을 바득바득 가는 이 개가 점차 톰의 엉덩이에 가까워짐에 따라 트럼펫 소리는 점점 더 커지고 한 음정씩 높아진다. 그러다가 부치가 자제심을 잃고 덤벼들었다가 나뭇조각을 물어버릴 때 극적으로 느려진다. 제리가 톰의 수염을 잡아당기고, 바이올린 피치카토의 팅 소리와 함께 수염이 하나씩 뽑혀나간다. 제리는 미끄러지는 바이올린 소리와 함께 부치의 입속으로 곤두박질친다. 제리는 실로폰 활주와 함께 커튼 위를 미끄러져 바구니 안으로 들어가 스웨터의 올을 푸는데, 지그재그로 풀리는 올을 따라 목관악기 음계가 왔다갔다 하는 식이다.[41]

미끄러짐과 흔들림, 새된 비명, 으르렁거림, 바짝 얼어버림 등 이 모든 동작은 오케스트라가 화려하게 표현하는 몸짓의 울음이며, 문법을 갖추지 않은 단절된 소리의 폭발이다. 일련의 행동을 포착하되, 그 행동에 관련된 감정이 이음매 없이 매끄럽게 섞여든다. 만화의 대부분은 반응하는 장면에 할애되는데, 고양이와 쥐, 개는 서로의 행동과 감정에 반응한다. 톰과 제리, 부치는 현대의 어린이들(그리고 마음속에 어린이가 살고 있는 어른들)의 관심을 다른 곳으로 돌리는 상상 속 동물이지만 전체적인 원시음악의 몸짓은 음악이 시작된 방식에서 그다지 멀리 떨어져 있지 않다.

이 사고실험은 물론 순수한 추측이다. 그럼에도 여기에서 두 가지 결론을 이끌어낼 수 있다. 하나는, 원시음악에서 음악으로의 변화가 지난 200만 년 중 한 시점에서 일어났다는 것이다. 다른 하나는, 사회적 복잡성의 이유로 50만 년 전에 일어났을 가능성이 가장 높다는 것이다.

5단계: 25만 년 전의 Hmmmmm?

음악 이야기에서 다음에 등장할 일화는 손에 땀을 쥐게 한다. 음악이 언어로부터 분리되어 홀로서기를 하게 된 이야기이기 때문이다(여기에서 역설은, '음악'과 '언어'라는 두 가지 개념은 둘이 갈라선 후에야 의미를 가지게 됐다는 점이다). 음악은 일단 언어가 짊어지고 있던 짐인 뭔가를 말해야 한다는 책임감을 떨쳐버리게 되자 자신이 가장 잘하는 일을 전문적으로 할 수 있었다. 이 이야기의 주인공은 전쟁을 벌이는 두 종족이다. 문제는 그 가운데 하나가 부분적으로 가상의 존재라는 점이다.

월리엄 골딩의《상속자들The Inheritor》(1955) 같은 소설은 부드럽고 순수한 존재인 네안데르탈인이 똑똑하고 사악한 사피엔스에게 말살되었다고 그린다. 골딩은 네안데르탈인이 현재를 오롯이 살아가는 존재로, 기억력이 형편없다고 말할 수 있는 언어도 없으며, 불이나 무기, 항해 같은 재능도 가지지 못했지만 고도의 감각적 인상과 텔레파시적 커뮤니케이션 능력을 보유한 것으로 그려냈다. 이야기는 너무나 우둔한 네안데르탈인 로크의 갈팡질팡하는 관점에서 서술되기 때문에 상당 부분 신랄하다. 소설의 결말 부분에서 로크는 인간들이 나머지 부족민을 공격한 뒤 마지막으로 살아남은 네안데르탈인이 되지만, 절망에 빠져 세상을 떠나고 만다.

증거에 따르면 네안데르탈인은 아마도 우리가 상상하듯 상냥하거나 바보가 아니었을 수 있다. 이들이 흉포한 동물들을 사냥했다는 점에서 사회적 협동이 잘 이뤄졌음을 가늠할 수 있다.[42] 이들은 무자비한 야수였다. 그렇다 하더라도 희생된 순진무구한 영혼이라는 개념이 전후 세계를 가득 채웠는데, 특히나 1948년 라스코 동굴이 대중에 공개되어 그 화려한 그림으로 사람들의 상상력을 사로잡은 뒤에는 더욱 그랬다. 우리는 이런 정신에서 스티븐 미슨Steven Mithen 의《노래하는 네안데르탈인The Singing Neanderthals》에 접근해야만 한다. 이 책은 필연적으로 사색적인 책인 만큼 주목할 만하다.[43]

이 책의 결론은 네안데르탈인이 자신들의 자리를 대신한 사피엔스보다 본질적으로 음악적이라는 것이다. 미슨의 관점에서 우리의 멸종된 사촌은 'Hmmmmm'이라고 부른 원시음악을 완성시켰다. Hmmmmm은 'holistic(전일적), manipulative(조작적), multi-model(다중적), musical(음악적), mimetic(미메시스적)'의 머리글자를 딴 것이다.[44] 전일적: 이들은 음이나 단어를 조합하기보다는 그 자체로 전체적으로 완성된 표현으로 노래했다. 조작적: 소리를 통해 다른 네안데르탈인들을 정서적으로 움직이게 하고 한 무리로 묶으면서 상황이 벌어지게 했다. 다중적: 소리에는 몸짓과 보디랭귀지가 수반됐다. 미메시스적: 이들은 동물의 소리와 움직임을 따라 했는데, 약간은 「톰과 제리」의 원시음악과 비슷했다. 긴장할 때 올라가고, 달래면서 떨어지며, 속도를 높였다 늦추는 목소리의 윤곽은 열정의 윤곽을 모방한 것이었다. 그리고 모두 통틀어 네안데르탈인의 커뮤니케이션은 음악적이었다.

근본적으로 미슨의 책은 네안데르탈인이 호미닌의 원시음악을 받아들이되, 이를 상징적으로 만들지는 않았다고 주장한다. 단서에 따르면 네안데르탈인의 문화는 수천 년 동안 그다지 바뀌지 않았다. 네안데르탈인은 결코 상징적 유물이나 복잡한 도구를 발전시키지 못했는데, 이는 초기 호미닌과 마찬가지로 언어 없이 지냈음을 의미한다.

미슨의 이론으로는 하이델베르겐시스 같은 초기 호미닌이 Hmmmmm 원시음악을 노래하지 않았음을 증명하는 것이 불가능하다. 거꾸로 말하자면, 네안데르탈인이 적절한 언어를 가졌을 가능성이 매우 높은데, 여기에서 쟁점은 사피엔스의 언어만큼 발전했는가 하는 것이다. 눈부신 현대의 발전 덕에, 언어 습득과 관련한 FOXP2 유전자의 한 종류를 네안데르탈인의 화석으로부터 복원할 수 있었다.[45] 이로부터 네안데르탈인이 우리처럼 복잡한 음성 습득을 발달시켰다고 강력하게 주장할 수 있다. 그런데 더 시간이 흐른 뒤에 현생인류가 좀 더 세련된 방식으로 FOXP2를 표현할 수 있음이 드러났다.[46] 따라서 현재는 네안데르탈인의 언어는 아마도 덜 세련된 수준일 수는 있으나, 네안데르탈인과 현생인류 모두 언어를 발달시켰다는 합의가 이뤄져 있다.

선사시대 언어의 실제 기록은 살아남지 못했으니, 여기에서 이

제 어디로 갈 수 있을까? 다시 고언어학의 원칙으로 돌아가야겠다. 1950년대와 1960년대 혁신적 언어학에서 촘스키는 보편적인 문법에 관해 다루면서, 전 세계 모든 언어는 뇌의 '심층구조'를 변형시킨 것이라고 주장했지만, 그의 이론은 다윈주의적 진화와는 잘 맞지 않았다. 촘스키의 관점에서 언어는 분석할 수 없는 '문법 상자'에서 전적으로 형성되어 튀어나온 것이다. 그러나 이 주장은 믿기 어려우며, 촘스키의 제자였던 잭켄도프는 언어가 통일된 체계라기보다는 더 단순한 체계들의 집합임을 증명했다.[47] 복합적 특성을 하부 구성 요소로 쪼갤 수 있는 것처럼, 언어의 진화는 개별 단계의 점진적 순서로 재구성될 수 있다. 나는 9장에서 음악성이 리듬, 멜로디, 구조라는 하부 구성 요소에서 진화했다고 주장한 바 있다.

잭켄도프는 우리에게 현대 언어에 살아 있는 화석들이 흩어져 있음을 보여준다. "아야", "우아", "제길" 같은 말은 단 하나의 몸짓으로 극단적인 감정을 전달할 수 있다. "쉿", "잠깐만", "이봐" 같은 말은 상황이 벌어지게 만들 수 있다. 눈사람이나 휠체어, 심지어 2축 디젤/전기 엔진/덤프트럭처럼 통사적 구조 없이 단어들을 묶어서 만든 복합명사도 있다. 원시적 수준의 통사에서 단어의 의미는 위치에 따라 달라진다. 문법이 좀 더 안정적이 되면 복잡한 위계적 구조 안에서 더 많은 종속절을 써서 단어를 도치시키거나 상술할 수도 있다. 햄릿은 복합적인 통사를 사용해서 말한다. 원시적 통사를 들어보려고 시간을 되돌릴 필요는 없다. 그 현대적인 근거는 피진어 pidgin(서로 다른 언어를 사용하는 사람들이 함께 일하기 위해 만들어낸 단순하고 기초적인 언어—옮긴이)나 크리올어, 비문법성 실어증 그리고 그 유명한

'지니'의 사례에서 찾아볼 수 있다. 지니는 2세부터 13세 사이에 어떤 사람과도 접촉하지 않은 채 성장한 여성이다.*

음악과의 연결고리는 단순하고 간단하다. 개리 톰린슨은 언어의 합성성compositionality과 음악의 합성성을 확실하게 연결시켰다.**48** 문장이 독립적으로 존재하는 단위(단어)로 구성되듯 멜로디는 음표로 구성된다. 톰린슨은 한발 더 나아가 창과 같은 도구의 합성성과도 연결을 구축했다. 구석기시대의 창은 막대기와 돌로 이뤄진다. 막대기와 돌은 조립되기 전에는 별도의 물건으로 존재하다가, '손잡이 달기hafting'를 통해 부분의 합보다 더 큰 복합체가 된다.

핵심적 주장은 다음과 같다. 사피엔스는 같은 시기에 창과 음악과 언어를 발명했다. 사피엔스 이전의 모든 것은 전일적인(비구성적인) 원시음악의 다채로운 색상을 띠고 있었다. 호미닌의 돌은 '우아!'가 구성적인 음절이나 단어가 없는 전일적인 표현인 것처럼 별개의 부분을 가지지 않은 전일적인 도구다.

이제 톰린슨의 주장에서 몇 가지 문제점을 짚어볼 수 있다. 유명한 쉬닝엔 투창은 지금으로부터 42만 년 전으로 거슬러 올라가는데, 호모 하이델베르겐시스가 손잡이에 대해 알고 있었음을 보여준다. 반면 쉬닝엔 투창은 단발성으로 만들어졌던 것으로 보인다. 문화적 진화는 용솟음치듯 진행되며, 일부 계획은 전통으로 굳어지지 않고

---

* 레이 잭켄도프의 《언어의 본질》 97페이지 참조: 지니는 2세 이후 사람과 전혀 접촉하지 않고 고립된 삶을 살다가 1970년 13세의 나이로 발견됐다. 지니는 집중적인 교육을 받으며 신속하게 어휘를 습득했다. 그럼에도 그녀는 기본적인 문법의 원리를 배우지 못했다. 이는 뇌가 언어를 발전시키기에는 13세는 너무 늦은 나이임을 의미한다.

흐지부지되기도 한다. 손잡이를 만드는 것은 보통 후기 구석기시대와 연관된다. 두 번째 문제점은 생물학이 행동으로 깔끔하게 정리되지 않는다는 것이다. 그렇기 때문에 오늘날 일부 수렵채집 사회는 석기시대 도구를 사용하면서도 복잡한(구성적인) 언어를 가지고 있는 것이다.

그렇기는 하지만 톰린슨의 주장은 전체적으로 설득력 있다. 정신의 진화는 도구 기술의 진화로 읽을 수 있다. 그리고 우리는 호미닌이 더 똑똑해졌으며, 따라서 그들의 음악도 똑똑해졌을 것이라고 추론할 수 있다. 복합적인 멜로디는 분명 사피엔스가 약 4만 년 전 뿔피리를 발명했을 때 등장했을 것이다. 우리는 음악 구조의 연속적인 중간단계를 추론해볼 수 있다. 네안데르탈인의 음악은 복합적이지 않다. 네안데르탈인은 복합적인 도구를 사용하지 않았기 때문이다. 그러나 이들의 음악은 언어적 구조의 또 다른 특성을 띤다. 바로 위계다.

위계와 합성성은 모두 언어에서 드러난다. 그러나 둘 중 하나만 갖추는 것도 가능하다. 우리가 9장에서 보았듯 새의 노래는 위계 구조를 가졌다. 그러나 그 단위는 노래 자체를 벗어나서는 아무런 의미를 가지지 않는다. 새는 기존에 존재하는 '단어'로부터 노래를 작곡하지 않는다. 그 위계는 의미론적이기보다는 음성학적이다. 인간의 노래에서 비복합적인 멜로디는 윤곽이다. 윤곽은 소리의 조각으로 쪼갤 수 있지만 조각으로부터 조립할 수는 없다. 현대 사회의 어린이들은 다섯 살 혹은 여섯 살에 개별적인 음높이를 식별하는 법을 배울 때까지 멜로디를 윤곽으로 인식한다(2장). 이 시기는 놀랍게도 어린

이들이 음절을 언어의 음소 또는 알파벳 글자로 분리해내는 것과 같은 시기다.**49** 선율 윤곽이 개체 발생적으로(인간발달의 관점에서) 더 오래됐다면, 계통 발생적으로도(인간의 진화에서도) 분명 더 오래됐다.

그렇다면 왜 우리는 네안데르탈인의 음악이 복합적이 아니라 위계적이라고 생각하는 걸까? 우리는 네안데르탈인이 위계적 사고를 할 수 있었음을 안다. 네안데르탈인이 '르발루아'라는 이름의 손도끼

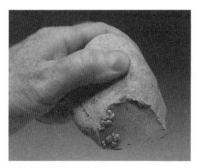

1. 올도완 찍개. 240만 년 전
© World Museum of Man

2. 아슐리안 주먹도끼. 180만 년 전
© The Natural History Museum/Alamy Stock Photo

3. 르발루아 손도끼. 30만 년 전.
CCo 1.0 Gary Todd.

4. 손잡이 달린 창. 10만 년 전
© The Metropolitan Museum of Art, New York/Gift of Garrett C. Pier, 1908

사진 10-2.

제작 양식을 완성했기 때문이다.[50] 르발루아 양식은 아슐리안 주먹도끼보다 훨씬 더 뚜렷하게 구분되는 단계의 연속으로 구성되고, 각 단계는 저마다의 방식을 갖추고 있다. 전체적인 모양을 대충 만들고, 커다란 돌 조각을 떼어내고, 거북 모양의 반구형을 세웠다가 떼어내면 오목한 자리가 드러난다. 그 후 수정하고 갈아내는 등의 과정을 거친다. 르발루아 양식은 설사 완성된 물건이 하나의 덩어리로 구성된다 하더라도 작업을 위계적으로 구성하는 능력을 나타낸다.[51] 르발루아 기술은 위계적이지만 도끼 자체는 창처럼 복합적이지 않았다.

구석기시대 사냥도구의 진화는 네 가지 주요 단계를 거친다. 올도완 찍개—아슐리안 주먹도끼—르발루아 손도끼—손잡이 달린 창 순이다(사진 10-2). 호미닌 음악 구조의 진화 역시 동일하다. 올도완 찍개는 탕탕 두드리며 리듬을 불규칙하게 뿜어낸다. 아슐리안 주먹도끼의 대칭성은 규칙적인 리듬 패턴을 나타낸다. 르발루아 위계는 이미 존재하는 부분들로 구성되지 않는 멜로디, 즉 윤곽을 시사한다. 음악은 인간들이 음높이라는 손잡이를 멜로디라는 창살에 조립했을 때 등장했다.

4만 년 전 마법의 피리

약 4만 3,000년 전부터 2만 6,000년 전 사이 후기 구석기시대 오리냐크 문화기에 호모 사피엔스가 등장하면서 많은 일이 벌어졌다. 정신과 팔다리가 우리와 비슷한, 해부학상의 현생인류는 대충 만든 돌조각보다는 섬세하게 갈아낸 칼날에 손잡이가 달린 나무창을 던졌다. 이들은 배도 탈 줄 알고 불도 사용했다. 구멍을 낸 동물 이빨과 상아구슬, 조개껍데기로 만든 목걸이와 팔찌를 차고, 황토를 몸에 마구 발랐다.[52] 이들의 동굴은 눈부신 사냥 장면으로 장식됐고, 이들은 피카소의 작업장을 꾸며줄 조각상들을 조각했다. 이들에게는 거의 분명 언어가 있었다. 우리의 목적에서 중요한 점은 오리냐크기 인간들이 선사시대에서 가장 오래된 것으로 알려진 악기인 피리를 만들었다는 것이다. 이 피리들은 독일의 슈바빙 알프스(폴레펠스)와 피레네 산맥(이스튀리츠)에서 발견됐다. 우리는 5장에서 음악의 기원을 알아내기 위해 이 피리들을 뒤돌아봤었고, 이제는 정점으로서의 피리를 뒤에서 접근하려 한다. 이들은 '인지혁명'의 꾸밈음이다.

　　그러나 진정으로 혁명이었을까? 고고학자들은 해부학상의 현생인류가 등장한 정확한 날짜를 여전히 치열하게 논하고 있으며, 무엇이 '현생'을 구성하는지조차 합의하지 못했다.[53] 독일 남부의 동굴에서 발견된 회화와 조각상, 뼈 피리 등은 사피엔스가 5만 년 전 유럽과 중동에서만 현생인류가 됐음을 보여준다. 그러나 남아프리카 블롬보스 동굴에서 발견된, 깊이 쪼개진 황토 조각은 9만 년에서 7만년 전의 것으로 추정되고, 아프리카에서 발견된 적갈색 안료의 고고학적 침전물은 12만 5천 년 전의 것으로 추정된다.[54] 증거가 없다고 해서 없었다는 증거가 되는 것은 아님을 고려하면, 인류의 시간이 동틀 무렵인 20만 년 전에 상징행동이 등장했다고 밀어붙여보는 것은 어떨까?

논쟁이 계속 격하게 진행되는 동안, 나는 5장에서 설명했던 이언 몰리와 의견을 함께하고 있다. 몰리는 사피엔스가 아마도 10만 년 전, 대충 블롬보스 동굴 이전에 예술적이고 지적으로 성숙해졌다고 제시하지만, 아프리카에는 적당하게 속이 빈 뼈를 가진 새들이 거의 없었기 때문에 피리를 만들 기회가 없었다고 주장했다.

이 관점에서 우리는 한 개의 관문이 아니라 두 개의 관문을 넘게 된다. 첫 번째 관문은 아프리카에서 넘었을 가능성이 가장 높은데, 바로 사피엔스가 개별적 음높이로부터 멜로디를 작곡해냈을 때다. 네안데르탈인은 윤곽으로 노래했지만 현생인류의 멜로디는 창처럼 합성성을 가졌다. 두 번째는 기술적 관문이다. 우리가 보았듯, 네안데르탈인은 문화적으로 몹시도 오래 지속되고 안정적이었음에도 상징적인 유물이나 복잡한 도구를 발달시키지 못했다. 미슨은 네안데르탈인의 뇌가 모듈식이었고, 그 기능은 별개의 정신 공간마다 압축되어 있었다고 추론했다.[55] 네안데르탈인의 뇌는 '영역특수적'이었다. 이들은 음악을 상상하고 도구도 만들 수 있었지만, 한 영역에서 다른 영역으로 넘어갈 수 있는 인지적 유연성이 부족했다. 따라서 음악을 만들어내는 도구를 상상해낼 수 없었다. 음악기술을 상상하는 일은 통합적 사고를 필요로 했고, 이는 네안데르탈인의 수준을 넘어서는 것이었다. 반면 사피엔스는 정신적 놀이의 대가였다. 오직 사피엔스만이 피리를 상상해낼 수 있었고, 이것이 진정한 인지혁명이었다.

피리들은 의미로 가득 차 있었다. 우선 그리고 가장 중요한 점은, 피리가 제작한 물건이라는 것이다. 들고 다닐 수 있을 만큼 작고, 조심스레 다루고 보관할 정도로 충분히 귀했다. 우리는 이 글을 읽는 책이나 기기부터 시작해 물건으로 가득 찬 집, 그리고 그 집과 매끄럽게 이어진 거리와 도로, 도시에 이르기까지 인공물의 세계에 파묻혀 있다. 따라서 우리는 텅 빈 구석기시대의 풍경에서는 인공적으로 만든 물건이 얼마나 눈부시게 빛났을지 상상하기 쉽지 않다.[56] 4만 년 전에 한 물건은 인간의 의미 그리고 그 물건을 만든 사람의 삶으로 채워져 있었다. 그리고 결정적으로 물건은 물건의 제작자로부터 멀리 떨어진 곳까지 그 의미를 발산했다. 물건은 사회를 확장한다. 여러분은 친구와 지인으로 구성된 교제 범위 바깥에 있는 모든 사람을 알 수 없다. 후기 구석기시대에 호모 사피엔스의 무리는 30킬로미터에서 100킬로미터 사이에 퍼져 있는 약 300명으로 구성되어 있었다.[57] 현수교가 그렇듯, 사회는 계속 뻗어나가다가는 붕괴해버린다. 인간의 대용물인 물건은 우리의 세계적인 문화의 다리를 지지하는 부두이자 기둥이다.

또한 물건은 우리의 기억저장고다. 문자 그대로, 홀레펠스와 가이센클로스텔레의 피리는 평행하게 V자 금과 선이 조각되어 있다. 일부 인류학자들은 이 표시가 일종의 인공적 기억체계를 구성하며, 언제 또는 어떻게 피리를 사용하는지에 관한 정보를 저장하는 것이라고 생각한다.[58] 이 표시의 기능이 무엇이든 간에, 일반 물건들처럼 피리는 본질적으로 기억을 담는 용기였다. 손도끼를 팔의 연장으로 보는 것처럼, 그리고 도끼를 휘두르는 동작을 표현하는 것처럼, 피리의 구멍은 손가락을 어디에 두어야 하는지를 보여주고 입을 대는 부분은 어디를 불어야 하는지 알려준다. 우리는 물건을 생각과 감정으로 가득 채워서, 이 피리들이 실제로 살아남았던 것처럼 우리를 살아남게 한다. 우리는 물건을 통해 우리의 기억을 드러내기 때문에 문화는 사람들보다 훨씬 더 빠르게 진화한다. 우리는 순식간에 창을 날카롭게 갈 수 있고, 물고기 그물을 꿰맬 수 있으며, 오두막을 더 따뜻하게 데우고 피리를 연마할 수 있다. 반면 인간의 진화는 몇 천 년 동안 세대가 변해야만 가능하다. 그렇기 때문에 인류의 진화는 자연선택을 바탕으로 한 다윈주의적 진화이고, 문화적 진화는 후천적 특성의 계승을 통해 이뤄진다는 라마르크주의적 진화이다.[59]

인생을 표현하는 것 외에도 가장 중요한 점은 구석기 물건들이 그 자체로 살아 있는 양 느껴졌다는 것이다. 홀렌스타인-스타델 동굴의 홀레펠스 근처에서 발견된 사자 머리를 한 인간을 상아로 조각한 특별한 사자-인간 입상처럼(사진 10-3), 피리도 인간-동물의 합성물이다.[60] 5장에 등장한 수렵채집사회의 샤먼처럼, 독수리와 백조의 날개 뼈를 조각한 피리는 음악가에게 동물의 힘과 정신을 부여해줬다. 음악적 인간은 동물에게서 나왔고 앞으로도 언제나 동물과 얽혀 있을 것이다.

악기에는 제작에 필요한 기술과 시간 등 어마어마한 가치가 부여된다. 그 덕에 피리는 휴대가 가능하게 만들어졌다. 이는 5장에서 논의한 '휴대성의 원칙'을 완벽하게 구현한다. 그러나 물건의 가치는 상반된 결과도 낳았다. 이동생활이 정착생활로 바뀌면서, 집에 물건을 보관하는 역할이 부여되었다. 영구적으로 정착하지 않고 계절마다 유랑했던 네안데르탈인은 필요한 것은 모두 들고 다녔고 아무것도 저장하지 않았다.[61] 그러나 사피엔스와 함께 음악은 좀 더 공고

사진 10-3. 홀렌스타인-스타델의 사자 인간 입상

© Bridgeman Images

한 장소감을 기반으로 삼게 됐고, 새로운 역할을 얻었다. 우리는 일련의 추론을 통해 이 부분을 밝혀낼 수 있다. 집은 천막기둥과 원형으로 배열한 돌, 불을 늘 피워두는 화로 등 물리적 구조를 가지고 만들어졌다. 화로가 있던 자리는 까맣게 타버린 자갈과 아마도 아기를 위해 준비했을 풀죽의 흔적에서 짐작해볼 수 있다.[62] 집은 어머니들이 뒤에 남는 곳이었다. 사냥꾼들이 더 멀리 여행하기 위해서는 꼭 필요한 일이었다. 집은 실제로 물건뿐 아니라 가족들을 보관하는 장소였다. 일단 안정적인 주거지가 만들어지자 그곳은 사회적 행사와 그 행사를 장식할 의례의 중심이 됐다. 의례에는 음악도 포함됐는데, 우리는 화로 주변에서 노래하고 연주하고 춤추는 모습을 쉽게 상상할 수 있다. 화로의 중심성과 영구성은 견고하고 영속적인 '물건'으로서 음악의 새로운 정체성을 가리키는 훌륭한 은유다.

이 집은 모두 사라져버렸고 우리에게 남은 것은 동굴이 전부다. 우리는 동굴회화에 집착하길 좋아하지만, 동굴은 접근이 어렵고 어둡고 위험한 장소이며(짐승들의 은신처가 될 수 있다) 영적 영역으로 통하는 자연의 입구로 죽은 자들과 연관되기 때문에 특수한 곳임을 기억하는 것이 중요하다. 이런 이유들로 아마도 동굴은 거주하기보다는 사용하거나 방문하는 장소였을 것이다.[63] 다른 면에서 동굴은 초기 인류의 중요한 성과를 기록한 곳이었다. 즉 멀리 떨어졌거나 존재하지 않아서 보이지 않는 것들을 상상한 것이다. 동굴 벽에 그려진 동떨어진 사냥 장면처럼, 동물의 영혼이 썬 피리 연주자는 청중들을 영적인 곳까지 데려갔다. 호미닌의 삶은 지역에 한정되어 있었다. 하지만 예술과 음악이 이제 호주 원주민들의 드림타임처럼, 삶이 도달할 수 있는 범위를 넓혀주었다. 사피엔스가 현재의 삶을 넘어선 계속적인 삶을 보았다는 또 다른 신호는 장례 장신구와 함께 죽은 이들을 묻는 관습이다.

이 모든 이유로 초기 인류의 피리는 마법의 피리였고, 그 마법에는 최초의 종교가 지닌 영성이 어려 있었다. 이것이 음악적 추상화로 넘어가는 티핑 포인트에 접근하는 관점이 된다. 손가락 구멍의 존재와 몇 천 년에 걸쳐 광대한 지역에서 악기 디자인이 표준화되었다는 사실은 우리에게 음악이 엄격히 규제됐음을 알려준다. 구멍이 특정 음높이, 예를 들어 D음을 만든다면 음은 고정된 것이다. 즉, 여러분이 좋아하는 음을 아무렇게나 노래할 수 없다는 의미다. 그리고 각기 구분되는 음높이가 존재한다는 장점은 음높이의 기초가 완전히 구체화됐음을 의미한다.[64] 음높이의 기초가 존재한다는 것은 백그라운드를 구성하는 음조직이 존재했음을 가리킨다. 즉 멜로디 패턴과 음계가 있으며, 일부 음은 다른 음보다 더 중요하거나 '중심이 된다'는 의미다. 중심음과 더 많은 장식음을 가진다는 것은 우리가 주제와 변주를 연주하듯 음악가들이 멜로디 아이디어가 담긴 리프를 연주할 수 있었음을 말한다. 마지막으로, 이 음악언어는 창이나 조개껍데기를 전달하고 교환하는 것처럼, 그리고 자루를 달거나 장식하는 양식이 추앙받고 모방되는 것처럼, 인구 전체에 공유됐다.

마법의 피리가 사피엔스의 인지혁명에서 주요한 역할을 맡았으며 음악적 인간의 운명이 그 음악적 DNA에 박혀 있다는 사실에는 의심의 여지가 없다. 1장에서 시작된 이야기, 즉 음악이 추상화와 정서적 즉흥성을 향해 흘러간다는 이야기는 사피엔스 자체의 도입부에서 만반의 준비가 끝났다. 네안데르탈인을 죽인 것이 누구이든, 인류에 의한 대량학살이든 이종교배든 혹은 그저 자연스러운 멸종이든 간에, 네안데르탈인의 소멸과 함께 음악 안의 뭔가도 함께 죽어버렸다는 동화가 주는 비애감에 영향을 받지 않을 수 없다. 우리가 미슨의 설명을 거절하고 Hmmmmm이나 원시음악을 호모 에르가스터 또는 루시까지 이어지는 진화의 사슬을 따라 역투영back-project한다 하더라도, 동화는 똑같이 남게 된다. 우리가 있는 이야기의 지금 이 시점으로부터, 우리는 이제 후기 구석기시대에 이뤄진 정서의 상실을 사회적 확장으로 인한 피할 수 없는 인과관계이자 '근접성으로부터의 해방'으로 볼 수 있다. 그러나 이 책에서 내가 반복해서 강조했듯, 음악의 이야기는 언제나 두 가지 방향, 앞 또는 뒤로 읽을 수 있다. 때마침 돌이나 막대기보다 똑 부러진 또 다른 도구가 등장한다.

도구의 진화에서 자르기, 갈기, 찌르기 방식 등이 먼저 등장했다. 용기는 그 후에 나타났다.[65] 유인원들은 규칙적으로 막대기로 흰개미를 사냥했지만 용기는 거의 사용하지 않았다(반면에 침팬지들은 잎사귀나 손으로 컵을 만들어서 빗물을 담는 모습이 관찰된다). 용기는 후기 구석기시대에 컵 모양을 하고 동굴이나 집으로 들어왔고, 마침내 도자기로 만들어졌다. 도자기 냄비는 그 자체로 영혼을 담는 용기인 인간의 몸을 위한 대용물로 구상됐다. 피리나 북 같이 속이 텅 빈 악기는 용기의 대표적인 예다. 피리는 숨과 영혼을 담고, 더 나아가 음악은 정서를 담는다. 그리고 친밀하고 은밀한 세계가 사회적 세계로 확장되면서 잃어버렸다고 생각했던 정서를 품는다. 그러나 정서는 억제하면 더 심화되고 일반으로부터 동떨어지면서 언어와 의미로부터 멀어지고 만다. 정서는 은유적이 됐다. 피리의 음 하나는 전혀 아무것도 '의미하지' 않는다. 목소리로 울거나 으르렁거렸을 때 만들어지는 음보다 훨씬 더 의미를 갖지 않는다. 그러나 피리 연주자가 4장에서 훑어보았던 은유의 '산책길'을 통해 한 음높이에서 다른 음높이로 '걸을' 때, 한 무리의 음은 슬그머니 의미를 가져온다. 호미닌 음악의 이야기는 루시의 걸음에서 시작됐다. 마법의 피리는 배회하는 오스트랄로피테쿠스를 하늘까지 올려주었고, 그곳에서 오스트랄로피테쿠스는 별 사이를 걷게 됐다.

호머 심슨이 된다는 것은

우리는 별 사이를 흘러 다니는 인간 유인원을 찾기 위해 멀리 내다볼 필요도 없다. 「2001 스페이스 오디세이」의 상징적 장면들은 모두 「심슨네 가족들Simpsons」 에피소드에서 패러디됐다.[66] 호머 심슨의 얼굴을 한 유인원이 돌기둥에 기대어 잠시 잠을 청하는 동안, 다른 유인원들은 무기와 불을 발명하느라 바쁘다. 인간 호머 심슨은 안락의자에 앉아서 백일몽을 꾸다가 웜홀을 통해 날아간다. 바트가 던진 펜은 우주에서 빙글빙글 돌다가 폭스 사의 인공위성으로 바뀐다. 그리고 우리의 다음 진화 단계인 스타차일드 태아(「2001 스페이스 오디세이」에서 현생인류가 모노리스를 통해 진화하게 되는 초월적 존재로, 육체를 떠나 정신만 있는 상태다—옮긴이)처럼 지구 위를 유영하는 호머의 머리에 쾅 하고 부딪힌다. '도' 소리를 내면서!

「심슨네 가족들」은 인간이 된다는 의미의 기준을 상당히 낮게 설정했다. 그러나 인간이 된다는 기준치는, 설사 호머 심슨이 되는 것조차도 시간과 공간을 지배하는 것이다. 앙드레 르로이 구라한에 따르면 "탁월한 인간적 행위에서 도구의 발명은 인간의 시간과 공간의 창조만큼 대단하지 않다."[67] 우리는 구석기시대의 리듬이 어떻게 인류가 시간과 공간을 창조하도록 도왔는지 살펴보았다. 공간은 리듬이 생겨나는 공간이 아니었다. 리듬이 공간을 창조했다. 음악은 우리가 동물적 삶의 '지금-여기'를 넘어서게 해주었다. 우리의 사회적 세계를 넓히고, 정신적 시간여행을 가능하게 했다. 미슨은 명쾌하게 핵심을 제시한다.

> 역사를 통틀어 우리는 진화적 과거, 즉 'Hmmmmm' 커뮤니케이션의 잃어버린 세계를 탐색하는 데 음악을 사용해왔다. 작품을 쓰는 슈베르트든, 즉흥연주를 하는 마일스 데이비스든, 아니면 놀이터에서 박수를 치는 어린이든 말이다.[67]

음악적 인간의 역사를 쓰는 일은 그저 음악이 이끌고 싶어 하는 대로 따라가는 작업이다. 즉, 음악은 진화적 과거로 점점 더 깊이 이끌고 싶어 한다.

정서는 음악이 이끄는 방식의 핵심이며, 어머니 자연으로 우리를 연결해주는 이종 간의 탯줄이다. 감히 말하건대, 인간다움이 다음의 코끼리 환영식에서 드러난다.

가족의 두 소집단이 함께 달리고, 우르릉 움직이고, 울부짖고, 비명을 지르다가, 머리를 들고, 엄니를 철컹거리고, 코를 꼬고, 귀를 펄럭이고, 서로를 향해 빙글빙글 돌다가, 소변을 누고 대변을 보고, 그러면서 보통은 엄청나게 흥분했음이 드러난다. 이런 식의 환영이 가끔은 10분 이상 계속되기도 한다.[69]

이것을 '음악'으로 치든 아니든, 이 코끼리들이 소리로 표현하는 즐거움(그래, 대부분 즐거움이라고 하자)에 동질감을 가지기는 쉽다. 확실히 코끼리에게는 인간처럼 공간과 시간의 개념이 없을 수 있다. 그러나 코끼리의 경우 초저주파 진동을 통한 커뮤니케이션 체계를 갖추고 있으며, 이 진동은 코끼리 발밑의 땅을 통해 흘러 몇 킬로미터 떨어진 코끼리 떼에게로 연결된다. 우리의 철학으로는 아직 생각지도 못한 방식이다.[70]

음악 정서가 뒤편을 바라보는 동안, 다른 측면은 미래를 향해 밀고 나아간다. 이언 크로스에 따르면 음악에는 '부유하는 의도성'이 있다.[71] 다시 말해, 음악의 명백한 무의미함과 의미론적 개방성은 우리가 뇌의 다양한 부위를 유쾌하게 연결할 수 있게 해줄 마법의 실험과 같다. 미슨은 이것을 음악의 '인지적 유동성'이라 불렀다.[72] 음악을 통해 사피엔스는 인지적 영역을 가로질러 정보를 통합하는 법을 배웠다. 우리의 상상적 즐거움은 사자-인간 조각상이나 뼈 피리를 조각한다거나 일관성 없는 아이디어들을 서둘러 조합할 때 분명해진다. 음악을 통해 인간은 생각할 수 없던 것들을 생각할 수 있게 됐고, 영성과 종교를 처음 맛보게 됐다. 그리고 현재의 이 시점을 넘어선 영역에 친밀해질 수 있었다. 5장에서 보았듯 종교는 농업의 발명을 이끌어낸 동기가 되었다. 결코 농업의 결과가 아니었다. 후기 구석기시대의 농업은 괴베클리 테페 같은 사원 주변의 정착사회들에 식량을 보급하며 생겨났다. 음악은 종교에 영감을 주었고, 농업 혁명을 통해 풍부해졌다. 과학은 바로 그 후에 따라왔다. 음악은 역사와 문명을 주도했다. 우리는 핑커의 '귀로 즐기는 치즈케이크'를 다시 부엌으로 돌려보낼 수 있을 것이다.

무엇보다도 음악의 상상적 즐거움은 폭발적인 매시업mash-up(두 가지 이상의 노래를 합쳐서 만든 노래—옮긴이)을 통해 앞으로 나아간다. 진정한 우리 시대의 걸작이자 음악의 해밀턴(미국 건국의 아버지로 꼽힌다 —옮긴이)은 랩을 통해 미국 건국의 아버지 이야기들을 들려준다. 또는 몇 년을 통틀어 파리 오페라계에서 가장 큰 성공을 거둔, 클레멘트 코지토레Clément Cogitore가 제작한 라모Rameau의 「사랑의 인디언Les Indes Galantes」에서 프랑스 바로크 오페라와 크럼핑 스트리트댄스 간의 화려한 충돌을 보자.[73] 바사리의 '비평 정신(8장)'은 새로움을 선호하며 과거를 쓸어가 버렸고, 계속 인류의 추진력이 되어주고 있다.

마침내 인간의 역사에 드리워진 장막이 걷힐 준비가 됐다. 그러나 우리는 이미 오페라를 보아왔다. 사피엔스가 초기 구석기시대의 지구에서 90퍼센트의 시간을 보냈음을 고려하면, 4만 년 전부터 지금에 이르기까지는 상대적으로 짧게 건너뛰고 도약한 셈이다. 점프 컷은 큐브릭의 회전하는 뼈가 아니라 사피엔스의 찍찍거리는 뼈 피리에서 나왔다. 또는 뼈 피리의 찍찍 소리는 트위터로 넘어갔다. 음악적 인간의 근대성은 '인지혁명'에서 시작됐다. 동물의 왕국에서 음악의 근대성은 2,300만 년 전에 시작됐다. 그다음 단계는 무엇일까? 개념상 기계가 될 것이다. AI가 지각력을 가지게 될 때 기술적 특이성은 역시나 음악이 마침내 우리의 궤도를 떠나버리고 우리가 응당 받아야 할 벌을 받게 되는 지점에 도달할 수도 있다. 음악이 자연을 죽이고 난 다음 진화의 단계는 AI가 음악적 인간을 죽이는 때가 될 것이다.

기계

우리 인간의 다음 진화 단계가 마침내 우리를 죽이려고 시도할 것
이라는 뻔한 이야기가 있다. 이 클리셰는 「2001 스페이스 오디세이」
의 살인 컴퓨터 할HAL의 모습으로 구현됐다. 할의 밋밋한 로봇 목소
리는 더 이상 우리처럼 동물의 왕국과 정서로 묶이지 못하는 실체를
표현한다. 네트워크화되고 즉각적인 할의 사고 과정은 장소와 시간
에 대한 우리 인간의 카테고리를 넘어선다.[1]

음, 정말 지나친 클리셰다. 패러디도 가장 많이 된 큐브릭의 유명
한 그 장면에서 정말로 벌어지는 일은 그보다 더 미묘하다. 데이비
드가 할의 뇌를 해체하면서 할이 점차 작동을 멈추고 음악도 절정을
이룬다. 할은 「데이지 벨Daisy Bell」을 노래하는데('데이지, 데이지, 내게 답
을 주오'), 표면상 이 노래는 1962년 IBM 704가 선보인, 최초로 컴퓨터
가 연주한 노래이다.[2] 「심슨네 가족들」 패러디 장면에 등장하는 할

은 퇴보되었고 영국식 영어에서 미국식 영어를 쓴다.[3] 대단히 홍미로운 점은 기계는 죽기 시작하면서 좀 더 인간적이 된다는 것이다. 「블레이드 러너Blade Runner」에 등장하는 반젤리스의 일렉트로팝은 인간의 모습을 한 로봇인 룻거 하우어가 '빗속에서 눈물을 흘리며' 사망하는 장면에서 가장 서정적인 음악이 된다. 전자음악은 글리치와 기술적 실패에서 나오는 섬광을 통해 표현을 만들어낸다. 이 실패와 퇴락의 미학은 칠웨이브와 베이퍼웨이브, 유령론 그리고 유행이 지나거나 저음질 기술이 장악하고 있는 현대음악장르의 핵심이다.[4] 기계가 정서를 표현할 수 없다는 미신을 믿지 말자.

이와는 대조적으로, 할의 절망이 증가하는 동안 기계처럼 행동하는 것은 바로 데이브다. 데이브는 조용하고, 가혹하며, 기계적이다. 사람과 기계는 상대방의 입장에 설 수 있으며, 인간은 동물만큼이나 기계와 얽혀 있음을 보여준다. AI가 정말 스스로 생각할 수 있다면, 너무나 인간다운 합리적 능력의 다음 단계가 될 것이다. 다만 이성은 가끔 우리를 구속하는 철창으로 묘사되어 왔다. 데카르트는 우리가 기본적으로 기계라고 생각했고, 우리 몸은 중추인 정신에 앉아 있는 난쟁이가 조종하는 것이라고 생각했다.[5] 가끔 우리는 창피한 말실수를 하거나 길 가다가 넘어질 때 스스로 감정이 없는 기계인 척한다. 나는 잘 단련된 운전자임에도 어느 쪽 발로 브레이크 페달을 밟아야 하는지 잊어버린 듯 보이는 작은 문제를 일으키기도 한다. 제럴드 포드 대통령은 걸으면서 동시에 껌을 씹으면 넘어지고 말았다(「심슨네 가족들」에서 포드가 마을로 이사 왔고, 그와 호머가 함께 넘어지는 패러디 장면을 보자).[6] 기계가 된다는 것은 정신의 상태이다. 이는 늘 피부 아래 잠복해 있는 그 상태를 의미한다. 이와 유사하게 기계 음악은 뼈 피리의 분리된 음높이부터 음악 기보법, 세계화된 대위법과 음조, 19세기 작품 개념과 20세기 모더니즘까지 이어지는 긴 사슬을 구성하는 또 다른 고리일 뿐이다.

따라서 기계는 철창인가, 도구인가 아니면 둘 다인가? 질문은 기술이 우리를 확장해준다고 생각하는지, 아니면 대체한다고 생각하는지로 옮겨간다. 인간이 목표를 더욱 잘 달성할 수 있도록 기계가 도와준다면, 음악은 음악적 트랜스휴먼transhuman의 손에 넘어가게 될 것이다.[7] AI가 인류의 확장이나 증대가 아니라 완전히 새로운 존재인 것으로 드러난다면, 그 후 음악의 궁극적 미래는 음악적 포스트휴먼posthuman이 될 것이다. 이번 장에서는 이 위대한 논의를 다뤄보려 한다.

우리는 그저 음악이 얼마나 상대적인지 점차 깨달으면서 이 질문들을 굽어보게 된다. 이는 우리의 가청 범위의 한계에서 가장 극명하게 드러난다. 우리가 들을 수 있는 가장 낮은 소리는 20헤르츠인 반면, 코끼리는 8헤르츠, 흰긴수염고래는 5헤르츠까지 들을 수 있다. 우리는 20킬로헤르츠 이상은 들을 수 없지만, 개는 45킬로헤르츠, 박쥐는 200킬로헤르츠까지 들을 수 있다. 미국 생물학자인 E. O. 윌슨에 따르면 우리는 협소한 대역폭 탓에 부유생물에 가까운 플랫랜더flatlander(2차원 거주자—옮긴이)가 된다. 즉 수면과 공기 사이의 2차원 인터페이스에서 살도록 적응한 유기체란 의미다.[8] 우리의 인식적 역치보다 위와 아래에 있는 음악적 세계는 우리가 상상할 수 없다.

우리의 청취는 주파수뿐 아니라 속도의 제한도 받는다. 작은 집박쥐가 만들어내는 노래의 놀라운 간결성을 생각해 보자. 집박쥐는 음성 습득이 가능하다. 즉, 진정한 동물 음악을 할 수 있는 몇 안 되는 포유류 가운데 하나다. 집박쥐의 노래는 단 한 번의 날갯짓으로 압축되며, 100밀리초보다 짧다(날아다니는 박쥐는 날갯짓 패턴에 호흡과 발성을 동기화한다).[9] 도입음과 지저귐, 트릴과 윙윙거림의 악구로 구성된 박쥐의 비행노래 문법을 파악하기 위해서는 어느 정도 수준까지 우리의 청각 지능이 올라가야 하는 걸까? 이는 1장에 나왔던 토머스 네이글의 영원한 질문 "박쥐가 된다는 건 어떤 느낌일까?"에 한발 다가간다. 반대편의 극단으로 가면, 5년의 주기를 가진 혹등고래의 노래를 감상하기 위해 우리는 실제로 멈춰버릴 때까지 청각의 시간을 늘려야 할 수도 있다.

페로몬과 전기, 진동을 이용한 동물의 커뮤니케이션 체계는 말할 것도 없다. 이 체계는 완전히 다른 기반으로, 즉 소리 없이 '음악'을 구성한다. 아마도 바퀴벌레는 화학물질을 통해 노래하고, 해파리는 빛의 반짝임을 통해 노래할 것이다. 소리로부터 벗어나서, 동물의 표현의 몇몇 측면은 인간 음악에서 드러나는 경향들과 공명한다. 꿀벌과 개미의 군중의식은 크라우드소싱한 음악적 협업의 모델이 된다. 머리와 팔에서 뉴런을 공유하는 문어의 분산 지능에서 인터넷에서의 탈중심적인 음악적 창의성을 기대하게 된다.[10] 가끔은 두족류 오징어들이 지구의 진정한 외계인으로 언급되는데, 우리는 가끔 그런 식으로 우주 생물을 그려낸다.

실제로 (아직은) 외계인이 존재하지 않기 때문에 기계는 음악적 인간이 그 절망적인 대역폭에서 벗어날 수 있는 최고의 희망이 된다. 큰 그림으로 보았을 때 소금쟁이에 불과한 인간은 더 깊이 뛰어들어 달아나기 위해 기술을 활용할 수 있을 것이다.

음악적 트랜스휴먼

색깔을 들을 수 있는, 심지어 맛을 들을 수 있는 미래의 세계를 상상해보자. 이 테크노피아에서는 골유착성 기기가 머릿속에 장착되어 한 두개골에서 다른 두개골로 소리가 전송된다. 귀에 삽입한 오디오는 박쥐만큼 높거나 고래만큼 낮은 소리도 들을 수 있게 한다. 여러분은 아바타로 가상현실 속 디지털 콘서트홀에 앉아 있고 여러분이 원하는 악기라면 무엇이든 집중해서 듣고 카메라처럼 확대해볼 수도 있다. 인지적 삽입물은 여러분이 이 모든 일을 물리적인 오프라인 현실에서도 할 수 있게 해준다. AI 작곡가가 여러분의 개성과 취향, 뇌파 패턴 그리고 병력에 따라 개인화된 맞춤형 음악을 재단해 준비해준다. "시리, 난 우울해"라고 말하면 시리는 터치패드를 통해 여러분의 감정을 센서로 읽어내고 정맥 안에 외과수술 수준의 정밀함으로 음악 치유법을 '주입'한다. AI 스타트업들은 매달 천재적인 앨범을 작곡해 발매하고, 재빠르게 시장을 포화상태로 만들어버린다.[11] 또 다른 AI는 늙어가는 작곡가의 의식을 업로드해서, 그녀가 죽은 뒤에도 계속 작곡하고 심지어 개선할 수 있게 해준다. 어떤 AI는 모차르트와 찰리 파커의 알고리즘을 해독해 새로운 교향곡과 재즈 스탠더드 연주곡을 끊임없이 만들어낼 수 있다. 이들은 진짜와는 분간할 수 없게 들리며, '진짜'라는 단어가 더 이상 의미를 가지는지 여부는 말할 것도 없다. 직접 작곡가가 되고 싶다면, 사운드글러브 한 쌍을 이식해서 여러분 손의 움직임이 직접 음악으로 바뀌게 만들면 된다. 또는 이 글러브를 이용해 옅은 공기 위로 투영되는 홀로그램 샘플을 자르고 붙이고 편집할 수도 있다. 보코더를 이용해 프랭크 시내트라처럼 노래하는 일은 아무것도 아니다. 일시적인 사교모임에서는 여러분을 유쾌하게 해줄 개성 가득한 챗봇이 이벤트성 오디오 서비스를 프로그램해서 사운드트랙으로 틀어줄 수도 있다.¹²

　미래는 예측하기 어려운 것으로 악명 높고, 공상과학은 그림의 물감이 마르는 것보다 더 빠르게 한물가버린다. 「스타워즈」의 술집 장면에서는 '머나먼 은하'의 음악보다 70년대 후반의 펑크가 더 두드러진다. 그럼에도 앞에서 언급한 예측들은 전부는 아니더라도 대부분 작금의 현실을 기반으로 삼고 있다. 확실히 예외가 되는 사례들은 의식을 업로드한다거나 창의성을 복제하는 것으로, 이 부분은 여전히 꿈같은 이야기로 남아 있다. 그러나 음악적 트랜스휴먼, 즉 사이보그와 안드로이드 로이드 베버는 분명 탄생했다. 세계 최초로 합법적으로 인정받은 사이보그이자 인간-기계 혼성체는 카탈로니아 예술가인 닐 하비슨Neil Harbisson이다.¹³ 진동 칩이 두개골에 부착되고 이마 앞에 매달린 안테나까지 연결되는데, 이를 통해 하비슨은 소리를 (적외선과 자외선을 포함한) 색깔로 경험할 수 있고 소노크로마틱 음계sonochromatic scale(색깔의 음계)로 작곡할 수 있다. 블루투스가 구동되도록 이식되어 있기 때문에, 하비슨은 다른 기기뿐 아니라 인터넷에도 연결할 수 있다.

하비슨의 '아이보그(그는 자신의 장치를 이렇게 부른다)'는 인구의 4퍼센트에서 발생하는 신경학적 문제인 감각의 병합, 즉 공감각(하나의 감각이 다른 영역의 감각을 불러일으키는 현상—옮긴이)을 바탕으로 하고 있다. 제임스 워너턴James Wannerton은 사이보그는 아니지만, 그의 뇌 안에 존재하는 추가적인 신경연결은, 음악이 그의 입속에 맛을 가득 채운다는 것을 의미한다.[14] 그는 소리-미각 공감각을 가지고 있다. 워너턴은 저스틴 비버의 「러브 유어셀프Love Yourself」가 삶은 달걀흰자의 맛이며, 제인의 「필로우 토크Pillow Talk」는 차가운 햄 한 조각처럼 느껴진다고 밝혔다. 언젠가 기술 또는 유전공학 덕에 작곡가는 맛으로 이뤄진 음계 또는 교향곡을 만들어낼 수 있을까? 음악과 음식 간의 파트너십은 보기만큼 기이하지 않다. 그렇기 때문에 커피하우스가 전통적으로 음악 공간이 되어왔고(바흐의 「커피 칸타타」가 기억나는가?), 해체주의 셰프 헤스턴 블루멘탈Heston Blumenthal이 식당에서 이어폰을 끼는 것이다. "음악이 사랑의 음식이라면"에 관한 실험들은 우리 모두가 (즉 공감각이 없는 이들이) 규칙적으로 높은음을 '달콤하다'고, 낮은음을 '쓰다'고, 그리고 음과 음 사이의 침묵을 '짜다'고, 높고 빠르며 불협화음인 음악을 '시다'고 경험함을 보여준다.[15] 물론 지나치게 달콤한 음악의 상징이라 할 수 있는, 악명 높게 느글느글한 오스트리아 초콜릿 모차르트쿠겔른('모차르트 초콜릿')도 있다. 아마도 하비슨과 워너턴 같은 공감각자는 앞으로 등장할 음악적 트랜스휴먼의 선구자일 것이며, 「엑스맨」 시리즈에 등장하는 탁월한 재능을 가진 돌연변이와 같다. 언젠가 우리 모두가 그런 재능을 가질 수 있을 것이다.

그렇다 해도 나는 음악적 트랜스휴먼이 실제로는 미래가 아닌 과거를 가리킨다고 생각한다. 이는 책의 앞부분에서 열거했던 아주 오래된 성향이자 옛 문제들의 해결책이다. 다음의 두 가지 사례를 보자.

내 아이폰에서는 '블룸Bloom'이 실행되고 있다. 블룸은 내가 화면 이곳저곳으로 손가락을 스와이핑하거나 두드림에 따라 매력적인 핑 소리와 사이키델릭한 시각화를 만들어낼 수 있는 인터랙티브 음악 게임이다.[16] 내 소소한 작곡은 '네롤리'나 '베티베르', '일랑', '라다넘' 같은 흥미로운 이름을 가진 열두 가지 '기분'으로 색칠할 수 있다. 이 앱을 설계한 사람은 영국의 실험적인 음악가이자 레코드 제작자인 브라이언 이노Brian Eno로, 그 소리는 「뮤직 포 에어포트Music for Airports」와 「아폴로: 앳머스피어 앤드 사운드트랙Apollo: Atmospheres & Soundtrack」 같이 1970년대와 1980년대에 유명했던 잔잔한 음악앨범의 음악을 닮았다. 버스를 기다리는 10분 동안 블룸을 만지작거리며 시간을 죽이지만, 블룸으로 만든 음악은 위대하거나 심지어 아주 세련되지도 않다. 하지만 그것이 핵심은 아니다. 누구든 블룸으로 '음악'을 만들 수 있다. 최소한의 재능이나 기술적인 능력만 있으면 된다. 음악적 문해력은 전혀 상관없다. 이것이 작은 발걸음으로나마 현대의 서양에서 음악적 창의성의 엘리트주의를 해결하기 시작하지 않을까?

서양 음악에서 또 다른 큰 결손이 있다면, 바로 내가 2장과 3장에서 언급했던 참여성의 상실이다. 지역뿐 아니라 역사적으로(그리고 선사시대적으로) 그 기준은 수동적으로 혼자 음악을 소비하는 것이 아니라 다른 사람들과 함께 적극적으로 음악을 행하는 것이다. 그런데 참여적 문화가 인터넷 덕에 다양한 방식으로 다시 돌아왔다. 리즌Reason은 DAWDigital Audio Workstation에서 운영하는 소프트웨어 스튜디오다.[17] 음악가들은 세계 어디에서든 전용 웹사이트에 노래 아이디어나 초안을 업로드할 수 있다. 그러면 다른 음악가들이 완성되지 않은 노래를 가져와서 추가하고, 편집하고, 혼합한 뒤 음악 크라우드소싱의 멋진 예로 다시 포스팅한다. 온라인 협업을 통해 이뤄지기 때문에, 스튜디오는 특정 지역에 있어야 할 필요도 없으며, 특정 사람이 노래를 만들어내지도 않는다. 리즌은 지역과 세계, 개인과 공동체 간의 오랜 구분을 무너뜨렸다.

블룸과 리즌 같은 혁신이 가능했던 것은 물론 디지털 혁명 덕이다. 음악은 오랫동안 라디오, 마이크, 스피커, 증폭기, 믹싱데스크, 일렉트릭 기타 등 전기와 부대껴왔다. 그러나 디지털화는 소리의 원자 그 자체에 도달해서, 연속적인 음파를 일렬의 0과 1로 구성되는 코드로 변환시켰다. 음악은 초당 44,100주기의 주파수로 샘플링한 이진 데이터로서, 복제하고, 붙이고, 조작하고, 전송하고, 다운로드하며, 궁극적으로는 데이터 질의 손실 없이 재편집할 수 있다. 게다가 '원곡'과 '복제곡' 사이에 구분도 사라진다.[19]

모든 것이 숫자라면, 그리고 유일한 현실은 정보의 흐름이라면, 코로나 바이러스, 컴퓨터 코드, 국가 총리와 「환희의 송가」 사이에도 아무런 차이가 없을 것이다. 그러나 그 모든 충격과 경외, 경탄을 불러일으키는 와중에, 디지털 혁명은 분명 그렇지 않다. 디지털 혁명은 오랜 경향들을 추론해볼 수 있는 진화다. 음악이 보여주듯 세계가 수학적 비율에 의해 지배받는다는 생각은 우리가 6장에서 보았듯 고대 그리스인과 바빌로니아인에게서 나왔다. 그리고 가끔 언급되듯 우리의 리믹스 또는 리프적인 정신활동은 실제로 음악이 처음에 토속문화에서 활용된 방식으로 돌아가며, 창의성 이론가인 마거릿 보든Margaret Boden이 '조합적 창의성combinational creativity'이라고 부르는 곳으로 향하기도 한다.[20] 내가 5장에서 조사했던 수렵채집사회와 농경사회의 음악을 포함해 토속음악에서는 완전히 새로운 음악을 창조하는 것이 아니라 기존 음악의 부분들을 조합하는 것이 규범이다. 혹은 참신함이란 것이 존재한다 하더라도 기존 음악의 집합에서 생겨나는 것이다. 이 진화는 사피엔스의 인지적 진화라는 맥락에 놓여 있어야 한다. 특히나 멀린 도널드의 표현처럼 모든 것이 혼재한 근대정신으로 향하는 우리의 '세 번째 변화'상에서는 더욱 그렇다.[21] 문명의 역사 전반에서 우리는 점점 더 외부의 상징적 장치 안에 기억들을 떠넘기게 됐다. 인터넷과 현대의 컴퓨터는 아카이브 저장능력이 사실상 무제한이라는 점에서 동일한 길을 따라가고 있을 뿐이다.

더 깊이 파고들수록 우리는 도구의 원시고고학(10장)이라는 더 넓은 맥락에 도달하게 되며, 디지털 기기는 궁극적으로 같은 곳에 도달하게 된다.

도구는 우리의 정신과 몸을 확장시켜주고 더 넓은 시간과 공간을 지배할 수 있게 해준다. 손도끼와 바이올린 활, 피아노 또는 컴퓨터 키보드, 그리고 컴퓨터 그 자체까지. 눈먼 사람의 막대기나 우리가 모는 자동차처럼 물리적 객체는 심지어 우리의 살아 있는 몸의 일부로까지 느껴질 수 있다. 아슐리안 주먹도끼부터 월드와이드웹에 이르는 길은 진화가 그려내는 단 하나의 호를 나타낸다. 디지털 연결망이 전 지구를 에워싸는 것과 같다.

미디어학자 에이럼 신라이크Aram Sinnreich는 음악의 디지털 혁명을 열한 가닥으로 구분했다.[22] 디지털 음악은 세계화, 즉각화, 다중 감각화, 아카이브화, 전달 가능, 변경 가능, 편집 가능, 네트워크화, 상호 운용성, 사용자 맞춤성, 해킹 취약성 등의 특성을 가진다. 다음의 목록을 훑어보면서, 적어도 어떤 지점에서 현재가 과거에서 단절됐으며, 정도에 따른 양적 차이가 마찬가지로 종류에 따른 질적 도약으로 변하게 되는지 스스로에게 물어보자.

세계화: 음악의 지역적 범위는 역사상 그 어떤 시점에서보다 더 넓다. 이 글을 쓰는 지금 「강남스타일」은 유튜브에서 38억 뷰를 기록했다. 2020년 10월 세계 인구는 78억 명이다. 루시의 여정이 끝나는 곳이 여기다.

즉각화: 전기와 디지털 미디어는 음악을 빛의 속도로 전송한다. 음악은 언제나 여행을 해왔다. 단지 점점 더 빨라질 뿐이다.

다중감각화: 대체로 음악은 스크린과 터치패드를 스와이핑하는 촉각적 차원에서뿐 아니라 비디오와 문자와 결합돼 전송된다.

아카이브화: 더 오래된 미디어상의 음악을 사실상 아무런 비용이나 노력 없이 저장과 검색, 복제, 재복제할 수 있다.

전달 가능: 음악은 두 사람 사이에서 전송되거나, 한 사람에서 지역사회로 동시에 보내진다. 거리는 아무런 상관이 없다. '휴대성의 원칙(5장)'이 절정에 이른 것으로, 음악은 더 이상 장소에 묶여 있지 않다.

변경 가능: 여러분이 좋아하는 순서에 따라 음악의 여러 구획에 접근할

수 있다. 스포티파이는 한 앨범 안에서 노래들이 배열되는 순서나 한 교향곡 안에서의 악장 순서에는 관심이 없다.

편집 가능: 녹음된 음악은 쉽게 구성 요소들로 쪼갤 수 있고, 이 구성 요소들을 재조립하거나 바꿔 넣거나 한 단계 더 분해할 수도 있다.

네트워크화: 오늘날의 음악가들은 가상의 공동체인 인터넷을 통해 직접 퍼져나간다. 전 세계에 분산되어 있는 음악가들은 동시적으로 진행되는 프로젝트로 소통하고 협업할 수 있다.

상호 운용성: 음악 기술(라디오, TV, 비디오, 사운드 녹음, 인터넷)은 동일한 디지털 플랫폼에 집중된다. 노트북 컴퓨터와 아이폰, DAW는 상호운용을 위한 메타기기다.

사용자 맞춤성: 여러분은 디지털 기기를 여러분이 원하는 대로 보이고 작동하게 만들 수 있다. 음악 기술 사용자들은 데이터베이스 소프트웨어와 메뉴 기반의 인터페이스 디자인을 통해 기능과 외양을 원하는 대로 바꿀 수 있다.

해킹 취약성: 음악은 그 어느 때보다도 훔치거나 전복시키거나 위조하기 쉬워졌다. 뉴미디어 기술이 공통적인 디지털 플랫폼에서 만들어졌기 때문에 해킹하기가 더 쉬워진 것이다.

음악의 디지털 혁명은 편리성과 다양성, 접근 가능성에서의 비약적인 발전이라는 순수한 효과를 가져왔다. 상상할 수 있는 모든 취향과 나이, 개성, 문화적 배경을 반영하는 음악의 하위 장르가 디지털 풍경에서 엄청나게 확산되고 있다. 여기에는 막대한 민주화도 영향을 미쳤다. 즉 누구나 무슨 일이든, 언제든, 어디에서든 할 수 있게 된 것이다. 나쁠 게 뭐가 있을까?

지금껏 드러난 대로 많은 일이 생겼다. 기보법과 서양의 음조 이후 디지털 음악 기술은 그저 세계적 표준화의 최신식 방법일 뿐이다. 열두 개의 반음이 동일하도록 조율된 피아노 건반과 마찬가지로, 신시사이저 키보드는 그 '비표준non-standard(원문대로 씀)' 조율 체계와 함께 세계 다른 지역에 '등분평균율'을 도입했다.[23] 물론 미분음 조율 프로그램은 맥(LMSO)과 PC(Scala)에도 존재한다. 그러나 라이브 신시사이저에서는 현재 조율 파일을 사용하지 못하며 각 음을 별개로 재조율하는 일은 매우 번거롭기 때문에,[24] 9장의 라틴 아메리카와 아프리카에서 본 식민지 시대의 균일화를 아주 현대적인 방식으로 적용하게 된다.

그리고 제한 없는 다양성보다도 표준화가 음악 스트리밍 서비스를 실제로 움직이는 동인이 되면서, 즉각적인 만족을 추구하는 우리의 끝없는 입맛을 채워주고 있다. 스트리밍은 실제로 노래를 쓰는 방식을 바꿔버렸다. 다운로드 횟수에 따라 뮤지션에게 보상을 주는 시장에서는 가능한 한 흥미를 끄는 트랙이 돈이 된다. 애플뮤직은 스트리밍이 한 번 될 때마다 아티스트에게 0.0007달러를 지급하며 스포티파이는 그보다 약 절반쯤 되는 돈을 지급하므로, 아티스트들은 그 기회를 최대화할 필요가 있다. 음악 소비자를 사로잡는 가장 확실한 방식은 노래 첫 부분에 '후크'를 먼저 넣는 것이다.[25] 음악전문작가 대니얼 딕슨Daniel Dixon은 30초 안에 듣는 이를 사로잡을 수 있는 여섯 가지 작곡 기술을 정리했다.[26]

1. 동시녹음 또는 음풍경으로 노래를 시작한다. 이는 첫 음을 치기도 전에 듣는 사람을 실어 나른다.

2. 적합한 도입부보다는 노래의 일부에서 샘플을 가져와 짧은 루프로 시작한다. 퍼렐 윌리엄스Pharrell Williams와 채드 휴고Chad Hugo가 이 '정지-기록 효과stopped-record effect'로 유명하다.

3. 또는 초기에 후렴을 넣은 뒤 곧장 본론으로 들어간다(이매진 드래곤스Imagine Dragons의 「선더Thunder」).

4. 그렇지 않으면 가끔은 적을수록 더 좋다는 점에서 조용한 소리나 침묵으로 시작하자.

5. 먼저 악기로 연주하는 후크를 넣는다(다프트펑크Daft Punk의 「겟 럭키Get Lucky」가 완벽한 예다).

6. 부정 출발로 감상자를 혼란에 빠뜨린다. 괴상한 소리가 점차 노래의 실제 시작 부분으로 이어진다(배틀스Battles의 「더 야빠The Yabba」에서 헬리콥터가 빙글빙글 도는 소리를 들어보자).

그 옛날 고전적인 노래들은 천천히 시작해서 절정으로 올라갔다. 이제 음악은 처음부터 여러분이 원하는 것을 내놓는다. 즉각적인 음악적 만족은 로버트 콜빌Robert Colvile이 세계의 '커다란 과속great acceleration'이라고 부르는 경향을 반영하며, 오늘날 영화와 TV프로그램의 더 빨라진 편집과 컷으로 요약된다. 콜빌이 우리에게 상기시켜주듯 고전영화의 속도는 현대 관객들에게 지루하고 침울하게 느껴진다. 한 장면의 평균 길이는 1930년대의 10초에서 오늘날의 4초로 점차 줄어들었다. 케이팝 비디오의 컷은 그보다 더 빠른데, 가끔은 1

초보다도 짧아서 영화이론가 캐럴 버날리스Carol Vernallis의 용어인 '가속된 미학'을 표현하고 있다.28 8장에서 우리는 케이팝 비디오가 시청각적으로 경련하듯 빠르게 변화하는 것은 음악을 듣는 이들이 손에 쥐고 있는 기기와 시너지를 내고 아이폰과 공생하는 데서 나온 자연스러운 결과물임을 보았다. 기술은 우리 귀나 두개골, 또는 뇌에 이식될 필요가 없다. 우리는 휴대폰에 딱 붙어 있을 수 있다. 이제 우리는 모두 공생체symbiote이다.

음악적 트랜스휴먼은 미래에서 온 음악을 싫어하는 사이보그처럼 우리를 죽이지는 않을 것이다. 그러나 그다음으로 지독한 일은 디지털화가 우리의 음악언어를 침묵하게 만들 수도 있다는 것이다. 월드뮤직의 수천 개의 음계와 선법, 조율체계는 서양의 음조에 맞지 않는다. 매년 세계화된 영어나 스페인어로 인해 수십 종의 구어가 사라진다.29 그리고 우리가 지루함의 역치를 낮추고 주의지속시간을 짧게 세분화하면서 음악적 인간을 죽이게 될 것이다.

그럼에도 다음의 질문은 여전히 유지될 수 있다. 무엇이 새로운가? 이 발달들은 거의 틀림없이 문명의 다음 장이 될 것이다. 표준화와 유명해지고 싶은 충동은 언제나 음악문화에서 핵심이 되어 왔다. 서양에만 국한된 이야기도 아니다. 히트곡을 찾아내도록 설계된 알고리즘 프로그램이 새로 생겨나더라도 이는 그저 도구일 뿐이다. 다만 컴퓨터 소프트웨어를 통해 모든 미래의 창의성을 찾아낸다는 아이디어가 소름 끼칠 뿐이다. 찰스 두히그Charles Duhigg의 책《습관의 힘The Power of Habit》에는 경고성 이야기가 있다.30 폴리포닉 HMI라는 소프트웨어는 노라 존스Norah Jones의 「컴 어웨이 위드 미Come

「Away With Me」라는 노래가 스튜디오 임원들의 회의적인 시선에도 불구하고 차트 1위에 오를 것이라고 정확히 예측했다. 소프트웨어의 성공률에 대담해진 아리스타의 경영진들은 아웃캐스트OutKast의 「헤이 야!Hey Ya!」가 처음에는 라디오에서 실패했음에도 소프트웨어의 판단대로 밀어붙였고, 이 노래는 또 다른 빅히트작이 됐다. 결국 폴리포닉 HMI는 초기의 라디오 청취자들이 틀렸음을 증명했다. 소프트웨어는 직감적인 직관을 검증할 수 있다. 이 이야기의 교훈은 컴퓨터 러닝과 빅 데이터는 인간을 (아직) 대체할 수 없다는 것이다. 인간과 함께 일해야 한다. 도구로서 말이다.

이 모든 이유에서 나는 음악적 트랜스휴먼이 정말로 음악적 인간을 고급화한 것이라고 생각한다. 눈에 보이지 않고 직관적이 되는 것이 기술의 이상적인 모습임을 고려한다면, 그 필연적 목표는 인간의 몸과 통합되는 것이다. 이 목표는 문자 그대로 우리의 손가락 끝에 달려 있으며, 디지털과 인간의 손가락 간의 터치포인트에, 손가락마다 부여된 숫자에, 스크롤링, 스와이핑, 탭핑, 타이핑 등에 있다. 또 다른 중요한 단계는 음악 기술의 선구자인 이모젠 힙Imogen Heap의 미무 글러브Mi.Mu glove다. 미무 글러브는 '세계에서 가장 앞서가는 웨어러블 악기'로 홍보되는 사운드글러브다.[31] 이 글러브에는 센서가 부착되어 있고 무선으로 모션 데이터 캡처 체계에 연결되어 있어서, 손목 까딱이기, 손가락 튕기기, 손바닥 펴기 등 손의 움직임을 소리로 변환하도록 컴퓨터에 지시할 수 있다. 전신 슈트를 입은 네덜란드의 사이보그 디바 샤갈 반 덴 베르크Chagall van den Berg는 막상 자신의 기기는 여전히 개발 중이지만 힙의 글러브를 더 높은 수준까지 끌어올렸다.[32] 슈트에는 열다섯 개의 Xsen 3D 모션 트래킹 센서가 부착되어 있다. 관객의 눈에는 앱을 운영하는 컴퓨터 세 대가 무대 가장자리에 장착되어 있는 것이 보이지 않을 것이다. 이 디지털 뮤지션 샤갈은 제어장치 뒤에서부터 앞으로 걸어 나와 관객들 앞에서 음악을 춤으로 선보인다.

음악을 춤추는 몸에서 나온 발산물로 보는 생각은 인류의 가장 오래된 판타지 가운데 하나다. 우리는 이전에도 여러 차례 이 생각과 마주쳤다. 이집트의 카이로노미 여신 메리트는 노래와 몸짓을 통해 우주의 질서(마아트)를 만들어냈다. 다윗 왕은 '다윗의 손'을 통해 시편의 마소라 악센트를 지시했다. 지휘자가 지휘대 위에서 춤을 추면서 단순히 지휘만 하는 게 아니라 음악을 창조해낸다는 현대 시대의 환상도 있다. 우리는 거실에서 음악을 '지휘'하거나 그에 맞춰 춤추면서 이 판타지에 흠뻑 빠진다. 그러나 여신 메리트의 시간은 마침내 찾아왔고, 하츠네 미쿠라는 가장 예상 밖의 모습으로 구현됐다. 최고의 노래와 최고의 춤을 갖춘 어느 십대 일본 소녀의 애니메이션 홀로그램이었다.

하츠네 미쿠는 16세로, 키는 158센티미터에 파랗고 커다란 눈을 가졌으며 청록색 긴 머리와 날씬한 힙을 갖췄다. 음역은 A7부터 E5로 일반적인 사람보다 넓으며, 정확히는 진짜가 아니다. 그녀는 2007년 크립톤 퓨처 미디어가 개발한 보컬로이드(음성합성) 소프트웨어의 아바타이며 "노래를 잃어버린 가까운 미래의 안드로이드 디바"라는 꼬리표를 달고 있다(사진 11-1).[33] 하츠네는 그녀의 팬들이 작곡하고 업로드한 수천 곡 중에서 선별한 노래를 부른다. 지금까지 그녀의 레퍼토리는 10만 곡을 넘어간다. 하츠네 미쿠는 2009년 사이타마 수퍼 아레나에서 첫 '라이브' 콘서트를 가졌다. 그녀를 인간으로 알아볼 수 있고 음성 저장고에는 여배우 후지타 사키의 진짜 목소리에서 추출한 샘플들이 꿰어 맞춰져 있지만, 하츠네는 완전한 디지털 인공물이자 하이퍼 리얼리즘의 아바타다. 그녀는 엄청난 추종자들을 모았고 오픈소스 참여문화에서 승리를 거뒀다. 팬들은 하츠네를 더 이상 저스틴 비버나 한국 보이그룹 BTS의 멤버 같은 다른 십대 아이돌보다 인공적이라고 보지 않는다. 실제로 팬들은 하츠네를 '단순한' 인간을 넘어선 순수와 진정성 자체로 본다. 2018년 11월 서른다섯 살의 일본 남성 아키히코 콘도는 하츠네 미쿠와 '결혼'했다. "미쿠 씨는 제가 정말로 사랑하는 여성이며, 저를 구원해준 여

사진 11-1. 하츠네 미쿠 라이브
© CHRISTOPHE ARCHAMBAULT/AFP via Getty Images

성이기도 합니다." 그는 이렇게 단언하면서 "어머니 입장에서는 축
하할 일은 아니었어요"라고 덧붙였다.[34]

뮤지컬 포스트휴먼

그러나 기계가 단순히 도구가 아닌 의식과 자유의지, 초지능을 가진
행위자라면 어떨까? 이런 특성들이 창의성으로 연결된다면, 음악적
AI는 전문가들을 납득시킬 만큼 세련된 작곡가가 될 수도 있을 것
이다. 이런 전망은 어느 정도 미래학에 집중되면서, 음악적 죽음이
라는 문제의 해결책이 되며 유혹적이기까지 하다. AI 루드비그 반
데이터벤Lutwig van Datahaven(데이터헤븐datahaven은 정부의 규제나 개입 없이 데
이터를 자유로이 저장하고 보호하는 공간을 의미한다. 여기에서는 베토벤을 빗대어
데이터벤이라 부르고 있다—옮긴이)은 작곡가의 음악적 영혼이 쉴 수 있는
천국이 될 것이다. 또는 젊고 건강한 작곡가는 의식을 컴퓨터에 업
로드해놓고, 육체적 정체성과 가상의 정체성이 유사한 커리어를 좇
으면서 가끔은 홀로 일하고 가끔은 협업하게 할 수도 있다. 예를 들
어 누군가는 현생을 살면서 십 년마다 뛰어난 음악적 정신을 업로드
할 수 있다. 이는 두 살과 열 살, 스무 살과 서른다섯 살의 모차르트
두개골을 전시하는 진열장이 있다는 잘츠부르크의 한 박물관의 미
심쩍은 이야기를 떠올리게 만든다.

생명활동에서 해방된 AI 작곡가는 무한한 개념적 공간으로 들어
올 수도 있고, 다른 업로드된 수많은 작곡가와 대화를 나눌 수도 있

으며, 세계 지식의 전부를 흡수할 수도 있다. 10장에 등장했던 길들여진 십자매가 야생의 새보다 뛰어난 레퍼토리를 보유했듯, 해방된 작곡가는 가속 속도로 배우고 발달할 것이다. 그러나 그 음악엔 말 그대로 생명이 없으며, 인간의 음악에 의미를 부여했던 모든 것, 즉 육체의 한계와 제한된 시간 같은 것들이 비어 있을 테다. 베토벤의 음악은 청각장애를 극복한 그의 승리로 각인되고, 슈베르트는 질병에 맞선 그의 분투로 유명하다. 무엇보다도, 인간 작곡가들에게 시간은 절대적으로 필요한 존재다. 시간이 무제한일 때 어떤 음악이 생겨날까?

우리는 자연스레 미래의 초지능이 인간의 목표에 맞춰 조정될 것이고, 우주의 모든 것을 클립으로 만들어버리지 않을 것이며, 우리가 계산자와 모눈종이 같은 한물간 기술들을 생각하듯 우리를 무시하지 않을 것이라고 추측한다. 그리하여 음악의 궁극적인 모습처럼 즐겁지만 값비싼 신호에 시간을 낭비하고 싶어 할 것이라 생각한다.[35] 음악은 인간의 본성에 내재되어 있어서, 기계가 그 기능을 복제할 것이라는 개념은 특히나 비위에 거슬린다. 인간이 예외적 존재라는 사상(예외주의)에서 마지막 은신처인 일반적인 창의성에 관련해서도 마찬가지다. 딥 블루 체스 컴퓨터에 패배하기 일 년 전에 가리 카스파로프Gary Kasparov는 침울한 경고를 내놓았다. "(컴퓨터는) 인간의 창의성 영역을 넘봐서는 안 된다. 그것은 예술, 문학, 음악 같은 영역에서 인간 통제의 존재를 위협할 것이다."[36] 알파고가 세계적인 바둑 챔피언 판후이를 파괴한 충격파도 계속 전해진다. 19세기 수학자이자 컴퓨터 프로그래밍의 대모 에이다 러브레이스Ada Lovelace는 해석기관Analytical Engine(찰스 배비지Charles Babbage의 초기 컴퓨터는 이렇게 불렸다)에 대해 다음과 같이 예언했다.

> 숫자 외에도 다른 것들에 영향을 줄 것이다. 예를 들어 조화의 과학과 작곡에서 높이가 다른 소리들의 기본 관계가 표현과 각색에 민감하게 반응한다는 가정하에, 엔진은 어느 정도 복잡하거나 확장된 음악의 정교하고 과학적인 작품들을 구성하게 될 것이다.[37]

그럼에도 러브레이스는 음악의 창의성 또는 독창성이 기계가 아닌 프로그래머에게서 나온다고 경고한다. 그 이후 자율적으로 창의적인 AI 작곡가에 대한 판타지는 성배가 됐다. 그 이상은 1992년 EMIExperimants in Musical Intelligence라는 응용 소프트웨어를 통해 실현되는 듯했다. 음악가이자 컴퓨터과학자인 데이비드 코프David Cope가 개발했으며, 그 후 코프의 둘째 '딸'이자 더 복잡한 소프트웨어인 에밀리 호웰Emily Howell로 업그레이드됐다.[38] EMI와 에밀리는 (바흐, 모차르트, 베토벤, 쇼팽, 프로코피예프 등) 죽은 작곡가들의 뒷받침으로 새로운 작품을 만들어냈다. 그 결과 여러 장의 CD가 발매됐으며, 연주는 음악계의 튜링 실험인 '러브레이스 테스트'를 통과했다. 원래의 튜링 실험은 기계의 지적인 행동이 인간과 구분되는지를 확인한다. 코프는 음악계의 튜링 실험에서 진짜 쇼팽의 마주르카와 EMI가 쇼팽처럼 작곡한 마주르카를 세계적으로 유명한 이스트만 음대의 극히 안목 높은 청중들 앞에서 연주했다. 50퍼센트는 EMI 작품이 진짜 쇼팽의 것이라고 생각했다.

EMI는 실험을 통과하면서 음악과 창의성, 인간다움에 대한 우리의 모든 가정을 바꿔놓은 것처럼 보인다. 특히나 《괴델, 에셔, 바흐: 영원한 황금노끈Gödel, Escher, Bach》으로 유명한 철학자 더글러스 호프스태터Douglas Hofstadter가 이를 언짢아하면서 "EMI의 눈을 똑바로 바라보며…눈싸움에서 지지 않으려고 최선을 다하다"라는 제목의 기분 좋은 에세이를 써내기도 했다.[39] 그러나 인간 음악의 전망은 몇 가지 이유에서 호프스태터가 두려워하듯 형편없지 않을 것이다.

EMI는 음악언어를 분석하고 구성요소(또는 '특징')들을 추출하며, 그 결과를 기존 양식에 맞춰 새로운 곡으로 만들기 위해 이어 붙이는 ATNAugmented Transition Network(확장전이망)이다.[40] 다시 말해, EMI는 알고리즘을 도출해 새로운 작품을 작곡하는 데 사용한다. 알고리즘 작곡의 개념에 필요 이상으로 감명받기 쉽지만, 현실은 좀 더 평범하다. EMI는 양 끝단에서 인간을 필요로 한다. 코프가 데이터를 집어넣고 EMI의 산출물을 감독한다. 따라서 완전히 자율적이지 않은 것이다. 에밀리 호웰은 더 많은 감독을 받는다. 모든 작곡가는 알고리즘으로 작곡하지만, 이는 그저 작곡의 '문법'인 단계들의 틀에 박힌 순서를 가리키는 그럴듯한 이름일 뿐이다. 음악의 문법은 요령을 익히기에 상당히 쉽다. 예를 들어, 음악대학교 학생들은 첫해에 바흐의 합창곡을 만들어내는 법을 배운다. 호프스태터가 EMI의 가짜 마주르카를 정서적이라고 깨닫는다고 해서 놀랍지 않다. 정서는 이미 EMI가 표절한 쇼팽의 특징들에 존재하기 때문이다. 또한 러브레이스 테스트를 통과한 작품은 2분 남짓한 짧은 마주르카로, 길게 발전하기보다는 지속적인 반복을 바탕으로 하는 음악 장르다. EMI와 에밀리는 모차르트나 베토벤 피아노 소나타 같은 더 큰 작품에서는 절망적임이 드러났고, 진부하고 기술적으로 어설프며 솔직히 지루한 느낌을 주었다. 에밀리가 작곡한 소나타를 듣는 경험은 정치인의 연설에 집중하는 것만큼 민망하다(나는 이 글을 영국 전국선거운동 기간 동안 쓰고 있다). 누군가는 목소리 톤과 수사적 집착을 알아보고("아! 케케묵은 보리스 존슨이네!"), 개별 단어 하나하나를 쉽게 이해한다. 그러나 문장의 전체적인 흐름은 말이 되지 않고 마침표도 없는 것처럼 보일 수 있다.

정리하자면, 음악 악구의 아주 지엽적인 수준을 넘어서 음악 알고리즘을 추출해내는 일은 불가능하다는 것이 입증됐다. 아마도 바흐 합창곡 같은 짤막한 성가곡에서는 문법이 있을 수 있지만, 「마태 수난곡」에는 문법이 없다. 우리와 달리 EMI는 시간 경험이 없고, 4장에서 묘사했듯 음악 작품의 '풍경'을 통해 '여행하는' 데 걸리는 시간의 경험도 없다. EMI는 '걸을 수' 없다.

죽은 이의 양식을 흉내 내는 것이 문제라면, 독창적이고 현대적인 언어로 예술음악을 작곡하는 것은 또 다른 문제가 된다. 컴퓨터가 작곡한 최초의 현대적 클래식 작품은 2011년 등장한 「안녕, 세상!Hello World!」이라는 제목을 달았다.[41] 스페인의 컴퓨터 클러스터인 이아모스Iamus가 만든 곡이었다. 이아모스가 창의성을 유연하게 발휘할 수 있던 주요한 이유는, 물론 그 기반은 실리콘이지만 기술적으로 생물 체계, 즉 인간의 뇌와 진화적 발달('에보-데보Evo-Devo')을 모방해서였다. 즉 인간의 태아가 성장하는 것과 유사하게 음악적 특징이 진화하고 서로 경쟁했다는 의미다. 그러나 길고 짧은 것은 재봐야 하는 법. 홀

룡한 비평가들이 음악을 들어보았지만 대부분은 「안녕, 세상!」에서 사람의 숨결을 느끼지 못했다. 기계에는 영혼이 없었다.[42]

EMI와 에밀리, 이아모스, 다른 모든 친구의 문제는 이들이 기계이기 때문이 아니다. 이는 우리 시대의 인간 대 기계라는 서사, 그리고 한 줄기 빛보다는 열광을 가져온 멜로드라마들이 만들어낸 엄청난 오해 가운데 하나다. 실제로 음악적 인간 역시 이제껏 규정된 어느 정도의 기준에 따라서는 기계일 가능성이 높다. 정서 역시 일종의 알고리즘이므로, 쟁점은 기계가 정서를 느끼지 못한다는 것이 아니다. (언젠가는 느끼게 될 수도 있다.) 쟁점은 단순함 대 복잡함에 있다. 우리가 '기계'이든 아니든 간에 현재 컴퓨터가 위치한 수준보다는 한없이 복잡하며, 이는 우리 음악의 복잡성에도 적용된다. EMI와 이아모스의 음악은 이들에게 입력되는 데이터세트만큼만 복잡할 뿐이며, 이들의 데이터는 극도로 협소하다(예를 들어, EMI의 '베토벤 소나타'는 진짜 베토벤 소나타의 일부에서 파생됐다). 개념적으로 얼마나 수많은 악보를 AI에게 보여주는지는 중요치 않다. AI는 블랙박스 안에 갇혀서, 악보 밖 세상을 느끼거나 맛보거나 냄새 맡을 수 없을 테니까. 그와는 반대로 바흐는 그가 '기계'이든 아니든 간에 경험의 세계를 섭렵한다. '알고리즘'이든 아니든 간에 신약성서와 루터 신학을 읽고, 전국을 즐겁게 걸으며 얼굴에 닿는 햇빛과 비를 느끼고, 훌륭한 음식을 맛보며, 정교한 하프시코드에 손을 올린다. 사랑하는 두 아내와 스무 명의 아이들을 사랑하는 경험은 말할 것도 없다.

AI가 주는 진정한 위협은 우리가 미래학의 황홀한 매력과 흥분에 사로잡혀서, 세련되게 표현하자면 지나치게 단순한 음악을 추종하라고 요구받는다는 점이다. 이런 호소는 테드TED 토크의 단골 메뉴다. 한번은(2018년 4월) 사업가이자 컴퓨터과학자인 피에르 바로Pierre Barreau가 자신이 2013년 영화 「그녀Her」에 등장하는 AI 개인비서에게서 영감을 얻어 AIVAArtificial Intelligence Virtual Artist를 개발한 내용을 설명했다. AIVA는 서양 음악 3만 곡을 훈련받았고 심층신경망을 통해 음악을 창작할 수 있다.[43] 강연의 마지막에 바로는 AIVA가 특히나 관객들을 위해 쓴 「놀라움의 시대The Age of Amazement」라는 곡을 연주했다(화면에는 폭발하는 불꽃 장면이 잡혔다). 바로는 울컥해서 말했다. "보시다시피 AIVA는 아름다운 음악을 작곡합니다." 그러자 관객들은 환성을 보내며 그 말을 인정했다. 이 음악이 좋았을까? 직접 확인해볼 수도 있다. 또한 화웨이가 전화기 앱으로 '완성'했다고 과장하던 슈베르트의 「미완성 교향곡」을 들어보자.[44] 슈베르트의 음악을 좀 아는 사람이라면, 의무적인 관객들이 열광하며 박수갈채를 보낸 이 결과에 당황할 것이다.

이제 AIVA와 화웨이의 노력은 '할리우드 교향곡'이라고 부르는 미국의 음악감독 존 윌리엄스의 하위장르로부터 완벽하게 잘게 잘라낸 한 편이 된다. 애플파이처럼 부드럽고 맛있으면서 거슬리지 않는다는 의미다. 그러나 이 곡들은 본질적으로 파생적이고 보수적인 옥수수죽이다. 평범하고 중간급의 음악에는 잘못이 없다. 항상 모든 사람이 일등급 음악을 좋아하는 것도 아니다. 주크데크(이제는 틱톡이 인수했다)라는 AI 음악 스타트업은 저작권 없는 음악을 잠재적으로 무한하게 스트리밍할 수 있게 대량생산한다. 사용자들은 스타일과 기분, 길이, 빠르기, 심지어는 절정부가 끝나는 지점을 선택할 수 있다. 나머지는 AI가 맡아서 한다.**45** 음악의 수준은 그저 적당하지만, 비디오에 쓸 콘텐츠로는 더할 나위 없이 훌륭하다.

그러한 노력에서 나오는 직접적이고 더 음흉한 결과가 있다. 직접적인 효과로는 모든 상업적 작곡가를 정리해고해서 비용을 아낄 수 있다는 것이다. 이런 일이 벌어질 때 기계는 진정으로 음악가들을 대체하게 된다. 이미 스포티파이의 일부 무드음악을 봇이 작곡한다는 의심이 존재한다(회사는 이를 부인하고 있다).**46** 더 큰 위험은 기준이 조악해진다는 것이다. 우리는 여기서 진정한 테러리즘의 위협에 관한 유발 하라리Yuval Harari의 주장과 아주 유사한 모습을 볼 수 있다.**47** 하라리에 의하면 테러리스트들은 보통 산발적이고 지엽적으로 이뤄지는 직접적인 행동을 하기보다는, 거칠게 과잉반응하도록 사회를 자극해서 우리를 다치게 한다. 동일한 논리로, 우리가 두려워하는 것은 AI 작곡가가 아니다. 진정한 AI가 탄생했을 때, 또는 탄생한다면 그 음악은 훌륭할 것이다. 우리는 '인공적으로 상당히 지능은 떨어지지만 여전히 아주 전도유망한 기계'가 만들어낸 것을 진짜를 대체할 물건으로 받아들여야 한다고 세뇌당하는 이 명백한 현재의 위험을 걱정해야 한다.

덜떨어진 AI가 미화된 작곡 보조로서 음악에 가장 기여할 수도 있다. 이것이 IBM 슈퍼컴퓨터 왓슨의 음악적 오른팔 왓슨 비트Watson Beat의 역할이다. 브루클린의 R&B 밴드인 포니 피피엘Phony Ppl은 왓슨 비트를 또 한 명의 밴드 멤버로 취급한다.**48** 이들은 꿈도 꾸지 못했던 음악적 가능성을 보여주는 프로그램 덕에 예술적 진부함과 슬럼프에서 빠져나올 수 있었다고 말한다. 실제로 음악은 컴퓨터를 상상하기 오래전부터 기계와 대화하며 작곡됐다. 중세의 오케겜부터 20세기 쇤베르크와 불레즈에 이르기까지, 작곡가들은 음표 패턴의 기계적 체계를 세워왔고(대위법 캐논과 음의 배열, 행렬 등) 이를 수정했다. 사전 구성 체계는 가능성의 영역을 활짝 열었고, 작곡 행위 자체는 그저 선택하고 재배열하는 사례일 뿐이었다. 모든 인간의 작곡은 본질적으로 저항할 수 없는 대상에 저항하는 것이다. 이 저항은 관습이나 규칙의 체계라는 변장을 하고 있더라도 일종의 기계가 제공하는 것이다. 따라서 작곡가들은 정신적 자기반성을 가져야만 한다. 최신식 컴퓨터들은 서로를 판단하는 일련의 알고리즘인 '창의적 적대 신경망Creative Adversarial Network, CAN'을 통해 이 정신 과정을 시뮬레이션하고 있다.[49]

2018년 3월 6일 화요일 점심시간에 컴퓨터과학자 닉 콜린스Nick Collins는 자리에 앉아 한 시간 안에 서른여섯 개의 음으로 구성된 멜로디 10억 곡을 만들어냈다. 수퍼콜리더SuperCollider라는 프로그래밍 언어를 이용하고 1957년 마이클 L 클라인Michael L. Klein이 발명한 고전적인 멜로디 생성 알고리즘을 통해서였다.[50] 콜린스는 수학 계산을 했고, 그 결과는 충격적이다. 기계는 7×14^{35}곡의 가능한 멜로디를 만들어낼 수 있다. 80년 또는 20억 초라는 기대수명을 생각할 때 인생을 살면서 아무 일도 안 하더라도 이 멜로디 중 2×10^8곡만 들을 수 있으며, 이는 여전히 총합 가운데 아주 작은 일부에 해당한다. 기계는 음악을 연주하는 데에 걸리는 시간보다 훨씬 빠르게 작곡을 해낸다. 우리 모두가 그런 기계에 접근할 수 있다면 프로그램은 지구상 70억 사람들을 모두 잠재적인 콘텐츠 크리에이터 또는 '작곡가'

로 바꿔줄 것이다.

적어도, 그리고 음악의 질에 대한 문제는 접어두고서, 이는 순전히 컴퓨터를 우리와 다르게 만들어주는 알고리즘 작곡의 도무지 이해할 수 없는 빠르기다. 이들은 포스트휴먼이다. 분명 우리가 컴퓨터가 생성해낸 예술에 빠져 있는 이유 가운데 하나는 인간 예술을 흉내 내기 때문이다. 묘하게 현실적으로 AI가 생성해낸 '새로운' 렘브란트의 초상화를 살펴보자. 이 초상화는 2016년 일반에 공개됐고, 마커스 드 사토이Marcus du Sautoy의 최근 저서에서 논의되기도 했다.[51] 이 역시 컴퓨터가 어떻게 인간 마음의 측면을 모델링할 수 있으며, 내포되어 있는 부분을 명쾌하게 드러낼 수 있는지를 다룬다. 그러나 사토이의 현명한 조언처럼, AI의 진정한 가치는 우리와 어떻게 닮아 있는가가 아니라 우리와 어떻게 차이가 나는가에 있다. 어쨌든 인공적이니까. 그는 구글의 딥드림이 세상을 바라보는 진정으로 생경한 방식을 엿볼 수 있는 기회라고 제시한다.

딥드림은 시각인식 프로그램으로, 사람들이 뭔가를 볼 때 심층신경망은 무엇을 보는지에 대해 과학자들에게 통찰력을 안겨주기 위해 구글이 개발했다. 어쩌면 이 프로그램으로 만든 최초의 뮤직비디오인 칼리스타 앤드 크래시루츠Calista and the Crashroots의 「딥드림Deepdream」을 본 적 있을 것이다.[52] 이 뮤직비디오는 비현실적인 이미지가 환각적으로 소용돌이치는 바다로, 인간이 개와 산으로 변하고, 산은 빌딩으로 변하며, 눈이 이곳저곳에 등장하고, 카메라는 만델브로 집합(부분이 전체와 닮은 구조를 가진 프랙탈의 일종—옮긴이)의 프랙탈 반복처럼 세세한 부분을 겹겹이 통과한다(사진 11-2). 이는 여러분의 취향에 따라 꿈일 수도, 악몽일 수도 있다. 어느 경우든 딥드림은 구글이 소스코드를 개발자들에게 배포한 후 입소문을 탔고, 누구든 다채로운 영상을 만들기 위해 사용할 수 있는 앱이 됐다.[53]

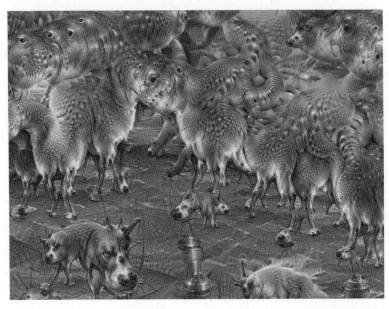

사진 11-2. 딥드림 프랙탈
CCo 1.0 Martin Thoma

핵심은 딥드림이 인간의 창의성을 날것 그대로 드러냈고, 이를 테면 소스코드 자체를 벗겨냈다는 것이다. 이 현상을 '파레이돌리아 pareidolia'라고 부른다. 파레이돌리아는 무작위의 자극 속에서 패턴을 찾으려는 우리의 성향으로, 예를 들어 하늘의 구름을 보고 사람의 얼굴을 닮은 모습을 찾으려는 것이다. 테런스 디콘의 표현에 따르면 우리를 '상징적인 종족'으로 만들어주는 특성으로, 아마도 5만 년에서 4만 년 전 '인지혁명'이 일어나고 사자-인간 조각상과 뼈 피리를 깎아내던 때 이 능력을 획득한 것으로 보인다. 또한 스티븐 미슨이 사피엔스의 '인지적 유동성'이라고 부른 것과도 밀접하게 관계가 있는데, 이는 우리가 인지적 영역 전체에서 정보를 통합하는 방식이다. 우리는 이미지를 인식하고 수천 년의 세대를 거쳐 연관성을 만들어내도록 진화했다. 딥드림은 자동화된 방식으로 패턴을 발견하고, 굉장히 가속도를 붙여서 진화가 기하급수적으로 진행되게 만들었다. 가장 중요한 점은, 임의의 픽셀로부터 더 고차원의 특징들을 추출해내면서, 얼굴이나 건물이 눈에 들어올 때까지 각 반복은 점차 강화되며 프로그램은 이미지를 찾는 것에서 이미지를 만들어내는 것으로 국면을 전환한다는 점이다. 이런 점에서 딥드림은 우리보다 훨씬 더 창의적이며(말 그대로 이미지를 창조하므로) 더 빠르다.

딥드림은 시각을 다룬다. 소리와 음악에서 유사한 방식이 있을까? 실질적으로 있다. 그리고 이 기나긴 여정에서 마지막 단계는 음악적 인간을 궁극적인 인간 이전/이후의 존재인 자연으로 가까이 다가가게 혹은 되돌아가게 만든다. 세계에서 가장 인기 있는 그림의 기이한 사례로도.

우주에서 가장 아름다운 음악

1993년 소련에서 추방당한 예술가인 비탈리 코마르Vitaly Komar와 알렉산더 멜라미드Alexander Melamid는 전 세계 사람들을 대상으로 어떤 그림을 가장 이상적이라고 생각하는지 물었다. 코마르와 멜라미드는 그 후 조사한 열한 개 국가 각각을 위해 그림을 그렸다.[54] 놀랍게도 중국, 프랑스, 케냐, 미국 등 다양한 국가가 '가장 원하는' 그림은 똑같은 것으로 드러났다. 전 세계 사람들은 나무와 물, 탁 트인 공간, 잡목림, 언덕, 인간과 동물 등이 부드럽게 어우러지고 푸른색이 많이 쓰인 풍경을 가장 좋아했다. 미국이 '가장 원하는', 미국 버전의 이 천국에도 역시나 조지 워싱턴과 하마, 그리고 몇몇 여행객(그림 11-3) 등이 등장했다. 이 놀라운 수렴(관광객과 워싱턴을 제외하고)의 원인을 살펴보면서 철학자 데니스 더튼Denis Dutton은 세계인이 가장 원하는 모습이 약 160만 년 전 홍적세의 동아프리카 사바나와 삼림지대

그림 11-3. 미국에서 가장 인기 있는, 미국이 가장 원하는 그림
© Komar & Melamid photo by Robert Lachman/Los Angeles Times via Getty Images

라고 주장했다. 진화적 과거에 대한 인간 본연의 기억은 우리가 그런 식의 풍경을 세상에서 가장 아름다운 풍경이라고 느끼게 만들었다는 것이다.

이 기억의 음악적 버전, 즉 '가장 원하는' 노래가 있을까? 코마르와 멜라미드는 후속연구에서 전 세계인이 가장 원하는 노래는 낮은 목소리의 여성과 남성이 사랑에 관해 조용히 속삭이는 것임을 밝혀냈다("베이비, 보이지 않나요? 당신은 나의 판타지" 등등).[55] 그런데 이들이 조합한 노래는 모두를 충족시키면서 그 누구에게도 즐겁지 않았고, 어떤 안티팬은 '형편없는 90년대 스타일의 소프트코어 포르노'라고 표현하기도 했다. 우리는 자연의 소리에서 풍경 자체를 살피는 것만으로도 그보다 더 잘할 수 있다.

바람과 물 그리고 바스락거리는 나무는 음향전문가들이 '분홍색 잡음pink noise'이라고 부르는 것을 만들어낸다. 무지갯빛(초록, 분홍, 갈색 등) 잡음[56] 가운데서 분홍색은 가장 편안하며 숙면을 유도하는 데 가장 도움이 되는 것으로 알려져 있다.[57] 여기에는 음향적 이유가 있다. 분홍색 잡음은 음향적 질서와 혼란 사이에서 스위트 스폿(배트로 공을 치기에 가장 효율적인 곳—옮긴이)을 차지한다. 우리는 질서(소리의 세기 또는 '스펙트럼 출력'은 음높이가 올라감에 따라 주파수와 함께 기하급수적으로 저하된다) 때문에 분홍색 잡음을 좋아하며, 더 낮은 베이스음을 향해 기운다. 반대로, 우리는 백색 잡음을 싫어하는데, 백색 잡음은 모든 가능한 주파수가 임의적으로, 그리고 모두 동일한 출력으로 섞여 있기 때문이다. TV 정지화면이 밝은 빛을 내며 불쾌하게 치직거리는 것과 같다. 우리의 귀는 자연스럽게 더 높은 주파수에 더 민감하다. 분홍색 잡음은 자연스레 옥타브를 추구하는 우리 귀의 경향에 맞춰진다. 음이 진동하는 속도를 두 배로 높이면서 옥타브를 만들어 내듯, 분홍색 잡음의 에너지는 피치주파수가 두 배로 높아지면 반으로 줄어든다. 음향전문가들은 분홍색 잡음이 가지는 출력과 주파수 간의 역전관계를 I/F라는 통계식으로 만들어냈다.

백색 잡음보다는 질서정연하고 완벽하게 규칙적이지만 지루한 사인파sine wave 보다는 복잡한 분홍색 잡음은 음악의 특성을 전형적으로 보여준다. 우리는 지나치게 예측 가능하거나(사인파만큼 지루하다) 지나치게 놀라운(백색 소음만큼 혼란스럽다) 음악을 좋아하지 않는다. 여러 양식으로 된 음악의 음향 수준에서 오디오 신호의 스펙트럼 밀도는 I/F 분포에 따르면 그 주파수에 반비례한다.[58] 더욱 특별한 점은 I/F 비율이 다양한 생물체계에서 감지된다는 것이며, 신경과학자 대니얼 레비틴Daniel Levitin은 인간의 감각과 뇌체계가 I/F 분홍색 잡음을 중심으로 진화했다고 보고하기도 했다.[59]

분홍색 잡음과 음악 사이에는 더 엄격한 결합인 프랙탈이 존재하기도 한다.[60] 소음은 확대하는 순서에 걸쳐 자기유사성을 보이기 때문에 프랙탈이다. 여러분이 배율을 높이든 낮추든 간에 소음의 파형은 똑같아 보인다. 해안선과 산맥, 나무, 구름, 심지어 오리온성운에서 가스와 연기가 소용돌이치는 모습조차 그렇다.[61] 패턴은 영원히 되풀이된다. (당연하지만 프랙탈의 시각화 이외에) 이런 특성을 가진 유일한 인간의 예술 형태는 음악으로, 전형적인 반복 예술이다. 음악은 모든 수준에서 끝도 없이 반복되고, 우리가 이것을 지루하다고 느끼지 않는 건 그 반복이 매번 미묘하게 다르기 때문이다.[62]

우리는 이런 반복을 옥타브에서뿐 아니라 리듬과 형태에서도 발견할 수 있다. 마디 안의 박자 패턴은 악구 안에서 마디 패턴에 반영되고, 부문에서는 악구가, 악장에서는 단락이, 교향곡 안에서는 악장 패턴이 반영되는 식이다. 각 단계에서 패턴 역시 변한다. 우리는 박자를 듣는 것과 같은 방식으로 악구를 듣지 않는다. 또한 음악이 예측 불가능한 순서로 진행되면서 새로운 관계가 '혼란스럽게' 발생하기도 한다. 조성은 유사하게 자기유사성을 보인다. 몇 가지 음 또는 음계가 만들어내는 화음은 전체 작품의 음형을 미리 보여주는 셈이다. 20세기에 가장 영향력 있는 유럽 음악이론가인 하인리히 쉥커Heinrich Schenker와 아널드 쇤베르크는 프랙탈 사고에 빠졌다. 과학적으로는 프랙탈 이론을 창안하기 전이었다. 쉥커는 클래식을 음으로 된 층이 계층화된 음악이라 생각했고, 각 단계에서 동일한 '근본구조(독일어로 'Ursatz'라고 한다)'를 정교하게 만들어내는 것이라고 보았다.[63] 쉥커는 우리가 음악구조에 대해 이해하고 있는 바를 뒤집어놓기는 했지만 가히 음악이론의 아인슈타인이라 할 수 있다. 쉥커가 아인슈타인이라면 작곡가이자 이론가인 쇤베르크는 하이델베르크로, 상대성이론 대 양자역학의 위치였다. 쇤베르크는 반대편(조성이 아닌 주제)으로부터 문제에 접근하면서, 음악은 끊임없는 변주의 반복('발전하는 변주')이며 구조적 단계가 올라가는 동안 동일한 '기본형'(Grundidee)이 반복되는 것이라고 보았다.[64] 그는 우리가 알고 있는 베토벤의 음악적 논리를 가장 설득력 있게 분석했다.

현시대의 작곡가들도 프랙탈을 적용하고 있다. 리게티Ligeti, 크세나키스Xenakis, 그리제Grisey, 하스Haas 등 20세기 후반 가장 위대한 작곡가 중 네 명 모두 프랙탈의 원칙을 의식적으로 수용했으며, 자연스러운 과정이 만들어내는 윤곽을 의도적으로 흡수했다.[65] 상호 호혜적으로, 컴퓨터는 음악을 만들어내기 위해 분홍색 잡음을 원재료로 사용했고, 프랙탈은 '셀룰러 오토마타cellular automata'를 바탕으로 하는 알고리즘적 작곡이라는 새로운 품종에 영감을 안겨주었다. 셀룰러 오토마타란 살아 있는 세포처럼 행동하는 단순한 컴퓨터 단위가 개별적인 역동시스템을 형성한 것을 의미한다.[66] 그 결과는 그다지 세련되지 않지만, 이 인공적인 생명이 만들어내는 음악적 자극은 아마도 AI 작곡에서 가장 전도유망한 방향일 것이다.

그리고 이제 우리는 음악적 인간과 기계가 둘보다 큰 존재인 자연에서 어떻게 융합하는지를 봐야 한다. 그러나 음악이 그저 자연이라면, 인간은 무엇이 될 수 있을까? 여정의 마지막에 우리는 마침내 음악적 인간을 정의 내리기 위한 탐구의 답을 찾게 된다. 그 답이란 하나의 공식으로 만들 수 있을 만큼 간결하다. 즉 음악적 인간musical human은 음악music 빼기 자연nature이라는 것이다(MH=M-N). 음악을 프랙탈과 자기유사성으로 줄여나가는 일은 남아 있는 모든 것인 나머지를 남긴다. 그리고 남은 것은 아무 생각이 없지도, 냉철하지도 않은 모든 것으로, 우리의 몸과 마음, 에너지와 감정에 의지하는 음악의 요소다. 음악적 패턴은 수학의 정리처럼 서술에서 반복으로 움직이지 않으며 내적 논리만 따를 뿐이다. 내가 언급했던 이야기와 음악의 역사적 경로가 그러하듯, 여기에는 우리의 노력과 열정, 의도가 필요하다. 음악이 별빛 속에서 또는 바람의 발그레한 속삭임 속에서 만들어진다는 것은 제멋대로의 판타지이다. 백만 개의 은하가 만들어내는 새로운 지도는 우주 전체가 프랙탈임을 시사한다.[67] 물질의 분포는 천문학적으로 광범위한 규모 전체에서 똑같아 보인다. 은하계 군단의 스냅사진은 뇌세포 사진을 닮았다. 보이저호가 성운과 초은하 집단 사이를 여행하는 동안 골든 레코드 안에 소스코드를 담아서 다닌다고 상상하는 일은 얼마나 위로가 되는가. 그러나 누군가는 그 소스코드를 음악으로 만들었다. 우리가 만들었다.

그러니 이야기를 이쯤에서 마무리 짓고 음악적 인간을 '동물(9장)'과 '기계(11장)' 사이에 단정하게 끼워 넣는 것도 좋지만, 우리는 네 번째 용어 '본성'을 살펴보지 않을 수 없다. 우리의 문제는 본성을 어떻게 정의하느냐에 달렸다. 겉보기에 프랙탈의 물리적 본성이 제거된, 형상화된 정서를 포함해 '인간의 본성nature' 역시 정의에 따르면 일종의 '자연nature'이 되는 것인가?

음악의 본성에 대한
열한 가지 교훈

본성은 내 책의 주요 주제로 새로이 떠올랐고, 특히나 3부에서 그렇다. 우선은 동물의 본성이 등장했고, 그 후에는 인간의 본성이, 마지막에는 기계 학습과 디지털화 그리고 프랙탈의 물리적 본성이 나왔다. 세 장 모두에서 '본성'은 모두 다른 의미를 가졌음이 분명하다. 아니면 그저 말장난뿐일까? 이 책은 대부분 동물의 본성을 다뤘으며, 이 본성이 음악적 인간에 어떻게 점차 길들여지고 상징적으로 '살해'되었는지를 보여줬다. 11장 마지막에서 프랙탈을 논한 것에 이어, 우리는 이제 음악적 인간이 점차 높은 수준으로 반복되는 자기유사성에 집착하는 것이 동물의 본성에 대한 신체의 승리, 정서에 대한 구조의 승리 그리고 내면의 동물에 대한 철창의 승리를 나타낸다는 것을 알 수 있다. 음악은 자연의 모든 단계에서 나타나는 프랙탈 패턴과 동조하면서 우주와 우리를 이어준다. 음악의 자기유사성은 우주의 화음, 즉 '천체의 음악music of the sphere'의 최신판이다.

그러나 음악의 본성은 매우 단순했다. 우리가 끌어낸 교훈은 음악적 인간이 동물과 기계와 지나치게 얽혀 있어서 분리해내기 어렵다는 것이다. 디콘과 톰림슨 같은 새로운 사상가들은 우리에게 생물학이 문화에 '피드 포워드feed forward(실행에 앞서 결함을 예측해서 이에 대한 대비책을 세운 뒤 이를 반영한 행위를 실행함—옮긴이)'를 주는 역할을 하며, 음악이 몸과 뇌와 행동을 바꾼다고 알려줬다.[1] 새로운 세대의 철학자들은 심지어 인류사상사에서 프랙탈 패턴을 찾아내고 있다. 예를 들어, 이들은 서양철학의 기념비인 헤겔의 정신현상학은 근본적으로 문명을 정신적 나선, 즉, 계속 증가하는 원 안에서 스스로를 되돌아보는 인간정신으로 본다고 주장한다.

음악사의 프랙탈적 본성을 직관적으로 파악하고 있던 작곡가들에게는 그다지 새로운 소식이 아니다. 가장 극적인 사례로는 바그너의 「니벨룽의 반지」가 있는데, 신과 영웅, 사람이 등장하는 세 번의 연대기에 걸쳐 더럽혀진 본성의 비극이 반복된다. 모든 음악은 당연히 도입부에 쓰였던 주제나 조성으로부터 영겁이 아닌 몇 분의 기간 동안 '진화'한다. 이 압축된 진화는 우리가 11장에서 보았던 '셀룰라 오토마타' AI 작곡가의 최신세대를 이끌어간다. 인간, 동물, 기계라는 우리 자아의 세 가지 측면 사이에서 상호작용을 성사시키는 공간으로서 음악을 규정하더라도 지나치지 않다. 음악은 모든 점에서 놀이터와 같다.

가장 중요하게는, 우리가 이제 이 책에서 3부로 나누어 등장하는 세 가지 연대표인 인생, 역사, 진화가 가장 고차원적인 음악의 본성을 가진 프랙탈 패턴을 표현하고 있음을 알고 있다. 이는 행성의 규모로 보았을 때 반복이다. 그럼에도 불구하고, 마지막에 즈음해서 이 마지막 장은 나선을 일직선으로 잡아당기고, 앞서 다뤘던 열한 개의 장을 연대순으로 늘어놓으며, 시간의 주름을 잘 펴주려고 한다. 뭐랄까, 한 가지 주제에 대한 열한 가지의 변주이며, 주제는 마지막에 등장하고, 역사적 진보 속에서 본성의 주제는 계속 순환한다. 마지막까지 테마를 남겨두는 일은 꽤나 음악적이다. 낭만주의의 극치를 달리는 로베르트 슈만은 특히나 이 형식을 좋아했다. 매력적인 피아노 소품인 「어린이 정경Kinderszenen」은 모두 어린이의 본성을 주제로 한 변주곡 모음으로, 그 가운데 슈만의 생각으로 통하는 핵심을 제공하는 것은 「시인이 말하다Der Dichter Spricht」라는 후주곡의 멜로디와 음이다.

이 일련의 결론들, 즉 교훈들을 변주들의 모음이라고 비유하는 것은 음악적 자만일 것이다. 또 다른 음악적 비유로는 '재현부 recapitulation'라는 개념이 있다. 재현부는 소나타 형식의 마지막 부분을 가리키는 것이면서, 논의의 결론을 의미하기도 하고, 개체발생이 계통발생을 되풀이하는 방식, 생명이 진화를 반복하는 방식에 대한 생물학적 관념이기도 하다(영단어 'recapitulation'은 ① 요점의 되풀이 혹은 개요, ② 음악용어로서 재현부, ③ 생물용어로서 발생반복이란 의미를 가진다—옮긴이).[2] 왜 이 비유에 탐닉하는 것일까? 음악에 대해 글을 쓰는 것이 건축에 관해 춤을 추는 것만큼 우스꽝스러운 행위라는 것은 많은 사람이 아무렇게나 내뱉은 말들 때문이다. 나는 덕망 있는 옛날의 괴테보다는 길들여지지 않은 팝 천재 프랭크 자파에게서 음악에 관한 글의 기원을 찾길 좋아한다.[3] 자전거를 타는 물고기, 우리 음악작가들, 그리고 그저 진짜로 좌절한 작곡가들 가운데 다수는 음악에 관한 글을 음악적으로 쓰려고 애쓰면서 이 우스꽝스러움을 만회하려고 한다. 음악 작가들은 음악을 듣는 것이 어떤 느낌인지에 관해 조금이라도 전달할 수 있다면 그것만으로도 성공이다. 이 책에 영감을 준 느낌 가운데 하나는 음악이 우리에게 깊은 과거의 맛을 현재형으로 안겨준다는 것이다.

교훈 1. 동물의 본성

음악적 인간이 역사와 선사를 통틀어 동물과 여러 면에서 얽혀 있음을 떠올려보자. 몽골의 말머리 피들은 말의 털로 만든 활로 긁었고, 현악기는 양의 내장이나 벌레에서 뽑은 실크로 현을 만들었다. 의례에는 쥐와 소, 주변을 날아다니는 온갖 새들이 등장하고, 독수리 뼈를 조각해 만든 피리부터 그레고리우스 교황의 귀에 신성한 음악의 비밀을 속삭이는 비둘기도 있다. 서양을 비롯해 대부분의 문화에는 음악의 기원을 동물에게서 찾는 신화가 존재한다. 우리가 살펴보았듯, 당연히 그럴만하며 그 이야기들은 신화가 아니었다. 아니, 신화는 사실의 반영이다. 달팽이관 속의 코르티기관은 우리가 새가 아니라면 물고기였던 시절의 유물이다. 이 사실들 가운데 일부는 9장에서 너무나 짧게 다뤘던 동물의 왕국에 등장한다.

진화의 연대표는 9장 초반부에서 간략하게 다뤘는데, 몹시도 광대한 음악의 영역 안에 음악적 인간을 배치할 수 있는 장소가 마련되어 있다. 언어와 마찬가지로 '음악'의 블랙박스를 활짝 열고 여러 층으로 구성된 음악적 능력을 꺼내는 것이 가능한데, 이 음악적 능력은 순서대로 진화한 것이다. 처음에는 진동(원자와 생세포)이 나왔고, 그다음으로는 리듬(곤충, 개구리, 농게)이 등장했으며, 그 뒤로 멜로디(새)가 따라오고, 헤테로포니의 멜로디를 합창하는 전통(혹등고래)으로 이어졌다. 우리는 인간의 음악이 귀뚜라미들과 리듬 동조화 능력을 공유하며, 명금류의 노래하는 새들 및 고래들과는 음성의 습득이라는 재능을 공유한다는 것도 보았다. 그리고 우리의 노래처럼 새들과 고래들의 노래는 위계적인 문법을 가졌다.

언뜻 장기적 관점에서 음악적 인간은 자연의 음악이 낳은 최고의 영광으로 강조되고 우리가 만드는 소리가 지닌 독특한 부분이 명료해지기도 한다. 오직 호모 사피엔스만이 리듬 동조화나 음성 습득 같은 음악적 능력을 결합할 수 있다. 귀뚜라미는 동조할 수 있지만 노래할 수 없고, 새와 고래는 노래할 수 있지만 (큰유황앵무 스노우볼을 제외하고) 동조할 순 없다. 다른 동물들과 달리 음악적 동물은 이 모든 것을 할 수 있다.

반면 동물의 노래와 인간 음악의 유사성을 더 깊이 생각할수록 우리는 더욱 겸손해진다. 우리는 인간의 특성과 욕구를 다른 생물에 투영하는 의인화에 주의를 기울여야 함에도, 아마도 우리를 갈라놓기보다는 통합하게 될 것이다. 그러나 이 팽팽한 줄의 반대편으로는 우리의 공통적 본질에 대한 인식이 존재할 것이다. 나는 베를린 동물원에 방문했다가 운 좋게도 한 쌍의 늑대들이 서로 '캐논 형식'으로 길게 울부짖는 소리를 들을 수 있었고, 휴대폰으로 그 공연을 촬영했다. 캐논은 유럽의 대위법에서 나온 용어로, 하나의 목소리(라틴어로는 '덕스Dux'라고 하는데, 지도자라는 의미다)가 시작되고 몇 박자가 지난 뒤 더 많은 목소리로 된 후속 성부('코메스Comes', 모방자라는 의미다)가 이를 모방하는 것이다. 몸집이 더 큰 수컷 늑대가 먼저 노래하고, 더 작은 암컷 늑대가 몇 초 후에 동일한 울음소리로 등장했다. 미메시스와 지배위계라는 생물학적 원칙의 절충 결과였다. 이제 늑대 울음소리와 유럽의 대위법 사이의 유사성은 음악사에 대한 관습적인 생각을 뒤엎고 종의 장벽을 뛰어넘는다(울음소리는 영역을 표시한다: 캐논은 음을 다루는 추상적 게임이다). 그러나 이는 음악의 기원이 호미닌과 짖는 원숭이 그리고 늑대의 '전염적인 헤테로포니'에 있다고 보는 심리학자 스티븐 브라운의 생각과 결을 같이한다.[4]

여기서 우리는 소리 없는 유인원의 문제, 즉 침팬지와 보노보, 고릴라 같은 인간의 가장 가까운 사촌들은 왜 음악을 향유하지 않는 것처럼 보이는가 하는 문제를 만나게 된다. 700만 년 전 우리의 공통 조상이 이와 비슷하게 음악적이지 않는다고 가정한다면, 음악의 붕괴라는 수수께끼가 주어진다. 진화과학자들은 단절을 경계하지만, 새와 고래의 노래와 인간의 음악 사이의 공백을 메우는 일은 쉽지 않다. 공통 조상과 함께 음악은 다시 처음부터 시작한다. 그러나 나는 이 단절이 인간 음악의 본질적 부분으로 받아들여져야 한다고 믿는다. 음악의 역사는 특히나 서양에서 스스로 일련의 혁명이라고 보기 때문이다. 음악의 '근대성'은 날짜가 고정되어 있지 않은 축제다. 일반적인 통념에 따르면, 근대성이 유럽 공통 음악어법 시대

가 탄생하는 1600년에 시작됐다는 것은 사실이다. 그러나 이 날짜
는 실질적으로 우리가 원하는 곳 어디로든 앞당기거나 뒤로 미룰 수
있다. 예를 들어 1910년(쇤베르크와 무조주의), 1800년(여가를 위한 '어쿠스
매틱' 청취), 1200년(서양식 기보법), 800년(카롤링거 쇄신), 기원전 400년(그
리스 '신음악'), 기원전 2000년(최초의 음악 기보법과 최초의 유명 작곡가), 기원
전 1177년(철기시대의 시작), 기원전 7000년(괴베클리 테페의 최초의 사원),
기원전 4000년(최초의 악기), 기원전 20만 년(해부학상 현대의 사피엔스),
기원전 300만 년(루시), 기원전 400만 년(아디) 등은 물론, 파열과 중
단, 재앙, 우리 기질의 모든 부분까지.

우리가 유인원에게 진 또 다른 빚은 인간 음악의 핵심이 사회적
이고 참여적이라는 것이다. 유인원들은 시각적 몸짓 언어와 그 몸짓
들에 세심한 주의를 기울이는 '마음이론'을 이끌어내는 데 기여했다.
인간 음악의 자연스러운 상태는 함께 노래하거나 연주하는 것이다.
우리의 음악은 결코 진정으로 홀로서기일 수 없다. 솔로연주조차 무
리들이 공유하는 음악적 관습의 언어를 사용한다. 거기까진 좋다. 그
러나 우리는 인간 음악의 본질이 결코 소리가 아니라 시각이라는 점
에서 정신을 바짝 차리게 된다. 우리는 모두 음악을 듣는 것이 은유
적인 '몸짓'과 '심상'을 환기시킨다는 것을 인식한다. 음악이 '움직이
고' '상승'하거나 '하강'하는 환상과도 같다(4장). 콕스 같은 이론가들은
음악이 이 환상을 어떻게 자극하는지를 보여줬다.[5] 그리고 테컴세 피
치는 유인원 손가락의 피질뉴런이 인간 목소리를 내는 피질뉴런과
비슷하기 때문에 유인원의 손동작이 우리의 음성 표현으로 진화하게
됐다고 주장했다.[6] 그렇다면 장기적으로 보자면 유인원에게 음악이

실패했다는 것은 실질적으로 음악이 시각을 통해 에둘러 갔다는 의미다. 유인원의 음악은 눈에 보이지만 귀에 들리지 않는다.

동물의 노래를 음악으로 받아들이기 위한 마지막 영역은 이를 예술로 인식하는 것이다. 칸트는 새의 노래가 인간의 예술보다 더 자유롭다고 비꼬는 칭찬을 했다. "그 안에 더 많은 자유를 담고 있는 것처럼 보이고, 그렇기 때문에 음악의 예술이 규정하는 모든 규칙을 따라 노래하는 인간의 목소리보다 더 풍부한 맛을 지닌 것 같다."[7] 우리는 새의 노래가 자발적인 기쁨의 유출이라는 칸트의 개념에 멈칫할 수밖에 없다. 왜 우리는 음악이 어떤 기능을 가졌든지 간에, 그 이외에도 동물이 자신의 정당한 권리에 따라 음악을 즐길 수 있는 능력을 지녔음을 의심하는가? 이런 편견 섞인 배경 속에서 동물이 기쁨을 누릴 권리를 단호하게 방어하고 있는 리처드 프럼의 의견은 명성을 떨치고 있다.

교훈 2. 인간의 본성

보이저호에서 중얼거리는 스물일곱 가지 음악언어에서 더 이상 단순화할 수 없을 정도로 인간적인 부분은 그 순전한 다양성이다. 그렇다면 다양성을 통합시키는 것은 다양성이다. 이는 순환론이 아니라 원시고고학자들의 합의다. 원시고고학자들은 단일의 호모 사피엔스가 호미닌과 호미니드 선조 모두에서 나왔다는 결정적 특성을 지적하고 있다. 존 시어John Shea는 그 특성을 '행동의 가변성'이라고 부르는데,[8] 3장에 등장했던 유스뮤직 보고서에서 지적했듯 젊은 이들이 오늘날 즐기는 기라성 같은 음악장르로부터 이 행동의 가변성을 발견할 수 있었다. 우리의 눈을 온 시대와 문화로 넓힌다면, 음악적 인간의 행동적 가변성은 엄청나진다. 마찬가지로 인상적인 새의 노래의 다양성과 비교해본다면 다음의 규칙을 확인할 수 있다. 즉 새의 종류는 수천 가지지만 사피엔스는 단 하나다. 단일종이 이 모든 것을 해낸다.

가변성은 진정으로 적응성의 징후로, 이는 결국 사피엔스가 자연으로부터 반 정도 분리된 것에서 나온 표면효과다. 상대적으로 자연으로부터의 자유는 아마도 날씨가 궂으면 단순히 걸어서 피할 수 있게 된 오스트랄로피테쿠스의 능력에서 시작됐을 것이다. 또한 4백만 년에서 1백만 년 전, 이례적일 정도로 변덕스러웠던 기후변동에서 호미닌에게 크게 도움이 됐을 테다.[9] 호미닌의 커뮤니케이션 역시 원시언어에서 상징언어로 진화하면서 날씨로부터 갈라져 나왔고, 뇌와 몸과 함께 진화했을 것이다. 테런스 디콘은 상징주의가 인간에게 매우 근본적이라고 생각했기 때문에 우리를 '상징적인 종'이란 의미의 호모 심볼리쿠스Homo Symbolicus라고 불렀다.[10] 동물 그리고 추론컨대 초기 호미닌의 커뮤니케이션은 유사성과 지시성이라는 더 자연적인 원칙을 따랐고, 신호는 여러 영화와 만화음악에서 그렇듯 자연의 물건을 닮았거나 그 물건을 가리키는 역할을 했다. 대조적으로 상징의 의미는 해석체계와 사회적 관습에 따라 달라지는데, 보통은 상당히 임의적으로 부여된다. 빨간색은 맥락에 따라 '위험'이나 '사랑' 또는 '충성'이나 '멈춤'을 의미한다. 피리는 공기를 불 수 있는 텅 빈 도관으로 만든 덕에, 동물처럼 보이거나 물리적으로 그 동물을 가리키기 시작했다. 말 그대로 새 뼈로 만들었기 때문이다. 그러나 피리를 새의 신과 성스러운 대화를 나누기 위한 통로로 이해하기 위해서는 원래의 관련성을 '잊어야 함을 배우는', 그리고 '보지 않으려는' 정신적 노력이 필요했다. 다시 말해서, 구름에서 사람 얼굴을 찾아내거나 피리에서 신을 보는 능력처럼 인간 상상력의 독특한 측면을 누리기 위해서는 더 이상 그 대상을 구름이나 뼈로 보지 않아야 했다.

이와 유사한 게슈탈트(형태)의 변화 또는 의식의 변화가 생겨난 것은, 우리가 음악적 소리 또는 동물의 울음을 실제 세계의 지시물로부터 떼어내어 그 자체로 듣게 됐을 때다. 4장에서 '어쿠스매틱 청취'라는 용어를 언급했는데, 아마도 이 청취 행위는 고대 그리스의 '아쿠스마티코이akousmatikoi'에서 나온 것이 아니라 그보다 25만 년 정도 앞서서 원시음악이 음악으로 확실히 진화하던 무렵 구체화됐을 것이다. 개리 톰린슨은 등급이 나눠진 아날로그적 정서 표현 혹은 '몸짓의 울음(한숨, 흐느낌, 웃음 등)'이 분절적인 디지털 음으로 발전했을 것이라 생각한다.[11] 그의 관점에 따르면, 울음소리가 자연에서 떨어져 나와 문화로 이동하면서 선택의 압박에서 해방되고 자유롭게 번식하는 것이 가능해졌다. 자연과의 연결고리를 잃으면서 소리는 궁극적으로 추상적인 음높이와 음계, 멜로디가 됐다.

물론 우리는 아주 오래전 무슨 일이 벌어졌는지 결코 알 수 없을 것이다. 구체적인 증거가 없기 때문에 10장에서 언급한 십자매의 실험처럼 현대에서 시작해 그림을 그려나가는 수밖에 없다. 우리가 보았듯 길들여진 십자매는 노래를 훨씬 더 쉽게 배웠고 그 노래는 야생의 친척들보다 훨씬 복잡하고 유연해졌음이 밝혀졌다. 이 발견은 짝을 유혹하고 포식자를 저지하며 영역을 확보하고 새의 종류를 확인하기 위해 노래가 더욱 복잡해졌으며, 왕성하게 번식하는 개똥지빠귀와 나이팅게일이 그 대표적인 사례가 된다고 보는 기존의 이론과 부딪힌다. 그와는 대조적으로 이제는 자연과 자웅선택에서 벗어나 유전적 부동genetic drift과 사회적 학습으로 통하는 문이 활짝 열렸다. 디콘에 의하면 야생에서 보통 추려내졌던 퇴화된 돌연변이와 해로운 대립형질이 이제는 자유롭게 통제에서 벗어났다는 의미다.[12] 디콘은 인간의 아기가 자유롭게 자신의 목소리로 무엇을 할 수 있는지를 탐구하는 경향인 아기의 옹알이에 되새를 비교했다. 옹알이는 아기가 웃거나 울거나 비명을 지르도록 정서적으로 각성되지 않았을 때 생겨난다. 길들여진 새와 마찬가지로, 이 제약에서 벗어난 덕에 "더 많은 뇌 체계는 사회적으로 습득한 청취 경험을 포함해 음성 행동에 영향을 줄 수 있게" 됐다.

디콘보다 더 나아가 민족음악학자인 리처드 위드스Richard Widdess는 벵골 되새라고도 부르는 십자매를 19세기 인도 벵골 출신의 인간 음악가와 비교하기도 했다.[13] 이 음악가들은 통 큰 왕자들 덕에 신분적으로 해방되고 경제적 안정성을 보장해줄 땅에 정착할 수 있었고, 죽느냐 사느냐의 투쟁에서 자유로워진 만큼 예술에 초점을 맞출 수 있었다. 그리고 전례 없이 길고 복잡한 즉흥연주를 할 수 있게 됐다. 그렇기 때문에 인도의 음악은 19세기에 전성기를 맞게 된다. 그런데 이와 유사한 예술적 절정이 전 세계 고전 전통에서 일어났다

(태국, 베트남, 중국, 일본, 한국, 아랍, 페르시아, 서양). 세계 역사를 통틀어(수메르와 고대 그리스부터 엘리자베스 여왕과 무굴 궁정에 이르기까지) 음악이 교회와 국가, 사원과 궁정에서 제공한 성역에 머물러 있던 모든 지역에서도 마찬가지였다. 우리는 이제 다양성이 행동 가변성에서 나온다는 처음의 생각으로 돌아가게 된다. 이는 결국 진화적 압박에서 해방되면서 촉발된 것이다.

왜 음악은 상징이 출현한 후에도 위축되지 않았는가 하는 질문이 끈질기게 남는다. 왜 음악은 상징언어에 자리를 내어주고 사라지는 대신 나란히 살아남아 흥하게 됐는가. 우리의 종은 디콘이 주장하듯 단순히 호모 심볼리쿠스가 아니다. 우리는 호모 무지쿠스Homo Musicus이기도 하다. 이와 연관된 질문은 '왜 우리의 모방 능력이 예술, 특히나 음악의 형태로 맹렬히 되살아났는가'이다. 멀린 도널드는 이 모방 능력을 '일화적episodic' 정신과 '신화적' 정신 사이의 중간 단계로 보았다.[14] 우리는 4장에서 음악적 미메시스의 힘을 보았다. '자연적' 발성에서 '문화적' 음표와 음계로 넘어가는 일은 이야기의 끝이 아니다. 음표와 음계는 그 후 정서를 재구성하게 되고, 재구성된 정서는 그 어느 때보다 다급하게, 더 높고 심오한 차원으로 되돌아온다.

교훈 3. 자연으로서의 문화

자연으로부터 점차 자유로워지면서 우리는 인간의 문화를 자연에서 분리된 존재로 느끼게 되었다. 문화라는 관점에서는 동물과 인간의 음악을 통합하기보다는 나누는 것이 더 많다. 5장에서는 음악이 어떻게 점점 더 복잡해지는 사회체계(부족에서 촌락으로, 촌락에서 도시로, 그리고 순간을 살아가는 평등주의적인 수렵채집인 사회에서 좀 더 긴 시간관념에 적응하는 위계적인 정착·도시 공동체로)와 함께 진화했는지를 보여주었다. 악기의 새로운 가능성은 동물의 내장과 도자기, 야금술과 함께 열렸다. 현재의 문화로부터 지도를 그려보면 사피엔스가 아프리카에서 나와 유라시아와 호주, 극지방 주변과 아메리카 대륙까지 퍼져나가면서 세계사에서 음악이 어떻게 진화했는지 상상해볼 수 있다.

수렵채집인들의 음악은 순간적이고 생생하게 살아 있었고, 사슬처럼 길게 이어진 노래들이 풍경을 건너 퍼져나갔다. 바로 노랫길이다. 피그미족과 호주 원주민들, 이누이트와 촉토족의 명랑한 대화식 음악에서 우리는 호모 에르가스터가 반복적으로 돌을 두드리며 만들어낸 리듬이 어떻게 본질적으로 일종의 게임인 음악으로 진화했는지 보았다. 신석기시대 동안 음악적 인간과 자연 간의 관계는 다시 바뀌었다. 농사를 통해 자연을 다스릴 수 있게 되면서 음악은 1년을 주기로 반복되는 계절력의 리듬을 따르게 됐다. 음악은 각 계절을 장식하기 위해 연주됐고, 노래는 그 자체로 순환했다. 노래는 의례였다.

의례의 기능은 자연스럽게 우리의 기원에 관한 이야기를 들려주는 것이었다. 그리고 여기에서 당연히 역설이 생겨났다. 사피엔스가 스스로를 동물과 구분되는 존재로 인식하고 자아에 눈뜨게 되자마자, 동물은 삶의 주기를 바탕으로 한 신념체계에서 중심을 차지하게 됐다. 멀린 도널드는 인류 발달에서 이 단계를 '신화적 문화'라고 부르며, 이 단계가 우리의 과거와 우주에서의 위치를 나타내는 상징적인 모델을 만들어내려는 최초의 시도임을 시사한다. 그렇기 때문에 인간은 가끔 '스토리텔링의 동물'이라 불리지만,[15] 우리는 스스로를 '스토리싱잉story-singing의 동물'이라고 부르는 것이 더 정확하겠다. 우리는 동물의 노래에서 인간 음악의 기원을 찾는 이야기를 노래하니 말이다. 가장 유명한 현대적 사례는 파푸아 뉴기니의 칼루리족이다. 칼루리족은 숲 꼭대기를 날아다니는 '무니'라는 과일비둘기가 조상의 영이라고 생각한다. 이들의 노래는 네 가지 음으로 구성된 무니의 노래를 닮아 있다.[16]

우리가 칼루리의 무니 새로부터 이끌어낼 수 있는 교훈은 디콘의 십자매로부터 배운 것과 상당히 다르다. 십자매는 우리에게 새와 인간의 음악가들은 비슷한 진화적 원칙에 따랐음을 가르쳐준다. 반면 칼루리족의 '진화(와 신화적 문화)'는 우리 유전자에 관한 이야기가 아닌, 우리가 스스로를 동물과 연결시키며 자의식적으로 만들어낸 이야기와 관련 있다. 음악문화는 음악적 본성으로 바뀌었다.

진화이론에서 가장 흥미로운 연구는 생물학과 역사 사이의 접점에서 진행됐고, 실제로 '본성'과 '문화'가 무엇인지를 극단적으로 단순화한 정의를 해체했다. 음악학자에서 진화학자로 변신한 개리 톰린슨에 따르면, 문화는 라마르크식 진화에서처럼 행위와 의례가 세대를 거쳐 전해지는 외부기억장치다.[17] 문화에 박혀 있는 전통은 미래의 행동에 대해 선택압박을 주는 피드포워드가 된다. 음악문화가 우리의 생물학을 어찌 바꿔놨는지를 보여주는 극적인 사례가 몇 있다. 엘리자베스 마굴리스Elizabeth Margulis와 신경과학자들로 구성된 팀은 바흐의 플루트와 바이올린 파르티타partita를 연주하는 문화적 행위가 문자 그대로 음악가의 뇌를 다시 조율한다는 것을 보여줬다. 바이올리니스트가 바이올린 음악을 듣고 플루티스트가 플루트 음악을 들을 때, 이들의 뇌는 자신들이 연주할 수 없는 악기들을 들을 때와는 다르게 반응했다. 자신이 연주하는 악기의 음악을 듣는 음악가들은 좌측 하전두이랑이 활성화됐는데, 이곳은 한 사람의 자아감과 연결된 부위다. 마굴리스와 동료연구자들은 "자기와 관련된 자극에 대한 이 특별한 처리과정은 생존에 유리하며 우리의 진화사를 반영한다"고 추측했다.[18] 바로크 음악가들의 뇌가 어떻게 바흐에 적응했는지는 근본적으로 우리의 선조들이 돌부터 활까지 기나긴 도구 기술의 전통에 어떻게 적응했는지와 다르지 않다.

인간의 본성이 변화 가능하다고 보는 관점은 왜 4만 년 전 악기의 발명이 그토록 중요한지를 설명해준다. 존 시어 같은 고고학자들은 근대성이 지금으로부터 20만 년 전 해부학상 현생인류의 진화로부터 시작됐다고 믿는데, 최초의 호모 사피엔스는 일반적인 습성에서 우리와 그다지 다를 바 없었을 것이라고 본다.[19] 이런 입장은 19세기 지질연보에서 논의된 '동일과정설(자연의 '동일성'을 나타내는 명칭이다)'의 한 형태. 초창기 인류들이 우리만큼 음악적이었다고 상상하는 일은 분명 매력적이다. 인간의 '진보'에 대한 우리의 자기만족을 올바르게 고쳐주기 때문이다. 반면 그 뼈 피리들이 인간의 뇌를 재배열했다는 것은 확실하다. 그렇게 우리의 음악적 본성이 바뀌었다.

인류는 존재의 90퍼센트를 구석기시대에서 보냈다. 그러니 몇 천 년 동안 기록된 인류의 역사가 마치 별것 아닌 조연처럼 보이는 것은 당연하다. 그러나 어떤 면에서 이 조연이 주연의 자리에 오를 수도 있다. 인간 진화의 가속도는 문화적 축적의 결과로, 우리 이야기의 일부이다. 이 책의 구성에서 반영됐듯 음악적 변화가 가속화되는 속도(노래하고 돌을 부딪치며 보낸 수백만 년, 피리와 북을 다룬 수천 년, 현악기와 목관악기와 금관악기를 연주한 몇 세기, 그리고 그 뒤에 십 년 단위, 월 단위, 일 단위로 정해지는 작곡가의 역사까지)는 머리가 핑 돌 정도다.

교훈 4. 본성의 조화

"우리가 이야기할 수 있는 수준에서, 수학적 관계는 모든 행성과 생물학, 문화와 철학에서 유효하다."[20] 칼 세이건Carl Sagan은 보이저호 산업을 다룬 책에 이렇게 썼다. 음악과 수학 간의 친밀하고 오랫동안 인정받아온 관계 때문에 보이저호에 실린 이 스물일곱 가지 음악 언어를 하나로 만들어주는 것은 바로 수학적 조화다. 즉, 세이건이 '우주의 조화'라고 은유적으로 표현한 본성의 조화다.

'조화'라는 표현은 언어유희로, 우주에 깔려 있는 비율이 아름다운 음악만큼 즐겁게 잘 잡혀 있다는 의미다. 이 언어유희의 한 면은 음악이 우주와 동일한 수학적 원칙에 따라 지배된다는 것이다. '우주의 조화'라는 생각은 피타고라스가 생각해낸 이래, 과학자와 철학자들을 사로잡아왔다. 거의 신화적 인물에 가까운 피타고라스는 진동하는 현의 길이가 산술적으로 음의 진동수와 비례함을 발견해낸 것으로 알려져 있다. 1:1(완전 1도)과 1:2(옥타브), 2:3(완전 5도) 같은 현의 비율은 매우 근본적인 원칙으로, 생명과 우주 그리고 모든 것에 적용할 수 있다. 그래서 보이저호에 관한 책에 기여한 또 다른 인물인 티모시 페리스Timothy Ferris는 "외계인들은 진동하는 현이 특정한 소리를 만들어낸다는 사실을 반드시 알거나 알아낼 수 있을 것이다"라고 상상했다.[21] 그러나 진동하는 현이라는 개념이 고작 4천 년 전에 비옥한 초승달 지역의 수메르 문명에서 생겨난 이유는 무엇일까?

멀린 도널드는 인간정신의 진화에서 다음 단계를 '이론적 문화'로의 인지적 전이라 불렀는데, 이는 기원전 2000년 중동에서 일어난 도해의 발명, 외부기억 그리고 이론 수립이라는 세 가지 현상과 관계있다. 6장에서 보았듯 음악기보법이 살아남은 첫 번째 사례(도해의 발명, 외부기억)는 신예 리라 연주자가 현을 조율하도록 도와주는 안내책자다(이론 수립). 기원전 6세기 피타고라스는 음악적 현의 이론을 수립했다는 공을 차지한다. 그러나 고대 수메르인은 현의 비율을 완벽히 이해하고 있었고, 이것이 천문학과 농업, 인간의 심장과도 공명한다는 것도 알고 있었다. 진동하는 리라의 현은 이론적 문화상 완벽한 악기다. 수학적 비율을 시각적으로(현을 볼 수 있음), 청각적으로(비율을 귀로 들을 수 있음), 실재적으로(손가락의 위치) 만들어주었기 때문이다. 리라의 진동하는 현은 음악의 조화로운 본성을 알려주는 이상적인 스승이었고, 그렇기 때문에 몇 천 년 동안 서양의 정신을 사로잡아왔던 것이다. 그림 12-1은 「신성한 일현금」으로, 영국의 신비주의자인 로버트 플러드Robert Fludd가 1617년에 쓴《우주의 역사

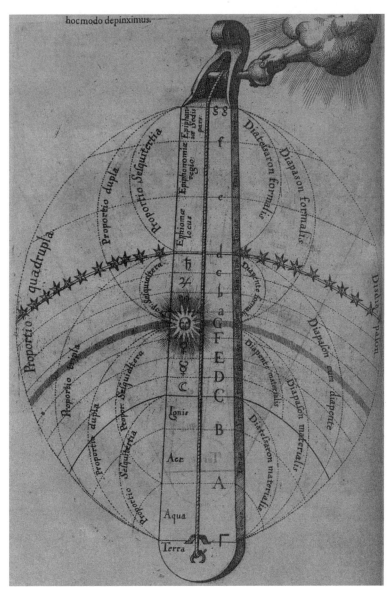

그림 12-1. 로버트 플러드의 「신성한 일현금」
© GRANT ROONEY PREMIUM /Alamy Stock Photo

utriusque cosmi》에 실려 있다.[22] 플러드의 일현금은 진동하는 리라 현의 뒤늦은 후예로, 인간의 소우주가 장대한 대우주와 어떻게 공명하는지를 보여준다.

우주의 조화라는 은유는 기원전 2000년에 생겨났음에도, 한참이 흐른 뒤인 기원전 5세기가 되어서야 플라톤과 플로티노스, 보이티우스 같은 신플라톤학파와 함께 무르익었다. 플라톤이《대화 Timaeus》에서 한 말, "조화는 우리 영혼의 혁명과 유사한 움직임을 보인다"는 음악이 잘 조율된 현처럼 우리의 영혼을 달래주며 행성의 혁명처럼 우리를 움직인다는 의미였다.[23] 12세기 신플라톤학파였던 히스도수스Hisdosus는《대화》를 해설하면서 플라톤의 '세계영혼anima mundi'은 '창조주의 영원한 사랑의 표현'이며, "창조주는 (세계영혼을 가지고) 모든 것을 창조했고, 기계적 세계machina mundi를 곧바로 없애버리지 않고서는 멈출 수 없는 화합을 통해 창조를 조화롭게 지휘했다"고 보았다.[24]

그렇게 해서 조화는 갈등의 시대에 안정감을 주는 이상향으로 변했고, 그 후 청동기의 붕괴가 뒤따랐다. 6장에서 보았듯, 역사학자들은 기원전 1177년에 이 상대적으로 안정적인 세계질서가 붕괴한 이유를 힉소스인의 이집트 침략으로 본다. 고전적인 그리스 철학에서 정확히 '종교'를 언급하지는 않았으나, 자비의 신앙(불교, 힌두교, 기독교)이 울려 퍼졌다. 기원전 800년 이후 축의 시대에 생겨난 일이다. 그리스인들은 비슷한 목적을 위해 조화의 이상을 사용했고, 보이티우스나 히스도수스 같은 기독교인이 이를 슬며시 도용했다. 조화는 사람들에게 세계에 관해 가르치는 데 다재다능한 도구였다. 현을 나누면 어떻게 여러 음정을 만들어낼 수 있는지를 보여주면서 일치에서 다양성이 나올 수 있음을 설명했다. 세계의 모든 불협화음을 이해하는 틀을 제공했고, 심지어는 돈벌이 수단으로 즐길 수 있기도 했다. 무엇보다, 눈에 보이지 않는 질서가 어떻게 세상의 모든 고통과 혼란의 기저를 이루는지 보여주었다. 그러나 그 대가로 음악의 본성을 포함한 모든 본성이 숫자의 추상적 영역으로 대체됐다.

조화로 인해 뒤로 남겨진 잔여물 가운데 하나는 동물의 본성으로, 동물의 본성은 비극에 등장하는 디오니소스적 악당이자 아울로스를 연주하는 염소 신으로 악마가 되었다. 그리스의 비극은 형편없이 조율된 아울로스에 맞서는 잘 조율된 리라에 들어맞았다. 리라는 소리로 표현되는 이성과 빛의 상징이었고, 아울로스(정확히 조율하기가 불가능한 악기)는 악마적인 힘의 대리자였다. 그러나 비극(tragedy의 어원은 말 그대로 '염소의 노래goat song'다)은 우리의 동물적 본성이 지닌 가치에 대해 양면적이다. 아폴로가 아닌 디오니소스가 니체의 《비극의 탄생Birth of Tragedy》의 영웅이다. 이와 유사하게, 4장에서 누스바움이 알려준 플로티노스의 '충만함'의 철학이 가진 요지는, 완벽한 세상은 가득 찬 세상이며 모든 물리적이고 짐승 같은 문제를 해결할 수 있다는 것이다. 조화는 지루한 획일성과는 다르다. 그리고 인간의 조화에 곁들여지는 묘미가 바로 동물의 불협화음이다.

교훈 5. 대위법적 본성

역사적 관점에서 여러 음악문화가 존재했음을 알 수 있다. 다만 거의 처음부터 어느 '문화'든 스스로를 '자연스럽다'고 생각했고, 그 경계 너머에 있는 것들에 귀를 막고 눈을 가렸을 뿐이다. 이는 우리에게 모국어가 말 그대로 제2의 본성이며 그 외의 다른 모든 언어는 인위적으로 들리는 것과 비슷하다. 서양 음악은 7장에서 보았듯 음악적 초강대 세력인 이슬람, 인도, 중국, 중앙아시아에서 보조 사원에 불과했다. 아프리카의 음악은 역사 속으로 사라져버렸지만, 아프리카도 여기에 등장한다. 당구대 위에서 맞부딪치는 공들처럼, 저마다 다른 문화의 조우 속에서 진정으로 대립하는 것은 음악적 본성의 경쟁적 개념들이다.

서양 음악의 본성은 우주의 조화라는 논리를 따라간다. 다른 초강대 세력들이 완벽하게 음향적 비율을 인식하는 와중에, 오직 서양 음악만이 두 개의 음이 함께 소리를 낸다는 관점에서 화음을 사용했다. 중국의 음악가들은 악기를 소위 '황종'에 맞춰 조율했다. 황종은 다른 악기들이 동조해야 할 으뜸음이었지만, 일단 악기가 조율되면 황종에서 벗어나 다른 화음적인 반주 없이 하나의 선율로만 연주했다. 서양은 독특하게도 실제 음악이라는 구조 속에 화음을 끌어들였고, 나란히 동시적으로 나오는 이 목소리들을 대위법 또는 폴리포니라고 불렀다. 어떤 면에서 서양식 대위법은 실은 12세기 파리에서나 온전히 등장했음에도, 우리는 태초의 시간에 음악이 대위법의 모습으로 시작됐을 것이라 상상했다. 실제로 석기시대의 춤곡과 훨씬 후의 그리스의 디티람보스, 그리고 피그미족의 폴리포니 속에 목소리와 팔다리가 서로 얽혀 들어가는 대위법이 존재했다. 따라서 서양의 음악이 심적으로는 극히 옛날의 것이 될 수도 있지만, 서양식 대위법은 목소리 간의 화성음정, 즉 완전 1도와 3도, 5도와 6도의 협화음정을 통제했다는 점에서 가차 없이 근대적이다. 이 협화음정은 가장 완벽한 음향적 비율이었고, 서양 음악이론가들은 이들의 음악이 정말로 수학적으로 가장 자연스럽다고 주장할 수 있었다. 세이건이 1+1=2를 산술적 진실이라고 생각하지 않는 외계문명을 상상할 수 없다고 이야기했듯, 외계인들은 분명 바흐의 대위법이 지닌 자연스러운 특성을 이해할 수 있을 것이다.

물론 모든 체계의 성공에 내재되어 있던 것은 순전한 '벌거벗은 권력naked power(러셀이 제시한 용어로, 전통이나 동의에 바탕을 두지 않은 권력—옮긴이)'이다. 서양 화음의 경우 로마제국의 근육에서 시작해 온음계를 전파했으며, 유대인의 시편을 바탕으로 한 성가체계 덕에 지중해 연안까지 휩쓸었다. 그리고 카롤링거 교회 밑에서 확고해졌다. 여기에 기독교인이 얼마나 별 노력 없이 플라톤의 우주의 조화를 하느님의 사랑을 표현하는 도구로 바꿔놓았는지가 더해진다(앞서 인용한《대화》에서의 히스도수스의 설명을 참고하자). 성공은 세 가지 킬러 애플리케이션인 분리된 음높이, 기보법, 대위법 자체다. 가장 중요한 것은 음악 기보법이 제국 전체에 획일성 혹은 정치적 의미의 조화를 강요했다는 점이다.

서양 화음 속에서 자란 우리는 숫자의 추상적 영역이 음악의 본성에 유일하게 접근할 수 있는 형태라는 생각이 편안하게 느껴질 수 있다. 고대 중국의 증후을 편종은 더 지저분한 것이 아닌 더 풍부한 소리의 본성을 우리에게 소개시켜준다. 실제로 음향의 세계는 서양 과학자나 그 시대 기능공들이 접근할 수 있는 수준보다 훨씬 더 복잡했다. 서양 음악은 현의 문화지만 중국의 음악은 종의 문화다. 중국 음악 대부분은 실제로 종이나 징, 편종 등을 위해 작곡되지 않았다. 그러나 이 악기들의 복합적인 부분음들은 중국의 관악기와 현악기가 색깔 혹은 음색에 얼마나 관심을 기울였는지를 단적으로 보여준다. 반대로 서양 음악은 음색적으로 빈곤하다. 마찬가지로 서양 이론가들은 현의 비율에 집착하면서 '피타고라스의 콤마'의 역설 같은 문제에 얽매이기도 했다. 피타고라스의 콤마에 따르면 완전 5도가 한 바퀴를 돌아 으뜸음으로 돌아갔을 때(C—G—D—A…그리고 다시 C로 돌아감) 음높이는 시작음과 미묘하게 달라진다. C는 C처럼 들리지 않는다. 그런 문제에 얽매여 있지 않던 중국은 서양보다 몇 세기 앞서 반음계와 등분평균율 조율 체계를 발견하게 됐다.

이슬람 장식음과 인도의 라사(맛), 아프리카의 복합박자에는 대안적인 본성들이 존재한다. 아프리카 폴리포니의 동시적인 리듬 패턴은 활동하는 인간 신체의 복잡성을 훨씬 더 '자연스럽게' 나타낸다. 우리의 팔다리, 몸통, 머리는 우리가 걷거나 뛰고 춤출 때 독립적인 주기에 맞춰 움직인다. 서양 음악이나 음악이론에서는 그 무엇도 수월하게 느껴지는 행동들의 복잡성을 담아내는 데 가까이 접근하지 못했다. 부분적으로 이것은 서양 기독교가 인간의 몸과 섹스에 대해 지닌 가장 부정적인 태도를 반영하기도 한다. 또한 서양 화음이 리듬에 무관심하다는 징후이기도 하다.

이러한 관점에서 서양의 대위법에서 불필요한 부분을 제거하고 극히 일부만 이해하게 만든 음높이 좌표는 냉정할 정도로 부자연스럽게 보인다.

교훈 6. 본성의 살해

로베르토 볼라뇨Roberto Bolaño의 뛰어난 소설 《2666》에서 가장 중요한 편인 〈범죄에 관하여〉는 멕시코와 미국의 국경도시 후아레스를 소설화한 도시 산타 테레사에서 수백 명의 여성이 살해되는 연쇄살인사건을 담고 있다.[25] 공포는 극적으로 펼쳐지고 끊임없이 반복되며 정신을 혼미하게 만든다. 식민주의하에서 벌어진 서양 범죄에 관해 읽을 때도 같은 느낌이 든다. 식민주의와 노예제도, 세계화에 의한 음악적 사상자는 '원시적'으로 치부된 현지 전통이었다. 어떻게 이런 일이 생겨났을까?

코르테스가 고작 몇 명의 모험가와 함께 어떻게 한 문명을 굴복시켰는지에 대한 질문에 재레드 다이아몬드는 총, 균, 쇠를 통해 성취했다고 제안했다.[26] 그러나 다이아몬드의 유물론적 주장은 그 총, 균, 쇠가 오직 한 가지 사상의 틀 안에서만 효율적이었다는 점에서 비판받았다. 그 사상이란 진보에 대한 서양의 개념으로, 아스테카의 순환적 역사모델과는 대조적으로 시간을 직선으로 보는 것이었다. 이 사상은 스페인인들이 아즈텍 문화에 대해 우월함을 느끼도록 만들었고, 유럽의 대위법을 통해 아즈텍 가수들을 '개화'시키는 데 아무런 양심의 가책도 느끼지 않게 했다.

고대 세계에서 '원시'란 지리적인 의미로, 문명의 장벽 바깥에 있는 관습과 관련 있었다. 이는 플리니우스가 아프리카 또는 인도에 있는 '개머리' 종족(키노케팔로스)을 설명할 때 깔려 있던 태도다. 그 후 2천 년이 흐르는 동안 서양의 '타자' 개념은 지리와 시간을 융합했고, 따라서 이문화異文化는 역사적으로 후퇴한 것이라고 이해하게 됐다. 또한 서양의 가치가 최고점에 있는 진화의 사다리를 이루는 계단 가운데 하나라고 보았다. 원시음악은 동물과 어린아이 또는 고대 인류의 음악이었다.

발견의 시대가 월드뮤직의 신선한 풍경을 활짝 열었을 때 서양의 위대한 사상가들이 이 방식을 어떻게 정당화했는지 보는 것은 흥미롭다.[27] 1773년 쿡 선장이 타히티로 탐험을 떠나서 원주민들이 대위법으로 노래하고 연주하는 모습을 발견했을 때, 이는 폴리네시아 폴리포니는 서양의 특권이라는 신성한 소를 학살하는 사건, 즉 대위법이 유럽에만 한정되어 있다는 가정을 무참히 깨버리는 사건이 되었다.

지구상 모든 사람이 음악과 멜로디를 가졌지만 오직 유럽인만이 협화하는 화음을 가졌다. 세계가 그토록 오랜 세월 동안 존속되었고 순수예술을 양성해온 모든 국가 중에서 그 누구도 이 화음을 몰랐다는 사실을 곰곰 생각해보자. 그 어떤 동물도, 그 어떤 새도, 자연의 그 어떤 존재도 조화를 이루는 화음을 만들어내지 못했고 멜로디를 가진 음악도 가지지 못했다.[28]

폴리네시아의 음악을 유럽에서 전사傳寫하고 전파하자 벌집을 쑤신 꼴이 됐다. 하노버 재무장관이었던 프레드리히 아르놀트 클로켄브링Friedrich Arnold Klockenbring은 이 불편한 진실을 이해하려고 애쓰면서, 계몽정신의 톱니바퀴가 요란한 소리를 내며 그만 망가져버렸음을 보여주는 글을 썼다.[29] 우선 클로켄브링은 타이티에서 온 뉴스가 사실이라면 얼마나 경이로운 일인지를 고심했다. 다시 말해서 정말로 음악이, '아직 예술의 손아귀에 잡혀본 적 없이' '자연의 손길에서 직접 나온' 음악이 대위법과 서양의 온음계를 사용한다는 것이 정말로 사실인 경우를 의미하는 것이었다. 사실이라면 서양 음악의 기반이 마찬가지로 '자연스러운' 것임을 증명하기 때문이었다. 그러나 이런 가정은 그저 시늉일 뿐, 클로켄브링은 코웃음을 치며 그 가능성을 일축했다. "우리 음악이 이해할 수 없고, 다루기 어려우며, 그들에게 아무런 영향도 미치지 않는 것과 마찬가지로, 그들의 음악도 우리에게 그렇다." 또한 그 정도 미숙한 단계의 문명에 사는 사람들이 유럽과 비슷한 음악을 가졌다는 것은 불가능할 뿐이라고 주장했다. 그러므로 폴리네시아 음악을 전사한 게오르크 포르스터Georg Forster가 실수를 저질렀음이 분명하며, 비슷하게 영국 선원들이 이 음악 때문에 울어버렸다고 믿은 것도 오해라고 주장했다! 클로켄브링은 영국인들이 폴리네시아 섬사람들을 즐겁게 해주려고 연주한 스코틀랜드 백파이프의 거친 소리로 인해 원주민들이 원시적인 선잠에서 깨어나 진보의 사다리를 타고 빠르게 올라오길 바란다는 희망사항으로 글을 마무리지었다.

이는 식민지 정신이 작동하는 전형을 보여주는 완벽한 사례다.

우선, 사실을 독단적으로 부정한다. 그다음에는 희망사항이 등장한다. 우리 백파이프의 빵빵 소리가 그 사실을 완전히 뭉개버리리라는, 웃기거나 사악한 희망사항이다. 공교롭게도 토착 폴리포니는 오세아니아에서 계속 발전했고, 역설적이게도 그로 인해 서양의 클래식이 식민화시키는 길은 더욱 매끄러워졌다. 고故 조지 토포우 V세 통가 국왕은 왕립 마오파 합창단이 통가어로 부른 헨델의 대관식 찬가 「제사장 사독Zadok the Priest」에 맞춰 왕위에 올랐다.[30]

오직 서양만이 특별하게 세계사를 만들어낸 것이 아님을 유념해야 한다. 중국 역시 스스로를 세계의 중심이자 문명의 정점으로 보았다. 청 왕조가 17세기와 18세기에 포르투갈의 예수회 음악가들에게 문호를 열었을 때 그 목표는 유럽의 지식을 중국의 이야기에 흡수해버리는 것이었다. 즉, 서양 음악이 중국의 사다리를 이루는 계단임을 보여주려 했던 것이다. 1700년도 음악협약인 《율여찬요律呂纂要》는 예수회 선교사 토머스 페레이라의 《음악의 요소Elements of Music》를 번역한 것으로, 이 문화 간 조우를 다룬 희귀 문서다. 이 문서는 중국과 서양이라는 양측이 어떻게 상대의 열등함을 증명하려 했는지를 생생하게 보여준다.[31]

차이점이 있다면 서양과 음악적 본성 간의 관계는 자본주의와의 관계를 반영하면서, 적대적이고 착취적이라는 것이다. 일본의 작곡가 타케미츠의 '사와리'라는 관념이 대표하는 동양철학은 언제나 자연과의 조화를 추구했다. 서양이 음악을 자연스러운 소리로부터 분리해낸 것은 탈선이자 역사적으로 일시적인 문제다.

교훈 7. 유기적인 자연

자연에서 분리된 서양은 놀라운 마술을 부려서 자연을 음악 안에 몰래 들여왔다. 음악은 살아 있는 유기체가 됐다. 음악작품이 모든 생명을 모방한다는 개념인 유기적 은유(4장)는 서양 클래식이 화려하게 꽃필 수 있게 했다. 그런데 어떤 논리의 왜곡이 이 은유를 만들어 냈을까? 바로 철학적 표리부동이다. 계몽주의는 앞에서는 꼬리치고 뒤에서는 발꿈치를 무는 개와 같다.

유럽이 이성의 시대를 나머지 세계에 강요하던 때와 같은 시기에, 루소는 '고귀한 야만인'을 강력히 옹호했다. 루소는 서양이 진보하던 방향을 틀어버렸다. 서양에서는 예로부터 자연은 위협적이고 비열한 존재이며 인간은 점차 그로부터 해방되어야 한다고 믿어왔다. 그러나 루소는 문제가 되는 것은 문명이라는 충격적인 의견을 내놓았다. "인간은 자유롭게 태어났으나 어디에서나 사슬에 묶여 있다." 루소의 《사회계약론The Social Contract》을 여는 문장은 이렇게 울부짖었다.32

우리는 루소가 '고귀한 야만인'의 원초적 순수성으로 여겨지는 상태를 음악과 연관 지었다는 점에 정말로 고마워해야 한다.33 음악은 아무 의미도 없는 것처럼 보였기 때문에 보통은 지성인들에게 무시당해왔다. 그러나 루소는 언어가 인위적 관습이라는 오명을 쓰고 나타나기 이전에, 인간들이 몹시 표현력 높고 실질적으로 음악적인 커뮤니케이션의 형태로 말을 했다고 보았다. 음악은 자연이었고, 자연으로 돌아간다는 것은 더 자연스러운 음악을 회복한다는 의미였다. 즉, 대위법이 없는 그런 음악 말이다.

루소는 원시언어에 대한 현대의 이론들을 인정했어야 했다. 그리고 실제로 그는 18세기 초 에티엔 콩디야크Étienne Condillac와 잠바티스타 비코Giambattista Vico 같은 고언어학의 선구자들에게서 많은 영향을 받았다.[34] 그럼에도 원초적 순수에 대한 루소의 동화에 오늘날 우리는 미소 짓게 된다. 이제 선사시대로 더 멀리 돌아갈수록 더 많은 복잡성과 추상성을 발견할 수 있음을 알기 때문이다. 루소는 음악 미학에 두 가지 지울 수 없는 흔적을 남겼다. 우선 우리는 루소식 주장이 어느 시대에서든 음악이 진정성이 없거나 지나치게 복잡하다고 비난한다는 것을 깨닫는다. 바흐의 동시대 사람들은 그의 푸가가 절망적일 정도로 고루하다고 했고, 요제프 황제는 모차르트가 '너무 많은 음'을 쓴다고 불평했다. 니체는 바그너를, 음악의 주류파는 쇤베르크를 공격했고 대중가요는 '돈에 팔린다'고 정기적으로 비난을 받는다. 또 하나 남아 있는 사고는 음악이 앞으로 나아감으로써 자연으로 돌아갈 수 있다는 것이다. 음악이 어디서 무엇이든 잘못된 것을 고칠 수 있다는 유토피아적 미래를 열망함으로써 말이다. 말하자면, 서양 음악은 언제나 미래로 가기 위해 뒷걸음질 치고 과거를 향해 앞으로 나아간다는 것이다.

이 모든 일에서 인간의 음악이 자연과 아무것도 닮지 않았다는 문제점은 쉽게 눈에 띈다. 우리는 어떻게 새의 노래가 인간의 음악과 비슷한 원칙에 따라 구성됐는지 이해할 수 있지만, 표면상으론 전혀 그렇게 들리지 않는다. 다시 말하자면, 다음과 같은 질문을 품게 된다. 우리가 음악을 '자연스럽다'라고 부를 때는 정확히 무슨 의

미인가? 이 질문에 가장 잘 대답한 사람은 바로 아리스토텔레스 이후 가장 위대한 서양 철학자 임마누엘 칸트다.

다시 한 번, 칸트와 함께 우리는 계몽주의가 앞에서는 꼬리를 흔들고 뒤에서는 뒤꿈치를 무는 개와 같음을 볼 수 있다. 처음에 자연에 대한 칸트의 태도에는 별다른 기대가 없었다. "동물에 관한 한 우리에게는 의무가 없다. 동물들은 자의식이 없고 그저 목적에 기여하기 위해 그곳에 있다. 그 목적이란 사람이다."[35] 킹슬리 에미스 Kingsley Amis가 고래에 관해 빈정거렸던 것처럼 동물들은 '쓰이기 위해' 존재했다.[36] 그러나 칸트는 《판단력 비판Critique of Judgement》에서 더 깊숙이 파고 들어가 자연이 예술에 원칙을 부여할 수 있는 세 가지 방식을 발견했다.[37]

예술은 자연의 무궁무진한 창의성을 공유한다. 우리는 이를 천재성이라고 부른다. 예술은 자연의 형태적 완벽성을 반영한다. 우리는 이를 아름다움이라고 부른다. 그리고 예술은 폭풍우와 급류, 화산이나 큰 파도가 휘몰아치는 바다 같은 자연만큼 거칠 수도 있다. 이것이 예술의 숭고함이며 베토벤의 교향곡 제5번이 내놓는 에너지다. 칸트는 실제로 이 원칙들을 음악에 직접 적용하지는 않았다. 음치였기 때문이다. 그러나 이 원칙들은 쉴러, 노발리스, 호프만, 헤겔, 쇼펜하우어, 한슬리크, 아도르노 같은 칸트 이후의 철학자들을 통해 음악미학에까지 확장됐다.

음악의 본성은 19세기에 최절정에 달했는데, 이 시기 철학자들과 음악을 듣는 이들은 음악을 단순히 '살아 있는' 것이 아니라 일종의 '개인'으로 듣는 법을 배웠다. 음악작품의 형식적 완벽성을 유기체의 완벽성과 유사하다고 생각한 결과였다. '유기적 통일성'이라는 개념은 음악적 구조의 단위들이 생물의 장기처럼 매우 중대하게 서로 연결되어 있다는 것으로, 서양 음악에서 중심적 은유다. 세계 나머지 지역의 음악에서는 대체로 결여되어 있는 개념이기도 하다.

이 유기적 은유가 잘못됐다고 불평하는 것은 베토벤의 황제 교향곡이 사실은 나폴레옹이 아니라고 불평하는 것처럼 요점에서 벗어난다. 칸트의 미학이 제시하는 중심적 교리는 예술의 "마치As if"라는 특성이기 때문이다. 우리는 예술이 실은 전혀 그렇지 않음을 잘 알면서도 '마치' 자연스러운 것처럼 감상한다. 은유와 현실 간 격차로부터 인간 상상력이 만들어내는 풍요로운 세상이 탄생한다. 여기에는 아무 생각 없이 소리를 듣는 것과 이해하면서 음악에 귀를 기울이는 것 간의 차이점도 포함된다. 그렇게 칸트는 케이크를 먹어치우면서도 그대로 간직할 수 있었다. 말하자면 그는 '케이키즘 cakeism(현실적 능력을 넘어 뭔가를 이루기를 바라는 구호—옮긴이)'의 철학자였던 것이다. 예술은 자연스러울 수 있고, 인간은 그 존엄성과 자유를 지킬 수 있다. 4장에서 본 음악적 움직임과 정서가 은유적이라는 이론은 이런 면에서 칸트적이거나 케이키즘적이다. 여기서 우리는 서양 음악이 자연에서 분명 전적으로 분리되었음에도, 자연을 이상화함으로써 어떻게 자연을 재흡수하는지 알 수 있다.

유기적 은유는 서양 음악의 절정을 이루었다.[38] 유기적 은유는 작품의 개념이 탄생하면서 함께 생겨났고, 음악이 노동에 수반되는 부품이 아니라 존재 그 자체라고 생각할 수 있는 자유였다. 그렇기는 하나, 음악사의 나선적 관점에 따르면 이 두 단계도 우리의 여정

초반에 등장한 비교적 추상적인 단계를 재현한 것이다. 예를 들어, 귀도가 11세기에 기보법을 발명했다거나 뼈 피리로부터 디지털 음표가 함께 생겨났다거나 하는 것 말이다. 나선의 각 곡선은 호모 심볼리쿠스나 호모 무지쿠스의 상징적인 정신이 한층 더 개선됐음을 나타낸다. 정신의 나선형 역사는 19세기 초 위대한 철학 체계의 형태로도 널리 퍼졌다. 헤겔은 《정신현상학》에 짐승의 감각부터 시작해 인간의 자의식에 이르기까지 진화의 모든 과정을 기록했다.[39] 사실 헤겔은 어쩐지 미심쩍게도 자기 자신의 의식이 이 이야기의 절정이라고 보았다. 더 겸손하게, 21세기 초를 살아가는 우리는 음악적 영겁의 시간을 넘어 과거를 되돌아보고 이해할 수 있는 능력을 인간이라는 존재의 고유한 특성으로 간주할 수 있다.

교훈 8. 자연의 관전

인간이라는 존재는 뒤를 돌아볼 수 있을 뿐 아니라, 옆으로 시선을 돌려 바다를 건너 어딘가에서 벌어지고 있는 음악적 본성의 사례를 볼 수 있다. 루소가 고귀한 야만인을 가정하고 쿡 선장이 타히티를 방문한 이후로 우리는 월드뮤직에 대해 한없이 많이 알게 됐다. 이 음악의 대부분은 '참여적'이라는 관점에서 서양보다 더 '자연스럽게' 보인다(3장). 특히 음악의 장소가 관광 명소라면 더욱 그렇다. 인도네시아의 섬이자 역사의 섬 발리는 음악적 본성을 선보이는 극적인 사례를 제공하며 마녀가 마을 전체에 주술을 부리는 기이한 사례도 보여준다.

인류학자 빅터 터너는 사회적 유대를 '코뮤니타스communitas'라고 칭하면서,[40] "어떤 형식적인 사회 계약을 넘어서 사람들을 하나로 결속시키는 유대"라고 보았다. 이 사회적 유대에 대한 완벽한 설명을 찾는다면 발리의 반자르banjar를 빼놓을 수 없다. 반자르란 마을공동체를 의미하는데, 서기 800년부터 발리섬에는 수천 개의 반자르가 뿔뿔이 흩어져 있었다. 각 반자르는 단순히 일상을 관장할 뿐 아니라 징과 북을 연주하는 인도네시아 오케스트라인 가믈란을 운영했다.[41] 약 서른 명의 주민으로 구성된 가믈란은 마을회관에서 연습한다. 팀 스포츠인 축구처럼 기술적으로 철저하고 경쟁적이며 공동체적이다. 가믈란은 스포츠와 마찬가지로 비엘리트 계층이 행하는 예술형식에도 높은 기준을 적용하는 것이 가능함을 우리에게 보여준다. 가믈란은 음악적으로 생명을 얻은 마을 공동체이기도 하다. 연주자들은 문자로 표현된 악보가 아니라, 마을 길거리에서 서로 일상적인 교류를 할 때와 마찬가지로 집단기억과 무리적 본능에 의존한다. 그러나 가믈란은 팀 스포츠보다 훨씬 위대한 존재로, 하나의 종교와 같다. 차곡차곡 채워진 리듬 주기는 발리의 사회적 구조와 우주의 맞물린 시간표 모두를 규정한다. 실제로 음악은 두 세계 사이의 가교가 된다. 가믈란 연주는 빛과 어둠의 우주적 힘을 재조정한다. 가장 눈에 띄는 예는 랑다Rangda 의식이다.

관광객들은 랑다 의식(바롱 댄스)을 놓쳐서 보지 못할까 봐 걱정할 필요가 없다. 서양인들에게 진정으로 강력한 음악이 무엇인지, 서양인들이 무엇을 잃어버렸는지 일깨워주려는 듯 발리의 여러 지역에서 매 시간 정각에 행해지니 말이다. 이 의식은 사악한 마녀 랑다와 선한 짐승 바롱 간의 전투를 나타낸다.[42] 공연이 시작되면 20명의 남성 무용수들은 여성 합창단이 부르는 노래에 의해 황홀경에 빠지고, 가믈란 오케스트라의 광기 어린 타악 연주에 맞춰 분노가 솟아 랑다를 공격한다. 하지만 랑다의 저주를 받고 단검으로 스스로를 찌른다(사진 12-2). 관광객들은 무용수들이 칼을 자기 살갗에 대고 거의 피가 날 것 같은, 그러나 피가 나지는 않는 정도까지 찔러 넣는 모습을 지켜보며 경악한다. 이들은 엉터리로 관객들을 속이는 걸까? 분명 그렇지 않다. 다음은 이 의식에 참여한 이가 남긴 진정성 있는 한마디다. "내 경우 누군가가 내게 칼로 찌르라고 명령하고 있는 것 같았다. 그 상태가 됐을 때 만약 내가 단검을 쥐고 있지 않았더라면 분

사진 12-2. 스스로를 찌르고 있는 무용수들

명 죽었을 것이다(단검으로 찌르는 해소의 과정이 없었다면 죽었을 것이라는 의미—옮긴이). 내 분노는 너무나 강렬했으니까."[43] 절정에 이르렀을 때 무용수들은 쓰러지고, 의식이 없는 상태에서 회복을 위해 안쪽 마당으로 옮겨진다. 회복에는 몇 시간 정도 걸릴 수 있다.

랑다 의식은 발리에서 돈벌이 수단이지만, 섬사람들은 이 종교적 의미를 완전히 진지하게 받아들인다. 이들은 우주적 치유가 의식으로부터 흘러나와 자기네 공동체 사이로 퍼져나간다고 느낀다. 그러나 서양인들은 음악이 그런 강하고 본능적인 효과를 가질 수 있음을 거의 믿지 않는다. 서양 음악에는 집단최면과 비슷한 강렬한 정서에 견줄 수 있는 것이 전혀 없다. 2001년 반자르 와니에서 랑다 의식을 행하는 동안, 온 마을이 트랜스 상태에 빠졌다. 이를 두고 인도네시아인들은 마녀 랑다가 자신의 의식을 상업화한 사람들에게 벌을 주려고 사악한 마법으로 마을을 감염시켰다고 했다.[44] 결과적으로 현지 정부는 반자르 와니에서 미래의 모든 랑다 공연을 금지했다.

부러움을 가지고 발리의 강렬한 음악을 얼빠진 듯 바라보는 우리는 모두 문화 관광객이다. 영국으로 수입된 가믈란은 가장 인기 있는 음악-교육의 도구다. 예를 들어, 런던의 사우스 뱅크 센터가 운영하는 가믈란 학교 프로그램은 어린이들에게 협동과 팀 빌딩을 가르쳐주기 위해 가믈란을 활용한다.[45] 그러나 발리의 흙에서 뿌리째 뽑혀 나온 가믈란이 더 심오한 뭔가를, 오랜 종교의 일부를 전달할 수 있을까? 아니면 배달음식점의 중국 음식이나 인도 음식처럼 동일한 메뉴판에 한꺼번에 올라간 월드뮤직이 되는가? 아마도 우리는 시간을 거슬러 돌아갈 수 없을뿐더러, 옮겨오거나 자기식으로 바꾸는 과정에서 음악의 본질을 간직한 채로는 옆으로 움직일 수조차 없을 것이다.

따라서 뒤나 옆을 제외하고 고려할 수 있는 마지막 움직임은 우리의 현 상황과 타협해 앞으로 움직이는 것이다. 우리는 지금 우리가 서 있는 위치 그 자체고, 세상사가 다 그런 법이다. 21세기 초 서양의 음악적 인간은 분열된 자아다. 한쪽은 일상에서 사운드트랙을 좇고, 다른 한쪽은 작품, 악보, 녹음, 가끔은 공연과 연주회 등 음악의 상상 속 풍경이라는 가상현실 속에서 인생을 찾는다. 게다가 우리가 일상에서 음악을 사용하는 모든 방식을 살펴볼 때(3장) 그 무엇도 크게 변하지 않았다고 주장할 수 있다. 사과는 자신의 뿌리에서 그다지 멀지 않은 곳에 떨어졌고, 우리는 에덴에 남아 있다. 새들처럼 우리는 우리의 영역을 확보하고 우리가 누구인지 정의하고 짝을 유혹하며 우리의 어린 자식들을 위로하고 가르치며, 가끔은 전쟁 무기로서 적을 저지하기 위해 음악을 활용한다. 우리는 계속 음악을 완벽히 자연스럽게 사용한다. 주요한 차이는 새나 고래와 달리, 우리는 보통 이 음악을 직접 만들어내지 않고 녹음을 통해 간접적으로 빌린다는 것이다. 우리의 음악은 앞서 규정했듯 '참여적'이지 않다. 음악이 언어와 비대칭을 이룬다는 점을 고려해보는 것은 유익하다. 누군가가 여러분에게 말을 걸 때 여러분은 되받아 말을 할 수 있다. 그 관계는 대칭적이다. 그러나 누군가가 여러분에게 플루트를 연주할 때, 여러분도 마침 악기를 연주하고 있지 않는 한 음악으로 답을 할 수는 없다. 새는 새에게, 고래는 고래에게, 타고난 방식 그대로 노래할 수 있다. 그 옛날 호미닌도 그랬을 것이라 상상한다. 그러나 우리는 그럴 수 없다.

교훈 9. 시간의 본성

음악의 재현이 실제로 시간을 되돌릴 수 없다면, 정신적 시간여행이라는 환상을 제공해준다. 가장 정서적인 예술인 음악은 시간과 가장 맞닿아 있는 예술이기도 하다. 음악을 듣는다는 것은 기억과 순간, 기대 사이를, 그리고 과거와 현재, 미래 사이를 넘나든다는 의미다. 어떤 의미에서는 음악의 역사를 되돌아보는 일은 음악을 듣는 경험에서 시작되며, 이는 그림이나 문학의 역사에 관해 이야기하는 것 이상의 경험이다. 그러나 음악적 시간은 차치하고, 시간의 본성은 일반적으로 그 누구도 감히 해결할 수 없는 문제다. 음악적 시간에서 차곡차곡 쌓여 있는 시간의 단계를 모두 살펴보자.

맨 위에는 분과 초라는 실제 시간이 있다. 즉, 한 작품을 연주하는 데 얼마나 걸리느냐다. 그 아래로, 음악이 규정하는 이야기나 인생의 압축된 시간이 있다.《데이비드 코퍼필드David Copperfield》같은 소설은 한 주인공의 일생을 그 책을 읽는 데에 걸리는 시간 안에 집어넣는다. 그러나 소설과 달리 교향곡은 단순히 인생을 설명하는 것뿐 아니라 그 자체로 인생이라는 환상을 만들어낸다. 그다음으로는 음악의 역사적 시간이 있다. 음악을 듣는 이들은 음악의 역사적 양식을 시간으로 기록하는 데 매우 능하다(그 음악은 현대주의인가, 낭만주의인가? 고전주의나 바로크, 아니면 그보다 더 오래되었는가). 이 기술은 경험과 함께 성장한다. 또한 음악은 역사를 속이기도 한다. 1808년 베토벤 교향곡 제5번의 무뚝뚝한 도입부는 너무나 새롭게 들려서 관객들은 작곡가가 비웃는다고 생각했다. 마지막으로, 음악의 정서적 몸짓은 원시적으로 들린다. 이는 뇌의 더 오래된 부위인 뇌간과 편도체에 말을 건다. 음악의 논리적 패턴이 훨씬 더 어린 신피질을 통해 처리되는 것과 같다.

이는 우리가 동시적으로 발생하는 복합적인 시간 척도를 통해, 여러 겹 겹쳐진 유리를 통해 조사하듯 음악을 듣는다는 의미다. 베토벤 교향곡 제5번의 도입부는 10초가 걸린다. 이는 이야기의 시작이다. 틀에 박힌 관습을 깨뜨리기 때문에 새롭게 들리는 동시에 1808년이라는 해를 떠올리게 한다. 그리고 그 충격은 원시적이고 심지어 짐승처럼 들리기도 한다.

음악에 푹 잠겨서 우리는 시간의 바다를 헤엄친다. 나는 독자들을 취하게 만들었던 프루스트Proust의 《잃어버린 시간을 찾아서The Remembrance of Things Past》의 결론을 떠올린다. 주인공 마르셀은 "세월 속에 잠긴 거인들처럼, 그들의 인생이라는 동떨어진 시대에 동시에 접촉하면서, 그들의 자리를 차지해버린 그토록 많은 나날 사이, 그 시간 속에서"[46] 인물들을 이야기한다. 음악 속에서 우리는 교회의 첨탑만큼 긴 다리로 휘청거리며 걷는다.

음악적 시간여행은 분명 서양의 전유물은 아니다. 발리의 가믈란, 아프리카의 폴리리듬, 나바호의 노래 역시 시간의 주기를 켜켜이 쌓는다. 인도의 드루파드는 세계의 진화를 압축적으로 담았으면서도 실시간으로 부르는 노래다. 명쾌한 드루파드가 알랍의 운율 없는 즉흥연주에서 시작되고, 그 멜로디가 음악 공간의 2옥타브 또는 3옥타브를 채우기 위한 중간 음역의 으뜸음인 사$_{sa}$로부터 나선형으로 뻗어나갈 때, 음악은 본질로부터 궁극적으로는 신성한 음절인 옴으로부터 서서히 부상하며 펼쳐진다.

그럼에도 서양의 음악적 시간여행은 과거에 대해 이상할 정도로 자의식을 가진다. 상실 혹은 본성의 상실로 인해 과거를 빼앗긴 것 같다. 우리는 레퍼토리를 통해 놀라울 정도로 다채롭게 전개되는 역사적 양식이 여전히 살아 있음을 듣는다. 리디아 고어$_{Lydia Goehr}$가 "음악작품으로 채운 상상의 박물관"이라고 쓴 서양 클래식의 비문碑文은 핵심을 찌른다.[47] 그렇다면 어떻게 음악적 시간은 일상생활의 시간과 다른가?

어떤 면에서 두 가지가 매우 유사하다. 4세기 성 아우구스티누스 이후 철학자들은 음악적 시간이 일반적으로 시간 의식을 들여다보는 창임을 주목했다. 우리는 순간에, 영원히 움직이는 '현재'의 안장에 올라타서 음악을 듣는다. 그러면 과거는 추억이 되기 위해 휙 소리를 내며 지나가고, 현재는 저 모퉁이를 돌면 무엇이 나타날지 기대한다. 음악의 현재형은 정말로 추억과 기대의 묶음이며 절대로 온전히 '현재'가 될 수 없다. 당황스러운 점은 우리가 곡을 단절된 '지금'의 연속이 아닌, 단일한 존재로 듣는 이유다. 시간을 고정하려 애쓰느라 성 아우구스티누스는 힘겨운 시간을 보냈다.

더 이상 가장 작은 순간의 분사로 쪼갤 수 없는 그 찰나의 시간을 이해할 수 있다면, 그것 자체로도 아마 현재라고 부를 수 있을 것이다. 현재는 미래에서 과거로 빠르게 도망가지만, 가장 짧게라도 머물도록 연장할 수는 없다. 그렇기 때문에 시간은 과거와 미래로 나뉜다. 현재에겐 자리가 없다.[48]

'현재에겐 자리가 없다'면 이는 분명 시간이 모두 정신에 있기 때문이라고 성 아우구스티누스는 결론 내렸다. "시간을 측정하는 내 정신 속에 있다." 정신은 음악을 단일한 것으로 듣는 것과 비슷한 이유로 스스로를 일관되게 유지한다(칸트는 "직관을 통합하다"라고 표현했을 수도 있다). 음악을 듣는 건 우리가 시간을 가장 잘 의식하고 있는 순간이며, 우리가 스스로 살아 있음을 깨달을 때다. 나는 듣는다. 고로 존재한다.

따라서 우리의 정신이 뺀질거리는 '현재'에 갇혀 있다면, 우리는 실시간에 관해, 과거에서 미래로 흘러가는 그 흐름에 관해 언젠가는 무엇이든 알 수 있을까? 카를로 로벨리Carlo Rovelli에 따르면, 실시간의 모델은 열의 흐름이다.

과거와 미래 간의 차이는 오직 열이 있을 때만 존재한다. 미래를 과거로부터 구분 지어주는 근본적인 현상은 열이 더 뜨거운 물체에서 더 차가운 물체로 전해진다는 사실이다.[49]

소리 역시 과거에서 미래로 쇠한다. 음향의 엔트로피는 열역학 제2법칙을 따르기 때문이다. 빅뱅의 희미한 사후 메아리는 우리에게 음악의 실시간과 시간의 화살을 안겨준다. 비슷한 화살이 음악가가 음표를 칠 때마다 발사되며, 쨍그랑 하는 소리가 침묵 속에 파문을 일으킨다. 이것이 진정한 시간의 강물이며, 음악적 인간이 배를 저으며 거슬러 올라가는 곳이다. 《위대한 개츠비The Great Gatsby》의 말로 채 표현할 수 없는 마지막 문장처럼. "그렇게 우리는 조류를 거스르는 배처럼, 끊임없이 과거로 되밀리면서도 계속 앞으로 나아간다."[50]

교훈 10. 음악적 인간의 죽음

마지막 한 겹을 벗겨내고 열 번째 베일이 떨어졌을 때, 음악의 본성은 인간에 대한 어느 위대한 철학자의 정의를 변형한 것처럼 벌거벗은 모습을 드러냈다. 철학적 스트립쇼의 무대감독인 하이데거는 인간이 실존 문제를 제기하는 '현존재Being(독일어로 Dasein)'라고 폭로했다. 또는 수수께끼 같은 표현으로 "현존재가 그 현존재 자체를 쟁점으로 가지고 있는 존재"라고 말하기도 했다.[51] 무생물이나 동물과 달리 인간만이 시간을 둘러볼 수 있고, 스스로의 죽음이라는 개념을 알고 자신들의 이야기를 할 수 있다. 음악적 인간은 하나의 그런 이야기다.

잃어버리고 되찾고 정제하는 자연과 본성의 이야기 속에서, 언제나 그림자를 드리우는 어두운 주제는 음악의 죽음이다. 이 주제는 2장에서 음악적 생애주기를 끝낸 말년 양식의 종족적 표현인 우리의 순전한 역사적 뒤늦음에서 메아리친다. 우리는 역사적으로나 생물학적으로 터무니없을 정도로 중요해진 주석이긴 해도, 구석기시대에서 세월의 90퍼센트를 보낸 한 종의 끄트머리다. 또한 이 주제는 물질적 음파와 귀를 통한 감각인지라는, 우리를 물리적이고 한계가 있는 생명체로 못 박아버리는 특성이자 냉혹한 사실 속에서 메아리치기도 한다. 우리는 모든 것을 들을 수 없다. 그리고 결국은 귀가 먹게 된다. 음악적 음들은 쇠락하고 희미해진다. 음악은 우리 자신처럼 덧없고 실체가 없다. 우리는 먼지와 침묵으로 돌아간다. 그리고 음악은 자연의 진정한 음악가들과 비교해 사생아처럼 느껴지는 불안감 속에 울려 퍼진다. 음악적 인간을 진찰의자에 앉힌다면 프로이트 박사에게 이렇게 털어놓을 것이다. "새예요. 새가 있어요."

우리가 영원히 새와 유인원 사이의 진화적 틈새에서 묘기를 부려야 한다는 생각은 실험을 거치거나 그릇됨이 증명된 가설은 아니다. 그러나 우리가 역사적으로 새의 노래에 매료되어 왔다는 점은 잃어버린 음악적 본성에 대한 향수를 전형적으로 보여주며, 그 잃어버린 음악적 본성은 우리의 문화를 떠나지 않고 남아 있다. 로마의 시인 루크레티우스Lucretius는 기원전 1세기에 다음과 같은 글을 쓰며 분위기를 잡았다.

모든 나무 사이사이를 통해 매혹적인 소리를 듣네.
지저귀는 새들의 소리였다네. 그리고 그 목소리를 짜 맞추려 애썼네.
그리고 따라 하려고. 그러더니 새는 사람에게 알려주었다네.
그리고 예술이 시작되기 전까지 사람에게 노래를 가르쳤다네.[52]

수중청음기가 20세기 전에 존재했다면 루크레티우스는 고래에 관해 글을 썼을지도 모른다. 가끔 고래의 노래 중 일부가 전달되기도 했다. 네덜란드의 선원 아드리안 코에넨Adriaen Coenen은 1585년 흰돌고래가 끽끽대고 윙윙거리고 휘파람을 부는 소리를 듣고 다음과 같이 말했다. "돌고래들의 목소리는 인간의 한숨처럼 들린다. 폭풍이 닥쳐온다면 그들은 바다 수면에서 즐겁게 장난친다. 그리고 사람에게 잡혔을 때 애통해한다고 한다."[53] 호메로스의 세이렌 역시 새나 고래였을 가능성이 높다. 고래 연구가 로저 페인 역시 벗어나지 못한 마성의 소리다.[54]

그러나 슬픈 이야기는 아니다. 죽음의 주제는 뒤집어질 수 있고, 되돌려 재생할 수도, 반전이 될 수도 있기 때문이다. 칸트의 숭고함에 관한 이론은 우리가 스스로의 한계에 갇혀 있으며, 우리가 바다든 산이든 교향곡이든 간에 무한한 자연의 공격에 맞서서 우리의 능력을 시험해보려 하는 때에 결코 살아 있거나 통제할 수 있다고 느끼지 못함을 가르친다.[55] 그렇게 우리는 음악의 시간 바다에 빠지지 않으려 애쓰며 배를 몰아가는 율리시스의 모습을 다시 만나게 된다. 우리는 우리가 앉은 나뭇가지 혹은 돛을 잘라내지 않고 인간적 한계에 서투르게나마 손을 댈 수 있을까? 햄릿이 완곡하게 표현했던 죽음, 즉 그토록 바라던 절실한 완성은 음악적 포스트휴먼을 의미하는가? 또는 우리는 스토리싱잉을 하는 유인원인 음악적 인간을 떠나보내야 하는가? 천국과 깊고 푸른 바다 가운데를 흐르는 아드리아해의 한가운데서 돛대 위에 묶인 채, 머리카락은 바람에 날리고 파도의 포말이 잔뜩 묻어버린, 그리고 물의 음악과 하늘의 음악 사이에서 애석하게도 집중하지 못하는 그 유인원을 말이다.

교훈 11. 포스트휴먼을 위한 후주곡

세계사에 남은 최초의 작곡가이자 수메르의 공주 엔헤두안나는 우르의 지구라트 꼭대기에서 노래했다. 이제 월드뮤직의 지구라트는 한 세기에 한 계단씩 4천 년이 더 높아졌다. 가장 높은 곳에서 군림하는 것은 음악 알고리즘 그리고 노래하는 아바타 EMI와 하쿠네 미츠다. 우리는 기나긴 길을 올라왔다.

인간 멸망에 대한 두려움이 우리 시대의 무드음악이 되면서, 음악의 특별한 운명에 대해 걱정하는 일은 중요해 보인다. 그러나 음악이 시간의 예술이기 때문에, 그리고 시간을 늘리고 심지어 중단시키는 마법의 힘을 가졌기 때문에, 그 덧없는 본성, 즉 사라져버리는 사소함을 일깨워주는 것들은 특히나 통렬하게 느껴진다. 가끔 모차르트나 찰리 파커 또는 티야가라자를 듣다가 우리는 진정으로 이 음악이 오래도록 남을 것이라는 느낌을 갖기도 한다. 음악은 우리가 이런 식으로 느끼도록 최면을 건다. 원시 고고학자들이 기록한, 천년이 수백 번 쌓여 만들어진 시간의 바다는 지난 500년 또는 4,000년 동안의 서양 음악에 대해 그 작디작은 시간의 조각이 특별하기라도 하듯 애착을 가지는 우리를 비웃는다.

나는 음악이 왜 진정으로 중요한지를 묻는 난제에 대한 답이, 시간과 사랑 사이에서 음악이 만들어낸 특별하고 이상한 관계에 있다고 생각한다. 여러분이 운 좋게도 부모라면, 혹은 사랑에 빠졌다면, 여러분이 경험하는 시간은 달라졌을 것이다. 시간은 가만히 멈춰 있지 않고, 결코 멈출 수 없다. 그렇다고 흥분의 소용돌이 속에서 시간을 잃게 되는 것도 아니다. 그보다 시간은 짙어지고, 여러분은 현미경으로 비춰보듯 시간의 낱알 하나하나를 의식하게 된다. 여러분은 모든 순간을 소중히 간직하리라. 이 글을 읽으면서 슈만의 「어린이 정경」의 후주곡을 들어보자. 내가 앞서 언급했던 「시인이 말하다」라는 짧은 소곡이다. 여러분은 수심에 잠기고 애석해하는, 섬세하고 가냘픈 이 곡을 130초 동안의 시간에 안전하고 든든하게 팔을 둘러 절대 보내고 싶지 않을 것이다. 이 음악은 분명 죽음을 맞이하게 되리라. 우리의 모든 음악은 언젠가 죽으니까. 여러분은 시간이 귀중하기 때문에 더더욱 소중한 사람처럼 음악을 보살펴야 한다. 음악은 인간이기 때문에 보살펴야 한다.

♪ 감사의 글

이 책은 상당히 빨리, 분명 어떤 주제로 세계사를 다룰 때 최선의 방법을 사용해 집필했지만, 몇 십 년간 이름을 다 언급할 수도 없을 만큼 많은 친구와 동료, 학생과 대화를 나눴기에 가능한 작업이었다. 나를 위해 민족음악학적으로 여러 실험대상이 되어준 키스 하워드와 잘나가는 음악가이자 학자인 리처드 위스에게 특별히 감사의 말을 전하고 싶다. 내가 2019년 시험 삼아 책을 썼을 때 크리스티안 토로 교수는 내가 논의를 거꾸로 해버렸다고 부드럽게 지적해줌으로써 나를 구해주었다. 또한 리버풀 대학교와 우리 음악 대학의 지지가 없었더라면 이 책을 쓰지 못했을 것이다. 진정으로 감사드린다. 나는 대행인인 조녀선 그레고리에게 어마어마한 빚을 졌다. 그레고리는 내가 '컨버세이션' 웹사이트에 음치인 음악교수에 관해 썼던 글을 읽고 내게 연락을 주었다. 이 이야기는 여전히 나를 웃게 하는

데, 다음에서 찾아볼 수 있다(https://theconversation.com/confessions-of-a-tone-deaf-music-professor-58536).

어쨌든 조너선은 내가 한 장을 완성할 때마다 읽어보고 소중한 피드백을 주었다. 나는 편집자 마이클 피시위크가 내게 보내준 끝없는 신뢰와 놀라운 격려에 몹시 감사드린다. 블룸스버리 출판사 팀 로렌 위브로우, 릴리드 켄트릭, 캐서린 베스트, 케이트 쿼리, 제니스타 테이트-알렉산더, 애나 마사르디, 조너선 리치에게도 고마움을 전한다. 내 프로덕션 매니저인 로렌은 내가 스트레스와 걱정 없이 기적적인 경험을 하도록 도와주었다. 또한 무엇보다도, 나의 멋지고 인내심 많은 내 아내 캐런과 우리 딸들 에밀리와 키에라가 베풀어준 은혜에 커다란 포옹을 보낸다. 내가 이 책을 쓰던 2년 동안 가족들은 거실 내 안락의자 주변에 수백 권의 책이 쌓이는 모습을 보며 그저 어리벙벙해했다. 민족음악 연대기에서 현장에 직접 나가 손을 더럽히지 않고 그저 자리에 앉아 생각만 하는, 안락의자 인류학자만큼 무시무시한 존재는 없을 것이다. 자, 여기 제 안락의자를 가져가시죠.

♩ 주석

PART 1. 인생

01. 보이저호

1   보이저호와 골든 레코드로 책이나 기사를 시작하는 일은 밈 혹은 복제된 문
    화적 클리셰가 됐다. 그로부터 다음과 같은 연구들이 시작됐고, 아마도 더
    많은 연구가 존재할 것이다. Philip Ball, *The Music Instinct: How Music
    Works and Why We Can't Do Without It* (London: Vintage Books, 2011); two
    interlinked essays by Daniel K. L. Chua and Alexander Rehding, titled,
    respectively, 'Music Theory in Space' and 'Musicologists in Space', both
    in *IMS Musicological Brainfood* 1/1 (2017) pp. 3–7; David Trippett, 'The
    Voyager metaphor: 40 years on', *Sound Studies* 4/1 (2018), pp. 96–9.

2   http://www.collectspace.com/ubb/Forum9/HTML/001191.html

3   *The Philosophical Review* 83/4 (Oct. 1974), pp. 435–50.

4   See Ellington's standard on https://www.youtube.com/watch?v=qDQ
    pZT3GhDg; Beethoven wrote that in the manuscript of his *Missa Solemnis*;

Ali Khan, cited https://www.pinterest.co.uk/pin/432416001697466927/

5 Randall E. Stross, *The Wizard of Menlo Park: How Thomas Alva Edison Invented the Modern World* (New York: Crown Publishers, 2007).

6 Daniel Leech-Wilkinson, 'Portamento and Musical Meaning', *Journal of Musicological Research* 25 (2006), pp. 233–61.

7 José Bowen, 'Tempo, Duration, and Flexibility: Techniques in the Analysis of Performance', *Journal of Musicological Research* 16 (1996), pp. 111–56.

8 Robert D. Levin, 'Improvised embellishments in Mozart's keyboard music', *Early Music* 20/2 (May 1992), p. 221.

9 Giulio Cattin, *Music of the Middle Ages* (Cambridge: Cambridge University Press, 1984), p. 162.

10 https://www.youtube.com/watch?v=QUcTsFe1PVs

11 Steve Mills, *Auditory Archaeology: Understanding Sound and Hearing in the Past* (London: Routledge, 2014).

12 개체 발생은 난자가 수정된 순간부터 유기체가 성숙하는 순간까지 유기체의 발달을 의미한다. 계통 발생은 전체 종이나 유기체 무리가 진화하는 것을 말한다.

13 Patrik Juslin and Daniel Västfjäll, 'Emotional Responses to Music: The Need to Consider Underlying Mechanisms', *Behavioral and Brain Sciences* 31 (2008), pp. 559–621 (p. 570).

14 Cited in Keith Oatley, *Emotions: A Brief History* (Oxford: Blackwell, 2004), p. 63. See Sigmund Freud, *Civilization and its Discontents*. Translated by Peter Gay (New York: W. W. Norton, 1984). First published 1930, p. 16.

15 Albert S. Bregman, *Auditory Scene Analysis: The Perceptual Organization of Sound* (MIT, Massachusetts: MIT Press, 1990).

16 Aniruddh D. Patel, *Music, Language, and the Brain* (New York: Oxford University Press, 2007), p. 77.

17 Roger Scruton, *The Aesthetics of Music* (Oxford: Oxford University Press, 1997), p. 96.

18 Andrei Miu and Joanna Vuoskoski, 'The social side of music listening: empathy and contagion in music-induced emotions', in Elaine King and

Caroline Waddington (eds), *Music and Empathy* (Oxford: Routledge, 2017), pp. 124–38.

19 Youna Kim (ed.), *The Korean Wave: Korean Media Go Global* (London: Routledge, 2013).

20 Susan Blackmore, *The Meme Machine* (New York: Oxford University Press, 1999).

21 Paul Ekman, *Emotions Revealed: Understanding Faces and Feelings* (New York: Henry Holt and Company, 2007).

22 Charles Darwin, *The Expression of the Emotions in Man and Animals: Definitive Edition* (New York: Harper Perennial, 2009). Originally published 1872.

23 Victoria Williamson, *You are the Music: How Music Reveals What it Means to be Human* (London: Icon Books Ltd, 2014), p. 13.

24 John Blacking, *Venda Children's Songs: A Study in Ethnomusicological Analysis* (Chicago: The University of Chicago Press, 1967); *How Musical is Man?* (Washington: University of Washington Press, 1973).

25 Kathleen Higgins, *The Music Between Us: Is Music a Universal Language?* (Chicago: The University of Chicago Press, 2012).

26 Naomi Cumming, *The Sonic Self: Musical Subjectivity and Signification* (Bloomington, Indiana: Indiana University Press, 2000).

27 Michael Taussig, *Mimesis and Alterity: A Particular History of the Senses* (New York: Routledge, 1993).

28 Judith Becker, *Deep Listeners: Music, Emotion, and Trancing* (Bloomington, Indiana: Indiana University Press, 2004).

29 John Roberts, *History of the World* (Oxford: Oxford University Press, 1993); *The Triumph of the West* (London: BBC Books, 1985).

30 Molefi Kete Asante, *The History of Africa: The Quest for Eternal Harmony* (London: Routledge, 2015), p. 120.

31 David Hinton (trans.), *The Selected Poems of Wang Wei* (New York: New Directions, 2006).

32   Anthony Seeger, *Why Suyá Sing* (Urbana: University of Illinois Press, 2004). The Indians formerly known by outsiders as 'Suyá' now insist on the name they call themselves, which is Kisedje.

33   Beverley Diamond, 'Native American ways of (music) history', in Philip Bohlman (ed.), *The Cambridge History of World Music* (Cambridge: Cambridge University Press, 2013), pp. 155–79 (p. 165).

34   Gary Tomlinson, 'Musicology, Anthropology, History', *Il Saggiatore musicale* 8/1 (2001), pp. 21–37.

35   John Nicholson, *Songlines and Stone Axes* (Sydney: Allen & Unwin, 2007).

36   Kermit Ernest Campbell, *Gettin' our Groove on: Rhetoric, Language, and Literacy for the Hip Hop Generation* (Detroit: Wayne State University Press, 2005).

37   Lothar von Falkenhausen, *Suspended Music: Chime-Bells in the Culture of Bronze Age China* (Berkeley: University of California Press, 1993), p. 3.

38   Joscelyn Goodwin, *Robert Fludd: Hermetic Philosopher and Surveyor of Two Worlds* (Newburyport, Mass.: Phanes Press, 1991); Johannes Kepler, *The Harmony of the World* (Philadelphia: The American Philosophical Society, 1997).

39   http://quantummusic.org/

40   Tristram Kidder, Liu Haiwang, Michael Storozum and Qin Zhen, 'New Perspectives on the Collapse and Regeneration of the Han Dynasty', in Ronald Faulseit (ed.), *Beyond Collapse: Archaeological Perspectives on Resilience, Revitalization, and Transformation in Complex Societies* (Carbondale: Southern Illinois University, 2015), pp. 70–98; Erica Fox Brindley, *Music, Cosmology, and the Politics of Harmony in Early China* (Albany: SUNY Press, 2012).

41   Christopher Page, *The Christian West and its Singers: The First Thousand Years* (New Haven: Yale University Press, 2010).

42   Michael Tenzer, *Balinese Music* (Berkeley: Periplus Editions), p. 20.

43   Kofi Agawu, *Representing African Music: Postcolonial Notes, Queries, Positions* (New York: Routledge, 2003), p. 3.

44 Iain Morley, *The Prehistory of Music: Human Evolution, Archaeology, and the Origins of Musicality* (New York: Oxford University Press, 2013).

45 Steven Feld, *Sound and Sentiment: Birds, Weeping, Poetics, and Song in Kaluli Expression* (Philadelphia: University of Pennsylvania Press, 1982).

46 John Iliffe, *Africans: The History of a Continent* (Cambridge: Cambridge University Press, 1995), p. 120.

47 Joachim Braun, *Music in Ancient Israel/Palestine: Archaeological, Written, and Comparative Sources* (Cambridge: William B. Eerdmans Publishing Company, 2002), p. 70.

48 John Arthur Smith, *Music in Ancient Judaism and Early Christianity* (London: Routledge, 2016), pp. 91–2.

49 Alexander Akorlie Agodoh, *African Music: Traditional and Contemporary* (New York: Nova Science Publishers, 2005), p. 13.

50 Sandra Trehub and Laurel Trainor, 'Singing to Infants: Lullabies and Play Songs', in Carolyn Rovee-Collier, Lewis Lipsitt and Harlene Hayne (eds), *Advances in Infancy Research* 12 (London: Ablex Publishing Corporation, 1998), pp. 49–55.

51 Pamela Stern, *Daily Life of the Inuit* (Santa Barbara: Greenwood, 2010), p. 119.

52 Brian Breed, *Pastoral Inscriptions: Reading and Writing Virgil's Eclogues* (London: Bloomsbury, 2012), p. 64.

53 Alan Merriam, *The Anthropology of Music* (Evanston, Ill.: Northwestern University Press, 1980), p. 214.

54 Veronica Doubleday, 'The Frame Drum in the Middle East: Women, Musical Instruments, and Power', in Jennifer Post (ed.), *Ethnomusicology: A Contemporary Reader* (London: Routledge, 2006), pp. 101–34 (p. 112).

55 Scott Burnham, *Beethoven Hero* (Princeton, NJ: Princeton University Press, 2000).

56 Cited in Stephen Rumph, *Beethoven after Napoleon: Political Romanticism in the Late Works* (Berkeley: California University Press, 2004), p. 100.

57 David Hebert and Jonathan McCollum, 'Philosophy of History and Theory

in Historical Ethnomusicology', in Jonathan McCollum and David G. Hebert (eds), *Theory and Method in Historical Ethnomusicology* (New York: Lexington Books, 2014), pp. 85–148 (p. 109).

58 https://www.youtube.com/watch?v=z_sFVFsENMg. See also Kofi Agawu, *The African Imagination in Music* (New York: Oxford University Press, 2016), p. 295.

59 Katrina Thompson, *Ring Shout, Wheel About: The Racial Politics of Music and Dance in North American Slavery* (Urbana: University of Illinois Press, 2014), p. 17.

60 Lewis Rowell, *Music and Musical Thought in Early India* (Chicago: University of Chicago Press, 1992).

61 Bruno Nettl and Philip Bohlman (eds), *Comparative Musicology and Anthropology of Music: Essays on the History of Ethnomusicology* (Chicago: The University of Chicago Press, 1991), p. 71.

62 Roger Hart, *Imagined Civilizations: China, the West, and their first Encounter* (Baltimore: The John Hopkins University Press, 2013), p. 119.

63 Fadlou Shehadi, *Philosophies of Music in Medieval Islam* (Leiden: E. J. Brill, 1995), p. 82.

64 Judith Becker, *Deep Listeners: Music, Emotion, and Trancing* (Bloomington, Indiana: Indiana University Press, 2004), p. 57.

65 Regula Qureshi, *Sufi Music of India and Pakistan: Sound, Context and Meaning in Qawaali* (Cambridge: Cambridge University Press, 1986).

66 Max Weber, *The Rational and Social Foundations of Music* (Carbondale: Southern Illinois University Press, 1958); Theodor Adorno, *Philosophy of Modern Music* (New York: Continuum, 2007); Mark Evan Bonds, *Absolute Music: The History of an Idea* (New York: Oxford University Press, 2014).

67 Daniel Leech-Wilkinson, *Machaut's Mass: An Introduction* (Oxford: Clarendon Press, 1992).

68 Jacques Chailley (trans. Rollo Myers), *40,000 Years of Music* (London: Macdonald & Co., 1964).

69 Marian Hu, Hong Young Yan, Wen-Sung Chung, Jen-Chieh Shiao and Pung-Pung Hwang, 'Acoustically evoked potentials in two cephalopods inferred using the auditory brainstem response (ABR) approach', *Comparative Biochemistry and Physiology, Part A* 153/3 (July 2009), pp. 278–83.

70 https://blogs.scientificamerican.com/octopus-chronicles/even-severed-octopus-arms-have-smart-moves/

71 George Lakoff and Mark Johnson, *Metaphors We Live By* (Chicago: Chicago University Press, 1980).

72 Arnie Cox, *Music and Embodied Cognition: Listening, Moving, Feeling, and Thinking* (Bloomington: Indiana University Press, 2016).

73 Barbara King, *The Dynamic Dance: Nonvocal Communication in African Great Apes* (Cambridge, Mass.: Harvard University Press, 2004).

74 Ray Jackendoff, *Foundations of Language: Brain, Meaning, Grammar, Evolution* (New York: Oxford University Press, 2002); Fred Lerdahl and Ray Jackendoff, *A Generative Theory of Tonal Music* (Cambridge, Mass.: MIT Press, 1985).

75 Fred Spier, *Big History and the Future of Humanity* (Oxford: Wiley, 2015), p. 202.

76 Bruce Richman, 'Rhythm and Melody in Gelada Vocal Exchanges', *Primates* 28/2 (April, 1987), pp. 199–223.

77 Patrik Juslin and Daniel Västfjäll, 'Emotional Responses to Music: The Need to Consider Underlying Mechanisms', *Behavioral and Brain Sciences* 31 (2008), pp. 559–621.

78 Donald C. Johanson and Blake Edgar, *From Lucy to Language* (New York: Simon & Schuster, 1996).

79 Steven Mithen, 'The significance of stones and bones: understanding the biology and evolution of rhythm requires attention to the archaeological and fossil record', in Patrick Rebuschat, Martin Rohrmeier, John A. Hawkins and Ian Cross (eds), *Language and Music as Cognitive Systems* (New York:

Oxford University Press, 2012), pp. 103–9 (p. 105).

80 Wray, Alison, 'Protolanguage as a holistic system for social interaction', *Language & Communication* 18/1 (1998), pp. 47–67.

81 Not all linguists agree. For a trenchant critique, see W. Tecumseh Fitch, The *Evolution of Language* (Cambridge: Cambridge University Press, 2010).

82 David Begun (ed.), *A Companion to Paleoanthropology* (Oxford: Wiley-Blackwell, 2013), p. 278.

83 Steven Mithen, *The Singing Neanderthals: The Origins of Music, Language, Mind and Body* (Cambridge, Mass.: Harvard University Press, 2005).

84 Gary Tomlinson, *A Million Years of Music: The Emergence of Human Modernity* (New York: Zone Books, 2015).

85 Steven Pinker, *How the Mind Works* (New York: Norton & Norton, 2009), p. 534.

86 Ian Cross, 'Is music the most important thing we ever did? Music, development, and evolution', in S. W. Yi (ed.), *Music, Mind, and Science* (Seoul: Seoul National University Press, 1999), pp. 27–39.

87 Daniel Dennett, *Darwin's Dangerous Idea: Evolution and the Meanings of Life* (New York: Simon & Schuster, 1995), p. 272; Stephen Davies, *The Artful Species: Aesthetics, Art, and Evolution* (New York: Oxford University Press, 2012), p. 141.

88 David Cope, *Virtual Music: Computer Synthesis of Musical Style* (Cambridge, Mass: MIT Press, 2001).

89 Austin DeMarco (ed.), *Gamification: Concepts, Methodologies, Tools, and Applications* (Hershey, PA: Information Science Reference, 2015), p. 1333–41; Michael Austin (ed.), *Music Video Games: Performance, Politics, and Play* (London: Bloomsbury, 2016).

90 Lawrence Kramer, 'Classical Music for the Posthuman Condition', in John Richardson, Claudia Gorbman and Carol Vernallis (eds), *The Oxford Handbook of New Audiovisual Aesthetics* (New York: Oxford University Press, 2013), pp. 39–52.

02. 요람 그리고 모든 것

1   Takashi Ohnishi, Hiroshi Matsuda, Takashi Asada, Makoto Aruga, Makiko Hirakata, Masami Nishikawa, Asako Katoh and Etsuko Imabayashi, 'Functional Anatomy of Musical Perception in Musicians', *Cerebral Cortex* 11/8 (August, 2001), pp. 754–60 (p. 754).

2   Christian Gaser and Gottfried Schlaug, 'Brain Structures Differ between Musicians and Non-Musicians', *The Journal of Neuroscience* 23/27 (2003), pp. 9240–5.

3   See for instance Thomas Münte, Wido Nager, Tilla Beiss, Christine Schroeder and Eckart Altenmüller, 'Specialization of the specialized: Electrophysiological investigations in professional musicians', *Annals of the New York Academy of Science* 999 (2006), pp. 131–9.

4   Kofi Agawu, *The African Imagination in Music* (New York: Oxford University Press, 2016).

5   R. Stone, 'African Music in a Constellation of Arts', in R. Stone (ed.), *The Garland Encyclopedia of World Music* (New York: Garland, 1998), pp. 1–12 (p. 7); Jane Davidson and Andrea Emberly, 'Embodied Musical Communication across Cultures: Singing and Dancing for Quality of Life and Wellbeing Benefit', in Raymond MacDonald, Gunter Kreutz and Laura Mitchell (eds), *Music, Health, and Wellbeing* (New York: Oxford University Press, 2012), pp. 136–52 (p. 143).

6   Heiner Gembris, 'Music-Making as a Lifelong Development and Resource for Health', in MacDonald et al. (eds), *Music, Health, and Wellbeing*, pp. 367–82 (p. 371).

7   Jean-Pierre Lecanuet, 'Prenatal auditory experience', in Irene Deliège and John Sloboda (eds), *Musical Beginnings: Origins and Development of Musical Comptetence* (Oxford: Oxford University Press, 1996), pp. 1–42.

8   L. Salk, 'The effects of the normal heartbeat sound on the behavior of the newborn infant: implications for mental health', *World Mental Health* 12 (1960), pp. 1–8.

9   Kathleen A. Corrigall and Glenn E. Schellenberg, 'Music cognition in childhood', in Gary E. McPherson (ed.), *The Child as Musician: A handbook of musical development* (New York: Oxford University Press, 2016), pp. 81–101 (p. 88).

10 Marcel Zentner and Tuomas Eerola, 'Rhythmic engagement with music in infancy', *PNAS* 107/13 (2010), pp. 5768–72.

11 Colwyn Trevarthen and Kenneth Aitken, 'Infant Intersubjectivity: Research, Theory, and Clinical Applications', *Journal of Child Psychology and Psychiatry* 42/1 (2001), pp. 3–48.

12 Daniel N. Stern, *The Interpersonal World of the Infant: A View from Psychoanalysis and Developmental Psychology* (New York: Karnac, 1998), p. 138.

13 Kathleen Higgins, *The Music Between Us: Is Music a Universal Language?* (Chicago: The University of Chicago Press, 2012).

14 Stephen N. Malloch, 'Mothers and infants and communicative musicality', *Musicae Scientiae* Special Issue (1999–2000), pp. 29–57 (p. 47).

15 Maya Gratier, 'Expressions of belonging: the effect of acculturation on the rhythm and harmony of mother-infant vocal interaction', *Musicae Scientiae* Special Issue (1999–2000), pp. 93–122.

16 J. Phillips-Silver and L. J. Trainor, 'Feeling the beat: Movement influences infants' rhythm perception', *Science* 308 (2005), p. 1430.

17 Gaye Soley and Erin E. Hannon, 'Infants prefer the musical meter of their own culture: A cross-cultural comparison', *Developmental Psychology* 46/1 (2010), pp. 286–92.

18 Barbara Ayres, 'Effects of Infant Carrying Practices on Rhythm in Music', *Ethos* 1/4 (1973), pp. 387–404 (p. 400).

19 Michael Urban, *New Orleans Rhythm and Blues after Katrina: Music, Magic and Myth* (New York: Palgrave Macmillan, 2016), pp. 114–15.

20 Marcel Zentner and Jerome Kagan, 'Infants' perception of consonance and dissonance in music', *Infant Behavior and Development* 21/3 (1998), pp.

483–92.

21 Erin E. Hannon and Sandra E. Trehub, 'Tuning in to musical rhythms: Infants learn more readily than adults', *PNAS* 102/35 (2005), pp. 12 639–43.

22 Michael Tenzer, *Balinese Gamelan Music* (Rutland, Vermont: Tuttle Publishing, 2011), p. 38.

23 Aniruddh D. Patel, *Music, Language, and the Brain* (New York: Oxford University Press, 2008), p. 19.

24 G. A. Miller, 'The magical number seven, plus or minus two: some limits on our capacity for processing information', *Psychological Review* 63/2 (1956), pp. 81–97.

25 Adam Ockelford, *Music, Language and Autism: Exceptional Strategies for Exceptional Minds* (Philadelphia: Jessica Kingsley Publishers, 2013), p. 183.

26 Ibid., p. 184.

27 Patel, *Music, Language and the Brain*, pp. 267–8.

28 Pamela Heaton, Rory Allen, Kerry Williams, Omar Cummins and Francesca Happé, 'Do social and cognitive deficits curtail musical understanding? Evidence from autism and Down syndrome', *British Journal of Developmental Psychology* 26 (2008), pp. 171–82 (p. 178).

29 The tool can be accessed at http://soundsofintent.org

30 John Irving, *Mozart's Piano Concertos* (London: Routledge, 2003), p. 118.

31 G. E. McPherson, 'The role of parents in children's musical development', *Psychology of Music* 37/1 (2009), pp. 91–110.

32 Giorgio Sanguinetti, *The Art of Partimento: History, Theory, and Practice* (New York: Oxford University Press, 2012), pp. 31–4.

33 Robert O. Gjerdingen, *Music in the Galant Style* (New York: Oxford University Press, 2007), pp. 365–8. In Gjerdingen's terms, an 'Opening Gambit' is a conversational statement that invites an elegant riposte. A 'Romanesca' is a descending stepwise progression (in both bass and melody) best known from Pachelbel's famous *Canon*. A 'Prinner Riposte' answers that with a melodic descent from the sixth to the third degree of the scale. An 'Indugio'

(the Italian word for 'procrastination') is a playful tarrying on a chord. A 'Ponte' (meaning 'bridge'), as the name suggests, is a bridge passage.

34 Michele Raja, 'Did Mozart suffer from Asperger syndrome?', *Journal of Medical Biography* 23/2 (2013), pp. 84–92.

35 https://vimeo.com/195606047

36 Peter Pesic, 'The Child and the Daemon: Mozart and Deep Play', *19th-Century Music* 25/2–3 (2001–2), pp. 91–107.

37 John Blacking, *Venda Children's Songs: A Study in Ethnomusicological Analysis* (Chicago: The University of Chicago Press, 1967), p. 29.

38 John Blacking, *How Musical is Man?* (Washington: University of Washington Press, 1973).

39 Andrea Emberly and Jane Davidson, 'From the *kraal* to the classroom: Shifting musical arts practices from the community to the school with special reference to learning *tshigombela* in Limpopo, South Africa', *International Journal of Music Education* 29/3 (2011), pp. 265–82 (p. 226).

40 Eric Hobsbawm and Terence Ranger (eds), *The Invention of Tradition* (Cambridge: Cambridge University Press, 1983).

41 http://www.independent.co.uk/student/student-life/the-strangest-oxford-tradition-of-all-making-sure-the-clocks-go-back-with-the-time-ceremony-8908472.html

42 Sara Cohen, *Rock Culture in Liverpool: Popular Music in the Making* (Oxford: Clarendon Press, 1991), p. 3.

43 Richard Middleton, *Studying Popular Music* (Milton Keynes: Open University Press, 1990), p. 161.

44 Linda Spear, *The Behavioral Neuroscience of Adolescence* (New York: W. W. Norton, 2010).

45 Victor Witter Turner, *The Forest of Symbols: Aspects of Ndembu Ritual* (Ithaca: Cornell University Press, 1967), pp. 181–2.

46 Anthony Seeger, *Why Suyá Sing* (Urbana: University of Illinois Press, 2004), p. 79. As noted earlier, the Suyá call themselves Kisedje.

47 Peter Dronke, *Women Writers of the Middle Ages* (Cambridge: Cambridge University Press, 1984), p. 160.

48 Bruce Holsinger, *Music, Body, and Desire in Medieval Culture: Hildegard of Bingen to Chaucer* (Stanford: Stanford University Press, 2001), p. 281.

49 Martha Feldman, *The Castrato: Reflections on Natures and Kinds* (Berkeley: University of California Press, 2015).

50 Andreas C. Lehmann, John A. Sloboda and Robert H. Woody, *Psychology for Musicians: Understanding and Acquiring the Skills* (New York: Oxford University Press, 2007), p. 71.

51 John Daverio, *Robert Schumann: Herald of a 'New Poetic Age'* (New York: Oxford University Press, 1997), p. 77.

52 Jeff Todd Titon, *Worlds of Music: An Introduction to the Music of the World's Peoples* (Boston: Cengage Learning, 2017), p. 319.

53 Sean Williams, *Focus: Irish Traditional Music* (London: Routledge, 2010), p. 22.

54 Jeroen de Kloet and Anthony Y. H. Fung, *Youth Cultures in China* (Cambridge: Polity Press, 2017).

55 Ibid., Kindle loc. 1596.

56 Arun Saldanha, 'Music, Space, Identity: Geographies of Youth Culture in Bangalore', *Cultural Studies* 16/3 (2002), pp. 337–50.

57 https://www.theguardian.com/music/2012/sep/09/georg-solti-centenary-lady-valerie

58 Howard Gardner, *Creating Minds: An Anatomy of Creativity Seen Through the Lives of Freud, Einstein, Picasso, Stravinsky, Eliot, Graham, and Gandhi* (New York: Basic Books, 2011), p. 28.

59 Wolfgang Hildesheimer, *Mozart* (New York: Oxford University Press, 1985); Maynard Solomon, *Beethoven* (London: Macmillan, 1979).

60 Anton Ehrenzweig, (Berkeley, California: University of California Press, 1971).

61 John Eliot Gardiner, *Music in the Castle of Heaven* (London: Allen Lane, 2013), p. 168.

62 Ibid., pp. 172–4.

63 Hermann Abert, *W. A. Mozart* (New Haven: Yale University Press, 2007), p. 562.

64 William Kinderman, *Beethoven* (Berkeley: University of California Press, 1995), p. 87.

65 You can hear him reading out his fairy tale *The Princess (Die Prinzessin)* at https://www.youtube.com/watch?v=EtPcS6sRZ30

66 Joseph Straus, *The Music of Ruth Crawford Seeger* (Cambridge: Cambridge University Press, 2003).

67 Tom Service, 'A Guide to Galina Ustvolskaya's Music', https://www.theguardian.com/music/musicblog/2013/apr/08/contemporary-music-guide-galina-ustvolskaya

68 David Wyn Jones, *The Life of Beethoven* (Cambridge: Cambridge University Press, 1998), p. 36.

69 Barry Cooper (ed.), *The Beethoven Compendium: A Guide to Beethoven's Life and Music* (London: Thames and Hudson, 1991), p. 124.

70 Richard Widdess, 'Sogasuga: A Song of Songs', in Rachel Harris and Rowan Pease (eds), *Pieces of the Musical World: Sounds and Cultures* (London: Routledge, 2015), pp. 105–22; Amy Catlin, 'Karnatak Vocal and Instrumental Music', in Alison Arnold and Bruno Nettl (eds), *The Garland Encyclopedia of World Music: South Asia: The Indian Subcontinent* (New York: Taylor and Francis, 2000), pp. 209–36.

71 Bruno Nettl, *The Study of Ethnomusicology: Thirty-Three Discussions* (Chicago: University of Illinois Press, 2015), p. 58.

72 Reginald Massey and Jamila Massey, *The Music of India* (London: Kahn and Averill, 1993), p. 59. The publication of Venkatamakhi's classificatory scheme, the *Chaturdandi Prakasika*, in 1660 led to an explosion of new ragas in the eighteenth century.

73 Cohen, *Rock Culture in Liverpool*, pp. 135–71.

74 Walter Everett, *The Beatles as Musicians: Revolver through the* Anthology (New York: Oxford University Press, 1999), p. 11.

75 Ibid., p. 10.

76 Tenzer, *Balinese Gamelan Music,* p. 17.

77 Fabrice Marandola, 'Expressiveness in the Performance of Bedzan Pygmies' Vocal Polyphonies: When the Same is Never the Same', in Dorottya Fabian, Renee Timmers and Emery Schubert (eds), *Expressiveness in Music Performance* (New York: Oxford University Press, 2014), pp. 201–20.

78 Maya Gratier, 'Grounding in musical interaction: Evidence from jazz performance', *Musicae Scientiae* Special Issue (2008), pp. 71–110.

79 Björn Merker, 'Synchronous chorusing and the origins of music', *Musicae Scientiae* Special Issue (1999–2000), pp. 59–73.

80 Dean Keith Simonton, 'Creative productivity, age, and stress: A biographical time-series analysis of 10 classical composers', *Journal of Personality and Social Psychology* 35 (1977), pp. 791–804.

81 Sandra Garrido, *Why are we Attracted to Sad Music?* (Cham: Palgrave Macmillan, 2017), pp. 107–8.

82 Arielle Bonneville-Roussy and Jeff Potter, 'Music through the Ages: Trends in Musical Engagement and Preferences from Adolescence through Middle Adulthood', *Journal of Personality and Social Psychology* 105/4 (2013), pp. 703–17 (p. 715).

83 Herbert Bruhn, 'Musical Development of Elderly People', *Psychomusicology* 18 (2002), pp. 59–75 (p. 68).

84 M. Cooke, W. Shum, D. Harrison and J. E. Murfield, 'A randomized controlled trial exploring the effect of music on quality of life and depression in older people with dementia', *Journal of Health Psychology* 15/5 (2010), pp. 765–76.

85 Teppo Särkämö, 'Music for the ageing brain: Cognitive, emotional, social, and neural benefits of musical leisure activities in stroke and dementia', *Dementia* 16/6 (2018), pp. 670–85.

86 http://www.livemusicnow.org.uk/

87 Sandra Garrido, 'Music and dementia: Hitting the right note', *Australian*

Ageing Agenda (Dec. 2016), pp. 46–7.

88　Särkämö, 'Music for the ageing brain', p. 677.

89　Joseph Straus, *Extraordinary Measures: Disability in Music* (New York: Oxford University Press, 2011), p. 82.

90　Gerhard von Breuning, *Memories of Beethoven: From the House of the Black-Robed Spaniards* (Cambridge: Cambridge University Press, 1995), p. 98.

91　Kinderman, *Beethoven*, p. 153.

92　Amit Dias and Vikram Patel, 'Closing the treatment gap for dementia in India', *Indian Journal of Psychiatry* 51 (2009), pp. 93–7.

93　Edward Said, *On Late Style: Music and Literature Against the Grain* (London: Bloomsbury, 2006); *Orientalism: Western Conceptions of the Orient* (New York: Pantheon Books, 1978).

94　https://www.sputnikmusic.com/review/40918/Buena-Vista-Social-Club-Buena-Vista-Social-Club/

95　Malcolm Gillies, 'Bartók in America', in Amanda Bayley (ed.), *The Cambridge Companion to Bartók* (Cambridge: Cambridge University Press, 2001), pp. 190–201 (p. 197).

96　David Cooper, *Béla Bartók* (New Haven: Yale University Press, 2015), p. 257.

97　David Cooper, *Bartók: Concerto for Orchestra* (Cambridge: Cambridge University Press, 2004), p. 20.

98　Donald Maurice, *Bartók's Viola Concerto: The Remarkable Story of his Swansong* (New York: Oxford University Press, 2004), p. 27.

99　Gillies, 'Bartók in America', p. 195.

100　http://seenandheard-international.com/2017/09/alain-altinoglus-auspicious-debut-with-the-berliner-philharmoniker/

03. 우리 인생의 사운드트랙

1　The Sound of the Next Generation: A Comprehensive Review of Children and Young People's Relationship with Music, https://www.youthmusic.org.uk/sound-of-the-next-generation

2 Cited in Andy Hamilton, *Aesthetics and Music* (London: Continuum, 2008), p. 11.

3 Cited in Marek Korczynski, Michael Pickering and Emma Robertson, Rhythms of Labour: Music at Work in Britain (Cambridge: Cambridge University Press, 2013), p. 115.

4 Ibid., p. 116.

5 Ibid., p. 117.

6 Ibid., p. 78.

7 Mary-Ann Constantine and Gerald Porter, *Fragments and Meaning in Traditional Song: From the Blues to the Baltic* (Oxford: Oxford University Press, 2003), p. 150.

8 Marek Korczynski, *Songs of the Factory: Pop, Music, Culture, & Resistance* (Ithaca: ILR Press, 2014), p. 28.

9 Mark Smith, *Listening to Nineteenth-century America* (Chapel Hill: The University of North Carolina Press, 2001).

10 Ibid., p. 23.

11 Cited in Peter van der Merwe, *Origins of the Popular Style: The Antecedents of Twentieth-Century Popular Music* (Oxford: Clarendon Press, 1992), p. 69.

12 Korczynski, Songs of the Factory, p. 28.

13 Stan Hugill, *Shanties from the Seven Seas* (Stonington, Connecticut: Mystic Seaport, 1961), p. 1.

14 Nicola Dibben and Anneli Haake, 'Music and the construction of space in office-based work settings', in Georgina Born (ed.), Music, Sound and Space (Cambridge: Cambridge University Press, 2013), pp. 151–68.

15 Tia DeNora, *Music in Everyday Life* (Cambridge: Cambridge University Press, 2000), p. 46.

16 Adam Krims, *Music and Urban Geography* (London: Routledge, 2007), pp. 127–62.

17 DeNora, *Music in Everyday Life*, p. 118.

18 https://www.theguardian.com/technology/2015/feb/13/spotify-knows-what-music-youre-having-sex-to

19 https://moz.com/blog/google-told-me-im-pregnant-from-strings-to-diagnosis

20 John Sloboda, *Exploring the Musical Mind: Cognition, Emotion, Ability, Function* (Oxford: Oxford University Press, 2005), p. 348.

21 http://www.classicfm.com/discover-music/mood/relaxing/

22 Krims, *Music and Urban Geography*, p. 144.

23 https://www.visitliverpool.com/information/product-catch-all/bold-street-p16794

24 Michael Bull, *Sound Moves: iPod Culture and Urban Experience* (London: Routledge, 2008), p. 6.

25 Brandon LaBelle, *Acoustic Territories: Sound Culture and Everyday Life* (London: Bloomsbury, 2014), p. 99.

26 Krims, *Music and Urban Geography*, p. 80.

27 Ibid., pp. 1–3.

28 DeNora, *Music in Everyday Life*, p. 136.

29 Ibid., p. 137.

30 Adrian North and David Hargreaves, *The Social and Applied Psychology of Music* (New York: Oxford University Press, 2008), p. 280.

31 LaBelle, *Acoustic Territories*, p. 174.

32 Sara Cohen, *Decline, Renewal and the City in Popular Music Culture: Beyond the Beatles* (Aldershot: Ashgate, 2007), pp. 56–62.

33 Michael Brocken, *Other Voices: Hidden Histories of Liverpool's Popular Music Scenes, 1930s–1970s* (London: Routledge, 2016), p. 112.

34 Hugill, *Shanties*, p. 53.

35 Jeremy Price, ' "From Nelly Ray to Maggie May": Re-enacting the Past on the Streets of Liverpool', in Logie Barrow and François Poirier (eds), *Keeping the Lid on: Urban Eruptions and Social Control since the 19th Century* (Newcastle: Cambridge Scholars Publishing, 2010), pp. 77–92.

36 https://www.youtube.com/watch?v=2wnhkicl3Z8

37 Price, ' "From Nelly Ray to Maggie May" ', p. 77.

38 Cited in Margot Fassler, *Gothic Song* (Indiana: University of Notre Dame Press, 2011), p. 217.

39 Cited in Paul du Noyer, *Liverpool – Wondrous Place: From the Cavern to the Capital of Culture* (London: Virgin Books, 2007), p. 1.

40 'The World's Cities in 2016', United Nations Data Booklet, http://www.un.org/en/development/desa/population/publications/pdf/urbanization/the_worlds_cities_in_2016_data_booklet.pdf

41 Ruth Finnegan, *The Hidden Musicians: Music-Making in an English Town* (Middletown: Wesleyan University Press, 2007).

42 The following section is indebted to Nicholas Wong's brilliant PhD thesis, 'The Rushworths of Liverpool: A Family Music Business. Commerce, Culture and the City', University of Liverpool 2016. It also benefited from many conversations with Jonathan Rushworth, who generously supported Nick's studies in the University Music Department.

43 Sara Cohen, *Rock Culture in Liverpool: Popular Music in the Making* (Oxford: Oxford University Press, 1991).

44 Wong, 'The Rushworths', p. 162.

45 Ibid., p. 129.

46 Cited in David Bruenger, *Making Money, Making Music: History and Core Concepts* (Berkeley: University of California Press, 2016), p. 87.

47 Wong, 'The Rushworths', p. 163.

48 Barbara Kowalzig, ' "And Now All the World Shall Dance!" (Eur. Bacch. 114): Dionysus' Choroi between Drama and Ritual', in Eric Csapo and Margaret Miller (eds), *The Origins of Theater in Ancient Greece and Beyond: From Ritual to Drama* (Cambridge: Cambridge University Press, 2007), pp. 221–54.

49 https://punch.photoshelter.com/image/I0000KP5hOcqgW4E

50 David Hesmondhalgh, *Why Music Matters* (Oxford: Wiley, 2013), p. 106.

51 https://www.liverpoolecho.co.uk/sport/football/football-news/new-mohamed-salah-ill-muslim-14302028

52 Les Back, 'Sounds in the Crowd', in Michael Bull and Les Back (eds), *The*

Auditory Culture Reader (Oxford: Berg, 2004), pp. 311–28 (p. 321).

53 Thomas Turino, *Music as Social Life: The Politics of Participation* (Chicago: The University of Chicago Press, 2008), p. 29.

54 Jim O'Donnell, *The Day John Met Paul: An Hour-by-Hour Account of How the Beatles Began* (London: Routledge, 2006).

55 George Orwell, *The Lion and the Unicorn: Socialism and the English Genius* (London: Penguin, 1941), p. 11.

56 Jez Quayle, *Skiffle Ukelele Songbook* (Lulu.com, 2018), p. 1.

57 Brocken, *Other Voices* (London: Routledge, 2016), p. 20.

58 Jack Hamilton, *Just Around Midnight: Rock and Roll and the Racial Imagination* (Cambridge, Mass.: Harvard University Press, 2016), p. 109.

59 Barry Miles, *The Beatles Diary Volume 1: The Beatles Years* (New York: Omnibus Press, 2009).

60 Turino, *Music as Social Life*, pp. 36–51.

61 Walter Everett, *The Beatles as Musicians: The Quarry Men through Rubber Soul* (New York: Oxford University Press, 2001), pp. 131–5.

62 https://www.youtube.com/watch?v=b-VAxGJdJeQ

63 Jacqueline Edmondson, *John Lennon: A Biography* (Oxford: Greenwood, 2010), pp. 58–9.

64 Walter Everett, *The Beatles as Musicians: Revolver Through the Anthology* (New York: Oxford University Press, 1999), pp. 36–7.

65 Ibid., pp. 118–19.

66 https://www.youtube.com/watch?v=KvuiiqS4s2s

67 http://www.bbc.co.uk/news/world-latin-america-40090809

68 Bruce Johnson and Martin Cloonan, 'Music and Arousal to Violence', in Bruce Johnson and Martin Cloonan (eds), *The Dark Side of the Tune: Popular Music and Violence* (Aldershot: Ashgate, 2009), pp. 123–46 (p. 152).

69 Ibid., p. 152.

70 John Baxter, *Disney During World War II: How the Walt Disney Studio Contributed to Victory in the War* (Glendale: Disney Editions, 2014).

71 Michael Sorkin, *All Over the Map: Writings on Buildings and Cities* (London: Verso, 2011), p. 347.

72 Clayton Koppes, 'The Real Ambassadors? The Cleveland Orchestra Tours and the Soviet Union, 1965', in Simo Mikkonen and Pekka Suutari (eds), *Music, Art and Diplomacy: East–West Cultural Interactions and the Cold War* (London: Routledge, 2016), pp. 69–87 (p. 84).

73 Emily Abrams Ansari, 'Shaping the Policies of Cold War Musical Diplomacy: An Epistemic Community of American Composers', *Diplomatic History* 36/1 (2012), pp. 41–52 (p. 41).

74 Jessica Gienow-Hecht, 'The World is Ready to Listen: Symphony Orchestras and the Global Performance of America', *Diplomatic History* 36/1 (2012), pp. 17–28 (p. 24).

75 Benedict Anderson, *Imagined Communities: Reflections on the Origin and Spread of Nationalism* (London: Verso, 1983).

76 Thomas Solomon, 'Articulating the historical moment: Turkey, Europe, and Eurovision 2003', in Ivan Raykoff and Robert Deam Tobin (eds), *A Song for Europe: Popular Music and Politics in the Eurovision Song Contest* (London: Routledge, 2016), pp. 135–46.

77 http://www.liverpoolphil.com/in-harmony-liverpool

78 'The Index of Multiple Deprivation 2015: A Liverpool Analysis', Executive Summary, Liverpool City Council.

79 https://www.telegraph.co.uk/culture/music/3667396/BBC-Proms-review-Was-this-the-greatest-Prom-of-all-time.html

80 Cited in Geoffrey Baker, *El Sistema: Orchestrating Venezuela's Youth* (New York: Oxford University Press, 2014), p. 3.

81 Tina Ramnarine (ed.), *Global Perspectives on Orchestras: Collective Creativity and Social Agency* (New York: Oxford University Press, 2017).

82 Baker, El Sistema.

83 https://www.theguardian.com/music/2014/nov/11/geoff-baker-el-sistema-model-of-tyranny

84 'Evaluation of In Harmony: Final Report', National Foundation for Educational Research (NFER), p. 49.

85 Jude Robinson, 'The End is Where We Start From: Communicating the *Impact of a Family Music Project to Wider Audiences'*, Anthropology in Action (2014), 21/3, pp. 12–19.

86 Mark Everist, *Mozart's Ghosts: Haunting the Halls of Musical Culture* (New York: Oxford University Press, 2012), pp. 269–76.

87 Kingsley Amis, *Girl*, 20 (London: Penguin, 2011 [1971]).

88 Amy Nelson, *Music for the Revolution: Musicians and Power in Early Soviet Russia* (Pennsylvania: The University of Pennsylvania Press, 2004); H. Seifter and P. Economy, *Leadership ensemble: Lessons in collaborative management from the world's only conductorless orchestra* (New York: Henry Holt & Company).

89 Isabella Poggi, 'The Lexicon of the Conductor's Face', in Paul McKevitt, Seán Ó Nualláin and Conn Mulvihill (eds), *Language, Vision, and Music* (Amsterdam: John Benjamins Publishing Company, 2002), pp. 271–84.

90 Geoff Luck and Petri Toiviainen, 'Ensemble Musicians' Synchronization with Conductors' Gestures: An Automated Feature-Extraction Analysis', *Music Perception* 24/2 (2006), pp. 189–200.

91 Peter Keller, 'Ensemble Performance: Interpersonal Alignment of Musical Expression', in Dorottya Fabian, Renee Timmers and Emery Schubert (eds), *Expressiveness in Music Performance* (New York: Oxford University Press, 2014), pp. 260–82 (p. 266).

92 Gilbert Rouget, *Music and Trance: A Theory of the Relations Between Music and Possession* (Chicago: The University of Chicago Press, 1985).

93 루제는 '트랜스'와 '황홀경'이라는 용어가 영어에서는 뒤바뀌었음을 알고 있었다(본래 프랑스어로는 정의가 서로 바뀌어 있다). 다음을 참고하라. Ruth Herbert, 'Reconsidering Music and Trance: Crosscultural Differences and Cross-disciplinary Perspectives', *Ethnomusicology Forum* 20/2 (2011), p. 201–27.

94 Wendy Fonarow, *Empire of Dirt: The Aesthetics and Rituals of British Indie Music* (Middletown, Connecticut: Wesleyan University Press, 2006), p. 55.

95 Michael P. Steinberg, *Listening to Reason: Culture, Subjectivity, and Nineteenth-Century Music* (Princeton: Princeton University Press, 2004), p. 106.

96 Marc Leman, *Embodied Music Cognition and Mediation Technology* (Cambridge, Mass.: 2008), p. 108.

97 Martin Clayton, 'Observing Entrainment in Music Performance: Video-Based Observational Analysis of Indian Musicians' Tanpura Playing and Beat Marking', *Musicae Scientiae* 11/1 (2007), pp. 27–59.

98 https://musicscience.net/2018/03/10/inside-a-string-quartet/

99 Mari Riess Jones and Marilyn Boltz, 'Dynamic Attending Responses to Time', *Psychological Review* 96/3 (1989), pp. 459–91 (p. 471).

100 Albert S. Bregman, *Auditory Scene Analysis: The Perceptual Organization of Sound* (MIT, Massachusetts: MIT Press, 1990).

101 Riess Jones and Boltz, 'Dynamic Attending Responses to Time', p. 471.

102 Melanie Takahashi, 'The "natural high": altered states, flashbacks and neural tunings at raves', in Graham St John, *Rave Culture and Religion* (London: Routledge, 2005), pp. 144–64 (p. 153).

103 T. S. Eliot, *The Four Quartets* (London: Faber & Faber, 2001).

04. 상상 속 풍경과 보이지 않는 도시

1 Brian Kane, *Sound Unseen: Acousmatic Sound in Theory and Practice* (New York: Oxford University Press, 2014), p. 55.

2 Abbé Jean-Baptiste Dubos, *Réflexions critiques sur la poésie et sur la peinture* (Paris, 1993; originally published 1719), p. 150.

3 Eduard Hanslick, *On the Musically Beautiful: A Contribution Towards the Revision of the Aesthetics of Music*, trans. Geoffrey Payzant (Indianapolis: Hackett Publishing Company, 1986; originally published 1854) p. 8.

4 Lydia Goehr, *The Imaginary Museum of Musical Works: An Essay in the Philosophy of Music* (Oxford: Clarendon Press, 1992).

5 4도(3:4)는 음향적으로 3도보다 단순하지만, 몇 가지 복잡한 문화적 이유로 부족하거나 협화음이 되지 못한 것으로 간주된다.

6   Wendy Leborgne and Marci Rosenberg, *The Vocal Athlete* (San Diego: Plural Publishing, 2014), p. 104.

7   Zohar Eitan and Roni Granot, 'How music moves: Musical parameters and listeners' images of motion', *Music Perception* 23/3 (2006), pp. 221–47.

8   Y. S. Wagner, E. Winner, D. Cicchetti and H. Gardner, ' "Metaphorical" mapping in human infants', *Child Development* 52 (1981), pp. 728–31.

9   S. K. Roffler and R. A. Butler, 'Localization of tonal stimuli in the vertical plane', *Journal of the Acoustical Society of America* 43 (1968), pp. 1260–5.

10 Lawrence Zbikowski, *Conceptualizing Music: Cognitive Structure, Theory, and Analysis* (New York: Oxford University Press, 2002), p. 67.

11 Steven Feld, *Sound and Sentiment: Birds, Weeping, Poetics, and Song in Kaluli Expression* (Philadelphia: University of Pennsylvania Press, 1982).

12 Rebecca Shaefer, Alexa Morcom, Neil Roberts and Katie Overy, 'Moving to music: effects of heard and imagined musical cues on movement-related brain activity', *Frontiers in Human Neuroscience* 8 (2014), pp. 1–11.

13 Charles Nussbaum, *The Musical Representation: Meaning, Ontology, and Emotion* (Cambridge, Mass.: MIT Press, 2007), p. 52.

14 Richard Fay (ed.), *Comparative Hearing: Fish and Amphibians* (New York: Springer Verlag, 1999), p. 349.

15 Daniel Chiras, *Human Biology* (New York: Jones and Bartlett Publishing, 2005), p. 210.

16 Nussbaum, *The Musical Representation*, pp. 59 –60.

17 Ibid., p. 52.

18 Ibid., p. 59.

19 Ludwig Wittgenstein, *Philosophical Investigations* (Oxford: Blackwell, 1960), p. 213.

20 Arnie Cox, *Music and Embodied Cognition: Listening, Moving, Feeling, and Thinking* (Bloomington: Indiana University Press, 2016).

21 Roger Scruton, *The Aesthetics of Music* (New York: Oxford University Press, 1999), pp. 49–52.

22 Marc Leman, *The Expressive Moment: How Interaction (with Music) Shapes Human Empowerment* (Cambridge, Mass.: MIT Press, 2016), p. 185.

23 Robert Zatorre and Valerie Salimpoor, 'From perception to pleasure: music and its neural substrates', *Proceedings of the National Academy of Science*, 110/2 (2013), pp. 10430–7.

24 Leonard B. Meyer, *Emotion and Meaning in Music* (Chicago: University of Chicago Press, 1956).

25 David Huron, *Sweet Anticipation: Music and the Psychology of Expectation* (Cambridge, Mass.: MIT Press, 2006), p. 23.

26 https://www.youtube.com/watch?v=RxPZh4AnWyk

27 Dave Calvert, ' "Actual Idiocy" and the Sublime Object of Susan Boyle', in Broderick Chow and Alex Mangold (eds), *Zizek and Performance* (London: Palgrave Macmillan, 2014), pp. 178–96.

28 Aniruddh Patel and John Iversen, 'The evolutionary neuroscience of musical beat perception and the Action Simulation for Auditory Prediction (ASAP) hypothesis', *Frontiers in Systems Neuroscience* 8 (2014), pp. 1–14.

29 H. Honing, H. Merchant, G. Háden, L. Prado and R. Bartolo, 'Rhesus monkeys (*Macaca mulatta*) detect rhythmic groups in music, but not the beat', *PLoS ONE*, 7/12 e51369 https://doi.org/10.1371/journal.pone.0051369

30 Charles Darwin, *The Expression of the Emotions in Man and Animals* [1872], Definitive Edition (New York: Harper Perennial, 2009).

31 Ibid., p. 43.

32 Ibid., p. 44.

33 Jenefer Robinson, *Deeper than Reason: Emotion and its Role in Literature, Music, and Art* (Oxford: Clarendon Press, 2005), p. 59.

34 https://www.youtube.com/watch?v=hxbHhzlpdK4

35 Keith Oatley, Dacher Keltner and Jennifer Jenkins, *Understanding Emotions* (Oxford: Blackwell Publishing, 2006).

36 Nico Frijda, *The Emotions* (Cambridge: Cambridge University Press, 1986), p. 71.

37 https://www.telegraph.co.uk/music/what-to-listen-to/best-funeral-songs/

albinoni/

38 https://www.wsj.com/articles/SB10001424052970203646004577213010291701378

39 Galen Bodenhausen, 'Categorizing the Social World: Affect, Motivation, and Self-Regulation', in B. H. Ross and A. B. Markman (eds), *Psychology of Learning and Motivation*, 47 (2006), pp. 123–55.

40 Steve Larson, *Musical Forces: Motion, Metaphor, and Meaning in Music* (Bloomington: Indiana University Press, 2012), p. 149.

41 Nicola Dibben, 'The Role of Peripheral Feedback in Emotional Experience with Music', *Music Perception* 22/1 (2004), pp. 79–115.

42 Theodor Adorno, *Philosophy of Modern Music*, trans. A. G. Mitchell and W. V. Bloomster (London: Sheed & Ward, 1987).

43 Charles Rosen, *The Classical Style* (New York: Norton, 1971).

44 James Russell, 'A Circumplex Model of Affect', *Journal of Personality and Social Psychology* 39/6 (1980), pp. 1161–78.

45 Patrik Juslin, 'Emotional Communication in Music Performance: A Functionalist Perspective and Some Data', *Music Perception: An Interdisciplinary Journal* 14/4 (1997), pp. 383–418.

46 http://www2.cnrs.fr/en/2751.htm

47 Michael Spitzer, 'Mapping the Human Heart: A Holistic Analysis of Fear in Schubert', *Music Analysis* 29/1, 2, 3 (2011), pp. 149–213.

48 Arne Öhman and Stefan Wiens, 'On the automaticity of autonomic responses in emotion: An evolutionary perspective', in Richard Davidson, Klaus Scherer and Hill Goldsmith (eds), *Handbook of Affective Sciences* (Oxford: Oxford University Press, 2003), pp. 256–75.

49 Vladimir Propp, *Morphology of the Folktale*, trans. Laurence Scott (Austin: University of Texas Press, 1968).

50 Charles Darwin, *The Voyage of the Beagle* (New York: Cosmo Classics, 2008; first published 1839), p. 211.

51 Cited in Michael Taussig, *Mimesis and Alterity: A Particular History of the*

Senses (New York: Routledge, 1993).

52 Ibid.

53 Cited in ibid. See also Walter Benjamin, 'On the Mimetic Faculty', in Rodney Livingstone (ed.), *Walter Benjamin: Selected Writings Volume 2 1931–1934* (Cambridge, Mass.: Harvard University Press, 1999), pp. 720–2.

54 Roger Caillois, 'The Praying Mantis: From Biology to Psychoanalysis', in Claudine Frank (trans. and ed.), *The Edge of Surrealism: A Roger Caillois Reader* (Durham: Duke University Press, 2003), pp. 66–82 (p. 79). I'm grateful to my colleague, Professor Max Paddison, for drawing Caillois to my attention.

55 Darwin, *Beagle*, p. 454. Darwin visited Australia in 1836.

56 Émile Durkheim, *The Elementary Forms of Religious Life*, trans. Joseph Ward Swain [1915] (New York: Dover Publications, 2008), p. 353.

57 Saida Daukeyeva, ' "Aqqu" (White Swan): Sound Mimesis and Spirit Evocation in Kazakh Qobyz Performance', in Rachel Harris and Rowan Pease (eds), *Pieces of the Musical World: Sounds and Cultures* (London: Routledge, 2015), pp. 44–63.

58 Frank Kouwenhoven, 'Meaning and structure – the case of Chinese *qin* (zither) music', *British Journal of Ethnomusicology* 10/1 (2001), pp. 39–62.

59 Ibid., p. 46.

60 Ibid., p. 58.

61 Ethan Morden, *Opera Anecdotes* (New York: Oxford University Press, 1985), p. 167.

62 Max Horkheimer and Theodor Adorno, *Dialectic of Enlightenment* [1944], trans. Edmund Jephcott (Stanford: Stanford University Press, 2002), p. 27.

63 William James, *The Varieties of Religious Experience* [1902] (Garsches: Feedbooks, 2018) p. 243.

64 Alf Gabrielsson, *Strong Experiences with Music: Music is much more than just music* (New York: Oxford University Press, 2011), p. 308.

65 Ibid., p. 309.

66 Ibid., p. 312.

67 Nussbaum, *Musical Representation*, pp. 268–9.

68 John Pfeiffer, *The Creative Explosion: An Inquiry into the Origins of Art and Religion* (New York: Harper and Row, 1982), p. 291.

69 Kenneth Smith, 'Vertigo's Musical Gaze: Neo-Riemannian Symmetries and Spirals', *Music Analysis* 37/1 (2018), pp. 68–102.

70 Nussbaum, *Musical Representation*, p. 284.

71 Ian Mabbett, 'Buddhism and Music', *Asian Music* 25/1–2 (1993), pp. 9–28.

PART 2. 역사

05. 얼음, 모래, 사바나 그리고 숲

1 펜지아스와 윌슨은 약 6미터의 혼 안테나를 사용했다. 본래는 에코 풍선위성에서 튕겨 나오는 라디오파를 탐지하려고 설계된 안테나다. 'How Two Pigeons Helped Scientists Confirm the Big Bang Theory', https://www.smithsonianmag.com/smithsonian-institution/how-scientists-confirmed-big-bang-theory-owe-it-all-to-a-pigeon-trap180949741/#cfztISWRHSwoPhRQ.99.

2 'Asteroseismology: using the natural music of the stars', https://www.birmingham.ac.uk/accessibility/transcripts/Professor-Bill-Chaplin-Asteroseismology.aspx

3 Trevor Wishart, 'From sound morphing to the synthesis of starlight', *Musica/Tenologia* (2013), pp. 65–9.

4 Jon Solomon, *Ptolemy Harmonics: Translation and Commentary* (Leiden: Brill, 2000), pp. 152–55.

5 Siglind Bruhn, *The Musical Order of the World: Kepler, Hesse, Hindemith* (Hillside, New York: Pendragon, 2005), p. 141.

6 Derya Özcan, *The Woman Who Owned the Shadows* (Selçuk University Press: Konya, 2011), p. 11.

7   Patricia Monaghan, *The Goddess Path: Myths, Invocations & Rituals* (St. Paul, Minnesota: Llewellyn, 2004), p. 71.

8   Rosalia Gallotti, 'Before the Acheulean in East Africa: An Overview of the Oldowan Lithic Assemblages', in Rosalia Gallotti and Margherita Mussi (eds), *The Emergence of the Acheulean in East Africa and Beyond* (Cham: Springer, 2018), pp. 13–33 (p. 17).

9   Elizabeth C. Blake and Ian Cross, 'Flint tools as portable sound-producing objects in the Upper Palaeolithic Context: An Experimental Study', *Experiencing Archaeology by Experiment: Proceedings of the Experimental Archaeology Conference, Exeter* (Barnsley: Oxbow Books, 2007), pp. 1–19.

10 https://www.thevintagenews.com/2016/11/10/the-venus-of-hohle-fels-is-the-oldest-statue-depicting-a-womans-figure/

11 Iain Morley, *The Prehistory of Music: Human Evolution, Archaeology, and the Origins of Music* (Oxford: Oxford University Press, 2013), p. 49.

12 https://www.youtube.com/watch?v=yUCBBDV2Tzk

13 Morley, *Prehistory*, pp. 112–13.

14 https://phoenicia.org/kilmer.htm

15 https://music.si.edu/blog/sync-ancient-chinese-bronze-bells-smithsonian

16 Tim Ingold, 'On the social relations of the hunter-gatherer band', in Richard B. Lee and Richard Daly (eds), *The Cambridge Encyclopedia of Hunters and Gatherers* (Cambridge: Cambridge University Press, 2002), pp. 399–411 (pp. 404, 405).

17 https://www.pinterest.co.uk/pin/35817759509266327/?lp=true

18 https://www.smashinglists.com/10-earliest-known-musical-instruments/

19 Morley, *Prehistory*, p. 114.

20 John Shepherd (ed.), *Continuum Encyclopedia of Popular Music of the World*, Vol. 11 (London: Continuum, 2003), p. 276.

21 Richard Rudgley, *The Lost Civilizations of the Stone Age* (New York: Simon & Schuster, 2000), p. 204.

22 Joseph Kaminsky, *Asante Ntahera Trumpets in Ghana: Culture, Tradition,*

and Sound Barrage (London: Routledge, 2016).

23 Richard Adams, *Prehistoric Mesoamerica* (Norman, Oklahoma: University of Oklahoma Press, 1997), p. 122.

24 Jeremy Montagu, *Origins and Development of Musical Instruments* (Plymouth: Scarecrow, 2007), p. 105.

25 Jie Jin, *Chinese Music* (Cambridge: Cambridge University Press, 2010), pp. 16–17.

26 Blake and Cross, 'Flint tools', p. 3.

27 Joachim Braun, *Music in Ancient Israel/Palestine* (Grand Rapids, Michigan: William B. Eerdmans Publishing, 2002).

28 Hartmut Thieme, 'The Lower Palaeolithic art of hunting: The case of Schöningen 13 11-4, Lower Saxony, Germany', in C. Gamble and M. Porr (eds), *The Hominid Individual in Context: Archaeological Investigations of Lower and Middle Palaeolithic Landscapes, Locales and Artefacts* (London: Routledge, 2005), pp. 115–32.

29 Rupert Till, 'Sound archaeology: terminology, Palaeolithic cave art and the soundscape', *World Archaeology* 46 (3) (2014), pp. 292–304.

30 Theodore Levin and Valentina Süzükei, *Where Rivers and Mountains Sing: Sound, Music, and Nomadism in Tuva and Beyond* (Bloomington, Indiana: Indiana University Press, 2006).

31 Morley, *Prehistory*, pp. 91–2.

32 Steven Mithen, *After the Ice: A Global Human History, 20,000–5000 BC* (London: Weidenfeld & Nicolson, 2011).

33 Penny Petrone (ed.), *Northern Voices: Inuit Writings in English* (University of Toronto Press, 1988).

34 Morley, *Prehistory*, pp. 11–32.

35 Jerome Lewis, 'A cross-cultural perspective on the significance of music and dance to culture and society: Insight from BaYaka pygmies', in Michael Arbib (ed.), *Language, Music, and the Brain: A Mysterious Relationship* (Cambridge, Mass.: MIT Press, 2013), pp. 45–66.

36   Tim Ingold, 'On the social relations of the hunter-gatherer band'.

37   Lewis, 'A cross-cultural perspective', p. 57.

38   Colin Turnbull, *The Forest People* (London: The Bodley Head, 2015), p. 66.

39   David Luther, 'The influence of the acoustic community on songs of birds in a neotropical rain forest', *Behavioral Ecology* 20/4 (July 2009), pp. 864–71.

40   Feld, *Sound and Sentiment* p. 21.

41   Fabrice Marandola, 'Expressiveness in the performance of the Bedzan Pygmies' vocal polyphonies: When the same is never the same', in Dorottya Fabian, Renee Timmers and Emery Schubert (eds), *Expressiveness in Music Performance: Empirical Approaches Across Styles and Cultures* (Oxford: Oxford University Press, 2014), pp. 201–20.

42   Bruce Chatwin, *The Songlines* (New York: Vintage Books, 2012), p. 108.

43   Myfany Turpin, 'The poetics of central Australian song', *Australian Aboriginal Studies* 2 (2007), pp. 100–15.

44   Aaron Corn and Neparrŋa Gumbula, 'Budutthun ratja wiyinymirri: Formal flexibility in theYolŋu manikay tradition and the challenge of recording a complete repertoire', *Australian Aboriginal Studies* 2 (2007), pp. 116–27.

45   Linda Barwick, 'Musical Form and Style in Murriny Patha Djanba Songs at Wadeye (Northern Territory, Australia)', in Michael Tenzer and John Roeder (eds), *Analytical and Cross-Cultural Studies in World Music* (Oxford: Oxford University Press, 2012), pp. 317–54.

46   Corn and Gumbula, 'Budutthun ratja wiyinymirri', p. 116.

47   Myfany Turpin, 'Text and music in Awelye songs of Central Australia', http://aawmconference.com/aawm2012/papers/turpin_p.pdf

48   Yosef Garfinkel, *Dancing at the Dawn of Agriculture* (Austin: University of Texas Press, 2003), p. 14.

49   Barwick, 'Musical Form and Style', p. 328.

50   Mike Smith, *The Archaeology of Australia's Deserts* (Cambridge: Cambridge University Press, 2013), p. 214.

51   Barwick, 'Musical Form and Style', p. 39.

52 Luca Cavalli-Sforza, Paolo Menozzi and Alberto Piazza, *The History and Geography of Human Genes* (Princeton: Princeton University Press, 1994).

53 Patrick E. Savage et al., 'How "circumpolar" is Ainu music? Musical and genetic perspectives on the history of the Japanese archipelago', *Ethnomusicology Forum* 2015, pp. 1–22.

54 Alan McMillan and Eldon Yellowhorn, *First Peoples in Canada* (Vancouver: Douglas and McIntyre, 2004).

55 Petrone, *Northern Voices.*

56 Jean-Jacques Nattiez, 'Inuit Throat-Games and Siberian Throat Singing: A Comparative, Historical, and Semiological Approach', *Ethnomusicology* 43/3 (Autumn, 1999), pp. 399–418.

57 Michael Hauser, 'Traditional and Acculturated Greenlandic Music', *Arctic Anthropology* 23/1–2 (1986), pp. 359–86.

58 Peter Whitridge, 'The sound of contact: Historic Inuit music-making in northern Labrador', *North Atlantic Archaeology* 4 (2015), pp. 17–42.

59 Michael Berman, *The Nature of Shamanism and the Shamanic Story* (Newcastle: Cambridge Scholars Publishing, 2007), p. 25.

60 Nattiez, 'Inuit Throat-Games', p. 412.

61 David McAllester, 'North America/Native America', in Jeff Titon (ed.), *Worlds of Music* (New York: Schirmer, 2009), pp. 33–82.

62 Harvey Feit, 'Introduction: North America', in Richard B. Lee and Richard Daly (eds), *The Cambridge Encyclopedia of Hunters and Gatherers* (Cambridge: Cambridge University Press, 2002), pp. 23–30.

63 Victoria Levine, 'American Indian musics, past and present', in David Nicholls (ed.), *The Cambridge History of American Music* (Cambridge: Cambridge University Press, 1998), pp. 3–29.

64 S. M. Wilson, 'Tricky treats', *Natural History* 10 (1991), pp. 4–8.

65 Mithen, *After the Ice.*

66 Colin Renfrew, *Prehistory: The Making of the Human Mind* (London: Weidenfeld & Nicolson, 2012).

67 Colin Renfrew, 'The city through time and space: Transformations of centrality', in Joyce Marcus and Jeremy Sabloff (eds), *The Ancient City: New Perspectives on Urbanism in the Old and New World* (Santa Fe: SAR Press, 2008), pp. 29–52.

68 Colin Renfrew and Paul Bahn, *Archaeology: Theories, Methods and Practice* (London: Thames & Hudson, 2017), pp. 418–19.

69 Paolo Debertolis, Daniele Gullà and Heikki Savolainen, 'Archaeoacoustic analysis in Enclosure D at Göbekli Tepe in South Anatolia, Turkey', *5th Human and Social Sciences at the Common Conference* (2017), www.hassacc.coom.

70 Trevor Watkins, 'Architecture and imagery in the early Neolithic of South-West Asia: Framing rituals, stabilizing meanings', in Colin Renfrew, Iain Morley and Michael Boyd (eds), Ritual, *Play and Belief, in Evolution and Early Human Societies* (Cambridge: Cambridge University Press, 2018), pp. 116–42; Renfrew and Bahn, *Archaeology*, pp. 46–7.

71 http://damienmarieathope.com/2017/03/catal-huyuk-first-religious-designed-city/

72 Rupert Till, 'Songs of the stones: An investigation into the acoustic culture of Stonehenge', *Journal of the International Association for the Study of Popular Music* 1/2 (2010), pp. 1–18.

73 Nicole Boivin, 'Rock art and rock music: Petroglyphs of the South Indian Neolithic', *Antiquity* 78/299 (2004), pp. 38–53.

74 E. E. Evans-Pritchard, *The Nuer* (Oxford: Oxford University Press, 1940), pp. 73–74.

75 Nils Wallin, *Biomusicology* (Hillside, New York: Pendragon, 1991); Ted Gioia, *Work Songs* (Durham, North Carolina: Duke University Press, 2006), p. 74.

76 Richard Widdess, 'Musical Structure, Performance and Meaning: the Case of a Stick-Dance from Nepal', *Ethnomusicology Forum* 15/2 (2006), pp. 179–213.

77 Anthony Seeger, *Why Suyá Sing* (Urbana: University of Illinois Press, 2004).

78   Rafael José de Menezes Bastos, 'The Yawari Ritual of the Kamayurá', in Malena Kuss (ed.), *Music in Latin America and the Caribbean: An Encyclopedic History*, Vol. 1 (Austin: University of Texas Press, 2004), pp. 77–99.

79   Claire Halley, 'Communal performance and ritual practice in the ancestral Puebloan era of the American southwest', in Renfrew, Morley and Boyd, *Ritual, Play and Belief*, pp. 116–29 (p. 123).

80   Robert Stevenson, *Music in Aztec & Inca Territory* (Berkeley: University of California Press, 1968), p. 74.

81   Ibid., p. 75.

82   Oswaldo Chinchilla Mazariegos, *Art and Myth of the Ancient Maya* (New Haven: Yale University Press, 2017), pp. 220–1.

83   Gary Tomlinson, *The Singing of the New World* (Cambridge: Cambridge University Press, 2007), p. 134.

84   David Freidel and Michelle Rich, 'Maya sacred play: The view from El Perú-Waka', in Renfrew, Morley and Boyd, *Ritual, Play and Belief*, pp. 101–15.

85   Matthew G. Looper, *To Be Like Gods: Dance in Ancient Maya Civilization* (Austin: University of Texas Press, 2009), pp. 58–66.

86   Stephen Houston, David Stuart and Karl Taube, *The Memory of Bones: Body, Being, and Experience Among the Classic Maya* (Austin: University of Texas Press, 2006), pp. 153–6.

87   Tomlinson, *Singing of the New World*, pp. 171–2.

88   https://io9.gizmodo.com/heres-how-this-ancient-mayan-pyramid-makes-bird-calls-1692327818

06. 서양의 조율

1   Robert Anderson, 'Egypt', *Grove Music Online*.

2   John Van Seters, *The Hyksos: A New Investigation* (New Haven: Yale University Press, 1966).

3   Eric Cline, *1177 B.C.: The Year Civilization Collapsed* (Princeton: Princeton University Press, 2014).

4   John Franklin, 'Epicentric Tonality and the Greek Lyric Tradition', in Tom Phillips and Armand D'Angour (eds), *Music, Text, and Culture in Ancient Greece* (Oxford: Oxford University Press, 2018), pp. 17–46.

5   Martin West, *Ancient Greek Music* (Oxford: Clarendon Press, 1992), p. 389.

6   Stefan Hagel, *Ancient Greek Music: A New Technical History* (Cambridge: Cambridge University Press, 2009), p. 9.

7   Curt Sachs, *The Rise of Music in the Ancient World* (Mineola, New York: Dover Publications, 1943), p. 209; Richard Widdess, 'Sléndro and pélog in India?', in Bernard Arps (ed.), *Performance in Java and Bali* (London: Taylor & Francis, 1993), pp. 187–98 (pp. 194–5).

8   Sachs, *Rise of Music in the Ancient World*, p. 71.

9   Walter Scheidel (ed.), *Rome and China: Comparative Perspectives on Ancient World Empires* (New York: Oxford University Press, 2009).

10   James McKinnon, 'Jubal vel Pythagoras: quis sit inventor musicae?', *The Musical Quarterly* 64/1 (1978), pp. 1–28.

11   Ibid., pp. 3–4.

12   Roberta Binkley, 'The Rhetoric of Origins and the Other: Reading the Ancient Figure of Enheduanna', in Carl Lipson and Roberta Binkley (eds), *Rhetoric Before and Beyond the Greeks* (New York: State University of New York Press, 2004), pp. 47–63.

13   Gwendolyn Leick, *Mesopotamia: The Invention of the City* (New York: Penguin, 2001), p. 127.

14   Maude de Schauensee, *Two Lyres from Ur* (Philadelphia: University of Pennsylvania Museum of Archaeology and Anthropology, 2002).

15   Paul Kriwaczek, *Babylon: Mesopotamia and the Birth of Civilization* (London: Atlantic Books, 2010), p. 121.

16   *The Electronic Text Corpus of Sumerian Literature*, http://etcsl.orinst.ox.ac.uk/cgi-bin/etcsl.cgi?charenc=j&text=t.4.07.2#

17   Susan Pollock, *Ancient Mesopotamia* (Cambridge: Cambridge University Press, 1999), pp. 165–71.

18 Colin Renfrew, *Prehistory: Making of the Human Mind* (New York: Weidenfeld & Nicolson, 2012).

19 Anne Kilmer and Sam Mirelman, 'Mesopotamia', *Grove Music Online*.

20 Richard J. Dumbrill, *The Archaeomusicology of the Ancient Near East* (Victoria: Trafford Publishing, 2005), p. 383.

21 Suzanne Onstine, *The Role of the Chantress (Šmcyt) in Ancient Egypt* (Oxford: Archaeopress, 2005), pp. 4–5.

22 Dumbrill, *Archaeomusicology*, p. 92.

23 Kilmer and Mirelman, 'Mesopotamia', p. 4.

24 Anne Kilmer and Steve Tinney, 'Old Babylonian Music Instruction Texts', *Journal of Cuneiform Studies* 48 (1996), pp. 49–56.

25 Martin West, 'The Babylonian Musical Notation and the Hurrian Melodic Texts', *Music & Letters* 75/2 (1994), pp. 161–79 (p. 169).

26 Dumbrill, *Archaeomusicology*, p. 406.

27 Franklin, 'Epicentric Tonality', p. 14.

28 60진법은 숫자 60을 기본으로 삼았고, 우리는 1시간을 60분으로, 1분을 60초로 나누는 것으로 60진법을 내재화했다. 음악음향학에서 음정은 현이 진동하는 진동수 비율로 규정된다. 완전 5도에서는 높은음이 낮은음보다 3:2(즉 60:40)의 비율로 빠르게 진동한다. 엔키가 5도로 노래했다는 의미는 바빌로니아인들이 이를 가장 완벽한 음정이라고 들었음을 시사한다. Thomas McEvilley, *The Shape of Ancient Thought: Comparative Studies in Greek and Indian Philosophies* (New York: Allworth Press, 2001), p. 87.

29 Kilmer and Mirelman, 'Mesopotamia', p. 4.

30 Dumbrill, *Archaeomusicology*, p. 419.

31 Duane Garrett and Paul House, *Song of Songs and Lamentations* (New York: Thomas Nelson, 2004).

32 West, 'Babylonian Musical Notation'; Richard Dumbrill, 'The Truth about Babylonian Music', https://www.academia.edu/32426527/THE_TRUTH_ABOUT_BABYLONIAN_MUSIC (2017), pp. 1–34.

33 Kriwaczek, *Babylon*.

34 Onstine, *The Role of the Chantress*, p. 13.

35 Cline, *1177 B.C.*, p. 9.

36 Ibid., p. 2.

37 Lise Manniche, *Music and Musicians in Ancient Egypt* (London: British Museum Press, 1991), pp. 37–8. The following discussion is indebted to Manniche's work.

38 Ibid., p. 9.

39 Ibid., p. 53.

40 You can watch the clip on https://www.youtube.com/watch?v= Xzkm-kbx2T4

41 Barry Kemp, *Ancient Egypt: Anatomy of a Civilization* (London: Routledge, 2001), pp. 185–97.

42 Christopher Eyre, 'The Practice of Literature: The Relationship between Content, Form, Audience, and Performance', in Roland Enmarch and Verena Lepper (eds), *Ancient Egyptian Literature: Theory and Practice* (Oxford: Oxford University Press, 2013), pp. 101–42 (p. 121).

43 Kemp, *Ancient Egypt*, p. 185.

44 Ibid., pp. 262–320.

45 Sigmund Freud, *Moses and Monotheism* (New York: Fordham University Press, 2018); Jan Assmann, *Moses the Egyptian* (Cambridge, Mass.: Harvard University Press, 1998).

46 Manniche, *Music and Musicians*, p. 94.

47 Ibid., pp. 103–4.

48 Patricia Bochi, 'Gender and Genre in Ancient Egyptian Poetry: the Rhetoric of Performance in the Harpers' Songs', *Journal of the American Research Center in Egypt* 35 (1998), pp. 89–95.

49 Manniche, *Music and Musicians*, p. 105.

50 Jan Assmann, *Death and Salvation in Ancient Egypt* (Ithaca: Cornell University Press, 2005), p. 217.

51 Ibid., p. 4.

52 Camilla Di Biase-Dyson, *Foreigners and Egyptians in the Late Egyptian Stories* (Leiden: Brill, 2013), p. 39.

53 Sachs, *Rise of Music in the Ancient World*, p. 93.

54 Martin West, *The East Face of Helicon: West Asiatic Elements in Greek Poetry and Myth* (Oxford: Clarendon Press, 1997), p. 45.

55 Sachs, *Rise of Music in the Ancient World*, p. 94.

56 West, *East Face of Helicon*, p. 45.

57 Sachs, *Rise of Music in the Ancient World*, p. 95.

58 Ruth Finnegan, *Oral Literature in Africa* (Cambridge: Open Book Publishers, 2016).

59 Gabriel Barkay, 'The Iron Age II-III', in Amnon Ben-Tor (ed.), *The Archaeology of Ancient Israel* (Raanana: The Open University of Israel Press, 1992), pp. 302–73 (p. 349).

60 Eva Mroczek, *The Literary Imagination in Jewish Antiquity* (Oxford: Oxford University Press, 2016), p. 185.

61 Manniche, *Music and Musicians*, p. 93.

62 Sachs, *Rise of Music in the Ancient World*, p. 81.

63 James McKinnon, 'On the Question of Psalmody in the Ancient Synagogue', *Early Music History* 6 (1986), pp. 159–91 (p. 187).

64 Sung Jin Park, ' "Pointing to the Accents in the Scroll": Functional Development of the Masoretic Accents in the Hebrew Bible', *Hebrew Studies* 55 (2014) pp. 73–88.

65 Sachs, *Rise of Music in the Ancient World*, pp. 84–5.

66 David Mitchell, 'Resinging the Temple Psalmody', *Journal for the Study of the Old Testament* 36/3 (2012), pp. 355–78 (pp. 364–5).

67 Susan Gillingham, 'The Levites and the Editorial Composition of the Psalms', in William Brown (ed.), *The Oxford Handbook of the Psalms* (Oxford: Oxford University Press, 2014), pp. 201–13 (p. 202).

68 McKinnon, 'On the Question of Psalmody', p. 163.

69 Joachim Braun, *Music in Ancient Israel/Palestine* (Grand Rapids, Michigan:

William Eerdmans Publishing, 2002), pp. 301–20.

70 John Garr, *Living Emblems: Ancient Symbols of Faith* (Atlanta, Georgia: Golden Key Press, 2007), p. 39.

71 Jacob Neusner, *The Idea of History in Rabbinic Judaism* (Leiden: Brill, 2004).

72 McKinnon, 'On the Question of Psalmody', p. 191.

73 Penelope Murray and Peter Wilson (eds), *Music and the Muses: The Culture of "mousikē" in the Classical Athenian City* (Oxford: Oxford University Press, 2004).

74 West, *East Face of Helicon*, pp. 16–17.

75 Ibid., pp. 105–6.

76 Naomi Weiss, *The Music of Tragedy: Performance and Imagination in Euripidean Theater* (Oakland: The University of California Press, 2018), p. 175.

77 West, *East Face of Helicon*, p. 344.

78 Peter Wilson, 'Euripides' Tragic Muse', *Illinois Classical Studies* 24–5 (1999–2000), pp. 427–49.

79 Ibid., pp. 436–7.

80 Aristotle, *Poetics* (Oxford: Oxford University Press, 2013).

81 Armand D'Angour, 'The Musical Setting of Ancient Greek Texts', in Tom Phillips and Armand D'Angour (eds), *Music, Text, and Culture in Ancient Greece* (Oxford: Oxford University Press, 2018), pp. 47–72.

82 Albert Lord, *The Singer of Tales* (Cambridge, Mass.: Harvard University Press, 2000).

83 Georg Danek and Stefan Hagel, 'Homer-Singen', *Wiener humanistische Blätter* 37 (1995), pp. 5–20.

84 West, *East Face of Helicon*, p. 198.

85 D'Angour, 'Musical Setting'.

86 Thomas Schmitz, 'Reading Greek Literature', in Enmarch and Lepper (eds), *Ancient Egyptian Literature*, pp. 25–44 (pp. 42–3).

87 Charles Rose, *The Archaeology of Greek and Roman Troy* (Cambridge: Cambridge University Press, 2014), p. 90.

88 West, *East Face of Helicon*, p. 163.

89 Friedrich Nietzsche, *The Birth of Tragedy and other Writings*, trans. Ronald Speirs (Cambridge: Cambridge University Press, 1999).

90 Wilson, 'Euripides' Tragic Muse', pp. 440–5.

91 Timothy Power, *The Culture of Kitharôidia* (Cambridge, Mass.: Harvard University Press, 2010), pp. 35–8.

92 Barbara Castiglioni, 'Music, Ritual, and Self-Referentiality in the Second Stasimon of Euripides' Helen', *Greek and Roman Studies* 6 (2018), pp. 247–64 (p. 256).

93 Hagel, *Ancient Greek Music*, p. 6.

94 Eric Csapo, 'Euripides and Tragic Theatre in the Late Fifth Century', *Illinois Classical Studies* 24–5 (1999–2000), pp. 399–426.

95 Ibid., p. 417.

96 Timothy Moore, 'Stinging Auloi, Aristophanes, Acharnians 860–71', *Greek and Roman Musical Studies* 5 (2017), pp. 178–90 (p. 186).

97 Csapo, 'Euripides and Tragic Theatre'.

98 West, *East Face of Helicon*, p. 192.

99 Ibid., p. 284.

100 Egert Pöhlmann and Martin West, *Documents of Ancient Greek Music* (Oxford: Clarendon Press, 2001), pp. 12–13.

101 See the clip on https://www.youtube.com/watch?v=FFE2lYpl4xQ

102 Karl Marx, *The Eighteenth Brumaire of Louis Bonaparte* (New York: Cosimo, 2008) p. 1.

103 Power, *Culture of Kitharôidia*, pp. 3–4.

104 Nicholas Horsfall, *The Culture of the Roman Plebs* (London: Bloomsbury, 2003), p. 40.

105 John Landels, *Music in Ancient Greece and Rome* (London: Routledge, 2001), p. 201.

106 Power, *Culture of Kitharôidia*, p. 7.

107 Timothy Moore, *Music in Roman Comedy* (Cambridge: Cambridge University

Press, 2012), pp. 83–4.

108 Power, *Culture of Kitharôidia*, p. 8.

109 Moore, *Music in Roman Comedy*, p. 88.

110 Power, *Culture of Kitharôidia*, p. 8.

111 Günther Fleischhauer, 'Rome', *Grove Music Online*.

112 Landels, *Music in Ancient Greece and Rome*, p. 203.

113 Fleischhauer, 'Rome', p. 9.

114 Horsfall, *Culture of the Roman Plebs*, p. 11.

115 Ibid., pp. 13–14.

116 Power, *Culture of Kitharôidia*, pp. 1–2.

117 Fleischhauer, 'Rome', p. 7.

118 Alain Baudot, *Musiciens romains de l'Antiquité* (Montreal: Les Press de l'Université de Montréal, 1973), p. 30.

119 Ibid., p. 32.

120 Moore, *Music in Roman Comedy*, p. 140.

121 D'Angour, 'Musical Setting', pp. 64–71.

07. 초강대 세력

1 Voltaire, *Essais sur les moeurs et l'esprit des nations* (Paris: Garnier frères, 1963 [1773]), I, p. 683.

2 크리스토퍼 페이지Christopher Page가 언급했듯, 스페인, 프랑스, 이탈리아의 초대 왕들은 로마의 속국을 지배하던 지역적 군주와 다를 바 없었다. 이들은 그저 이전보다 자율권을 가지고 더 문명화됐을 뿐이다. Christopher Page, *The Christian West and its Singers: The First Thousand Years* (New Haven: Yale University Press, 2010), pp. 11–13.

3 Ibid., pp. 270–4.

4 Anthony Birley, *Hadrian: The Restless Emperor* (New York: Routledge, 1997), p. 134.

5 For some of Mesomedes' songs, see Charles Cosgrove, *An Ancient Christian Hymn with Musical Notation: Papyrus Oxyrhynchus 1786: Text*

and Commentary (Tübingen: Mohr Siebeck, 2011), p. 141.

6   Jared Diamond, *Guns, Germs, and Steel: The Fates of Human Societies* (New York: W. W. Norton, 1997).

7   Karen Armstrong, *A History of God* (London: Vintage, 1999), p. 37.

8   Janet Abu-Lughod, *Before European Hegemony: The World System A.D. 1250–1350* (Oxford: Oxford University Press, 1991).

9   Edward Henry, 'The Rationalization of Intensity in Indian Music', *Ethnomusicology*, 46/1 (2002), pp. 33–55.

10 Page, *The Christian West*, p. 256.

11 James McKinnon, 'Desert Monasticism and the Later Fourth-Century Psalmodic Movement', *Music and Letters* 75/4 (1994), pp. 505–19.

12 Alexander Lingas, 'Music', in Elizabeth Jeffreys, John Haldon and Robin Cormack (eds), *The Oxford Handbook of Byzantine Studies* (New York: Oxford University Press, 2008), pp. 915–38 (p. 925).

13 James McKinnon, 'Proprization: The Roman Mass', *Cantus Planus, Papers Read at the Fifth Meeting*, Éger Hungary (1994), pp. 15–22.

14 Page, *The Christian West*, p. 264.

15 James McKinnon, 'Musical Instruments in Medieval Psalm Commentaries and Psalters', *Journal of the American Musicology Society* 21/1 (1968), pp. 3–20 (p. 4).

16 Alexander Lingas, 'Medieval Byzantine chant and the sound of Orthodoxy', in Andrew Louth and Augustine Casiday (eds), *Byzantine Orthodoxies, Papers from the 36th Spring Symposium of Byzantine Studies* (Aldershot: Ashgate, 2006), pp. 131–50 (pp. 142–3).

17 Page, *The Christian West*, pp. 458–9.

18 Ibid., p. 445.

19 Catherine Bradley, *Polyphony in Medieval Paris: The Art of Composing with Plainchant* (Cambridge: Cambridge University Press, 2018).

20 Cited in Piero Weiss and Richard Taruskin, *Music in the Western World* (New York: Schirmer, 2008), pp. 60–1.

21 Niceta of Remesiana, *On the Benefit of Psalmody*, trans. James McKinnon, https://media.musicasacra.com/media2/niceta.pdf

22 Plato, *Laws*, in John Cooper (ed.), *Complete Works* (Indianapolis: Hackett Publishing Company, 1997), pp. 1318–616.

23 Karla Pollmann, 'Augustine's legacy: success or failure', in *The Cambridge Companion to Augustine*, David Meconi and Eleonore Stump (eds) (Cambridge: University of Cambridge Press, 2914), pp. 331–48, p. 331.

24 Ibid.

25 Francesco Ciabattoni, *Dante's Journey to Polyphony* (Toronto: University of Toronto Press, 2010).

26 Joseph Needham, Ling Wang and Derek De Solla Price, *Heavenly Clockwork: The Great Astronomical Clocks of Medieval China* (Cambridge: Cambridge University Press, 1986), p. 74.

27 Peter Pesic, *Polyphonic Minds: Music of the Hemispheres* (Cambridge, Mass.: MIT Press, 2017).

28 Alejandro Planchart, *Guillaume Du Fay: The Life and Works* (Cambridge: Cambridge University Press, 2018), p. 125.

29 Lorenz Welker, '*Portugaler*: Guillaume Du Fay's Contributions to Instrumental Music?', in Fabrice Fitch and Jacobijn Kiel (eds), *Essays on Renaissance Music in Honour of David Fallows: Bon jour, bon mois, et bonne estrenne* (Rochester, NY: Boydell Press, 2011), pp. 124–37.

30 Lingas, 'Medieval Byzantine chant', p. 146.

31 Ibid., p. 143.

32 William Reddy, *The Making of Romantic Love: Longing and Sexuality in Europe, South Asia and Japan, 900–1200 CE* (Chicago: The University of Chicago Press, 2012), p. 142; George Beech, 'The Eleanor of Aquitaine Vase, William IX of Aquitaine, and Muslim Spain', *Gesta* 32/1 (1993), pp. 3–10.

33 Dwight Reynolds, 'North Africa and the Eastern Mediterranean: Andalusian Music', in Michael Church (ed.), *The Other Classical Musics: Fifteen Great Traditions* (Rochester, NY: The Boydell Press, 2016), pp. 246–69 (p. 251).

34 Ibid., p. 252.

35 Ibid., p. 257.

36 라틴어 시인들은 라임을 피하는 경향이 있었다. 라틴어로는 라임을 맞추기가 너무 쉽기 때문이었다. 다음을 참고하라. Tova Rosen, 'The Muwashshah', in María Rosa Menocal, Raymond Scheindlin and Michael Sells (eds), *The Literature of Al-Andalus* (Cambridge: Cambridge University Press, 2000), pp. 165–89; Sayyid Naqī Ḥusain Ja'farī, *Essays on Literature, History & Society: Selected Works of Professor Sayyid Naqī Ḥusain Ja'farī* (Delhi: Primus Books, 2010), pp. 24–6.

37 Salma Khadra Jayyusi, 'Andalusi Poetry: The Golden Period', in Salma Jayyusi and Manuela Marín (eds), *The Legacy of Muslim Spain* (Leiden: Brill, 1997), pp. 317–67 (pp. 347–50).

38 Salim Al-Hassani, *1001 Inventions: The Enduring Legacy of Muslim Civilization* (National Geographic, 2012).

39 Thomas Christensen, 'Music Theory', in Mark Everist and Thomas Kelly (eds), *The Cambridge History of Medieval Music* (Cambridge: Cambridge University Press, 2018), pp. 357–82 (p. 370).

40 https://www.youtube.com/watch?v=ybMscMHHAQA

41 José Miguel Puerta Vílchez, 'Art and Aesthetics in the Work of Ibn Hazm of Cordoba', in Camilla Adang, Maribel Fierro and Sabine Schmidtke (eds), *Ibn Ḥazm of Cordoba: The Life and Works of a Controversial Thinker* (Leiden: Brill, 2013), pp. 253–374 (p. 330).

42 Valerie Gonzalez, *Beauty and Islam: Aesthetics in Islamic Art and Architecture* (New York: Tauris, 2001), pp. 69–94.

43 Anna Gade, 'Recitation', in Andrew Rippin and Jawid Mojaddedi (eds), *The Wiley Blackwell Companion to The Qur'an* (Oxford: Wiley Blackwell, 2017), pp. 577–90.

44 Walid Hedari, 'Marcel Khalife's socio-political life: The case of "Oh My Father, I am Yusuf" ', *Methaodos.revista de ciencias sociales* 4/1 (2016), pp. 119–134 (p. 124).

45 Scott Marcus, 'The Eastern Arab World', in Church, *The Other Classical Musics*, pp. 271–94 (p. 282).

46 Shahzad Bashir, *Sufi Bodies: Religion and Society in Medieval Islam* (New York: Columbia University Press, 2011), p. 72.

47 Laura Lohman, *Umm Kulthum: Artistic Agency and the Shaping of an Arab Legend, 1967–2007* (Middletown, CT: Wesleyan University Press, 2010), p. 94.

48 Oliver Leaman (ed.), *The Qur'an: An Encyclopedia* (London: Routledge, 2006), p. 77.

49 팔사파는 필로소피아philosophia(철학)의 그리스 발음을 아랍어로 제시한 것으로, 아바스 칼리파국이 그리스 철학을 받아들였던 9세기부터의 시기를 묘사한다. 팔사파는 알-킨디Al-Kindi(801~873), 알-파라비Al-Farabi(872~951), 이븐 시나Avicenna(980~1037) 등의 권위자들과 함께 전성기를 맞았다. Armstrong, *History of God*, p. 203.

50 Jay Bonner, *Islamic Geometric Patterns: Their Historical Development and Traditional Methods of Construction* (New York: Springer, 2017).

51 *Marcus*, 'The Eastern Arab World', pp. 280–5.

52 칸티가는 중세시대의 솔로(모노포닉) 곡으로, 갈리시아계 포르투갈어로 된 가사를 가졌다는 특징이 있다. Joseph O'Callaghan, *Alfonso X and the Cantigas De Santa Maria: A Poetic Biography* (Leiden: Brill, 1998).

53 Rosen, 'The Muwashshah', p. 166.

54 Simon Sebag Montefiore, *Jerusalem: The Biography* (London: Phoenix, 2012), p. 212.

55 Richard Widdess, 'North India', in Church, *The Other Classical Musics*, pp. 139–60 (p. 146).

56 Cited in Martin Clayton, *Time in Indian Music: Rhythm, Metre, and Form in North Indian Rag Performance* (Oxford: Oxford University Press, 2008), p. 10.

57 David Beck, 'India/South India', in Jeff Titon (ed.), *Worlds of Music* (Belmon, CA: Schirmer, 2009), p. 268.

58 Sachs, *Rise of Music in the Ancient World*, p. 158.

59 Anne Sheeran, 'Sri Lanka', in Alison Arnold (ed.), *The Garland Encyclopedia*

of *World Music: South Asia: The Indian Subcontinent* (New York: Garland Publishing, 2000), p. 956.

60   Lewis Rowell, *Music and Musical Thought in Early India* (Chicago: The University of Chicago Press, 1992), pp. 35–8.

61   Widdess, 'North India', pp. 142–6.

62   David Clarke and Tara Kini, 'North Indian classical music and its links with consciousness: the case of dhrupad', in David Clarke and Eric Clarke (eds), *Music and Consciousness: Philosophical, Psychological, and Cultural Perspectives* (Oxford: Oxford University Press, 2011), pp. 137–56.

63   Rowell, 'North India', pp. 327–36.

64   Martin Rohrmeier and Richard Widdess, 'Incidental Learning of Melodic Structure of North Indian Music', *Cognitive Science* 5 (2017), pp. 1299–1317.

65   Bo Lawergren, 'Buddha as a Musician: An Illustration of a Jataka Story', *Artibus Asiae* 54/3–4 (1994), pp. 226–40 (p. 227).

66   Ibid., p. 228.

67   Sachs, *Rise of Music in the Ancient World*, pp. 190–1.

68   Clayton, *Time in Indian Music*, p. 17.

69   Regular Qureshi, *Sufi Music of India and Pakistan: Sound, Context, and Meaning* (New York: Oxford University Press, 2006).

70   Bonny Wade, *Imaging Sound: An Ethnomusicological Study of Music, Art, and Culture in Mughal India* (Chicago: The University of Chicago Press, 1998).

71   Ibid., pp. 3–6.

72   Katherine Butler Schofield, 'Learning to Taste the Emotions: The Mughal Rasika', in Katherine Butler Schofield and Francesca Orsini (eds), *Tellings and Texts: Music, Literature, and Performance in North India* (OpenBook Publishers, 2015), pp. 407–22 (p. 410).

73   Allison Busch, *Poetry of Kings: The Classical Hindi Literature of Mughal India* (Oxford: Oxford University Press, 2011), p. 151.

74   A stupendous undertaking, *Science and Civilization in China* (1954–1986) was conceived and edited by Joseph Needham, who also wrote or co-

wrote many of its twenty-seven volumes, all available from Cambridge University Press.

75 Needham (ed.), *Science and Civilization in China*, Vol. 4, Part 2, *Physics and Physical Technology: Mechanical Engineering* (Cambridge: Cambridge University Press, 1965), p. 582.

76 Robert Bagley, 'The Prehistory of Chinese Music Theory', *Proceedings of the British Academy* 131 (2004), pp. 41–90.

77 Chih-Wei Wu, 'Sound analysis and synthesis of Marquis Yi of Zeng's chime-bell set', *Journal of the Acoustical Society of America* 19 (2013), pp. 1–7.

78 Needham, *Science and Civilization in China*, Vol. 4, Part 1: *Physics*, pp. 142–4.

79 Colin Renfrew, *Prehistory: Making of the Human Mind* (New York: Weidenfeld & Nicolson, 2012).

80 Erica Fox Brindley, *Music, Cosmology, and the Politics of Harmony in Early China* (Albany, NY: State University of New York Press, 2012), p. 19.

81 Ibid., p. 79.

82 Ibid., p. 46.

83 Needham, *Science and Civilization in China*, Vol. 4, Part 2, p. 156.

84 Wiebke Denecke, Wai-yee Li and Xiaofei Tian (eds), *The Oxford Handbook of Classical Chinese Literature (1000 BCE–900 CE)* (Oxford: Oxford University Press, 2017), p. 246.

85 Confucius, *Analects*, trans. Annping Chin (New York: Penguin, 2014), 17.20.

86 Ibid., book 11, chapter 15.

87 Wang Wei, *Laughing Lost in the Mountains: Poems of Wang Wei*, trans. Tony Barnstone, Willis Barnstone and Xu Haixin (Hanover, New Hampshire: University Press of New England, 1991), p. 63.

88 Robert van Gulik, 'The Lore of the Chinese Lute. An Essay in Ch'in Ideology', *Monumenta Nipponica* 1/2 (1938), pp. 386–438.

89 Bell Yung, 'Choreographic and Kinesthetic Elements in Performance on the Chinese Seven-String Zither', *Ethnomusicology* 28/3 (1984), pp. 505–17

(p. 506).

90 Stephen Jay Gould, *Time's Arrow, Time's Cycle: Myth and Metaphor in the Discovery of Geological Time* (Cambridge, Mass.: Harvard University Press, 1987).

91 David Pankenier, 'Temporality and the Fabric of Space-Time in Early Chinese Thought', in Ralph Rosen (ed.), *Time and Temporality in the Ancient World* (Philadelphia: University of Pennsylvania Museum of Archaeology and Anthropology, 2004), pp. 129–46.

92 Clifford Geertz, *The Interpretation of Cultures* (New York: Basic Books, 1973) p. 393.

93 John Latartara, 'Theoretical Approaches toward Qin Analysis: "Water and Clouds over Xiao Xiang" ', *Ethnomusicology* 49/2 (2005), pp. 232–65.

94 Ibid., p. 234.

95 Peter Frankopan, *The Silk Roads: A New History of the World* (London: Bloomsbury, 2015) p. xix.

96 Peter Frankopan, *The New Silk Roads: The Present and Future of the World* (London: Bloomsbury, 2018).

97 James Millward, *The Silk Road: A Very Short Introduction* (New York: Oxford University Press, 2013), pp. 91–8.

98 Matthew Spring, *The Lute in Britain: A History of the Instrument and Its Music* (New York: Oxford University Press, 2001), p. 49.

99 George Buelow, *A History of Baroque Music* (Bloomington: Indiana University Press, 2004), p. 202.

100 Millward, *The Silk Road*, p. 92.

101 Keith Howard and Saparbek Kasmambetov, *Singing the Kyrgyz Manas: Saparbek Kasmambetov's Recitations of Epic Poetry* (Folkestone, UK: Global Oriental, 2010).

102 Forrest Gander, *Core Samples from the World* (New York: New Directions), p. 17.

103 Peter Marsh, *The Horse-head Fiddle and the Cosmopolitan Reimagination of Tradition in Mongolia* (New York: Routledge, 2009).

104 Henry Serruys, 'Music and song for animals', *Etudes Mongoles et Sibériennes* 16 (1986), pp. 61–8 (p. 65).

105 Marco Polo, *The Travels of Marco Polo*, trans. Ronald Latham (London: Penguin, 1958).

106 Kuo-Huang Han, 'The Modern Chinese Orchestra', in Mavelene Moore and Philip Ewell, *Kaleidoscope of Cultures: A Celebration of Multicultural Research and Practice* (Lanham, Maryland: Rowman & Littlefield, 2010), pp. 63–8 (p. 65).

107 Zhixin Jason Sun, 'Dadu: Great Capital of the Yuan Dynasty', in James Watt (ed.), *The World of Khubilai Khan: Chinese Art in the Yuan Dynasty* (New Haven: Yale University Press, 2010), pp. 41–64 (p. 55).

108 Millward, *The Silk Road*, p. 90.

109 Elizabeth Wichmann, *Listening to Theatre: The Aural Dimension of Beijing Opera* (Honolulu: University of Hawaii Press, 1991), p. 2.

110 Ibid., pp. 4–5.

111 James Crump, 'The Elements of Yuan Opera', *The Journal of Asian Studies* 17/3 (1958), pp. 417–34 (p. 433).

112 Peter Golden, *Central Asia in World History* (New York: Oxford University Press, 2011), p. 89.

08. 엔드게임

1 Walter Mignolo, *The Darker Side of Modernity* (Durham: Duke University Press, 2011), p. 79.

2 http://www.mexicolore.co.uk/maya/teachers/ancient-maya-music

3 Emilio Ros-Fábregas, ' "Imagine all the people…": polyphonic flowers in the hands and voices of Indians in 16th-century Mexico', *Early Music* xl/2 (2012), pp. 177–89 (p. 180).

4 Ibid., p. 179.

5 Robert Stevenson, *Music in Aztec and Inca Territory* (Berkeley, CA: University of California Press, 1968), p. 172.

6   David Irving, *Colonial Counterpoint: Music in Early Modern Manila* (New York: Oxford University Press, 2010), p. 42.

7   Ibid., p. 53.

8   Arjun Appadurai, *Modernity at Large: Cultural Dimensions of Globalization* (Minneapolis: University of Minneapolis Press, 1996). See especially Chapter 5, 'Playing with Modernity: The Decolonisation of Indian Cricket'.

9   Edward Said, *Culture and Imperialism* (London: Vintage Books, 1994), p. 386.

10 See also Irving, *Colonial Counterpoint*.

11 Michael Church (ed.), *The Other Classical Musics: Fifteen Great Traditions* (Woodbridge: The Boydell Press, 2015).

12 Keith Howard, 'On *setar, dutar* and *pipa*', review of Church, *The Other Classical Musics, Times Literary Supplement* (15 April 2016), pp. 9–10.

13 Paul Gilroy, *The Black Atlantic: Modernity and Double Consciousness* (New York: Verso, 1993).

14 Simon Trezise, *Debussy: La mer* (Cambridge: Cambridge University Press, 1994), p. 37.

15 Frederick Sternfeld, *The Birth of Opera* (Oxford: Clarendon Press, 1995), pp. 1–30.

16 Daniel Chua, 'Vincenzo Galilei, modernity and the division of nature', in Suzannah Clark and Alexander Rehding (eds), *Music Theory and Natural Order from the Renaissance to the Early Twentieth Century* (Cambridge: Cambridge University Press, 2001), pp. 17–29.

17 Stillman Drake, 'Vincenzo Galilei and Galileo', in *Galileo Studies: Personality, Tradition and Revolution* (Ann Arbor, 1970), pp. 43–62; Claude Palisca, 'Was Galileo's Father an Experimental Scientist?', in Victor Coelho (ed.), *Music and Science in the Age of Galileo* (Dordrecht: Springer 1992), pp. 143–51.

18 Vincenzo Galilei, *Dialogue on Ancient and Modern Music*, trans., with introduction and notes, Claude Palisca (New Haven: Yale University Press, 2003), pp. lx–lxi, 240.

19 Kenneth Clark, *Civilisation*, episode 4, 'Man: The Measure of All Things', https://www.youtube.com/watch?v=jvrAdDfmgKY

20 Knud Jeppesen, *The Style of Palestrina and the Dissonance* (Mineola, New York: Dover Publications, 1946).

21 Thomas Tuohy, *Herculean Ferrara: Ercole d'Este (1471–1505) and the Invention of a Ducal Capital* (Cambridge: Cambridge University Press, 2002).

22 Craig Wright, *The Maze and the Warrior: Symbols in Architecture, Theology, and Music* (Cambridge, Mass.: Harvard University Press, 2001), p. 192.

23 Cristle Collins Judd, *Reading Renaissance Music Theory: Hearing with the Eyes* (Cambridge: Cambridge University Press, 2000), pp. 188–200.

24 Simon Winchester, *Bomb, Book & Compass: Joseph Needham and the Great Secrets of China* (New York: Viking, 2008).

25 Arun Kumar Biswas, 'Why Did Scientific Renaissance Take Place in Europe and Not in India?', *Indian Journal of History of Science* 45/2 (2010), pp. 241–85.

26 Alan Palmer, *The Decline and Fall of the Ottoman Empire* (Fall River Press, 2011).

27 Donald Jay Grout, *A History of Western Music* (New York: W. W. Norton and Company, 2014).

28 Regula Qureshi, *Sufi Music of India and Pakistan: Sound, Context and Meaning in Qawaali* (Cambridge: Cambridge University Press, 1986), p. 58.

29 Lydia Goehr, *The Imaginary Museum of Musical Works: An Essay in the Philosophy of Music* (Oxford: Clarendon Press, 1992).

30 Ian Woodfield, *English Musicians in the Age of Exploration* (Stuyvesant, NY: Pendragon Press, 1995), p. 90.

31 Cited in Suzel Ana Reily and Jonathan Dueck (eds), *The Oxford Handbook of Music and World Christianities* (New York: Oxford University Press, 2016), p. 13.

32 Ibid., p. 9.

33 Cited in Benedict Anderson, *Imagined Communities: Reflections on the*

Origin and Spread of Nationalism (New York: Verso, 2016), p. 13.

34 Cited in Stevenson, *Music in Aztec and Inca Territory*, p. 104.

35 Brad Prager, *The Cinema of Werner Herzog: Aesthetic Ecstasy and Truth* (London: Wallflower Press, 2007), p. 43.

36 John Cohen, 'Q'ero', in Dale Olsen and Daniel Sheehy (eds), *The Garland Encyclopedia of World Music*, Vol. 8: *South America, Mexico, Central America and the Caribbean* (New York: Garland, 1998), pp. 225–31 (p. 228).

37 Ros-Fábregas, ' "Imagine all the people…" ', pp. 183–5.

38 Olivia Bloechl, *Native American Song at the Frontiers of Early Modern Music* (Cambridge: Cambridge University Press, 2008), pp. 35–57.

39 Kofi Agawu, *Representing African Music: Postcolonial Notes, Queries, Positions* (New York: Routledge, 2003), p. 9.

40 Julie Taylor, 'Coexistence of Causal and Cultural Expressions of Musical Values among the Sabaot of Kenya', in Reily and Dueck, *Oxford Handbook of Music and World Christianities*, pp. 78–95 (p. 84).

41 Julia Byl, 'Music, Convert, and Subject in the North Sumatran Mission Field', in Reily and Dueck, *Oxford Handbook of Music and World Christianities*, pp. 33–54 (p. 42).

42 https://earlymusicmuse.com/l-homme-arme/

43 Iain Fenlon, 'Orality and Print: Singing in the Street in Early Modern Venice', in Luca Degl'Innocenti, Brian Richardson and Chiara Sbordoni (eds), *Interactions between Orality and Writing in Early Modern Italian Culture* (London: Routledge, 2016), pp. 81–98 (p. 90).

44 Ralph Locke, *Music and the Exotic from the Renaissance to Mozart* (Cambridge: Cambridge University Press, 2015), p. 96.

45 Harrison Powley, 'Janissary Music', in John Beck (ed.), *Encyclopedia of Percussion* (New York: Garland, 1995), pp. 195–201 (p. 196).

46 Catherine Mayes, 'Turkish and Hungarian-Gypsy Styles', in Danuta Mirka (ed.), *The Oxford Handbook of Topic Theory* (New York: Oxford University Press, 2014), pp. 214–37 (p. 223).

47 Nicholas Cook, 'Western Music as World Music', in Philip Bohlman (ed.), *The Cambridge History of World Music* (Cambridge: Cambridge University Press, 2013), pp. 75–100 (p. 80).

48 David Clarke, 'Beyond the Global Imaginary: Decoding BBC Radio 3's *Late Junction*', *Radical Musicology* 2 (2007), www.radical-musicology.org.uk/

49 Steven Feld, 'Pygmy Pop: A Genealogy of Schizophonic Mimesis', *Yearbook of Traditional Music* 28 (1997), pp. 1–35.

50 Keith Howard, 'On *setar, dutar* and *pipa*', review of Church, *The Other Classical Musics, Times Literary Supplement* (15 April 2016), pp. 9–10.

51 Jaime Jones, 'Music, History, and the Sacred in South Asia', in Bohlman (ed.), *Cambridge History of World Music*, pp. 202–222.

52 Gerhard Kubik, 'Analogies and Differences in African-American Musical Cultures across the Hemisphere: Interpretive Models and Research Strategies', *Black Music Research Journal* 18/2 (1998), pp. 203–27; Peter Wade, *Race and Ethnicity in Latin America* (London: Pluto Press, 2010).

53 Cited in Jason Stoessel, 'Voice and Song in Early Encounters between Latins, Mongols, and Persians, ca. 1250–ca. 1350', in Reinhard Strohm (ed.), *Studies on a Global History of Music: A Balzan Musicology Project* (New York: Routledge, 2018), pp. 83–113 (p. 88).

54 Cited in Keith Howard and Saparbek Kasmambetov, *Singing the Kyrgyz Manas: Saparbek Kasmambetov's Recitations of Epic Poetry* (Folkestone, UK: Global Oriental, 2019), p. 96.

55 Christina Lubinski and Andreas Steen, 'Traveling Entrepreneurs, Traveling Sounds: The Early Gramophone Business in India and China', *Itinerario* 41/2 (2017), pp. 275–303 (p. 294).

56 Jeff Levy-Hinte's 2008 documentary, *Soul Power*, can be viewed on https://www.youtube.com/watch?v=iHMgTKLMAgI. The conversation happens at 20'29".

57 James Brown, *James Brown: Godfather of Soul* (London: Head of Zeus, 2014). Brown had actually visited Zaire earlier in 1972.

58   Ron Levi, 'Zaire '74: Politicising the Sound Event', *Social Dynamics: A Journal of African Studies* 43/2 (2017), pp. 184–98 (p. 195).

59   Lucy Duran, ' "Soliyo" (Calling the Horses): Song and Memory in Mande Music', in Rachel Harris and Rowan Pease (eds.), *Pieces of the Musical World: Sounds and Cultures* (London: Routledge, 2015), pp. 27–44.

60   John Chernoff, 'Music and Historical Consciousness among the Dagbamba of Ghana', in Lawrence Sullivan (ed.), *Enchanting Powers: Music in the World's Religions* (Cambridge, Mass.: Harvard University Press, 1997), pp. 91–120.

61   Cited in Agawu, *Representing African Music*, p. 55.

62   Michael Quintero, *Rites, Rights & Rhythms: A Genealogy of Musical Meaning in Colombia's Black Pacific* (Oxford: Oxford University Press, 2019).

63   Kubik, 'Analogies and Differences', p. 223.

64   Ibid.

65   Peter van der Merwe, *Origins of the Popular Style: Antecedents of Twentieth-Century Popular Music* (Oxford: Oxford University Press, 1989).

66   Quintero, *Rites, Rights & Rhythms*.

67   Kubik, 'Analogies and Differences', p. 209.

68   Drew Beisswenger, *North American Fiddle Music: A Research and Information Guide* (New York: Routledge, 2011).

69   Charles Hersch, *Subversive Sounds: Race and the Birth of Jazz in New Orleans* (Chicago: The University of Chicago Press, 2007).

70   Alexander Stewart, 'Second Line', in John Shepherd (ed.), *Continuum Encyclopedia of Popular Music of the World*, Vol. II (New York: Continuum, 2003), pp. 620–3 (p. 622).

71   Gilroy, *Black Atlantic*.

72   According market analysis by ResearchMoz in 2012. See http://www.bbc.com/culture/story/20131022-piano-mania-grips-china

73   Dani Cavallaro, *The Animé Art of Hayao Miyazaki* (London: McFarland & Company, 2006), p. 45.

74 Cited in Peter Burt, *The Music of Toru Takemitsu* (Cambridge: Cambridge University Press, 2006), pp. 6–7.

75 Bonnie Wade, *Music in Japan: Experiencing Music, Expressing Culture* (Oxford: Oxford University Press, 2005), pp. 21–4.

76 Eta Harich-Schneider, *A History of Japanese Music* (Oxford: Oxford University Press, 1973), p. 457.

77 Burt, *Toru Takemitsu*, pp. 4–20.

78 Toru Takemitsu, 'Toru Takemitsu on Sawari', trans. Hugh de Ferranti and Yayoi Uno Everett, in Yayoi Uno Everett and Frederick Lau (eds), *Locating East Asia in Western Art Music* (Middletown, Connecticut: Wesleyan University Press, 2004), pp. 199–207 (p. 205).

79 Nicholas Cook, *Beethoven: Symphony No. 9* (Cambridge: Cambridge University Press, 1993), p. 98.

80 Kurisaka Yoshiro, 'A Song of Sympathy and Gladness', *Japan Quarterly* 12 (1982), pp. 479–83 (p. 480).

81 Yano Jun'ichi, 'Why is Beethoven's Ninth So Well Loved in Japan?', *Japan Quarterly* 12 (1982), pp. 475–8 (p. 477).

82 Cook, *Beethoven: Symphony No. 9*, pp. 95–7.

83 Suk-Young Kim, *K-pop Live: Fans, Idols, and Multimedia Performance* (Stanford: Stanford University Press, 2018), p. 32.

84 Cavallaro, *Animé Art of Hayao Miyazaki*, p. 45.

85 Takemitsu, 'Toru Takemitsu on Sawari', p. 201.

86 분명 가장 비참한 전쟁영화는 스튜디오 지브리의 1988년작 「반딧불이의 묘Grave of the Fireflies」일 것이다. 이 영화는 포화를 맞은 일본 고베를 배경으로 한다.

PART 3. 진화

09. 동물

1 W. Tecumseh Fitch, 'Four Principles of Biomusicology', in Henkjan Honing

(ed.), *The Origins of Musicality* (Cambridge, Mass.: MIT Press, 2018), pp. 20–47 (p. 37).

2 Peggy Hill, *Vibrational Communication in Animals* (Cambridge, Mass.: 2008).

3 Jun-Jie Gu et al., 'Wing stridulation in a Jurassic katydid (*Insecta, Orthoptera*) produced low-pitched musical calls to attract females', *Proceedings of the National Academy of Sciences of the United States of America* 109/10 (2012), pp. 3868–73.

4 Julia Clarke et al., 'Fossil evidence of the avian vocal organ from the Mesozoic', *Nature* 538 (2016), pp. 502–5.

5 David Rothenberg, *Thousand-Mile Song: Whale Music in a Sea of Sound* (New York: Basic Books, 2008).

6 Jun-Jie Gu et al., 'Wing stridulation'.

7 Björn Merker, 'Synchronous chorusing and the origins of music', *Musicae Scientiae* Special Issue (1999–2000), pp. 59–73 (p. 61).

8 Martin Clayton, Rebecca Sager and Udo Will, 'In time with the music: The concept of entrainment and its significance for ethnomusicology', *European Meetings in Ethnomusicology Special Esem-CounterPoint Volume* (2005), pp. 3–75 (p. 7).

9 Steven Strogatz, *Sync: How Order Emerges from Chaos In the Universe, Nature, and Daily Life* (New York: Penguin, 2004), p. 13.

10 David Rothenberg, *Bug Music: How Insects Gave us Rhythm and Noise* (New York: St. Martin's Press, 2013), p. 74.

11 Michael Menaker, 'Biological clocks at the end of the 20th century', in Vinod Kumar (ed.), *Biological Rhythms* (Berlin: Springer Verlag, 2002), pp. 1–4 (p. 2).

12 Rebecca Warner, 'Rhythm in social interaction', in Joseph McGrath (ed.), *The Social Psychology of Time: New Perspectives* (London: Sage, 1988), pp. 63–88 (pp. 68–9).

13 Cited in Clayton et al., 'In time with the music', p. 53.

14 Lauren Cator, Ben Arthur, Laura Harrington and Ronald Hoy, 'Harmonic

convergence in the love songs of the dengue vector mosquito', *Science* 323 (2009), pp. 1077–9.

15 Clive Catchpole and Peter Slater, *Bird Song: Biological Themes and Variations* (Cambridge: Cambridge University Press, 1995), p. 220.

16 Clive Catchpole, 'Sexual selection and complex song: The sedge warbler', in Peter Marler and Hans Slabberkoorn (eds), *Nature's Music: The Science of Birdsong* (Amsterdam: Elsevier Academic Press, 2004), p. 126.

17 Peter Marler, 'The voice of the chaffinch and its function as a language', *IBIS International Journal of Avian Science* 98/2 (1956), pp. 231–61.

18 Stephen Nowicki and William Searcy, 'The evolution of vocal learning', *Current Opinion in Neurobiology* 28 (2014), pp. 48–53.

19 David Rothenberg, *Why Birds Sing: One Man's Quest to Solve an Everyday Mystery* (New York: Penguin, 2006), p. 68.

20 Sanne Moorman and Johan Bolhuis, 'Behavioral Similarities between Birdsong and Spoken Language', in Johan Bolhuis and Martin Everaert (eds), *Birdsong, Speech, and Language: Exploring the Evolution of Mind and Brain* (Cambridge, Mass.: MIT Press, 2013), pp. 111–24.

21 Ron Weisman, Laurene Ratcliffe, Ingrid Johnsrude and Andrew Hurly, 'Absolute and relative pitch production in the song of the black-capped chickadee', *The Condor* 92 (1990), pp. 118–24.

22 Don Kroodsma, 'The diversity and plasticity of birdsong', in Marler and Slabberkoorn (eds), *Nature's Music*, pp. 108–31 (p. 122).

23 Hans Slabberkoorn, 'Singing in the wild: the ecology of birdsong', in Marler and Slabberkoorn (eds), *Nature's Music*, pp. 178–205 (pp. 198–9).

24 Ibid., p. 201.

25 Darren Irwin and Jessica Irwin, 'Speciation in a Ring: The Role of Song', in Marler and Slabberkoorn (eds), *Nature's Music*, p. 204.

26 Henkhan Honing, 'Musicality as an Upbeat to Music', in Honing (ed.), *Origins of Musicality*, pp. 3–19 (p. 12).

27 Marisa Hoeschele, Hugo Merchant, Yukiko Kikuchi, Yuko Hattori and

Carel ten Cate, 'Searching for the Origins of Musicality across Species', in Honing (ed.), *Origins of Musicality*, pp. 148–170 (p. 153).

28 Slabberkoorn, 'Singing in the wild', p. 196.

29 You can see the video on https://www.youtube.com/watch?v= N7IZmRnAo6s

30 Stefan Koelsch, *Good Vibrations: Die heilende Kraft der Musik* (Berlin: Ullstein, 2019).

31 Rothenberg, *Why Birds Sing*, p. 55.

32 Willem Zuidema, Dieuwke Hupkes, Geraint Wiggins, Constance Scharff and Martin Rohrmeirer, 'Formal Models of Structure Building in Music, Language, and Animal Song', in Honing (ed.), *Origins of Musicality*, pp. 250–86 (p. 255).

33 Moorman & Bolhuis, 'Behavioral Similarities'.

34 Clarke et al., 'Fossil evidence'.

35 Geoffrey Manley and Otto Gleich, 'Evolution and Specialization of Function in the Avian Auditory Periphery', in Douglas Webster, Richard Fay and Arthur Popper (eds), *The Evolutionary Biology of Hearing* (Berlin: Springer Verlag, 1992), pp. 561–80 (p. 561).

36 Gabriela Sobral and Johannes Müller, 'Archosaurs and their Kin: The Ruling Reptiles', in Jennifer Clack, Richard Fay and Arthur Popper (eds), *Evolution of the Vertebrate Ear: Evidence from the Fossil Record* (Berlin: Springer Verlag, 2016), pp. 285–326 (p. 318).

37 Catchpole and Slater, *Bird Song*, p. 30.

38 Gisela Kaplan and Lesley Rogers, *Birds: Their habits and skills* (Crows Nest: Allen & Unwin, 2001), p. 28.

39 https://www.youtube.com/watch?v=VjE0Kdfos4Y&t=6s

40 Weisman et al., 'Absolute and relative pitch production'.

41 Richard Prum, *The Evolution of Beauty: How Darwin's Forgotten Theory of Mate Choice Shapes the Animal World* (New York: Doubleday, 2017).

42 Anne Butler and William Hodos, *Comparative Verterbate Neuroanatomy:*

Evolution and Adaptation (Hoboken, New Jersey: John Wiley & Sons, 2005). The authors observe that: 'Area X demonstrates a sexual dimorphism such that it is well developed in male songbirds but does not appear as a distinct morphological entity in females [...] This sexual dimorphism is consistent with the observation that male songbirds have a greater number and a richer variety of songs in their repertoires than do female songbirds' (p. 585).

43 Katharina Riebel, Karan Odom, Naomi Langmore and Michelle Hall, 'New insights from female bird song: towards an integrated approach to studying male and female communication roles', *Biology Letters* 15/4 (2019), pp. 1–7.

44 Rothenberg, *Thousand-Mile Song*, pp. 14–15.

45 Ibid., p. 6.

46 Roger Payne and Scott McVay, 'Songs of Humpback Whales: Humpbacks emit sounds in long, predictable patterns ranging over frequencies audible to humans', *Science* 173/3997 (1971), pp. 585–97.

47 Katharine Payne and Roger Payne, 'Large Scale Changes over 19 years in Songs of Humpback Whales in Bermuda', *Zeitschrift für Tierpsychologie* 68 (1985), pp. 89–114.

48 Salvatore Cerchio, Jeff Jacobsen and Thomas Norris, 'Temporal and geographical variation in songs of humpback whales, *Megaptera novaeangliae*: synchronous change in Hawaiian and Mexican breeding assemblages', *Animal Behaviour* 62 (2001), pp. 313–29.

49 Eduardo Mercado, 'The Sonar Model for Humpback Whale Song Revised', *Frontiers in Psychology* 9/1156 (2018), pp. 1–20.

50 Payne and Payne, Large Scale Changes', p. 110.

51 https://www.youtube.com/watch?v=p-7QrQ0cbpg&t=1116s

52 Cerchio et al., 'Temporal and geographical variation', p. 318.

53 Katherine Payne, Peter Tyack and Roger Payne, 'Progressive changes in the songs of humpback whales (*Megaptera novaeangliae*): A detailed analysis of two seasons in Hawaii', in Roger Payne (ed.), *Communication and*

Behavior of Whales (Boulder: Westview Press, 1983), pp. 9–57.

54 Mark Evan Bonds, A History of Music in Western Culture (Upper Saddle River, NJ: Prentice Hall, 2009), p. 43.

55 Charles Darwin, The Descent of Man: And Selection in Relation to Sex (London: John Murray, 1871), p. 332.

56 Dietmar Todt, Philipp Goedeking and David Symmes (eds), Primate Vocal Communication (Berlin: Springer Verlag, 1988).

57 Björn Merker, Iain Morley and Willem Zuidema, 'Five Fundamental Constraints on Theories of the Origins of Music', in Honing (ed.), Origins of Musicality, pp. 49–80 (p. 66).

58 Thomas Geissmann, 'Inheritance of song parameters in the gibbon song, analysed in two hybrid gibbons (Hylobates pileatus x Hylobates lar)', Folia Primatologica 42 (1984), pp. 216–35.

59 Bruce Richman, 'Rhythm and Melody in Gelada Vocal Exchanges', Primates 28/2 (1987), pp. 199–223.

60 Robert Seyfarth, Dorothy Cheney and Peter Marler, 'Monkey Responses to Three Different Alarm Calls: Evidence of Predator Classification and Semantic Communication', Science 210 (1980), pp. 801–3.

61 Ray Jackendoff, Foundations of Language: Brain, Meaning, Grammar, Evolution (New York: Oxford University Press, 2002).

62 Frans de Waal, Are We Smart Enough to Know How Smart Animals Are? (London: Granta, 2017), p. 119.

63 Yuko Hattori, Masaki Tomonaga and Tetsuro Matsuzawa, 'Spontaneous synchronized tapping to an auditory rhythm in a chimpanzee', Scientific Reports 3/1566 (2013), pp. 1–6.

64 Josep Call and Michael Tomasello (eds), The Gestural Communication of Apes and Monkeys (New York: Lawrence Erlbaum Associates, 2007), p. 208.

65 de Waal, Are We Smart Enough, p. 112.

66 Call and Tomasello, Gestural Communication, p. 22.

67 Ibid., p. 36.

68 Ibid., pp. 221–30; Michael Tomasello, *Origins of Human Communication* (Cambridge, Mass.: MIT Press, 2008).

69 Clive Catchpole and Peter Slater, *Bird Song: Biological Themes and Variations* (Cambridge: Cambridge University Press, 1995), p. 220.

70 Nigel Mann, Kimberly Dingess and P. J. B. Slater, 'Antiphonal four-part synchronized chorusing in a neotropical wren', *Biology Letters* 2 (2006), pp. 1–4.

71 Koelsch, *Good Vibrations*.

72 Payne et al., 'Progressive changes', p. 52.

73 Ibid., p. 54.

10. 인간

1 Steven Pinker, *How the Mind Works* (New York: Norton & Norton, 2009), p. 534.

2 Hajime Yamauchi, Terrence Deacon and Kazuo Okanoya, 'The myth surrounding the ban by *Société de linguistique de Paris*', in Thomas Scott-Phillips *et al* (eds.), *The Evolution of Language* (Singapore: World Scientific Publishing, 2012), pp. 569–70.

3 W. Tecumseh Fitch, 'The Biology and Evolution of Speech: A Comparative Analysis', *Annual Review of Linguistics* 4 (2018), pp. 255–79.

4 Burkhard Maess, Stefan Koelsch, Thomas Gunter and Angela Friederici, 'Musical syntax is processed in Broca's area: an MEG study', *Nature Neuroscience* 4/5 (2001), pp. 540–5.

5 Dean Falk, 'Cerebral cortices of East African early hominids', *Science* 221 (1983), pp. 1072–4.

6 Alison Wray, 'Protolanguage as a holistic system for social interaction', *Language and Communication* 18 (1998), pp. 47–67; Ray Jackendoff, *Foundations of Language: Brain, Meaning, Grammar, Evolution* (New York: Oxford University Press, 2002).

7 Jean-Jacques Rousseau, *Essay on the Origin of Languages and Writings*

Related to Music, trans. and ed. John Scott (Hanover: The University Press of New England, 1998).

8   For an excellent summary, see Iain Morley, 'A multi-disciplinary approach to the origins of music: perspectives from anthropology, archaeology, cognition and behaviour', *Journal of Anthropological Sciences* 92 (2014), pp. 147–77.

9   Robin Dunbar, Clive Gamble and John Gowlett (eds), *Lucy to Language: The Benchmark Papers* (Oxford: Oxford University Press, 2014).

10   Matz Larsson, 'Self-generated sounds of locomotion and ventilation and the evolution of human rhythmic abilities', *Animal Cognition* 17 (2014), pp. 1–14.

11   Aniruddh Patel and John Iversen, 'The evolutionary neuroscience of musical beat perception: the Action Simulation for Auditory Prediction (ASAP) hypothesis', *Frontiers in Systems Neuroscience* 8/57 (2014), pp. 1–14 (p. 4).

12   Terrence Deacon, *The Symbolic Species: The Co-evolution of Language and the Brain* (New York: W. W. Norton & Co., 1998), pp. 247–53.

13   Fitch, 'Biology and Evolution of Speech', p. 268.

14   Michael Tomasello, *Origins of Human Communication* (Cambridge, Mass.: MIT Press, 2008), pp. 227–8.

15   Robin Dunbar, *Grooming, Gossip, and the Evolution of Language* (Cambridge, Mass.: Harvard University Press, 1998).

16   Bryan Mark, 'Quaternary glaciation in Africa: Key chronological and climactic implications', *Journal of Quaternary Science* 23/6–7 (2008), pp. 589–608; Lisa Cashmore, 'Human Evolution in the Quaternary', in Scott Elias and Cary Mock (eds), *Encyclopedia of Quaternary Science* (New York: Elsevier, 2013), pp. 135–45.

17   Rosalia Gallotti and Margherita Mussi (eds), *The Emergence of the Acheulean in East Africa and Beyond* (New York: Springer 2018).

18   Gregory Currie, 'The Master of the Masek Beds: Handaxes, Art, and the Minds of Early Humans', in Elisabeth Schellkens and Peter Goldie (eds),

The Aesthetic Mind: Philosophy and Psychology (New York: Oxford University Press, 2011).

19   Tomasello, *Origins of Human Communication*.

20   Tim Ingold, 'The temporality of the landscape', *World Archaeology* 25 (1993), pp. 152–73.

21   André Leroi-Gourhan, *Gesture and Speech* (Cambridge, Mass.: MIT Press, 1993).

22   See for instance https://www.youtube.com/watch?v=LnmUYIOzRFw

23   Clive Gamble, *The Palaeolithic Societies of Europe* (Cambridge: Cambridge University Press, 1999), pp. 80–4.

24   Merlin Donald, *Origins of the Modern Mind: Three Stages in the Evolution of Culture and Cognition* (Cambridge, Mass.: Harvard University Press, 1991), pp. 182–6.

25   Thomas Suddendorf and Michael Whiten, 'The evolution of foresight: What is mental time travel and is it unique to humans?', *Behavioral and Brain Sciences* 30 (2007), pp. 299–351.

26   Gary Tomlinson, *A Million Years of Music: The Emergence of Human Modernity* (New York: Zone Books, 2015), p. 82.

27   Gamble, *Palaeolithic Societies of Europe*, p. 41; Tomlinson, *A Million Years of Music*, pp. 60–1.

28   Gamble, P*alaeolithic Societies of Europe*, p. 97.

29   W. Tecumseh Fitch, 'Fossil cues to the evolution of speech', in Rudolf Botha and Chris Knight (eds), *The Cradle of Language* (New York: Oxford University Press, 2009), pp. 112–34.

30   Roland Frey and Tobias Riede, 'Sexual dimorphism of the larynx of the Mongolian gazelle (*Procapra gutturosa* Pallas, 1777) (Mammalia, Artiodactyla, Bovidae)', *Zoologischer Anzeiger – A Journal of Comparative Zoology* 242 (2003), pp. 33–62.

31   Ignacio Martínez et al., 'Human hyoid bones from the middle Pleistocene site of the Sima de los Huesos (Sierra de Atapuerca, Spain)', *Journal of*

Human Evolution 54 (2008), pp. 118–24 (p. 124).

32 Zeresenay Alemeseged et al., 'A juvenile early hominin skeleton from Dikika, Ethiopia', *Nature* 443 (2006), pp. 296–301.

33 Fitch, 'Fossil cues to the evolution of speech', p. 127.

34 Gamble, *Palaeolithic Societies of Europe*, pp. 94–7.

35 Clive Gamble, 'When the Words Dry Up: Music and Material Metaphors Half a Million Years ago', in Nicholas Bannan (ed.), *Music, Language, and Human Evolution* (New York: Oxford University Press, 2012), pp. 81–108.

36 Tomlinson, *A Million Years of Music*, pp. 106–12.

37 Robbins Burling, *The Talking Ape: How Language Evolved* (New York: Oxford University Press, 2005).

38 Kazuo Okanoya, 'The Bengalese Finch: A window on the behavioral neurobiology of birdsong syntax', *Annals of the New York Academy of Sciences* 1016 (2004), pp. 724–35.

39 Tomasello, *Origins of Human Communication*, p. 219.

40 Daniel Goldmark, *Tunes for 'Toons: Music and the Hollywood Cartoon* (Berkeley: University of California Press, 2005), pp. 44–76.

41 All this happens in *Dog Trouble*, a 1942 one-reel short.

42 Gamble, *Palaeolithic Societies of Europe*, p. 236.

43 Steven Mithen, *The Singing Neanderthals: The Origins of Music, Language, Mind and Body* (Cambridge, Mass.: Harvard University Press, 2005).

44 Ibid., p. 171.

45 Johannes Krause et al.,'The derived FOXP2 variant of modern humans was shared with Neandertals', *Current Biology* 17 (2007), pp. 1908–12.

46 Tomislav Maricic et al., 'A recent evolutionary change affects a regulatory element in the FOXP2 gene', *Molecular Biology and Evolution* 4 (2012), pp. 844–52.

47 Jackendoff, *Foundations of Language*.

48 Tomlinson, *A Million Years of Music*, p. 155.

49 Jackendoff, *Foundations of Language*, p. 243.

50 Thomas Wynn and Frederick Coolidge, *How To Think Like a Neandertal* (New York: Oxford University Press, 2012), p. 54.

51 Tomlinson, *A Million Years of Music*, p. 160.

52 Francesco d'Errico et al., 'Archaeological Evidence for the Emergence of Language, Symbolism, and Music – An Alternative Multidisciplinary Perspective', *Journal of World Prehistory* 17 (2003), pp. 1–70.

53 John Shea, 'Homo sapiens Is as Homo sapiens Was: Behavioral Variability versus "Behavioral Modernity" in Paleolithic Archaeology', *Current Anthropology* 52/1 (2011), pp. 1–35.

54 Mithen, *Singing Neanderthals*, pp. 250–2.

55 Steven Mithen, 'The Cathedral Model for the Evolution of Human Cognition', in Gary Hatfield and Holly Pittman (eds), *Evolution of Mind, Brain, and Culture* (Philadelphia: University of Pennsylvania Press, 2013), pp. 217–33.

56 Gamble, *Palaeolithic Societies of Europe*, p. 356.

57 Ibid., p. 54.

58 d'Errico et al., 'Emergence of Language, Symbolism, and Music', p. 45.

59 Gary Tomlinson, *Culture and the Course of Human Evolution* (Chicago: The University of Chicago Press, 2018), p. 43. Jean-Baptiste Lamarck (1744–1829) was a French naturalist. His idea that organisms passed on their traits to their descendants was superseded by Darwinism.

60 Mithen, 'Cathedral Model', p. 231.

61 Gamble, *Palaeolithic Societies of Europe*, p. 356.

62 Ibid., pp. 393–8.

63 Donald, *Origins of the Modern Mind*, p. 281.

64 Tomlinson, *A Million Years of Music*, p. 257.

65 Clive Gamble, *Origins and Revolutions: Human Identity in Earliest Prehistory* (Cambridge: Cambridge University Press, 2007).

66 See https://www.youtube.com/watch?v=KliLsBSo-J4

67 Leroi-Gourhan, *Gesture and Speech*, p. 313.

68 Mithen, *Singing Neanderthals*, pp. 265–6.

69 Cynthia Moss, *Elephant Memories* (Chicago: The University of Chicago Press, 2000), p. 23.

70 C. O'Connell-Rodwell, B. Arnason and L. Hart, 'Seismic properties of Asian elephant (*Elephas maximus*) vocalizations and locomotion', *Journal of the Acoustic Society of America* 108 (2000), pp. 3066–72.

71 Ian Cross, 'Music as an Emergent Exaptation', in Bannan (ed.), *Music, Language, and Human Evolution*, pp. 263–76.

72 Mithen, *Singing Neanderthals*, p. 4.

73 https://www.ft.com/content/c691c3f4-e37f-11e9-b8e0-026e07cbe5b4

11. 기계

1 Nick Bostrom, *Superintelligence: Paths, Dangers, Strategies* (New York: Oxford University Press, 2014); Max Tegmark, *Life 3.0: Being Human in the Age of Artificial Intelligence* (New York: Vintage, 2017).

2 Christine Lee Gengaro, *Listening to Stanley Kubrick: The Music in His Films* (Plymouth: The Scarecrow Press, 2013), p. 98.

3 HAL to Homer: 'Don't take out my British charm unit! Without that I'm a boorish American clod.' https://www.youtube.com/watch?v=KliLsBSo-J4

4 Georgina Born and Christopher Haworth, 'From Microsound to Vaporwave: Internet-Mediated Musics, Online Methods, and Genre', *Music and Letters* 98/4 (2017), pp. 601–47.

5 Dennis Des Chene, *Spirits and Clocks: Machine and Organism in Descartes* (Ithaca: Cornell University Press, 2001).

6 https://www.youtube.com/watch?v=A0-AD3bFjF8

7 Robert Ranisch and Stefan Sorgner, *Post- and Transhumanism: An Introduction* (Bern: Peter Lang, 2014).

8 Edward O. Wilson, *The Origins of Creativity* (London: Penguin, 2017), p. 62.

9 Michael Smotherman, Mirjam Knörnschild, Grace Smarsh and Kirsten Bohn, 'The origins and diversity of bat songs', *Journal of Comparative*

Physiology 202/8 (2016), pp. 535–54 (p. 543).

10 Peter Godfrey-Smith, *Other Minds: The Octopus and the Evolution of Intelligent Life* (London: William Collins, 2016).

11 https://www.digitaltrends.com/cool-tech/auxuman-ai-album/

12 'Music's Smart Future: How Will AI Impact The Music Industry?', https://www.musictank.co.uk/wp-content/uploads/2018/03/bpi-ai-report.pdf

13 https://www.theguardian.com/artanddesign/2014/may/06/neil-harbisson-worlds-first-cyborg-artist

14 https://www.abeautiful.world/stories/james-wannerton-synesthesia/

15 Nicole Santos and Maria Pulido, 'Investigation of Sound-Gustatory Synesthesia in a Coffeehouse Setting', in Muthu Ramachandran et al (eds.), 4th International Conference on Internet of Things, Big Data and Security (Scitepress Digital Library, 2019). https://www.academia.edu/39705707/Investigation_of_Sound-Gustatory_Synesthesia_in_a_Coffeehouse_Setting

16 http://www.generativemusic.com/bloom.html

17 https://ask.audio/articles/5-interesting-features-that-make-reason-an-excellent-daw-to-use

18 Nick Prior, *Popular Music Digital Technology and Society* (London: SAGE, 2018).

19 Nicholas Cook, Monique Ingalls and David Trippett (eds), *The Cambridge Companion to Music in Digital Culture* (Cambridge: Cambridge University Press, 2019).

20 Margaret Boden, *The Creative Mind: Myths and Mechanisms* (London: Routledge, 2004), p. 51.

21 Donald, *Origins of the Modern Mind*, p. 355.

22 Aram Sinnreich, *Mashed Up: Music, Technology, and the Rise of Configurable Culture* (Amherst: University of Massachusetts Press, 2010), pp. 71–3.

23 Ross Duffin, *How Equal Temperament Ruined Harmony (and Why You Should Care)* (New York: W. W. Norton & Co., 2007).

24 https://producelikeapro.com/blog/getting-started-making-microtonal-music/

25 https://slate.com/technology/2018/09/apple-spotify-streaming-david-turner-if-then-transcript.html

26 https://www.izotope.com/en/learn/6-music-production-techniques-to-hook-listeners-in-30-seconds-or-less.html

27 Robert Colvile, *The Great Acceleration: How the World is Getting Faster, Faster* (London: Bloomsbury, 2016).

28 Carol Vernallis, 'Accelerated Aesthetics: A New Lexicon of Time, Space, and Rhythm', in Carol Vernallis, Amy Herzog and John Richardson (eds), *The Oxford Handbook of Sound and Image in Digital Media* (New York: Oxford University Press, 2013), pp. 707–32.

29 Herman Rechberger, *Scales and Modes Around the World* (Helsinki: Fennica Gehrman Ltd., 2018).

30 Charles Duhigg, *The Power of Habit: Why We Do What We Do and How to Change* (London: Random House, 2013), p. 198.

31 https://mimugloves.com/

32 https://www.theverge.com/2019/4/5/18277345/chagall-van-den-berg-performance-sensors-gloves-motion-tracking-suit

33 Cited in Prior, *Popular Music*, p. 139.

34 https://www.vg247.com/2018/11/12/japanese-man-spends-over-13k-on-wedding-to-marry-virtual-teen-idol-hatsune-miku/

35 Bostrom, *Superintelligence*.

36 https://ucresearch.tumblr.com/post/44638071781/artandsciencejournal-the-science-of-music-and

37 Cited in Marcus du Sautoy, *The Creativity Code: How AI is Learning to Write, Paint and Think* (London; 4th Estate, 2019), p. 6.

38 http://artsites.ucsc.edu/faculty/cope/Emily-howell.htm

39 Douglas Hofstadter, 'Staring EMI Straight in the Eye – and Doing My Best Not to Flinch', in David Cope, *Virtual Music: Computer Synthesis of Musical*

Style (Cambridge, MA: MIT Press, 2001), pp. 33–82.

40 Jose David Fernández and Francisco Vico, 'AI Methods in Algorithmic Composition: A Comprehensive Survey', *Journal of Artificial Intelligence* 48 (2013), pp. 513–82 (p. 526).

41 You can hear it on https://www.youtube.com/watch?v=bD7l4Kg1Rt8

42 https://www.theguardian.com/music/2012/jul/01/iamus-hello-world-review

43 https://www.youtube.com/watch?v=wYb3Wimn01s

44 https://consumer.huawei.com/uk/campaign/unfinishedsymphony/

45 https://www.standard.co.uk/tech/jukedeck-maching-learning-ai-startup-music-a3779296.html

46 https://www.newsweek.com/artificial-intelligence-changing-music-799794

47 Yuval Harari, *Homo Deus: A Brief History of Tomorrow* (New York: Vintage, 2017), p. 20.

48 https://www.digitaltrends.com/music/ibm-watson-beat-ai-music-composer-phony-ppl/

49 du Sautoy, *Creativity Code*.

50 Nick Collins, ' "… There is no reason why it should ever stop": Large-scale algorithmic composition', *Journal of Creative Music Systems* 3/1 (2018), DOI: https://doi.org/10.5920/jcms.525

51 du Sautoy, *Creativity Code*.

52 https://ai.googleblog.com/2015/06/inceptionism-going-deeper-into-neural.html

53 https://gizmodo.com/someone-finally-turned-googles-deepdream-code-into-a-si-1719461004

54 The tale is told in Denis Dutton, *The Art Instinct* (New York: Oxford University Press, 2010), pp. 13–28.

55 https://www.wired.com/2008/05/survey-produced/

56 오디오 엔지니어들은 소리와 빛의 파장에 스펙트럼이 있다는 가정하에 실제 시각적 산출물과는 상관없이 완전히 은유적으로 잡음 유형의 '무지갯빛'에 대해

이야기한 것이다. 따라서 테이프가 쉭쉭대는 친숙한 '백색' 잡음은 모든 주파수가 혼합된 것이다. '분홍색' 잡음은 저음에서 더 커진다. '갈색' 잡음은 액체 입자의 '브라운 운동'에서 임의적으로 가져온 이름으로 더 깊은 소리를 낸다. '파란색' 잡음은 정반대로, 소리 스펙트럼의 꼭대기에 모든 에너지가 집중된다. '보라색' 잡음은 '파란색'보다 더 높다. '회색' 잡음은 모든 주파수에서 균형을 이루도록 계산됐다. '초록색' 잡음은 중간 주파수에서 가장 강하다. '주황색' 잡음은 가장 심한 불협화음이다. 그리고 '검은색' 잡음은 이름에서 상상할 수 있듯 침묵의 색깔이다. https://www.theatlantic.com/science/archive/2016/02/white-noise-sound-colors/462972/

57 Junhong Zhou et al., 'Pink noise: Effect on complexity synchronization of brain activity and sleep consolidation', *Journal of Theoretical Biology* 306 (2012), pp. 68–72. See also https://health.clevelandclinic.org/why-pink-noise-might-just-help-you-get-a-better-nights-sleep/

58 Fernández and Vico, 'AI Methods in Algorithmic Composition', p. 55.

59 According to Levitin and his team: 'Neurons in [our] primary visual cortex were found to exhibit higher gain, and the spike responses exhibit higher coding efficiency and informational transmission rates for 1/f signals.' Looking for 1/f relationships in Western rhythm (in 1,788 movements from 558 compositions), Levitin's team found that Beethoven's rhythms tend towards the regular pole; Mozart's towards the unpredictable. See Daniel Levitin, Parag Chordia and Vinod Menon, 'Musical rhythm spectra from Bach to Joplin obey a 1/f power law', *Proceedings of the National Academy of Sciences of the United States of America* 109/10 (2011), pp. 3716–20 (p. 3716).

60 Martin Gardner, 'White, Brown, and Fractal Music', in his *Fractal Music, Hypercards and More Mathematical Recreations from SCIENTIFIC AMERICAN Magazine* (New York: W. H. Freeman and Company, 1992), pp. 1–23.

61 Philip Ball, *Patterns in Nature: Why the Natural World Looks the Way it Does* (Chicago: The University of Chicago Press, 2016).

62 Gabriel Pareyon, *On Musical Self-Similarity: Intersemiosis as Synecdoche*

and Analogy (Imatra: International Semiotics Institute, 2011).

63 Benjamin Ayotte and Benjamin McKay Ayotte, *Heinrich Schenker: A Guide to Research* (London: Routledge, 2004).

64 Arnold Schoenberg, *The Musical Idea and the Logic, Technique and Art of Its Presentation* (Bloomington: Indiana University Press, 2006).

65 For example Rolf Bader, 'Fractal dimension analysis of complexity in Ligeti's piano pieces', *The Journal of the Acoustical Society of America* 117/4 (2005), p. 2477.

66 Fernández and Vico, 'AI Methods in Algorithmic Composition', p. 557.

67 https://www.samwoolfe.com/2014/03/could-universe-be-fractal.html

12. 음악의 본성에 대한 열한 가지 교훈

1 Yuk Hui, *Recursivity and Contingency* (Lanham, Maryland: Rowman & Littlefield International, 2019).

2 내가 1장에서 언급했듯, 개체 발생이 계통 발생을 '반복'하며 인간 태아의 임신 기간은 진화단계를 반영한다는 헤켈의 신뢰성 떨어지는 이론은 음악 정서를 다루는 심리학에서 가장 최근에 이뤄진 연구를 통해 되살아났다. 인간 태아의 뇌는 동물의 진화와 동일한 순서로 정서적 민감성을 습득한다. 또한 헤켈의 개념은 진화발생생물학이라는 새로운 과학에서 살아남았다. 생물학자들은 유전자 수준과 분자 수준에서 배아 발달을 추적하면서 인간과 동물 간의 선조 관계를 훨씬 더 타당하게 그려낼 수 있었다. 헤켈보다 더 정확한 도구를 보유했기 때문이다.

3 https://quoteinvestigator.com/2010/11/08/writing-about-music/

4 Steven Brown, 'Contagious heterophony: A new theory about the origins of music', *Musicae Scientiae* 11/1 (2007), pp. 3–26.

5 Arnie Cox, *Music and Embodied Cognition: Listening, Moving, Feeling, and Thinking* (Bloomington: Indiana University Press, 2016).

6 W. Tecumseh Fitch, 'The Biology and Evolution of Speech: A Comparative Analysis', *Annual Review of Linguistics* 4/1 (2018), pp. 255–79.

7 Immanuel Kant, *Critique of Judgement*, ed. and trans. James Creed

Meredith (Oxford: Oxford University Press, 1911), p. 89.

8   John Shea, '*Homo sapiens Is as Homo sapiens* Was: Behavioral Variability versus "Behavioral Modernity" in Paleolithic Archaeology', *Current Anthropology* 52/1 (2011), pp. 1–35.

9   Richard Potts, 'Variability Selection in Hominid Evolution', *Evolutionary Anthropology* 7/3 (1998), pp. 81–96.

10 Terrence Deacon, *The Symbolic Species: The Co-evolution of Language and the Brain* (New York: W. W. Norton & Co., 1998).

11 Gary Tomlinson, *A Million Years of Music: The Emergence of Human Modernity* (New York: Zone Books, 2015).

12 Terrence Deacon, 'Beyond the Symbolic Species', in Theresa Schilhab, Frederik Stjernfelt and Terrence Deacon (eds), *The Symbolic Species Evolved* (New York: Springer, 2012), pp. 9–38 (p. 36).

13 Keynote lecture delivered at the CityMAC music analysis conference, July 2018. I'm grateful to Professor Widdess for sharing his text with me. The name of these birds is misleading, however, as Bengalese finches originated in Japan.

14 Merlin Donald, *Origins of the Modern Mind: Three Stages in the Evolution of Culture and Cognition* (Cambridge, Mass.: Harvard University Press, 1991).

15 Jonathan Gottschall, *The Storytelling Animal: How Stories Make Us Human* (Boston: Mariner Books, 2013).

16 Steven Feld, *Sound and Sentiment: Birds, Weeping, Poetics, and Song in Kaluli Expression* (Philadelphia: University of Pennsylvania Press, 1982).

17 Gary Tomlinson, *Culture and the Course of Human Evolution* (Chicago: The University of Chicago Press, 2018).

18 Elizabeth Margulis et al., 'Selective Neurophysiologic Responses to Music in Instrumentalists with Different Listening Biographies', *Human Brain Mapping* 30 (2009), 267–75 (p. 273).

19 Shea, '*Homo sapiens Is as Homo sapiens Was*'.

20 Carl Sagan et al., *Murmurs of Earth: The Voyager Interstellar Record* (New

York: Ballantine Books, 1978), p. 21.

21 Ibid., p. 203.

22 Michael Spitzer, *Metaphor and Musical Thought* (Chicago: The University of Chicago Press, 2004), p. 141.

23 Plato, *Timaeus and Critias*, trans. Benjamin Jowett (Digireads.com Book), p. 28.

24 Cited in Andrew Hicks, *Composing the World: Harmony in the Medieval Platonic Cosmos* (New York: Oxford University Press, 2017), p. 41.

25 Roberto Bolaño, *2666*, trans. Natasha Wimmer (New York: Picador, 2009).

26 Jared Diamond, *Guns, Germs, and Steel* (New York: Vintage, 1998).

27 Vanessa Agnew, *Enlightenment Orpheus: The Power of Music in Other Worlds* (New York: Oxford University Press, 2008).

28 Ibid., pp. 98–9.

29 Ibid., pp. 105–8.

30 https://www.youtube.com/watch?v=AGdf6jdRNeI

31 Qingfan Jiang, 'Western Music in China and the Construction of a World History', Paper given at SotonMAC Music Analysis Conference, July 2019.

32 Jean-Jacques Rousseau, *The Social Contract and Discourses*, trans. Anthony Uyl (Woodstock, Ontario: Devoted Publishing, 2016), p. 23.

33 Julia Simon, *Rousseau Among the Moderns: Music, Aesthetics, Politics* (Philadelphia: Pennsylvania State University Press, 2013).

34 Stephen Rumph, *Mozart and Enlightenment Semiotics* (Berkeley, California: University of California Press, 2012), pp. 21–5.

35 Cited in Tom Regan, *The Case for Animal Rights* (Berkeley, California: University of California Press, 2004), p. 177.

36 https://www.independent.co.uk/news/the-pragmatic-entertainer-who-said-the-unsayable-1578974.html

37 Kant, *Critique of Judgement*.

38 Ruth Solie, 'The Living Work: Organicism and Musical Analysis', *19th-Century Music* 4/2 (1980), pp. 147–56.

39 Georg Wilhelm Friedrich Hegel, *Phenomenology of Spirit*, trans. Terry Pinkard (Cambridge: Cambridge University Press, 2018).

40 Victor Turner, 'Social Dramas and Ritual Metaphors', in Richard Schechner and Mady Schuman (eds), *Ritual, Play, and Performance: Readings in the Social Sciences/Theatre* (New York: Seabury Press, 1976), p. 114.

41 Michael Tenzer, *Balinese Gamelan Music* (Clarendon, Vermont: Tuttle Publishing, 2011).

42 Judith Becker, *Deep Listeners: Music, Emotion, and Trancing* (Bloomington: Indiana University Press, 2004), pp. 82–6.

43 Ibid., p. 83.

44 Xóchitl Tafoya, 'Ritualizing Barong and Rangda: Repercussions of a Collaborative Field Experience in Kerambitan, Bali', p. 30, https://drum.lib.umd.edu/handle/1903/9455

45 https://www.southbankcentre.co.uk/about/get-involved/schools/gamelan-schools-programme

46 Marcel Proust, *Finding Time Again*, trans. Ian Patterson (New York: Penguin, 2003), p. 358.

47 Lydia Goehr, *The Imaginary Museum of Musical Works: An Essay in the Philosophy of Music* (Oxford: Clarendon Press, 1992).

48 Saint Augustine, *The Confessions of Saint Augustine* (JKL Classics Publishers, 2017), p. 156.

49 Carlo Rovelli, *Seven Brief Lessons on Physics*, trans. Simon Carnell and Erica Segre (New York: Penguin, 2015), p. 50.

50 F. Scott Fitzgerald, *The Great Gatsby* (New York: Scribner, 2004), p. 180.

51 Martin Heidegger, *Being and Time*, trans. John Macquarrie and Edward Robinson (London: SCM Press, 1962), p. 68.

52 Lucretius, *Of the Nature of Things* (*De rerum natura*), trans. Thomas Creech (Oxford, 1714), pp. 584–5.

53 Adriaen Coenen, *The Whale Book* (London: Reaktion Books, 2003), p. 90.

54 Roger Payne, *Among Whales* (New York: Pocket Books, 1995), p. 160.

55 Paul Crowther, *The Kantian Sublime: From Morality to Art* (Oxford: Oxford University Press, 1989).